Klassiker
der Pädagogik

Erster P

KLASSIKER DER PÄDAGOGIK

ERSTER BAND

VON ERASMUS VON ROTTERDAM BIS HERBERT SPENCER

Herausgegeben von
Hans Scheuerl

Zweite, überarbeitete Auflage

VERLAG C.H.BECK MÜNCHEN

Mit 22 Porträts im Text

Die Deutsche Bibliothek – CIP-Einheitsaufnahme

Klassiker der Pädagogik / hrsg. von Hans Scheuerl. – München : Beck.
NE: Scheuerl, Hans [Hrsg.]
Bd. 1. Von Erasmus von Rotterdam bis Herbert Spencer. – 2., überarb. Aufl. – 1991.
ISBN 3 406 35533 1

ISBN 3 406 35533 1 für diese Ausgabe
ISBN 3 406 35593 5 für beide Bände

Zweite, überarbeitete Auflage. 1991

Satz: C. H. Beck'sche Buchdruckerei, Nördlingen
Gedruckt auf alterungsbeständigem (säurefreiem) Papier, gemäß der ANSI-Norm für Bibliotheken
Printed in Germany

INHALT

ZUR ZWEITEN AUFLAGE

Für die zweite Auflage wurde der Haupttext durchgesehen und an einigen Stellen geringfügig überarbeitet bzw. ergänzt. Die Bibliographien und Anmerkungen wurden durch die Aufnahme wichtiger Titel aktualisiert. Das gänzlich neu geschriebene Nachwort am Ende des zweiten Bandes läßt die Richtungen, Strömungen und Tendenzen in der (west-)deutschen Pädagogik der letzten drei Jahrzehnte summarisch Revue passieren und skizziert die Situation, in der heute wieder nach „Klassikern" gefragt wird.

Hamburg, im Frühjahr 1991 *Hans Scheuerl*

Hans Scheuerl

EINLEITUNG

Wer ist ein „Klassiker der Pädagogik"? Eine erste Einigung wird sich hierüber vermutlich noch relativ leicht herbeiführen lassen: Man erwartet unter diesem Titel große Erzieher, Stifter bedeutender, über die Zeiten hinaus wirkender Leitideen der Erziehung, Gründer beispielhafter Erziehungsanstalten und -systeme. Es geht also in einer ersten Annäherung um „Praktiker" wie um „Theoretiker", um „Organisatoren" wie um solche nachdenklichen und kritischen Geister, die uns gerade auf die Erstarrungen und Verfestigungen, die Gefahren der „Entfremdung" und „Verdinglichung" inmitten alles Organisierten und Organisierbaren aufmerksam machen.[1]

Die Vieldeutigkeit des Wortes „Pädagogik" ist dabei mit einzukalkulieren: Spricht man von einem „Pädagogen", so kann damit ein Lehrer oder ein Jugendführer so gut gemeint sein wie ein Schriftsteller, der Erziehungsideen und -probleme reflektiert, oder ein Wissenschaftler, der die Ergebnisse pädagogischer Bemühungen zu prognostizieren oder zu analysieren sucht. „Pädagogik" kann also zugleich eine Kunst wie eine Kunstlehre, eine Praxis wie deren Theorie meinen. Deshalb ist der Ausdruck in der neueren wissenschaftlichen Diskussion ein wenig suspekt geworden. Man benutzt heute lieber sogleich die unterscheidenden Titel „Erziehungspraxis", „Erziehungslehre", „Erziehungswissenschaft" und „Erziehungsphilosophie". Doch bei solchen Trennungen gerät leicht der Zusammenhang aus dem Blick, der Kunst und Lehre, Praxis und Theorie aneinander bindet und aufeinander verweist: Es gibt keine pädagogische Praxis, die nicht bereits Theorie-Elemente enthält. Jeder Erzieher will ja etwas und hat Vorstellungen über das, was ist, was sein kann und sein soll. Er richtet sich nach Maßstäben, die ihm vielleicht im Augenblick nicht bewußt sind, sein Handeln aber dennoch steuern und sich als „eingehüllte" Theorie[2] auf den Begriff bringen lassen. Er findet auch Theorien vor, die ihm Vorschriften anbieten, wie er zu handeln habe: normsetzende, präskriptive Erziehungslehren, seien sie mehr philosophisch-weltanschaulicher oder mehr pragmatischer Art, was bis zu rezeptartigen Anweisungen gehen kann. Andere Theorien wieder nehmen zu seinem Handeln eher ein analytisches, nachgehend prüfendes, kritisch aufklärendes Verhältnis ein. Alle Theorien aber wären gegenstands- und beziehungslos ohne eine vorhandene oder gewollte Praxis.

Deshalb ist der Ausdruck „Pädagogik" als eine Art von Klammerbegriff und Hausüberschrift für diesen ganzen Zusammenhang zwischen Erziehungskünsten und -praktiken einerseits, den ihnen innewohnenden oder vorgreifenden und nachgehenden Reflexionen anderseits so wenig funktionslos geworden wie etwa der Ausdruck „Medizin“ für den Zusammenhang ärztlicher Wissenschaft mit ärztlicher Kunst und Praxis.[3] Im Gegenteil: Nachdem in jüngeren Jahren zu Recht die Entwicklungsbedürftigkeit unserer Erziehungstheorien „Von der Pädagogik zur Erziehungswissenschaft“[4] betont worden ist, bleibt es umso wichtiger, die gegenläufige Bindung nicht loszulassen oder, wo sie bereits verloren scheint, wiederzugewinnen: Die Fülle der wissenschaftlichen Abstraktionen, Theoreme und Einzeldaten muß, wenn sie überhaupt Sinn und Funktion haben soll, wieder eingebracht werden in den Zusammenhang einer praxisbezogenen Theorie wie einer reflektierten, ihres Tuns und seiner Maßstäbe bewußten Praxis, also in eine verbesserte „Pädagogik“.

Suchen wir in dieser Lage nach „Klassikern“ unseres zugleich praxisbezogenen und theoriehaltigen Gebietes, so geht es demnach um die historische Vergegenwärtigung von bedeutenden Gestalten der Erziehungsgeschichte und des pädagogischen Sehens und Denkens, bei denen die unterschiedlichen Seiten des Theorie-Praxis-Zusammenhangs sich in jeweils besonderer Weise miteinander verbinden.

Solche Vergegenwärtigung kann in unterschiedlichen Formen und Ausführlichkeitsgraden geschehen: In der üblichen Kompendienliteratur zur Geschichte der Pädagogik werden einzelne „Klassiker“ in der Regel auf wenigen Druckseiten gewürdigt. In der Monographienliteratur anderseits werden einem einzelnen „Klassiker“ manchmal mehrbändige Werke gewidmet. Absicht *unserer* Sammlung ist es, dem einzelnen den Raum etwa eines üblichen wissenschaftlichen Aufsatzes zu geben, breit genug, um anschauliche, konkrete und problemorientierte Darstellungen zu ermöglichen; zugleich aber auch konzentriert genug, um in einem zweibändigen, handlichen Werk noch Durchblicke durch Vergleichbarkeiten und Kontraste in der Geschichte möglich zu machen, wie sie die Spezialliteratur sonst nur in der Zusammenstellung einer ganzen Bibliothek bereitstellt. Unsere Sammlung soll sowohl als Rekapitulation für den Fachmann wie als Einführung etwa für Studienanfänger wie auch als unbefangene Lektüre für pädagogisch interessierte Laien geeignet sein und dabei zugleich der wissenschaftlichen Orientierung wie der Anregung zu weiteren Studien dienen.

Autoren und Herausgeber haben sich deshalb darum bemüht, jeden Einzelbeitrag zu einem Gesamtbild zu runden. Er soll nicht nur dem individualisierenden Verstehen der Person und des Werkes des jeweiligen „Klassikers“ dienen, sondern auch der Widerspiegelung der sozialen, politisch-historischen und geistigen Situation seiner Epoche. Er soll sich einordnen in die übergreifenden historischen Wandlungen, die durch die darzustellenden „Klassiker“ selber mit hervorgebracht oder getragen, zumindest erlebt, erlitten und gedeutet worden sind.

Bei der Frage nach den *inhaltlichen Akzenten* unserer Sammlung müssen wir uns als Herausgeber und Autoren freilich zwei möglichen Einwänden stellen: Die Erziehungswissenschaft hat sich in den letzten Jahrzehnten von einer vorwiegend philosophisch-ideengeschichtlich orientierten Geisteswissenschaft zu einer stärker empirisch-sozialwissenschaftlich arbeitenden Disziplin oder Wissenschaftsgruppe entwickelt.[5] Danach wäre zu fragen, ob eine um Personen gruppierte Vergegenwärtigung von Geschichte dem pädagogischen Gegenstandsfeld, wie wir es heute sehen, noch angemessen ist. Zum andern wäre zu fragen, ob in einer so kontrovers- und konfliktreichen Gegenwartslandschaft wie der unseren der Begriff des ,,Klassischen" noch erstlich vertretbar bleibt.

Dem ersten Einwand läßt sich auf zweierlei Weise begegnen: Einmal betrifft alle Erziehung zentral den einzelnen Menschen und seine Biographie. Auch bei allem Wissen über soziale Bedingungen und Abhängigkeiten des individuellen Werdens, bei aller Berücksichtigung anonymer Mechanismen psychischer und sozialer Art sind doch die Kräfte, die für den einzelnen oft namenlos und unbegriffen bleiben, nach wie vor am deutlichsten faßbar im pädagogischen Wollen und Wirken, in den erzieherischen Absichten und Aktivitäten, den Hoffnungen und Grenzerfahrungen der Personen, die sich um die Bedingungen und Hilfen für eben dieses Werden besonders bemühen und sich dabei mit den Widerständen und Systemzwängen auf ihre je eigene Weise herumschlagen. Was immer Erziehung will oder wirkt, welchen Sinn sie erfüllt oder auch verfehlt, enthält gedeutete Erfahrungen von Personen. Fiele dieses lebensgeschichtlich-persongebundene, dabei sicher notwendig auch ,,subjektive" Moment fort, so wäre auch der technisch perfekteste Übertragungs- und Angleichungsprozeß zwar noch möglicher Gegenstand einer generalisierenden Psychologie oder Sozialforschung, aber keine im ernsthaften Sinne pädagogische Praxis mehr, weil Praxis immer Praxis zwischen Personen, zwischen handelnden Subjekten ist. Akzeptiert man diesen Minimalbestand an Personalität in aller Erziehung, dann läßt sich in der historischen Vergegenwärtigung ihrer ,,klassischen" Repräsentanten selber am besten zeigen, wie diese über allen Wandel der Epochalbedingungen hinweg gerade deshalb auch als Personen interessant geblieben sind, weil sie in ihrem Leben und Wirken für mehr als nur Persönliches eingetreten sind.

Dem Einwand einer ,,personalistischen" Verkürzungsgefahr suchen die Einzelbeiträge im übrigen dadurch zu begegnen, daß sie bei der Darstellung historischer Personen und durch sie hindurch auch immer jene Konstellationen und Kräfte, jene historischen Voraussetzungen, Bedingungen, Wirkungen und Widerstände mitvergegenwärtigen, die in einer rein sozialwissenschaftlich orientierten Erziehungsgeschichtsschreibung das zentrale Thema wären. Eine solche Sozialgeschichte der Erziehung, deren Notwendigkeit heute stärker als je gesehen wird, ist bisher freilich weithin noch programmatische Forderung.[6] Aber selbst wenn es dereinst so weit sein sollte, daß eine ausgeführte Geschichte der praktischen Stilformen pädagogischen Verhaltens, der sozialen Bedingungen und Wirkformen von Erziehung in den tatsächlichen Institutionen wie den epochen- und kulturspezifischen Sozialordnungen einmal in Monographien und Handbüchern umfassend vorliegt, so wird auch dann unser personenorientiertes Vorhaben nicht überflüssig. Denn wenn Praxis immer gedeutete, sinnbezogene, damit auch ideen- und theoriehaltige Praxis ist, dann muß auch eine Geschichte pädagogischer Praxis immer zugleich streckenweise Theorie- und Deutungsgeschichte bleiben. Ideen lassen sich nun einmal am prägnantesten erfassen – wie auch relativieren und kritisieren – in den Äußerungen und Werken derjenigen Personen, die sie gehabt haben. Es gilt sie kennenzulernen, zu beschreiben, verständlich zu machen, gerade wenn man nach ihrer sozialen Funktion, ihrer politischen Durchsetzung und ihrer Wirkungsgeschichte weiterfragen will.

Doch gibt es für unsere heutige Pädagogik noch „Klassiker"? Und wer gehört zu ihnen? Nach welchen Kriterien geschieht ihre Auswahl? Eduard Spranger hat einmal gesagt, das Klassische sei das, was „nicht totzukriegen" sei, „bewiesene Mächte", die die Probe der Zeit überdauert hätten.[7] Doch der Begriff ist zugegebenermaßen unzeitgemäß. Zeitgemäßer wäre es, gerade die dauerhaften Traditionen zu bezweifeln, zu problematisieren, zu „hinterfragen". Zum Klassischen gehört der korrespondierende Begriff des „Kanonischen". Aber gerade eine Übereinkunft über diejenigen Autoren und Werke, die zu einem allseits anerkannten Kanon pädagogischer Tradition gehören, erscheint heute schwieriger und aussichtsloser denn je. Gewiß: Erasmus oder Comenius, Dilthey oder Dewey, Montessori oder Makarenko werden wohl, so unterschiedlich ihre Beiträge sind, für beinahe jede Sichtweise so oder so dabei sein. Doch kaum einem von ihnen wird man noch in der Art einer „monumentalischen" Geschichtsschreibung[8] gerecht werden können, wie sie teilweise noch in den zwanziger und fünfziger Jahren unseres Jahrhunderts geübt wurde, wenn man etwa in der Entwicklungslinie der von Dilthey so benannten „Deutschen Bewegung" nach Vorbildern eines sich quasi nach innerem Werdegesetz entfaltenden Erziehungsverständnisses suchte oder in der marxistischen Rückbesinnung nach dem „fortschrittlichen Charakter" bestimmter Pädagogen auch schon des feudalen und des bürgerlichen Zeitalters fragte.

In der jüngeren Diskussion möchte manche Stimme solche Traditions-Aneignungen und -Versicherungen überhaupt verwerfen. Die Wandlungen unseres Zeitalters seien so unerhört und so unabsehbar, daß wir uns bei der Bewältigung unserer Gegenwart und Zukunft an Ideen aus vergangenen Zeiten überhaupt nicht mehr orientieren sollten. Es bleibe uns, in den Kategorien Nietzsches gesprochen, anstelle der „monumentalischen" und „antiquarischen" nur noch die „kritische" Geschichtsbetrachtung, für die es „Klassiker" im Sinne musterhafter Vorbilder eigentlich gar nicht mehr geben dürfte. Doch wir können unserer Geschichte nicht entkommen. Auch bei Abkehr von Vergangenem bleiben selektive Traditionsentscheidungen im Spiel. Auch die „kritische" Vergegenwärtigung von Geschichte enthält ein Moment des versuchsweisen Sich-Identifizierens. Sie trägt gewollt oder ungewollt zur Identitätsfindung der eigenen Gegenwart bei. Auch kritische Geschichtsbetrachtung kommt nicht um das Problem der Auswahl herum. Auswahl kann sich aber nur an Qualitäten orientieren. „Klassisch" heißt dann im ursprünglichen lateinischen Wortsinn (nach den *classici,* den Angehörigen der obersten Einkommensstufe im römischen Steuersystem) nur noch so viel wie ,,erstklassig", ,,first class". Es kann somit beim Begriff des ,,Klassischen" nicht um absolute, unwandelbare Werte, sondern allemal nur um einen Relationsbegriff gehen: Was hervorragt, was im Wandel und in den Gegensätzen der Zeiten eine jeweilige Position oder Richtung, eine Gesamtdeutung oder einen Teilaspekt am klarsten zu repräsentieren vermag, was uns in immer neuen Anläufen noch Gelegenheit zum Lernen gibt, – das soll in dieser Sammlung zum Kreis der auszuwählenden ,,klassischen" Beiträge zählen.

Dies ist freilich ein weitherziger Wortgebrauch. Aber auch die Kunstwissenschaften, aus denen der Begriff des ,,Klassischen" ja entlehnt ist, beschränken ihn längst nicht mehr auf jene von Heinrich Wölfflin[9] definierten Epochen der ,,ausgewogenen", ,,harmonischen" und ,,geschlossenen" Stilformen, sondern sprechen ungeniert auch von klassischem Expressionismus, mittlerweile auch schon von klassischer Pop Art. Wie in der Kunst kennt und ernennt auch im sonstigen Geistesleben offenbar jeder Stil, jede Richtung ihre eigenen Klassiker. Wer immer eine Lösung entschieden und unverwechselbar vertritt, sie womöglich zum erstenmal oder besonders eindringlich zu Bewußtsein gebracht hat, muß auch bei uns die Chance haben, in die engere Wahl zu kommen.

Bei der endgültigen Auswahl sind freilich Ungerechtigkeiten kaum zu vermeiden. Eine Sammlung pädagogischer Klassiker, in der weder Luther noch Melanchthon, weder die französischen Enzyklopädisten noch Friedrich August Wolf, weder Kant noch Schiller enthalten sind, bleibt natürlich notwendig fragmentarisch. Es wäre ein Leichtes, sogleich einen dritten Band mit weiteren Klassikern zu planen, unter denen dann auch Jean Paul und Sailer, Tolstoj und Wichern, Friedrich Wilhelm Foerster, Aloys Fischer und viele, viele andere noch enthalten wären, die hier vielleicht vermißt werden. Wie bei Anthologien bleibt auch hier ein subjektives Moment in der Auswahl nicht wegzuleugnen. Ob die Ausgewählten überzeugen, müssen die einzelnen Beiträge zeigen.

Neben allseits anerkannte ,,Klassiker" treten zunehmend mit der Annäherung an die Gegenwart auch solche Pädagogen, die in bisherigen Geschichtsdarstellungen noch selten vertreten sind. Und neben ,,Pädagogen" im engeren Sinn auch solche Autoren, die wie etwa Marx, Nietzsche oder Freud zwar selbst keine pädagogischen Theorien oder Praxissysteme entwickelt haben, durch ihre viel umfassenderen Wirkungen auf anderen Gebieten aber auch das pädagogische Sehen, Denken und Tun auf Generationen hinaus angeregt oder fasziniert haben, – die damit also nicht eigentlich Klassiker *der* Pädagogik, sondern *für sie* geworden sind.

Außerdem habe ich mich als Herausgeber dafür entschieden, die Reihe der Darstellungen erst mit dem Zeitalter der Renaissance zu beginnen. Soll es doch um diejenigen pädagogischen Traditionslinien gehen, deren Sichtweisen und Problemlagen unsere Gegenwart noch spürbar betreffen. Der Beginn der ,,Neuzeit" erschien dafür als ein sinnvoller Anfangspunkt. Die wirklich ,,klassischen" Autoren der Antike und des Mittelalters, deren Leben und Werke pädagogisch gehaltvoll sind und auch für diese Sammlung interessant gewesen wären, waren samt und sonders keine ,,Pädagogen" im engeren Sinn. Ihre Erziehungslehren und erziehenden Wirkungen waren in ihrer Philosophie oder Rhetorik, ihrer Theologie oder Kosmologie enthalten. Man denke etwa an die platonischen Sokrates-Dialoge, an Augustinus, Alkuin, Hrabanus oder Thomas. Eine selbständige pädagogische Theorie ebenso wie ein besonderer Praxisbereich, der sich gegenüber Kirche und Staat, Familien und Berufsständen mit der Tendenz auf institutionelle Eigenständigkeit als ,,Pädagogik" abhebt, entsteht ohnehin erst seit Beginn der Neuzeit. Und auch hier wird man die pädagogische Dimension gerade bei den bedeutendsten Anregern noch für lange Zeit eingebunden finden in allgemeine humanistische Gelehrsamkeit oder Theologie, in aufklärerische Kultur- und Gesellschaftskritik, in religiöse Erweckungsbestrebungen oder enzyklopädische Universalhistorie, bevor sie erst spät eine eigene Spezialdisziplin pädagogischer Literatur und professioneller Praxis hervorbringt. Und selbst diese bleibt bis heute mit Philosophie und Anthropologie, Gesellschaftslehre und Politik, Ethik und allgemeiner Lebensauslegung sowie mit einem Kranz von Nachbarwissenschaften und Nachbarpraktiken eng verbunden. Eine überzeitliche Systematik verbietet sich hier ebenso wie jeder Versuch, das ganze auf eine einzige Entwicklungs- oder Fortschrittslinie hin zu stilisieren. Wir konnten nur versuchen, die fast unendliche Fülle dadurch zu reduzieren und durchschaubar zu machen, daß wir uns auf lebendige Gestalten konzentrierten, die das (hypothetische) Ganze, das doch nie abschließbar ist, auf je eigene Weise perspektivisch spiegeln.

Um dennoch eine minimale Vergleichbarkeit anzubahnen, haben Autoren und Herausgeber sich auf einen formal gleichbleibenden Rahmen beim Aufbau der Einzelbeiträge geeinigt: Mit Ausnahme einiger Sammelartikel beginnt jede Darstellung nach einer kurzen einordnenden *Charakterisierung* mit einer relativ kurzgefaßten, aber doch noch anschaulichen Skizze des *Lebensweges,* die eingebettet wird in eine Darlegung des historischen (gegebenenfalls sozialen, politischen, religiösen, philosophie- und wissenschaftsgeschichtlichen) *Umfeldes,* auf dessen Probleme der jeweilige ,,Klassiker" Bezug nimmt. Es folgt die Darstellung der Grundlinien und Intentionen des *Werkes* sowie ein Ausblick auf die *Wirkungsgeschichte,* wobei von Fall zu Fall zwischen den Wirkungen auf die eigene Zeit und denen auf die Nachwelt zu unterscheiden sein wird. Jeweils eine *Auswahl-Bibliographie* der wichtigsten Werkausgaben und Quellentexte mit Hinweisen auch auf wohlfeile Taschenbuch-Ausgaben sowie auf exemplarische Sekundärliteratur und weiterführende Bibliographien findet sich im ersten Teil des Anhangs jedes Bandes.

Auf weitergehende formale Normierungen der Einzelbeiträge wurde verzichtet, um jedem Autor Gelegenheit zu lassen, seinen ,,Klassiker" aus dessen eigenen Ordnungsvorstellungen heraus zum Sprechen zu bringen. Nur einige Grundfragen, die für heutige Interpretationen zentral erscheinen, sollten um der Vergleichbarkeit willen möglichst in jedem der Beiträge mit angesprochen werden: Die Frage nach den *Erziehungszielen,* nach der unausgesprochenen oder formulierten *Anthropologie*, die hinter der jeweiligen Pädagogik steht oder ihr innewohnt (sowohl im Sinne einer „Realanthropologie", als des „empirischen Menschenbildes", wie einer „Sinnanthropologie", also des „normativen Menschenbildes", soweit ein solches überhaupt auszumachen ist), weiterhin die Frage nach der *Gesellschaftsauffassung*, nach den *methodisch-didaktischen* und den *organisatorischen* Vorstellungen und Modellen, nach *Systematik*, *Argumentationsstil* und *theoretischer Position* sowie nach den besonderen *Impulsen*, die die pädagogische Praxis und Diskussion gerade diesem „Klassiker" jeweils verdankt. Ein Sachregister im Anhang jedes Bandes soll das Auffinden der Antworten erleichtern, die zu diesen und weiteren Fragen in den Einzelbeiträgen in Analogie oder Kontrast zueinander stehen. Auch das Personenregister möge dem Leser helfen, sich in dem vielschichtigen historischen Beziehungsgeflecht, das alle Einzelbeiträge übergreift, besser zurechtzufinden.

Bei nahezu dreißig Autoren, die sowohl nach ihrer Generationszugehörigkeit wie nach ihrer richtungsmäßigen Einordnung im Diskussionsfeld gegenwärtiger Erziehungswissenschaft von unterschiedlicher Herkunft sind, bleibt freilich die Variationsbreite möglicher Interpretationen groß. Ich habe mich beim Eintreffen der Manuskripte oft gefragt, wie anders das Sammelwerk möglicherweise bereits ausgefallen wäre, wenn man nur hier und da die Themen der Autoren vertauscht und dieselben Klassiker von jeweils anderen Verfassern aus demselben Kreise hätte bearbeiten lassen. Der mit der Geschichte des pädagogischen Denkens und den Konstellationen der erziehungswissenschaftlichen Diskussion vertraute Leser mag dieses Gedankenspiel nur probeweise an irgend einer Stelle beginnen, um zu sehen, wie wenig es bei einem solchen Unternehmen um endgültige, festgeschriebene Auslegungen, um „herrschende Lehre" gehen kann. Er wird sowohl bekannte, konventionelle als auch ausgesprochen gegen den Strich der herkömmlichen Deutungen zu lesende Interpretationen finden. Vielleicht wird er gerade in dieser Mischung – von der ich nur hoffen kann, daß sie nicht einseitig ausgefallen ist – den Reiz zum Weiterfragen und Weiterstudieren wahrnehmen.

Als Herausgeber bleibt mir zum Abschluß nur noch die gern geübte Pflicht, den Mitautoren für ihre zahlreichen inhaltlichen und formalen Anregungen und für ihr hohes Maß an Kooperationsbereitschaft zu danken. Dem Verlag, namentlich seinem Lektor, Herrn Dr. Günther Schiwy, sei für die Hilfe in zahlreichen Einzelfragen wie für die ansprechende Gestaltung des Werkes nachdrücklich gedankt.

Möge die Sammlung den vielschichtigen Adressatenkreis, den wir im Auge hatten, erreichen und ein Beitrag sein zur Vergegenwärtigung der Kontinuität jener reichen, freilich auch spannungsvollen Überlieferungen, auf deren Boden wir stehen und die wir verarbeiten müssen, wenn das Werk der Erziehung, das wir den nachwachsenden Generationen schulden, entschieden und sinnvoll fortgeführt werden soll.

Hamburg, im Herbst 1978 *Hans Scheuerl*

Horst Rumpf

ERASMUS VON ROTTERDAM

(1466 oder 1469–1536)

Als Publizist mit den höchsten Bücherverkaufsziffern seiner Zeit (Faludy 1973, 207f) wirkte Erasmus durch seine weit verbreiteten Schriften für eine freiere und kritische Aneignung und Fortführung der Überlieferung, der christlichen wie der antiken, in Kirche, Erziehung, Universität und öffentlichem Leben. Er bekämpfte, damals sehr anachronistisch, Formen der Gewaltsamkeit in der Erziehung wie in der Auseinandersetzung der konfessionellen Standpunkte. Als Dreiundsechzigjähriger schrieb er 1531 in einem Brief an die Brüder Boner, Söhne eines ihm befreundeten Humanisten in Polen: ,,Als ich Kind war, hatte die Religion viel Aberglauben, und in den Schulen lernten die Jünglinge unter höchster Quälerei fast nur Dinge, die sie am besten wieder verlernt hätten" (Briefe, 523). Damit griff er eine Erfahrung wieder auf, die ihn zeitlebens angetrieben hatte: in welchem Maße eine für normal gehaltene Erziehung, eine für normal geltende Vermittlung von Religion die Menschen verstört und unfähig machen kann, sich selbst und die doch anzueignenden Gehalte überhaupt noch wahrzunehmen. Gut vierzig Jahre zuvor hatte er als junger Mönch aus dem Augustinerkloster Steyn an einen Freund im Rückblick auf seine Schulzeit ganz ähnlich geschrieben: ,,Damals begannen allerlei Ungebildete, die nie etwas gelernt hatten, zu lehren, was sie nicht verstanden; wirklich zu lehren, für teures Geld nichts zu wissen: sie machten ihre Schüler dümmer, als sie sie bekommen hatten, ja, brachten sie dahin, daß sie sogar sich selbst nicht kannten. Damals warf man die Vorschriften der Alten beiseite und ging zu gewissen unerprobten neuen Lehren über, wie Begriffsbezeichnungen, wortreiche Einfälle, lächerliche grammatische Regeln und unzählige Possen" (ib., 10). Der Schreck der eigenen Erfahrung sitzt dem Schreiber noch spürbar in den Gliedern, zumal er auch andere, humane Arten, in die überlieferte Kultur und Religion hineinzufinden, in Spuren jedenfalls kennengelernt hatte.

Erasmus war das unbestrittene Zentrum der humanistischen Bewegung nördlich der Alpen. Nach dem Ausbruch des Streits um Luther geriet er mehr und mehr zwischen die konfessionellen Fronten. Über Montaigne, Rabelais, Diderot, Voltaire wirkte er nachhaltig weiter auf die Pädagogik der Aufklärung. Seit seinen Lebzeiten wurde er aber auch bis in die Gegenwart mit großen Vorbehalten von all denen betrachtet, die skeptische Distanz zu Glaubensfronten jeder Couleur für unverträglich halten mit genuinen Aufgaben von Erziehung.

I. Leben und Profil

Desiderius Erasmus wurde 1469 (oder 1466, die Forscher sind uneins) wohl in Rotterdam geboren, Kind einer Verbindung zwischen einem Priester und einer Arzttochter. Er besuchte Schulen in Gouda und Utrecht, dort war er auch Chorknabe. Mit seinem Bruder war er zwischen seinem zehnten und fünfzehnten Jahr Schüler der damals berühmten Schule von Deventer, wo es – so barbarisch nach seiner eigenen Auskunft dort die vorherrschenden Methoden waren – auch Lehrer und Besucher gab, die den Schülern wichtige Reformströmungen nahebrachten: die neue humanistische Liebe zum klassischen Altertum und seinen Schriften und die auf tätige Nachahmung Christi, auf eine ,,neue Frömmigkeit" *(devotio moderna)* ohne dogmatische Streitereien und ohne mystische Weltflucht hin orientierte Erziehungspraxis der sogenannten ,,Brüder vom gemeinsamen Leben". Vater und Mutter starben kurz nacheinander an der Pest – der Schulaufenthalt in Deventer mußte abgebrochen werden. Die Vormünder schickten die Jungen für zwei Jahre in ein hartes Konvikt nach Herzogenbusch – Schläge und Strenge als Mittel, die Natur zu brechen, die Heranwachsenden klosterreif zu machen, waren vorherrschende Erziehungsmittel. Zwei bittere, verlorene Jahre nach dem Urteil des Erasmus.

Als er achtzehn war, nach Auffassung anderer Historiker mit sechzehn, drängten ihn die Vormünder, ins Augustinerkloster in Steyn einzutreten; nach Lage der Dinge war das die einzige Möglichkeit, sich weiterzubilden, den ihn faszinierenden Umgang mit Büchern auch antiker Schriftsteller pflegen zu können.

Das Klosterleben bot dem jungen Augustinermönch, der nach einem Novizenjahr die Gelübde abgelegt hatte, immerhin Ruhe und Abgeschiedenheit auch zum Studium der klassisch-lateinischen Autoren – von ihnen, ihrem Stil, ihrer Welt ist in den Klosterbriefen des jungen Erasmus begeistert die Rede, nicht von Gottesdienst und Meditation. Ein Freundeskreis findet sich, der das ,,neue Licht" der Bildung inmitten von Dummheit und Barbarei verbreiten will. Gegen die Kritik des Klosteroberen, der die Vernachlässigung von Gebeten und Fastenregeln monierte, schrieb er – wohl mit 19 Jahren – in der Schrift *Antibarbari:* ,,Du sagst mir, wir sollten Virgil nicht lesen, weil er in der Hölle ist. Glaubst du nicht, daß viele Christen, deren Werke wir lesen, in der Hölle sind? Uns kommt es nicht zu, darüber zu diskutieren, ob die Heiden der vorchristlichen Zeit verdammt sind. Aber wenn ich einmal mutmaßen darf: entweder sie sind gerettet oder niemand ist gerettet. Wenn du alles Heidnische verwerfen willst, muß du das Alphabet und die lateinische Sprache, alle Künste und Handwerke verwerfen." (Bainton 1972, 29) Der Biß des Publizisten, der den Gegner mit grimmigem Witz auf seine eigenen Widersprüche hin bloßzustellen sucht, ist schon spürbar.

Erasmus wird 1492 zum Priester geweiht, aber auf Dauer wurde ihm das Kloster zu eng – der Bischof von Cambrai machte ihn bald danach zu seinem

Erasmus von Rotterdam (1466 oder 1469–1536)

Sekretär, das ergab Möglichkeit zu neuen Kontakten und Erfahrungen. Einige Jahre studierte er an der Pariser Universität Theologie, in dem grausam-strengen und unhygienischen Kolleg Montaigu war er zeitweise und bis zu einem gesundheitlichen Zusammenbruch einquartiert. Die innertheologischen Richtungskämpfe mit zugespitzten scholastischen Problemstellungen widerten ihn an; bei seinem zweiten Parisaufenthalt, bei dem er nicht mehr im Kolleg Montaigu wohnte, unterrichtete er als Privatlehrer zwei Kaufmannssöhne aus Lübeck und zwei junge Engländer, um leben zu können. Als humanistischer Schriftsteller, der sich ständig um Geldgeber sorgen mußte, folgte er 1499 der Einladung eines Adligen nach England. Dort traf er auf die Humanisten John Colet und Thomas Morus – eine seine Entwicklung neu orientierende Begegnung. Nach der Rückkehr auf das Festland war aus dem vorwiegend literarisch interessierten jungen Intellektuellen ein christlich-humanistischer Reformer geworden, der seine Kraft für Jahre auf das Erlernen des Griechischen warf, um das Neue Testament lesen und verbreiten zu können: ,,In keiner Literatur verstehen wir etwas ohne das Griechische, denn Vermuten ist etwas anderes als Urteilen, mit eigenen Augen sehen etwas anderes als fremden Augen vertrauen." (Brief an Colet 1504, zit. bei Kaegi 1969, 9) Bis 1514 folgen zwei weitere Aufenthalte in dem von ihm geliebten England, von 1505 bis 1509 lebt er in Italien als Erzieher, als Mitarbeiter im Verlag des Manutius in Venedig, als kirchenkritischer Schriftsteller. Seine berühmteste Schrift, das *Lob der Torheit,* entwirft er auf der Rückreise von Italien in den Norden. Seit 1510 arbeitet er an der Übersetzung des Neuen Testaments aus dem Griechischen ins Lateinische – die erste Ausgabe des griechischen Neuen Testaments mit lateinischer Übersetzung erscheint 1516 bei Froben in Basel. Mit den Mitteln kritischer Philologie wird hier erstmals der Urtext zugänglich, der später auch Luthers Verdeutschung zugrundeliegt. Die von der Kirche approbierte und seit Jahrhunderten als unantastbar ausgegebene sogenannte Vulgata-Übersetzung aus dem 5. Jahrhundert verliert ihre sakrale Unantastbarkeit.

Zwischen 1514 und 1521 lebt und wirkt Erasmus in den Niederlanden, vor allem in Löwen, ohne sich je fest an eine Universität, ein Amt zu binden, so zahlreich die Angebote wurden, je berühmter er durch seine Schriften geworden war. Er war unbestritten der bedeutendste humanistische Schriftsteller nördlich der Alpen – als solcher geriet er, ohne es zu wollen, in die Kontroverse um Luther. Die *Klage des Friedens (Querela Pacis)* von 1517 dokumentiert den Abscheu des Humanisten vor Frontenbildungen, gewaltsamen Auseinandersetzungen – den kriegerischen Papst Julius hatte Erasmus schon Jahre zuvor bissig glossiert, in ihm sei nicht Christus, sondern Julius Caesar wiedererschienen.

1516, auf der Höhe seines Ruhmes, als die humanistischen Studien der antiken und frühen christlichen Schriften sich allenthalben in Europa belebten, glaubte Erasmus Grund zu der Hoffnung zu haben, das Zeitalter sei, angeregt durch diese *bonae litterae,* auch offen für eine Reform der Kirche. Mit Begeisterung begrüßte er den neuen Papst Leo, dessen humanistische Interessen Erasmus ihn als Jünger jenes Friedensfürsten ansehen ließen, der nicht mit Waffengewalt, sondern durch sein Sterben siegte. Fünf Jahre später waren diese Hoffnungen ernüchtert. Der Streit um Luther hatte zu dem geführt, was Erasmus verabscheute und was er mit allen ihm zur Verfügung stehenden publizistischen Mitteln – mit Briefen an alle streitenden Parteien, an Luther, an den Papst, an beteiligte Fürsten, an scharfmacherische Theologen – hatte verhindern wollen: zu Frontenbildung, Haß, Verketzerung, Bücherverbrennungen, Aufrufen zur Gewaltanwendung. Die verschiedenen Parteien, die sich allmählich formierten, waren bemüht, Erasmus mit seinem eminenten Prestige ins eigene Lager zu ziehen – er distanzierte sich von nicht argumentativen Formen der Auseinandersetzung und wird seit dieser Zeit von den geschlossen Fraktionen in den „Mauerkirchen" (Friedrich Heer 1959, 434ff) als unentschlossener Skeptiker und Buchgelehrter kritisiert, um nicht zu sagen verleumdet. Seine Kritik an der wachsenden Schärfe und Rigorosität Luthers ist indes nicht weniger eindeutig als seine Verurteilung päpstlich-inquisitorischer Machenschaften zur gewaltsamen Unterdrückung der reformerischen Leidenschaft, die sich an Luther entzündet hatte und die sich gegen die gleichen Mißstände in der alltäglichen Vermittlungspraxis des Christentums wandte, die Erasmus schon seit fast zwei Jahrzehnten attackiert hatte. Erasmus distanzierte sich von allem Aufruhr, von allem Bürgerkrieg, der das Reich, eine Stadt, ein Land endgültig reinigen wollte, sei es von Ketzern, sei es von Papisten – jeder Glaubenskämpfer war ja überzeugt, er habe es mit niemand geringerem als mit dem Antichrist, dem Inbegriff des Bösen, zu tun. Die in diesen Jahrzehnten verbreiteten Phantasien vom Nahen des Jüngsten Tages, die die religiöse Auseinandersetzung überlagernden politischen Konflikte rückten Erasmus noch stärker in die Position des isolierten intellektuellen Humanisten, dem man vorwerfen zu können meinte, er sei zu schwach, um sich auf psychische und gesellschaftliche Realitäten einzulassen, er flüchte zu Texten und Büchern: „Die Böswilligen behaupten, der Papst sei der Antichrist, die Bischöfe Verführer und der heilige Stuhl ein Greuel vor Gott. Wenn ich dies zu einem guten Papst sagen würde, wäre ich ungerecht, und schlechte Päpste würde ich damit nur reizen" schrieb er 1522 aus dem liberalen Basel, wohin er sich ein Jahr zuvor aus Löwen abgesetzt hatte, nachdem dort die antilutherische Fraktion den Ton angab und die Atmosphäre bestimmte; im nahen Antwerpen waren kurz zuvor 400 Ketzerbücher öffentlich verbrannt worden: „Wir wollen uns doch nicht gegenseitig verschlingen wie Fische. Warum die ganze Welt in Aufruhr stürzen wegen solcher Paradoxien, von denen einige unverständlich sind, einige diskutiert werden können und einige ganz nutzlos sind. Die Welt ist von Leidenschaften, Haß und Kriegen erfüllt. Was wird das Ende sein, wenn man nur mit Bullen und Scheiterhaufen vorgeht? Es ist keine Großtat, ein Menschlein zu verbrennen. Aber es ist eine großartige Leistung, ihn zu belehren und zu überzeugen." (zit. bei Bainton 1972, 168 und 169)

Was Erasmus in den Jahren seiner großen publizistischen Erfolge an Hoffnungen über die Veränderbarkeit der Menschen und ihrer Beziehungen durch Erziehung und Studium entwickelt hat, wird schroffen Gegenerfahrungen ausgesetzt. Skepsis hinsichtlich der Veränderbarkeit, der Lernfähigkeit von Menschen, Gruppen, Institutionen führt bei ihm aber nicht zur vernunftverachtenden Empfehlung der Gewalt, zur Einordnung in dogmatisch regierbare Fraktionen mit klaren Feindbildern – sie führt zur unverdrossenen Praxis, dem vernünftigen Argumentieren als einzig tolerabler Form menschlicher Auseinandersetzung, um Voraussetzungen zu schaffen: „Ich kann nicht anders als die Zwietracht verabscheuen. Ich muß nun einmal Frieden und Eintracht lieben. Ich sehe, wieviel Dunkel in allen menschlichen Dingen ist. Ich sehe, wieviel leichter es ist, Unruhe zu erregen als zu beschwichtigen. Die den Tumult anhoben, behaupteten, vom Heiligen Geist getrieben zu sein. Dieser Geist hat mich nie getrieben." (ib., 167) Im Dezember 1520 schrieb er im Blick auf antilutherische Theologen: „Es ist ja viel leichter, mit Bullen und Scheiterhaufen zu siegen als mit Gründen." (Briefe, 279)

Von vielen Seiten gedrängt läßt sich Erasmus schließlich auf eine theoretisch-theologische Auseinandersetzung mit Luther ein, seine Schrift *De libero arbitrio* (1524) verteidigt eine grundlegende Handlungsfreiheit im Menschen, eine grundlegende Gemeinsamkeit menschlicher und göttlicher Vernunft. Luther antwortet wütend *(De servo arbitrio)*, Erasmus verkenne die Allmacht, die Andersheit Gottes ebenso wie die radikale Sündigkeit des Menschen – eine hier nicht weiter zu verfolgende Auseinandersetzung mit naheliegenden politischen und pädagogischen Konsequenzen.

Erasmus hatte dem Rat von Basel, der sich allmählich von bischöflicher Vorherrschaft befreit hatte, Toleranz gegenüber verschiedenen Spielarten des Gottesdienstes, der Konfessionen in Basel vorgeschlagen. Doch die radikalen Kräfte setzten sich in den späten zwanziger Jahren immer mehr durch – der Basler Reformprediger Ökolampad tadelte die Gelassenheit und Geduld der erasmischen Partei, die gegen gewaltsame Abschaffung der Messe war. Er kritisiert ein Gewissen als schlecht erzogen, das nach fünf Jahren Predigt des Evangeliums, des wahren Evangeliums versteht sich, noch bei der Messe und der Bilderverehrung blieb, die ein schlimmerer Greuel seien als Ehebruch. Diese Predigt verband sich mit sozialem Protest unzufriedener Handwerker gegen die herrschenden Patrizier. Im Februar 1529 wurden die Bilder des Münsters und dann auch die der übrigen Kirchen zerhackt und zerschlagen, die Trümmer wurden öffentlich verbrannt, die Messe war verboten, jeder mußte am reformierten Gottesdienst teilnehmen. Angesichts dieser ihm unerträglichen Zwietracht und Gewaltsamkeit verließ Erasmus bald danach Basel – er lebt noch 6 Jahre in dem benachbarten Freiburg in altgläubigem Gebiet, kehrt schließlich 1535 wieder nach Basel, als dort die Unruhe abgeklungen war, zurück. Im Haus Frobens in Basel starb er am 12. Juli 1536.

II. Zentrale pädagogische Impulse

1. Distanz (Liberalität)

Will man die pädagogische Bedeutung und Wirkung des Erasmus ins Auge fassen, genügt es nicht, die ausdrücklich pädagogisch gemeinten Schriften zu mustern. Die Verwobenheit der erziehungsbezogenen Äußerungen in das übrige Lebenswerk würde leicht unkenntlich; der Philologe, der Theologe, der Musiktheoretiker käme additiv neben den Erzieher, den Schriftsteller, den Übersetzer zu stehen.

Beispiele können zeigen, wo inmitten seines vielfältigen Werkes der Drehpunkt seiner Vorstellungen über eine andere Art von Erziehung lag. Hierzu eine Äußerung aus der Einleitung der von ihm besorgten ersten Originalausgabe des Neuen Testaments: „Leidenschaftlich rücke ich von denen ab, die nicht wollen, daß die heiligen Schriften in die Volkssprache übertragen und auch von Laien gelesen werden, als ob Christus so verwickelt gelehrt hätte, daß er kaum von einer Handvoll Theologen verstanden werden könne und als ob man die christliche Religion dadurch schützen könne, daß sie unbekannt bleibe." (St., Bd. 3, 15) Hier wie auch sonst zeitlebens protestiert er gegen eine theologische Spezialwissenschaft, die mit dem Mittel der Komplizierung die Gehalte für diejenigen undurchsichtig macht, für die sie doch eigentlich bestimmt sind. Er hat damit einen Tatbestand vor Augen, der in unseren Tagen von den französischen Soziologen Bourdieu und Passeron als „symbolische Gewalt" analysiert worden ist[1]: eine Form der Schul-Weitergabe von Inhalten und Fertigkeiten, die durch manipulative Maßnahmen (wie Homogenisierung, Harmonisierung, Standardisierung) dazu führt, daß die „kulturelle Willkür", die hinter ihnen steht, unkenntlich und gegen Kritik immun wird. Die Auswahl der Inhalte wie die Formen der Lehre stehen im Dienst vorgegebener Machtformationen. Sie zeichnen den Menschen bestimmte Arten der Aneignung vor und verschließen ihnen zugleich andere. Glättungen, scheinbare Vereindeutigungen, die keine Widerhaken für Nachdenklichkeit, keine Rückfragen mehr zulassen, erzeugen den Anschein einer Klarheit, die in Wahrheit Vernebelung ist und allen Geist erstickt. Genau hieran nimmt Erasmus Anstoß; genau hiergegen richtet sich sein eigenes Werk: „Ferner haben wir diesen Text nicht so überliefert, als sei darin alles sicher und über jeden Zweifel erhaben, sondern damit dem wachsamen und aufmerksamen Leser aufgrund unserer Verbesserung und unter Zuhilfenahme der Anmerkungen in nicht geringerem Maß geholfen werde." (St., Bd. 3, 107) An anderer Stelle: „Es gibt Dinge, über die es gebildeter ist, im Zweifel zu bleiben und sich mit den Akademikern zurückzuhalten, als Wahrheiten zu verkünden." („Sunt de quibus eruditius sit ambigere ..."; ib., 75f) Das *ambigere,* das Hin- und Herwenden, das Tolerieren von *ambiguity,* das ebenfalls in der neueren Sozialwissenschaft eine zentrale Rolle spielt, weil es mit Abneigung gegen autoritär vermittelte starr dogmatische Weltbilder verbunden ist, dieses *ambigere* wird von Erasmus ausdrücklich begünstigt – durch die Art der Präsentation eines Textes, der die Nichtspezialisten eben in die vernünftig abwägende Haltung bringen will. Man muß sich vergegenwärtigen, daß es darum ging, wie der in der damaligen Gesellschaft anerkannte Lebenssinn den Menschen erscheinen sollte. Die Sorbonne in Paris verurteilte 1526 eine Reihe von Schriften des Erasmus als nicht rechtgläubig. In seinen Erwiderungen ist wieder die Bemühung spürbar, den symbolischen Gehalten der christlichen Überlieferung das den Laien Überwältigende, die einschüchternde Suggestion von Homogenität zu nehmen: Über das apostolische Glaubensbekenntnis, das schon seit Jahrhunderten Bestandteil jeder Messe war, das also durch die sakrale Feier einen besonders unantastbaren Charakter im Empfinden gewonnen hatte, schreibt Erasmus, den Ketzerverdacht zurückweisend: „Ich habe gesagt, es sei nicht von den Aposteln verfaßt. Der Satz ‚niederfahren zur Hölle' („descendit ad inferos" über Jesus nach dem Kreuzestod) ist weder im alten Symbolum Romanum noch bei den östlichen Kirchen vorhanden." (Bainton 1972, 190) Ein sakraler Text wird mit Augen gemustert, die ihn als einen historisch gewordenen entziffern. Es gibt verschiedene Schichten, es gibt verschiedene Verbindlichkeiten, verschiedene Wahrheitsintensitäten – und die sollten nicht verborgen bleiben, denn sie geben dem Subjekt, das sich ihrer vergewissert, Spielräume der Deutung, der Gewichtung. Der Satz verliert die Qualität des Steinern-Ewigen. Nicht alles ist gleich alt, gleich wichtig, gleich richtig. Daß diese Art von Bewußtmachung denen mißfiel, die auf andere Mechanismen der Aneignung setzten, liegt nahe.

Ähnlich die Position des Erasmus hinsichtlich der Gottesdienstsprache. Kult, Feier mobilisieren leicht Affekte, die die Vernunft der Subjekte umgehen, weil ausschließlich affektive Identifikationen begünstigt werden: „Ich habe gesagt, sie (d.i. die Liturgie) solle für die Laien verständlich sein. Ihr sagt, der Klang des Lateinischen, selbst wenn es nicht verstanden wird, entzünde Frömmigkeit in den Herzen. Würde der Klang des Französischen nicht dasselbe bewirken?" (ib., 190) Die Menschen werden leicht entmündigt, wenn die Symbole, der Gottesdienstgesang, der Lehrtext, nicht mehr als etwas erfahren, entziffert werden, was auf anderes verweist – wenn der Bedeutungsträger, das Bedeutende sich abgelöst hat von dem, was es bedeutet, dem Bedeuteten: Sätze, Formeln verweisen dann nur noch auf sich selbst, und die Machtinstanz, die sie zu übernehmen vorschreibt, kann nicht mehr durch Rückgriff auf die Wirklichkeit, die in ihnen repräsentiert wird, relativiert, akzentuiert werden.[2]

Die Distanz, die Erasmus den Menschen verschaffen will, entsteht dann, wenn die Menschen instandgesetzt werden, diese Symbole auf das zu beziehen, was sich in ihnen abbilden soll – den eingeschliffenen überlieferten Bibeltext auf den Urtext, das Glaubensbekenntnis auf historische Entstehungsverhältnisse, den liturgischen Gesang auf verständliche Sinnzusammenhänge. Daß sie „mit eigenen Augen sehen" statt „fremden Augen vertrauen" (Kaegi

1969, 9), das ist ein pädagogischer Grundimpuls im Lebenswerk des Erasmus. Hier liegt eine Wurzel seines Abscheus vor dem, was Frontenbildungen, Gewaltsamkeiten den Menschen antun, die in sie verwickelt sind: sie werden blind, sie verlieren die Distanz in dem Augenblick, in dem Symbole und in ihnen niedergelegte Bedeutungen zu Waffen, zu Instrumenten der Disziplinierung und Einschüchterung werden.

Im *Lob der Torheit* trägt Erasmus eine vernichtende Kritik an Schulmeistern und Theologen vor, die beide ihre überlegene Stellung dazu gebrauchen, sich und ihre Macht zu genießen. Der humanistische Impuls in der neuzeitlichen Pädagogik hat immer wieder an diesen einschüchternden Unterwerfungen Anstoß genommen, einerlei, ob diese Einschüchterung von dogmatisch zugerichteten Glaubenslehren, Wissenschaften, Parteidoktrinen oder kanonisierten Kunstbegriffen ausging. So betrachtet verlieren die Attacken des Erasmus auf die scholastischen Theologiespezialisten das Skurrile und bloß Historische, das sie auf den ersten Blick haben mögen: ,,Die heiligen Geheimnisse erklären sie frei aus dem Kopfe: sie wissen genau, wie die Welt geschaffen und eingerichtet, durch welche Kanäle das Gift der Erbsünde in die Kinder Adams geflossen, wie, in welcher Größe und wie schnell Christus im Leibe der Jungfrau gereift ist und wie in der Hostie die Gestalten von Brot und Wein auch ohne Substanz bestehen. Doch das sind abgenutzte Themata. Erst Fragen wie die folgenden halten sie großer und erleuchteter Theologen für würdig; erst wenn sie an solche kommen, erwachen sie ... Hätte Gott auch in die Gestalt eines Weibes, eines Teufels, eines Esels, eines Kürbisses, eines Kiesels eingehen können? Und wie würde dann dieser Kürbis gepredigt und Wunder gewirkt haben? Wie wäre er zu kreuzigen gewesen?" (St., Bd. 2, 1975, 133) Die Inhalte werden durch bescheidwissende Spezialisten aus dem Umkreis dessen gerückt, worüber Laien noch aufgrund eigener Erfahrungen und Einsichten nachdenken dürfen: der Gestus dessen, der alles weiß und der festlegt, was ein wichtiges Problem ist und worüber das Nachdenken und das Wissen lohnt – dieser Gestus wird von der *Torheit* des Erasmus angeprangert.

,,Noch etwas reizt auch mich (d.i. die Torheit) nicht selten zum Lachen. Sie fühlen sich dann erst so recht als Theologen, wenn sie ein recht häßliches Kauderwelsch reden; und wenn sie sich dermaßen barbarisch ausdrücken, daß nur ein Barbar sie versteht, so heißen sie das Wissenschaftlichkeit, die für das Laienvolk eben zu hoch sei. Denn sie sagen, es vertrage sich nicht mit der Größe ihrer heiligen Wissenschaft, sich den Regeln der Grammatik beugen zu müssen." (ib., 143) Das Engagement für eine korrekte (lateinische) Sprache ist ein Engagement für Verständlichkeit – und die soll den Laien, den Nichtspezialisten die Möglichkeit geben, sich aus der Unterwerfung unter das Interpretationsmonopol der (theologischen) Fachleute zu befreien.

Dasselbe Muster der Lehre kritisiert Erasmus im Sprachunterricht seiner Zeit. In der Schrift *Über die Notwendigkeit einer frühzeitigen allgemeinen Charakter- und Geistesbildung der Kinder* von 1529 setzt er sich ausführlich mit Lehr- und Erziehungspraktiken auseinander: Lehrer häufen, aus privaten Motiven, unnötige und die Schüler einschüchternde Schwierigkeiten: „Ich gebe zu, daß die grammatischen Regeln anfangs etwas trocken und mehr notwendig als erquicklich sind. Aber auch diesen benimmt die Geschicklichkeit einen guten Teil des Lästigen. Nur die wichtigsten und einfachsten Regeln sind zunächst zu geben. Mit welchen Weitläufigkeiten und Schwierigkeiten werden heutzutage die Knaben gequält, indem sie die Namen der Buchstaben lernen, ehe sie deren Gestalt kennen; indem sie bei der Flexion der Nomina und Verba gezwungen werden, sich zu merken, in wie vielen Kasus, Modi und Tempora eine und dieselbe Form stehen kann, z. B. musae im Genetiv und Dativ Singularis, im Nominativ und Vokativ Pluralis, legeris von legor, von legerim und legero. Wie sausen da die Hiebe in der Schule, wenn solche Dinge von den Knaben verlangt werden! Manche Schulmeister pflegen, um ihre Weisheit leuchten zu lassen, zu diesen Dingen absichtlich noch besondere Schwierigkeiten hinzuzufügen. Dieser Mißgriff macht beinahe in allen Unterrichtsfächern die Anfänge so verworren und beschwerlich, namentlich in der Dialektik. Wenn man ihnen eine neue Lehrmethode zeigt, so antworten sie, sie seien in der Weise unterrichtet worden, und sie leiden nicht, daß es die Knaben irgendwie besser haben, als es ihnen selbst in ihrer Jugend ergangen ist." (Päd. Schr. 153)

Einen zu lernenden Inhalt kompliziert und schwierig erscheinen zu lassen, das schafft Kontroll- und Disziplinierungsmöglichkeiten: der Anfänger fühlt sich hinlänglich inkompetent, er ist einer, der nur lernt, was andere festgesetzt haben und zu lernen vorschreiben.

Erasmus beschreibt also nicht nur minutiös und klagt an, sondern er fragt auch nach verborgenen Motivationen. Schon im *Lob der Torheit* war deutlich, daß nach seiner Auffassung private Bedürfnisse nach Überlegenheit über Schwache bei solchen Theologen und Lehrern durchschlagen. Hier geht er einen Schritt weiter: es ist ein Bedürfnis nach Rache, könnte man zugespitzt sagen – nach Rache für das, was ihnen selbst seinerzeit von den eigenen Lehrern angetan wurde in Verzichts- und Unterwerfungsforderungen.[3] Den zu vermittelnden Inhalten das Ansehen eines Labyrinths zu geben, diese Neigung der Gelehrten, der Priester, der Lehrer greift Erasmus an; labyrinthisch gemachte Vorschriften erlauben ihren Verwaltern Kontrolle und Bestrafung, einerlei ob das die in der letztgenannten Erasmus-Schrift immer wieder apostrophierten Quälereien von Knaben sind oder ob es der Ketzervorwurf, die Höllenandrohung oder die Todesstrafe in Gestalt öffentlicher Verbrennung ist, die immerhin noch zu Lebzeiten des Erasmus einem seiner leidenschaftlichen Anhänger, Louis Berquin 1529 in Paris widerfuhr, nachdem dessen Schriften schon 1523 öffentlich verbrannt worden waren. Der Zusammenhang zwischen einer Schwierigkeiten häufenden Grammatiklehre, einer den Bibeltext verstellenden Theologie und Liturgie, einer mit Prügeln oder mit Scheiterhaufen zur Übernahme zwingenden Lehrpraxis und Lehrverwaltung drängt sich auf: dem Subjekt wird jede Möglichkeit zur Distanz genommen.

Erasmus grenzte sich nicht nur von den Fraktionen innerhalb der Kirche ab, die zu Fraktionen mit Unterwerfungs- und Kampfforderungen wurden. Er veröffentlichte 1528, gegen Ende seiner Basler Zeit, auch eine Kampfschrift gegen eine humanistische Fraktion, die sogenannten Ciceronianer, die vor allem in Italien wirkten – in der Absicht eine Sprachregelung nach dem Vorbild des Cicero durchzusetzen (St., Bd. 7, 1972).

Erasmus hat mit dieser Schrift wütende Reaktionen unter den humanistischen Schriftstellern Italiens und Frankreichs provoziert (Faludy 1973, 211 ff) – und das in einer Zeit, in der er auch zwischen die Fronten der gerade entstehenden Konfessionsparteien kam. Was er, in welcher Überspitzung auch immer, kritisiert, ist die unfreie, distanzlose Beziehung zu einem großen Autor. Sie führt zu reinem Formalismus, zu einer Verherrlichung von symbolischen Bedeutungsträgern unter Abkappung des Bezuges zu dem, worauf diese Bedeutungen verweisen. Eine solche Art von Respekt vor antiken Autoren war Erasmus genau so zuwider wie die Unterwerfung unter eine kanonisierte Bibelübersetzung in Gestalt der Vulgata. Er sah die Konsequenzen für die Menschen, für die Erziehung, für das Leben in einer solcherart symbolisch erstarrten Welt. Die Menschen müssen sich an Vorschriften, an Regeln, an Lehrsätze halten, die sie nicht verstehen, nicht prüfend in eine Beziehung zu eigenen Erfahrungen, die sie nicht ins offene Gespräch mit anderen bringen dürfen. Die Kanonisierung von Bedeutungen, die sie unüberholbar macht und versteinert – das ist die Tendenz, die Erasmus allenthalben kritisch aufspürt. Er hat fasziniert erfahren, wie es ist, wenn man Texte auf Bedeutungen hin frei lesen und entziffern lernt. Dieses Lernen wollte er ausbreiten. Und er registriert immer neue Widerstände und Feindschaften.

2. *Verinnerlichung der Kontrollen (Spiritualität)*

Die erasmische Kritik an der Vermittlungspraxis von religiösen, symbolisch verschlüsselten Gehalten plädiert einerseits für Distanz. Dieser pädagogische und pastorale Zug des Schriftstellers Erasmus wurde lange unter dem Titel des voraufklärerischen Humanisten und seiner Liberalität verhandelt.

Dem steht gegenüber die alle Schriften des Erasmus durchdringende Forderung nach Verinnerlichung der seelsorgerlichen, der pädagogischen Praxis und der aus ihr resultierenden Lebensformen. Historische Darstellungen weisen auf die vielfältigen Wurzeln dieser Absicht im neuplatonisch inspirierten italienischen Humanismus des Ficino und des Pico della Mirandola wie der sogenannten „devotio moderna“ hin. Dabei wird der Niederschlag dieses Spiritualismus in den pädagogischen Schriften, das Gemeinsame eines seelsorgerlichen und eines pädagogischen Spiritualismus also, gewöhnlich übersehen oder nicht für der Rede wert erachtet. Die Veränderungen in der Subjektivität von Menschen werden mangels eines geeigneten theoretischen Apparats nicht in den Blick genommen – hier wirken heute die Arbeiten von Norbert Elias (1969 bzw. 1976) bahnbrechend, insofern in ihnen der Zusammenhang deutlich wird zwischen Veränderungen in den gesellschaftlichen Beziehungen der

Menschen und Veränderungen in den Empfindungswelten, der Art also, wie Triebe und Affekte kontrolliert und kanalisiert werden. Die Kritik an der Äußerlichkeit des religiösen Kults und die Kritik an Prügelstrafen, an liebloser Erziehung wie schließlich die Vorschläge des Erasmus für das, was wir heute Erziehung zur Höflichkeit, Erziehung zu guten Umgangsformen nennen – diese wichtigen und sehr wirksamen Stränge der publizistischen Arbeit des Erasmus hängen zusammen: Die Instanz, die über das gesellschaftlich Erlaubte und Verbotene entscheidet, soll, mehr als bisher jedenfalls, *in* die Subjekte hineinverlegt werden – ebenso die Instanz, die lobt und belohnt oder aber tadelt und bestraft. Unter diesem Gesichtspunkt eines historischen Schubes in der Verinnerlichung der Kontroll- und Urteilsinstanz sollen einige Argumentationen des Erasmus betrachtet werden, deren innerer Zusammenhang oft übersehen wird (vgl. Ballauff 1968, 600ff), ganz als seien die pädagogischen in Richtung Milde, Humanisierung, Triebdämpfung zielenden Thesen des Erasmus zu trennen von seiner Kirchenkritik, seiner die sichtbare Kirche in ihrer Bedeutung erheblich antastenden Vorstellung von einem pneumatischen, einem Geist-Christentum.

„Tief ergriffen betrachtest du den heiligen Rock oder das sogenannte Schweißtuch Christi, und schlaftrunken liesest du die Worte Christi? Du hältst es für etwas weit Größeres, zuhause eine Kreuzpartikel zu besitzen. Aber das ist gar nichts im Vergleich damit, wenn du das Geheimnis des Kreuzes verborgen in deiner Brust trägst. Wenn solche Dinge einen frommen Menschen machten, was gäbe es Frömmeres als die Juden, die in der Mehrzahl sehr wenig fromm waren, obwohl sie Jesus mit eigenen Augen lebendig sahen, mit den Ohren hörten, mit den Händen berührten? Wer wäre dann glückseliger als Judas, der mit seinem Mund den göttlichen Mund geküßt hat?" (Handbüchlein 106)

Der Rock, das Schweißtuch, das Stück vom Kreuzholz – diese Gegenstände bleiben außerhalb des Verehrers, sie sind von ihm sinnlich getrennt, die Verehrungsakte (Verneigen, Knie beugen, berühren) spielen sich zwischen dem Menschen und einem Gegenstand ab, er kann sich den Gegenständen nähern, und er kann wieder von ihnen weggehen, sie sich gewissermaßen selbst überlassen. Er bleibt prinzipiell im Gegenüber, er kann auf Distanz gehen. Das ist nicht mehr möglich, wenn jemand, nach Erasmus, „das Geheimnis des Kreuzes verborgen in seiner Brust trägt". Denn dann, nach der Verwandlung von einem äußerlich und sinnlich berührbaren Holz-Kreuz in ein innerliches und unsichtbares Mysterien-Kreuz, ist der Gegenstand der Verehrung nach innen gerückt, man kann sich von ihm nicht mehr räumlich entfernen, man kann die Verehrung auch nicht mehr durch körperlich-sinnliche Tätigkeiten praktizieren und hinter sich bringen. Und dieser Gegenstand der Verehrung, der nun als „Mysterium" innen auftritt, gibt nicht nur Verheißungen, er stellt auch Forderungen: Verzichte, Abtötungen in der Nachfolge Christi. Und diese Normquelle würde für die Menschen buchstäblich allgegenwärtig, weil innerlich. Und damit sind die in der sinnlichen Triebnatur des Menschen gelegenen, aus ihr aufsteigenden Anti-Kreuz-Strebungen eine viel bedrohlichere Erfahrung geworden – sie verletzen nicht mehr nur eine dem Subjekt mehr oder minder äußerlich bleibende Instanz, einerlei ob das eine sichtbare Kircheninstitution oder ein äußerlich bleibender mustergültiger Mensch in seinen Reliquien ist. Sie verletzen ein im Menschen selbst wirksam aufgerichtetes Ideal, vor dem man sich nicht mehr zurückziehen kann, weil man es in sich trägt. Freud nannte diese in den Subjekten auftretenden Norminstanzen, die vorschreiben, kontrollieren, beurteilen, *Über-Ich* und *Ich-Ideal*. Des Erasmus Kritik an der Frömmigkeitspraxis wie auch an der Erziehungspraxis seiner Zeit läuft darauf hinaus, daß – gegen die Intentionen der Bibel, der frühen Kirchenväter – die Normen, die Vorbilder den Menschen äußerlich bleiben: „Wir küssen die Schuhe der Heiligen und ihre schmutzigen Schweißtücher, und wir lassen ihre Bücher, ihre heiligsten und wirksamsten Reliquien, verwahrlost liegen.“ (Zit. nach Huizinga 1958, 31) Solches Küssen weiß freilich, was es gewinnt – diese Art der Verehrung beläßt den Gegenstand der Verehrung in bestimmtem Ausmaß jedenfalls draußen, man kann sich, zeitweise, vor ihm zurückziehen. Das gelingt schon viel schwerer, wenn man Worte und Forderungen des verehrten Heiligen sich vergegenwärtigt. Sie sind nicht an den Ort der Reliquie, des sinnlichen Überbleibsels gebunden, sie verbieten und schreiben vor – und das kann man von dem Bild oder der Reliquie überhaupt nicht sagen. Die Leidenschaft des Erasmus, Jesus, Paulus, die Kirchenväter wieder mit philologischen Mitteln zum Sprechen zu bringen – gegen die letzterdings stumme Präsenz von Bildern, Reliquien, Zeremonien, die sogar die Sprache und das Gebet zum Ritual erstarren ließen – diese Leidenschaft will die Normquellen, die Sinnquellen nicht außerhalb der Subjekte belassen.[4] Das Normensystem soll tiefer als bisher in die Subjekte eindringen. Die Forderung nach Kontrolle der egoistischen, unbändigen Triebe und Affekte soll nachhaltiger als bisher in den Menschen verankert werden. Insofern sind die Strebungen des Erasmus nach Spiritualisierung der Frömmigkeit durchaus einzutragen in den Zivilisationsprozeß, wie ihn Norbert Elias (Bd. 2, 1969, 312ff) am Beispiel der zunehmenden Forderungen nach Langsicht und Zurückhaltung im zwischenmenschlichen Umgang aufgewiesen hat. Die wachsende Verflechtung der Menschen untereinander mit der Folge der Unabsehbarkeit von Folgen menschlicher Handlungen läßt es immer geratener erscheinen, an sich zu halten, Triebimpulsen nicht sofort nachzugeben, Langsicht walten zu lassen – das heißt aber auch, sich nicht von äußerlich greifbaren Größen, von Situationen regulieren und beherrschen lassen, sondern von situationsunabhängigen verinnerlichten Regulatoren, die die Ausbrüche von Trieben und Affekten im Schach zu halten und zu dämpfen imstande sind. Im Zuge dieser durch die Entwicklung der Gesellschaft erforderlichen Verinnerlichung von Kontrollinstanzen ist auch die Spiritualisierung der Frömmigkeitspraxis zu sehen, die Erasmus zeitlebens in immer neuen Ansätzen fordert: „Es ist viel besser, sich mit seinem Feind zu versöhnen, als nach Rom oder Compostella zu rennen“ (Bainton 1972, 72). Buße wird aus einer Wallfahrt zu einer Lebenspraxis, mit all den Belastungen, die das für die Subjekte mit sich bringt. Auch in den beiden Erasmus-Schriften mit dem größten Publikumserfolg, dem *Lob der Torheit* und den *Vertrauten Gesprächen,* geht es mitnichten um die geschliffene Darstellung geistreichwitziger Einfälle, es geht immer wieder in bissigem Ernst um die Forderung, daß die Regulatoren des zwischenmenschlichen Verhaltens, des Umgangs mit eigenen Triebwünschen in die Subjekte hinein verlagert werden. Die Fluchtwege, die die Schwere der Forderungen erleichtern – die Fluchtwege zum Reliquienkult, zu geistlosem Rezitieren von Gebeten, zum rituellen Exekutieren von Messen und Sakramenten –, sollen abgeschnitten werden, wobei es für Erasmus zeitlebens typisch war, daß er vor letzter Radikalität zurückscheut, vor der Bilderstürmerei und vor jeder prinzipiellen Verurteilung sinnlich sichtbarer Frömmigkeit: „... muß ich immer wieder darauf hinweisen, daß ich in keiner Weise äußere christliche Andachtsformen und den Eifer der Schlicht-Einfältigen angreife, zumal nicht solche Bräuche, die die Autorität der Kirche gebilligt hat. Denn sie sind nicht selten Zeichen der Frömmigkeit und Hilfen zu ihr. Obgleich sie aber wohl für die Kinder in Christus notwendig sind, bis diese herangewachsen und zum vollen Mannesalter herangereift sind, so sollen sich doch auch die Vollkommenen nicht darüber erhaben dünken, damit den Schwachen nicht durch ihr Beispiel Schaden geschieht." (Handbüchlein, 108) Schrittweise Reformen, Stufen vom Sinnlichen zum Geistigen, Verwurzelung in der alten Kirche, Sensibilität für die Schwachen, die Anfangenden, Abscheu vor den sichtbaren Konsequenzen der Zertrümmerung der alten sinnenprächtigen Frömmigkeit – solche leicht zu formulierenden Etikette sollten doch die Brüche und Widersprüche nicht unkenntlich machen, die die Argumentation des Erasmus durchziehen. Die aufs Sinnlich-Greifbare erpichte Frömmigkeit ist ihm meist nicht als Vorstufe, sondern als Hindernis, als Flucht vor der wahren inneren Aneignung erschienen. Die zu hörenden, zu lesenden und auf dem Weg des Buchdrucks neuerdings so unvorstellbar leicht zu verbreitenden Schriften vor allem des Neuen Testaments sollten die Träger der Normen und Bedeutungen werden, denn sie dringen, vorsichtig gesagt, tiefer in die Menschen ein als sichtbare Gottesdienste, an sinnliche Materie gebundene Sakramente, an feste Zeiten gebundene Feiertage.

Wie erscheint das Konzept des Erasmus, das auf verinnerlichte Aneignung der überlieferten Normen und Bedeutungen setzt, im erzieherischen Bereich im engeren Sinn? Denn daß die alte und die vom Erasmus begünstigte Praxis der Aneignung überlieferter Gehalte verschiedene Muster der Beeinflussung von Menschen, verschiedene Praxen der Erziehung mit sich bringen, liegt zutage.

In der Schrift *Über die Notwendigkeit einer frühzeitigen allgemeinen Charakter- und Geistesbildung der Kinder* (1519) wird einerseits die Wichtigkeit der Erziehung, die man nicht dem Zufall oder unausgebildeten Randexistenzen überlassen dürfe, betont – andererseits aber entschieden Front gemacht gegen eine Praxis, die mit Gewalt, mit Prügeln und überdimensionierten grausamen Strafen Lesen, Schreiben, Wissenschaften den Heranwachsenden beibringen will. ,,Denn nichts ist schädlicher, als wenn das Verfahren des Lehrers dahin führt, daß die Knaben die Studien zu hassen anfangen, ehe sie einsehen können, weshalb man sie lieben muß. Der erste Schritt zum Lernen ist die Liebe zum Lehrer. Im Laufe der Zeit wird der Knabe, der zunächst die Wissenschaft um des Lehrers willen zu lieben angefangen hatte, den Lehrer um der Wissenschaft willen lieben." (Päd. Schr., 136f) Wer den Lehrer, die Eltern liebt, richtet ihr Bild in sich auf – man holt sie in sich herein, sieht mit ihren Augen, fühlt mit ihren Gefühlen, teilt ihre Wertschätzungen. Die vom geliebten Lehrer geschätzten Inhalte bleiben nicht außerhalb der Subjekte. In welchem Maß diese Forderungen des Erasmus gegen herrschende Praxis gerichtet waren, mag aus neueren Forschungen über die unglaubliche Brutalität im Umgang mit Heranwachsenden und mit Kindern deutlich werden.[5]

Erasmus nennt, analog zu der Verinnerlichung der Wallfahrten, der Reliquienverehrung, auch die Verinnerlichung der Strafpraxis beim Namen: ,,Unsere Rute sei eine freimütige Ermahnung, mitunter auch ein Tadel, aber mit Milde gewürzt, nicht mit Bitterkeit. Diese Zuchtrute wollen wir bei unseren Söhnen fleißig anwenden, damit sie, ordentlich erzogen, zu Hause die richtige Lebensführung lernen und nicht gezwungen werden, bezüglich ihrer Obliegenheiten bei den Nachbarn Rat zu erbetteln." (Päd. Schr., 144) Wenn das Bild des geliebten verehrten Erwachsenen im Heranwachsenden lebendig ist, dann braucht es keiner äußeren Rute – ein milder Tadel bewirkt dann den inneren Schlag, der von der inneren Instanz, der Kontrollapparatur weitergegeben wird. Beispiele sollen die Kinder hören, Lebensläufe, bei denen Gelehrsamkeit zu Glück und Ehre führten – Unkenntnis und schlechter Lebenswandel aber zu Armut und Verderben. Auf diese spirituelle Weise sollen sie diszipliniert werden, sie erleben Lohn und Strafe auf dem Weg der Identifikation mit guten Vorbildern: ,,Wiederholen und Einprägen: mit diesem Stock wollen wir den Rücken unserer Kinder bläuen ... Das sind in der Tat die Strafwerkzeuge, die den Christen anstehen, den Jüngern des so sanftmütigen Jesus." (ib., 145)

Die historischen wie die pädagogischen Darstellungen von der Erziehungslehre des Erasmus neigen zu euphorischen Lobpreisungen des Rufers in der (pädagogischen) Wüste der Gewalt und Schulbrutalität. Aber diese Einschätzung bringt sich leicht um die Einsicht in die Belastungen, die in der von Erasmus favorisierten humanistischen Erziehung den Menschen, den Kindern angesonnen werden: die Gesellschaft mit ihren die Affekte, die Triebe, die Sinnlichkeit beschneidenden und reglementierenden Forderungen dringt in die Subjekte ein, sie errichtet gewissermaßen Stützpunkte in den Menschen. Sie müssen sich selbst Vorwürfe machen ob ihrer Leidenschaftlichkeit, ihrer Trägheit – die Erwachsenenwelt ist in den Heranwachsenden selbst gegenwärtig, es bedarf gar keiner äußeren Bedrohungen, Forderungen und Strafen mehr, wenn diese Art der Sozialwerdung gelingt. Der Stock, das Bläuen – alles arbeitet innen. Mit Energie aus dem eigenen Affekthaushalt lernt man sich selbst in Schach zu halten und zu disziplinieren – nicht die physische Energie des Schläger-Erziehers ist dafür vonnöten. Es wäre naiv und würde hinter die Einsichten zurückfallen, die wir Freud und, in soziohistorischer Weiterführung, Elias verdanken, wenn man in dieser Verinnerlichung der Normen und der sie aufbauenden Erziehungspraxis nicht auch die wachsenden Belastungen und Spannungen in den Subjekten wahrnehmen und veranschlagen wollte.

Das wird noch deutlicher in der Schrift des Erasmus *Über die Umgangserziehung der Kinder,* die 1526 erschienen ist und mit 131 Auflagen bis 1893 (Elias, Bd. 1, 1968, 312) zu den Schriften des Erasmus mit der höchsten Auflagenzahl in den folgenden Jahrhunderten gehört – ganz im Gegensatz zu ihrer geringen Resonanz bei einer auf Geistesgeschichte erpichten Historie und Pädagogik. Die Schrift mit brillanten und detaillierten Vorschriften und Analysen über so Alltägliches wie die Art der Gesichtsmodellierung, des Sitzens, des Stehens, des Essens, des Schneuzens, des Spuckens befriedigte in ihrer Klarheit und Plausibilität offenbar einen großen Bedarf in den folgenden Jahrzehnten, in denen die den offenen Auslaß der Affekte begünstigende ritterlich-bäuerliche Lebensform ihre ökonomische und politische Basis verlor – Formen der Mäßigung, der Domestikation von Sinnlichkeit wurden für die Apparatur der Gesellschaft wie für das Fortkommen des Einzelnen notwendig. Elias hat diesen Prozeß, bei dem die Schrift des Erasmus zwischen zwei verschiedenen Arten gesellschaftlicher Organisation eine Schlüsselstellung hat, in eindringlichen Analysen offengelegt. Bei allen Empfehlungen, Vorschriften des Erasmus, zwischen die Entstehung von Affekten, von sinnlichen Bedürfnissen (des Spuckens, des Schneuzens, des Nießens, des Speisens usf.) einerseits und ihrer Äußerung, Entladung andererseits einen Filter der Prüfung, einen Zwischenraum zu legen – bei all diesen Vorschriften ist es die Sprache des wohlwollenden Erziehers, der Gründe und Beobachtungen angibt. Es ist nicht die Sprache des Zwingherrn, der einfach nur blinde Gebote vorschreibt, wie das – nach Elias – in Tischzuchten der Zeit vor Erasmus durchaus üblich war. Auch hier also das Angebot zur Identifikation mit einem weisen, wohlwollenden Erzieher, der offenbar dem Nachwuchs Peinlichkeiten ersparen will – und der ihm beibringt, anläßlich welcher Ausbrüche von Sinnlichkeit in Gesellschaft er sich zu schämen hat. Elias hat gezeigt, wie die Scham- und Peinlichkeitsschwelle auch mit der Schrift des Erasmus weiter vordringt. Man muß sich bei Erasmus schon schämen, wenn man den ausgespuckten Schleim, das „sputum", nicht unverzüglich mit dem Schuh bedeckt und zertritt (Elias, Bd. 1, 1968, 213f). Am Spucken selbst wird (noch) kein Anstoß genommen. „Nur ein Bramarbas sitzt oder steht breitbeinig herum. Wer sitzt, sollte seine Knie zusammenhaken, stehen sollte man mit geschlossenen oder nur wenig geöffneten Füßen. Manche sitzen da mit übergeschlagenen Beinen, andere stehen da mit gekreuzten Schienbeinen. Das eine verrät Ängstlichkeit, das andere läppisches Wesen." (Päd. Schr., 94f) Es ist das eine Erziehung des Umganges mit der eigenen sozial bedeutsam werdenden Körperlichkeit, die nicht auf von außen kommende Kontrollen und Strafen setzt, sondern auf die Scham, die Angst vor der Scham, vor der Blamage – das heißt aber die Angst vor der Bestrafung durch die in den Menschen selbst gegenwärtig gewordenen Kontrollapparaturen, die nicht mit Gewalt, sondern unter Hinweis auf Gründe, auf Vorbilder, auf abschreckende Beispiele in ihnen angesiedelt wurden.

Verinnerlichung also auch auf diesem Sektor, der viel näher bei der Sinnlichkeit liegt als etwa die Bedeutungsgehalte des Christentums, der Schullehre, und zwar Verinnerlichung, die durchaus die Übermacht gesellschaftlicher äußerer Traditionen in Frage zu stellen ansetzt: „Die aus minderem Hause kommen, aus dienendem oder bäuerlichem Stande, sollten sich doppelte Mühe geben, damit sie durch elegantes Benehmen ausgleichen, was die Natur ihnen vorenthalten hat. Keiner kann sich seine Eltern oder sein Vaterland aussuchen, um so mehr kann jeder selbst seinen Geist bilden und sein Benehmen formen." (ib., 106)[6]

Die Distanz, die Erasmus den Menschen ermöglichen wollte, indem er die Bedeutungen der persönlichen Interpretation und Aneignung zugänglich machen wollte, könnte auf den ersten Blick ausschließlich als Zuwachs an Freizügigkeit der Menschen gegenüber der Überlieferung, den gesellschaftlichen Normen aufgefaßt werden. Man muß dagegen wahrnehmen, in welchem Maß das so in gewissem Sinn freigesetzte Subjekt, das beispielsweise die Bibel, die alten Schriftsteller kennenlernen soll, seinerseits schon gebunden ist – und zwar durch verinnerlichte Kontrollinstanzen, die jeden wilden Ausbruch von Sinnlichkeit verhindern oder zumindest streng verurteilen. Der immer wieder in der historischen Literatur verhandelte Gegensatz zwischen Erasmus, dem Liberalen, und Erasmus, dem streng spirituellen Gläubigen, verliert unter dem hier skizzierten Gesichtspunkt einer Geschichte der gesellschaftlich vermittelten Subjektivität an Schärfe. Die Dispositionsspielräume gewinnt ja ein Subjekt, das in bestimmter Weise sich selbst Autorität geworden ist, wobei freilich diese Autorität von mächtigen Erwachsenen, Überlieferern übernommen ist. Der Gegensatz verliert also an Schärfe, wenn man sich erasmische Vorstellungen über Erziehung, über die Aneignung von Überlieferung, über die Bearbeitung der menschlichen Sinnlichkeit vergegenwärtigt.

III. Urteile nach vier Jahrhunderten

Heer hat gezeigt, wie in den anderthalb Jahrhunderten nach dem Tod des Erasmus die sich wechselseitig verketzernden Konfessionen erasmische Ideen verurteilten, ihre Anhänger verfolgten und auszulöschen suchten; Cervantes, Rabelais, Montaigne, Ben Johnson sind wichtige Autoren, die – oft vielfach gebrochen – erasmisches Erbe weiterführten. Im frühen 18. Jahrhundert wurde Erasmus wiederentdeckt, eine Gesamtausgabe seiner Werke erschien in Leyden. Im 19. Jahrhundert wußte man wenig mit ihm anzufangen – charakteristisch die Äußerung von K. v. Raumer in seiner *Geschichte der Pädagogik:* „Der unglückliche Mann hatte kein Vaterhaus, kein Vaterland, keine Kirche, er hatte nichts, sofür er sich hätte aufopfern mögen. So ward er selbstsüchtig, furchtsam und zweideutig; es fehlte ihm die Liebe!"[7] Und nach zwei Weltkriegen schrieb der Pädagoge Heinrich Weinstock, die Irreligiosität, den mangelnden Sinn fürs Tragische bei Erasmus kritisierend: „Im Sprühregen der Ironie löst sich der Schrecken des Bösen in die Harmlosigkeit des Menschlich-Allzumenschlichen auf. Wo aber Erbsünde zum Spiel des Witzes geworden ist, wird die Erlösung überflüssig." (Zit. nach Padberg 1964, 32) Ähnlich scharf urteilen die theologisch inspirierten Pädagogen (ib., 28ff) Lichtenstein („Ist der Mensch – insgeheim – Gott?") und Hammelsbeck („Der christliche Humanismus ist die von Luther in Gestalt des Erasmus bekämpfte Häresie"). Was sie, lebhaft beeinflußt von dem Religionshistoriker Joseph Lortz, anklagen, ist der Relativismus, die Skepsis des „halben, gespaltenen, selbstmörderischen Humanisten" (Hammelsbeck). Die großen Biographien von Bainton und Faludy aus dem angelsächsischen Raum haben jüngst ebenso wie die Arbeit von Tracy (1972) deutlich gemacht, in welchem Maß die erasmische Ablehnung fester Bekenntniszwänge und der gewaltsamen oder sakral-feierlichen Einweisung in sie verkannt wird, wenn sie nicht als Ausdruck einer entschieden gewaltfeindlichen und menschenfreundlichen Praxis gesehen wird, die auf Vernunft, auf Gespräch, auf Erziehung setzt, ohne sich Illusionen über deren geringe Macht hinzugeben.

„Vielleicht wäre ‚unerbittliche Festigkeit' (deren Fehlen Lortz bei Erasmus scharf kritisierte) der beste Ausdruck für das, was Erasmus am meisten verabscheute. Anders als Luther zog er es vor, Engstellen (‚angustias') lieber allesamt zu vermeiden als auf eine größere Freiheit zu hoffen, die am anderen Ende eines solchen Engpasses anbrechen könnte. Einen Text mit logischen Mitteln auf eine spezifische Bedeutung zu fixieren, das regte ihn auf und reizte ihn zum Widerspruch – genauso wie das Fixieren des Ausdrückens von Frömmigkeit auf eine spezifische Zeit und Exekutionsform. Wer ganz hingegeben ist an solcherlei Zeremonien, der nimmt enge und vorgeschriebene Dinge in tödlichem Ernst auf." (Tracy 1972, 97) Diesen tödlichen Ernst zu vermindern, daran hat Erasmus als Schriftsteller wie als Erzieher, bis heute nicht sehr erfolgreich, gearbeitet.

Karl Erlinghagen

IGNATIUS VON LOYOLA

(1491–1556)

Wenn man Ignatius von Loyola unter die Klassiker der Pädagogik einreiht, könnte sich Widerspruch erheben. Von religiöser Unterweisung im Sinne der Erwachsenen- oder auch Kinderkatechese abgesehen, die Ignatius nach Abschluß seiner Studien an der Sorbonne zunächst häufig, danach seltener, schließlich gar nicht mehr hielt, ist aus seinem gut erforschten Leben keinerlei Unterrichts- oder Erziehungstätigkeit in Schulen oder pädagogischen Institutionen bekannt. Gleichwohl hat ihn die pädagogische Geschichtsschreibung nie übergangen und nicht übergehen können. Die entscheidenden Impulse, die er seiner Stiftung, der Gesellschaft Jesu, mit auf den Weg in die Geschichte gab, haben die ungeheure Dynamik bewirkt, mit der der Jesuitenorden in seinem und den nächsten Jahrhunderten zusammen mit dem religiösen auch indirekt das politische Bild der europäischen Welt und der von ihr abhängigen Kolonien beeinflußt und verändert hat. So ist es denn auch mehr die Societas Jesu in ihren ersten anderthalb bis zwei Jahrhunderten, die durch ihre Mission und ihre Schulgründungen in aller Welt die pädagogischen und politischen Wirkungen hervorgebracht hat, die dem Orden – je nach ideologischem Standpunkt – mit Bewunderung oder auch radikaler Ablehnung nachgesagt werden. Die in jedem Falle erstaunliche Leistung dieses jungen, im Verständnis der Kirche neuartigen Ordens wäre nicht möglich gewesen ohne die nun schon über vier Jahrhunderte wirksamen Leitideen seines Gründers. So rechtfertigt sich dessen Einreihung unter die bedeutenden Erziehergestalten in modifizierter Weise, während seine Gesamtpersönlichkeit primär eher zu den religiösen Erneuerern und großen Kirchenpolitikern gehört.

Wichtigstes Dokument dieser Ideen und zugleich entscheidendes Instrument ihrer Verbreitung sind die *Geistlichen Übungen* (Exercitia Spiritualia) des Ignatius. Von einer „Pädagogik der Exerzitien" zu sprechen, wie es gelegentlich – nicht völlig ohne jeden Grund – geschieht, ist insofern ungenau und für unseren Zweck unbrauchbar, als die Exerzitien nach der Intention des Ignatius ursprünglich für nur wenige (einzelne) ausgesuchte, geistig qualifizierte Männer gedacht waren mit dem ausschließlichen Ziel einer Lebenskonversion, einer Bekehrung, die dann freilich umso höhere Früchte tragen sollte, je einflußreicher der Bekehrte im öffentlichen kirchlichen oder außerkirchlichen Leben stand. Von pädagogischen Äußerungen oder Intentionen außerhalb dieser alles bestimmenden Zielsetzung findet sich in den geistlichen Übungen

Ignatius von Loyola (1491–1556)

nicht die Spur. Exerzitien für Gruppen oder gar Massen, die später in zeitlich minimalisierter Form und unter Reduzierung ihrer spirituellen Intensität aufkamen, sind Adaptionen, zwar legitim und schon von Ignatius vorgesehen, die aber den Namen ignatianischer Exerzitien – unbeschadet ihres sonstigen pädagogischen Wertes – im Grunde nicht verdienen.

In der Geschichte der Pädagogik hat es immer wieder großartige Theoretiker gegeben, deren unmittelbar praktische Breitenwirkung eher gering blieb – ich möchte Comenius und selbst Pestalozzi hierzu zählen. Bei Ignatius handelt es sich umgekehrt um einen überragenden Mann, dessen im engeren Sinn pädagogische Schriften verschwindend gering sind und das innerhalb einer außerordentlich umfassenden schriftlichen Hinterlassenschaft, die aus Briefen und Instruktionen, spirituellen Schriften, Exerzitien mitsamt den Weisungen zum *Exerzitienbuch,* einem mystischen Tagebuch sowie den vorbereitenden und grundlegenden Schriften für die *Konstitutionen* der Gesellschaft Jesu besteht. Diese letzten haben qualitativ – wenn solche Unterscheidung hier überhaupt am Platze ist – den Vorrang. Die ,,Spiritualität" ist für die Person, das Werk und das Fortwirken des Ignatius in der Pädagogik des Jesuitenordens entscheidend. Sie ist der Schlüssel zu allem. Ohne sie ist im Grunde nichts zu verstehen, nichts in seiner Gestalt noch in seinem Werke, die Grenzen und Schwächen eingeschlossen. Sie ist in den tiefgreifenden, beglückenden und auch leidvollen, von innerer Sicherheit und qualvollen Zweifeln geprägten Erfahrungen seines persönlichen Lebensganges gewachsen. Aber die religiöse Reife des erwachsenen Mannes, der schließlich erst gegen die Mitte seines Lebens ,,fromm" wurde, ist nur die eine, von frommen Biographen, aber auch als wissenschaftlich sich verstehenden Historikern fast ausschließlich gesehene Seite seiner Persönlichkeit. Die andere, sein nüchterner Verstand wie sein Ausgreifen nach real verwirklichbaren, fast übermenschlichen Zielen, seine Beharrlichkeit und sein Geschick in der Menschenbehandlung, seine Hochschätzung der Wissenschaften als Instrument zum Ziel und ihre darin zugleich liegende Geringschätzung, seine Abstinenz von der Teilnahme an den wissenschaftlichen, auch theologischen und kulturellen Bewegungen seiner Zeit, seine – offenbare – musische Unbedarftheit, aber auch sein militärisch-radikaler Einsatz für die erkannte Sache in den Dimensionen des Entdeckungszeitalters sind ebenso in der Struktur seines Ichs zu suchen, das seinerseits nur eingebettet in seiner Biographie zu verstehen ist, die vom Selbstverständnis der Zeit und ihren die Persönlichkeitswerdung bestimmenden Prädispositionen mitgeprägt ist.

I. Biographisches

Der Geburtstag des Iñigo López de Oñaz y Loyola im Jahre 1491 ist unbekannt. Das Schloß Loyola, wo er geboren wurde, gehört zur baskischen Provinz Guipúzcoa am Südhang der westlichen Pyrenäenausläufer. Die Basken, zu denen auch die nördlich der Pyrenäen auf französischem Gebiet wohnenden Bevölkerungsteile gehören, waren politisch keine einheitliche Größe, hatten aber auf der Grundlage ihrer gemeinsamen Sprache eine eigene selbstbewußte Kultur. Ein offener Gegensatz bestand damals eher zu Frankreich als zu Spanien, in das die Provinz schon längere Zeit eingegliedert war. Das benachbarte, bei der Geburt des Iñigo noch selbständige Königreich Navarra wurde erst 1515 durch Ferdinand den Katholischen erobert, Spanien eingegliedert und durch einen spanischen Vizekönig verwaltet. Wie wenig die Annexion damals zu nationalen Gegensätzen führte, zeigt die Tatsache, daß der aus altem baskischem Kleinadel stammende Iñigo keine Bedenken hegte, drei Jahre später 1518 als Offizier in die Dienste des spanischen Vizekönigs zu treten und das Land gegen französische Truppen zu verteidigen. Bei der Belagerung der Provinzhauptstadt Pamplona durch die Franzosen wurde Iñigo 1521 schwer verwundet.

Über seine vorangegangene Erziehung in Kindheit und Jugend ist wenig bekannt, außer daß sie nach der bewahrenden Fürsorge in der Obhut der Frauen und der etwas rauheren Einübung männlicher Sitten durch die Edelleute auf Schloß Loyola streng in höfischen Bahnen verlief. Auf einen theologischen Beruf war sie so wenig ausgerichtet wie auf die Kenntnisnahme humanistischer Kultur, die damals die gebildete Welt im ganzen europäischen Abendland bestimmte. Die von Spanien neu erworbenen baskischen Regionen, durch zahlreiche Kämpfe erschüttert und durch ihre Grenzlage ohnehin benachteiligt, lagen naturgemäß stärker an der Peripherie des Geisteslebens als die Zentren in den großen Städten des Landes und den berühmten spanischen Universitäten. Zum Ausbildungsgang der jungen baskischen Adligen gehörte Latein jedenfalls nicht. Klassische Sprachen mußte Iñigo sich als Dreißigjähriger erst mühsam auf der gemeinsamen Schulbank mit Gymnasialanfängern aneignen. War humanistische Bildung in seinem Werdegang also keine Selbstverständlichkeit, so doch eine unbeirrte Verwurzelung im katholischen Glauben. Dieser hatte in der Verwobenheit von Volkstum, Verbundenheit mit den Herrscherhäusern und dem iberischen Nationalismus sein typisch spanisches Gepräge, das in Iñigos Jugendzeit einmalige historische Akzente erhielt, die den spanischen Katholizismus unter allen anderen der Weltkirche bis in die Gegenwart auszeichnen: Der durch Asien und Nordafrika sich wie eine Sturmflut ausbreitende Islam hatte 711 Südspanien erreicht und war in schnellem Vordringen bis in die Mitte Frankreichs gelangt, wo er erst bei Tours und Poitiers im Jahre 732 durch Karl Martell aufgehalten werden konnte. Wenn sich die Mauren, wie sie in Spanien genannt wurden, auch wieder über die Pyrenäen zurückziehen mußten, so beherrschten sie doch zwei Drittel der Iberischen Halbinsel noch für Jahrhunderte vollständig. Der Norden lebte in ihrer dauernden Bedrohung, aber auch in unerschütterlichem Willen, die Halbinsel zurückzuerobern. Die über 700 Jahre dauernde Geschichte dieser Wiedereroberung, der *Reconquistá,* war ein Jahr nach der Geburt des Iñigo mit der Eroberung des Königreiches Granada zum Abschluß gekommen. Für das spanische Nationalbewußtsein galt die Beendigung der Maurenherrschaft als einmalige Großtat des Herrscherpaares, Ferdinands II. von Aragon und Isabellas I. Die nachfolgende Vertreibung von Mauren und Juden, ebenso religiös wie wirtschaftlich und politisch motiviert, führte zwar in Landwirtschaft, Handel und Gewerbe zunächst zu schweren, fast katastrophalen Schäden, brachte aber dem Königspaar den Ehrentitel der Reyos Católicos, der Katholischen Könige, ein und dem Land das Bewußtsein, Vormacht der römisch-katholischen Kirche in der Welt zu sein. Für Ignatius klingen diese Vorstellungen in den *Exercitia Spiritualia* an, wenn er den Exercitanden dazu auffordert zu betrachten, wie „der Ruf des irdischen Königs dazu (dient), das Leben des Ewigen Königs zu betrachten" (Haas 45), oder zu „schauen, wie dieser König alle die Seinen anredet und spricht: Mein Wille ist es, das ganze Land der Ungläubigen zu unterwerfen; deshalb, wer mit mir kommen will, der hat damit zufrieden zu sein, zu essen wie ich und ebenso zu trinken, sich zu kleiden usw. Ebenso muß er wie ich sich bei Tag abmühen und bei Nacht wachen usw., damit er so nachher auch mit mir Anteil am Sieg erhalte, wie er teilhatte an den Mühen" (ebda.).

Bis weit ins 20. Jahrhundert rühmte sich das katholische Spanien, niemals einer religiösen Irrlehre Raum gegeben zu haben. Mit großer militärischer Tatkraft und innenpolitischem Geschick konsolidierte sich das Land und wuchs im 16. und 17. Jahrhundert zur Weltmacht heran. Die Ausbreitung des katholischen Glaubens nach innen und nach außen, durch Gegenreformation und kriegerische Missionierung, wurde zur Hauptaufgabe der spanischen Politik, dem Herrscherhause und der katholischen Kirche zu Diensten und Gewinn. Spanien begann globale Politik zu betreiben und universell zu denken. 1492 war Amerika, 1498 der Seeweg nach Indien entdeckt worden. Es begannen die unaufhaltsamen Entdeckungsfahrten über alle Weltmeere und die wenigstens vorübergehende Eroberung des Erdkreises durch die Spanier und Portugiesen.

Ignatius, wie sich Iñigo später während seines Pariser Studiums aus Verehrung gegen den Märtyrerbischof Ignatius von Antiochien nannte (und nicht etwa in humanistischer Latinisierung seines eigenen Namens), blieb bei aller Weltoffenheit dem Humanismus innerlich fremd, obwohl er nach seinem Studium die Sorbonne mit dem Grad eines Magister Artium verließ. Künste und Wissenschaften waren für ihn Instrumente, nicht Selbstzweck. Zweck wurde für ihn der Dienst an der Kirche in bedingungsloser Unterstellung unter die Befehle des Papstes. Diesen Dienst verstand er von Anbeginn universell und global. Er wird zu keiner Zeit ein Reformpädagoge, wohl aber Reformer der Kirche in der Kirche. Man darf annehmen, daß er bis zu seiner „Bekehrung" in einer selbstverständlichen, ungebrochenen, wenn auch zunächst noch nicht reflektierten Treue zur Kirche aufgewachsen ist. Diese Treue hat aus der *Reconquistá* gegen die Mauren etwas Ritterlich-Militärisches, zugleich etwas Conquistadorenhaftes aus der *Conquistá,* der Eroberung der neuentdeckten Welten durch das katholische Spanien.

Weltlicher Werdegang und religiöse Erlebnisse sind gleichermaßen Schlüssel zu seiner Person und seinem Werk. Beide sind bestimmt durch Unerbittlichkeit und Zielstrebigkeit. Die Unerbittlichkeit sich selbst gegenüber konnte zur Härte werden, auch wenn sie andern gegenüber von konziliancter Flexibilität war, die das zu erreichende Ziel allerdings stets unnachgiebig im Blick behielt. Nur denen gegenüber, die sich seiner Gemeinschaft anschließen wollten oder bereits zu ihr gestoßen waren, konnte er gelegentlich ebenfalls eine die Härte streifende Unerbittlichkeit zeigen, selbst gegenüber engsten Freunden und ältesten Gefährten.

Zur Illustration seiner Willenshärte gegen sich selbst mag das folgende bekannte, historisch belegte Beispiel dienen: Bei der Belagerung von Pamplona zerschlug dem dreißigjährigen Offizier eine Kanonenkugel den Unterschenkel. Die Knochen des vom Wundarzt zusammengeflickten Beines waren falsch zusammengewachsen, wodurch sich das Bein verkürzte. Dies wäre der weiteren militärischen und höfischen Laufbahn hinderlich gewesen. Deshalb ließ er es bei vollem Bewußtsein noch einmal brechen und aufs neue zusammenheilen. Einen dann noch vorspringenden Knochen ließ er absägen. Diese auf das weltliche Ziel der Offizierslaufbahn gerichtete Willenskraft verdeutlicht auch sein späteres, im Ziel unbeirrbar konsequentes, in der Wahl der Wege und Mittel zugleich jederzeit flexibles Handeln.

Die andere Komponente seiner Person und seines Werkes ist ein religiöses Ergriffensein, das sich während seiner langen Genesungszeit allmählich entfaltete, seine Zielsetzungen neu bestimmte und von da ab für sein weiteres Leben tragend wurde. In dieses Bewußtsein sind auch seine mystischen Erlebnisse einzuordnen, die er in seinem Tagebuch bezeugt. Sie spielen in der biographischen Literatur katholischer wie nichtkatholischer Provenienz eine bedeutende Rolle. Das Engagement für ein religiöses Ziel teilt Ignatius mit den großen Persönlichkeiten sowohl der katholischen Kirche als auch mit fast allen Reformatoren selbst bei unterschiedlicher, teils sogar diametral entgegengesetzter Zielsetzung.

Ignatius war kein Fachtheologe. Zwar hatte er seine philosophischen und theologischen Studien an der Sorbonne noch als mehr denn Vierzigjähriger mit Bravour hinter sich gebracht und mit dem Grad eines Magister Artium abgeschlossen (was etwa dem heutigen Doktorgrad entspricht). Aber von einem weiteren wissenschaftlich theologischen Engagement hören wir nichts mehr. Seine Absicht war, wie es seinem geistigen Habitus entsprach, das praktische Handeln, das er stets als Seelsorge verstand. Keineswegs aber will er theologische Genauigkeit aus der Verkündigung und pastoralen Belehrung ferngehalten wissen: „Man muß darauf achten, daß man nicht durch vieles und sehr eindringliches Reden vom Glauben ohne irgendwelche Unterscheidung und Erklärung dem Volk Anlaß gebe, in der Verrichtung guter Werke träge und schlaff zu werden, mögen diese dem von der Liebe belebten Glauben vorangehen oder ihm folgen.“ (Haas 117) Von theologischen Kontroversen, zumal mit den kirchlichen Neuerern, hielt er sich strikt fern, schloß sich vielmehr bedingungslos der von der römisch-katholischen Kirche als gültig vertretenen Lehrmeinung an.

Seine ,,Konversion" ist ein langewährender Prozeß. Sie begann mit der Lektüre von Heiligenlegenden, zu denen er eher zufällig, aus Langeweile, nachdem er auf seinem monatelangen Krankenlager im heimatlichen Schloß alle erreichbaren Ritterromane gelesen hatte, zunächst widerstrebend gegriffen hatte. Die von Ludolf von Sachsen und Jacobus a Voragine zu ritterlichen Helden aufstilisierten Kurzbiographien großer Männer der Kirche begannen ihn zu interessieren, und es reifte in ihm der Entschluß, es ihnen gleichzutun, wenn ein Leben als Offizier schon nicht mehr möglich sei. In diesem zunächst noch nicht ganz unangefochtenen Entschluß wurde er bestärkt durch eine Pilgerreise zum Kloster Montserrat, durch die Gespräche, die er dort mit den Mönchen führte, und das Bekanntwerden mit der *Devotio Moderna* aus den Schriften des Cisneros, der den Montserrat kurze Zeit zuvor zu einem Reformkloster von höchster Blüte gebracht hatte. Seine Anleitungen zur Beschauung sind für die damalige Spiritualität von Bedeutung und auch für die des Ignatius bestimmend geworden. Auf diese Zeit geht auch seine hohe – theologisch gesehen zu hohe – Wertschätzung der Imitatio Christi des Thomas von Kempen zurück. Fast ein Jahr lang lebte er danach in dem nicht weit entfernten Manresa und erfuhr dort in mystischen Erlebnissen seine definitive geistige und geistliche Prägung, ohne jedoch schon ein klares Lebensziel vor Augen zu haben. Auf diese Zeit gehen auch die Grundzüge und wesentliche Teile seines *Exerzitienbuches* zurück. Nach einer Pilgerfahrt ins Heilige Land reift sein endgültiger Entschluß zum Einsatz in der Kirche. Den Unbedingtheitsanspruch dienenden Gehorsams gegenüber der Kirche, der nur aus einem unangefochtenen Glauben zu verstehen ist, hat er in jenen Regeln formuliert, deren übersetzte Überschrift lautet: ,,Um das echte Gespür zu erlangen, das wir in der dienenden Kirche haben sollen". Diese Regeln entsprechen so sehr dem Geiste der Exerzitien, daß sie trotz späterer Abfassung den Exerzitien selbst als Anhang beigedruckt worden sind. Ihre markanteste, oft zitierte und verketzerte 13. Regel sagt: ,,Wir müssen, um in allem sicher zu gehen, immer festhalten: was meinen Augen weiß erscheint, halte ich für schwarz, wenn die hierarchische Kirche so bestimmt, weil wir glauben, daß ... in der Kirche ... derselbe Geist wohnt, der uns zum Heil unserer Seele leitet und lenkt; denn durch den gleichen Geist Unseres Herrn, der die zehn Gebote gab, wird auch unsere heilige Mutter die Kirche gelenkt und geleitet." (Haas 116)

Für den inzwischen Dreißigjährigen beginnt nun sein mit steter Seelsorge verbundener, von Rückschlägen, Verfolgungen durch kirchliche Behörden und Gerichtsverhandlungen vor der Inquisition nicht freier ,,Zweiter Bildungsweg": Entmutigende Lateinstudien, mißglückte Versuche bei zu früh begonnenen höheren Studien, Anklagen wegen geistiger Jüngerschaft zu den ,,Alumbrados" (den Erleuchteten), einer den kirchlichen Instanzen nicht genehmen Bewegung von Frommen und Pseudofrommen. Erst an der Sorbonne, wo er von 1528 bis 1535 studierte, gelang ihm der zuvor in Alcalá und

Salamanca vergeblich gemachte Versuch, ein akademisches Studium erfolgreich zu bewältigen. Hier, wo er sich zuerst Ignatius nannte, sammelte er auch die ersten Gefährten zu einer Gemeinschaft um sich, die die noch unkonturierten Anfänge des späteren Jesuitenordens darstellte.

Die weiteren Lebensstationen sind kurz berichtet: 1536 Studien in Venedig und Priesterweihe. Verzicht auf eine geplante Überfahrt mit der jungen Gemeinschaft nach Palästina und Entschluß, sich dem Willen des Papstes bedingungslos zur Verfügung zu stellen. Nachdem Paul III. diesen Entschluß annimmt, Niederlassung in Rom, das er bis zu seinem Lebensende nicht mehr verläßt. Von da ab Fundierung und Konsolidierung seines religiösen Werkes, der neu zu gründenden Ordensgemeinschaft, der er gegen heftige Anfeindungen vonseiten kirchlicher Kreise, vor allem der etablierten Orden, den Namen „Gesellschaft Jesu" (Compañia de Jesús, Societas Jesu) gibt.

Am 31. 7. 1556 stirbt Ignatius unerwartet in Rom, nachdem seine Stiftung feste Gestalt, kirchliche Approbation und weltweites Wirken erreicht hat.

II. Das Werk

Das eigentliche Werk des Ignatius ist die Stiftung seines Ordens. Sie ist ein langewährender, für ihn erst mit dem Tode abgeschlossener Prozeß. In ihn eingebettet, kaum zutage tretend, ist das pädagogische Wirken des Ordensstifters. Pädagogische Einrichtungen im heutigen Sinne oder auch im Sinne der Historiographie von Bildung und Erziehung sind für Ignatius nur Mittel zum Zweck. Aus zahlreichen Überlegungen, Entwürfen und Beratungen mit seinen Gefährten resultierte eine völlig neuartige Ordensgemeinschaft, die gewisse, bis dahin aus der Tradition gewachsene und durch sie geheiligte Grundstrukturen bisherigen Ordenslebens entschlossen verließ. Die Motive liegen in dem unerschütterlichen Willen, eine bewegliche, für den Dienst an der Kirche durch nichts behinderte, gleichwohl straffe und einsatzfähige Truppe zu bilden. Daher verzichtete Ignatius auf die „stabilitas loci", die Verpflichtung des Mönches, sich für sein ganzes Leben an das Kloster, in das er eintritt, zu binden. Er verzichtet auf das Chorgebet, das den Tag der Mönche in festem zeitlichem Rhythmus regelt. Er verzichtete auf die Armutsformen der Bettelorden, obwohl Armut in anderen Formen mit ungeminderter Strenge erhalten blieb. Er verzichtete auf einen Ordenshabit, der seine Mitglieder vom Weltklerus unterschieden hätte. Er verlangte von den Ordensmitgliedern eine hohe wissenschaftliche Qualifikation. Von den Untergebenen erwartete er strikten Gehorsam gegenüber den Oberen („die Sünde ausgenommen"), letztlich gegenüber ihm selbst als General und weiter gegenüber dem Papst, und das in bildhaften Formulierungen, die auf den ersten Blick (aber nur auf diesen) schockierend wirken mußten („Kadavergehorsam", „Stab in der Hand des Greises").

Er verbot den Mitgliedern die Annahme von kirchlichen Ämtern innerhalb und außerhalb des Ordens (Prälaturen, Bischofsämter u. ä.), ja er belegte sogar das Streben danach mit strengen Strafen. Ein militärischer Zug in der Struktur seiner kirchlichen Einsatztruppe ist offenkundig und aus der Vergangenheit des Ignatius auch verständlich. Soweit dem Orden seine Aufgaben nicht unmittelbar vom Papst übertragen wurden, sondern in die Disposition des Generals gestellt blieben, ließ er sich von dem Gedanken leiten, jene Arbeit sei jeweils vorzuziehen, die nach gewissenhafter Prüfung und gesundem Urteil der größeren Ehre Gottes diene. „Omnia ad Maiorem Dei Gloriam" lautete deshalb der Wahlspruch des Ordens. Obwohl Ignatius wegen der stets erstrebten höheren Mobilität seiner Gefährten für Auswahl und Methode der Ordenstätigkeiten keine festen Regeln aufstellte, bildete sich im Lauf der Zeit doch das ungeschriebene Gesetz heraus, daß die Arbeit der Jesuiten sich in erster Linie an die „Multiplikatoren" der Ideen wenden sollte, das hieß zunächst vor allem an die Priester und den Priesternachwuchs, an die Akademiker und die akademische Jugend, auch an die Schüler jener Schuleinrichtungen, die man später Gymnasien nannte, in denen sich zwar nicht ausschließlich, aber doch vorwiegend die Söhne der führenden Schichten einer damals ständischen Gesellschaft befanden. So finden sich denn die Jesuiten schon zu Lebzeiten des Ignatius, vor allem aber in den darauffolgenden Jahrhunderten als theologische Berater auf Konzilien, als Beichtväter bei katholischen Fürsten und deren Angehörigen, als Leiter der Marianischen Kongregationen für den Adel, das Bürgertum und die Schüler, als Träger und Dozenten eines so breit ausgedehnten Universitäts- und Gymnasialwesens, daß manche katholischen Länder fast ausschließlich von ihnen betreut wurden. Wir finden sie hingegen nicht in der Frauenseelsorge, wobei Ausnahmen die Regel bestätigen, kaum in der Seelsorge der Unterschichten, auch nicht im „Volkschulunterricht", der damals die Anfänge seiner modernen Formen zu finden begann. Eine bedeutende Ausnahme von der allgemeinen Leitlinie stellte die Missionstätigkeit dar. Sie resultierte aus dem Gehorsam gegenüber dem Papst und der von Ignatius allen Jesuiten auferlegten Bereitschaft, in jeder Gegend der Welt („in quavis mundi plaga") tätig zu sein, letztlich aber aus dem erwarteten und bald sichtbar werdenden großen Erfolg. Der Jesuitenorden übernahm dann auch schnell die führende Rolle in der Missionierung der neuentdeckten Länder, eine Rolle, die vor der Reformation den alten Orden zugefallen war. Diese Führungsstellung hat er bis in die Gegenwart behaupten können. Aber auch die seelsorgliche Arbeit im engeren Sinne durch Predigt, Exerzitien, caritative Werke, christliche Unterweisung der Jugend und Tätigkeit im Beichtstuhl, wie sie in der Bestätigungsbulle *Regimini Militantis Ecclesiae* von 1540 als Ziel angegeben wurde, hat der Orden nie außer acht gelassen (Schneider 913). Die Flexibilität des Ordensstifters zeigt sich auch darin, daß er 1544 die ursprüngliche Begrenzung seiner Gesellschaft auf 60 hochqualifizierte Mitglieder unter dem Druck der wachsenden Aufgaben aufhob und nach oben keine Grenze mehr setzte. Das zahlenmäßige Anwachsen des Ordens, mit dem Ignatius die Gefahr einer möglichen Beeinträchtigung seiner Qualität durchaus verbunden sah, ging rapide vor sich: Beim Tode des Ordensgründers (1556) betrug die Zahl etwa 1000 Mitglieder; um 1600 bereits 8520, um 1700 schon 20000 (über die weitere Entwicklung siehe unten, Abschnitt V).

Das pädagogische Werk des Ignatius muß in seinen organisatorischen Anfängen und der Ausweitung zu seinen Lebzeiten und in der inneren Struktur gesehen werden, wobei diese sich auf das engste an die Struktur des Ordens anlehnt. In seiner geschichtlichen Beurteilung hat der Jesuitenorden neben anderen auch diese zwei Fehlbeurteilungen erleiden müssen: Er sei als gegenreformatorischer Orden gegründet worden, und: Er habe von Anfang an die Zielsetzung der Jugenderziehung gehabt. Beides ist historisch nicht haltbar. Die Erziehung der Jugend ist Ignatius und seiner Gesellschaft Jesu als ein Instrument zugewachsen, das – einmal als nützlich und wirksam erkannt – beibehalten und konsequent ausgebaut wurde. Pädagogische oder gar unterrichtliche Ideen im engeren Sinne haben Ignatius dabei nicht geleitet, sieht man von seinem leidenschaftlichen, seelsorglichen Engagement und seinem unbedingten Einsatz für die Interessen der Kirche ab, die beide von Anfang an auch das Seelenheil der heranwachsenden Jugend einschlossen. Daß die Kollegien auch für die Nichtjesuiten zu Zeiten des Ordensgründers bereits qualifizierte schulische Arbeiten leisteten, hängt mit der Disziplin und der Einsatzmoral der jungen Truppe zusammen. Die eigentliche Glanzzeit der Jesuitenpädagogik, der quantitative und qualitative Ausbau, fallen in die zweite Hälfte des 16. und das 17. Jahrhundert. Ignatius hat sie nicht mehr erlebt, ist aber gleichwohl der über die Zeiten fortlebende Spiritus Rector im eben bezeichneten fundamentalen, pädagogisch aber eingeschränkten Sinne.

Auswärtige, nicht der Gesellschaft Jesu angehörige Zöglinge zu erziehen, hat der Orden entgegen anderer Meinung nicht von vorneherein in sein frühestes Arbeitsprogramm aufgenommen (Schröteler 1940, 11ff). Das Fundamentalkonzept, die erste Gründungsurkunde der Gesellschaft Jesu, die sogenannte *Formula Instituti,* muß als das erste Programm bezeichnet werden. Sie ist in der Bulle Pauls III. *Regiminis Militantis Ecclesiae* vom 27. 9. 1540 enthalten und durch diese bestätigt. In einer zweiten Fassung wird dies *Formula Instituti* in der Bulle Julius III. *Exposcit Debitum* vom Jahre 1550 bestätigt. Auf dieser Basis hat Ignatius – immer im Einvernehmen mit seinen Gefährten, nie ohne ihre Zustimmung – die *Konstitutionen* der Gesellschaft entworfen, an denen er bis zu seinem Lebensende gearbeitet hat. Die Auskünfte, die wir von dort über die Gründung von Kollegien für die Externen erhalten, sind nicht eindeutig, was allein schon darauf hinweist, daß die Erziehung der Jugend in Schulen oder schulähnlichen Einrichtungen für Ignatius jedenfalls kein primäres Arbeitsprogramm gewesen sein kann. Dieses ist vielmehr reduzierbar auf wenige große Prinzipien, von denen das wichtigste der flexible Einsatz an den strategisch wichtigen Brennpunkten der kirchlichen Arbeit war. Als einen solchen erkannte Ignatius, weniger spontan als vielmehr durch Hinweise und Bitten seiner Gefährten dazu animiert, das riesige Arbeitsfeld der Jugenderziehung durch Schulen. Wenn bereits in der Bulle *Regiminis Militantis Ecclesiae* von

1540 die Rede von „Kollegien“ ist, die „bei Universitäten“ errichtet werden könnten, so handelt es sich dabei weder um Gymnasien noch um Internate für diese. Da „die Leitung der Studenten (ihre Auswahl, Zulassung, Entlassung, die für sie zu erlassenden Satzungen bezüglich der Unterweisung, der Erbauung, der Bestrafung, der Besorgung des Lebensunterhaltes, der Kleidung) in der Hand des Ordensoberen liegen“ sollte, kann man mit Schröteler aber darauf schließen, daß es sich hierbei um Konvikte oder apostolische Schulen für den Ordensnachwuchs handelte, um die Ursprungsformen des Noviziates. Von dessen späteren und heutigen Formen unterschieden sich diese Anfänge vor allem dadurch, daß die „Novizen“ auch während dieser Zeit ihre gymnasialen und universitären Studien begannen oder fortsetzten und daß diese Gymnasien-Universitäten selbst damals keineswegs in der Hand des Ordens waren. Die jungen Studierenden verpflichteten sich außerdem, in den Orden einzutreten, wenn dieser sie für geeignet hielt. Auf eine Anfrage zur Interpretation der Gründungsurkunde in der Bulle *Exposcit Debitum* vom Jahre 1550 wird die klare Entscheidung getroffen, daß in diese Häuser externe Schüler, die nicht in den Orden eintreten wollten, nicht aufgenommen werden dürften. Aber auch diese Entscheidung sollte kein starres Dogma bleiben.

Auf der Basis der *Formula Instituti,* die durch die beiden Bullen päpstlich bestätigt worden war, arbeitete Ignatius an der Detailstrukturierung von *Konstitutionen,* einem Gesetzeswerk für seine junge Gemeinschaft, dessen Teile er mit den Mitgründern und anderen Sachverständigen mündlich oder schriftlich durchdiskutierte. Die Bedeutung, die die Kollegien inzwischen im Bewußtsein des Ignatius und des Ordens gewonnen hatten, zeigt sich schon darin, daß in diesen *Konstitutionen* einer von den zehn Teilen, der vierte, ausdrücklich von Kollegien handelt, die zwar der Hauptsache nach immer noch für den Ordensnachwuchs bestimmt sind, aber die Aufnahme von Externen bereits beiläufig miterwähnt (Schröteler 13). Setzt man das Jahr 1540 mit seiner päpstlichen Bestätigung der jungen Gesellschaft als das eigentliche offizielle Gründungsjahr an, so sehen die nächsten Jahre die ersten Jesuiten ihrem Flexibilitätsprinzip entsprechend zwar in alle Welt verstreut und in unterschiedlichen Funktionen stehend, aber von Kollegsgründungen als höheren Bildungsstätten für auswärtige Studierende ist immer noch keine Rede. Die wenigen Gefährten waren zwar lehrend tätig, nicht jedoch in eigenen Studienanstalten, die sie wegen ihrer geringen Zahl zunächst auch gar nicht hätten unterhalten können. Sie nahmen Universitätsfunktionen, nicht aber die Gymnasialarbeit wahr, obwohl der Übergang vom Gymnasium zur Universität damals noch fließend war. Die Bitte, sich im mittleren Bildungsbereich zu engagieren und Anstalten durch den neuen Orden übernehmen zu lassen, wurde an Ignatius, der seit 1541 zum General („Praepositus generalis“) auf Lebzeiten gewählt worden war, von einflußreichen Leuten an ihn herangetragen, die er nicht leicht enttäuschen konnte. Zu ihnen zählte als erster der Herzog von Gandía, Franz Borja, der später selbst in den Orden eintrat und dessen dritter General wurde. Er war Urenkel Papst Alexanders VI. und mütterlicherseits des spanischen Königs Ferdinands des Katholischen. 1539–1543 war er Vizekönig von Navarra. Nach dem Tode seiner Gattin, die ihm 8 Kinder geboren hatte, schloß er sich (auf ausdrückliches Anraten des Ignatius) zunächst geheim, dann offen der Gesellschaft Jesu an. Sein Eintritt bedeutete für diese einen großen Zuwachs an Ansehen und Einfluß. Im Orden selbst unterstand er ganz der Befehlsgewalt des Ignatius, der es trotz der ausdrücklichen Wünsche Karls V. und des damaligen Prinzen und späteren Königs von Spanien, Philipps II., nicht gestattete, daß Borja die Kardinalswürde annahm. Hingegen wies ihn Ignatius trotz des Alters an, Theologie zu studieren und in diesem Fach zum Doktor zu promovieren. Aber seinen in der Vorordenszeit geäußerten Wunsch, die Jesuiten möchten in Gandía ein Knabenkolleg errichten, konnte Ignatius keine Sympathie entgegenbringen. Ganz aktuell wurde das Problem erst, als der Vizekönig von Sizilien 1547 die gleiche Bitte nach einem Kolleg in Messina vortrug. Der zunächst ablehnende Bescheid des Ordensgenerals macht durch den Hinweis auf die sehr viel bedeutenderen Arbeitsfelder in den überseeischen Missionen und auch im gefährdeten Deutschland deutlich, daß an Kollegsgründungen für Externe überhaupt nicht gedacht war. Ein Jahr später übernahm der Orden nach reiflicher Überlegung dann doch das Kolleg in Messina, und nun folgte in kurzen Abständen eine ganze Reihe von ähnlichen Gründungen in aller Welt. Dies setzt natürlich auch einen schnellen Zuwachs der jungen Gemeinschaft voraus, der tatsächlich erstaunlich war.

III. Die Bedeutung zu Lebzeiten

Die Bedeutung des Ignatius als Gesamtpersönlichkeit und die seines Werkes zu seinen Lebzeiten auf engem Raum darzustellen, erscheint an dieser Stelle nahezu unmöglich. Das Wesentliche, weil Fundamentale, seiner pädagogischen Bedeutung liegt allerdings nicht in pädagogischer Wirksamkeit im engeren Sinne. Auch war die Zahl der zu seinen Lebzeiten gegründeten Kollegien im Vergleich zur späteren Ausbreitung relativ gering. Da die ersten sieben Jesuiten, die die Gründungsgemeinschaft des Ordens darstellen, ihr akademisches Studium in Paris mit dem Magistergrad abgeschlossen hatten, kann die Wertschätzung akademisch-humanistischer Studien bei ihnen als Selbstversändlichkeit zunächst unterstellt werden. Die spätere wissenschaftliche Tätigkeit einiger von ihnen bestätigt diese Annahme ebenso wie die zwar verstreute, aber doch nicht geringe schriftliche Hinterlassenschaft des Ignatius in diesem Punkte (Lukács, 1965). Die Gründungsmitglieder der Gesellschaft Jesu mit ihrem General an der Spitze schätzten das Studium, das damals vorwiegend literarisch-humanistisches Studium war, aus vier Gründen als Instrument für ihren allgemeinen Zweck des Wirkens im Dienst der Kirche besonders hoch ein: 1. Wissenschaftliches Studium ist für den, der in der Seelsorge tätig sein will, unerläßlich; 2. die Studien der Jesuiten sollen nicht um ihrer selbst willen, sondern wegen der größeren Ehre Gottes betrieben werden; 3. wenn vom übergeordneten Zweck her der Theologie auch die größte Bedeutung zukommt, so dürfen die Profanwissenschaften jedoch keineswegs gering geachtet werden; 4. nach Abschluß der Studien ist das erworbene Instrumentarium ganz in den Dienst der Seelen einzusetzen (Lukács, 6). Wie sehr die Jesuitenpädagogik aus dem Geiste der Pragmatik geboren wurde (Erlinghagen, 1972, 48ff.), zeigt auch die anfängliche Abneigung des Ignatius, Kollegien selbst für den eigenen Ordensnachwuchs an den Universitäten zu gründen. Er ging von der freilich schon bald korrigierten Annahme aus, daß sich eine genügende Zahl qualifizierter Priester nach Abschluß ihrer Studien dem jungen Orden anschließen würde. Da ihn die Erfahrung bald eines anderen belehrte, ließ er dann doch für junge Leute, die sich dem Orden zugesellen wollten (Scholastiker), Unterkunftshäuser (Kollegien), in denen keinerlei Lehrveranstaltungen stattfanden, bei den bedeutensten Universitäten der damaligen Zeit zu: Paris 1540, Coimbra 1542, Padua 1542, Löwen 1542, Köln 1544, Valencia 1544 und eine Reihe anderer mehr (Lukács a. a. O.). Diese Kollegien können natürlich nur wenige Insassen gehabt haben. Für den Unterhalt der anfänglich wenigen Ordensmitglieder war der bis dahin geübte Almosenempfang gerade noch erträglich, wenn auch in der ursprünglich intendierten Form auf die Dauer nicht durchführbar. Für die Unterhaltung von Kollegien, die für Externe gedacht waren, war dies keine tragbare finanzielle Basis. Die unbefangene, wenn auch wohlüberlegte Wendigkeit des Ignatius in allen, seinem Leitgedanken der ,,Maior Dei Gloria" unterstellbaren Realitäten zeigt sich auch darin, daß er die Gründung von Kollegien, nachdem deren Wert einmal erkannt worden war, nicht nur zuließ, sondern konsequent förderte. Das einzige gravierende Bedenken, das er hier – aber auch bei der Übernahme anderer Arbeiten – hatte, war die Befürchtung, daß die Notwendigkeit einer größeren Zahl von jesuitischen Mitarbeitern unausweichlich zu einer Minderung der geistigen und religiösen Qualität führen könnte. Beim Tode des Ignatius war die Gesellschaft Jesu mit ihren rund 1000 Mitgliedern noch überschaubar; der General konnte sich über die Fähigkeiten eines jeden und die Möglichkeiten seines Einsatzes in einem ihm angemessenen Arbeitsfeld leicht orientieren. Auch diese Arbeitsfelder selber waren ihm durch eine äußerst rege Korrespondenz, die er als General von den einzelnen zur Zentrale und umgekehrt, aber auch unter den Jesuiten organisierte, auf das beste bekannt. Er drängte auf regelmäßige Berichterstattung, die sich als zweckmäßiges Regierungsinstrument im Orden über die Jahrhunderte bis in die Gegenwart erhalten hat. Die außerordentlich sichere Menschenkenntnis, die Ignatius von Zeitgenossen und Historikern nachgesagt wird, bot eine im Rahmen des Menschlichen zuverlässige Garantie für die Qualität der neu aufzunehmenden Ordensmitglieder. Bereits der unmittelbare Lebenskontakt der jungen Studenten, die ,,in Kollgien bei Universitäten" mit den Patres zusammenlebten, sicherte eine selektive Entscheidung. Überdies war Ignatius mit Entlassungen aus seinem Kreise nicht eben zimperlich (Huonder 173).

Die Sachzwänge der historischen Entwicklung nötigten Ignatius zur Übernahme der Erziehungstätigkeit an externen Studierenden, vor allem im Unterricht. „Die zeitlich erste Ausweitung der Seelsorge war der höhere Unterricht (Gymnasien und Hochschulen bzw. Universitäten); bereits 1556 war ein großer Teil der Jesuiten im Unterricht tätig. Diese Aufgabe wurde, gefördert durch das Interesse der Päpste, das Verlangen der Nuntien, Bischöfe, Fürsten und Stadtverwaltungen immer mehr zur Hauptarbeit und erhielt durch die *Ratio Studiorum* von 1599 eine einheitliche Norm" (Schneider 915; Hervorhebung von mir). Auch sie wurde aus dem Geiste der Pragmatik geboren, da es die weltweite Unterrichtstätigkeit beim Ausgang des 16. Jahrhunderts angesichts der Verschiedenheit von Sprache, kulturellem Hintergrund und lokalen Bedingtheiten der Ordensleitung ohne dieses straff gehandhabte Instrument nicht möglich gemacht hätte, die Arbeit zu koordinieren und die Lehrer nach Bedarf überall einzusetzen. Die *Ratio Studiorum* wurde das meisterliche Glanzstück der Jesuitenpädagogik im 17. Jahrhundert (Erlinghagen 71 ff.; Paulsen I, 422). Im 18. Jahrhundert wurden ihre Grenzen aber bereits spürbar, und in der vierzig Jahre nach ihrer Aufhebung (1773) neuerrichteten Gesellschaft Jesu (1814) hatten sich die Weltverhältnisse bereits so geändert, daß eine neue einheitliche Studienordnung nicht mehr sinnvoll erschien.

IV. Grundfragen der ignatianischen Pädagogik

Die pädagogischen Grundanliegen des Ignatius, des Nichttheoretikers, können nur im Blick auf sein literarisches Gesamtwerk, vorab seine spirituelle Hinterlassenschaft, sowie auf das tatsächliche Wirken des Ordens zu seinen Lebzeiten interpretiert werden. Sein Leben hat renaissancehafte Züge, und sein Wirken wird getragen von einem renaissancehaften Zeitbewußtsein. Es ist die Zeit der beginnenden Entdeckung unserer Erde, durchgeführt von kleinen, verwegenen, disziplinierten Haufen, die unter unsäglichen Mühen und für uns heute kaum vorstellbaren, langwährenden Entbehrungen zu unerhörten Großtaten aufbrachen. In erster Linie waren es die Landsleute des Ignatius, die diese nautischen, militärischen und politischen Leistungen in beispielloser Rücksichtslosigkeit gegen sich selbst und andere vollbrachten. Auch eine kleine Schar konnte zu verwegenen und weltverändernden Taten fähig sein. Sollte so etwas nicht auch im Bereich der Kirche möglich sein? Ignatius zweifelte nicht daran, wenn nur die zum Einsatz bereiten Männer von entsprechender Qualität waren.

Militärische Vorstellungen bildeten für den ehemaligen Offizier meist einschlußweise, oft aber auch ausdrücklich, und dies bis in die Wahl der Worte, eine entscheidende Rolle. Oberster „Kriegsherr" war für ihn Jesus Christus, der seinen „Kampf" hier auf Erden bis zur Vollendung führen mußte. Sein Stellvertreter auf Erden war der römische Papst, und nur er. Ihm unterstanden in Gehorsamsabhängigkeit der Orden, sein General und alle Jesuiten. Völlig unbefragt, und deshalb auch nicht in das theoretisierende Bewußtsein gehoben, war für Ignatius die Existenz einer ständisch-feudal strukturierten Gesellschaft und einer entsprechend hierarchisch gegliederten Kirche.

Für ihn und seine Zeit war die Welt nach einer den ewigen Gott spiegelnden Ordnung geschaffen. Die dem Menschen ursprünglich vorgegebene Ordnung, die durch die Erbsünde zerstört worden war, wiederherzustellen, war der eigentliche Lebenskampf des einzelnen und der Menschheit als ganzer. Das letzte Ziel von Individuum und Gesellschaf lag nicht in dieser Welt, sondern im Jenseits. Diese Welt, in der die Menschen leben, war das Glacis der existentiellen religiösen Erlösungskämpfe. Die Menschheit zu erlösen, war Jesus Christus, der Sohn Gottes, in die Welt gekommen und am Kreuz gestorben. Als fortdauerndes Erlösungsinstrument hatte er die Kirche gegründet, die römisch-katholische, und nur sie allein. In ihr war das normative Menschenbild – im Konkreten vielfältig differenzierbar und differenziert – klar und außer Zweifel vorgegeben.

Das empirische Menschenbild, die reale Welt sah für Ignatius freilich ganz anders aus: die auf ihr lebenden, von Christus erlösten und für ihr ewiges Heil bestimmten Menschen wurden durch die Verführungskünste des Satans, dessen Existenz für Ignatius ebenso unbezweifelbar war wie die Existenz Gottes selbst, auf ihrer Heimkehr zum ewigen Ziel behindert und ins Verderben gestürzt. Eines seiner Blendwerke waren die aus intellektuellem Stolz und mangelndem Gehorsam gegenüber der heiligen Mutter der Kirche geborenen kirchenzerstörenden Neuerungen.

Das Ziel aller Ziele einer christlichen Erziehung konnte daher nur sein, die nichtgetauften Heiden durch die Taufe und ihre Eingliederung in die Kirche zu retten und die Getauften, in ihrer Treue Gefährdeten, durch alle vor dem Gewissen verantwortbaren menschlichen Maßnahmen zu schützen oder, wo sie im rechten Glauben an die katholische Kirche bereits wankend geworden waren, auf den rechten Weg zurückzuführen. Alle pädagogischen Einzelziele hatten sich dem unterzuordnen. Alle Einzelmaßnahmen bestimmten sich sodann von den Notwendigkeiten der Zeiterfordernisse her. Bei ihrer Beurteilung leitete Ignatius nur deren größere Wirksamkeit, die Größere Ehre Gottes, die Arbeit vornehmlich an den Multiplikatoren der weltbewegenden Ideen.

Zu diesen gehörten in erster Linie die Priester. Für ihre höhere Bildung gründete er 1551 das *Collegium Romanum,* das noch zu seinen Lebzeiten Universitätscharakter erlangte und später zur *Universitas Gregoriana* ausgebaut wurde. Im Dienste des höheren Klerus in Deutschland sollte das von Julius III. auf Betreiben des Ignatius 1552 gegründete *Collegium Germanicum* dienen, aus dem im Laufe der Jahre zahlreiche deutsche Bischöfe und Prälaten hervorgingen. Beiden Einrichtungen widmete Ignatius zeitlebens größte Aufmerksamkeit und sicherte ihnen ausreichende finanzielle Fundation.

Da Ignatius kein pädagogisches Schrifttum im engeren Sinne hinterlassen hat und nie als Lehrer in irgendeiner Institution des organisierten Schulwesens tätig gewesen ist, sucht man bei ihm vergeblich nach methodischen oder organisatorischen Modellen und Vorstellungen. Diese werden bei den Jesuiten zu seinen Lebzeiten wohl schon diskutiert worden sein, aber die *Ratio Studiorum,* die gemeinhin als der Kulminationspunkt der Jesuitenpädagogik interpretiert wird, erschien in ihren frühesten Entwürfen erst etwa dreißig Jahre, in ihrer definitiven Gestalt mehr als vierzig Jahre nach seinem Tode. Sie war das Werk gesammelter schulmeisterlicher Erfahrung des Ordens unter weltweiten Aspekten (Paulsen I, 387ff.; Erlinghagen 71ff.).

Unter dem ersten General entwickelte sich die jesuitische Schulpädagogik, soweit uns die Quellen darüber einigermaßen gesicherte Auskunft geben, in den Bahnen des Humanismus. Der Weg der eigenen Ausbildung, die Kenntnis der modernen humanistischen Bildungsbestrebungen und die praktische Alltagserfahrung regulierten den Schulbetrieb und führten bald zu den einmaligen, anerkannten Erfolgen.

Wenn Ignatius dabei über die allgemeine spirituelle Direktion und Organisation hinaus noch ein besonderes Verdienst zugesprochen werden soll, so besteht es wohl darin, daß er seinen schon bald über die Welt verstreuten Mitarbeitern bei aller notwendigen Konzentration und Disziplin die größtmögliche Freiheit ließ. Organisatorisch und methodisch folgten die Jesuiten unter dem Generalat des Ignatius den damals üblichen Unterrichtsformen für höhere Studien. Ihr Ehrgeiz richtet sich auf Modernität und Effizienz, keineswegs aber auf Originalität um ihrer selbst willen. (Zu den Anfängen der *Ratio Studiorum* vgl. Mir.)

Ignatius hat also nicht als Schulmeister oder Erziehungstheoretiker auf die pädagogische Arbeit seines Ordens zu seiner Zeit und darüber hinaus eingewirkt, sondern vielmehr durch seine Gesamtpersönlichkeit. Diese muß von einer erstaunenswerten Ausstrahlungskraft gewesen sein. Der kleinwüchsige Mann, der nach seiner schweren Verwundung leicht gehbehindert blieb, hat bereits seine ersten Gefährten, Pariser Studenten und spätere Graduierte der Sorbonne von hohen intellektuellen Qualitäten, so stark in seinen Bann geschlagen, daß sie nicht nur ihr Leben lang bei ihm aushielten, sondern ihn später auf Lebenszeit auch zu ihrem eigenen Vorgesetzten mit außerordentlichen Vollmachten beriefen. Von beeindruckender Faszination muß dieser kleine, nüchterne, kühle Mann, der nur eine Leidenschaft kannte, den Dienst an der Kirche, auch für Männer in höchsten Führungspositionen gewesen sein. Offenbar beeindruckte sein geballter Wille, seine beharrliche Energie, sein konsequentes, zielstrebiges Denken und Handeln vor allem jene, die von ähnlicher seelischer Struktur waren. Davon waren Persönlichkeiten in höchsten weltlichen und kirchlichen Führungsstellen nicht ausgenommen. Seine Gesprächs- und Verhandlungspartner waren Päpste und Könige, Kardinäle und Fürsten, Gelehrte und einfache Leute. Da er Rom bis an sein Lebensende nicht mehr verließ, trat er mit den meisten nur brieflich in Verbindung, aber auch diese Art der Kommunikation muß beeindruckend gewesen sein. Der Stil seiner umfangreichen Korrespondenz, bei der er sich vornehmlich des Lateinischen, des Spanischen und des Italienischen bediente, ist literarisch ungekünstelt. Sein Briefwechsel hat auch bei vorsichtiger Sprechweise stets sein Ziel unbeirrt im Auge. Wo er deutlich wird, bedient er sich religiöser Argumente; wo er mahnt, fordert, drängt, läßt er persönliche Ambitionen, auch die seines Ordens völlig außer acht und weist den Adressaten, wenn er es für klug hält, mit großer Eindringlichkeit auf seine Pflicht vor Gott und gegen die Menschen hin, so daß sie seinen Darlegungen ohne Gewissensbeunruhigung schwerlich ausweichen konnten. Angriffe von außen ließ er solange ohne Beachtung, als ihm die Sache selbst nicht von Bedeutung zu sein schien. War der Gegenstand aber von gravierendem Gewicht, und hatte er sich einmal entschlossen, ihn zu bereinigen, so engagierte er sich mit allen erlaubten Mitteln, notfalls unter Anrufung der Gerichte. Meist konnte er durch seine zahllosen Verbindungen das Problem aber bereits in einem Vorstadium lösen.

V. Die Bedeutung in der Folgezeit

Im Jahre 1773 wurde die Gesellschaft Jesu, vor allem auf Drängen der bourbonischen Höfe in Frankreich, Spanien, Portugal und Neapel, durch Papst Clemens XIV. aufgehoben. Im Jahre 1814 wurde sie wieder errichtet und mußte, da durch den vierzig-jährigen Hiatus die personelle Tradition so gut wie vollständig abgerissen war, ihren Weg im 19. Jahrhundert erst wieder mühsam suchen. In der Diktion der ordenseigenen Historiker spricht man von der „alten" Gesellschaft und von der „neuen". Ist dies auch zunächst nur zeitlich gemeint, so hat es doch auf dem Hintergrund der völlig veränderten Welt auch eine strukturelle Bedeutung. In der Zeit vom Vorabend der französischen Revolution bis zum Untergang der Napoleonischen Gewaltherrschaft spielten die Jesuiten in der Kirche und in der weltlichen Politik keinerlei Rolle. Es handelt sich aber um eine Zeit größter geistiger, gesellschaftlicher und politischer Umwälzungen. Als die Gesellschaft Jesu aus allerkleinsten Anfängen wieder aufzublühen begann, sah sie sich einer völlig veränderten Welt gegenüber. Die Herrschaft der Fürsten, ihrer ehemaligen Gönner, war, wenn auch noch nicht definitiv gebrochen, so doch entscheidend geschwächt. Die Kirche war aus der Verwirrung ohne Ansehen und ohne weltliche Macht hervorgegangen. Schon die zunächst kleine Zahl der Jesuiten ließ im frühen 19. Jahrhundert ein nahtloses Anknüpfen an die große barocke Tradition unmöglich erscheinen. Im Laufe von knapp 150 Jahren erholte sich die Gesellschaft Jesu aber soweit, daß sie ihren, bei der Aufhebung höchsten Mitgliederstand von 22590 bei weitem übertraf und nach 1945 die Zahl von über 36000 Gliedern auf der ganzen Welt verstreut erreichte. Innerhalb der nächsten Jahrzehnte einer religiösen Krise in der katholischen Kirche sank die Zahl durch Todesfälle, Nichteintritte und Austritte um mehr als 10000.[1] Sie lag zu Beginn des Jahres 1991 bei 25000 Mitgliedern (Priester, Scholastiker und Laienbrüder), die in ungefähr allen Ländern der Welt und mit allen ihr angemessenen Arbeiten tätig sind. Obwohl damit die Höchstzahl der Mitglieder in der alten Gesellschaft immer noch um ein bedeutendes überschritten wird, ist ihre Zahl relativ gesehen, d. h. bezogen auf das zahlenmäßige Anwachsen der Kirche und die Aufgaben der modernen Gesellschaft, für die uns hier interessierenden Arbeiten im Erziehungs- und Bildungswesen völlig unzureichend. Der Gedanke, daß die Gesellschaft Jesu im Erziehungswesen jemals wieder auch eine nur annähernd vergleichbare Position erringen könnte, wie das gelegentlich gehofft wird, muß nüchterner Betrachtung als absurd erscheinen. Läßt sich für die Barockzeit sagen, daß die katholischen Länder durch die Bildungsanstalten der Jesuiten und anderer Orden, die sich vom Schock der Reformation wieder erholt hatten, bald auch flächendeckend und den Ansprüchen der damaligen Zeit genüge tuend versorgt waren, so stellt die moderne Bildungsexplosion und der Massenandrang zu akademischen Studien eine völlig neue kulturpolitische Ausgangsposition dar, deren Aufgaben von keinem Orden der Kirche, ja nicht einmal von ihr als ganzer gelöst werden können. Trotzdem sind Bildungsstätten jeglicher Art, wie sie eine moderne Gesellschaft erheischt, von Katechetenschulen über berufsbildende Anstalten in den Missionsländern bis hin zu den zahlreichen gymnasialen weiterführenden Schulen, den ökonomischen, technischen, philosophisch-theologischen Hochschulen und Universitäten nach wie vor ein vornehmliches Arbeitsfeld der Gesellschaft Jesu geblieben. Inhaltliche und methodische Eigenständigkeit kann aber weder weltweit noch für einzelne Länder erreicht und beabsichtigt werden. Das staatliche Reglement läßt kaum Varianten zu. So sind die Jesuiten heute im wesentlichen im Rahmen staatlicher Lehrpläne und Studienordnungen tätig, worin sie in ihrer persönlichen wissenschaftlichen Arbeit und der ihrer Schüler qualifizierte Ziele zu erreichen versuchen. Der weitgehende Verzicht auf pädagogische Originalität in der Gegenwart ist aus dem Selbstverständnis des Ordens heraus umso leichter zu ertragen, als der kirchlich-religiöse Geist des Ignatius an keinerlei Plan gebunden ist und sich nach Auffassung der Jesuiten in jeder pädagogischen Form verwirklichen läßt.

Günter R. Schmidt

MICHEL DE MONTAIGNE

(1533–1592)

„... sçavoyr jouyr loiallement de son estre“[1]

Gehört jemand in die Reihe großer Pädagogen, der von sich selbst bekennt, er könne nicht viel mit Kindern anfangen (II, 8, 36)? Sicher gebührt Montaigne kein Platz unter den pädagogischen Praktikern oder den Gründern von Institutionen. Nie war er mit der Erziehung von Kindern befaßt; die Zahl seiner im Alter weniger Wochen verstorbenen Töchter vermag er kaum genau anzugeben, und um die Erziehung seiner einzigen überlebenden Tochter Léonor hat er sich wenig gekümmert. Auch zur Entwicklung des pädagogischen Denkens hat er eher nur en passant beigetragen. Dennoch sagt man mit Recht, er habe mittelbar wie unmittelbar den pädagogischen Grundvorstellungen in der ganzen westlichen Welt Anstöße gegeben.[2]

Die Erziehung und das Nachdenken darüber gehören für ihn zu den wichtigsten und schwierigsten menschlichen Unternehmungen (I, 26, 147). Der Pädagogik widmet er nicht nur mehrere längere Abschnitte seines Werkes, sondern darüber hinaus „erscheint sie überall in impliziter Form“.[3] Als Inhalt seiner *Essais,* die er nach der ersten Veröffentlichung von 1580 ständig verändert und erweitert hat (in der modernen Klassikerausgabe der Bibliothèque de la Pléiade umfassen sie 1086 Seiten), nennt er im Vorwort seinem Leser sich selbst *(Ainsi, Lecteur, je suis moy-mesmes la matiere de mon livre)* und warnt ihn zugleich davor, einem *subject si frivole et si vain* seine Muße zu widmen.

Den Sinn des Lebens sieht er in der Lebensführung selbst: „Ich habe meine ganze Anstrengung darauf gerichtet, mein Leben zu gestalten. Das ist mein Beruf und mein Werk“. (II, 37, 764) Auch Schreiben steht im Dienste seiner Lebensführung: Vernünftige Selbstgestaltung durch Selbsterkenntnis. Durch die ständige Überarbeitung seiner niedergeschriebenen Gedanken betreibt er mit sich selbst eine Art Gesprächspsychotherapie. Die Formulierung auf dem Papier wirkt wie die Spiegelung durch den Therapeuten, die ihn zu weiterer Selbsterkundung und Differenzierung seiner Äußerungen anregt: „Ich habe mein Buch nicht mehr geschaffen, als mein Buch mich geschaffen hat“ – *livre consubstantiel a son autheur . . . membre de ma vie.* (II, 18, 64) Die ihn bewegende Grundfrage nach dem eigenen Wesen sieht er in Wechselwirkung mit der Frage nach dem Wesen des Menschen, weil jeder Mensch die ganze Form menschlichen Wesens *(la forme entiere de l'humaine condition)* in sich trage.

Selbsterforschung ist das wichtigste anthropologische Verfahren. Die anthropologische Neugier läßt Montaigne Anekdoten und Erfahrungsberichte, antike Sentenzen und biographische Stücke, Redensarten und Zitate sammeln, die er an Überlegungen zum Lauf der Welt und über die vernünftige Lebensführung anknüpft oder die ihm zum Anlaß dafür werden.

Er erlebt seine Innenwelt als ständig im Fluß befindlich und schwer greifbar. „Ich male nicht das Sein, sondern den Übergang" – *„le passage."* (III, 2, 782) Sein vernünftiges „Urteil . . . treibt" auf dem Gewoge von Stimmungen, die durch leibliche Zustände und soziale Umstände hervorgerufen werden (II, 12, 548). „Jeden Augenblick scheine ich mir zu entwischen." (I, 20, 26) Der gegensätzlichen Vielfalt seines Inneren entsprechen die Widersprüche und Spannungen in den *Essais*.

Das in der Betrachtung seiner selbst und des bunten Treibens seiner Mitmenschen mindestens unterschwellig gegenwärtige pädagogische Interesse richtet sich zwar auf das Leben des Erwachsenen und die Möglichkeiten seines Gelingens, doch fragt er an einigen Stellen zurück nach den Voraussetzungen, die in Kindheit und Jugendalter dafür gelegt werden. Die Kindheit ist für Montaigne ohne eigenen Wert. Für das liebende Gefallen vieler Erwachsener an der niedlichen Unbeholfenheit der Kleinen hat er wenig Verständnis. Die Aufwachsenden werden ihm erst in dem Maße wichtig, wie sie zu vernünftigen Gesprächspartnern werden (II, 8, 360).

Der Titel *Essais* – „Versuche", der einer ganzen Literaturgattung den Namen gegeben hat –, drückt nicht nur den Verzicht auf endgültige Aussagen aus, sondern auch die Überzeugung, daß weder Montaigne noch der Mensch im allgemeinen auf ein System zu bringen seien. Sowohl die Aufeinanderfolge der *Essais* als auch der Aufbau jedes einzelnen erscheint ungeordnet. Montaigne weist mehrfach darauf hin, daß er sich nicht als Berufsschriftsteller verstehe, sondern als plaudernder Edelmann, der sich dem Spiel seiner *fantasies* und *humeurs* überlasse, der sich nicht anmaße, abgesicherte Aufschlüsse über die „Dinge" als solche geben zu können. Er wolle nur darstellen, wie er sich selbst erlebe (I, 22, 105; II, 10, 387). Unter den Literaturhistorikern besteht weithin Einigkeit darüber, daß es sich beim Plauderton Montaignes um die angestrengte Gelöstheit von Kunstprosa handele und daß er auf das Ausfeilen seiner Sätze mehr Mühe verwandt habe, als er selbst zugebe.[4] Beim Schreiben der Essais tritt er in eine pädagogische Beziehung zu sich selbst wie zu seinem Leser. Nicht, daß er ihn belehren wollte! Zu einer größeren Bewußtheit von sich selbst soll der Leser nicht dadurch gelangen, daß er sich an die „Launen" und „Träumereien" Montaignes angleicht, sondern daß er sich davon absetzt: „Indem ich mir meine Unvollkommenheiten öffentlich vorwerfe, wird man sie fürchten lernen." Im übrigen betont er immer wieder, nicht so sehr für den Leser wie für sich selbst zu schreiben.

Wie kam es zur Entstehung dieses so subjektiv angelegten Werkes, das doch so viele gültige Aussagen über den Menschen enthält? Sein „Sitz im Leben" ist auch für das Verständnis seiner pädagogischen Tendenzen von Bedeutung.

Michel de Montaigne (1533–1592)

I.

Montaigne, der seine Zugehörigkeit zum Adel in einem Maße betont, das mit seinem sonstigen Gestus der Bescheidenheit auffallend kontrastiert, entstammt einer Bürgersfamilie in Bordeaux, die durch den Handel mit Wein, Farbstoffen und gesalzenen Fischen reich geworden und zu Ansehen gekommen war. Der ursprüngliche Name der Familie Eyquem, wohl eine aquitanische Entsprechung zu Joachim, findet sich in erhaltenen Unterlagen von seiner eigenen Hand durchgestrichen. Den Herkunftsnamen de Montaigne fügte erstmals sein Vater Pierre dem Familiennamen zu. Es ist der Name eines Schlosses, das Pierres Großvater Ramon 1477 erworben hatte. Pierre Eyquem war bestrebt, sich aus der kommerziellen Vergangenheit der Familie herauszulösen und zur adeligen Lebensweise überzugehen. Er nahm an den italienischen Kriegen teil und bekleidete mehrere öffentliche Ämter, darunter einige Jahre das des Bürgermeisters von Bordeaux. Auf die mögliche Abstammung seiner 1528 von ihm geehelichten Frau Anthony de Louppes von konvertierten iberischen Juden richtet sich die besondere Aufmerksamkeit mancher Historiker,[5] weil sie erklären könnte, warum Michel trotz häufiger Erwähnung seines Vaters nie von seiner Mutter spricht; allerdings kommen auch seine Frau und seine Tochter in den *Essais* kaum vor.

Michel de Montaigne wurde am 28. Februar 1533 auf dem Schloß Montaigne *(Périgord)* geboren. Viele seiner Erziehungsideen knüpfen an seine Kindheitserinnerungen an: „Der gute Vater, den mir Gott gab, ließ mich von der Wiege ab in einem seiner armen Dörfer durch eine Amme nähren und pflegen. Er beließ mich dort noch etwas über das Säuglingsalter hinaus und gewöhnte mich dadurch an die einfachste und anspruchsloseste Lebensweise." (III, 13, 1079) Auf diese unter Adeligen nicht unübliche Maßnahme führt Montaigne seinen Hang zur *frugalité* und sein Verständnis für die „kleinen Leute" *(les petits, le peuple)* zurück. Auch seine Taufpaten waren von niederem Stand *(personnes de la plus abjecte fortune)*. Für die Erziehung seines Sohnes war dem Vater jedoch keine Maßnahme zu aufwendig. Er orientierte sich an den zu seiner Zeit modernsten pädagogischen Ideen, wie sie besonders von Erasmus von Rotterdam vertreten wurden. Dessen Leitgedanken drücken sich in den Stichworten *statim et liberaliter* aus. *Statim:* Der Unterricht, besonders in den alten Sprachen, muß so früh wie möglich einsetzen. Es ist keine Zeit zu verlieren, *Liberaliter:* Die verbreiteten barbarischen Zwangs- und Strafmethoden sind durch geeignete Motivationen zu ersetzen (*excitare* = aufwecken, *allicere* = anlocken etc.). Beide Prinzipien wurden kaum irgendwo so gewissenhaft befolgt wie auf Schloß Montaigne. Michel erhielt noch vor dem Alter, in dem Kleinkinder die ersten Wörter zu formen vermögen, einen deutschen Hauslehrer, welcher der Landessprache nicht mächtig war und mit dem Kind nur Latein sprach. Auch für alle anderen Personen im Haus galt als „unverletzliche Regel", sich in Gegenwart des Kindes nur lateinisch vernehmen zu lassen. Das Ergebnis war überzeugend: Mit 6 Jahren konnte Michel so wenig „Französisch oder Perigordisch wie Arabisch", mit 7 war es sein größtes Vergnügen, die Metamorphosen des Ovid in seiner „Muttersprache" zu lesen. Er sprach so fließend Latein, daß selbst manche eifrige Humanisten sich im Gespräch mit ihm zurückhielten. Im Sinne des *liberaliter* wurde Michel jede Gewaltsamkeit erspart: Morgens wurde er mit Musik geweckt, die griechische Elementargrammatik setzte sein Lehrer in Spiele um. Dennoch kamen „dem besten Vater, den es je gab", im Laufe der Zeit Bedenken gegen die etwas unübliche Erziehung seines Sohnes, was dieser darauf zurückführt, daß das Ergebnis hinter den Erwartungen zurückblieb. Er sei „schwerfällig, weichlich und verschlafen" gewesen, einerseits „schwer von Begriff" und „unglaublich gedächtnisschwach", anderseits von „kühnen Einbildungen" und „altklugen Meinungen" erfüllt (I, 26, 174). Sein Vater habe schließlich befürchtet, „in einer Sache, die ihm so sehr am Herzen lag, Fehler zu machen", und sei deshalb der „gängigen Auffassung" gefolgt, indem er ihn mit sechs Jahren in das *College de Guienne* zu Bordeaux gab.

Dort sei zwar sein „Latein sofort entartet", doch habe er wegen seiner guten Kenntnis dieser Sprache die ersten Klassen überspringen und das College schon mit dreizehn Jahren verlassen können. Ein großer Teil der kritischen Einstellungen Montaignes gegenüber den Erziehungsweisen seiner Zeit dürften auf seine Erfahrungen im College zurückgehen. Zwar hatte sein Vater für ihn manche Milderung der strengen disziplinären Gepflogenheiten durchsetzen können, doch erschienen ihm noch Jahrzehnte später diese *Collèges* als „Gefängnisse". Freude habe er nur an der selbständigen Lektüre lateinischer und italienischer Autoren gehabt, zu der man ihm in einem gewissen Maße Gelegenheit gelassen habe, und an der Aufführung lateinischer Tragödien, in denen er schon in jüngerem Alter eine Rolle habe übernehmen dürfen. Zur Bedeutung seiner Kollegstudien für sein späteres Leben bemerkt er ohne Bitternis, jedoch mit Bestimmtheit: „Wahrlich völlig fruchtlos" – *à la vérité sans aucun fruit.*

In seiner Jugendzeit nach der Entlassung aus dem *Collège* 1547 „entzieht sich Montaigne fast völlig seinen Historikern".[6] Nach manchen Vermutungen soll er sich in Toulouse besonders rechtswissenschaftlichen,[7] nach anderen in Paris humanistischen und juristischen Studien gewidmet haben.[8] Übereinstimmung besteht darin, daß er in dieser Zeit die Voraussetzungen dafür erwarb, sich später in den *Essais* mit einiger Kompetenz de eroticis zu äußern.

Auch seine ersten Erfahrungen mit politischen und religiösen Auseinandersetzungen fallen in diese Zeit. 1554 kaufte sich der Vater das Amt eines *Conseiller* am neu geschaffenen *Cour des Aides* in Périgueux (eine Art Steuerbehörde) und gab dieses an seinen Sohn weiter. 1557 wurde Montaigne mit den übrigen Inhabern dieses Amts dem Parlament von Bordeaux zugeordnet. Er fand wenig Geschmack an dieser Tätigkeit: Viele der anhängigen Streitfälle schienen ihm belanglos, öffentliche Reden lagen ihm nicht, die Grausamkeit mancher Gerichtsverfahren stieß ihn ab. Eine willkommene Abwechslung bildeten die

Reisen, die ihn in dieser Zeit im Auftrage des Parlaments für längere Zeitspannen an den Königshof in Paris und nach Nordfrankreich führten. Mit seiner Wirksamkeit am Parlament von Bordeaux hing die Begegnung zusammen, die er als die wichtigste seines Lebens einschätzte. Er schloß Freundschaft mit dem ebenfalls humanistisch interessierten Kollegen Etienne de la Boétie, der in seiner bewußt stoisch-christlichen Lebensführung großen Einfluß auf ihn gewann. Den frühen Tod des Freundes 1563 konnte Montaigne zeitlebens nicht verwinden.

1565 schloß er eine standesgemäße Vernunftehe mit Françoise de la Chassaigne, der Tochter eines Kollegen im Parlament, die ihm eine hohe Mitgift brachte. In seiner Eheauffassung war Montaigne den Vorstellungen seiner Zeit vom Gegensatz zwischen Liebe und Ehe verhaftet. Leidenschaft schien ihm mit der dem Ehepartner gegenüber gebotenen Achtung unvereinbar. Die angemessene Gefühlsbindung war für ihm nicht „Liebe", sondern „Freundschaft" (III, 5, 827ff). Über die eheliche Treue will er sich im Gegensatz zu seinen eigenen Erwartungen und den verbreiteten Verhaltensweisen niemals hinweggesetzt haben. Von den aus dieser Ehe hervorgegangenen Töchtern starben 5 im Säuglingsalter, nur die zweite Tochter Léonor überlebte ihn.

1570 verkaufte er sein Amt, um das Leben eines Landedelmannes zu führen. Eine lateinische Inschrift in seiner Bibliothek auf Schloß Montaigne nennt als Gründe den Überdruß an öffentlichen Aufgaben, das Bedürfnis nach Umgang mit „den gelehrten Jungfrauen" – den Musen – und die Untröstlichkeit über den Verlust des Freundes. Den „Rest seines Lebens" wollte der Achtunddreißigjährige „seiner Freiheit, seiner Ruhe und seiner Muße" widmen. In kurzer Zeit wurde ihm jedoch deutlich, daß ihn Jagd, Geselligkeit und Verwaltung seiner Güter allein nicht ausfüllten. Wie er zum Schriftsteller wurde, beschreibt er mit dem ihm eigenen selbstironischen Unterton so:

„Eine melancholische Anwandlung ... brachte mir zuerst die Träumerei in den Kopf, mich auf das Schreiben einzulassen. Und da ich jedes anderen Stoffes bar und leer war, habe ich mir mich selbst zum Thema und Gegenstand dargeboten ..." (II, 8, 364) Als tiefer liegendes Motiv lassen manche seiner Äußerungen eine Art Identitätskrise erkennen, ein „Bedürfnis sich zu konsolidieren".[9] Der Beginn der Arbeit an den *Essais* fiel in die härteste Zeit der schon seit mehr als zwei Jahrzehnten immer wieder aufflackernden bewaffneten religiösen und politischen Auseinandersetzungen, die sich mit der Bartholomäusnacht (1572) zum vierten französischen Religionskrieg zuspitzten. Montaigne wurde mehrfach mit offiziellen Aufträgen betraut, die ihn nach Paris und an andere Orte führten. 1580 nach der Erstveröffentlichung der *Essais* brach er zu einer einjährigen Reise durch die Schweiz, Süddeutschland und Norditalien nach Rom auf, über die er ein „Reisetagebuch" hinterlassen hat.

Auf der Rückreise erreichte ihn die Nachricht von seiner Wahl zum Bürgermeister von Bordeaux und die Aufforderung des Königs, diese Wahl anzunehmen. Für seine Amtsführung forderte sich Montaigne einerseits Gewissenhaftigkeit, andererseits Rollendistanz ab: „Ich habe öffentliche Ämter übernehmen können, ohne mich von mir selbst auch nur um eine Nagelbreite zu trennen, mich anderen geben, ohne mich mir selbst wegzunehmen ... Wer nicht für andere lebt, lebt auch nicht für sich selbst ... Der Bürgermeister und Montaigne waren immer zwei und ganz klar voneinander getrennt." (III, 10, 984f und 989) Während seines Majorats wurde die Guyenne durch den Bürgerkrieg verwüstet und von der Pest heimgesucht. Bei Wahrung der Loyalität gegenüber der Krone unterhielt Montaigne gute Beziehungen auch zum König von Navarra und versuchte zwischen den Parteien zu vermitteln. Als in Bordeaux die Pest wütete, hielt sich der Bürgermeister von der Stadt fern, was stets unterschiedlich beurteilt wurde.

Nach dem Ende seiner Amtszeit 1585 widmete er sich wieder seinen privaten Studien, hielt jedoch auch durch Reisen und Korrespondenz Verbindung mit einflußreichen Personen, die auf seinen Rat gerne hörten. An den *Essais* arbeitete er zeit seines Lebens weiter, so daß sich sowohl ihre Zahl fortlaufend erhöhte als auch der Umfang einzelner erweiterte. Die wichtigste tendentielle Veränderung besteht in dem immer stärkeren Hervortreten der persönlichen Note. Bis kurz nach seinem Tode 1592 erschienen noch vier weitere jeweils veränderte Editionen.

Zu seiner äußeren Erscheinung bemerkt Montaigne, daß er etwas an seiner leicht unterdurchschnittlichen Körperlänge gelitten habe, denn ein hoher Wuchs sei „die einzige Schönheit der Männer". Er sei auch etwas träge gewesen und weniger sportlich als Männer seines Standes. Auf seine Eigentümlichkeiten geht er selbst sehr genau besonders im Essai II, 17 *De la praesumption* ein: Entscheidungen seien ihm stets schwer gefallen, weil er die verschiedenen Seiten einer Sache wahrgenommen habe. Durch seine Wahrheitsliebe sei er in einem Zeitalter, das die „Verstellung" hochschätze, oft angeeckt. Die Wahrhaftigkeit sei für ihn „der erste und grundlegende Teil der Tugend". Wiederholt klagt er über sein schlechtes Gedächtnis, das ihn weder in den Wissenschaften noch in der Redekunst weit habe kommen lassen. Als seine zentralen Charakterzüge lassen sich Freiheitsbedürfnis und Selbstannahme erkennen. Freiheit meint dabei das durch keinerlei Doktrin gestörte Spiel der Gedanken und Stimmungen, aber auch die Unbeschwertheit von fremden Erwartungen: „Ich meide es, mich irgendwelchen Verpflichtungen zu unterwerfen. Ich finde nichts so teuer wie das, was mir geschenkt wird und meinen Willen mit der Hypothek der Dankbarkeit belastet ... Auf unsere Könige sehe ich nur mit der Zuneigung, die ich ihnen vom Gesetz her und als Staatsbürger schulde ... So kann ich mich überall mit erhobenem Haupt, mit offenem Blick und Herzen bewegen." Selbstannahme soll heißen, daß sich Montaigne, so wie er sich selbst vorfindet und in ständiger Selbstdurchleuchtung immer besser erkennt, bejaht. Dies ermöglicht ihm einerseits seine geradezu entwaffnende Ehrlichkeit, führt jedoch andererseits dazu, daß er nicht sonderlich viel von sich fordert. Ohne Schwierigkeit gesteht er sich selbst und anderen seine Durchschnittlichkeit ein und erhebt sich gerade dadurch über Durchschnittsmenschen, denen gerade dieses Eingeständnis schwerfällt: „Ich halte mich für der mittelmäßigen Sorte zugehörig *(de la commune sorte)* außer darin, daß ich mich dafür halte. *Je me laisse aller, comme je me trouve* ... Meine Absicht ist es, den Rest meines Lebens gelinde, und nicht mühsam, zu verbringen ... Ich lebe von einem Tag auf den anderen und, mit Verlaub, nur für mich ... ein nur entschuldbares Leben, das weder mir selbst noch anderen zur Last fällt ... Mir geht es darum, diesen Menschen zu vollenden, nicht einen anderen neu zu schaffen." (II, 17, 618)

II.

Da sich die Arbeit an den *Essais* durch zwanzig Jahre hindurchzog und sich ihr Autor beim Schreiben stark seinen jeweiligen *humeurs* überließ, finden sich in ihnen Widersprüche und Spannungen. Gerade das Vorhandensein von Ungereimtheiten stimmt mit dem Selbst- und Menschenbild Montaignes durchaus zusammen. Dennoch sind Grundtendenzen zu erkennen, die sich leicht auf Schlagworte wie Skeptizismus, Naturalismus, Konservativismus, Pragmatismus bringen lassen. Diese Grundtendenzen hängen in einsehbarer Weise zusammen:

Der *Skeptizimus* richtet sich sowohl auf die menschlichen Erkenntnis- als auch die Handlungsmöglichkeiten. Er führt jedoch zu keinem Pessimismus, weil die „Natur" einen allerdings weithin nur zu ahnenden sinnvollen Prozeßzusammenhang hervorbringt und gewährleistet. *„Natur"* bezieht sich dabei als Ordnungsmacht keineswegs nur auf die außermenschliche Wirklichkeit, sondern gerade auch auf die Seinsweise von Individuen und Gesellschaft: „Unser öffentliches und privates Gebäude ist voller Unvollkommenheiten. Aber es gibt nichts Unnützes in der Natur, nicht einmal die Nutzlosigkeit selbst. Nichts ist in diese Welt eingedrungen, was nicht seinen gelegenen Platz einnehme." (III, 1, 767) Dieser Respekt vor dem Gewordenen als Ausdruck einer höheren Weisheit ist in politischer Hinsicht gleichbedeutend mit *Konservativismus*. In der Tat bekämpft Montaigne Ideen und Bewegungen, nur weil sie neu sind und die etablierte Ordnung, die er keineswegs in jeder Hinsicht für gerecht hält, stören. *Nouvelletez* – „Neuheiten", „Neuerungen" sind in den *Essais* der Inbegriff aller Widrigkeiten im Zeitalter der französischen Religionskriege. Diese Haltung widerstreitet nicht der geistigen Unabhängigkeit und Beweglichkeit, die in seinem Werk zum Ausdruck kommen. Aus der Kritik an manchen Gegebenheiten und Vorgängen folgt für ihn keineswegs die Auflehnung. Achtung kommt den Gesetzen für ihn nicht zu, „weil sie gerecht sind, sondern weil sie Gesetze sind ... Man kann bessere Zeiten bedauern, aber den gegenwärtigen nicht entfliehen. Man kann andere Amtsträger wünschen, muß aber dennoch den vorhandenen gehorchen ... Wer meine Träumereien dem geringfügigsten Gesetz seines Dorfes oder einer verbreiteten Meinung oder Sitte zum Schaden gereichen lassen wollte, würde sich ein großes Unrecht antun und mir noch dazu." Die Wirren seiner Zeit sind für ihn so verheerend, daß Eingriffe, die sich an ideologischen Neuerungen orientieren, sie nur noch verschlimmern können.

Skeptizismus und Konservativismus bedeuten jedoch keineswegs den Verzicht auf vernunftgeleitetes Handeln. Mindestens für Angehörige seines Standes – und nur für sie schreibt Montaigne – läßt die gesetzliche Ordnung beträchtliche Spielräume. Auf ihre geschickte Nutzung zielt sein *Pragmatismus.* Hinsichtlich der Möglichkeiten der Vernunft, eine Lebenskunst (*sçavoir vivre*) zu entwickeln, ist er keineswegs skeptisch.

Zur Begründung seines Skeptizismus, der wohl primär auf vortheoretische Wurzeln in seiner Persönlichkeitsstruktur zurückgeht, bedient sich Montaigne weithin traditioneller Argumente, die allerdings bei ihm eine typische subjektive Färbung erhalten. Er verweist auf die Erfahrung der Ungeordnetheit des Geistes *(desreglement de nostre esprit).* Unsere psychischen Erkenntnisinstrumente seien uns selbst unbekannt (II, 12, 544). Unser Erfahrungshorizont werde durch die Beschaffenheit unserer Sinnesorgane begrenzt (II, 12, 572). Sowohl unser Bewußtsein als auch die zu erkennende Wirklichkeit sei ständig im Fluß (II, 12, 586), das erstere noch dazu von wechselnden leiblichen Zuständen abhängig: ,,Die Welt ist nur ein endloses Schwanken *(une branloire perenne).* Alles an ihr schwankt ohne Unterlaß" (III, 2, 782). ,,Wenn meine Gesundheit mir lacht und ein heiterer, schöner Tag, dann bin ich ein umgänglicher Mensch. Drückt mich ein Hühnerauge, dann bin ich mürrisch, übellaunig und ungesellig" (II, 12, 549).[10] Daraus folgert Montaigne: ,,Wir haben keinerlei Verbindung mit dem Sein *(aucune communication a l' estre).*" (II, 12, 586) Für die Standortgebundenheit des eigenen Denkens und seine Verabsolutierung stellt Montaigne eine erdrückende Menge von Beispielen zusammen, die er teils der antiken Literatur, teils zeitgenössischen Ethnographien, teils seinen Erfahrungen entnimmt. ,,Jeder nennt Barbarei, was nicht seiner Gewohnheit entspricht. Es scheint wahrlich, als hätten wir keinen anderen Maßstab von Wahrheit und Vernünftigkeit als das Beispiel der Meinungen und Gebräuche unseres Landes. Hier ist immer die vollkommene Religion, die vollkommene Staatsform und die vollkommene und vollendete Handhabung aller Dinge." (I, 31, 203) ,,Fast alle unsere Meinungen haben wir auf Autorität und Kredit hin übernommen." (III, 12, 1013) ,,Die Gesetze des Gewissens, deren Ursprung angeblich in der Natur liegt, kommen aus Sitte und Gewohnheit." (I, 23, 114)

Dieser Skeptizismus gehört in den größeren Zusammenhang seiner Auffassung von der *misère* des Menschen. Die hochfliegenden Ideen seiner Zeit von der *dignitas hominis,* zu denen die politischen, sozialen und religiösen Wirren in schreiendem Gegensatz stehen, will er in die Schranken weisen, weil die Selbstüberschätzung des Menschen für ihn mit zu den Ursachen der chaotischen Zustände zählt. ,,Die Selbstüberschätzung ist unsere angeborene und ursprüngliche Krankheit." (II, 12, 429) Um die *présomption,* ,,diese Raserei" niederzukämpfen, nimmt er sich vor, ,,den Hochmut und Stolz des Menschen zu zerquetschen und mit den Füßen zu treten, sie (scl. die Zeitgenossen) die

Leere, Eitelkeit und Nichtigkeit des Menschen spüren zu lassen und ihnen die gebrechlichen Waffen ihrer Vernunft aus den Händen zu schlagen." (II, 12, 426) Ohne jede *prerogative* oder *præexcellence* gehöre der Mensch in die Reihe der übrigen Lebewesen. Die Meinung, ,,dieser elenden und gebrechlichen Kreatur, die nicht einmal ihrer selbst mächtig ist", sie sei ,,Gebieterin und Kaiserin des Universums", bezeichnet er schlicht als ,,lächerlich." Durch seine Maßlosigkeit, durch seine *humeurs transcendentes* und *opinions supercelestes,* sei der Mensch in Gefahr, unter die Ebene der Tiere abzusinken: ,,Ist es nicht ein einzigartiges Zeugnis von Unvollkommenheit, daß wir uns mit nichts zufrieden geben können? ... Was auch immer sich unserem Erkennen und Genießen darbietet, wir fühlen, daß es uns nicht genügt und gieren nach Künftigem und Unbekanntem." (I, 53, 296) ,,Wir sind nie bei uns, wir sind immer jenseits unser *(au delà)."* (I, 3, 18) ,,Sie wollen sich aus sich selbst heraussetzen und dem Menschen entkommen. Das ist eine Verrücktheit. Statt sich in Engel zu verwandeln, verwandeln sie sich in Tiere." (III, 13, 1096)

,,Die Tiere sind geregelter als wir und halten sich mit mehr Mäßigung an die Grenzen, die uns die Natur vorgezeichnet hat." (II, 12, 450) Um die Anmaßung der Großen zu geißeln, findet er derbe Worte: ,,Die Seelen der Kaiser und der Schuster sind mit der gleichen Form gegossen ... Auch auf dem höchsten Thron der Welt sitzen wir immer noch nur auf unserem Hintern ... Auch die Könige und die Philosophen koten, desgleichen die Damen."

Die *misère* des Menschen ist am ehesten durch Anerkennung seiner natürlichen Grenzen zu überwinden. ,,Was mich anlangt, ich liebe und gestalte das Leben so, wie es Gott gefallen hat, es uns zu gewähren." (III, 13, 1093) Völlig unbefangen kann Montaigne auch von den ,,Regeln der Vernunft sprechen, welche die Natur uns eingeprägt hat" (I, 17, 70). Voller Bewunderung weist er auf die *naifveté naturelle* der ,,Barbaren" und der ,,einfachen Leute" hin, die ihrem Verhalten Sicherheit gebe, weil sie noch nicht durch *opinion, science, argumentations* usw. überdeckt sei. Es geht darum, eine solche *naifveté* auf höherer Ebene zurückzugewinnen. ,,Leben nach der Natur", *médiocrité* schließt für Montaigne sowohl Askese als auch Lasterhaftigkeit aus: ,,Man soll weder hinter Vergnügungen herjagen noch vor ihnen fliehen; man soll sie annehmen." (III, 13, 1086)

Im Zusammenhang mit diesem Naturalismus läßt sich die oft erörterte Frage nach Montaignes Verhältnis zum Christentum stellen. Der Leser gewinnt widersprüchliche Eindrücke: Auf der einen Seite klingen in der Denuntiation der Überheblichkeit des Menschen genuin christliche Motive an, auf der anderen spielt für die Überwindung der *misère* der christliche Heilsglaube kaum eine Rolle. Die Überwindung gründet sich vielmehr bei Montaigne auf eine durchwegs an der heidnischen Antike orientierte Lebensweisheit. Er ignoriert auf weite Strecken die katholische Lehre, beteuert jedoch seinen Gehorsam gegenüber der katholischen Kirche in allen Glaubensfragen und äußert sich an etlichen Stellen im Sinne einer tiefen christlichen Frömmigkeit (III, 12, 1020; I, 56, passim).[11] Wo er sich ausdrücklich zu Erziehungsfragen äußert, kommt das Christentum überhaupt nicht vor. Die religiöse Erziehung bleibt wie ausgeklammert.

Hier muß man sich daran erinnern, daß der Mensch nach Montaigne ein Gefäß recht unterschiedlicher *humeurs* ist. Das Problem, wie trotz des wechselvollen Spiels der *humeurs, fantaisies, imaginations* seine Identität hergestellt und gewahrt werden kann, durchzieht das gesamte Werk Montaignes: *C' est un subject merveilleusement vain, divers et ondoyant que l'homme.* (I, 1, 13) ,,Wir bestehen alle aus Einzelstücken und bilden ein so unförmiges und in sich verschiedenes Gefüge, daß jedes Teilstück jeden Augenblick sein eigenes Spiel treibt. Der Unterschied zwischen uns und uns selbst ist so groß wie der zwischen uns und einem anderen.“ (II, 2, 321) Der Zusammengewürfeltheit des Menschen aus sich ständig verändernden Einzelteilen steht seine *forme sienne* gegenüber, die wechselnden Außen- und Inneneinflüssen ein hohes Maß an Widerstand entgegensetzt. Weder er selbst noch andere können ihm eine beliebige Gestalt geben. Montaigne sieht es als wesentliche selbsterzieherische Aufgabe eines jeden an, das Chaos der inneren und äußeren Impulse im Sinne seiner vorwiegenden Wesensrichtung, seiner ,,Leitform“ *(forme maîtresse),* zu ordnen *(régler).* ,,Wer sein Leben nicht auf ein bestimmtes Ziel ausgerichtet hat, kann unmöglich seine einzelnen Handlungen ordnen.“ (II, 2, 320)

Die Erziehung müsse an die ,,natürlichen Neigungen“ *(propensions naturelles),* die in ihrer Gesamtheit die *forme maîtresse* bilden, anknüpfen und sich von ihr die Zielrichtung vorgeben lassen, doch sei es ,,schwer, sich darüber ein sicheres Urteil zu bilden“. Denn ,,ihre Neigungen (scl. der Kinder) zeigen sich in den jüngsten Jahren nur . . . zart und undeutlich“, weil sie sozial verdeckt werden. ,,Die Jungen der Bären und Hunde zeigen ihre natürliche Neigung. Die Menschen jedoch verfallen sofort auf Gewohnheiten, Meinungen, Gesetze und ändern oder verstellen sich leicht. Doch ist es schwierig, die natürlichen Neigungen hervorzuzwingen. Daher kommt es, daß man sich oft umsonst plagt und viele Lebensjahre darauf verwendet, ihnen etwas beizubringen, was sie nicht in den Griff bekommen. Dennoch ist meine Meinung zu dieser Schwierigkeit, man solle sie immer zum Besten und Nützlichsten leiten und sich wenig an die Vorahnungen und Prognosen *(divinations et prognostiques)* kehren, die wir ihrem kindlichen Verhalten entnehmen.“ (I, 26, 147f)

Der Gesichtspunkt der sozialen Überdeckung von Neigungen bedeutet keineswegs, daß die Gesellschaft auf die Entwicklung des Individuums primär negativ wirke. Ohne sie wäre der Mensch dem Spiel seiner Stimmungen nur noch schlimmer ausgeliefert. Die gesellschaftlichen Institutionen im Sinne vorgegebener Orientierungsdaten und Verlaufsformen des Verhaltens bieten ihm die einzige Möglichkeit, sich zu stabilisieren. Die *volubilité* des Menschen, seine Ausgeliefertheit an jeden Reiz, und seine Unfähigkeit, eine Richtung einzuhalten, erfordern – hier gebraucht Montaigne ein drastisches Bild –, daß ihm *orbières,* ,,Scheuklappen“, angelegt werden. Voraussetzung dafür ist allerdings die Stabilität der Gesellschaft selbst. Gerade diese sieht Montaigne jedoch besonders durch die religiösen ,,Neuerungen“ gefährdet. Der Skeptiker

Montaigne ist zwar zutiefst von der Relativität der Institutionen überzeugt. Wegen ihrer individuellen und sozialen Stabilisierungsfunktion sollen sie jedoch geachtet werden, als wären sie absolut: „Das ist die Regel aller Regeln und das allgemeine Gesetz aller Gesetze, daß jeder diejenigen (scl. Regeln und Gesetze) des Ortes beachtet, wo er sich befindet." (I, 23, 117) Die sozialen Spielregeln bilden eine Struktur, so daß die Veränderung eines Elements auf das Ganze zurückwirkt (I, 23, 118). Die gegebene Gesellschaft ist mit ihren Institutionen Ausdruck des Waltens einer für den Menschen letztlich nicht durchschaubaren Ordnungsmacht, der „Natur", und kann nicht durch Planung teilweise oder gar grundsätzlich ohne Schaden verändert werden. Montaigne beobachtet den Bürgerkrieg und befürchtet das Versinken Frankreichs im Chaos. Der konservative Edelmann praktiziert und empfiehlt äußere Anpassung an bestehende Ordnungen bei Wahrung der inneren Freiheit. Da es keine auf die Vernunft gegründeten absoluten Ordnungen geben kann, Ordnungen aber nötig sind, sollen die überlieferten absolut genommen werden. Der Anspruch auf Veränderung überschätzt die Möglichkeiten der Vernunft und ist Anmaßung. So ist Montaigne von Institutionskritik *(accuser d'imperfection une police)* und Neuerungssucht „angeekelt": *„Je suis degousté de la nouvelleté, quelque visage qu' elle porte."* (I, 23, 118) Die Standortgebundenheit dieser Einstellung ist offensichtlich. Sie ist dem Inhaber eines Sozialstatus möglich, der sich durch die bestehende gesellschaftliche Wirklichkeit nicht sonderlich eingeengt fühlen muß. Montaigne ist Vertreter einer Privilegiertenphilosophie, wie auch seine Pädagogik ausschließlich den heranwachsenden Edelmann im Auge hat.

Es ist deutlich, welche pädagogischen Auffassungen im engeren Sinne sich in den gezeichneten Rahmen dieser Weltsicht einfügen. Montaigne zieht an vielen Stellen seines Werkes immer wieder auch die Folgerungen für Erziehungsfragen, konzentriert sich darauf jedoch besonders in den Essais *Du pedantisme* (I, 25), *De l'institution des enfants* (I, 26) und *De l'affection des peres aux enfants* (II, 8).

Die Erziehungslehre Montaignes sieht von allen speziellen Betätigungen im späteren Leben ab und orientiert sich am Leitbild des gelingenden Lebens eines Edelmanns. Von früh an soll das Kind lernen, „sich zu kennen und gut zu sterben und zu leben" (I, 26, 158). Dabei kommt es seiner Meinung nach weniger auf bestimmte Kenntnisse an als auf die Fähigkeit, alle Erfahrungen zum Gegenstand vernünftigen Denkens zu machen und sich ein sicheres eigenes Urteil zu bilden. *Entendement, jugement* sind die immer wiederkehrenden Begriffe. Montaigne verdeutlicht diese Zielvorstellung in heftiger Polemik gegen die Erziehungspraktiken seiner Zeit mit ihrer Betonung bloßen Gedächtniswissens: „Auswendigwissen bedeutet nicht wissen, sondern nur im Gedächtnis festhalten, was zur Aufbewahrung übergeben wurde." (I, 26, 151) Eine solche verfehlte Erziehung gehe nicht darauf aus, „gut und weise zu machen, sondern nur gelehrt" (II, 17, 643). „Wahrlich, all die Sorge und all der Aufwand der Väter zielt nur darauf ab, uns den Kopf mit Wissenschaft zu möblieren *(meubler la teste de science)*. Von Urteilsvermögen und Tugend *(vertu)* ist kaum etwas zu hören." (I, 25, 135) „Wir plagen uns damit, das Gedächtnis zu füllen und lassen den Verstand und das Gewissen leer." „Man schreit uns unaufhörlich in die Ohren, als schütte man etwas in einen Trichter, und unsere Aufgabe besteht nur darin, nachzusagen, was man uns vorgesagt hat." Die Klarheit des Denkens werde durch unnötigen Wissensballast gestört. „Den Bauern und den Schuster sieht man einfach und natürlich ihrem Lauf folgen. Sie reden von Dingen, die sie verstehen." Die Opfer der „Pedanten" dagegen „wollen sich mit diesem Wissen, das auf der Oberfläche ihres Gehirns schwimmt, erheben und wappnen, verwickeln und verstricken sich dabei jedoch unaufhörlich". Sie wissen – wie ihr Lehrmeister – alles nur *par jargon et par coeur,* sie sind auf die Ebene von „Papageien" heruntergebracht. Dies hängt für Montaigne besonders mit der Überbetonung der Sprache gegenüber den „Sachen" *(choses)* zusammen. „Im Gegenteil, die Wörter haben zu dienen und zu folgen. Wo es mit dem Französischen nicht geht, soll eben das Gaskognische zum Ziel kommen. Ich möchte, daß die Dinge das Übergewicht bekommen und die Vorstellung des Hörers so erfüllen, daß er sich an die Worte gar nicht erinnert." (I, 26, 171) „Ich möchte zu erst einmal meine eigene Sprache gut beherrschen, dann die meiner Nachbarn, mit denen ich die meisten Beziehungen unterhalte. Ohne Zweifel stellen das Griechische und das Lateinische eine schöne und großartige Zierde dar, aber wir bezahlen dafür einen zu hohen Preis." (I, 26, 172)[12] In jedem Fall kommt es für Montaigne weder auf die Meinungen Ciceros, Platos und anderer Größen des Altertums an noch gar auf ihre Formulierungen, sondern auf Eigenständigkeit des Urteils: „Aber wir, was sagen wir selbst, wie urteilen wir, was tun wir?"

Daß Erziehung auf eine Verbesserung von Denken und Handeln gerichtet sein müsse, wie sie durch bloße Informationsspeicherung nicht erreicht wird, ist für die Pädagogik Montaignes zentral. Man muß sich die Inhalte aneignen *(approprier)*. Er gebraucht dafür das Bild der Bienen, die die Säfte der Blumen in Honig verwandeln. „Es genügt nicht, die Wissenschaft nur bei sich unterzubringen, man muß sich mit ihr vermählen." (I, 26, 177)

Ähnlich ist für ihn ethische Bildung nicht nur im Sinne moralphilosophischer Literatur verändertes Verbalverhalten, sondern *vertu* als Einheit von Gesinnung und Handeln. Er mißtraut der Voraussetzung, daß sich in sprachlicher Form gegebene Lerninhalte wie von selbst in Handeln umsetzen (II, 6, 350). Die Fähigkeit der Selbstbesinnung und bewußten Steuerung des eigenen Tuns ist kein Bücherwissen *(sçavoir livresque)* und nicht ausschließlich durch Bücherwissen zu erwerben. Sie wird am ehesten durch sorgfältige Beobachtung der Menschen, Besinnung auf die Ziele und Motive ihres Verhaltens und deren Bewertung erlangt. Dabei aktiviert der Aufwachsende sein Denken im Sinne seiner Wertkriterien und wird dadurch eher bereit, sein eigenes Verhalten im Einklang damit zu gestalten, als bei nur passiv aufnehmender Einstellung auf einen „Stoff" (matière). Als solcher sollen ihm Vorgänge in seiner Umgebung dienen wie die „Dummheit eines Pagen" oder die Tatsache, daß die kultiviertesten Gespräche nicht an den besten Plätzen der Tafel geführt werden, aber durchaus auch Literatur, besonders Geschichtsschreibung. Wenn solche Besinnung – Montaigne nennt sie „Philosophie“ und stellt sie den „Konsequenzmachereien“ *(ergotismes)*, die sonst diesen Namen tragen, entgegen – von der Kindheit an geübt werde, dann führe sie zu einer „Weisheit“ *(sagesse)*, die nicht ohne eine heitere Lebensgrundstimmung *(esjouissance constante)* sein könne. „Es kann nicht ausbleiben, daß eine Seele, die der Philosophie Wohnung gibt, durch ihre Gesundheit auch noch den Leib gesund macht. Sie läßt ihre Ruhe und ihr Wohlbefinden bis nach außen leuchten, bildet ihre Form im äußeren Gebahren ab und verleiht einen anmutigen Stolz, eine tätige und fröhliche Haltung, eine heiter zufriedene und gutmütige Fassung.“ (I, 26, 160)

Selbständiges Urteilsvermögen kann nach Montaigne nur entstehen, wenn das Einüben des freien Urteilens durch keinerlei „Autorität“ beschränkt wird. Der Erzieher soll dafür sorgen, daß der Aufwachsende „alles durch das Filter (scl. seines eigenen Urteils) passieren läßt und nichts in seinem Kopf auf Autorität und Kredit hin unterbringt. Die Lehrsätze des Aristoteles sollen ihm so wenig als unumstößlich gelten wie die der Stoiker oder der Epikuräer. Man lege ihm diese Unterschiedlichkeit der Urteile vor. Er wird wählen, wenn er kann. Im anderen Falle wird er im Zweifel bleiben. Nur die Toren sind gewiß und entschieden.“ (I, 26, 150) Im Gegensatz zu doktrinären Pädagogen empfindet der Skeptiker Montaigne die Pluralität der Auffassungen nicht als Verlegenheit, sondern als Anregung für das eigene Denken und damit als didaktischen Vorteil.

Neben der Selbständigkeit des Denkens kommt es Montaigne auf seine Flexibilität an. Gewohnheiten wirken als Beschränkungen der Freiheit, besonders Denkgewohnheiten. Ihrer Herrschaft soll entgegengearbeitet werden (III, 3, 795; III, 13, 1083). Beweglichkeit des Denkens bedarf eines weiten Spielraums. Daher soll der Erzieher bemüht sein, den Erfahrungshorizont des Aufwachsenden ständig zu erweitern. Dabei tritt Unterricht im herkömmlichen Sinne gegenüber der unmittelbaren Berührung mit der Wirklichkeit zurück: „Die menschliche Urteilskraft gewinnt eine wunderbare Klarheit dadurch, daß man sich in die Welt hineinbegibt *(de la frequentation du monde)*. Wir sind alle auf uns selbst beschränkt und in uns selbst aufgehäuft *(contraints et amoncellez en nous)*, und unsere Sichtweite verkürzt sich auf die Länge unserer Nase ... Diese große Welt ... ist der Spiegel, in dem wir uns betrachten müssen, um uns unter dem richtigen Blickwinkel zu erkennen. Kurz gesagt, sie soll das Buch meines Schülers sein.“ (I, 26, 156f)

Welt heißt dabei für Montaigne nicht zuletzt soziale Welt, Gesellschaft. An vielen Stellen läßt er durchblicken, wieviel ihm selbst Geselligkeit bedeutet und wieviel mehr sie bei bewußter Gestaltung bereichern kann. Dabei denkt er weniger an Höflichkeitsrituale als an gepflegte Konversation und sorgfältige Auswahl der Partner: „Keinem Vergnügen gewinne ich Geschmack ab ohne Austausch im Gespräch *(communication)*.“ (III, 9, 965) Die Sphäre kultivierter und doch zwangloser Geselligkeit will er durch Erziehung erschließen. Er spricht geradezu von einer ,,Wissenschaft, sich unter Menschen zu bewegen *(science de l'entregent)*": ,,Ich habe es oft erlebt, daß Menschen durch ein Übermaß an Höflichkeit unhöflich gewesen sind und durch Zuvorkommenheit lästig. Die Wissenschaft des geselligen Umgangs ist alles in allem eine sehr nützliche Wissenschaft. Wie Anmut und Schönheit erschließt sie uns den ersten Zugang zu gesellschaftlichen und freundschaftlichen Beziehungen. Sie öffnet uns folglich die Tür zum Lernen am Beispiel anderer und zur Entfaltung und Darbietung unseres eigenen Beispiels, soweit ihm etwas Belehrendes und Mitteilbares eignet." (I, 14, 49)

Auch zugunsten körperlicher Ertüchtigung soll nach Montaigne die Arbeit mit Büchern zurücktreten. Anerkennend zitiert er den Hinweis Senecas, wonach die Römer in der älteren Zeit ihre Kinder nichts lehrten, was sie im Sitzen hätten lernen müssen. In heftiger Polemik gegen die Erziehungspraktiken der Collèges schreibt er an die Gräfin de Curson, die ein Kind erwartet: ,,Ich will nicht, daß man diesen Jungen wie in einem Gefängnis leben läßt. Ich will nicht, daß man ihn der melancholischen Laune eines wütenden Schulmeisters ausliefert. Ich will nicht, daß sein Geist dadurch verdorben wird, daß man ihn nach Art der anderen vierzehn oder fünfzehn Stunden täglich wie einen Lastträger bei mühsamsten Quälereien festhält. Auch fände ich es nicht gut, sollte er aus einer Veranlagung zur Zurückgezogenheit und Melancholie heraus übermäßig dem Bücherstudium zuneigen, wenn er in dieser Richtung irgendwie bestärkt würde. Das macht für gepflegten Umgang untauglich und lenkt von den besten Beschäftigungen ab. Wieviele Männer habe ich doch zu meiner Zeit durch eine allzu gewagte Begierde nach Wissenschaft verdummt *(abestis)* gesehen." (I, 26, 163) Montaigne warnt vor Verweichlichung und rät zu ziemlich energischer Abhärtung auch gegen die Bedenken von Ärzten.

An seiner Betonung der unmittelbaren Erfahrung und seiner Polemik gegen übertriebenes Bücherstudium ist schon deutlich geworden, daß es für ihn keine eigenwertigen Unterrichtsinhalte gibt. Darin unterscheidet er sich von der humanistischen Reformpädagogik seiner Zeit, mit der er sonst viele Vorstellungen teilt. Er ist der klassische Vertreter einer instrumentalistischen oder auch funktionalistischen Auffassung von Kulturgütern. Sollen sie der Bildung dienen, dann müssen sie es sich gefallen lassen, auf ihren möglichen Beitrag zur vernünftigen Lebensgestaltung eines gesitteten Edelmanns *(gentilhomme, honnête homme)* überprüft zu werden. Überflüssige Lerninhalte sind schädlich: ,,Diese Leute, die sich rittlings auf den Epizyklus des Merkur setzen, die so weit in den Himmel hineinschauen, machen mich krank." (II, 17, 617) ,,Es ist eine große Einfalt, unsere Kinder die Wissenschaft von den Gestirnen und die Bewegung der achten Sphäre vor ihren eigenen (scl. Bewegungen) zu lehren." (I, 26, 159) Statt dessen soll gelernt werden, ,,was Wissen und Nichtwissen heißt ... worin Tapferkeit, Mäßigkeit und Gerechtigkeit bestehen, wie sich Ehrgeiz und Habgier, Knechtschaft und Unterordnung, Zügellosigkeit und Freiheit unterscheiden, woran man wahrhafte und festgegründete Zufriedenheit erkennt, wie weit Schmerz, Tod und Schande zu fürchten sind ... welche

Triebfedern uns in Gang halten, was so viele verschiedene Anstöße in uns bewirkt." Lerninhalt soll „das Beste und Nützlichste" sein *(aux meilleures choses et plus profitables)*. Dazu gehören für ein „Kind aus gutem Hause" *(enfant de maison)* durchaus auch Literatur und Wissenschaft *(lettres)*, jedoch muß berücksichtigt werden, daß es sich mit ihnen nicht im Hinblick auf einen künftigen Beruf beschäftigt, sondern zu seiner „inneren Bereicherung und Veredelung" (I, 26, 149). Damit ist ein Auswahlkriterium gegeben, das sich zugunsten der von Montaigne so geschätzten „Philosophie" oder auch *science morale* als Frage nach den Beweggründen menschlichen Handelns und zuungunsten von Inhalten wie Logik, Physik, Geometrie, Rhetorik auswirkt. Unter solchen soll der Jugendliche vielmehr selbst auswählen, nachdem er durch den geselligen Umgang *(pratique des hommes, eschole du commerce des hommes)* und die Lektüre von Historikern und Moralphilosophen sowie besonders durch Gespräche über beide Arten von Erfahrungen denken gelernt hat *(le jugement formé)*. In dieser Stellungnahme zum Auswahlproblem ist Montaignes ambivalente Einstellung zu den Wissenschaften zu erkennen. Als Skeptiker verhält er sich zurückhaltend gegenüber ihrem Anspruch, Gewißheit zu stiften, als Menschenkenner und Moralphilosoph gegenüber der Fähigkeit des Menschen, sie zu seinem Besten zu verwenden: „Die Wissenschaft ist eine gute Droge, aber keine Droge ist so stark, daß sie nicht durch die jeweilige schlechte Qualität *(vice)* des sie aufnehmenden Gefäßes verändert und verdorben würde." (I, 26, 140) „Die Wissenschaft ist wahrlich etwas sehr Nützliches und Großes. Wer sie verachtet, beweist damit ziemlich deutlich seine Dummheit. Dennoch schätze ich ihren Wert nicht so überaus hoch ein wie manche andere." (II, 12, 415) „Man kann mit einiger Wahrscheinlichkeit sagen, daß es eine elementare Unwissenheit gibt, die der Wissenschaft vorausgeht, und eine andere, gelehrte, *(doctorale)* die ihr folgt, eine Unwissenheit, welche die Wissenschaft erzeugt und hervorbringt, wie sie die erste auflöst und zerstört." (I, 14, 299) Ganz offensichtlich ist es besonders die Zersetzung falscher Gewißheit, die der Skeptiker Montaigne als Leistung der Wissenschaft schätzt.

Bei aller Hochachtung vor der antiken Literatur bewahrt er auch ihr gegenüber eine gewisse gelöst-nüchterne Distanz. Ihre inhaltliche und formale Überlegenheit steht zwar auch für ihn über jedem Zweifel, doch liegt ihm der überspannte Enthusiasmus mancher seiner humanistischen Zeitgenossen fern. Antike Autoren, besonders Seneca und Plutarch, sind für ihn bevorzugte Gesprächspartner, die sein eigenes Denken anregen, nicht aber binden. Er entwickelt seine Gedanken gerne im Anschluß an Zitate oder erläutert sie daran, unterwirft sie aber nirgends Autoritäten.

Obwohl Montaigne immer wieder die Bedeutung der unmittelbaren Begegnung mit Menschen und Dingen – die Lektüre im „Buch der Welt" und die Besinnung darüber im Gespräch – hervorhebt, sieht er doch auch wissenschaftliche und literarische Texte beim Unterricht als unentbehrlich an. Wegen der flackernden Unruhe *(volubilité, dissolution)* der Phantasie vermag der Geist nur schwer einem geraden Kurs zu folgen. Die Konzentration auf Vorgedachtes versieht ihn gleichsam mit „Scheuklappen“ *(orbières)*, die ihn am ziellosen Herumschweifen hindern und in bestimmten „Geleisen“ *(ornières)* halten. „Man hat recht, wenn man dem menschlichen Geist in möglichst enge Schranken zwängt. Beim Studium muß man wie auch sonst seine Schritte zählen und regeln.“ (II, 12, 541) „Wenn man sie (scl. die Kinder und Jugendlichen) nicht mit einem bestimmten Gegenstand beschäftigt, der sie zügelt und einengt, stürzen sie sich bar jeder Zucht und Regel *(desreiglez)* dahin und dorthin in das vage Feld der Einbildungen ... Die Seele, die kein festes Ziel hat, verliert sich, denn überall sein heißt, wie man so sagt, nirgends sein.“ (I, 9, 33f) Die Ausbildung selbständiger Urteilsfähigkeit setzt nach Montaigne voraus, daß der Aufwachsende sich den Fragen stellt und bereits vorliegende Argumentationen durchdenkt. Der Erzieher darf ihm zwar nicht das Ergebnis seines Nachdenkens vorschreiben, muß ihn aber mit „strenger Sanftheit“ *(par une severe douceur)* bei den Problemen festhalten. Dabei bedeutet *douceur* einmal den Verzicht auf die zeitüblichen barbarischen Zwangs- und Strafmethoden, wie sie auch von den humanistischen Pädagogen heftig angegriffen werden.[13] Zum anderen meint der Ausdruck die Anpassung des Erziehers an die „Gangart“ *(train, allures)* des Zöglings. Er soll sich auf seine Verständnisebene *„herablassen“ (condescendre, se ravaler)*. Wegen der unterschiedlichen „Gangart“ der einzelnen Lernenden lehnt Montaigne Lerngruppen ab und tritt für Einzelunterricht ein. Wie auch in anderen Hinsichten fehlt ihm der Sinn für die pädagogische Bedeutung der Beziehungen zwischen Gleichaltrigen und überhaupt der Kinder und Jugendlichen untereinander. Die Absage an Brutalität und Überforderung hat bei ihm einmal humane Gründe (II, 31, 692), entspricht dann aber auch seiner Einsicht in die Wichtigkeit der Motivation für ein Lernen, das nicht nur auf kurzfristige Datenspeicherung zielt: „Nichts ist so wichtig, wie den Appetit und die Zuneigung hervorzulocken. Anders schafft man nur mit Büchern beladene Esel. Mit Peitschenhieben übergibt man ihnen ihre Tasche voller Wissenschaft zur Aufbewahrung.“ (I, 26, 177) Für Montaigne liegt alles an einem vielseitigen Wissensdrang des Zöglings *(une honeste curiosité de s' enquerir de toutes choses)*. Die Aufgabe des Erziehers besteht darin, dieser *curiosité* möglichst viele Gegenstände darzubieten, sich als Gesprächspartner bereitzuhalten, der bei der Verarbeitung der Eindrücke hilft. Als Mittel der Horizonterweiterung empfiehlt er besonders das Reisen, zumal dabei noch die Fremdsprachen in der natürlichen Sprechsituation erlernt werden können. Unter Verweisung auf seine Kindheit empfielt er diese direkte Methode des Sprachunterrichts ausdrücklich auch für das Lateinische.[14]

Seiner Hochschätzung des Gesprächs in einer bestimmten Form widmet Montaigne einen besonderen Essai über die „Gesprächskunst“ (III, 8: *De l'art de conférer*). Das Gespräch in der Form der *conférence*[15] unterscheidet sich von einer bloßen Plauderei oder auch einer erregten Auseinandersetzung durch gezieltes Festhalten am Thema, die Bevorzugung kontroverser Themen und die besondere Haltung der Teilnehmer. Diese gehen davon aus, daß die Wahrheit in niemandes Besitz, sondern erst gemeinsam zu suchen ist. Bei dieser gemeinsamen Suche soll nichts außer der Kraft der Argumente gelten. Montaigne läßt erkennen, wie sehr er einen geschickten und intelligenten Gegner vorzieht, weil dieser ihm die äußerste Anstrengung des Denkens abverlangt: „Unser Denken *(esprit)* wird durch den Austausch mit dem starken und disziplinierten Denken anderer *esprits vigoureux et reiglez* gekräftigt."

III.

Die Wirkungsgeschichte der pädagogischen Ideen Montaignes verläuft über die beiden Stränge der allgemeinen literarischen Bildung und der pädagogischen Tradition im engeren Sinne.

Die Bedeutung des ersten Stranges kann kaum überschätzt werden. Montaigne ist einer der meistgelesenen Schriftsteller Frankreichs. Von 1580–1669 wurden die *Essais* durchschnittlich alle zwei Jahre aufgelegt, eine englische Übersetzung erschien bereits 1613, eine italienische 1633, eine deutsche allerdings erst 1753. Die Essais wurden quer durch alle Lager geschätzt: Libertins lasen sie ebenso wie Katholiken und Protestanten. Scharf abgelehnt wurden sie nur von strengeren katholischen Kreisen wie den Jansenisten. Wie sehr ihre Wirkung über den Kreis von bloß literarisch Interessierten hinausging, zeigt ihre Charakterisierung als *bréviaire des honnêtes gens* durch den Kardinal du Perron. Es gibt kaum einen bedeutenden französischen Schriftsteller, der sich nicht positiv mit Montaigne auseinandergesetzt hätte. In Deutschland zählten zu seinen besonderen Bewunderern Hamann, Schopenhauer und Nietzsche.

Der innerpädagogische Traditionsstrang verläuft hauptsächlich über Locke und Rousseau. Wie sehr gerade der letztere aus Montaigne geschöpft hat oder sich durch Absetzung von ihm hat anregen lassen, zeigt das Buch des Rousseau-Gegners Dom Cajot *Les Plagiats de J.-J. Rousseau de Genève sur l'Education* von 1766.

Montaignes Pädagogik bleibt in vieler Hinsicht (etwa in der Billigung des Ammen- und Pagenwesens) den Vorstellungen seiner Zeit verhaftet. Wo er sich kritisch gegen sie wendet, steht er wie in der heftigen Ablehnung grausamer Disziplinierungspraktiken oft keineswegs allein. Die starke ständische Bindung seines Denkens schränkt auch den Geltungsbereich seiner pädagogischen Äußerungen ein: Sie richten sich auf die Angehörigen einer leitenden Schicht, bei deren Erziehung die Höhe des Aufwands kaum eine Rolle spielt und die keine besondere Spezialbildung brauchen, weil sie je nach Bedarf Dienstpersonal heranziehen können. Zudem machte im 16. Jahrhundert die geringere Quantität und Differenziertheit professionellen Wissens die Frage nach den Anknüpfungsmöglichkeiten spezialbildender Bemühungen an die allgemeinbildende Grundlage noch nicht so dringlich.

Manche Aspekte, die Montaigne besonders hervortreten läßt, sind heute fast Allgemeingut: So die Betonung der Denkerziehung gegenüber dem nur „depositären" Lehren (Paolo Freire) und dem „Fetischismus des geschriebenen

Wortes";[16] die Einsicht in die Wichtigkeit der Lernmotivation; der Vorschlag, an aktuelle Erfahrungen und Interessen des Lernenden anzuknüpfen.

An Montaignes *Essais* wird exemplarisch deutlich, wie ein besonderer pädagogischer Denkstil aus einer individuellen Lebensauffassung hervorgeht, die sich ihrerseits in eine bestimmte historische Situation einfügt. Viele Stellen der *Essais* machen nicht nur in pädagogischer Hinsicht auch den heutigen Leser dadurch nachdenklich, daß sie ihn anziehen oder abstoßen. Mehr wollte Montaigne nie erreichen: ,,Denn das sind hier meine Launen und Meinungen. Ich lege darin dar, wie ich die Dinge auffasse, nicht wie sie aufzufassen sind." – *Car aussi ce sont ici mes humeurs et opinions; je les donne pour ce qui est en ma creance, non pour ce qui est à croire.* (I, 26, 147)

Hans Scheuerl

JOHANN AMOS COMENIUS

(1592–1670)

Der tschechische Theologe, Pansoph und Erzieher Jan Amos Komensky wurde unter seinem lateinischen Gelehrtennamen international bekannt. Sein Wirken als Verfasser systematischer Lehrbücher und religiöser Trostschriften, als Schulbuchautor und Schulreformer, als Verbreiter mystischer Prophetien und weltweiter Friedens- und Einigungsvorschläge erstreckte sich über fast ganz Europa. Staatsmänner wie Richelieu oder der schwedische Kanzler Oxenstierna, Fürsten aus Deutschland und Ungarn, das englische Parlament und die Stadt Amsterdam schätzten seinen Rat und bemühten sich um seine Dienste. Sein Lebenswerk steht an einem historischen Wendepunkt: nicht mehr mittelalterlich und doch trotz Kenntnis der Astronomie des Kopernikus auf der Basis eines Weltbildes, das in seinen Stufungen von Himmel und Erde noch an Ptolemäus erinnert. Er nimmt den Renaissance-Impuls auf, der die Neuzeit anbahnt: die Lehre vom „neuen Adam", der durch Christus erlöst und damit freigegeben ist zur Verwirklichung seiner guten Natur. Er setzt diesen Impuls in pädagogische Planungen um, ohne von der Skepsis und den Subjektivismen der anhebenden Neuzeit im geringsten berührt zu sein. Er nimmt in seinen Reformvorstellungen aktuelle Entwicklungen voraus, die nicht nur unser Bildungsdenken und unsere Schulmethoden, sondern unser anthropologisches Denken insgesamt betreffen. Gleichzeitig gibt er sich Weissagungen, mystischen Spekulationen und einer analogisierenden Bildersprache hin, die ihn manchem seiner Zeitgenossen und Nachfahren als einen Phantasten erscheinen lassen. Christliche Demut verbindet sich mit einem Drang zum Verbessernwollen aller menschlichen Dinge; Andacht mit praktischen, teils revolutionierenden Initiativen. Dennoch bleibt er im ganzen eingebunden in die ständischen Vorstellungen seiner Zeit. Entschiedene Parteinahme (für die Armen und Unterdrückten gegen alle ungetreue Herrschaft, für die tschechische Nation gegen Habsburg, für den Protestantismus gegen Rom, aber auch für die Selbständigkeit der Böhmischen Brüder gegen nationalkirchliche Vereinigungstendenzen) ist bei ihm verbunden mit einer weltläufig-humanen Toleranz, geistigem Verkehr mit bedeutenden Vertretern auch entgegengesetzter Positionen. Er bewundert das Missions- und Erziehungssystem der Jesuiten, ist vertraut mit antiker Logik und Staatsphilosophie ebenso wie mit neuplatonischer Lichtmetaphysik, aber zugleich auch mit den Anfängen eines modernen Wissenschaftsverständnisses, das ihn in die Nähe von Denkern wie

Cusanus, Paracelsus, Bacon oder Leibniz rückt. So mischen sich in ihm nicht nur gegensätzliche Tendenzen und Möglichkeiten seines Jahrhunderts, sondern sein Werk übergreift auch die Epochen vor ihm und nach ihm und kann so zu einem Verständnisschlüssel werden sowohl für historische Zusammenhänge als auch für historische Distanzen.

Comenius selbst hat sich primär immer als Theologe verstanden. Was er an pansophischer Darstellung des Weltsystems und didaktischen Umsetzungen in zahlreichen Schulschriften entwickelt hat, stand immer im Dienst seiner zentralen Bemühung, an der Verbesserung von Gottes Schöpfungswerk mitzuwirken, weil dieses auf den ,,Synergismus" des Menschen angewiesen ist. Es geht ihm um die ,,Restitutio Christi" inmitten einer offenkundig defekten Wirklichkeit. Auch die politische Dimension, die sozialreformerischen und teilweise (aus der hussitischen Tradition herleitbaren) sozialrevolutionären Momente gehören in diesen Zusammenhang. Unter religiösem Vorzeichen entstand auch seine pädagogische Systematik, die an der Schwelle zur Moderne schon alle wesentlichen Prinzipien, Kategorien und Grundfragen im Ansatz koordinierte, die die Pädagogik der Neuzeit bis heute bewegen. Wir verdanken ihm wohl das erste wirklich umfassende System einer Pädagogik, die von den anthropologischen Prämissen bis in die Details der Ziel- und Inhaltsentscheidungen, der methodischen und organisatorischen Fragen eins aus dem andern entwickelt. Comenius kann als Vorläufer und Eröffner der Moderne ebenso wie als ihre noch unverarbeitete Kontrastfigur studiert werden. Das historisch Interessante an ihm ist gerade, daß er beides zugleich ist.

I. Der Lebensgang

In dem Dorfe Nivnice im südlichen Mähren wurde Jan Komensky am 28. März 1592 geboren. Seine Familie gehörte der Böhmisch-mährischen Brüderunität an, die aus der hussitischen Bewegung hervorgegangen war. In der Mitte des 15. Jahrhunderts hatte sich eine Gruppe von hussitischen Laien – abgestoßen von den Gewalttaten der radikalen Hussiten ebenso wie vom Kompromißlertum der Utraquisten – zusammengefunden, um die Nachfolge Christi im Sinne der Bergpredigt zu suchen und eine freie Gemeinschaft ohne kirchliche Hierarchie, ohne Beteiligung an politischer Macht und Gewalt, auch ohne liturgisches Gepränge zu bilden; der dogmatische Streit um die wahre Lehre sollte zurücktreten hinter der Frömmigkeit und Lebenspraxis eines Gemeindelebens nach urchristlichem Vorbild. Bei aller Friedfertigkeit begleiteten doch Verketzerungen und Verfolgungen den Weg dieser Glaubensgemeinschaft bis zu ihrer Zerstreuung im 17. Jahrhundert. Comenius war für die Brüderunität Lehrer, Pfarrer, schließlich ihr politischer Wortführer und letzter Bischof.

Sein Lebensweg ist von Leid gezeichnet. Der Vater stirbt, als Jan zehn Jahre alt ist, die Mutter und zwei Geschwister folgen ihm bald in den Tod. Der verwaiste Knabe wird von einer Tante aufgenommen. Kriegerische Unruhen lassen einen geregelten Schulbesuch nicht zu. Erst mit 16 Jahren wird er auf die Lateinschule der Bürderkirche in Prerau geschickt. Schon drei Jahre später beginnt er seine theologischen und philosophischen Studien an der calvinistischen Universität in Herborn, wo er sich dem jungen Philosophieprofessor Johann Heinrich Alsted (1588–1638) anschließt, von dessen pädagogischen und enzyklopädischen Interessen er ebenso beeindruckt wird wie von seinem Chiliasmus. 1613 bezieht er die Universität Heidelberg, wo er ein Jahr später sein Studium beendet. Bereits 1614 wird ihm in Prerau die Leitung seiner alten Schule übertragen. Neben seiner Lehrtätigkeit arbeitet er hier an einer tschechischen Grammatik sowie einer ersten Enzyklopädie, dem nur in Bruchstükken erhaltenen *Theatrum Universitatis Rerum*. 1616 wird er zum Pfarrer der Brüderunität geweiht. 1618 werden ihm Gemeinde und Schule von Fulnek, einem kleinen Ort im östlichen Mähren, anvertraut. Comenius heiratet im selben Jahr die Tochter einer angesehenen Prerauer Familie.

Doch nun bricht der große Krieg aus. Nach der böhmischen Erhebung gegen Habsburg und der Wahl Friedrichs von der Pfalz zum König von Böhmen („Winterkönig"), bei der führende Geistliche der Unität 1618 mitgewirkt hatten, war die Stellung der brüderischen Gemeinden angesichts der zu fürchtenden Gegenschläge Kaiser Ferdinands unmittelbar bedroht. Die Schlacht am Weißen Berge besiegelte 1620 die Selbständigkeit erst Böhmens, dann auch Mährens. Spanische Truppen besetzten nun Fulnek. Es gibt Plünderungen und Gewalttätigkeiten. Alle Nichtkatholiken müssen fliehen oder sich verbergen. Komensky hält sich versteckt, wechselt die Aufenthaltsorte. Eine Seuche im verwüsteten Land raubt ihm 1622 seine Frau und seine beiden kleinen Kinder. In dieser Zeit entsteht *Das Labyrinth der Welt und das Paradies des Herzens,* ein Trostbuch, das die Pilgerschaft des Menschen beschreibt, der auf Erden zur ewigen Heimat unterwegs ist, immer von „Fürwitz" und „Wahnhuld" begleitet, die er von sich weisen muß. Das Buch gilt als ein literarisches Meisterstück der böhmischen Sprache, obwohl seine Absicht keineswegs zuerst literarisch, sondern seelsorgerisch, didaktisch und durchaus auch politisch ist (Schaller, 1973, S. 49).

1624 heiratet Komensky zum zweiten Mal und zwar die Tochter des Bischofs der Unität. Im Auftrag der Brüder, die in heimlichen Gottesdiensten Widerstand gegen die von Jesuiten geleitete Gegenreformation zu leisten suchen, reist er nach Brandenburg, Sachsen und Polen, um Auswanderungsmöglichkeiten zu erkunden. Vom Grafen Leszynski erhält er die Zusage, seine Gemeinde könne in Lissa (Leszno) Asyl finden, bis der Krieg beendet sei. Die prophetischen Weissagungen eines schlesischen Gerbers, der in einer Vision die baldige Befreiung Böhmens und die Rückkehr des „Winterkönigs" vorausgesehen haben will, finden sein Interesse und lassen ihn Hoffnung schöpfen. Er wendet Zeit und Kraft in das Studium dieser Visionen, beginnt eine tschechische Übersetzung von Aufzeichnungen darüber, holt Gutachten dazu ein und reist 1626 eigens nach Den Haag, wo Friedrich von der Pfalz im

Exil lebt, um diesen von den Einzelheiten der Weissagung zu unterrichten. Hier ist auch erstmals die lateinische Form seines Namens belegt (Blekastad, 1970, S. 19).

Als schließlich im Jahre 1627 alle Protestanten gezwungen werden, das Land zu verlassen, geht Comenius mit den Resten der Böhmischen Brüder im Februar 1628 nach Lissa ins Exil. Hier beginnt ein neuer, weltoffener und produktiver Lebensabschnitt. Als Lehrer an der höheren Schule arbeitet Comenius sich zunächst praktisch wie theoretisch in die Grundfragen des Sprachunterrichts ein. Es entsteht die tschechische Erstfassung seiner Didaktik, heute allgemein die *Böhmische Didaktik* genannt, sowie 1631 die berühmte *Janua linguarum reserata,* das „geöffnete Sprachentor", ein lateinisches Sprach- und Sachkundebuch, das im Unterschied zum Verbalismus sowohl der scholastischen wie der althumanistischen Schultradition auf dem Prinzip der Parallelität von *res et verba,* von Sach- und Wortwissen beruht. Es setzt sich als neues Lehrbuch rasch durch, erlebt viele Auflagen und macht seinen Autor international bekannt.

Noch sind die ersten Jahre in Lissa vom Warten auf die Rückkehr in die Heimat bestimmt. Abermals befaßt Comenius sich mit Prophezeiungen und verfaßt zur Verbreitung und Rechtfertigung der Visionen einer jungen Waisen, die er in sein Haus aufgenommen hat, eine eigene Schrift *De veris et falsis prophetis.* Als Gustav Adolfs Heer in Pommern landet und bald bis nach Prag und nach Süddeutschland vorstößt, werden Pläne für die Rückkehr entworfen. Doch mit der Nachricht vom Tode des Schwedenkönigs verbindet sich die Ahnung, daß man sich auf ein langes Exil wird einrichten müssen.

Comenius wird 1632 zum Senior und Aufseher der Unität gewählt und übernimmt zugleich das Amt des Unitätsschreibers, 1636 auch die Leitung des Lissaer Gymnasiums. Die Arbeit an den Lehrbüchern wird fortgesetzt. 1633 veröffentlicht Comenius das *Vestibulum januae linguarum,* ein Lehrbuch für den Anfangsunterricht, sowie das *Informatorium der Mutterschul,* ein erstes Erziehungs- und Lehrbuch für die Hand von Eltern. Die Grundidee hinter allen diesen Lehrbüchern ist religiös: Gott hat uns an unseren Platz gestellt, damit wir als vernünftige, rechtschaffene und fromme Wesen an seinem Schöpfungsplan mitarbeiten; vernünftig können wir aber nur werden, wenn wir alle Dinge und Mitgeschöpfe *kennen, benennen* und recht zu *behandeln* lernen. Die Didaktik ist eine Stufe auf dem Wege zum vernünftigen Gebrauch alles Wißbaren und Gottgeschaffenen und damit ein unerläßlicher, bisher allerdings sträflich vernachlässigter Beitrag zur Verbesserung der weltlichen Dinge. Sie hat an Gottes Erlösungswerk teil. Comenius glaubt daran, daß ein einzelner, auf dem rechten didaktischen Wege geführt, alles Wissen im Zusammenhang zu überschauen vermöge; ja er traut sich zu, als einzelner Autor eine *Pansophia,* eine Allweisheitslehre entwerfen zu können, in der die Quintessenz aller Wissenschaften, aller Philosophie und Theologie sich vereinigt. Sie soll zum Wegweiser aus der Finsternis und Zerstrittenheit der Zeit in eine hellere Epoche werden.

Johann Amos Comenius (1592–1670)

Samuel Hartlib, ein nach England emigrierter Anhänger und Mitträger der irenischen Bestrebungen des Comenius, erfährt von den pansophischen Plänen. Er läd Comenius ein, sich in England niederzulassen, um in Ruhe seine *Pansophie* zu vollenden. Comenius, inzwischen ein international geachteter Autor, reist im Herbst 1641 nach London. Dort wird er von einem Anhängerkreis verehrungs- und erwartungsvoll als großer Gelehrter empfangen. Im Parlament werden Pläne zur Gründung eines universalwissenschaftlichen Instituts erwogen, dessen Leitung ihm anvertraut werden soll. Auch eine Einladung des Kardinals Richelieu, der in Frankreich ein pansophisches Institut gründen will, sowie ein Ruf des Harvard Colleges aus Massachussetts in Neuengland erreichen Comenius in dieser Zeit. Er lehnt beides ab. Stattdessen entwirft er im Auftrag des englischen Parlaments die *Via lucis,* eine seiner kulturpolitischen Hauptschriften. Doch die englischen Pläne enden mit Enttäuschung: Der Bürgerkrieg wirft seine Schatten voraus. Das „Lange Parlament" ist bald mit anderen Sorgen befaßt. Ein Beschluß, Comenius die Reform des englischen Schulwesens zu übertragen, wird wegen des irischen Aufstandes nicht mehr ausgeführt. Comenius gerät in Vergessenheit.

Im Jahr 1642 erhält er eine Einladung nach Schweden. Auf der Durchreise hält er sich bei Freunden in Holland auf, wo er in der Nähe von Leiden den Philosophen René Descartes (1596–1650) besucht. Dieser hat seine Schriften seit längerem verfolgt, aber zugleich mit Skepsis beurteilt: Die Verquickung von Analogiedenken und wissenschaftlicher Argumentation, von Vernunft- und Offenbarungsweisheit ist für Descartes so unannehmbar, wie umgekehrt das Neue des cartesianischen Zweifels und die subjektgebundene Perspektivität seines methodischen Zugriffs dem pansophischen Interesse des Comenius fremd bleiben. Die beiden Gelehrten begegnen sich offenbar mit Achtung, können aber die prinzipielle Unvereinbarkeit ihrer Konzepte nicht überwinden. Mit einem Freunde des Descartes, dem Jesuiten Marin Mersenne (1588–1648), einem Mathematiker und Musiktheoretiker, der in seinem Hauptwerk *Harmonie universelle* die Welt als ineinandergreifenden Mechanismus zu erklären versucht hatte, tritt Comenius in Briefwechsel.

In Stockholm wird Comenius von der noch jugendlichen Königin Christine mit Interesse empfangen. Doch man ist weniger an seinen pansophischen Plänen als an seinen praktisch verwertbaren Schulbüchern interessiert. Dem Kanzler Oxenstierna gelingt es, Comenius zum Eintritt in schwedische Dienste zu bewegen und ihn mit der Neufassung und Erweiterung seiner Sprachlehrbücher zu beauftragen. Im polnischen Preußen, in Elbing läßt Comenius sich nieder, um mit einigen aus Lissa hinzugezogenen Hilfskräften seine Lehrbücher zu überarbeiten sowie neue Schulschriften, so das *Atrium linguarum* und die *Methodus novissima linguarum* zu vollenden. Er klagt über den Termindruck dieser Auftragsarbeiten, zumal er seitens der Brüderunität wie der polnischen und schwedischen Diplomatie immer wieder als Vermittler in besondere Missionen und politische Verhandlungen hereingezogen wird, denen er sich nicht entziehen will, obwohl sie ihn auch in schwer erträgliche Konfliktsituationen bringen. Als 1648 der polnische König Wladyslaw, der seine Dienste für Schweden geduldet und geschützt hatte, stirbt, muß Comenius Elbing in aller Eile verlassen. Schon kurz nach der Ankunft in Lissa stirbt seine zweite Frau.

Als Bischof und Sprecher der Brüderkirche, die angesichts der polnischen Gegenreformation einen immer schwereren Stand hat, ist Comenius auch von Lissa aus mit konziliatorischen Bemühungen befaßt. Eine grenzenlose Enttäuschung bringt im Herbst 1648 der Westfälische Friede: Keine Anerkennung der Brüderunität als eigene Kirche, damit keine Möglichkeit, neben Luthertum und Calvinismus selbständig zu bleiben oder gar legal in die böhmische Heimat zurückkehren zu können. Comenius fühlt sich von Oxentierna verraten und schreibt ihm verbitterte Briefe.

Zur selben Zeit ist in Siebenbürgen, wo sich größere Exilgruppen der Brüderunität angesiedelt haben, der junge Fürst Sigismund Rákószi zur Herrschaft gekommen. Er bittet Comenius um ein Gutachten über Schulfragen und lädt ihn danach ein, die Adelsschule in Saros Patak zu einer pansophischen Schule für die Führungsschicht des Landes umzugestalten. Comenius läßt sich von seinem Bischofsamt beurlauben und siedelt 1650, inzwischen ein drittes Mal verheiratet, nach Saros Patak über. Die neue praktische und organisatorische Arbeit regt ihn an, neue Schulbücher zu verfassen, Pläne auszuarbeiten, Vorträge zu halten und Schulspiele zu veranstalten. Es entsteht die *Schola ludus,* eine als Rollenspiel in dialogische Darstellung umgesetzte *Janua,* in deren acht didaktischen Dramen die Enzyklopädie in Rede und Gegenrede als Schüleraufführung verlebendigt werden soll. Dieser Veranschaulichungsform wird als Gegenstück der *Orbis sensualium pictus,* die in Bildern dargestellte Welt zur Seite gestellt, das wohl berühmteste Buch des Comenius, das als eines der ersten Realienbücher noch von Goethe bewundert wurde und hunderte von Neuauflagen und Nachahmungen erlebt hat. Comenius war aber auch politischer und geistlicher Berater des Fürstenhauses. In jener Zeit richteten sich auch rational denkende Politiker bei ihren Entscheidungen gerne nach Horoskopen und Weissagungen. Comenius übernahm die unheilvolle Vermittlerrolle zwischen einem Visionär namens Drabik und dem Hause Rákószi. Er riet zu einer unglücklichen Eheschließung Sigismunds mit einer Tochter des „Winterkönigs“ und sah sich später, als beide Eheleute kurz nacheinander starben, der Beschuldigung ausgesetzt, falsche Voraussagen und Ratschläge erteilt zu haben. Das Verhältnis zum Fürstenhause war getrübt, die Beziehungen zu den Adelsschülern wie zu den Kollegen kühlten ab. Nach vier Jahren verließ Comenius sein in Saros Patak so hoffnungsvoll begonnenes Werk und kehrte 1654 zu seinem dritten und letzten Aufenthalt nach Lissa zurück.

Die schwedische Krone war nach dem Rücktritt der Königin Christine an den Pfalzgrafen Karl Gustav gefallen, der 1655 als Karl X. das polnische Reich überfiel und, um sich die Ostseeherrschaft zu sichern, eine Teilung Polens plante. Wieder ist Krieg. Die Lissaer erhoffen sich nun von der Schwächung des katholischen Polenreiches eine Stärkung des Protestantismus. Comenius selbst fordert in einer Flugschrift zur schwedischen Besetzung auf. Die einmarschierenden Truppen verschonen Lissa. Aber als das Kriegsglück sich wendet, wird die Stadt im April 1656 durch polnische Partisanen gebrandschatzt. Das Haus des Comenius, seine Bücher und Manuskripte sowie die Druckerei der Unität werden ein Raub der Flammen. Wieder ist Comenius ein Flüchtling. Seine Gemeinde zerstreut sich in alle Winde. In Amsterdam findet er bei Freunden Zuflucht.

Die Stadt Amsterdam bietet ihm nicht nur Asyl, sondern übernimmt auch die Edition seiner seit 1627 entstandenen didaktischen Werke, der *Opera Didactica Omnia* (1657). Der bald Siebzigjährige läßt sich abermals zu weitgespannter Arbeit anregen. Es entsteht das als ganzes nicht mehr von ihm veröffentlichte, wohl zeitweise wegen der politischen Entwicklungen sogar bewußt zurückgehaltene pansophische Hauptwerk, das erst in unserem Jahrhundert aus lange verschollenen Handschriften seit Mitte der dreißiger Jahre rekonstruiert werden konnte: das Manuskript *De rerum humanarum emendatione consultatio catholica,* zu deutsch: *Allgemeine Beratung zur Verbesserung der menschlichen Dinge,* ein breit angelegtes siebenteiliges Werk, ein wahrhaft gigantisches Unternehmen, das in einigen Teilen unvollendet blieb. Obwohl Comenius fast dreißig Jahre daran gearbeitet und noch auf dem Totenbett seinen Sohn Daniel um die Veröffentlichung gebeten hatte, kam die Herausgabe nicht mehr zustande. Als letzte Schrift wurde im Jahre 1668 der Traktat *Unum necessarium, Das Einzig Notwendige,* veröffentlicht, in dem Comenius bei der Prüfung dessen, was in einem Christenleben wichtig sei, im 10. Kapitel auch noch einmal auf die Wanderschaft seines eigenen Lebens zurückblickt. Am 15. November 1670 ist er gestorben.

II. Das pädagogische Werk

Seitdem das pansophische Alterswerk zugänglich geworden ist (vgl. Schaller, 1973), werden in der neueren Comeniusforschung auch die früheren Schriften zunehmend von diesem Spätwerk her gedeutet. Das gesamte Lebenswerk erscheint als eine sich konsequent auf die Pansophie hin entwickelnde Einheit (Patocka, 1971). Selbst die *Opera Didactica Omnia,* die als Zentralstück die *Didactica Magna* oder *Große Didaktik* enthalten, sind unter diesem Blickwinkel nur eine Vorstufe der *Consultatio Catholica.* Für Comenius ist der Ort, an dem ein Teil innerhalb eines Ganzen steht, keine beiläufige Frage. Innerhalb der sieben Teile seiner *Pansophie* steht die *Pampaedie* als vierter Teil in der Mitte. Sie folgt auf die *Pantaxie,* die All-Ordnungslehre, die eine Systematik aller Welt-Dinge einschließlich der zugeordneten Begrifflichkeit versucht.

Das gegen Ende des 19. Jahrhunderts gängige, besonders in den Lehrerseminaren verbreitete Bild von Comenius als dem Schulmeister, Sprachkunstlehrer und Unterrichtsmethodiker muß innerhalb der Weite dieses pansophischen Rahmens als veraltet, weil viel zu eng erscheinen. Doch das haben auch Interpreten wie Wilhelm Dilthey, Jan Kvacala oder Dietrich Mahnke schon gesehen, als das Spätwerk noch gar nicht in seinem ganzen Umfang bekannt war.

Denn auch in der *Didactica Magna* trifft man bereits auf jenen Universalismus, der jedes Detail mit dem Ganzen der Welt und das Ganze mit jedem Einzelnen in wechselseitiger Spiegelung so verbindet, daß darin gleichsam kein Sandkorn aus Gottes Schöpfung verlorengehen kann. Gerade die Weite und zugleich Geschlossenheit hat auch an diesem Systementwurf schon lange fasziniert, ja sie will hier in ihrem wirkungsgeschichtlichen Rahmen sogar frischer und unmittelbarer erscheinen als in der schon abständigen, entrückten Systematik des Alterswerkes. Zudem erscheinen die didaktischen Schriften der mittleren Jahre für die pädagogische Problematik der Zeit wie der Nachwelt auch insofern aussagekräftiger, als sie konkreter auf pädagogische Praxis bezogen bleiben, ohne doch die universellen Zusammenhänge aus dem Blick zu lassen. Die *Didactica Magna,* die inhaltlich weit über das hinausgeht, was man heute eine Didaktik nennen würde, scheint deshalb auch in Kenntnis des Alterswerkes, ja gerade wenn man dessen Kategorien als Interpretationshilfe hinzuzieht, besonders geeignet, den pädagogischen Grundgedankengang des Comenius zu repräsentieren. Folgen wir deshalb zunächst den Gedankenschritten dieser *Großen Didaktik* (Zitate nach der Ausgabe von Andreas Flitner, 1954):

In der Einleitung skizziert Comenius sein Bild von der menschlichen Natur. Schon nach wenigen Sätzen wird der Zusammenhang mit der Renaissance-Anthropologie, aber auch mit älteren chiliastischen und mystischen Spekulationen deutlich: Der Mensch als das ursprünglich paradiesische, unverdorbene Wesen verstanden, das von Gott bestimmt ist, seine gute Natur zu verwirklichen. Der Sündenfall hat diese Natur zwar entstellt, aber nicht völlig irreparabel gemacht. Aus den abgestorbenen, scheinbar verdorrten Stämmen können neue Reiser wieder aufsprießen; der Garten der Kirche kann neu ergrünen. Auf den bildhaften Wortsinn des Ausdrucks *rinascimento* (Renaissance) wird hier offenbar bewußt angespielt. Doch zunächst folgt eine zornige Kritik: Wie die ganze Welt, so ist in dieser Zeit auch die Kirche krank. Alles scheint aus den Fugen. Aber Heilung ist noch möglich. Gott vermag schon auf Erden inmitten des Laufs der Geschichte sein Reich zu erneuern. Dazu bedarf er der Mitarbeit des Menschen, seines *Vize-Gottes,* wie er später in der *Pansophie* einmal genannt wird. Diese Mitarbeit beginnt auf dem Wege der Erziehung. Soweit der Ansatz.

Die *Große Didaktik* ist sodann in 33 fortlaufende Kapitel gegliedert, von denen jedes sich aus dem vorherigen fortspinnt. Jedes beginnt mit einem Leitsatz als Überschrift und einer Stichwortgliederung. Dann wird in einer Fülle von Bildern und Anspielungen der Hauptgedanke nach allen Seiten erwogen und variiert sowie mit Zitaten aus nahezu dem gesamten biblischen, antiken und europäischen Traditionsbestand bekräftigt, wobei der Fluß der Assoziationen schon ein Anspielen benachbarter Themen mit sich bringt, an die dann spätere Kapitel wieder anknüpfen. Durch ein Bild, einen manchmal gewagten

Vergleich oder eine zusammenfassende Sentenz wird das jeweilige Kapitel beschlossen (vgl. H. Geissler, 1959, S. 65).

Obwohl die Gliederung insgesamt also eher rhapsodisch als systematisch ist, berührt der Gedankengang doch nahezu alle Grundfragen, die seither in der Neuzeit als systematische Dimensionen der Erziehungsproblematik bearbeitet worden sind.[1] Er führt durch folgende Stationen (Kapitelangaben in Klammern): Von einer allgemeinen ,,Anthropologie" (1–4) zum Problem der Bildsamkeit (5–7) und über eine ,,soziologische" Betrachtung (8–9) zur vorläufigen Bestimmung der Erziehungsziele und Lehrinhalte (10) und zu den Fragen der Schulreform (11–13) nebst einem Exkurs über Begabungstypen (12); er führt weiter über allgemeine Methodenfragen (14–19) zu den besonderen Methoden der Wissenschaften, Künste, Sprachen, der Sittenlehre und der Erziehung zur Frömmigkeit (20–25) und wendet sich nach einem Exkurs über Schulzucht (26) dem organisatorischen Aufbau des Schulwesens zu (27–32), bevor er mit Fragen der praktischen Anwendung und einer feierlichen Ermahnung abgeschlossen wird (33).

Systematisch und argumentativ besonders interessant sind die ersten begründenden Kapitel. Alle inhaltlichen Einzelaussagen, die in den späteren Kapiteln die eigentlich pädagogische Materialfülle enthalten, sind zu den anthropologischen Prämissen des Anfangs in eine Art Deduktionszusammenhang gebracht. Deshalb seien die Anfangskapitel hier etwas ausführlicher erläutert:

Comenius verweist im 1. Kapitel auf den Charakter des Menschen als Gottes Ebenbild und verknüpft diese Imago-Lehre mit der seiner Zeit vertrauten Mikrokosmos-Idee: Zwischen den Aufbaustrukturen des Kosmos und der Menschennatur bestehen Entsprechungen, die für Comenius auch in wissenschaftlichen Argumentationen ihre Beweiskraft haben. Der Mensch existiert, so wird der Gedanke im 2. Kapitel weitergeführt, auf dreifache Weise: vegetativ, animalisch und spirituell. Diesen drei Seinsweisen entspricht der zeitliche Stufengang seiner drei Aufenthaltsorte: Mutterleib, Erde und Himmel. Geburt und Tod sind nur die Tore zwischen diesen Aufenthalten. Auf Erden sind wir Wanderer, die zur ewigen Heimat streben (Kap. 3). Der Dreizahl der Seinsweisen und Stufen entspricht sodann auch eine Dreizahl der menschlichen Bestimmungen (Kap. 4), die Comenius dem Schöpfungsbericht der Bibel entnimmt: Wir sind vom Schöpfer dazu bestimmt, *Vernunft* zu besitzen, uns selbst und unsere Mitgeschöpfe zu *beherrschen* und *Ebenbilder* Gottes zu sein. Hieraus werden unmittelbar drei pädagogische Ziel- und Aufgabenbereiche abgeleitet, die für die ganze weitere Argumentation ein durchgehendes Gliederungsprinzip bleiben: Es geht um die Aufgabenbereiche von *eruditio* (Erkenntnisbildung, die uns ex rudibus, aus dem Rohzustand wie aus der durch Abfall von Gott entstandenen Verwilderung herausführen soll), um *mores* (Tugendlehre, sittliche Erziehung) und um *pietas* (Frömmigkeit, Demut und praktisches Christentum). Alles, was außerhalb dieser Dreiheit liegt, ist entbehrliche Zutat.

Sind die Ziele geklärt, so ist zu fragen, ob die Natur des Menschen für deren

Verwirklichung auch geeignet ist (Kap. 5). Comenius versteht dabei unter Natur „nicht die Verderbtheit, die seit dem Sündenfall allem anhaftet", sondern „unsere erste und grundlegende Beschaffenheit, zu der wir als zum Ursprung zurückgeführt werden müssen" (S. 36). Der Mensch ist das zu *eruditio, mores* und *pietas* nicht nur bestimmte, sondern auch befähigte Wesen. Er ist dafür bildsam. Seine Plastizität ist nahezu unerschöpflich. Denn er ist einerseits einer Kugel aus Spiegelglas vergleichbar, deren Fassungskraft den ganzen Kosmos zu spiegeln vermag. Anderseits ist er zugleich wie ein Samenkorn, das sich entfaltet und in dem schon alles in nuce beschlossen liegt. Auch das aristotelische Bild der tabula rasa oder das Gleichnis des formbaren Wachses wird zur Veranschaulichung der immensen Bildsamkeit herangezogen. Comenius wechselt die Bilder, ohne ihr gegenseitiges Relativierungs- oder gar Ausschließungsverhältnis zu thematisieren. Er nimmt eine treffende Illustration bereits für eine Begründung.

Doch der Mensch ist nicht nur bildungsfähig, er ist auch bildungsbedürftig (Kap. 6): Angeboren sind ihm nur nackte Fähigkeiten. Ihre Form, ihre Inhalte erhalten sie erst durch Zucht und Erziehung. Die Beispiele, an denen Comenius dies verdeutlicht, sind von zweierlei Art: einerseits wiederum Analogien aus Natur und Handwerk; anderseits aber quasi „empirische" Beobachtungen, die die Ergebnisse viel späterer anthropologischer Forschungen teilweise vorwegnehmen. So zieht er Berichte über „Wolfskinder" (ausgesetzte und dann von Wolfsrudeln „adoptierte" Menschenkinder) heran, die man im 15. Jahrhundert in Hessen und in Frankreich gefunden hatte. Abgesehen von der Lust am Kuriosen und Schauerlichen, die aus solchen Berichten spricht, hat Comenius die anthropologische Quintessenz schon im selben Sinne gezogen wie etwa in unserer Zeit Adolf Portmann in seiner Deutung des Tagebuchs über zwei um 1920 in Indien beobachtete Wolfskinder:[2] Die Plastizität des Menschen reicht so weit, daß er unter tierischen Lebensumständen selber zu einem tierähnlichen Wesen werden kann. Was wir Menschlichkeit nennen, ist auf menschliche Vorbilder, menschliche Sprachgemeinschaft, auf *cultura* angewiesen, auf eine wie die Luft zum Atmen vorhandene soziale und geistige Atmosphäre. Für Comenius kann beim historischen Entwicklungsstand seiner Zeit die notwendige *cultura* für alle Menschen nur noch durch ein wohlgeordnet ineinandergreifendes Erziehungssystem von Elternhaus und öffentlicher Schule gesichert werden. Da alle Menschen Gottes Ebenbilder sind, müssen sie auch alle auf den Erwerb von Weisheit, Sitte und Frömmigkeit vorbereitet werden. Daher gilt es Schulen aufzubauen oder, wo sie schon vorhanden sind, so zu reformieren, daß darin alle alles, was nottut, von Grund auf lernen können. Da niemand weiß, wie lange seine Erdenpilgerschaft währt, und die hohe Kindersterblichkeit niemanden unvorbereitet treffen soll, gilt es auch, die Mütter dazu zu ermahnen und zu befähigen, mit ihren Kindern schon vom frühesten Alter an den Weg der *eruditio, mores* und *pietas* zu beginnen.

Zur Erschließung der Systematik des Weiteren mag der Grundsatz des *omnes omnia omnino,* wie er in den ersten Kapiteln der *Pampaedia* entfaltet wird, als

Interpretationshilfe dienen: *omnes* – das heißt alle Menschen, Adlige wie Nichtadlige, Arme wie Reiche, Knaben wie Mädchen bedürfen ohne Unterschied der gleichen Förderung (Did. Magna, Kap. 9); selbst wenn einige „von Natur aus träge und dumm erscheinen" (S. 56), so benötigen gerade sie umso größere Hilfe. Und wenn Comenius seine Lehre von der allgemeinen Bildsamkeit im 12. Kapital in einer Art Begabungstypologie durch Gegenüberstellung von drei polaren Eigenschaftspaaren differenziert („scharfe" versus „stumpfe" Geister, „weiche, fügsame" versus „harte, unbiegsame" Charaktere, „wissenschaftliche" versus „handwerkliche" Fähigkeiten), so folgert er daraus doch nicht etwa eine Differenzierung der Methoden oder gar der Schultypen. Im Grunde haben alle die gleiche Natur; ihre Verschiedenheit ist „nichts anderes als eine Anomalie und ein Mangel der natürlichen Harmonie" (S. 73). Nicht Bestärken der Unterschiede, sondern Ausgleichen, Kompensieren ist das Förderungsprinzip.

Der Ausgleich soll geschehen, indem alle ,,alles", *omnia,* lernen. Dabei geht es nicht um Stoffanhäufung und Vielwisserei. Das *omnia* ist ,,nicht so zu verstehen, daß wir von allen die Kenntnis aller Wissenschaften und Künste (und gar eine genaue und tiefe Kenntnis) verlangten"; das wäre weder nützlich noch möglich. ,,Aber über Grundlagen, Ursachen und Zwecke" (fundamentae, rationes et metae) der ,,wichtigsten Tatsachen und Ereignisse müssen *alle* belehrt werden, die nicht nur als Zuschauer, sondern auch als künftige Handelnde in die Welt eintreten. Daß ihnen in dieser Weltbehausung nichts so unbekanntes begegne, daß sie es nicht mit Bescheidenheit beurteilen und ohne mißlichen Irrtum zu dem ihm bestimmten Gebrauch klug verwenden können: *dafür* muß gesorgt ... werden". (10. Kap., S. 58f) Das didaktische Problem ist also, welches die *fundamentae* und die ,,wichtigsten" Tatsachen sind, eine Frage, die die didaktische Diskussion noch in unserer Zeit bei Erörterung des sogenannten ,,Exemplarischen" wie bei Ziel- und Auswahlkriterien der Curriculumplanung beschäftigt. Comenius glaubte, aus einem natürlichen System der *res,* der Sach- und Tatbestände (anstelle der tradierten *verba* der *autores*), eine zwingende Auswahl der Lehrinhalte ableiten zu können. Ist diese gefunden, so muß sie nur noch für die verschiedenen Schulstufen so geordnet werden, daß der Geist des Kindes sich ringförmig erweitern und Stufe auf Stufe nach Art einer Spirale in mehrfachem Durchlauf des ganzen Umkreises konzentrisch vervollständigen kann: Schon das kleine Kind in der *Mutterschul* hat die Welt als ganze vor Augen; es hat physische und metaphysische, historische, technische Fragen; es hat seine Grammatik, seine Ökonomie, seine Ethik in elementarer Form. In der *Muttersprachschule,* einer für alle gemeinsamen Grundschule vom 6. bis 12. Lebensjahr, durchläuft es diesen Kosmos ein zweites Mal, nun jedoch schon auf einem in der Muttersprache systematisierten, nach Fächern und Klassen geordneten Weg. Auf der ebenfalls sechsklassigen *Lateinschule,* die nicht mehr von allen besucht wird, ist die ganze Enzyklopädie abermals zu erarbeiten, nun aber auf der Ebene der durchgebildeten sprachlichen und mathematischen *artes.* Die *Universität* schließlich vollendet den Zyklus, indem sie die Wissenschaften auf ihrem höchsten Stande und im pansophischen Zusammenhang lehrt. Im Grunde hat jedoch auch sie den gleichen Kreis und darin die gleichen Weltbezüge vor Augen, die auch dem Kinde in der Mutterschule schon in schlichter Form zugänglich sind (Kap. 13 und Kap. 27–32).

Die Art und Weise des Lehrens und Lernens, die Comenius mit dem Wort *omnino* kennzeichnet, führt zu den methodischen Regeln seiner Didaktik. Alles soll allseitig gelernt werden, mit Blick aufs Wesentliche, ganzheitlich, von Grund auf und spontan. Der lateinische Spruch aus der Titelvignette der *Opera Didactica Omnia* charakterisiert diese Forderung: *Omnia sponte fluant – absit violentia rebus* (alles fließe von selbst – Zwang sei ferne den Dingen). Um dieses der Natur folgende Vorgehen, diese Methode *secundum naturam* näher zu bestimmen, entwickelt Comenius eine Reihe von Grundsätzen und praktischen Regeln, die sich auf Sicherheit, Leichtigkeit, Dauerhaftigkeit und Ökonomie des Lernens beziehen (Kap. 14–19): Alles ist von innen, von seinem Zentrum her zu beginnen; der Weg soll vom Leichten zum Schweren, vom Nahen zum Fernen, vom Allgemeinen zum Besonderen führen. Es wird ein Katalog von mehr als 30 solchen Regeln aufgestellt, von denen jede durch Analogien aus der Natur veranschaulicht, durch Vergleiche aus den Handwerken bestärkt und zur pädagogischen Nutzanwendung in einem knappen Leitsatz zusammengefaßt wird. In jedem dieser Leitsätze ist eine einzelne didaktische Erfahrung sprichwortartig zusammengefaßt, jedoch so, daß Widersprüche zu ebenso bündig formulierten anderen Einzelerfahrungen nicht thematisiert sind. So bleibt offen, welcher Leitsatz als Richtschnur dienen soll, falls etwa das Allgemeine nicht zugleich auch das Leichte ist, das Innere nicht zugleich auch das Nahe. Die Stärke und über die Zeit hinausgreifende Wirksamkeit dieser Didaktik liegt offenbar an anderen Stellen:

Die neue Betonung des Sachwissens, der *res*, der *Realien*, die in eigener Systematik unabhängig von der traditionellen Autorenlektüre den Lehrplan ergänzen, ist das eine Novum. Comenius hat damit als einer der Bedeutendsten in der Gruppe der „Reformdidaktiker" des 17. Jahrhunderts (neben Johann Valentin Andreae, Wolfgang Ratichius, Wilhelm Reyher u. a.) eine über die Scholastik und den Althumanismus hinausführende neue pädagogische Entwicklung mit angebahnt. Die damit unmittelbar verbundenen Prinzipien der *autopsia* (Selber-Hinsehen, Anschauung) und der *autopragmasia* (Selbsttätigkeit) sind weitere Reformprinzipien, die die Nachwelt aufgenommen und weitergebildet hat. Die Forderung muttersprachlicher Bildung als Fundament allgemeiner Volksbildung gehört ebenfalls hierher. Daneben stehen auch zweischneidige Neuerungen, die zwar die Zeitgenossen in der Begeisterung des Rationalisierens pädagogischer Organisationsfragen faszinieren konnten, an deren Grenzen aber spätere historische Erfahrungen mittlerweile geführt haben. Hierher gehört etwa der Vorschlag, den bisherigen unökonomischen Einzel- und „Haufenunterricht" des Mittelalters durch Frontalunterricht in Großklassen mit etwa je 100 Schülern zu ersetzen, in denen der Lehrer von seinem Katheder „wie die Sonne seine Strahlen über alle verbreiten" kann (Kap. 19, S. 123).[3] Zwar liefert Comenius als Pendant den Vorschlag einer Gliederung dieser Großklassen in Gruppen und Tutorien gleich mit. Doch zeigt sich an seinem Vertrauen darauf, mit Hilfe einer großen *machina didactica* Weisheit, Sitte und Frömmigkeit wie mit der Typenpresse der Buchdruckerkunst hundertfach vervielfältigen zu können, wie sehr er alles ineinandergreifen sieht, und wie wenig man ihm gerecht wird, wenn man irgendeine seiner Einzelforderungen aus dem Zusammenhang herausnimmt.

Seine Pädagogik bleibt trotz mancher rationalistischen Fehlhoffnungen immer eingebunden in ein zwar weiträumiges, universelles, aber doch festgefügtes Weltgehäuse. Wo er von *Natur* spricht, meint er immer die allgemeinen kosmischen Ordnungen, nicht die individuelle Natur oder das persönliche „Naturell" des einzelnen, wie es schon einmal in der Renaissance betont worden war und wie es später in der Pädagogik des 18. Jahrhunderts dominant wurde. Zu der offenen, perspektivischen, alle vorgegebenen Gehäuse sprengenden Dynamik des Aufklärungsdenkens wie der Geniezeit steht sein System in deutlichem Kontrast. Otto Friedrich Bollnow hat diesen Kontrast durch Vergleich des *Orbis pictus* mit dem 120 Jahre später entstandenen *Elementarbuch* des Philanthropen Basedow überzeugend herausgearbeitet (Bollnow, 1950).

III. Wirkungen und Deutungen

Schon zu Lebzeiten hatte Comenius als Lehrbuchautor ein weites Wirkungsfeld. Auf sein Ansehen als Gelehrter und reformpolitischer Berater wurde schon hingewiesen. Wenn auch kein Territorium ein Schulsystem als ganzes nach seinen Plänen eingerichtet hat, so blieb seine Lehre doch für das pädagogische Selbstverständnis der Zeit eine vorwärtstreibende Kraft. Zusammen mit den Bemühungen anderer Reformer hatte sie mindestens indirekt Einfluß auf die *Schulordnungen* des 17. Jahrhunderts, auf die Anbahnung des langwierigen historischen Prozesses der Durchsetzung einer *allgemeinen Schulpflicht,* auf die Entwicklung der *muttersprachlichen Bildung* in den europäischen Nationen und damit auf die Inhalte der *Elementar- und Volksschulen,* auf die Erweiterung der Lehrpläne nach der Seite der *Realien* sowie auf die Entwicklung der *Unterrichtsmethoden.* Daß unter den Neuerungen, die er förderte, auch solche waren, die im ersten Anlauf des Rationalisierens übers Ziel hinausschossen, wurde ebenfalls angedeutet. Aber nicht nur in der „technologischen" Dimension seiner Didaktik geriet sein Werk in den Streit der Meinungen.

Die Auseinandersetzungen, die seine Wirkungsgeschichte begleiten, beginnen schon zu Lebzeiten. Sein Zeitgenosse Samuel Maresius (1599–1673) beurteilt ihn als „Schwärmer" und „Fanatiker"; und der französische Philosoph Pierre Bayle (1647–1706) verfaßt 1674 in seinem *Dictionnaire historique et critique* über Comenius einen biographischen Artikel, der nicht nur skeptisch, sondern geradezu mit gezielter Abfälligkeit an ihn und sein Werk herangeht; ein Jahrhundert später etwa reiht Johann Christoph Adelung (1732–1806) Comenius in seine *Geschichte der menschlichen Narrheit* (1785/89) ein mit dem Resümee, man hätte von ihm das Bild eines „guten Schulmannes, ... eines sehr mittelmäßigen Gelehrten, in Ansehung seiner Pansophie aber ... eines Charlatans". (Zit. nach G. Michel, 1973, S. 203) Dagegen hat Leibniz (1646–1716) gerade die universalistisch-panharmonischen Ideen an Comenius geschätzt; und Herder (1744–1803) würdigte den einzigen damals schon bekannten Teil des Spätwerkes, die *Panergesia,* in seinen *Briefen zur Beförderung der Humanität* (1795) als Beitrag eines Menschenfreundes zum Frieden, wobei ihm auch das gesellschaftskritische Moment darin nicht verborgen blieb.

Die Wertschätzungen reichen also von Extrem zu Extrem. Klaus Schaller (1962) hat die Wertungen aus dem 17. Jahrhundert, Gerhard Michel (1973) die des 18. Jahrhunderts gesichtet und ausgewertet. Eine Untersuchung der Wirkung im 19. Jahrhundert fehlt noch. Das Adelungsche Verdikt scheint hier weitergewirkt zu haben: Die Wissenschaftsgeschichte der nachidealistischen Zeit wußte mit Universalsystemen ohnehin nichts anzufangen, billigte aber zugleich den Schulpädagogen als einer Art von „clerus minor" eine gewisse Narrenfreiheit zu. Von daher wird das verengte Bild des Schulmeisters und Sprachkunstlehrers erklärlich, das in den Lehrerseminaren des 19. Jahrhunderts herrschte, während gleichzeitig Philosophie und Wissenschaften das comenianische Gesamtwerk nahezu ignorierten. Lediglich in Böhmen entwikkelte sich schon ab etwa 1830 eine nationaltschechische Comeniologie, die die philosophischen, naturwissenschaftlichen, später auch pädagogischen Verdienste dieses großen Tschechen hervorzuheben suchte (Schaller, 1973, S. 16f). Doch wirkten sich diese begrenzten Forschungsansätze auf der internationalen Wissenschaftsszenerie noch kaum aus.

Hier setzten sich neue Perspektiven erst durch, nachdem einerseits Wilhelm Dilthey in seinem Berliner Vorlesungszyklus ab 1884 dem Zusammenhang von *Pansophie* und *Didaktik* eine Schlüsselrolle für das Verständnis des ganzen Systems zugewiesen hatte, und nachdem der slowakische Theologe Jan Kvacala in seiner großen Comenius-Biographie von 1892 der unlösbaren wechselseitigen Bedingtheit der verschiedenen Motive des Gesamtwerkes nachgegangen war. Die geisteswissenschaftliche Forschung der zwanziger Jahre rückte das comenianische Werk wieder in universalhistorische Perspektiven. Eduard Spranger, Herbert Schönebaum und andere gingen den Beziehungen des Comenius zu den geistigen Strömungen seiner Zeit nach. Dietrich Mahnke schließlich suchte den geistesgeschichtlichen Ort des Comenius durch Vergleich seiner Natur- und Individualitätsauffassung mit entsprechenden Auffassungen vor ihm (Montaigne) und nach ihm (Locke, Rousseau, Pestalozzi) als „Barock-Universalismus" näher zu bestimmen. Soweit der Stand der Comenius-Rezeption zu Anfang der dreißiger Jahre.

Über die seitherige neuere Forschung berichtet detailliert Klaus Schaller (1973): Um 1930/31 werden die *Leningrader Handschriften* entdeckt, 1932 werden neue Materialien aus dem Nachlaß Samuel Hartlibs bekannt, und 1934 entdeckt Dmitrij Tschizewskij in der Bibliothek des Halleschen Waisenhauses eine Nachschrift des siebenteiligen Hauptwerkes, der *Consultatio Catholica,* von der bisher nur der Anfangsteil bekannt war. Nach diesen Handschriften gibt Josef Hendrich in Prag 1948 die *Pampaedia,* 1950 die *Panorthosia* auf tschechisch heraus. 1960 wird von Tschizewskij, Heinrich Geissler und Klaus Schaller die *Pampaedia* auch im lateinischen Originaltext mit deutscher Übersetzung zugänglich gemacht. Die neue Quellenlage bringt eine Phase neuer Interpretationsbemühungen hervor. Aus den bisher nebeneinander verlaufenden tschechischen und deutschen Comeniusforschungen entwickelt sich ein internationales Interesse an Comenius, das sich in einer Fülle von Publikationen, einer Reihe internationaler Kongresse und in der Gründung mehrerer voneinander unabhängiger Comenius-Forschungsstellen und Institute dokumentiert (so in Prag, Münster, Halle, Bochum).

Bei Deutung und Bewertung des Gesamtwerkes zeichnet sich eine gewisse Polarisierung der Standorte ab, obwohl gerade das Spätwerk zeigt, wie sehr Comenius konziliatorisch über den Fronten steht. Die sehr lebhafte Komensky-Rezeption in der DDR, beginnend mit Robert Alts Schrift *Der fortschrittliche Charakter der Pädagogik Komenskys* (1953) und fortgeführt besonders in mehreren Arbeiten Franz Hofmanns, betont die Parteilichkeit des Volkserziehers im Kampf für die Befreiung der sozial Unterdrückten und der tschechischen Nation, hebt dabei das hussitisch-revolutionäre Moment hervor und sucht die Polarisierung noch dadurch zu unterstreichen, daß sie ihre „fortschrittliche", am „Freiheitsinteresse der Volksmassen" orientierte Deutung einer „reaktionären" Comeniusinterpretation entgegensetzt, die im Westen den „ideologischen Herrschaftsinteressen" dienstbar sei. Die theologischen Momente des Werks erscheinen in dieser Sicht als eine Art Beiwerk und bloßes Zeitkostüm; selbst der Chiliasmus wird nur unter sozialrevolutionären Aspekten gewertet. Dem steht in der westlichen Diskussion ein vor allem anthropologisch akzentuiertes Interesse an Comenius gegenüber: Für die Geschichte der menschlichen Selbstdeutung, für das Verständnis der Beziehungen des Menschen zur Welt (Sachwelt wie menschlicher Mitwelt) ist Comenius eine historische Schlüsselfigur an der Wende zur Neuzeit geworden, was die theologischen wie die politischen, die wissenschaftsgeschichtlichen wie die pädagogisch-didaktischen Aspekte einschließt.

Auf beiden Seiten finden sich auch Stimmen, die vor falschen Polarisierungen warnen, vor zu schnellen Aktualisierungen ebenso wie vor allzu raschem Hinweggehen über vermeintlich Antiquiertes. Und während in der tschechischen Diskussion, beispielsweise in der groß angelegten Universaldeutung des Prager Philosophen Jan Patocka, die Zusammenhänge des comenianischen Werks mit dem christlichen Neuplatonismus, der Mystik, den philosophischen Bewegungen der beginnenden Neuzeit ebenso wie mit den Prophetien und chiliastischen Endzeiterwartungen auf der neuen Quellengrundlage bestätigt werden, erkennen auch westliche Interpreten zunehmend die gesellschaftsverändernde Potenz, die in Glaubensansatz und Pädagogik des Comenius enthalten ist. Dabei mag eine die Epochen überspringende Parallelisierung der eschatologischen Hoffnungen des Comenius mit den sozialistischen Hoffnungen auf eine klassenlose Gesellschaft, wie sie etwa Heinz-Joachim Heydorn (1971, S. 9–32) als Interpretationsthese vertritt, etwas kühn sein. Ein Ende der Auseinandersetzungen mit diesem „erratischen Nachlaß" (Heydorn) ist jedenfalls nicht in Sicht.

Gerhard Ringshausen

AUGUST HERMANN FRANCKE

(1663–1727)

Praeceptor Europae könnte Francke genannt werden, schrieb im Jahre 1705 J. S. Scharschmid, ein Vertrauensmann Speners und Franckes in Moskau. Pietistischem Selbstbewußtsein entsprechend stellte er den Hallenser Pädagogen damit über Melanchthon, den *Praeceptor Germaniae.*[1] Der aufgeklärte und Francke durchaus gewogene Christian Thomasius hingegen befürchtete in einem Gutachten von 1700 einen ,,falschen und heuchlerischen Eifer" in Franckes Internat. Und ein kirchlich-orthodoxer Kritiker nannte Francke 1735 ,,capabel", einen ,,Generalem Jesuitarum" abzugeben.[2] Wie in diesen zeitgenössischen Urteilen ist bis heute die herausragende pädagogische Leistung Franckes anerkannt, aber die Bewertung seiner Erziehungsmethoden und -ziele kontrovers.

Mit der Einschätzung seiner Wirksamkeit verschränkt sich die weltanschauliche Stellungnahme. Einer kirchlich-orthodoxen Kritik steht die Polemik der Aufklärung gegenüber, wie sie auch im theologischen und pädagogischen Liberalismus des 19. Jahrhunderts und in der marxistischen Francke-Forschung weitergeführt wurde. Während diese zwischen der Anerkennung seiner historisch ,,fortschrittlichen" Leistung und der Ablehnung des ,,ideologischen" Bezugsrahmens schwankt, hat die neuere Forschung die innere Systematik von Franckes Werk herausgearbeitet, um der bedeutendsten und wirksamsten Ausprägung des Pietismus auf dem Gebiet der Pädagogik zwischen Orthodoxie und Aufklärung gerecht zu werden.

I. Biographie

August Hermann Francke wurde am 22. März 1663 als Sohn des Rechtsanwaltes Johann Francke und der Bürgermeisterstochter Anna Gloxin in Lübeck geboren. 1666 folgte sein Vater einem Rufe Herzog Ernst des Frommen von Sachsen-Gotha und trat als Hof- und Justizrat ein in den Kreis reformfreudiger Persönlichkeiten mit international-ökumenischem Blick, welche eine umfassende Neuordnung nach dem Niedergang des Dreißigjährigen Kriegs anstrebten. Das Gothaer Schulwesen wurde nach Ansätzen von Sigismund Evenius (1585–1639) 1640 durch die Ordnung des Gymnasiums und 1642 durch den Gothaer Schulmethodus für das niedere Schulwesen im Sinne der Reformdidaktik gestaltet und 1653 durch die Gothaer Landesordnung dem umfassenden Rahmen eines Erziehungsstaats frühabsolutistischer Prägung eingefügt.

Obwohl Francke nach dem frühen Tod des Vaters „wegen zarter Kindheit, und darnach wegen anderer Umstände" (Francke, 1969, 6) durch Privatlehrer unterrichtet wurde und nur ein Jahr das Gothaer Gymnasium besuchte, lassen sich in seinem späteren Wirken Gothaer Einflüsse erkennen; die Gothaische Landesordnung zitierte er zustimmend (ib., 128). Hier waren die besonders durch Johann Arndt (1555–1621) verbreiteten Gedanken der Reformorthodoxie über die Weiterführung von Luthers Werk sowie die Pläne reformdidaktischer Autoren wie Wolfgang Ratke (1571–1635) eingegangen in den Entwurf einer „Anleitung zur Gottseligkeit" unter Einschluß der realen Welt.

In seinem autobiographischen Rückblick auf seine Jugend hob Francke neben positiven Einflüssen wie dem frommen Beispiel seiner älteren Schwester und ihrer Arndt-Lektüre die Gefahren des Umgangs mit gleichaltrigen Kameraden „durch die vermeynte zulässige, aber ohne genaue auffsicht nie in den Schrancken bleibende, Kinder Lust" hervor (ib., 6). „Daß es nicht gnug sey, die Jugend zur wahren Gottseligkeit anzuweisen, sondern man müsse sie auch bey zeiten für die listige verführung der welt warnen" (ib., 7f.), betonte Francke auch als Erfahrung seines Studiums. Nach kurzem Aufenthalt in Erfurt studierte er als Stipendiat der Schabbelschen Familienstiftung 1679 bis 1682 in Kiel besonders bei dem Kirchenhistoriker und Praktischen Theologen Christian Kortholt (1632–1694), einem Vertreter der lutherischen Reformorthodoxie und Freund Speners. In Leipzig wurde er 1685 zum Magister promoviert und mit der *Dissertatio philologica de grammatica Hebraica* habilitiert. Mit jungen Magistern gründete er 1686 das *Collegium philobiblicum,* das auf Speners Rat statt kursorischer Lektüre kürzere Bibelabschnitte mit „erbaulicher" Zielsetzung erarbeitete. Statt der Dogmatik sollte die Bibel selbst Mittelpunkt des Studiums sein.

Zu weiteren Bibelstudien schickte ihn das Schabbelsche Stipendium 1687 nach Lüneburg, wo er bei der Vorbereitung einer Predigt über Joh. 20,31 eine tiefe Krise und ein Bekehrungserlebnis, einen Durchbruch zu „beständigem" Glauben erfuhr. „Von da an ist mirs leicht worden zu verleugnen das ungöttliche wesen, und die weltliche Lüste, und züchtig, gerecht und gottselig zu leben in dieser welt," schrieb der 27jährige Francke drei Jahre später in seinem auf dieses Ereignis hinzielenden Lebensrückblick (ib., 29). In diese Schilderung ist das Gedankengut Johann Arndts eingegangen, und zugleich enthält sie bereits alle Grundelemente von Franckes Theologie. Schon die Form des Bekehrungsberichtes zeigt die Betonung des Individuums und seines Christusverhältnisses, während die mit der obrigkeitlichen Ordnung verbundene Kirchlichkeit die rechte Lehre betonte. In Frömmigkeit und Theologie wird die individualisierende Verbürgerlichung der Gesellschaft spürbar; diese Abkehr vom traditionellen Glaubens-, Kirchen- und Gesellschaftsverständnis trug zur Erbitterung des damaligen „Pietisten-Streits" bei.

Dieser hatte sich an Philipp Jacob Spener, dem „Patriarchen der Pietisten"

August Hermann Francke (1663–1727)

(1635–1705), entzündet, den Francke 1687 kennengelernt hatte und bei dem er im Winter 1688/89 für zwei Monate in Dresden wohnte. Als väterlicher Freund begleitete Spener auch weiterhin seinen Lebensweg; nach unruhigen Jahren in Leipzig und Erfurt verhalf er ihm beim kurbrandenburgischen Hof zur Berufung als Pastor an die St. Georgenkirche in Glaucha bei Halle und als Professor für orientalische Sprachen an die neu gegründete Universität Halle, wo Francke 1692 seine Tätigkeit aufnahm und 1698 auch eine theologische Professur erhielt. Er gewann von hier aus als tatkräftiger Planer und Organisator pietistischer Reform wie als bibelbezogener Theologe, Prediger und Schriftsteller eine weit über Halle, Preußen und Deutschland hinausreichende Bedeutung. Neben dem diplomatisch ausgleichenden Spener wurde er zum zweiten Pol der pietistischen Bewegung. Franckes Waisenhaus wurde zur zentralen Institution des Pietismus und zum Vorbild für weitere Gründungen; an ihm entzündete sich die Kritik, wie es seinerseits die Weiterführung bei dem Francke-Schüler Nikolaus Ludwig Graf von Zinzendorf (1700–1760) in Herrnhut in der Brüdergemeine kritisierte.

Beim Amtsantritt Franckes litt Glaucha noch deutlich unter den Nachwirkungen des Dreißigjährigen Krieges. Nachdem das Herzogtum Magdeburg 1680 ein Teil Brandenburg-Preußens geworden war, konzentrierte sich der Neuaufbau, die Ansiedlung vertriebener Protestanten und die Umgestaltung der früheren Ritterakademie zur Universität Halle auf die Zentren. So bot Glaucha bei Franckes Ankunft noch ein Bild der Verwahrlosung, wenn auch kirchliche Sitten noch lebten. 1682 hatte die Pest gewütet. Die Bevölkerung war moralisch heruntergekommen; 37 der 200 Häuser dienten als Wirtshäuser. Deshalb gab Francke seiner seelsorgerlichen Tätigkeit von Anbeginn an einen sozialpädagogischen Schwerpunkt, zumal bereits die Reformorthodoxie in der Erziehung einen Ansatzpunkt für eine umfassende Verbesserung gesehen hatte. Schon zuvor hatte Francke nach kurzer Unterrichtstätigkeit in einer Hamburger Armenschule erstmals 1689 im Leipzig und 1690 in Erfurt Vorlesungen über Jugenderziehung gehalten, welche als Grundlage für den 1702 veröffentlichten *Kurtzen und Einfältigen Unterricht, wie die Kinder zur wahren Gottseligkeit und christlichen Klugheit anzuführen sind* dienten. 1698 ließ er Fénelons *De l'éducation des filles* mit seiner Einleitung erscheinen, da er vor einer eigenen geschlossenen Darstellung der Pädagogik zurückscheute. Auch später äußerte er sich zu pädagogischen Fragen vor allem in Gelegenheitsschriften, in Schulordnungen und Berichten von den Hallenser Anstalten. Trotz seiner universalen Zielsetzung blieb er an die Praxis gebunden, was sein Wirken deutlich von den utopischen Plänen eines Johann Valentin Andreae (1586–1654) oder Jan Amos Comenius (1592–1670) unterscheidet (vgl. bes. Francke, 1962).

Zur Reorganisation des Glauchaer Gemeindelebens verteilte Francke 1693 an alle Familien sein *Glauchisches Gedenkbüchlein,* das zu einer rechten Sonntagsheiligung anleiten sollte. Zu der hier betonten Vorbereitung am Samstagabend traten später tägliche Abendgebetsstunden, die zunächst im Pfarrhaus und dann in der Kirche in Verbindung mit Katechisationen gehalten wurden. Freitags hielt Francke Wochenpredigten, 1692 über Fragen der Kinderzucht und 1693 über Arndts *Wahres Christentum*. Die Gemeindereform erschien inhaltlich und formal als pädagogisches Problem.

Diese Pädagogisierung von Glauben und Kirche löste heftige Reaktionen der Geistlichkeit Halles aus. Ihr Vorwurf der Irrlehre richtete sich auch gegen Franckes Wirksamkeit an der Universität, die er zusammen mit seinem Kieler Studienfreund, dem schon 1691 berufenen Joachim Breithaupt, im Sinne des Pietismus zu gestalten suchte. Sie sollte nicht nur Wissen vermitteln, sondern die Studenten durch individuelle Begleitung zum persönlichen Glaubensleben führen, entsprechend der Definition: ,,Studium Theologicum est cultura animi", ist ,,Gemüths Pflege" (Peschke, 1966, II 130).

Die Angriffe der orthodoxen Geistlichkeit sollte eine kurfürstliche Untersuchungskommission unter dem Kanzler der Universität, Veit von Seckendorf (1626–1692), klären, der, durch die Gothaer Reformbestrebungen geprägt, ein Freund und Verteidiger Speners war. So führte die Überprüfung zu einer Rechtfertigung des neuen Geistes, der nicht nur die theologische Fakultät bestimmte, sondern auch auf andere ausstrahlte. Erwähnenswert ist hier das Wirken des Juristen und Frühaufklärers Christian Thomasius (1655–1728), der sich schon in Leipzig für Francke eingesetzt und, deshalb dort mit Redeverbot belegt, einen Ruf nach Halle angenommen hatte. Sein wechselvolles Verhältnis zu Francke illustriert zusammen mit dessen Kontakten zu Leibniz und der von ihm gebilligten Vertreibung von Christian Wolff aus Halle 1723 das Miteinander und Gegeneinander von Pietismus und Aufklärung. Da Kursachsen beide Strömungen ablehnte, ging die geistige Führung im protestantischen Deutschland auf Brandenburg-Preußen über, das Thomasius und Francke, Aufklärung und Pietismus gleichzeitig förderte und die gemeinsame Wendung beider zu Toleranz und Nützlichkeit für den Ausbau des Staates auszuwerten verstand.

Durch Privilegien der Krone wurde auch das Wachstum von Franckes Stiftungen begünstigt, deren bescheidene Anfänge sich 1694 aus der Sitte ergaben, daß die Armen donnerstags um Almosen baten. Francke ließ die Armen in sein Haus kommen und hielt vor der Austeilung der Gaben jeweils eine kurze Glaubensunterweisung; um der ihm dabei begegnenden großen Unwissenheit zu steuern, wollte er zunächst für diese Armen wöchentlich ein Schulgeld zahlen, eröffnete dann aber selbst eine Schule, als er 1695 in den Sammelbüchsen zur Unterstützung der Haus-Armen vier Taler und sechzehn Groschen fand. ,,Als ich dieses in die Hände nahm/ sagte ich mit Glaubens-Freudigkeit: Das ist ein ehrlich Capital/ davon muß man etwas rechtes stifften/ich will eine Armen-Schule damit anfangen. Ich besprach mich nicht darüber mit Fleisch und Blut/ sondern fuhr im Glauben zu/ und machte noch desselbigen Tages Anstalt/ daß für zwey Thaler Bücher gekaufft wurden/ und bestellete einen armen Studiosum, die armen Kinder täglich zwey Stunden zu informiren/ dem ich wöchentlich sechs Groschen dafür zu geben versprach/ der Hoffnung/

GOtt werde indessen/da ein paar Thaler auff diese Weise in acht Wochen ausgegeben wären/mehr bescheren." (Francke, 1969, 33) Dieser Bericht läßt wie sein Titel *Die Fußstapffen Des noch lebenden und waltenden liebreichen und getreuen GOTTES* erkennen, wie sich Francke als Werkzeug Gottes und seiner besonderen Vorsehung verstand. So nützte er Zeit und Gelegenheit bis zum Äußersten aus. In diesem unerschütterlichen Vertrauen finanzierte er sein Unternehmen nicht wie üblich durch die Zinsen, sondern durch das Spendenkapital, was als Grundlage seines „Reichsgotteskapitalismus" anzusehen ist.

Nach dem Anfang der Armen-Schule um Ostern 1695 wurde bald für Bürgerkinder eine weitere Schule eingerichtet. Hinzukamen Kinder auswärtiger vermögender Eltern, die Francke um Vermittlung von Hauslehrern gebeten hatten. Statt dieser Bitte zu entsprechen, ließ er zunächst zwei bürgerliche und ein adeliges Kind durch J. A. Freylinghausen unterweisen; schon 1697 gehörten 69 Zöglinge zu dieser „Anstalt zur Erziehung des Herrenstandes, Adelicher und anderer Führnehmen Söhne und Töchter", welche 1702 durch königliches Privileg *Paedagogium Regium* genannt wurde. 1697 eröffnete Francke eine Schule, die mit altsprachlichem Unterricht zum Studium führte, 1698 eine Anstalt für Mädchen der höheren Stände, der aber keine Dauer beschieden war.

Bei den Schulen beobachtete Francke entsprechend seinen Jugenderfahrungen die Gefährdung der Erziehung durch außerschulische Einflüsse, so daß er einige Kinder ganz in Pflege nehmen wollte. 1695 wurden ihm dafür 500 Taler gestiftet, deren Zinsen für die Versorgung eines Kindes ausreichend schienen; schon zum Jahresende hatte er aber bereits neun Kinder, nicht ausschließlich Waisen, aufgenommen und der Aufsicht von G. H. Neubauer unterstellt. Schulisch wurden sie nicht entsprechend dem Sozialstatus, sondern jeweils entsprechend ihrer Begabung durch die deutschen Schulen betreut. Wie die Angehörigen des Paedagogiums wohnten sie zunächst in verschiedenen Familien, bis ein besonderes Gebäude erworben werden konnte. 1698 legte Francke den Grundstein zu dem Neubau in Halle, für den er Anregungen der holländischen Waisenhausarbeit auszuwerten suchte.

Diesem Bauwerk gliederten sich mit dem Anwachsen der Franckeschen Stiftungen umfangreiche Gebäudekomplexe an, die für mannigfache Aktivitäten Raum boten. 1698 wurden die Apotheke und die Buchhandlung gegründet, welche 1701 zur Medikamentenexpedition und Buchdruckerei ausgestaltet nicht unbeträchtlich zur Kostendeckung beitrugen. Manufakturprojekte, die Ökonomie mit eigener Brauerei und ein Großhandel runden das Bild eines durch Steuerprivilegien geförderten wirtschaftlichen Großunternehmens ab, das Francke ständig auszuweiten suchte. Dem dienten auch seine zahlreichen Berichte, welche nicht nur zum Dank für den Fortgang der Unternehmungen, sondern auch zu Spenden aufrufen sollten. Von ihnen läßt besonders *Der große Aufsatz* die universale Reformabsicht erkennen. Den krönenden Abschluß der Erziehungspyramide sollte ein *Seminarium Universale* bilden, eine Gelehrtenakademie mit europäischem Zuschnitt, von der nur das *Collegium orientale theologicum* 1702 verwirklicht werden konnte.

Gewissermaßen das Rückgrat der vielfältigen Schulsysteme war der 1696 eröffnete Freitisch für bedürftige Theologiestudenten. Er gewährleistete nicht nur durch Tischordnung und Inspektoren eine kontrollierte Studienförderung, sondern bildete auch das Reservoir für Franckes Lehrer, weil die Zulassung als Besoldung von gewöhnlich 12 Wochenstunden Unterricht diente. Schon bei seiner Einrichtung hatte Francke den Freitisch *Seminarium praeceptorum,* Pflanzschule der Erzieher, genannt. Noch genauer gilt diese Bezeichnung für das 1707 gegründete *Seminarium praeceptorum selectum,* dessen Mitglieder sich nach zweijähriger Ausbildung für drei Jahre zum Unterricht an einer der beiden höheren Schulen, dem Paedagogium oder der Lateinschule, verpflichteten. Gerade die enge gegenseitige Verzahnung der einzelnen Bereiche machte die Anstalten lebensfähig. In der Aufgliederung spiegelte sie zwar die ständische Ordnung der Zeit, diese wurde aber durch die Förderung einzelner *ingenia* relativiert, und vor allem umgriff das Erziehungsziel, ,,die Ehre Gottes und der Nutzen des Nächsten", alle Stände.

Auf die organisatorische und geistige Verbindung zielte die Leitung der Einrichtungen und der Beteiligten durch ständige Konferenzen auf den verschiedenen Ebenen. Nur so konnten die pädagogisch nicht vorgebildeten Lehrkräfte einen verantwortbaren Unterricht gestalten. Der Besprechung einzelner Fälle wurde in den Konferenzen ein breiter Raum gewährt, um die Schüler individuell zu fördern und Mißgriffe zu vermeiden. Als äußerer Rahmen dienten detaillierte Lehrordnungen und Instruktionen. Inspektoren kontrollierten die Lehrer, leiteten die Konferenzen und nahmen die zahlreichen Prüfungen ab. Dieses Seminarprinzip bildete eine kennzeichnende Struktur von Franckes Anstalten; es ermöglichte eine intensive Prägung der Mitarbeiter und ihren vielfältigen Einsatz in Halle und anderswo.

Mit dem Ziel einer ,,realen Verbesserung" der ganzen Welt griff Francke weit über die Nöte in Glaucha und Halle hinaus. Weltweite Verbindungen dokumentiert besonders sein umfangreicher Briefwechsel, dessen Netz sich von England über Skandinavien, Rußland und Griechenland bis Ostindien spannt. Neben eigenen Projekten betrieb er den Austausch mit namhaften Reformern der Zeit. So erhielt er um 1700 von Justus Docemius den Comenius-Nachlaß *De rerum humanarum Consultatio catholica,* deren Edition aber nicht über den Druck der *Panegersia* 1702 hinauskam.

Um 1700 war die Gründungsphase der Hallischen Anstalten weitgehend abgeschlossen. Erneute Angriffe der Geistlichkeit und ihre Unterstützung durch die magdeburgische Regierung und die Landstände bedrohten zwar die Weiterarbeit, aber die Überprüfung der Vorwürfe durch eine abermals auf Speners Rat bestellte Kommission führte zur Beilegung des Zwistes. Die bereits früher erteilten königlichen Privilegien wurden 1702 in einer Königlichen Kabinettsorder bestätigt und erweitert, wenn es auch später zu zeitweiliger Entfremdung zwischen Halle und Berlin kam.

Auf Wunsch des Königs Friedrich Wilhelm I. nahm der schon kränkliche Francke 1725 an der Einweihung des Potsdamer Waisenhauses teil; am 8. Juni

1727 starb er in Halle. Die Leitung der Anstalten, zu denen damals 2207 Schüler mit 169 Lehrern sowie 100 Knaben und 34 Mädchen mit zehn Erziehern im Waisenhaus gehörten, übernahm sein Mitarbeiter und Schwiegersohn Johann Anastasius Freylinghausen (1670–1739) zusammen mit seinem Sohn Gotthilf August Francke (1696–1769). In die Generation der Erben fällt die größte Blüte, aber auch der Beginn des Niedergangs des Hallischen Pietismus.

II. Das Werk

Die Bezeichnung *Franckesche Stiftungen* erweist das Waisenhaus und die Schulen zutreffend als Hauptwerk des Pfarrers und Professors, das auch Kristallisationspunkt und Realisation seiner Pädagogik war. Auch wenn er nach „einer allgemeinen Verbeßerung in allen Ständen, nicht allein in Teutschland und Europa, sondern auch in den übrigen Teilen der Welt" suchte (Francke, 1962, 154), trennt ihn dieser Praxisbezug und das damit verbundene Seminarprinzip von seinen reformerischen Vorläufern und ihren Erziehungsutopien. Im Unterschied zum comenianischen Entwurf einer pansophischen Bildung und der Gefahr eines chiliastischen Schwärmertums blieb Francke nüchtern auf die Gegebenheiten bezogen und distanzierte sich nach anfänglichen Kontakten von schwärmerischen Strömungen des Pietismus, deren Geist er auch bei dem Liebesenthusiasmus Zinzendorfs befürchtete. In seinem Drängen auf Ordnung sah er zwar die Gefahr, daß er durch die „täglichen kümmerlichen Umbständen ... mit den Anstalten selbst nicht zum rechten Zweck kommen kan ..., zu einer rechtschaffenen gründlichen Verbeßerung des verfallenen Wesens in allen Ständen" (ib., 48), dafür sah er aber in der Realität der Hallischen Anstalten einen Beweis für Gottes Führung und Widerlegung seiner Zweifel; die „Fußstapfen" Gottes bilden das Widerlager für seinen dynamischen gläubigen Realismus.

In der Begründung seines pädagogischen Wirkens stimmte Francke zunächst mit der Reformorthodoxie überein. Wie diese kritisierte er den Verfall in den drei Ständen und besonders die „böse Aufferziehung der Jugend", „daß fast niemand mehr weiß, was zu einer recht Christlichen und gemeinen Wesen nützlichen Aufferziehung gehöre" (ib., 76). Als historische Begründung verwies er dazu noch 1716 auf den Dreißigjährigen Krieg (ib., 79). Aus diesem Zusammenhang heraus stellte sich ihm die pädagogische Aufgabe in gesellschaftlichen Dimensionen.

Dieser Gesellschaftsbezug wird nur scheinbar durch die theologisch-anthropologische Begründung der Notwendigkeit der Erziehung zurückgestellt, die er seit seiner Bekehrung „im Liecht der Gnaden" betrachtete (Francke, 1969, 120). „Mangel guter Aufferziehung" und Nachahmung von „gegebenen Aergernißen" können zwar die „Boßheit der Menschen" letztlich nicht erklären, da diese auf den Sündenfall zurückgeht und „aus dem innerlichen bösen Saamen des menschlichen Hertzens" kommt, aber dieser Samen gelangt durch

,,üble Aufferziehung zur bösen Frucht" (Francke, 1871, 465). Darum soll ,,die Jugend durch gute Erziehung zur heiligen Übung der GOttseeligkeit und zum Streit wider die innerliche Boßheit angewiesen werden." Das ist nicht nur eine religiöse Zielsetzung, sondern es geht um ,,das fundament ihrer zeitlichen und ewigen Wohlfahrt", wenn ,,die Jugend (1.) in der wahren GOttseligkeit (2.) in den nöthigen Wissenschafften (3.) zu einer geschickten Beredsamkeit, und zum (4.) in äußerlichen wohlanständigen Sitten einen guten Grund legen" soll (ib., 467).

Diese Begründung und Zielsetzung von Franckes Pädagogik haben wie seine Erziehungsmethoden Anlaß zur Kritik geboten. Anstößig erscheint die Betonung der Sündhaftigkeit des Menschen und seiner Zerstreuungen; dem kindlichen Spiel stand Francke verständnislos gegenüber, das Tanzen verurteilte er. Wenn er die Schüler in ihrer Freizeit durch Rekreationsübungen beschäftigen wollte, erscheint das leicht als Unterdrückung eines natürlichen Freiheits- und Bewegungsdranges. Aber unbeschadet der religiösen Begründung war Francke in seiner Distanz zu den Äußerungsformen kindlichen Lebens ganz ein Angehöriger seiner Zeit, und noch das Drängen der Aufklärung auf Vernünftigkeit überschreitet nicht diese Grenze. An diesen Zusammenhang erinnert unmittelbar die Zurückhaltung Franckes gegenüber körperlichen Züchtigungen. ,,Es ist auch kein Kind zu schlagen, man habe ihm denn sein Verbrechen erst vorgehalten, und es deßen auch überzeuget." (ib., 561) Es geht also nicht um äußere Disziplinierung, sondern innerliche Überzeugung. Deshalb soll der Erzieher ,,mit väterlicher Zucht und christlicher Sorgfalt" nicht zuletzt durch sein gutes Beispiel wirken. Der Einstellung des Erziehers, seinem Gebet für die ihm anvertrauten Kinder und damit dem Hoffen auf Gottes Werk der Gnade kommt größere Bedeutung zu als gesetzlichen Forderungen und Zwangsmitteln. Soll in der Kinder ,,Hertzen Glaub und Liebe/ und also das rechtschaffene Wesen/ das in JEsu ist/ erwecket werden/ müssen sie gewiß durch die Lieblichkeit des Evangelii/ und nicht durch die Strenge des Gesetzes dazu angeleitet und angeführet werden" (Francke, 1969, 144). Der Vorwurf einer zu strengen Zucht in Franckes Schulen ist also zu relativieren; der Gegensatz von Sünde und Gnade führte nicht zu einen Dualismus, weil nach Franckes Meinung die Erziehung bei der durch die Taufe verliehenen Gnade anknüpfen kann, um zu einer rechten Applikation des Heils im Glauben zu führen. Auch die Bekehrung fällt nicht heraus aus der Ordnung Gottes, welche die Gesamtheit von Leben und Welt umfaßt und bestimmt ist durch die Liebe Gottes. Die häufig zitierte ,,Brechung" des Willens meint deshalb nicht eine sklavische Unterdrückung, sondern die willentliche Einfügung in Gottes Ordnung.

Daß sich die Liebe Gottes in seiner Ordnung und diese wiederum in den Ordnungen der Welt und in dem entsprechenden Handeln der Menschen vermittelt, bildet den Ansatz von Franckes Pädagogik und bestimmt Methode und Ziel der Erziehung. Die ,,Ehre Gottes und der Nutzen des Nächsten" – Gottseligkeit, Gelehrsamkeit und gute Sitten – religiöse, realistische und soziale Zielsetzung sind nicht voneinander zu trennen, sondern bilden in ständigem Verweis aufeinander Dimensionen des erzieherischen Auftrags und Handelns. Da Francke sein Erziehungsdenken nicht systematisch entfaltet hat, ist es Aufgabe der Interpretation, diesen Zusammenhang in seinen Einzelhinweisen und Schulordnungen aufzudecken.

Ein für Franckes Wirken charakteristisches Beispiel ist die Betonung der Rolle des Erziehers. Indem die Erzieher oder Eltern gute Exempel bieten, lernen die Kinder gottseliges Leben zunächst durch äußerliche Nachahmung, aber es wird „doch dadurch unvermerckt ihnen eine Liebe zu tugendhafften Handlungen beygebracht" (Francke, 1969, 127). In einem späteren Stadium soll diese dann bewußt ausgebildet werden, indem die Zöglinge erkennen, „worinnen eigentlich das gute Exempel bestehet/ dem sie nachfolgen sollen." Die Ordnung Gottes und ihr Zusammenhang mit seiner Liebe sowie der Nutzen für den Nächsten sind als abstrakter Wissensstoff nutzlos; sie müssen durch personale Repräsentanz vermittelt und zu konkretem Handeln in der Bildung des Willens übernommen werden, wie auch schlechte Beispiele zur Urteilsbildung beitragen.

Wie der Glaube zur *praxis pietatis* drängt, ist Erziehung mit Arbeit und Leben verbunden. Deshalb hatten praktische Tätigkeiten und handwerkliche Arbeiten einen bedeutsamen Platz im Tageslauf der Schüler. In übertragener Weise wiederholt sich diese Einheit von Glauben und Handeln, von Wissen und Tun bei den Anschauungsobjekten, wie sie Francke in reichem Maße durch das Naturalienkabinett der Anstalten für den naturkundlichen Unterricht oder durch Zeitungslektüre und Landkarten für den Geographie- und Geschichtsunterricht vorsah. Sie sollten nicht nur das Interesse wecken und der Sachinformation dienen, sondern zugleich den Nutzen in der alltäglichen Verwendbarkeit und im Verweis auf Gottes Schöpfung erarbeiten helfen. Daß die Schüler in den Wissenschaften unterrichtet werden, „welche sie dermaleins zum Dienste Gottes und des Nächsten nützen können" (Francke, 1871, 474), bestimmt als didaktisches Prinzip auch die Unterrichtsmethode. Auch die Förderung einzelner *ingenia* und die Auflösung des Klassenverbandes zur gezielten Beschäftigung mit einzelnen Wissensbereichen statt eines konkurrierenden Vielerlei ist in diesem Rahmen zu sehen.

Für Francke war die Einheit der verschiedenen Dimensionen, Willen, Verstand und Sachen, theologisch begründet. Trotzdem ist die Gefahr zu erkennen, daß die Betonung des Nutzens die Sachlichkeit zurücktreten läßt, wie es sich ähnlich auch bei dem Drängen der Aufklärungspädagogik auf Nützlichkeit und Vernünftigkeit beobachten läßt. Bei dem Lernen gottseligen Lebens durch die Beobachtung guter Exempel führte diese „Verzweckung" zu einem Aufdecken der Motive, das sich fortsetzt in der Beobachtung des Zöglings und in der Selbstbetrachtung seines Denkens und Handelns. Die Sozialität und Reflexivität des Erziehungsprozesses ist bei Francke erkannt und in der Beachtung der Individualität des Schülers und in der Förderung seiner Fähigkeiten praktiziert. Als Kehrseite der Medaille zeigt sich aber die Gefahr, daß der Schüler einem umfassenden Bewachungssystem und individuellem Gewissensdruck ausgesetzt ist. Wie man Francke unter Beachtung seiner theologischen Voraussetzungen und seiner Anregungen auf exegetischem Gebiet nicht den Vorwurf der Wissenschaftsfeindlichkeit machen kann, so sollte man ihm allerdings auch bei der Erziehung zubilligen, daß er keinen Zwang einsetzen, sondern die Überzeugung des Willens durch und in der Liebe Gottes erreichen wollte.

III. Bedeutung und Wirkung

Das im Pietismus enthaltene pädagogische Motiv kam durch Francke zu einer praktischen Ausgestaltung, die zahlreiche Nachfolge fand und an Gewicht wohl die gleichzeitigen und späteren Modelle pietistischer Erziehung übertraf, so die Brüdergemeine Zinzendorfs und den schwäbischen Pietismus um Bengel, zumal beide von Francke beeinflußt wurden. Weil Francke sein Werk nicht einfach als eine Armen- und Wohltätigkeitsanstalt ansah, sondern als Mittel- und Ausstrahlungspunkt, als Exempel für eine weltweite Reform, achtete er selbst auf die Ausbreitung seiner Ideen.

An erster Stelle ist die Ausbildung der Studenten zu nennen, die als Lehrer in zahlreiche Gegenden gesandt werden konnten. Angefordert wurden sie wegen des Ruhms der Hallenser Anstalten, den Francke durch seine Schriften planmäßig verbreitete. Das führte zur Gründung ähnlicher Stiftungen. Für das Schulwesen dürfte aber der nachhaltigste Einfluß davon ausgegangen sein, daß zahlreiche Schulordnungen des 18. Jahrhunderts das Erziehungsziel der Gottseligkeit und christlichen Klugkeit sowie Inhalte und Methoden aus der Glauchaer Ordnung von 1702/1721 übernahmen. Durch den Hallenser Pietismus wurde vor allem das *Königlich Preußische General-Land-Schul-Reglement* von 1763 geprägt; in Preußen führte das Seminarprinzip Franckes zur seminaristischen Lehrerausbildung (1748/1753). Verantwortlich für diese Neuregelung des Schulwesens war Johann Julius Hecker (1707–1768), der angeregt durch Franckes Realienunterricht und das Vorbild des Weigel-Schülers Christoph Semler (1669–1740) in Berlin 1747 die *Ökonomisch-mathematische Realschule* gründete, einen neuen Schultyp für die seit über hundert Jahren geforderte Beachtung der Realien zur Vorbereitung der Schüler für das praktische Leben. Über Hecker wurden die pietistischen Anregungen dann später durch Johann Ignaz von Felbiger (1724–1788) auch in die katholischen Lande vermittelt.

IV. Die Bedeutung für die heutige Pädagogik

Die Stellung Franckes zwischen Orthodoxie und Aufklärung, die Überlagerung seiner Anregungen mit aufklärerisch-humanistischen Gesichtspunkten schon in der Braunschweig-Lüneburgischen Schulordnung von 1737 und die rationalistische Kritik am Pietismus bedingen ein spannungsvolles Verhältnis zur Pädagogik der Gegenwart. Besonders gilt das von der religiösen Begründung und Zielsetzung, was aber zugleich die Frage nahelegt, inwieweit aktuelle Begründungen und Zielsetzungen als Saekularisate christlicher Tradition in ihrer pietistischen Modifikation anzusprechen sind.

Wichtig erscheint das Motiv der Individualisierung, der Subjektivierung der Welt und ihrer Aneignung. Während aber im Pietismus die Selbsterkenntnis zu einer Einfügung in die Ordnung Gottes führen sollte, ist das Ergebnis für die neuzeitliche Pädagogik grundsätzlich offen, ohne von der notwendigen Stellungnahme zu entbinden. Die Zielfindung wird zunehmend zu einem gesellschaftlichen Prozeß. In gewisser Weise ist das schon bei Francke angelegt, wenn er einerseits den „Nutzen für den Nächsten" als Maßstab setzt und anderseits Erziehung als zwischenmenschliches Geschehen versteht. Regulativ für dieses Eingehen auf den Nächsten und die gesellschaftlichen Bedürfnisse ist für Francke aber immer die „Ordnung Gottes". Auch die Betonung der Erziehung des Willens zielt bei ihm auf das Einstimmen in Gottes Führung, nicht auf eine natürliche Fähigkeit zur Entscheidung oder Selbstbestimmung der Person, wie sie in neueren Konzepten der Willenserziehung vorausgesetzt werden. Die Transformation der pietistischen „Brechung" des natürlichen Willens zum neuen Menschen hin ist bei totalitären Erziehungsprogrammen zu beobachten. Wie diese Manipulation ist aber anderseits auch die Betonung der Freiheit heute angesichts der gesellschaftlichen Verflechtungen problematisch geworden.

Mit der Aufklärungspädagogik verbindet Franckes Pädagogik die Betonung des Nutzens, wenn das Erziehungsziel auch unterschiedlich als Glückseligkeit oder Gottseligkeit bestimmt wurde. Diese Mediatisierung der Inhalte, Tatsachen und Realien diente unmittelbar ihrer Benutzung in der täglichen Arbeit, mittelbar der Ehre Gottes. Durch die Industrialisierung ist die Selbstvergewisserung des Menschen durch Arbeit und die dafür notwendige Verzweckung der Dinge zum Glaubenssatz geworden. Ob dabei die Betonung des gesellschaftlichen Nutzens nur eine Alibifunktion gegenüber dem blanken Egoismus hat oder ob die Betonung der Individualität nur eine Illusion in der gesellschaftlichen Verplanung ist, bleibt angesichts der Verbindung von weltlichem Nutzen und transzendenter Ordnung bei Francke zu fragen. Er erhoffte sich von der Erziehungsreform eine Verbesserung in allen Ständen. Sein im Glauben begründeter Erziehungsoptimismus enthält die Frage nach der Tragfähigkeit heutiger Erziehungskonzeptionen.

Günter R. Schmidt

FRANÇOIS FÉNELON

(1651–1715)

„... il faut que la joie et la confiance soient leur disposition ordinaire ...“[1]

Mit dem Namen Fénelon ist die Erinnerung an einen spektakulären pädagogischen Erfolg verbunden, der in Frankreich gegen Ende des 17. Jahrhunderts auch große politische Hoffnungen auslöste: Unter Fénelons erzieherischem Einfluß wandelte sich der Enkel und Thronfolger Ludwigs XIV., Ludwig Herzog von Burgund, von einem „hartherzigen und überaus jähzornigen ..., ungestümen und tobsüchtigen ..., äußerst starrsinnigen ..., zur Grausamkeit neigenden“ Knaben, wie ihn Saint Simon in seinen „Erinnerungen“ schildert,[2] zu einem besonnenen, von seinen Pflichten durchdrungenen und aufrichtig religiösen jungen Mann. Worin liegt das Geheimnis dieser Erziehungskunst, die „als eine Art Wunder in ganz Europa berühmt war“?[3] Saint Simon, der im allgemeinen nicht sonderlich zur Bewunderung seiner Zeitgenossen neigt, schildert Fénelon so: „Dieser Prälat war ein großer, magerer, wohlgestalteter, blasser Mann mit einer großen Nase, Augen, aus denen Feuer und Geist wie ein Sturzbach hervorbrachen, und einem Gesichtsausdruck, wie ich noch keinen ähnlichen gesehen habe und den man nicht vergessen konnte, wenn man ihn auch nur einmal gesehen hatte. Darin vereinigte sich alles, ohne daß die Gegensätze einander widerstritten. Ihm kam Gemessenheit zu und Galanterie, Ernst und Heiterkeit. Er ließ gleicherweise den Kirchenlehrer, den Bischof und den großen weltlichen Herren erkennen. Besonders deutlich zeigten sich an seiner ganzen Gestalt Feinsinnigkeit, Geist, Anmut, Anstand und Würde, vor allem Adel. Nur mit Anstrengung konnte man den Blick von ihm wenden ...“[4]

I.

François de Salignac de la Mothe-Fénelon wurde am 6. August 1651 auf Schloß Fénelon in Périgord als dreizehntes Kind des Grafen Pons de Salignac und als zweites von dessen zweiter Frau geboren. Seine Familie war zwar nicht sonderlich vermögend, gehörte jedoch zum hohen Adel. Über seine Kindheit im elterlichen Schloß ist wenig bekannt. Im Alter von 12 Jahren soll er sehr gut Griechisch gekonnt haben und im schriftlichen Gebrauch sowohl des Lateinischen als auch des Französischen sehr versiert gewesen sein. Zu seiner weiteren Familie gehörten mehrere höhere Geistliche, und sowohl die Wünsche seiner Familie als auch eigene Neigungen bestimmten François schon sehr früh für die Kirche. Nach dem Besuch eines von Jesuiten geleiteten *Collège* in Cahors und des *Collège du Plessis* in Paris trat er dort 1672 in das Priesterseminar *Saint-Sulpice* ein, das zu den Brennpunkten des religiösen Lebens seiner Zeit zählte. 1675 erhielt er die Priesterweihe. 1678 wurden ihm religionspädagogische Aufgaben übertragen: So wurde ihm die Verantwortung für das *Institut des Nouvelles Catholiques* zuteil, eine Einrichtung, in die zum Katholizismus konvertierte ehemals protestantische Mädchen zur Vertiefung ihrer religiösen Neuorientierung eingewiesen wurden. Zwischendurch war er auch mit der Arbeit unter Hugenotten im Süden des Landes betraut. Biographen heben die vergleichsweise sanfte, jedoch nicht weniger bestimmte Art seines Auftretens hervor. Zum theoretischen Ertrag seiner pädagogischen Bemühungen zählt sein 1687 erschienener *Traité de l'éducation des filles*. 1689 wurde er zum Präzeptor des damals siebenjährigen Herzogs von Burgund ernannt, für den er selbst eine ganze Reihe von Unterrichtsmaterialien verfaßte. Etwa zur gleichen Zeit begannen seine Beziehungen zu *Madame de Guyon,* welche ihn einerseits in die Streitigkeiten um den *Quietismus* verwickelten, andererseits aber auch veranlaßten, seine Lehre von der „reinen Liebe" zu Gott zu entfalten. Der Streit wurde auf der Ebene von Schriften, Konferenzen sowie – seitens der Gegner Fénelons – auch Intrigen ausgetragen und führte 1699 zur Mißbilligung von 23 Sätzen aus der Schrift Fénelons *Explication des Maximes des Saints sur la vie intérieure* durch das Hl. Officium. Zwei Wochen nach dem Bekanntwerden des päpstlichen Urteils unterwarf sich Fénelon, der 1695 Erzbischof von Cambrai geworden war, mit allen Zeichen einer Demut, deren Aufrichtigkeit kaum jemand bezweifelt. Sein Präzeptorat hatte ihm der König schon vorher entzogen. Die letzten 16 Jahre seines Lebens widmete Fénelon fast ausschließlich seiner pastoralen Tätigkeit im Erzbistum Cambrai. Ein schwerer Schlag war für ihn der plötzliche Tod seines ehemaligen Zöglings Ludwig, des Herzogs von Burgund, nicht zuletzt auch deshalb, weil er politische Hoffnungen zunichte machte. Fénelon selbst verstarb drei Jahre später am 7. Januar 1715.

II.

Das umfangreiche Werk Fénelons umfaßt theologische Abhandlungen besonders zur Verdeutlichung seiner Lehre vom *pur amour* oder *amour désinteressé* wie die *Explication des maximes des saints sur la vie intérieure* von 1697, politische Schriften, mit denen er auf das Geschehen unmittelbar einwirken will, ästhetisch literaturkritische Beiträge, eine ausgedehnte Korrespondenz sowie pädagogische Arbeiten, die sich in eine an Erzieher gerichtete Schrift „Über Mädchenerziehung" und Unterrichtstexte für seinen prinzlichen Zögling einteilen lassen.

Das Ideal Fénelons, welches besonders seine pädagogischen Schriften durchzieht, ist das einer *vie raisonnable et naturelle.* Entsprechend seinem dualistischen Menschenbild, das ganz von dem Gegenüber von Leib und Seele, Vernunft und Affekten bestimmt ist, ergibt sich dieses „vernünftige und natürliche Leben" aus der hierarchischen Ordnung zwischen höheren und tieferen Regionen des Menschen. Der „Reiter" soll das „Pferd" beherrschen (Ed. VII, 61).[5] Zentrum der religiösen Überzeugungen Fénelons ist seine durch mystische Traditionen beeinflußte Auffassung von der „reinen" oder auch „interessefreien", d.h. selbstlosen Liebe. Er unterscheidet fünf Stufen der Gottesliebe. Auf der ersten Stufe werden von Gott irdische Güter erwartet, auf der zweiten geistliche, so daß beide Stufen durch Selbstliebe bestimmt sind. Auf beiden folgenden Stufen mischen sich echte und durch Selbstliebe motivierte Gottesliebe. Die Vollkommenheit christlicher Haltung Gott gegenüber wird auf der fünften Stufe erreicht, wo Gott ausschließlich um seiner selbst willen geliebt wird und sich der Glaubende ihm so rückhaltslos ergibt *(abandon),* daß er sogar seine Verdammnis liebend annähme, wenn diese dem Willen Gottes entspräche. Die Pädagogik Fénelons bezieht sich auf die niederen Stufen und setzt das Glücksverlangen des Menschen motivierend ein. Die letzte Stufe bestimmt besonders seine Seelsorge an einem kleinen Kreis von Personen, die nach christlicher Vollkommenheit streben.

Die pädagogischen Ideen Fénelons sind schon deshalb sehr stark von politischen Vorstellungen bestimmt, weil er sich bewußt ist, einen künftigen König zu erziehen. In seinem pädagogischen Roman *Télémaque* klingt soviel Staats- und Gesellschaftskritik an, daß er von vielen als Satire auf das Regime Ludwigs XIV. verstanden wurde und dazu beitrug, Fénelon in Ungnade fallen zu lassen. Sein Ideal ist der patriarchalische Monarch, der sich dem Gemeinwohl verpflichtet fühlt und sich streng an die Gesetze hält. Die Erzeugung von Gebrauchsgütern soll nach Kräften gefördert, die von Luxusgütern eingeschränkt werden. Wichtigster Produktionszweig ist die Landwirtschaft. Die Macht eines Staates wächst mit seiner Bevölkerungszahl, soll jedoch weniger eigenen kriegerischen Unternehmungen dienen als dazu, die Nachbarn von solchen abzuhalten.

Die Abhandlung über Mädchenerziehung beginnt mit der Klage darüber, daß die Erziehung des weiblichen Geschlechts trotz seiner großen Bedeutung für die Familie gegenüber der Erziehung von Knaben allzu sehr vernachlässigt werde. Da die Schrift großenteils allgemeine pädagogische Grundsätze auf die Erziehung von Mädchen anwendet, ist sie auch darüber hinaus von Belang. Fénelon betont die Bedeutung der Eindrücke in der frühen Kindheit, die ihm „unauslöschlich" scheinen. An vielen Stellen läßt die Abhandlung das Einfühlungsvermögen des Autors für die Kinder erkennen, zum Beispiel, wenn er um Verständnis für die leichte Ablenkbarkeit der Kinder wirbt, deren Aufmerksamkeit er mit einer „Kerze im Wind" vergleicht.

Die Ziele der Erziehung gewinnt Fénelon einerseits von allgemeinen Wertvorstellungen wie *vertu chrétienne* her, zum anderen durch die Analyse der

François Fénelon (1651–1715)

späteren Funktionen des Kindes im Erwachsenenleben, beim Beispiel der Mädchenerziehung also etwa der Aufgaben einer Dame höheren Standes, die ihrer Dienerschaft Anweisungen gibt, ihr Vermögen verwaltet und die Erziehung ihrer Kinder überwacht. Der Hauptakzent fällt auf die religiöse und die moralische Erziehung. Religiöse Erziehung soll nach Fénelon eine gemessen heitere Frömmigkeit fördern, die Liebe zu Gott und Scheu vor ihm verbindet und gesetzliche Kleinkariertheit ebenso ausschließt wie großzügige Nachlässigkeit. Charakteristisch sind seine Empfehlungen an eine *dame de qualité* zur Erziehung ihrer Tochter: „Versuchen Sie in ihr ein freudiges Gespür für Gott zu erwecken *(Tâchez de lui faire goûter Dieu)*. Dulden Sie nicht, daß sie ihn nur als mächtigen und unerbittlichen Richter sieht, der unablässig wacht, um uns bei jeder Gelegenheit zu zensurieren und einzuengen. Stellen Sie ihr vor Augen, wie sanft er ist, wie er sich auf unsere Bedürfnisse einstellt und Mitleid mit unseren Schwächen hat. Machen Sie sie mit ihm vertraut als mit einem zärtlichen und barmherzigen Vater. Lassen Sie sie das Gebet nicht als langweiligen Müßiggang sehen ... Es geht darum, allzeit einfach mit Gott zu sprechen ..., in innerer Stille auf ihn zu hören. Es geht darum, es sich zu einer glücklichen Gewohnheit werden zu lassen, in seiner Gegenwart zu handeln, alles, Großes und Kleines, heiter aus Liebe zu ihm zu tun." Auch für die religiöse Erziehung gilt Fénelons Ideal der *simplicité*. Ist ihm schon die modische *préciosité* auf profanem Gebiet ein Greuel, so erst recht ihr religiöses Pendant in der Form theologischer Disputiersucht von Frauen. Hier fühlt sich der sanfte erzbischöfliche Aristokrat zu einiger Deutlichkeit veranlaßt: „Die solide Frau *(femme forte)* spinnt, beschränkt sich auf ihr Hauswesen, schweigt, glaubt und gehorcht. Sie disputiert nicht gegen die Kirche." Hauswirtschaftliche Bildung scheint ihm bei Frauen wichtiger als theologische. Besonders zuwider ist ihm der nur durch Kosmetik und Salonkonversation unterbrochene Müßiggang der Frauen oberer Stände. Auch bei einer „reichen und adeligen Frau" bewundert er nur *la simplicité des moeurs, l'économie et le travail* (Ed. XIII, 119). Unter Berufung auf das Beispiel Jesu und der ersten Christen ruft er den *Précieuses* zu: „Alles verpflichtet uns zu einem arbeitsamen Leben, jeden auf seine Weise" *(Tout nous engage á une vie laborieuse chacun á sa maniére)*. (Ed. XII) Neben urchristlichen bestimmen auch antike Vorbilder Fénelons Vorstellung von der Frau: „Ich möchte den Mädchen die edle Einfachheit vor Augen stellen, die sich an den Statuen und anderen Figuren zeigt, welche uns von griechischen und römischen Frauen geblieben sind. Sie würden daran sehen, wie wohlgefällig und erhaben nachlässig nach hinten verknotete Haare und wallende, lange Falten werfende Gewänder sein können." (Ed. X, 89)

Auch die Auswahl der Lerninhalte für Mädchen ist bei Fénelon eher durch utilitäre als durch mondäne Gesichtspunkte bestimmt. Die damals beliebten Modesprachen Spanisch und Italienisch lehnt er ab, weil sie nur „gefährliche Bücher" erschließen, „die geeignet sind, die Charakterfehler der Frauen zu vermehren" (Ed. XII, 107). Statt ihrer empfiehlt er Latein als die „Sprache der Kirche", warnt jedoch vor affektierter Gelehrsamkeit. Lektüre soll nach dem

Kriterium der „Nüchternheit" ausgewählt werden und nach ihrer Eignung, „in der Seele lebhafte und erhabene Gefühle für die Tugend zu erwecken". Die unbedingt notwendige Bildung der Frauen umfaßt den korrekten mündlichen und schriftlichen Gebrauch der Muttersprache, die vier Grundrechnungsarten sowie einige wirtschaftliche und rechtliche Grundkenntnisse. Die letzteren sind nötig, damit sie bei der Verwaltung ihrer Besitztümer nicht völlig juristischen Ratgebern oder ihren Ökonomen ausgeliefert bleiben. Besonderen Wert legt Fénelon darauf, daß die künftigen Gutsbesitzerinnen Einblick in die soziale Lage der Landbevölkerung gewinnen und sich um Reformen bemühen. Was die Ziele und Inhalte der Mädchenbildung anlangt, sprengt Fénelon kaum den gegebenen Rahmen. Er verschiebt lediglich etwas die Akzente im Sinne seiner Wertschätzung von *simple et naturel* sowie einer Vertiefung und Entkrampfung des Religiösen.

Fénelons Bedeutung liegt mehr auf methodischem Gebiet. Sein methodischer Grundsatz lautet: „der Natur folgen und helfen" *(de suivre et d'aider la nature;* Ed. III, 18). Der Erzieher soll die Kinder nicht „drängen" *(presser),* sondern Motivationen, die er vorfindet, nutzen: „Die Neugierde der Kinder ist eine Neigung der Natur, welche der Unterweisung gleichsam vorausläuft. Versäumen Sie nicht, sie zu nutzen. Sie sehen beispielsweise auf dem Lande eine Mühle und wollen wissen, was das ist. Man muß ihnen dann zeigen, wie die Nahrung des Menschen hergestellt wird ... Man darf sich durch ihre Fragen nie belästigt fühlen. Das sind Öffnungen, die uns die Natur zur Erleichterung des Belehrens darbietet. Geben Sie zu erkennen, daß Sie Freude daran haben. Auf diese Weise werden Sie sie unmerklich *(insensiblement)* lehren, wie all die Dinge entstehen, die dem Menschen dienen und um die sich das Wirtschaftsleben dreht." (Ed. III, 19f) Der Ausdruck *insensiblement* weist auf eine wichtige Methode Fénelons, die besonders durch Rousseau weiter entwickelt und verbreitet werden sollte, die – wie er sie selbst nennt – *instructions indirectes*. Erziehung wird um so wirksamer, je mehr die Erziehungsabsicht verborgen bleibt. „Je weniger formeller Unterricht *(leçons en forme)* gebraucht wird, desto besser. Man kann unendlich viele Lehren, die nützlicher sind als Lektionen, in heitere Gespräche einfließen lassen. Ich habe Kinder gesehen, die spielend lesen gelernt haben. Man braucht ihnen nur Unterhaltsames zu erzählen, das man in ihrer Gegenwart einem Buch entnimmt, und sie unmerklich die Buchstaben kennenlernen lassen. Danach wollen sie selbst an die Quelle dessen gelangen, was ihnen Vergnügen bereitet hat." (Ed. V, 32) Wie später unter seinem Einfluß Rousseau geht Fénelon bis zu dem Vorschlag, den Kindern regelrecht etwas vorzumachen, was besonders in moralpädagogischem Zusammenhang widersinnig scheint: „Beispielsweise ... könnte ein Erwachsener einen anderen in ihrem Beisein fragen: ‚Warum haben Sie Ihren Fehler eingestanden?' ‚Weil ich einen noch größeren begangen hätte, ihn feige zu leugnen, und es nichts Schöneres gibt, als frei heraus zuzugeben: Ich habe Unrecht!' Danach kann der erste Erwachsene den, der sich selbst angeklagt hat, loben. Dies muß jedoch ohne jedes Getue geschehen, denn die Kinder sind hellsichtiger als man glaubt. Sobald sie eine Art abgekartetes Spiel bei denen bemerkt haben, die für sie verantwortlich sind, verlieren sie die Einfalt und das Vertrauen, die ihnen natürlich sind.“ (Ed. V, 23f) Fénelon kennt die weitreichende Wirkung des Modell-Lernens, schärft deshalb wiederholt die Wichtigkeit des nicht bewußt auf die Kinder gerichteten Erwachsenenverhaltens ein und rät zu einer sorgfältigen Auswahl von Kontaktpersonen. Von zentraler Bedeutung ist es für ihn, daß Lernen in einer emotional positiven Atmosphäre stattfindet, weil die Gefühlstönung der Lernsituation den Inhalten auch später noch anhaftet. Auch aus diesem Grunde müssen die Erzieher für das Kind liebenswert sein. „Ein Kind ... haßt geistige Arbeit und Tugend, weil es von Abneigung gegen die Person erfüllt ist, die mit ihm davon spricht. Von daher kommen die düsteren und fürchterlichen Vorstellungen, mit denen Frömmigkeit das ganze Leben hindurch verbunden ist.“ (Ed. V, 29) Zu einem freudigen Lernklima sollen besonders Spielelemente beitragen: „Lassen Sie ein Kind doch spielen und durchmischen Sie Unterricht mit Spiel. Die Weisheit zeige sich ihm nur in Abständen und mit lachendem Gesicht ... Alles, was die Phantasie erfreut, erleichtert das Lernen.“ Der „große Fehler üblicher Erziehungsweisen“ besteht für Fénelon darin, daß sie „alle Langeweile mit dem Lernen und alle Freude mit den Zerstreuungen“ verbinden. „Versuchen wir, diese Ordnung umzukehren: Machen wir das Lernen angenehm! Verbergen wir es unter dem Anschein von Freiheit und Vergnügen!“ Diese Möglichkeit bleibt jedoch nur erhalten, wenn nicht gleichsam die Erlebnisfähigkeit der Kinder für kleine Freuden abgenutzt wird: „Man verdirbt sich den Geschmack für Zerstreuungen wie für Speisen. Man gewöhnt sich so sehr an scharfen Geschmack, daß gewöhnliche und einfach gewürzte Speisen fade und schal werden. Meiden wir die großen Erschütterungen der Seele, die Langeweile und Ekel vorbereiten ... Die Mäßigkeit, sagte ein Weiser des Altertums, ist die beste Erzeugerin von Lust. Durch Mäßigung, die Gesundheit von Leib und Seele schafft, befindet man sich immer in einer sanften und wohlgestimmten Freude.“ (Ed. V, 33ff)

Nicht zuletzt sucht Fénelon die Lernmotivation durch die Empfehlung zu fördern, den Kindern „Rechenschaft zu geben über alles, was man sie lehrt“: „Man muß ihnen stets ein ernsthaftes und angenehmes Ziel aufzeigen, das sie bei der Arbeit hält und darf nie darauf aus sein, sie durch dürre und unbedingte Autorität zu unterwerfen. In dem Maße, wie ihre Vernunft wächst, muß man immer mehr mit ihnen zusammen die Notwendigkeiten ihrer Erziehung überdenken ...“ (Ed. V, 27f)

In den Lehrtexten, die Fénelon ab 1689 für seinen Zögling Ludwig Herzog von Burgund zu schreiben begann, wandte er seine pädagogischen Einsichten, wie er sie in der Abhandlung über Mädchenerziehung formuliert hatte, großenteils selbst an. Sie implizieren darüber hinaus eine Reihe pädagogischer Prinzipien, die in dem Traité nicht deutlich entwickelt werden.

Die *Fables composées pour l'éducation du duc de Bourgogne* umfassen nicht nur Fabeln im heutigen Sinne, sondern auch kleinere Erzählungen. Es treten teils

Gestalten in einem antiken Rahmen auf, teils solche in einem zeitgenössischen, zeitlosen oder exotischen. 13 der 28 Stücke sind Tierfabeln.

In den *Dialogues des morts composés pour l'éducation du duc de Bourgogne* treffen teils Gestalten aus der Mythologie (Merkur und Charon), teils solche aus der antiken (Hannibal und Scipio), teils solche aus der europäischen Geschichte bis Mitte des 17. Jahrhunderts (Karl V. und Franz I., Maria von Medici und Richelieu) im Hades zusammen und unterhalten sich über geschichtliche Begebenheiten und darin wirksame Motive. Jedem Dialog ist eine Art moralanthropologischer Maxime vorangestellt, die darin illustriert wird: ,,Die Tugend findet in sich selbst ihren Lohn durch die reine Freude, die sie begleitet." ,,Ehrgeiz kennt keine Grenzen."

Der *Abrégé des vies des anciens philosophes* stellt 27 antike Philosophen vor, Es kommt Fénelon dabei weniger auf historisch gesicherte Fakten an als darauf, bestimmte Maximen auch am Lebenszusammenhang ihrer Urheber zu illustrieren, und er nimmt deshalb gerne auch kleine Episoden auf.

Sein bekanntestes Werk dieser Art sind *Les aventures de Télémaque:* Telemach, der Sohn des Odysseus, ist aufgebrochen, seinen vom trojanischen Krieg bisher nicht heimgekehrten Vater zu suchen, und macht dabei seinerseits eine Art Odyssee durch. Er lernt mehrere Länder kennen und studiert die jeweiligen politischen, ökonomischen und moralischen Verhältnisse sowie besonders den Charakter des Königs. Er wird ohne sein Wissen von der Göttin Pallas Athene begleitet, welche die Gestalt eines weisen Greises namens Mentor angenommen hat. Durch viele Gespräche besonders mit Mentor werden Telemach die Vor- und Nachteile von Verhaltensweisen und Einrichtungen deutlich. Als er durch viele Erfahrungen weise geworden ist, offenbart sich ihm die Göttin und verläßt ihn nach einer abschließenden Ermahnung.

Wie die sonstigen Werke Fénelons zeichnen sich die vier genannten Schriften durch eine überaus reine, harmonische Sprache aus und erheben sich an vielen Stellen zur Vollendung klassischer französischer Prosa. Manche Stellen des Telemach sind von reicher, fast schon überladener Poesie, in der besonders antike Elemente hervortreten. Die handelnden Personen sind Idealtypen, an denen bestimmte Eigenschaften veranschaulicht werden. Obwohl diese vier Schriften primär moralpädagogische Absichten verfolgen, fördern sie durch ihren hohen künstlerischen Wert gleichzeitig die literarisch-sprachästhetische Bildung. In der französischen Literatur kommt ihnen ein hoher eigenständiger Rang zu. Sie gehören also nicht nur zur Kinder- und Jugendliteratur.

Die letzte pädagogisch gemeinte Schrift Fénelons für seinen Zögling heißt *Gewissensprüfung zu den Pflichten des Königtums.* Sie stellt eine Art Beichtspiegel dar, mit dem Fénelon durch die unmittelbar für den Prinzen bestimmten Texte versucht, im Sinne einer christlich-humanistischen Lebensweisheit und Moral auf den künftigen König einzuwirken. Zentrale Wertvorstellungen sind dabei etwa Selbstentscheidung und Annahme der menschlichen Begrenztheit, Sorge für das Wohl der Untertanen statt persönlicher Macht- und Prunkentfaltung, Wahrhaftigkeit, Versöhnlichkeit, *simplicité, frugalité.* Die heitere Grundstimmung des Telemach wird kaum dadurch beeinträchtigt, daß gelegentlich herbe Töne anklingen: *fouler aux pieds les plaisirs* (Tel. I, 69). Gegenüber der ,,trunkenen Freude", durch die Venus ihren Opfern die Freiheit raubt, preist Fénelon die *joie de raison* in der Idylle eines glücklichen Ehe- und Familienlebens. Besonders eindringlich wird an vielen Stellen dieser Texte vor dem Streben von Königen nach absoluter Macht gewarnt. Weite Lebensbereiche wie Religion und Wirtschaft sollen von dem Einfluß des Königs frei bleiben. Als überaus verderblich sieht Fénelon die höfischen Schmeichler und entwirft im 11. Buch des Telemach eine regelrechte Psychologie der Korruption ad usum delphini. Den anziehenden Schilderungen kriegerischer Tugenden halten eindringliche Darstellungen der durch Kriege verursachten Leiden die Waage. Fénelon empfiehlt zwar eine Politik der Stärke zur Erhaltung des Friedens, doch rät er dem König gleichzeitig, sich stets zu mäßigen und die Frage nach der Gerechtigkeit auch kritisch gegen sich selbst zu wenden. Die Texte lassen den Traum des Prinzenerziehers erkennen, einen *roi philosophe* auf den Thron Frankreichs zu bringen. ,,Suche deinen Ruhm darin, das goldene Zeitalter zu erneuern . . . Liebe die Völker . . . Meide Verweichlichung, Luxus und Verschwendung . . . Fürchte die Götter", ruft die scheidende Pallas Athene ihrem Schützling Telemach zu. Es ist Fénelon, der es dem Prinzen Ludwig zuruft!

Mehrere moralpädagogische Methoden lassen sich in den Texten für den Prinzen erkennen: Das Verhalten von Personen in den erzählenden Texten wird wie selbstverständlich gewertet und gedeutet: ,,Sein Lachen (scl. Cupidos) war arglistig, spöttisch und grausam." Die auftretenden Personen ziehen fortwährend allgemeine Folgerungen aus den Ereignissen: ,,Krieg erschöpft einen Staat und bringt ihn stets in die Gefahr zugrunde zugehen, selbst wenn die größten Siege errungen werden." (Tel. XI, 320) Dabei finden sich die von Fénelon gebilligten Kommentare im Munde von sympathischen Personen, mit denen sich der Leser gerne identifiziert. Besonders Telemach selbst wird dem Prinzen zur Identifikation angeboten. Er ist zwar nicht fehlerfrei, aber allezeit lernbereit, und jede neue Erfahrung macht ihn weiser. Er ist bescheiden, für die Ermahnungen seines Ratgebers Mentor offen, tapfer, gewandt und großmütig. Seine Unternehmungen glücken ihm, weil er sie mit Bedacht durchführt. Wie andere Personen berichtet er gelegentlich von eigenen Fehlern und Besserungsvorsätzen. Doch auch abschreckende Beispiele, besonders schlechte Könige, treten in den Texten auf: König Pygmalion von Tyrus ist Spielball seiner Maîtresse und muß wegen seiner Tyrannei und Habgier in ständiger Furcht gerade vor dem besseren Teil seiner Untertanen leben. Auf der Suche nach seinem Vater kommt Telemach auch durch den Tartarus und das Elysium und ist erstaunt darüber, dort mehr Könige zu treffen als hier. Kontrastierung und Überzeichnung der Guten und der Bösen werden als methodisches Stilmittel erkennbar. Das Pendant zur Identifikation ist die Verfremdung, die von Fénelon ebenfalls reichlich verwendet wird. Fabel XIII schildert ein Kind, das morgens schon schlechter Laune aufsteht und seine

Umgebung zu tyrannisieren versucht. In Fabel III weist Aristaios Virgil, den er im Totenreich trifft, darauf hin, daß einst ein Kind, das ihn übersetzen würde, Anteil an seinem Ruhm bekomme. Ein deutlich hervortretendes Mittel Fénelons ist die Wiederholung in Variationen. Über bestimmte Themen wie etwa die „Übel des Krieges" äußern sich verschiedene seiner Figuren und die gleiche Figur in verschiedenen Situationen gleichsinnig. Weiterhin läßt Fénelon etliche seiner Personen ständig die enge Verbindung von Tugend mit Glück und Untugend mit Unglück betonen: „Da gestand Idomeneus Mentor ein, nie eine so bewegende Freude empfunden zu haben wie die, geliebt zu werden und so viele Menschen glücklich zu machen." (Tel. X, 290)

Nicht nur, weil die bisher genannten Mittel in ihrer Häufung reichlich manipulatorisch klingen, sondern auch wegen ihrer Bedeutung für die Pädagogik Fénelons muß ein weiteres genannt werden, das man als Anregung zum Überdenken von Wertproblemen bezeichnen könnte: Im Bewußtsein des Lesers wird eine Spannung erzeugt. So vertreten etwa die Philosophen im *Abrégé* eine Vielfalt gegensätzlicher Auffassungen. An manchen Stellen des Telemach finden Streitgespräche über ethische Fragen statt, beispielsweise darüber, ob Lügen prinzipiell unsittlich seien oder nur dann, wenn sie jemandem schaden (Tel. III, 115). In den *Dialogues* stehen die Gesprächspartner einander oft mit Vorwürfen gegenüber, gegen die sie sich vielfach unter Berufung auf ethische Grundsätze verteidigen. Die Auseinandersetzungen finden durchwegs in einem die Phantasie ungemein anregenden Rahmen statt. Nicht zuletzt motivieren die Utopien im Telemach zu engagiertem Durchdenken sozialer und politischer Reformmöglichkeiten.

III.

Kaum ein französischer Autor erlangte im Ausland vor Voltaire eine solche Breitenwirkung wie der Erzbischof von Cambrai.[6] *De l'éducation des filles* kam bis 1820 allein in französischer Sprache etwa dreißigmal heraus, *Télémaque* erlebte bis zum gleichen Jahr nicht weniger als 240 französische Auflagen.[7] Dazu kommen noch zahlreiche Ausgaben in fast allen wichtigeren europäischen Sprachen. Die Schrift über Mädchenerziehung wurde 1698 von *August Hermann Francke* ins Deutsche übersetzt. Die erste deutsche Übersetzung des Telemach erschien 1700. Sein Originaltext wurde in Deutschland weithin als Grundlage des französischen Sprachunterrichts verwendet. Selbst für den Latein- und Italienischunterricht dienten in Deutschland gelegentlich entsprechende Übersetzungen des Telemach. Kaum weniger wichtig ist die mittelbare Wirkung der pädagogischen Ideen Fénelons. Besonders Rousseau knüpfte an einigen Stellen deutlich an ihn an. Zum Ansehen des Pädagogen Fénelon trug nicht zuletzt seine Wertschätzung als homo politicus und homo religiosus bei. Der Antimachiavell Friedrichs II. von Preußen ist stark durch den Telemach beeinflußt. Theologische Schriften Fénelons wurden unabhängig von der Konfession der Leser geschätzt. Besonders unter dem Einfluß seiner Schriften konvertierte Friedrich Leopold Graf zu Stolberg zum Katholizismus. Der frühe Herder rechnet den „großen Fénelon“ zu den „Heiligen der Wissenschaft und der Menschheit“.[8]

Günter R. Schmidt

JOHN LOCKE

(1632–1704)

Men's Happiness or Misery is most part of their own making.
(Thoughts, § 1, 114)[1]

„Die Beiträge Lockes zu seinem Zeitalter waren zahlreich und vielfältig. In erster Linie brachte er die Menschen dazu, tiefer über Probleme nachzudenken, die vorher eher oberflächlich behandelt worden waren. Er zeigte die Unangemessenheit von mancherlei überlieferten Lehren auf. Er stellte Fragen, wo man vieles selbstverständlich wähnte ... Wenn man uns danach fragt, worin Lockes Hauptbeitrag zu seinem eigenen und zu folgenden Zeitaltern liegt, antworten wir am besten so: Seine Schriften sicherten für die Nachwelt die Fortschritte, welche die radikalsten und progressivsten Geister der Gesellschaft im 17. Jahrhundert gemacht hatten. Er festigte die vorgeschobenen Stellungen. Er nahm nicht alles hin, was seine radikalen Vorgänger gelehrt hatten ... Aber, was er als lebenskräftig und bedeutend erkannte, bewahrte er, und seine Darstellung nahm das Ohr der Öffentlichkeit so völlig gefangen, daß ihn weder seine Zeitgenossen noch viele folgende Generationen ignorieren konnten. Die Werke Lockes beherrschten das englische Denken in der ersten Hälfte des 18. Jahrhunderts, und fast genau so groß war sein Einfluß in Amerika und Frankreich."[2]

Diese Aussagen beziehen sich auf Lockes Einfluß im allgemeinen. Sie gelten aber auch für seine Wirkung auf die pädagogische Theorie und Praxis. Ähnlich Montaigne war er von Bewunderung gegenüber dem Erziehungsverhalten seines Vaters erfüllt und nahm manchen von dessen rückblickend erschlossenen pädagogischen Grundsätzen in seine Erziehungslehre auf. Wie viele pädagogische Schriftsteller verarbeitete er eigene biographische Erfahrungen als Erzogener, um sie für seine Erziehungslehre zu verwenden.

I.

John Locke wurde am 29. August 1632 in Wrington, einem Dorf in der Grafschaft Somerset, geboren. Seine Eltern stammten aus der gewerbetreibenden und zum Puritanismus neigenden Kleinbürgerschicht. Sein Vater, der ebenfalls John hieß, war Rechtsanwalt und Sekretär der Friedensrichter von Somerset. Er verhielt sich dem Knaben gegenüber zunächst streng und distanziert, zog ihn dann aber immer mehr ins Vertrauen, so daß sich im Laufe der Zeit ein freundschaftliches Verhältnis entwickelte. Diese Methode der fortschreitenden Lockerung anfänglicher Strenge wurde später von seinem Sohn ausdrücklich empfohlen: „Ich habe zwar die Strenge der väterlichen Augenbrauen und die Ehrfurcht, die sich dadurch in den Kindern in jungen Jahren festsetzt, als das wichtigste Mittel genannt, durch das ihre Erziehung bewerkstelligt werden soll. Doch bin ich weit entfernt von der Vorstellung, es sei dauernd beizubehalten ... Ich meine im Gegenteil, es solle in dem Maße gelockert *(relaxed)* werden, wie ihr Alter, Verstand und Wohlverhalten dies zulassen, sogar so weit, daß der Vater gut daran tut, mit seinem Sohn im Laufe des Wachstums seiner Fähigkeiten *vertraulich zu reden,*[3] ja *ihn um Rat zu fragen und an seinen Überlegungen zu beteiligen,* soweit dies seinem Wissen und Verstand entspricht. Dies bringt für den Vater zwei wichtige Vorteile. Der eine besteht darin, daß auf diese Weise eher ernsthafte Erwägungen in die Gedankenwelt des Sohnes Eingang finden als durch Regeln und Ratschläge, die er ihm geben mag. Je eher Sie ihn *als einen Mann behandeln,* desto eher wird er einer ... Eine andere, noch wichtigere Folge ... wird *seine Freundschaft* sein ... Nichts stärkt und festigt Freundschaft und Gutwilligkeit so sehr wie *vertrauensvoller Austausch*[3] *(confident communication)* über gemeinsame Belange und Angelegenheiten." (§ 95, 201 f)

Ob John als Kind eine Schule besuchte oder zu Hause von den Eltern unterrichtet wurde, ist nicht mehr festzustellen. Immerhin läßt sich fragen, inwieweit seine spätere Empfehlung häuslichen Unterrichts durch eigene angenehme Erfahrungen bestimmt ist.[4]

Sein Vater vertrat mit Nachdruck die Volkssouveränität, die durch ein gewähltes Parlament zur Geltung gebracht wird. Auch die politische Grundhaltung des jüngeren John Locke läßt sich bis zu der des älteren zurückverfolgen. Während des Bürgerkrieges kämpfte dieser auf der Seite des Parlaments. Als nach dessen Sieg die *Westminster School* unter seinen Einfluß kam, erlangte dort der streitbare Rechtsanwalt einen Platz für seinen Sohn. Dem Stil der Zeit entsprechend wurde auch an dieser angesehensten englischen Schule strenge Disziplin durch Stock- und Peitschenhiebe durchgesetzt. Wichtigstes Lehrgebiet waren die drei alten Sprachen, die durch Lektüre und endlose Grammatikübungen gelernt wurden. Wichtige Tendenzen der späteren Erziehungslehre Lockes wurden kontrastiv durch seine Erfahrungen während der Zeit in Westminster von 1647 bis 1652 bestimmt: Milde und weitgehender Verzicht auf körperliche Züchtigung, geringere Betonung der alten Sprachen und der Lerninhalte ganz allgemein, natürlichere Methoden des Sprachunterrichts, Bevorzugung der Erziehung durch Hauslehrer gegenüber der Schule, negative Bewertung des Einflusses der Gleichaltrigen. Obwohl ihm die Schule atmosphärisch wenig zusagte, war Locke ein ehrgeiziger und erfolgreicher Schüler und gehörte zur Zahl derer, die für den Übergang an die Universität Oxford ausgewählt wurden.

Die Jahre bis zum Grad des *Bachelor of Arts,* den Locke 1656 erwarb, waren sowohl der Zeiteinteilung als auch den Lerninhalten nach streng reglementiert. Der Tag begann um 5.00 Uhr mit einem Gottesdienst, die Studien bestanden hauptsächlich aus klassischen Sprachen, Logik und Metaphysik. Erst nach dem Erwerb des B. A. war der Studierende in höherem Maße für sich selbst verantwortlich. Locke fand dennoch die Zeit, auch naturwissenschaftlichen und medizinischen Interessen nachzugehen. Nachdem er 1658 *Master of Arts* und zwei Jahre später Lektor für Griechisch geworden war, begann er auch eigene pädagogische Erfahrungen zu sammeln.

Als Tutor war er nicht nur für das akademische Fortkommen einer Gruppe von etwa 20 Studenten zwischen 13 und 18 Jahren verantwortlich, sondern *in loco parentis* auch für ihre private Lebensführung. Die teilweise erhaltene Korrespondenz läßt auf die Beliebtheit Lockes bei den Studenten und ihren Eltern schließen.

Ab 1666 datiert die Verbindung Lockes mit Anthony Ashley Cooper, dem ersten Earl von Shaftesbury, in dessen Haus er zeitweilig lebte und dem er als Berater in medizinischen, pädagogischen, politischen, ökonomischen und kirchlichen Angelegenheiten beistand. Auf die Erziehung seines Enkels, des späteren Moralphilosophen gleichen Namens, wirkte er vielfach unmittelbar ein.

Wegen eines Asthmaleidens hielt sich Locke von 1675 bis 1678 in Frankreich auf, wo er auch als Tutor eines jüngeren Adeligen besonders auf dessen Bildungsreisen fungierte. Nach der Flucht Shaftesbury's nach Holland im Jahre 1682 wurde auch Lockes Lage heikel. Einer eventuell drohenden Verhaftung entzog er sich ebenfalls durch die Flucht nach Holland. Im holländischen Exil entstand Lockes philosophisches Hauptwerk *An Essay concerning Human Understanding.* Die Briefe über Erziehung, die er von dort aus an ein befreundetes Ehepaar, Edward und Mary Clarke, schrieb, bildeten die Grundlage seines 1693 veröffentlichten pädagogischen Werkes *Some Thoughts concerning Education.*

Nach der *Glorious Revolution* von 1688 konnte Locke wie andere Emigranten nach England zurückkehren. Aus gesundheitlichen Gründen lehnte er Angebote von wichtigen Ämtern ab und beschränkte sich zunächst auf die Beratung einflußreicher politischer Gesinnungsfreunde. Wegen seiner asthmatischen Beschwerden nahm er in dem zwanzig Meilen von London entfernten Oates bei Freunden Wohnung, wo er die letzten dreizehn Jahre seines Lebens verbrachte. Diese waren angefüllt mit theologischen Kontroversen, gelehrten Kontakten u. a. mit Isaac Newton und beratenden Einwirkungen auf politische und ökonomische Maßnahmen der Regierung. Auch zu pädagogischen Fragen wurde von verschiedenen Seiten immer wieder seine Meinung eingeholt. Als er 1704 starb, war er längst ein in ganz Europa bekannter und geschätzter Schriftsteller.

John Locke achtete sehr auf Ordnung in seinem inneren und äußeren Leben. Er war starker Zuneigung fähig, ließ aber sonst nicht gerne Gemütsbewegun-

John Locke (1632–1704)

gen in sich aufkommen und war von einer echten, jedoch nüchternen Frömmigkeit erfüllt. Einem entfernten Verwandten hinterließ er ein nicht unbeträchtliches Vermögen. Seine gelehrten Interessen richteten sich auf sämtliche Wissensgebiete seiner Zeit. In der englischen Art des *understatement* stellt seine von ihm selbst verfaßte Grabinschrift fest, er habe „mit seiner Mittelmäßigkeit zufrieden gelebt" – *mediocritate sua contentum se vixisse.*

II.

Neben seinen pädagogischen Schriften umfassen die Werke Lockes Beiträge zur Erkenntnistheorie, Politik, Ökonomie und Theologie, von denen die wichtigsten wegen der Einbettung seiner Erziehungsauffassungen in diese weiteren Zusammenhänge kurz zu charakterisieren sind.

Als bedeutendste Schrift Lockes gilt seine erkenntnistheoretische Abhandlung *An Essay concerning Human Understanding* (1689). Bemühung um Erkenntnis setzt nach Locke zunächst Klarheit über ihre Möglichkeiten voraus. Als Ziel seines Essays nennt er bescheiden *removing some of the rubbish that lies in the way of knowledge.*[5] Er vertritt die Position des Repräsentationalismus sowie im Sinne der Leugnung „eingeborener Ideen" einen entschiedenen, jedoch nicht einseitig sensualistischen Empirismus und nimmt wichtige Einsichten der analytisch-linguistischen Philosophie vorweg. Die „Dinge" sind uns nicht unmittelbar gegeben, sondern in unserem Bewußtsein *(mind)* als „Vorstellungen" *(ideas)* repräsentiert, welche die Gegenstände aller geistigen Tätigkeit bilden. Sie sind sämtlich auf sinnliche *(sensation)* und innere *(reflection)* Wahrnehmung zurückzuführen. Locke entwickelt die inneren Handlungen, die sich auf die Vorstellungen richten, und die verschiedenen Arten von Vorstellungen. Eine Theorie der Sprachzeichen *(signs, words)* legt er im dritten Buch vor. Das vierte Buch behandelt die Reichweite und die Gewißheitsgrade des Denkens. Hier legt Locke besonderen Wert auf die Einsicht, daß weithin, besonders in der Naturforschung, nur *probability,* nicht jedoch *knowledge* zu erreichen sei.

Die Schrift *The Conduct of the Understanding* (1697) setzt die Einsichten des Essays in Anweisungen zum richtigen Denken um. Die pädagogischen Implikationen auf fast jeder Seite beider Schriften werden selbst bei nur oberflächlicher Lektüre sofort deutlich und sind in ihrer ganzen Reichhaltigkeit in den pädagogischen Arbeiten Lockes nicht vollständig entfaltet worden. Zur Illustration des Zusammenhangs zwischen Erkenntnistheorie (einschließlich Denkpsychologie und Sprachphilosophie im heutigen Sinne) und Pädagogik bei Locke seien kurz einige pädagogische Folgerungen aus seinen epistemologischen Auffassungen angeführt, die er explizit auch selbst zieht.[6]

„Lassen Sie dies Ihre Hauptsorge sein", schreibt er an seinen Freund Molyneux 1696, „den Kopf Ihres Sohnes mit klaren und deutlichen Vorstellungen *(ideas)* zu füllen, und lehren Sie ihn bei allen Gelegenheiten sowohl durch Übung als auch durch Regeln, solche zu erlangen und wie nötig dies ist." Die

Beschäftigung Lockes mit formalen Denkabläufen als solchen läßt verständlich werden, warum ihn später Vertreter formaler Bildungstheorien *(formal discipline)* im Sinne der relativ inhaltsunabhängigen Schulbarkeit des Denkens als einen der Ihren ansehen konnten. Dies allerdings zu Unrecht! Denn Locke verlangt, das Denken an mannigfaltigen Inhalten zu schulen, weil sich die in einem Inhaltsbereich erworbene Denkfähigkeit nicht ohne weiteres auch in einem anderen bewähre: „Es ist nicht die Aufgabe der Erziehung ... sie (scl. die Aufwachsenden) in irgendeiner Wissenschaft zu vervollkommnen, sondern ihr Denken *(mind)* so zu öffnen und zu ordnen *(dispose)*, daß sie für eine jede, wenn sie sich ihr widmen, aufnahmefähig werden. Wenn man lange an nur eine Art oder Weise des Denkens gewöhnt ist, versteift sich das Denkvermögen *(mind)* darin und wendet sich nicht bereitwillig einer anderen zu. Damit sie also diese Freiheit erlangen, sollte man sie in allerlei Wissensarten *(sorts of knowledge)* Einblick nehmen und ihr Verstehen in einer großen Vielfalt und einem großen Reichtum von Kenntnissen üben lassen. Aber es geht mir dabei nicht um Vielfalt und Reichtum der Kenntnisse, sondern um Vielfalt und Freiheit des Denkens, um ein Anwachsen der Kräfte und Tätigkeiten des Geistes, nicht um eine Erweiterung seiner Besitztümer."[7]

Eine weitere Folgerung Lockes aus seiner Denkpsychologie besteht in der Betonung der Gewohnheitsbildung *(formation of habits)*. Dabei hat er nicht nur entlastende Automatismen des äußeren Verhaltens, sondern auch solche des Denkens im Auge, wie sie etwa in der Verwendung richtiger grammatikalischer Muster in Fremdsprachen ohne begleitendes Konstruieren nach Regeln bestehen. Wie schon ein Jahrhundert vorher Montaigne oder einige Jahrzehnte vorher Comenius tritt er für das Lateinlernen durch Gebrauch nach Art der Muttersprache (direkte Methode) ein. Hinsichtlich der Anwendung von Zwang und Strafen zieht er eine wichtige Folgerung aus seiner Psychologie der Ideenassoziationen, nach welcher eine *idea*, die häufig in Verbindung mit einer anderen erfahren wird, die Eigenschaft entwickelt, bei ihrem Auftreten sofort die andere nach sich zu ziehen, und gibt die Folgen einer Assoziation von *learning* und *displeasure* im Geiste eines Kindes zu bedenken. Damit erlangt das Motivationsproblem zentrale Bedeutung. Locke geht davon aus, „daß Kinder höchst ungern untätig sind. Damit ist nur darauf zu achten, daß ihre geschäftige Gemütsart *(busie humour)* auf etwas für sie selbst Nützliches gelenkt wird" (§ 129, 236).

Ebenfalls 1689 veröffentlichte Locke seine *Two Treatises of Government*, deren Einfluß auf die Entwicklung politischer Theorie und Praxis kaum zu überschätzen ist. Er legt darin dar, politische Macht leite sich von einem Vertrag *(contract, compact)* zwischen ursprünglich freien Individuen her, die *for their good and the preservation of their property*[8] einen Teil ihrer natürlichen *power* an die Gesamtheit „abgeben". Eigentum ist nach Locke die Verfügungsgewalt über die eigene Person und die Ergebnisse eigener Arbeit. Da politische Macht auf Delegation beruht, ist sie nur so lange legitim, wie die „Zustimmung" *(consent)* der Regierten vorausgesetzt werden kann. Von besonderem pädagogischem Interesse sind Lockes Bemerkungen zur „väterlichen Gewalt". Danach „gründet sich die Freiheit eines Menschen nach seinem eigenem Willen zu handeln *on his having reason*".[9] Würde er vor dem Vernunftbesitz sich selbst überlassen, so würde er *wretched*. Daher muß die elterliche „Autorität" zum Wohl des Kindes, bis es seine Verstandeskräfte erlangt hat, vertretungsweise seine Leitung übernehmen.

Auch die religiösen Überzeugungen Lockes sind von großer Bedeutung für seine Pädagogik. Seine wichtigsten theologischen Schriften sind die *Epistola de Tolerantia (ebenfalls 1689)* und *The Reasonableness of Christianity, as delivered in the Scriptures* (1695). Locke versucht die Streitigkeiten zwischen den verschiedenen christlichen Gruppierungen seiner Zeit durch Rückführung des Christentums auf einige wenige Grundüberzeugungen gegenstandslos zu machen. Dazu gehören für ihn die Schöpfung und die Vorsehung Gottes, der Wille Gottes als Grundlage der Moral, die Messianität Jesu, das ewige Leben. Kirchen sind für Locke freiwillige Zusammenschlüsse von Gläubigen. Der Staat ist für religiöse Überzeugungen nur insoweit zuständig, als sie das Verhalten der Bürger beeinflussen. Daher kann er beispielsweise Atheisten „keinesfalls dulden" *(nullo modo tolerandi sunt)*,[10] weil sie mit ihrem religiösen Fundament auch die Moral selbst zerstören.

Welche pädagogischen Folgerungen sich aus dieser theologischen Position ergeben, liegt auf der Hand: Religiöse Erziehung kommt im Zusammenhang moralpädagogischer Überlegungen in den Blick. *„Tugend*[3] ist für mich die erste und wichtigste Ausstattung, die zu einem Mann oder einem Gentleman gehört. Sie ist unbedingt erforderlich, damit er von anderen geschätzt und geliebt wird und für sich selbst annehmbar und erträglich ist. Ohne sie wird er meiner Meinung nach weder in dieser noch der anderen Welt glücklich sein können". (§ 135 f, 241 f)

„Als Grundlage dafür sollte seinem Geist recht frühzeitig ein wahrer Begriff von *Gott (a true notion of God)* als dem unabhängigen und höchsten Wesen, dem Urheber und Schöpfer aller Dinge eingeprägt werden, von dem wir alles Gute empfangen, der uns liebt und uns alles schenkt. Dementsprechend flöße man ihm Liebe und Verehrung für dieses höchste Wesen ein. Dies ist für den Anfang genug. Man gehe nicht weiter, ... damit sein Kopf nicht mit falschen, verworrenen oder unverständlichen Vorstellungen von ihm erfüllt wird ... Ich neige zu der Auffassung, daß es der Religion, dem Wissen und der Tugend der Kinder mehr nützt, sie morgens und abends in der Form einfacher und kurzer Gebete, die ihrem Alter und Fassungsvermögen angemessen sind, zur Andacht *(acts of Devotion)* zu Gott als ihrem Schöpfer, Erhalter und Wohltäter anzuhalten, als ihr Denken durch neugierige Untersuchungen über sein unergründliches Sein und Wesen abzulenken." (§ 135 f, 241 f)

Eine umfassende Darstellung seines pädagogischen Denkens versucht Locke in dem Buch *Some Thoughts concerning Education* (1693). Es wendet sich an einen weiteren Leserkreis von Gentlemen, ihren Frauen sowie von ihnen beschäftigten häuslichen Erziehern *(tutors, governours)* und zeichnet sich mehr noch als andere Schriften Lockes durch eine klare und für jedermann verständliche Sprache aus. Auf das Bestreben, eine möglichst große Zahl von Lesern zu erreichen und auf ihr tägliches Erziehungsverhalten unmittelbar Einfluß zu gewinnen, dürfte es zurückzuführen sein, daß Locke seine pädagogischen Gedanken nicht überall in dem ihm möglichen Maße ausdifferenziert, sondern sich auf einem mittleren Argumentationsniveau hält. Ein weiterer Grund dürfte darin liegen, daß Pädagogik nur eines seiner vielen Interessenfelder war, dem er keineswegs sein Hauptaugenmerk zuwandte. Das Buch gliedert sich in seiner letzten Fassung in 216 Paragraphen von der durchschnittlichen Länge einer Druckseite, von denen die meisten in sich geschlossene Sinneinheiten darstellen. Sie sind lose, an manchen Stellen assoziativ aneinandergereiht. Dennoch läßt das Buch schwerpunktartig folgende Gliederung erkennen: Sorge für die Gesundheit des Kindes – Erziehungsmaßnahmen, die sich auf bestimmte Eigenschaften und Verhaltensweisen der Kinder richten – allgemeine Erziehungsziele – Lerninhalte.

An mehreren Stellen seiner Schrift hebt Locke hervor, daß er nicht so sehr über Erziehung allgemein wie über die Erziehung eines Gentleman, also eines Angehörigen des niederen Adels unterhalb des Stands eines Barons, schreibe. Er macht kein Hehl daraus, daß er diese Schicht als für Gegenwart und Zukunft des Landes besonders wichtig ansieht: „Doch am meisten Sorgfalt verdient die Berufung des *Gentleman*. Denn wenn erst die Angehörigen dieses Standes durch ihre Erziehung zurechtgebracht sind, werden sie schnell bei allen übrigen Ordnung herstellen.“ (Widmungsschreiben, 112f) Ganz allgemein schätzt Locke die Bedeutung der Erziehung sehr hoch ein: „. . . daß von allen Menschen, die wir antreffen, neun von zehn durch Erziehung das sind, was sie sind, gut oder schlecht, nützlich oder unnütz. Sie macht die großen Unterschiede unter den Menschen. Die kleinen und fast unmerklichen Eindrücke auf unsere zarte Kindheit haben wichtige und bleibende Folgen.“ (§ 1, 114)

Als Arzt widmet Locke der Gesundheit der Kinder besondere Aufmerksamkeit und warnt besonders vor Verweichlichung: „Die Gentlemen sollten es mit ihren Kindern halten wie die ehrbaren Bauern und die vermögenden Freisassen *(yeomen)* . . . Die körperliche Verfassung der meisten Kinder wird entweder verdorben oder mindestens geschädigt durch Verhätscheln und Verzärteln.“ (§ 4, 115f) Locke empfiehlt Abhärtung durch kalte Bäder, Spielen im Freien und leichte Kleidung. Medizin soll so wenig wie möglich verabreicht werden. Die Eltern sollen darauf achten, daß die Kinder nur einfache Kost erhalten, genug schlafen und regelmäßig Stuhlgang haben.

Der dann folgende Abschnitt, der von konkreten Eigenschaften und Verhaltensweisen der Kinder und den darauf bezogenen Erziehungsmaßnahmen handelt, läßt ein Einfühlungsvermögen erkennen, das man in solchem Maße „einem alten Junggesellen“, wie Locke sich in einem Brief selbst bezeichnet, nur schwer zutraut. Seine anschauliche Behandlung so vielfältiger Themen wie „Affektiertheit“, „Manieren“, „Tanzen“, „Strafen“, „Zwang“, „Eigensinn", ,,Schelten", ,,Vertraulichkeit", ,,Ehrfurcht", ,,Temperament", ,,Erholung", ,,Freigiebigkeit", ,,Gerechtigkeit", ,,Heulen", ,,Mut" u.a. wird durch einige wichtige Grundsätze bestimmt, wie sie die Stichworte ,,Tugend", ,,Gewohnheit" und Motivation ausdrücken.

,,Es scheint mir offenkundig", sagt Locke von seinem stoischen Tugendbegriff her, ,,daß das Prinzip aller Tugend *(vertue)* und Vortrefflichkeit *(excellency)* in der Kraft liegt, uns die Befriedigung unserer Wünsche zu versagen, wo die Vernunft sie nicht für rechtens erklärt. Diese Kraft muß durch Gewohnheit *(custom)* erlangt und verstärkt werden und durch *frühe* Übung leicht und vertraut. Wenn man deshalb auf mich hören wollte, würde ich raten, daß im Gegensatz zum Üblichen die Kinder *sogar schon von der Wiege an* daran gewöhnt werden sollen, ihre Begierden zu unterdrücken und mit ihren Wünschen leer auszugehen. Das erste, was sie lernen müßten, besteht darin, daß sie nicht etwas bekommen sollen, weil es ihnen gefällt, sondern weil es als ihnen zukommend *(fit for them)* angesehen wird." (§ 38, 143) Locke unterscheidet ,,natürliche Wünsche und Bedürfnisse" *(wants of nature)* von *,,eingebildeten"* (*wants of fancy;* § 107, 208) und geht selbstverständlich davon aus, daß für die ersteren gesorgt werden muß. Er hält Verwöhnung für verhängnisvoll und will ihr möglichst früh vorbeugen. Bei den vielen Mahnungen in seinem Buch, man müsse ,,mit Kindern zart umgehen", braucht er sich nicht gegen den Vorwurf zu verteidigen, er erwarte von ihnen ,,die Vernünftigkeit und das Verhalten von Staatsräten". Mit seiner Auffassung, die Unterordnung der Affekte unter die Vernunft müsse frühzeitig gelernt werden, hängt seine Forderung nach völligem Gehorsam der Kinder gegenüber den Eltern zusammen: Sie vertreten für ihn das vernünftige Denken *(judgment)*. Mit ihrer Hilfe soll das Kind den Gehorsam der Affekte gegenüber der Vernunft schon lernen, bevor es über diese überhaupt verfügt. Damit dieser Gehorsam als *habit* ,,in die Grundstrukturen seines Wesens eingewoben" (*woven into the very Principles of his Nature;* § 42, 146) wird, muß mit der Einübung frühzeitig begonnen werden. Jedoch verlangt Locke keinen blinden Gehorsam. Die erzieherische Forderung soll begleitet sein von *Reasoning ... suited to the Child's capacity and Apprehension* (§ 81, 181). In dem Maße, wie sich das eigene Denkvermögen der Kinder ausbildet *(as they grow up to the Use of Reason)*, will Locke Gehorsamsforderungen des Erziehers ,,sachte gelockert" *(gently relaxed)* sehen.

Die zu seiner Zeit gegen Kinder weithin üblichen harten Disziplinierungsmethoden wie Peitschen- und Stockhiebe lehnt er ab. Denn sie legen das Kind auf sinnliche Motive fest, von denen es im Sinne von *vertue* gerade unabhängig werden soll, und fördern ein *slavish temper.* Ebenso wendet er sich gegen unmittelbare Belohnungen mit Süßigkeiten, Spielzeug und dergleichen, weil sie die Billigung von Wünschen einschließen, gegenüber denen der Zögling gerade ein gewisses Maß an Distanz und Freiheit erreichen sollte. Stattdessen empfiehlt er als soziale Folgen ,,Wertschätzung" *(esteem)* oder ,,Schande" und demonstrative Geringschätzung *(disgrace),* freilich nicht als unmittelbare Lust- oder Unlustfolgen, sondern eher als erfahrbare Veränderung der Atmosphäre.

Nur bei offensichtlicher, hartnäckiger Böswilligkeit *(obstinacy, stubbornness, refractoriness, perverseness)* fordert Locke körperliche Züchtigung.

Die Bildung von Gewohnheiten ist für Locke von zentraler Bedeutung: *The great Thing in Education is, what Habits you settle.* Er betont besonders die Funktion der Gewohnheiten, Denken und Gedächtnis zu entlasten: ,,*Habits ... being once established, operate of themselves easily and naturally, without the Assistence of Memory*" (§ 66, 158). Übung macht Ermahnung als Erinnerung an Regeln und Vorschriften überflüssig.

An vielen Stellen wird deutlich, wie sehr es Locke darauf ankommt, daß im Umgang mit Kindern die Heiterkeit nicht getrübt wird. Einmal ist seinen Worten die Freude daran abzuspüren, zum anderen erscheint sie ihm als das Potential der Lernmotivation: ,,Diese heitere Aufgelegtheit zum Spielen *(gamesome humour)*, die von der Natur ihrem Alter und ihrer Wesensart so weise angepaßt ist, sollte ... man fördern, damit ihre Lebensgeister frisch erhalten und ihre Kraft und Gesundheit gestärkt, statt eingeengt und beschränkt werden: Ja, die wichtigste Kunst besteht darin, alles, was sie tun müssen, für sie auch zu Vergnügen und Spiel *(sport and play)* werden zu lassen." (§ 63, 157) ,,Nichts, was sie lernen sollen, darf man für sie zu einer Last machen oder als Pflicht auferlegen. Was immer so an sie herankommt, wird zum Verdruß." (§ 73, 172) Locke geht sogar so weit, zu verlangen, bestimmte Lernaufgaben sollten immer nur dann an das Kind herangetragen werden, wenn es in der entsprechenden Stimmung *(in tune)* sei. Auch an dieser Stelle wird deutlich, daß er von der Verfügbarkeit eines Hauslehrers ausgeht, auf dessen Schilderung er acht Paragraphen verwendet. Da Locke die Wirkung unbewußten Lernens am Modell sehr hoch einschätzt, ist es ihm wichtig, daß der *Tutor* oder *Gouvernour* selbst ,,all the particulars of an English Gentleman's Behaviour" aufweise. Deshalb dürfe der künftige Gentlemen nicht den schlechten Beispielen in einer Internatsschule ausgesetzt werden, wo er nur *malapertness, tricking* und *violence* lerne und seine *vertue* gefährde.

Als allgemeine Erziehungsziele nennt Locke, abgestuft nach dem Gewicht, das er ihnen beimißt, *vertue, wisdom, good breeding* und *learning* (§ 135ff, 241ff).

Die ,,Grundlagen der Tugend" sieht er, wie erwähnt, ,,in einem wahren Begriff von Gott, wie ihn das Credo weise lehrt", und in der Gewöhnung an das Gebet, ihre wichtigsten Ausfaltungen in ,,Gutmütigkeit" *(to be good natur'd)* und ,,Wahrhaftigkeit" *(speaking of Truth)*.

Wisdom ist nicht mit dem pathetischen Begriff der Weisheit zu übersetzen, sondern mit ,,Lebensklugheit". Locke versteht darunter, ,,dem verbreiteten Verständnis folgend, eines Mannes geschickte und voraussschauende Führung seiner Geschäfte in dieser Welt" *(a Man's managing his business ablely, and with foresight in this world)*, wobei ,,Geschäfte" in dem weiteren Sinne zu nehmen ist, den dieses Wort im Deutschen früher gehabt hat. Unmittelbare Erziehungsmaßnahmen, die zu *wisdom* führen, gibt es nach Locke nicht, da sie nur durch Erfahrung zu gewinnen ist. Sie wird jedoch vorbereitet durch Erziehung zur ,,Tugend", indem man die Aufwachsenden ,,an Wahrhaftigkeit und

Aufrichtigkeit, Unterordnung unter die Vernunft und, so weit wie möglich, an das Überdenken ihres eigenen Handelns gewöhnt".

Als „nächste gute Eigenschaft, die zu einem *Gentleman* gehört", nennt Locke *good breeding,* „Wohlerzogenheit", „Lebensart", die er besonders feinsinnig analysiert. *Good breeding* verdeutlicht er an seinem Gegensatz *ill breeding,* das als „verschämte Schüchternheit" *(sheepisch bashfulness)* auf der einen Seite, als „ungeziemliche Nachlässigkeit und Achtlosigkeit" *(mis-becoming negligence and disrespect)* auf der anderen auftritt. Beide sind durch die Regel zu vermeiden, „weder von uns selbst noch von anderen abschätzig *(meanly)* zu denken". „Wer es versteht, diejenigen, mit denen er umgeht, sich wohl *(easie)* fühlen zu lassen, ohne daß er sich zu niedriger und knechtischer Schmeichelei herabläßt, hat die wahre Kunst, in dieser Welt zu leben und überall willkommen und geschätzt zu sein, gefunden." Diese Lebensart wird nach Locke weniger durch einzelne gewollte pädagogische Maßnahmen gefördert als dadurch daß die Eltern ihre Kinder in kultivierte Geselligkeit einbeziehen.

An letzter Stelle seiner allgemeineren Ziele spricht Locke von *Learning.* Er rechnet selbst mit einem Erstaunen seiner Leser darüber, daß er als „Büchermensch" *(bookish man)* offensichtlich Kenntnissen und intellektuellen Fähigkeiten bei einem *Gentleman* geringere Bedeutung beimesse als den vorher genannten Merkmalen. Lernen ist für ihn notwendig, soweit es wichtigeren Eigenschaften dienlich ist *(subservient to greater qualities).* Wichtiger als die Anreicherung von Wissen ist die Liebe dazu: „Sein Hauslehrer sollte daran denken, daß seine Aufgabe nicht so sehr darin besteht, ihn alles Wißbare zu lehren, sondern Liebe und Hochschätzung von Wissen in ihm zu fördern, ihn auf den richtigen Weg dazu zu führen, selbst Wissen zu erwerben und zu mehren, wenn ihm danach zumute ist." (§ 195, 307) Deshalb nimmt Locke auch die „Neugierde" *(curiosity)* ausdrücklich von seiner Forderung nach Beherrschung der Affekte aus: „Neugierde ist in den Kindern nur ein Verlangen *(appetite)* nach Wissen und sollte deshalb in ihnen nicht nur als ein gutes Zeichen gefördert werden, sondern als das großartige Mittel *(great instrument),* das die Natur bereitgestellt hat, um die Unwissenheit, mit der sie geboren werden und durch die sie ohne diesen Forschungsdrang *(inquisitiveness)* zu nutzlosen Geschöpfen würden, zu beseitigen." (§ 118, 228) Das Erlernen von Methoden des Kenntniserwerbs rangiert bei Locke weit vor der Aneignung von Einzelinhalten (§ 195, 310). Für die Arbeit in den verschiedenen Inhaltsbereichen macht er viele praktische Vorschläge, die alle auf Förderung der Lernmotivation durch Vergnügen und Erfolgserfahrungen abzielen: „Während sie lernen und mit großer Aufmerksamkeit dabei sind, muß man sie bei guter Laune halten und ihnen alles so leicht und angenehm wie möglich machen." (§ 167, 272)

Massive Kritik übt Locke am Fremdsprachenunterricht seiner Zeit. Er wendet sich einmal gegen die übertriebene Hochschätzung der Fremdsprachen vor anderen Lerninhalten, zum anderen gegen die Betonung der Grammatik in den alten Sprachen. Sie sollen wie die lebenden Sprachen durch den Gebrauch in Konversation und Lektüre eingeübt werden. Für Anfänger schlägt er einfache Texte wie Aesops Fabeln mit interlinearen Übersetzungen vor. Übungen wie das Abfassen lateinischer Aufsätze, Reden und Gedichte hält er für sinnlos. Latein sieht er für jeden *Gentleman* als ,,unbedingt notwendig" an, Griechisch dagegen nur für Gelehrte. Dabei geht es ihm besonders um die Fähigkeit, antike und zeitgenössische lateinische Texte vorzugsweise ethischen, historischen und politischen Inhalts flüssig zu lesen. Gegenüber dem altsprachlichen Unterricht will Locke die mündliche und schriftliche Ausdrucksfähigkeit in der Muttersprache fördern. ,,Kaum etwas ist bei einem *Gentleman* ein größerer Mangel, als sich mündlich oder schriftlich nicht gut ausdrücken zu können." Als wertlose *formalities* betrachtet er die herkömmlich im Anschluß an Grammatik sehr betonten Fächer Logik und Rhetorik. Disputationsübungen scheinen ihm eher Streitsucht als Wahrheitsliebe zu fördern. Sehr viel Gewicht gibt er rechtlichen und rechtsgeschichtlichen Kenntnissen, weil jeder Gentleman in der Lage sein müsse, Staatsämter zu übernehmen. Wie sehr ein bestimmtes Leitbild des *Gentleman* bei seinen Überlegungen allgegenwärtig ist, und wie fern es ihm liegt, dieses selbst in Frage zu stellen, zeigt eine charakteristische Stelle, die von der Einführung in die Naturwissenschaften handelt: ,,Obwohl die Welt voller Systeme ist, kann ich doch nicht sagen, daß ich eines kenne, in dem der junge Mann als in einer Wissenschaft unterwiesen werden könnte, worin er sicher sein könnte, Wahrheit und Gewißheit zu finden,[11] die doch alle Wissenschaften erwarten lassen. Daraus folgere ich hier nicht, er solle sich nicht damit beschäftigen: In diesem gelehrten Zeitalter ist es für einen Gentleman notwendig, in einige davon Einblick zu nehmen, um sich für Gespräche bei gesellschaftlichen Anlässen zu rüsten" (*to fit himself for conversation;* § 193, 304). In der *Gentleman*-Erziehung gibt es für Locke keinen Eigenwert der Inhalte. Beachtlich ist seine Forderung, auch der künftige *Gentleman* solle ein Handwerk lernen, das Nützlichkeits- und Erholungswerte verbinde und von bloßem Zeitvertreib abhalte.

III.

Die Hauptschrift Lockes über Erziehung fand einen solchen Widerhall, daß sie zeitgenössische pädagogische Werke in England vielfach verdrängte. Durch das ganze 18. Jahrhundert wurde sie durchschnittlich alle 5 Jahre neu aufgelegt. Frühzeitig wurde sie in die wichtigsten europäischen Sprachen übersetzt, in denen auch immer wieder Neuauflagen erschienen: 1695 ins Französische, 1698 ins Niederländische, 1708 ins Deutsche und 1735 ins Italienische. Daß uns heute manche seiner Auffassungen nicht mehr als so sensationell anmuten, ist nicht zuetzt dem Einfluß Lockes selbst zuzuschreiben. Die Wirkungen auf die Pädagogik gingen nicht nur unmittelbar von seinen Schriften aus, sondern mittelbar auch von deren Rezeption durch andere Erziehungstheoretiker wie vor allem Rousseau.

Bei Locke findet das Ideal der *Gentleman*-Erziehung seinen klassischen Ausdruck. Dieses betraf zwar zu seiner Zeit nur etwa vier bis fünf Prozent der Bevölkerung Englands; doch kommt ihm als Vorbild für die im 18. Jahrhundert aufsteigenden und sich emanzipierenden Bürgerschichten ein weitaus größerer Geltungsbereich zu. Auch hat sich besonders die Internatserziehung von den Philanthropen des 18. bis zu den Landerziehungsheimen des 20. Jahrhunderts trotz Lockes beißender Kritik an den Internaten deutlich an seinem zugleich liberalen, weltmännischen und in Maßen asketischen Ideal orientiert.

Lockes Erziehungsgedanken beruhen auf durchdachten philosophischen, psychologischen und politiktheoretischen Grundlagen. Nicht zuletzt war es das Prestige des Philosophen, das auch zur Anerkennung des Pädagogen Locke beitrug. Ihm kommt ein wesentlicher Anteil an der Geschichte der „Entdeckung des Kindes" zu. Er gehört zu den Überwindern der Vorstellung von Unterricht als bloßem Vollstopfen des Kopfes mit Lernstoff. Alles Lehren wird von ihm auf die Entwicklung des Denkvermögens und der Einstellungen für die Anforderungen des Lebens bezogen.

Durch die freundliche, besonnene und klare Art seines Denkens vermag Locke auch noch auf heutige Leser unmittelbar pädagogisch zu wirken und sie zu ermutigen, *„to consult their own Reason . . . rather than wholly, to rely upon Old Custom."*[12]

Martin Rang

JEAN JACQUES ROUSSEAU

(1712–1778)

Kaum ein Autor des 18. Jahrhunderts hat das Gespräch über Erziehungsfragen so angeregt, ja erregt und als öffentlich weiterwirkende Diskussion überhaupt erst eigentlich in Gang gebracht wie der Genfer Schriftsteller und Kulturkritiker Jean Jacques Rousseau mit seinem Erziehungsroman *Emile ou de l'éducation* (1762). Mit ihm tritt ein neuartiges pädagogisches Denken ins allgemeine Bewußtsein: jedermann im lesenden Publikum scheint sich auf einmal betroffen zu fühlen von einem Erziehungsdenken, das sich nicht auf Stände und Traditionen, sondern auf den Menschen selbst bezieht, auf seine innere Natur, seine individuelle Erlebnisfähigkeit, seine eigenen Erfahrungen, Gefühle und Leidenschaften, vor allem aber auf die Stadien seines Lebensweges, auf Kindheit und Jugend als eigene Erlebnis- und Existenzweisen. Ein neuer Typus pädagogischen Verstehens – von den Lebenssituationen des einzelnen Kindes und seinen altersmäßigen Bedürfnissen, von der Biographie und ihren gesellschaftlichen Rahmenbedingungen aus – dringt nun erstmals mit solchem Aufsehen ins öffentliche Bewußtsein, daß noch Generationen von Pädagogen sich von den Anstößen dieser neuen Sichtweise in Anregung und Widerspruch betroffen sehen. Dabei war Rousseau selber trotz zeitweiliger Tätigkeit als Hauslehrer primär alles andere eher als ein Pädagoge: Philosoph und Visionär, Komponist und Musiktheoretiker, politischer Denker und Gesellschaftskritiker, „Anthropologe" (wenn man diesen Ausdruck hier avant la lettre gestattet); und sein aufsehenerregender Erziehungsroman ist von ihm eher als ein anthropologisches Exempel denn etwa als Erziehungsbuch für Mütter oder Hofmeister konzipiert worden. Von seiner Wirkung her bleibt er freilich gerade wegen seines neuartigen anthropologischen Ansatzes ein Meilenstein in der Geschichte der Pädagogik.

I. Leben und Werke

Jean Jacques Rousseau wurde am 28. Juni 1712 in Genf geboren. Vater und Mutter stammten aus eingesessenen Genfer Familien des Kleinbürgertums. Die Mutter starb kurz nach seiner Geburt. Dennoch hat Jean Jacques eine glückliche Kindheit gehabt, jedenfalls bis zu seinem 12. Lebensjahr. Er wurde von allen Angehörigen verwöhnt, vor allem von seinem Vater, der mit überzärtlicher Liebe an dem frühreifen Knaben hing. Nächtelang las er mit ihm sentimentale Romane und legte so den Grund zu jener überschwenglichen Empfindsamkeit und Einbildungskraft, die in dem großen Liebesroman *La Nouvelle Héloïse* (1759) ihren Triumph feiern sollte, über die aber der Pädagoge Rousseau um so strenger geurteilt hat. Vor allem aber erweckte der Vater in ihm das Interesse für die politische Theorie, die Begeisterung für den Patriotismus der antiken Republiken, für Sparta und das frühe Rom, und den Stolz, als Genfer Bürger ebenfalls einem solchen freien Staatswesen anzugehören. Neben dem Vater, dessen Erziehung wohltuend ergänzend, stand die Tante Suzanne, die ihrem Bruder den Haushalt führte und sich des Kindes mütterlich annahm. Von ihr, so schreibt Rousseau rückblickend in den *Confessions* (den „Bekenntnissen" 1766f), habe er seine Neigung zur Musik erhalten. So zeichnet sich schon in den gegensätzlichen Einflüssen der Kinderjahre jene Zweiheit der Ideale und Neigungen ab, die Rousseaus inneres Leben und literarisches Werk so überaus spannungsreich machen: die Begeisterung für die patriotische Tugend, das Interesse für die politischen Probleme einerseits und die Empfindsamkeit, der Hang zu einsamer Träumerei auf der anderen Seite. Beide Züge aber stehen in deutlichem Gegensatz zu dem Lebensstil, den Rousseau zeitlebens verachtet und verdammt hat: zur gesellschaftlichen Existenz des „homme du monde".

Die glückliche Kindheit nahm ein jähes Ende in den Jahren der frühen Pubertät, in denen Jean Jacques äußerlich und innerlich herunterkam. Der Vater mußte wegen eines Zusammenstoßes mit einem Genfer Patrizier fliehen; er hat sich dann im nahen Noyon niedergelassen, wo er sich wiederverheiratet und um den Sohn nicht mehr gekümmert hat. Dieser kam in die Lehre und in das Haus eines Genfer Kupferstechers. Rousseau hat von seiner späteren pädagogischen Theorie her diesen Schritt als gut und richtig gepriesen; in Wahrheit hat mit ihm eine erschreckende innere Verwahrlosung begonnen. Das Leben in der fremden Handwerkerfamilie, das Gefühl des Ausgestoßenseins machten ihn scheu und verschlagen. Mit kleinen Diebstählen suchte er seine äußere Lage zu verbessern, über billigen Romanen die öde Wirklichkeit zu vergessen. Ein Zufall führte schließlich zum endgültigen Bruch mit der soliden kleinbürgerlichen Welt, für die er bestimmt schien, und zum Verlust seiner Heimat: Verspätet von einem Sonntagsausflug zurückgekehrt fand er die Stadttore verschlossen, die erst am nächsten Morgen wieder geöffnet wurden. Die Angst vor Bestrafung durch seinen Lehrherrn, der Überdruß an dem ihm unleidlich gewordenen Leben des Lehrlings, Trotz und jugendliche Abenteuerlust bestimmten ihn, nicht mehr nach Genf zurückzukehren, sondern in die Fremde zu gehen. Die Fremde aber war das benachbarte katholische Savoyen. Ein Übertritt zum katholischen Glauben lag nahe. Rousseau wandte sich an einen katholischen Geistlichen, der ihn nach Annecy zu Frau von Warens schickte, die, selber Schweizer Konvertitin, sich vieler flüchtiger Schweizer Konvertiten annahm.

Die Begegnung mit dieser Frau wurde für Rousseau schicksalhaft. Der junge Jean Jacques verliebte sich sofort in seine Beschützerin; sie aber wagte es nicht, ihn bei sich zu behalten, sondern schickte ihn nach Turin, wo er in einem Kloster zur öffentlichen Konversion vorbereitet werden sollte. Von den inneren Erniedrigungen, die er in diesem Kloster erlebte, spricht noch der alte Rousseau mit tiefer Erbitterung. Die folgenden Jahre der Entbehrungen bilden den Tiefpunkt in seinem Leben. In der Gestalt des Proselyten im *Bekenntnis des savoyischen Vikars* (4. Buch des *Emile*) hat Rousseau sich selbst gemalt. Er mußte von Glück sagen, daß, während er in einer adligen Familie als Lakai diente, sich ein Geistlicher, der Abbé de Gaime, seiner annahm, das Urbild des „savoyischen Vikars". Schließlich fand Rousseau im Hause eines Grafen, vor allem von seiten seines für die geistliche Laufbahn bestimmten Sohnes, Verständnis und Förderung. Aber der Hang zur Unabhängigkeit und das Heimweh zu Frau von Warens ließen Rousseau gegen jede Vernunft auch aus dieser gesicherten Existenz wieder ausbrechen. Nach langer Wanderung kam er nach Annecy und wurde von Frau von Warens ohne Zögern herzlich aufgenommen.

Elf Jahre, von 1729 bis 1740, hat Rousseau, wenn auch mit verschiedenen Unterbrechungen, bei Frau von Warens gelebt. Kein anderes Verhältnis ist für seine intellektuelle und emotionale Entwicklung so bedeutsam gewesen wie diese Liebe zu der um zwölf Jahre älteren Frau, die ihm sowohl Mutter wie Geliebte war. Ein Zustand halb kindlicher, halb ehelicher Gemeinschaft, keine Leidenschaft und doch mehr als Freundschaft, ein Zustand, „da Liebe und Unschuld im gleichen Herzen wohnen". Die Bedeutung dieses Verhältnisses für seine Bildung hat Rousseau in großer Dankbarkeit bekannt. Aber er hat auch seine Fragwürdigkeit gesehen. Es gibt zu denken, daß Rousseau weder im *Emile* noch in der *Nouvelle Héloïse* auf dieses seltsame pädagogisch-erotische Verhältnis zwischen einer reifen Frau und einem liebenden Jüngling zu sprechen kommt, das erst von Dichtern des 19. Jahrhunderts, so in Balzac's *Lilie im Tal,* in Flauberts *Education sentimentale* und in Shaw's *Candida* legitimiert worden ist.

In die letzten Jahre der savoyischen Epoche fällt ein intensives autodidaktisches Studium, mit dem sich Rousseau für ein literarisches Dasein vorzubereiten suchte. Zunächst erwarb er sich, wie so viele seiner Zeitgenossen, seinen Lebensunterhalt als *Hauslehrer.* Er ging 1740 nach Lyon, um im Hause des Herrn von Mably dessen beide Söhne zu unterrichten. In dieser Zeit entstand seine erste pädagogische Schrift *Plan zur Erziehung des Herrn Sainte-Marie* (so der Name des älteren Sohnes). Man hat in dieser Schrift ein erstes Zeugnis von Rousseaus originalen pädagogischen Ideen und mannigfache Parallelen zum *Emile* finden wollen. In Wahrheit zeigt sie jedoch nur Rousseaus Aufgeschlossenheit für die pädagogischen Ideen der Zeit, die vor allem durch Lockes *Gedanken über Erziehung* (1693) Gemeingut der pädagogisch interessierten Gebildeten geworden waren. Den meisten von ihnen war die Überzeugung gemeinsam, daß die Erziehung durch einen Hauslehrer der üblichen Internats- oder College-Erziehung vorzuziehen sei. Solche Erziehung durch einen „gou-

Jean Jacques Rousseau (1712–1778)

verneur" war aber ausgesprochenermaßen Standeserziehung, unter dem pädagogischen Leitbild des „gentleman". Und diese Hochschätzung weltmännischer Gewandtheit kennzeichnet auch Rousseaus Erziehungsplan von 1740. Dazu gehört etwa, daß der junge Mann vor leidenschaftlicher Liebe bewahrt werde, was nur durch frühe Gewöhnung an das mondäne Leben möglich sei. Die Erfahrung zeige ja zur Genüge, „mit welcher Gier" sich derjenige, der außerhalb des gesellschaftlichen Lebens aufgewachsen ist, auf das neue Erlebnis stürze, während derjenige, der früh an die Gesellschaft gewöhnt sei, mit Gelassenheit ihre Werte zu schätzen wisse und ihre Schwächen erkenne. Er habe „den Kopf voll von Musik, Theater, Gesellschaften, kleinen Versen und hübschen Frauen", ohne sich doch davon hinreißen zu lassen. Ein Wort, das echt rousseauisch zu klingen scheint und doch gerade den entgegengesetzten Sinn hat, beendet diese Schilderung: „Man bildet sich gewöhnlich ein, die Welt sei die Schaubühne der großen Leidenschaften; ich meine im Gegenteil, sie ist nur die der kleinen Neigungen. Es bedarf keiner großen Erfahrung, um sich zu überzeugen, daß die großen Leidenschaften, welcher Art auch immer, sich nur in einsamen und melancholischen Herzen bilden." Er wird dasselbe in der *Nouvelle Héloïse* sagen: „Alle großen Leidenschaften bilden sich nur in der Einsamkeit; man kennt dergleichen nicht in der Welt, wo kein Gegenstand Zeit hat, einen tiefen Eindruck zu hinterlassen und wo die Vielzahl der Neigungen die Stärke der Gefühle schwächt." Aber der Sinn beider Aussprüche ist gerade entgegengesetzt: hier mit dem Lobpreis der Leidenschaft die Verachtung der Welt, dort mit dem Tadel der Leidenschaft der Lobpreis des weltmännischen Lebens.

Wie fern der junge Rousseau damals noch seiner originalen Philosophie war, zeigt sich vor allem in seiner Anschauung vom *Kinde:* Genau wie in der Erziehungstheorie Lockes oder seines Gefolgsmannes Crousaz fehlen in dieser ersten pädagogischen Schrift Rousseaus noch das lebhafte Interesse und ein tieferes Verständnis für die Eigenart der kindlichen Existenz. Das kindliche Wesen wird fast ausschließlich durch Negationen gekennzeichnet: was ihm von den Fähigkeiten des Erwachsenen noch fehlt, macht die Kindheit aus, die nichts als Vorbereitung auf die Reife des Erwachsenen ist. Für den späteren Rousseau dagegen besitzt die Kindheit ihre eigene, von der Erwachsenenexistenz qualitativ sich unterscheidende Wesensart. Aber von dieser Einsicht ist Rousseau um 1740 noch weit entfernt. Das Fehlen des anthropologischen Gesichtspunktes unterscheidet seine Frühschrift aufs tiefste vom *Emile.* Ihn aber hat Rousseau nicht aus pädagogischen, sondern aus seinen politisch-soziologischen Reflexionen gewonnen. Erst im *2. Discours* über den *Ursprung der Ungleichheit unter den Menschen* (1754) hat Rousseau seine originale philosophisch-anthropologische Anschauung entwickelt, die er von dort auf das Erziehungsproblem überträgt.

Rousseaus Interesse für die Erziehung war zunächst nur vorübergehend und Nebensache. Innerlich beschäftigten ihn ganz andere Gegenstände: Zunächst und vor allem die Musiktheorie und das Theater. 1740 ging er nach Paris, um als Musiklehrer, Musikschriftsteller und Komponist Karriere zu machen. Er hatte damit auch einen gewissen Erfolg: Seine Oper *Le Devin du village* (Der Dorfwahrsager) wurde 1752 vor dem König und dem ganzen Hof in Fontainebleau mit guter Resonanz aufgeführt. Vor allem aber gelingt es ihm nun, im gesellschaftlichen und literarischen Leben von Paris Fuß zu fassen. Er befreundet sich mit fortschrittlichen Denkern wie Diderot, Condillac, Duclos, findet Eingang in den Kreis, der sich bei Baron von Holbach versammelt; er gewinnt die Gunst der reichen Frau Dupin und die Freundschaft ihres Sohnes Francueil, dessen Privatsekretär er wird, womit er seinen Lebensunterhalt bestreiten kann, und er bewegt sich frei und vergnügt in dieser geistig angeregten Gesellschaft. In diese Zeit fällt auch seine erste ernsthafte Beschäftigung mit der *Politik,* wozu ein kurzer Aufenthalt in Venedig, als Sekretär des französischen Gesandten, beiträgt. Damals ging ihm, wie er in den *Confessions* berichtet, die Bedeutung der politischen Zustände für die Moral der Völker auf, und er faßte den Plan eines großangelegten Werkes ,,Institutions politiques", von dem der spätere *Contrat social* (1762) nach seiner Behauptung nur einen Teil und verkürzten Auszug darstellt.

So reifte in Rousseau neben den musikalischen und literarischen Interessen langsam das politisch-moralische. Zugleich erwachte in ihm die Erinnerung an seine Heimatstadt Genf, deren sittliche und politische Zustände ihm im Vergleich zur korrupten Adelsgesellschaft Frankreichs immer idealer erschienen. Schon 1750 unterschrieb er einen Brief an Voltaire mit der stolzen Formel, die er später auch als Autor benutzte: ,,J. J. Rousseau, citoyen de Genève". Einige Jahre später, als er schon berühmt ist, reist er eigens nach Genf, um mit der Wiederzulassung zur reformierten Glaubensgemeinschaft das Genfer Bürgerrecht wiederzuerlangen.

Was in den Jahren vorher langsam gereift war, kam durch einen äußeren Anlaß zum gewaltsamen Durchbruch: die leidenschaftliche Kritik an der (französischen) Gesellschaft. Im Oktober 1749 erschien im ,,Mercure de France" das Programm eines Preisausschreibens der Akademie von Dijon: *Hat die Wiederherstellung der Wissenschaften und Künste zur Reinigung der Sitten beigetragen?* Das Thema bewegte ihn zutiefst und ließ seine neue, gesellschaftskritische Anschauung in einer Art von Inspiration hervorbrechen. Auf dem Wege nach Vincenne, wo er seinen dort in Schuldhaft sitzenden Freund Diderot besuchen wollte, las er während der Rast unter einem Baume das Preisausschreiben: ,,Wenn je etwas einer plötzlichen Inspiration geglichen hat, so war es die Bewegung, die in mir bei dieser Lektüre anhob. Plötzlich sah ich meinen Geist von tausend Einsichten geblendet, eine Fülle von Gedanken tauchte auf, mit einer solchen Stärke und zugleich einem solchen Durcheinander, daß ich in eine unbeschreibliche Verwirrung gestürzt wurde. Wenn ich nur ein Viertel von dem hätte niederschreiben können, was ich unter jenem Baum gefühlt und gesehen habe, mit welcher Klarheit hätte ich nicht all die Widersprüche unseres Gesellschaftssystems enthüllt, mit welcher Kraft hätte ich nicht die Mißstände unserer Institutionen dargetan, mit welcher Einfachheit hätte ich nicht bewiesen, daß der Mensch von Natur gut ist und es allein die Institutionen sind, die ihn böse machen. All das aber, was ich von der Fülle der großen Wahrheiten, die in einer Viertelstunde mich unter diesem Baum erleuchteten, habe festhalten können, findet sich zerstreut (unter meinen späteren Schriften) ... am Ort selbst schrieb ich nur die Rede des Fabricius."

Diese Rede, ein rhetorisches Prunkstück von einem uns heute ziemlich hohl klingenden Pathos, ist vielleicht das schwächste Stück dieses *1. Discours,* über den als ganzen Rousseau später recht scharf geurteilt hat: „Dieses Werk, voll Feuer und Kraft, entbehrt völlig der logischen Gedankenfolge; von allen Werken, die meiner Feder entsprungen sind, ist es das gedanklich schwächste." Dennoch hat es ihn, nachdem ihm der Preis der Akademie zuerkannt wurde, gleichsam über Nacht berühmt gemacht und ihm jenes Selbst- und Sendungsbewußtsein gegeben, das ihn von nun an in seinen Schriften wie in seinem Leben bestimmte. Schon in den unmittelbar folgenden Schriften, in denen sich Rousseau mit seinen Kritikern auseinandersetzt, zeigt er sich nicht nur als geschickter Polemiker, sondern auch als klarer Denker und mitreißender Schriftsteller. Mehr und mehr treten die grundsätzlichen Probleme hervor, vor allem die prinzipielle Antithese zwischen *Natur* und *Entartung,* die seine politischen wie seine pädagogischen Reflexionen von nun an bestimmt. Jetzt erst findet Rousseau auch den Mut, er selbst, das heißt anders als die anderen zu sein. Seine Person und seine Sache kann und will er nicht mehr trennen, und so sieht er denn auch in seinen philosophischen Gegnern bald nur noch persönliche Feinde. Ein Hochgefühl, zugleich aber verbunden mit einer bedenklichen Verletzbarkeit, machte aus dem Schüler des Diderotkreises jenen eigenwilligen Apostel, der später, ob in bewußter oder unbewußter Anspielung an das Wort des Evangeliums zu schreiben wagte: „Wer nicht leidenschaftlich für mich ist, ist meiner nicht wert." In diesem Sendungs- und Geniebewußtsein erinnert Rousseau zuweilen an seinen späteren großen Antipoden und Verächter: Friedrich Nietzsche.

In den *Confessions* hat Rousseau eine eindrucksvolle Schilderung seiner damaligen Wandlung gegeben: „Ich war wirklich verwandelt; meine Freunde, meine Bekannten kannten mich nicht wieder. Ich war nicht mehr der schüchterne, verlegene Mann, der nicht wagte, sich vorzustellen oder zu sprechen, den ein Scherzwort außer Fassung brachte, der Blick einer Frau erröten ließ. Kühn, stolz, unerschrocken zeigte ich eine Sicherheit, die um so größer war, weil sie schlicht war. Die Verachtung, die meine tiefen Betrachtungen mir für die Sitten, die Grundsätze und Vorurteile meines Jahrhunderts eingeflößt hatten, hatte mich gegen die Spöttereien derer, die darin befangen waren, immun gemacht."

So wird denn auch Rousseau in seinen Ideen und kühnen Thesen immer selbständiger und eigenwilliger. Das zeigt sich schon im *2. Discours,* den er wiederum auf eine Preisfrage der Akademie von Dijon schreibt: *Welches ist der Ursprung der Ungleichheit unter den Menschen und ist sie durch das Naturrecht gerechtfertigt?* (1754). In diesem „Discours sur l'inégalité des hommes" tritt

Rousseaus Originalität schon im Stil hervor, der nun von allen hochtönenden Worten absieht, klar und nüchtern bleibt und doch das innere Engagement ihres leidenschaftlichen Autors spüren läßt. Inhaltlich ist diese Schrift ein noch heute beachtenswerter Versuch, nicht nur die gesellschaftlichen Zustände der Gegenwart, sondern die Entstehung der Gesellschaft selber zu erklären. In scharfem Gegensatz zu der der Aufklärung geläufigen Überzeugung, der Mensch sei „von Natur" ein geselliges Wesen, sieht ihn Rousseau primär als Einzelwesen, das sich selbst genügt. Unabhängigkeit bedeutet zugleich prinzipielle Gleichheit; erst das Eigentum, besonders an Grund und Boden, macht den Nichtbesitzenden vom Besitzenden abhängig. In der Unabhängigkeit des Einzelnen aber sieht Rousseau nicht nur den Ausgangspunkt der menschlichen Entwicklung und ihrer Institutionen, sondern ein noch heute gültiges Kriterium ihrer Rechtmäßigkeit. Erst aus dem Verlust von Unabhängigkeit und Gleichheit erkläre sich der innere Zwiespalt in der Mentalität des heutigen Menschen: neben die alte Ausgeglichenheit, Ruhe und Zufriedenheit, sie immer mehr verdrängend, treten nun Besitzgier, Ehrgeiz und Wetteifer, die Unrast, das Unbefriedigtsein des gesellschaftlichen Menschen, dessen Selbstbewußtsein auf einem steten Vergleichen, Beneiden oder Verachten des Mitmenschen beruht. Die Sinnlosigkeit eines solchen gehetzten Lebens sucht Rousseau im Vergleich mit der Lebensweise und Mentalität des Primitiven darzutun: „Der primitive und der zivilierte Mensch sind im Grunde ihres Herzens und in ihren Neigungen derart verschieden, daß, was des einen höchstes Glück ausmacht, den andern zur Verzweiflung bringen müßte. Der erste strebt nur nach Ruhe und Freiheit ... der Bürger dagegen, immer tätig, schwitzt, rackert sich ab, nur um stets neue und noch mühevollere Arbeit sich aufzuladen; er arbeitet bis zum Tode, ja stürzt sich förmlich in ihn hinein, nur um leben zu können, oder er verzichtet überhaupt auf das Leben, um unsterblich zu werden ... Welch Schauspiel für einen Kariben, die dornige und doch so beneidete Arbeit eines europäischen Ministers! ... Um aber begreifen zu können, was eigentlich das Ziel aller dieser Mühen ist, müßten die Worte ‚Macht' und ‚Ansehen' für ihn irgend einen Sinn besitzen."

Nicht so sehr die Wertung selbst, sondern die Gründe für diese Wertung geben dem *2. Discours* seine Bedeutung und machen ihn zu einer noch heute beachtens- und lesenswerten Schrift. Erschien die Entartung im *1. Discours* noch als ein rein psychologisches Problem, so sucht Rousseau nun nach dem ökonomischen Grund für die Entartung: es ist das *Eigentum,* genauer: der Besitz von Grund und Boden, der unüberbrückbare Schranken zwischen den Menschen aufrichtet. Dennoch ist Rousseau nicht als Vorläufer der kommunistischen Lehre zu verstehen. Denn es ist nicht der Gemeinbesitz, sondern die rechte Verteilung des Privatbesitzes, die er fordert. Jeder soll nur so viel Grund und Boden besitzen, wie er selber bearbeiten kann und zu seiner Ernährung braucht. Mehr noch aber als auf diese gerechte Verteilung kommt es Rousseau auf die rechte Wertung der Arbeit und ihrer Produkte an, und so mündet die ökonomische Frage letztlich in die pädagogische: Wie kommt es zu der Überschätzung der Luxusgüter und zur Unterbewertung der zum Leben notwendigen Güter? Diese Frage führt zum Problem der *Erziehung,* denn diese allein trägt die Schuld dafür, daß die natürliche Wertung der Güter durch die willkürlich-gesellschaftliche verdrängt worden ist. So wird der Kulturkritiker Rousseau mit innerer Zwangsläufigkeit zum Pädagogen.

Die ersten Bücher des *Emile* schließen denn auch sachlich an den *2. Discours* an: die Einzelexistenz des Kindes an die Einzelexistenz des Naturmenschen. Emile kennt nur einfache Nahrung, nur einfache Kleidung; er beurteilt alle Dinge nach ihrem realen Nutzen. Die Frage: „Wozu ist das gut?“ ist für ihn die entscheidende. Durch die Lektüre des *Robinson Crusoe,* des ersten Buches, das Emilie zu lesen bekommt, wird ihm diese Betrachtungsweise anschaulich nahegebracht. In seinen Augen ist „der kostbarste Goldschmuck wertlos im Vergleich zu einem nützlichen Gerät aus Eisen, er schätzt einen Schuster und einen Maurer viel höher als alle Juweliere Europas“. Unter diesem Gesichtspunkt müßte als höchste und achtbarste Handarbeit die des Bauern erscheinen. Emile jedoch lernt und übt die Arbeit des Schreiners aus. Das hat einen besonderen Grund, der von der pädagogischen auf die politische Thematik zurückführt: Der Handwerker ist ein freierer Mann als der Bauer. „Der Handwerker ist so frei, wie der Landmann gebunden ist. Denn dieser ist an sein Stück Land gefesselt. Der Feind, der Fürst, ein mächtiger Nachbar, ein Prozeß können ihm dieses Land nehmen; durch dieses Land kann man ihm auf alle mögliche Weise zusetzen. Aber wo immer man das mit einem Handwerker versucht, packt er seine Sachen und geht fort.“ (*Emile,* 3. Buch) Man sieht, daß für Rousseau nicht das soziale Problem, nicht die Gleichheit der Menschen und ihrer Lebensweise im Vordergrund steht, sondern die Sicherung der individuellen Existenz, der Freiheit und Unabhängigkeit des Einzelnen. Das Schreinerhandwerk ist für Emile eher ein Hobby und zugleich eine Sicherung gegen mögliche Schicksalsschläge. Emile bleibt, wie immer er lebt, sein eigener Herr. In der (unvollendeten) Fortsetzung des Romans *Emile et Sophie* denkt sich Rousseau seinen Emile zunächst als Landedelmann. Erst im Unglück, als er von seiner Frau verlassen wird, entschließt dieser sich, als einfacher Handwerker in die Welt zu gehen. Dieser Entschluß ist verknüpft mit der Erinnerung an Emiles Erziehung, an seine Unabhängigkeit in der Kindheit. Emile schreibt an seinen Erzieher: „Während eines Augenblicks der Erschöpfung ... dachte ich plötzlich an meine Jugend, an Sie, meinen Lehrer, und an das, was Sie mich gelehrt hatten: ich dachte daran, daß ich Mensch sei, und fragte mich: Was habe ich von mir selbst verloren? ... ich versuchte mich in den Zustand dessen zu versetzen, der zu leben *beginnt.* Ich sagte mir, daß wir im Grunde niemals etwas anderes tun als zu beginnen und daß unsere Existenz in der bloßen Aneinanderreihung von Augenblicken besteht ... In jedem Augenblick sterben wir und werden wieder geboren ... Emile, sei ein neuer Mensch und du wirst weder über dein Schicksal noch über die Natur klagen müssen. Was ist denn wirklich für dich? Ist es nicht dein Leben, deine Gesundheit, deine Jugend, deine Vernunft?“ Das Leben im Kindes- und Knabenalter, als

Emile ganz im Genuß der Gegenwart, seiner körperlichen Existenz und seines Interesses für die Dinge lebte, wird so zum Vorbild und Trost für den verlassenen, wieder einsam gewordenen Mann. So ist denn auch die Arbeit, mit der er nun seinen Lebensunterhalt verdient, die gleiche, die er als Knabe erlernt hat. Diese Rückkehr zur Daseinsweise des Kindes als dem unverlierbaren Refugium seiner Seele läßt erst voll erkennen, daß das unabhängige Leben des Kindes nach Rousseaus Meinung mehr ist als nur Vorstufe, daß es die Grundlage, ja der Inbegriff eines glücklichen Lebens ist.

Der *2. Discours* und die drei ersten Bücher des *Emile* ebenso wie die Betrachtungen des alten Rousseau in den *Rêveries d'un promeneur solitaire* (den „Träumereien eines einsamen Wanderers", 1776–78) stehen unter dem gleichen Ideal der unabhängigen, sich selbst genügenden Einzelexistenz. Sicherlich ist dieser Begriff und seine Wertung der originalste von Rousseaus soziologischer und pädagogischer Theorie. Aber er ist für ihn doch nur die halbe Wahrheit: Der Mensch ist nicht nur ein sensitives Einzelwesen, das sein Glück in sich selber findet, er ist nicht nur ein resignierender einsamer Philosoph, sondern er ist auch voller Empfindsamkeit für andere und wird erst in der inneren Bewegtheit und Erhebung des *Gefühls* ein voller Mensch. Rousseau hat diese Erweiterung und Erhöhung seiner Philosophie nicht als reflektierender Theoretiker, sondern in einem aufwühlenden, schmerzlichen Liebeserlebnis gewonnen und in seinem großen Liebesroman *La Nouvelle Héloïse* dargestellt. Hinter der Entstehung dieses Romans verbirgt sich eine seltsame Mischung von Phantasie und realem Leben. Rousseau hatte den Roman bereits angefangen, als er Madame d'Houdetot begegnete und von leidenschaftlicher Liebe zu ihr ergriffen wurde, der einzigen großen Liebe seines Lebens. Nach schmerzlichem Verzicht und Abschied hat er dann diesen Roman vollendet. Vorher schon hatte er in den *Lettres à Sophie,* die an Madame d'Houdetot gerichtet sind, seine neue philosophische Anschauung zum Ausdruck gebracht, eine Anschauung, mit der er in deutlichen Gegensatz zu der materialistischen und rationalistischen Philosophie der Aufklärung geriet. Daß diese Briefe in einer schwierigen und schmerzlichen Situation entstanden sind, gibt ihnen eine, wenn auch verhaltene Leidenschaftlichkeit, die sie trotz der philosophischen Thematik wie ein Bekenntnis erscheinen lassen, persönlicher und bewegender als das *Bekenntnis des savoyischen Vikars* im *Emile,* dessen Grundlage sie bilden. In diesen *Lettres morales,* wie Rousseau sie später nannte, ist das Hauptthema die Frage nach der menschlichen *Seele.* Nicht so sehr, weil wir Vernunft besitzen, sondern Seele, ein inneres Gefühl, das uns über die Nichtigkeiten des irdischen Lebens erhebt, spüren wir, daß die materialistische Auffassung vom Menschen falsch ist. „Hast du niemals das unwillkürliche Entzücken empfunden, das die Seele zuweilen ergreift ... diese verzehrende Glut, die unser Herz plötzlich von Liebe zu den himmlischen Tugenden erglühen läßt, die erhabenen Ekstasen, die uns über den Bereich unserer Sinne erheben und in den Himmel, an die Seite Gottes versetzen? ... Meine verehrte Freundin, das Prinzip dieser Kraft liegt in *uns,* es zeigt sich für einen Augenblick, um uns anzufeuern, es ohne Unterlaß zu suchen ... Die Vernunft kriecht, die Seele aber erhebt sich; sind wir klein durch unsere Erkenntnisse, so sind wir groß durch unsere Gefühle." Im 5. Brief der *Lettres morales* konzentriert Rousseau dieses Prinzip dann auf das *Gewissen,* und diese Darstellung hat er später, teilweise wörtlich, in das *Glaubensbekenntnis des savoyischen Vikars* übernommen. Dort aber bildet es nur einen Teil der rational-philosophischen Erörterung, die die Thesen der materialistischen Philosophie widerlegen soll; hier ist es noch ganz und gar Ausdruck persönlichen Erlebens. Die beiden Fassungen, der persönliche Brief und seine Verarbeitung im *Emile,* lassen die eigentümliche historische Zwischenstellung Rousseaus zwischen Rationalismus und Romantik, zwischen Voltaire und Chateaubriand erkennen. Den Rousseau der *Lettres morales* ebenso wie den der viel späteren *Rêveries* hätten Novalis oder Jean Paul als Geistesgenossen anerkannt, während sie über Rousseau insgesamt und besonders über seinen *Emile* sich nur kritisch geäußert haben.

Das lag freilich zum großen Teil daran, daß die zeitgenössischen und nachfolgenden Pädagogen von Rousseaus *Emile* fast nur die ersten Bücher beachtet und beurteilt haben, während sie das vierte und fünfte Buch meist übersahen oder übergingen. Vielleicht weil hier die strenge Reihenfolge des Erziehungsplans gelockert ist, vielleicht einfach, weil sie das spätere Jugend- und frühe Mannesalter nicht mehr interessierte. So erklärt sich wohl am ehesten das Vorurteil, Rousseaus Erziehungslehre sei eine rein naturalistische Pädagogik. Das 4. und 5. Buch des *Emile* aber sind nur zu verstehen im Zusammenhang mit Rousseaus leidenschaftlicher Ablehnung des reinen Rationalismus und des bei den Aufklärern immer deutlicher hervortretenden Materialismus. Sein Bruch mit Diderot, mit Grimm, ja mit Madame d'Epinay hat neben äußeren Zwistigkeiten in dieser inneren Entfremdung seinen tieferen Grund. Die früheren Gesinnungsgenossen sahen Rousseaus weitere Entwicklung als einen Verrat an, als peinliche Rückkehr zur christlichen Gläubigkeit, während sie für Rousseau selbst die geradlinige Fortsetzung und Konsequenz dessen war, was er der gesellschaftlichen Entartung als das Evangelium der Natur entgegengesetzt hatte. Ihm erschien der Materialismus und Atheismus dieser „Natur" ebenso zu widersprechen wie der Glaube der Orthodoxie. Freilich darf man nicht übersehen, daß Rousseau niemals mit orthodoxen Christen, weder der katholischen noch der protestantischen Konfession, befreundet und philosophisch verbunden war, wohl aber mit Naturalisten und Materialisten. Es ist daher verständlich, daß er sich im *Glaubensbekenntnis* an seine früheren Freunde und Geistesverwandten wendet und sie durch die von ihnen selbst geübte Methode philosophischer Argumentation zu überzeugen sucht, während er gegenüber den orthodoxen Theologen nur als bissiger Kritiker auftritt wie in dem Gespräch des „Denkers" mit dem „Inspirierten". Diese persönliche Betroffenheit durch Skepsis und Unglauben kommt bei Rousseau immer wieder zum Ausdruck. Im Salon der Frau von Epinay kam das Gespräch auf die Religionen, und man überbot sich in ironischer und sarkastischer Kritik. Rousseau protestierte voller Empörung. Als ihn Frau von Epinay einige Tage später wegen seines „Ausfalls" zur Rede stellte, antwortete er ihr: „Zuweilen, in der Enge meines Studierzimmers, beide Fäuste gegen die Augen gepreßt, oder mitten in der dunklen Nacht, da bin auch ich dieser Meinung. Aber sehen Sie dorthin – und er wies mit der Hand auf den Himmel, das Haupt erhoben und mit dem Blick eines Inspirierten: – Wenn die Sonne aufgeht und die Nebel zerteilt, die die Erde bedecken, verscheucht sie auch die Nebel meines Geistes. Dann finde ich meinen Glauben wieder, meinen Gott, mein Vertrauen zu ihm; ich bewundere ihn, ich bete ihn an und beuge mich vor seiner Gegenwart." Nicht nur die Entgegensetzung von Reflexion und Andacht scheint mir wesentlich, sondern auch die Entgegensetzung von Nacht und Sonnenaufgang. Ist es doch auch der Sonnenaufgang, der für das Gespräch des savoyischen Vikars mit dem Proselyten den Rahmen bildet: „Die Strahlen der aufgehenden Sonne strichen schon über die Ebene und schmückten sie durch tausendfältige Lichteffekte ... Man hätte sagen können, daß die Natur ihre ganze Pracht ausbreitete, um uns das Thema zu unserem Gespräch zu liefern." Man halte dagegen, wie in der deutschen Romantik, ob bei Novalis oder Eichendorff, es gerade die *Nacht* ist, die zu religiöser Betrachtung und Andacht anregt. Rousseaus Religiosität tendiert, darin ganz unromantisch, zur Klarheit und gehört, auch in ihrem Gefühlscharakter, zur rationalen Theologie der Aufklärung. Das „innere Gefühl", auf das sich Rousseau hier wie so oft beruft, ist erfüllt von der Klarheit der Evidenz und nicht vom Dunkel mystischer Ahnung.

Diese Zwischenstellung zwischen der rationalen und areligiösen Philosophie der Aufklärung und der irrationalen und religiösen Philosophie der Romantik bedingte auch die heikle Situation, in die Rousseau nun persönlich geriet: Daß ausgerechnet er aufgrund des *Glaubensbekenntnisses* und des *Contrat social* von Staat und Kirche verurteilt wurde, während ein Voltaire, ein Maupertuis oder Diderot unbehelligt blieben, erscheint uns heute absurd. Es hatte seinen Grund offenbar darin, daß Rousseau seine Kritik in voller Offenheit, ohne Pseudonym äußerte. 1762 wurden der *Emile* und der *Contrat social* vom sogenannten „Parlament", dem obersten Gerichtshof, und vom Erzbischof von Paris verurteilt. Rousseau hat sich gegen diese Verurteilung leidenschaftlich zur Wehr gesetzt. Auf die Verurteilung durch den Erzbischof antwortete er mit seiner Schrift *Brief an Herrn von Beaumont* (1762), einem Meisterwerk der Apologie und Polemik, einer durch ihre Klarheit bestechenden Zusammenfassung seiner philosophisch-theologischen Gedanken und darüber hinaus dem vielleicht eindrucksvollsten Zeugnis jenes demokratischen Stolzes, mit dem Rousseau die aristokratisch-klerikale Gesellschaft des damaligen Frankreich herausgefordert hat. „Wären Sie, Monseigneur, ein Privatmann wie ich, könnte ich Sie vor ein unparteiisches Gericht fordern, erschienen wir dort beide, ich mit meinem Buch und Sie mit ihrem Mandement, so würden Sie zweifellos schuldig gesprochen werden und verurteilt, mir ebenso öffentlich Wiedergutmachung zu leisten, wie die Beleidigung öffentlich war. Aber Sie nehmen eine Stellung ein, wo man dispensiert ist, gerecht zu sein – und ich bin nichts."

Da seine adligen Freunde ihn vor einer Verhaftung nicht hätten schützen können, ja selbst in Schwierigkeiten geraten wären, wenn sie ihn gedeckt hätten, entschloß sich Rousseau zur Flucht. Er ging in die Schweiz, aber nicht nach Genf, wo man seine Schriften ebenfalls verurteilt hatte, sondern in das zu Preußen gehörende Gebiet am Neuenburger See, wo er durch den diesem Landesteil vorstehenden Marschall von Keith eine wohlwollende Aufnahme fand. Aber die von ihrem orthodoxen Pastor aufgehetzte Bevölkerung machte ihm den Aufenthalt unmöglich. Einer Einladung von David Hume folgend ging er nach England, überwarf sich aber bald mit Hume und kehrte 1767 nach Frankreich zurück. In diesen unruhigen Jahren entstand seine Selbstbiographie, die *Confessions* (begonnen 1766), und eine weitere, seiner Rechtfertigung dienende Schrift, die *Dialogues*. 1776 begann er die unvollendet gebliebenen *Rêveries d'un promeneur solitaire*. In diesen späten autobiographischen Schriften, besonders in den *Rêveries,* zeigt sich Rousseaus Meisterschaft der psychologischen Analyse von Seelenzuständen. Hier konnte sich seine Ichbezogenheit, die ihm so oft vorgeworfen wurde, aufs schönste entfalten. 1778 ist er in Ermenonwille, wo er als Gast des Marquis de Girardin weilte, gestorben.

II. Das Verhältnis von Politik und Pädagogik

Man hat oft auf den Gegensatz hingewiesen, der zwischen der radikalen Einzelerziehung und der Isolierung des Zöglings im *Emile* einerseits und Rousseaus politischen Ideen anderseits besteht, der Erziehung durch und für die Gemeinschaft, wie er sie im *Contrat social* und in den *Considérations sur le gouvernement de Pologne* (1772) gefordert hat. Diese Frage hat die Rousseaus-Interpreten immer wieder zu kontroversen Deutungen geführt. Gibt es eine innere Einheit von Rousseaus pädagogischer und seiner politischen Idee oder widersprechen sich beide? Gewiß ist, daß Rousseau beide scharf voneinander geschieden hat, daß man nicht beides gleichzeitig und gleichmäßig in der Erziehung schaffen könne: den *Bürger,* dessen Existenz im Dienst am Staat und für das Gemeinwohl besteht, und den *Menschen,* dem seine eigene Lebenserfüllung und Vervollkommung am Herzen liegt. Zu Anfang des *Emile* hat Rousseau diese Alternative in aller Schärfe herausgestellt: ,,Der *natürliche* Mensch ist sich selber alles. Er ist die ungebrochene Einheit, das absolute Ganze, das nur zu sich selber und zu seinesgleichen in Beziehung steht. Der *bürgerliche* Mensch (l'homme civil) ist dagegen eine Bruchzahl, deren Wert ... in ihrer Beziehung zum Ganzen besteht, d.h. dem gesellschaftlichen Ganzen."

Dementsprechend verlangt Rousseau eine klare Entscheidung zwischen diesen beiden Lebensformen und Erziehungsweisen und verurteilt jeden Kompromiß. ,,Wer in der gesellschaftlichen Ordnung den Vorrang der natürlichen Gefühle bewahren möchte, weiß nicht, was er will. Stets in Widerspruch mit sich selbst, stets schwankend zwischen seinen Neigungen und seinen Pflichten, wird er niemals weder Mensch noch Bürger (citoyen) sein, weder sich selbst noch den anderen zu Nutzen leben ... Um etwas zu sein, um du selbst zu sein und stets ein und derselbe, mußt du dich ein für allemal entscheiden, welche Partei du wählst." In einem *Fragment über das öffentliche Glück* (1762) hat er diese Alternative noch einmal herausgestellt: „Was das Unglück der Menschen ausmacht, das ist der Widerspruch zwischen unseren Pflichten und unseren Neigungen, zwischen der Natur und den gesellschaftlichen Einrichtungen, zwischen dem Menschen und dem Staatsbürger. Macht den Menschen mit sich einig: Gebt ihn gänzlich dem Staate oder überlaßt ihn gänzlich sich selbst."

Die staatsbürgerliche Erziehung hat Rousseau vor allem in den (Fragment gebliebenen) *Considérations sur le gouvernement de Pologne* (1772) dargestellt. Vorbild ist die spartanische Erziehung. Weder der Unterricht, wie bei späteren Vertretern der politischen Erziehung, z.B. bei Condorcet, noch die Handarbeit oder die Vorbereitung auf den Beruf, wie z.B. bei La Chatolais in seinem *Essai d'éducation nationale* (1763), sondern das gemeinsame Leben der Jugend erscheint Rousseau wesentlich für die politische Erziehung. Sportliche Wettkämpfe, Feste und Feierstunden spielen eine große Rolle in dieser Erziehung. Während die Arbeit des Bauern oder des Handwerkers den einzelnen isoliert, kommen bei diesen Festen alle zusammen und fühlen ihre Gemeinsamkeit. Der heutige Leser ist geneigt, an die nationalpolitischen Feste in der französischen Revolution, an Makarenkos Flaggenparaden oder gar an nationalsozialistische Jugendaufmärsche zu denken; aber Rousseau schwebt hier eher ein freies Volksfest vor, wie es etwa Gottfried Keller später im „Grünen Heinrich" beschrieben hat.

Ein weiteres Anliegen der politischen Erziehung ist die Bindung an die Heimat, aus der eine sittliche Verpflichtung erwächst: „O Emil! Wo ist ein rechtschaffener Mann, der seinem Heimatland nichts schuldet? Wer es auch sei, er schuldet ihm das, was für den Menschen am allerkostbarsten ist: die Moralität seiner Handlungen und die Liebe zur Tugend." (*Emile,* 5. Buch) Bei aller Entschiedenheit, mit der Rousseau die natürliche von der politischen Erziehung trennt, bleiben also doch gewisse Gemeinsamkeiten. Es ist daher nur folgerichtig, daß auch im *Emile* der politische Unterricht seine Rolle spielt und der Erzieher auf die Bedeutung dieses Unterrichts für die *sittliche* Bildung seines Zöglings hinweist. Das „allgemeine Wohl" wird für Emile zu einem Motiv sittlicher Selbstbeherrschung. „Er lernt, sich selber beherrschen, sich selber überwinden, sein eigenes Interesse dem allgemeinen Interesse zu opfern." Für Rousseau liegt, wie man sieht, der Nachdruck auf der *„Tugend"*, also der persönlichen Haltung des einzelnen. Auch die patriotische Erziehung, wie sie in den politischen Schriften dargestellt wird, dient nicht so sehr dem Nutzen des Staates als vielmehr der moralischen Vervollkommnung des einzelnen Staatsbürgers. Insofern besteht, trotz der scharfen Trennung von individueller und politischer Erziehung, eine innere Gemeinsamkeit und keineswegs ein Gegensatz.

III. Wirkung und Bedeutung von Rousseaus Pädagogik

Wenn Rousseau in die Geschichte der Pädagogik als Verfechter der „natürlichen Erziehung" des Individuums und nicht als Sozialpädagoge eingegangen ist, so hat das allerdings seinen guten Grund. Nicht nur, daß seine Ausführungen über die politische Erziehung kurz und dürftig sind im Vergleich mit der breiten Darstellung der Einzelerziehung im *Emile,* – ihnen fehlt auch nach unserer heutigen Sicht die innere Konsequenz, die den *Emile* auszeichnet. Rousseau kannte noch nicht die Tendenz einer jeden politischen Gemeinschaftserziehung zur totalen Assimilierung des Einzelnen. So scharfsichtig er in der Kritik der gesellschaftlichen Erziehung war – die er ja kannte, an der er selber als Erzieher teilgenommen hatte –, so blind erscheint er uns gegen die möglichen Auswüchse politischer Gemeinschaftserziehung. Er hat freilich auch noch nicht die Thesen der Pädagogen gekannt, die nach ihm in der französischen Revolution eine Rolle spielten: etwa die Behauptung eines Lepeletier: „In unserem Erziehungssystem gehört uns das Ganze der kindlichen Existenz ... Alles, was die Republik bilden soll, muß in das republikanische Mühlwerk geworfen werden"; die Thesen eines Robespierre: „Das Vaterland allein hat das Recht, seine (!) Kinder zu erziehen"; oder eines Saint-Just, daß „die Kinder niemandem als der allgemeinen Familie der Republik gehören". Rousseau würde diesen Thesen freilich nicht das Recht der *Eltern* entgegengesetzt haben, sondern das Recht des *Kindes,* ganz gleich ob er es, wie im *Emile,* vor der Gesellschaft, auch der der Kinder, in Schutz nehmen will, oder ob er wie in den *Considérations* verlangt, daß das Kind in der Gemeinschaft von Kindern aufwächst: immer denkt er an das, was dem einzelnen Kinde und Jugendlichen für seine innere Entwicklung am dienlichsten ist. So radikal und einseitig Rousseau in seinen Entwürfen zur Gemeinschaftserziehung den politischen Gesichtspunkt betont, immer ist dieser von ihm *moralisch* verstanden, als „Tugend", in der das Individuum seine höhere menschliche Bestimmung findet. Dementsprechend betont Rousseau auch in seiner Staatstheorie, daß die Ehre, das Glück, das Leben jedes einzelnen Bürgers durch den Staat hochgeschätzt werden müssen; leidenschaftlich hat er es abgelehnt, auch nur einen einzigen Unschuldigen dem allgemeinen Wohle zu opfern. „Das Blut auch nur eines einzigen Menschen ist ein zu großer Preis für die Freiheit des ganzen Menschengeschlechtes" (Brief an die Gräfin von Wartensleben, 1766). Er würde dasselbe in Hinblick auf das Glück eines Kindes gesagt haben. Es ist absurd, die freien patriotischen Jugendfeste, die ihm vorschwebten, mit den paramilitärischen Aufmärschen in totalitären Systemen zu vergleichen. In diesen Festen sollte die Jugend sich gerade als *Jugend* fühlen, nicht von politischen Doktrinen beherrscht, sondern von einem spezifisch jugendlichen Gemeinsamkeitserlebnis, wie wir es später etwa aus den Anfängen der deutschen Jugendbewegung kennen.

Dennoch besteht zwischen dem Jugendbild des *Emile* und dem Jugendbild der politisch-pädagogischen Schriften ein fundamentaler Unterschied, nämlich in bezug auf das *erotische* Erlebnis, das in Emiles Jugendzeit eine zentrale Stelle einnimmt. Rousseau hat dabei, gewissermaßen Sprangers These vorwegnehmend, scharf zwischen Sexualität und Erotik unterschieden und diese als Hemmung oder Verzögerung von jener nutzen wollen. Die Entwicklung des Gefühlslebens, sowohl des religiösen wie des erotischen, gibt Emile nicht nur die Stärke, dem sexuellen Drang zu *widerstehen,* sondern soll auch diesen selbst auf eine höhere Stufe heben. Zunächst ist es das *religiöse* Erleben und das von Rousseau stets religiös verstandene *Gewissen,* dann die Hochachtung vor der Frau und deren Idealbild, die als Schutz vor der erwachenden Sinnlichkeit dienen. Hatte in der Kindheit die natürliche Erziehung, das Leben mit den „Dingen", das Prinzip der Nützlichkeit Emiles Phantasie und Emotionalität *zurückgehalten,* so sollen diese nun in der Jugend gerade *geweckt* werden, um als Gegenkraft gegen den sinnlichen Trieb zu wirken. Das Idealbild der späteren Geliebten soll Emile vor vorzeitigen, niederen sexuellen Erlebnissen bewahren. Bereits in der *Nouvelle Héloïse* hatte Rousseau zu zeigen versucht, daß es allein diese in der realen Abstinenz anschwellende Macht der *Phantasie* ist, die eine große, eine leidenschaftliche Liebe zu erzeugen vermag, ein Vorgang, der übrigens an der Entstehung und dem Abklingen der „amour-passion" historisch nachweisbar ist. Erst im 17. und vor allem 18. Jahrhundert entstehen Idee und Erleben dieser Liebe, um vom Ende des 19. Jahrhunderts Schritt für Schritt wieder einer nüchterneren, „natürlicheren" Auffassung zu weichen. Nur in dieser relativ kurzen Epoche spielt in der Literatur – und doch wohl auch in der Wirklichkeit – die „unglückliche Liebe" eine solche Rolle, eine Liebe also, die allein im Herzen des Liebenden existiert.

Im *Emile* dient das Idealbild der großen Liebe zu einer angebeteten Geliebten zunächst dazu, den Sexualtrieb zu hemmen, und wird erst im Jugendalter zum Ziel der langen inneren Entwicklung. Aus dem sich selbst genügenden Knaben ist nun ein von seinem Liebesgefühl beherrschter, von der Erfüllung seiner Liebessehnsucht abhängiger Jüngling geworden. Der Erzieher verlangt deshalb von Emile die vorläufige Trennung der Liebenden, weil erst der reifere, in der Welt bewanderte Mann zur Ehe taugt. Aber das für Rousseau entscheidende und den *Emile* beherrschende Problem der seelischen Abhängigkeit oder Unabhängigkeit bleibt, wie die Fortsetzung des Romans zeigt, bestehen und findet im Grunde keine Lösung. Emile ist von seiner Frau, die sich einem andern hingegeben hat, verlassen worden und kehrt nun zu seinem alten Leben als Handwerker zurück. Er hofft so die Zufriedenheit seiner Kinderjahre wiederzugewinnen. Aber mag ihm dies gelingen: mit welchem Verlust, welcher Resignation! Der Gegensatz der beiden Epochen, der Kindheit mit ihrer nüchternen Selbstbeschränkung und der Jugendzeit mit ihrer religiösen und erotischen Hingabe und Gefühlserhebung, bleibt als Gegensatz bestehen, wie er auch in Rousseaus eigenem Leben bestehen blieb.

Die ganze, so sorgfältig vorbereitete und in einer ausführlichen theoretischen Bildung gipfelnde *politische* Bildung Emiles läuft im Grunde ins Leere.

Sollte diese Belehrung ihren Zweck erfüllen, so bedeutete dies ja, daß Emile sich in einem bestimmten, von ihm frei gewählten Lande niederläßt, das von nun an sein *Vaterland* wird, dem er seine Arbeit und sein Leben widmet. Aber Rousseau, der so nachdrücklich betont hat, daß für die Erziehung nicht Worte, nicht Belehrung, sondern das wirkliche Leben bestimmend sei, was tut er im *Emile* anderes, als von der politischen Verpflichtung *sprechen?* Wo und wie nimmt Emile am Gemeinschaftsleben teil, wie es Rousseau in seinen politisch-pädagogischen Schriften gefordert hat? So bleibt es bei der Alternative, die Rousseau zu Anfang seines Buches so nachdrücklich hervorgehoben hat: der Entscheidung zwischen dem Staatsbürger, der für die Gemeinschaft existiert, und dem „natürlichen" Menschen, der für sich selbst existiert, sich selbst als eine Ganzheit fühlt, die im Grunde keiner Ergänzung bedarf. Emile war und bleibt ein „solitaire".

Man sollte diese Feststellung nicht als eine Kritik betrachten. Es macht gerade Rousseaus Größe aus und bedingt die philosophische Bedeutung seiner pädagogischen Theorie, daß in ihr die verschiedenen Aspekte des Lebens und der Erziehung in ihrer speziellen Unterschiedenheit hervortreten. Was im realen Leben verbunden und vermischt ist, sollte in der philosophischen Reflexion klar unterschieden und voneinander abgesetzt werden. Dies gilt auch für Rousseaus Darstellung der *„natürlichen" Entwicklung* selbst. Niemand wird ernsthaft die scharfe Trennung von einem Kindesalter, das durch die egozentrische Haltung bestimmt ist, einem Knabenalter, in dem sich das sachliche Interesse entwickelt, einem frühen Jugendalter, in dem die Religiosität, das Gefühlsleben und der moralische Sinn sich bilden, und einem späteren Jugendalter, in dem das Erlebnis der Liebe in den Mittelpunkt rückt, als reale, zeitlich voneinander getrennte Entwicklungsstufen betrachten. Es ist die Form, in der Rousseau die Entwicklung zu analysieren sucht, wobei er freilich überzeugt war, daß diese Charakteristika je in einer der genannten Entwicklungsstufen besonders hervortreten. Der kritische Leser wird in mancher Hinsicht Zweifel anmelden, etwa gegenüber der Behauptung, daß das kleine Kind zu wirklich religiösem Erleben noch nicht fähig sei, oder gegenüber der These, der sexuelle Trieb erwache natürlicherweise erst in der Pubertät usw. Die Frage selber aber scheint mir, zumindest für den Pädagogen, unausweichbar; denn wie sonst, wenn er nicht eine solche vorgegebene Stufenfolge voraussetzt, könnte er einen *Gang* der Erziehung und des Unterrichts planen? Jede Erziehung und Bildung, wenn wir sie nicht den zufälligen Umwelteinflüssen überlassen wollen, setzt solche Schrittfolge voraus, nach der sie plant, an der sie sich mißt, wenn sie zu bewahren und zurückzuhalten oder zu fördern und voranzutreiben sucht, wenn sie Inhalte und Formen des Unterrichts mit der Eigenart der jeweiligen Altersstufen in Beziehung setzt und überlegt, in welchen Schritten – auch zeitlich – das Ziel der „Reife" zu erreichen ist. So sehr die inhaltlichen Bestimmungen der „Reife" differieren, so unbestimmt und bestritten sein mag, was als „erwachsen" zu gelten habe, der *Begriff* der Reife läßt sich aus einer theoretischen Besinnung wie aus der praktischen Institutionalisierung der Erziehung nicht eliminieren. Das gilt für den uns geläufigen Begriff der Reife des Erwachsenen ebenso wie für den von Rousseau geschaffenen Begriff einer Reife der *Kindheit,* in der die kindliche Existenz zu einer ihr gemäßen eigenen Vollkommenheit gelangt ist. Der Doppelaspekt der Erziehung, daß sie einerseits zum Ziel des Erwachsenseins hinführen will und doch andererseits, mit Schleiermacher zu sprechen, keinen Moment des Lebens einem späteren aufopfern dürfe, tritt in diesem für Rousseau kennzeichnenden Begriff einer kindlichen Reife klar hervor. Genauso wie er in seinen Ideen zur politischen Erziehung den Eigencharakter und das Eigenrecht der Jugend gewahrt wissen wollte, so erst recht in der Einzelerziehung. Aber hier, im *Emile,* ist er beflissen, statt der allzu summarischen Unterscheidung zwischen Kind und Jugendlichem auf der einen, Erwachsenem auf der andern Seite die einzelnen Perioden und Zustände sorgfältig zu unterscheiden und in ihrer Eigenart zu charakterisieren. Wählt man für diese Betrachtung den Begriff „Entwicklung", so verschleiert man damit eher die Konzeption des *Emile,* als daß man sie kennzeichnet. Man müßte eigentlich von mehreren, in sich verschiedenen Entwicklungen sprechen, wie es für Rousseau mehrere, in sich verschiedene Stufen der Reife gibt. Jeweils am Ende des 2. und 3. Buches ist von einer solchen Reifestufe die Rede; zu Anfang des 5. Buches wird rückschauend auf Emiles bisherige Entwicklung gezeigt, daß er jetzt erst ein „fertiger Mensch" sei, – dem freilich zu seiner „Ergänzung" noch die Frau fehle. Mag die Einteilung in fünf Bücher mehr zufällig sein – ein ursprünglicher Plan sah nur vier Bücher vor –, die Einteilung als solche mit ihrer Unterscheidung der Stufen ist folgerichtig und innerlich notwendig für das ganze Konzept.

Die *Wirkung* von Rousseaus Pädagogik auf das pädagogische Bewußtsein bis in unsere Zeit kann nicht hoch genug eingeschätzt werden. Es gibt seit der zweiten Hälfte des 18. Jahrhunderts wohl keinen Pädagogen, der sich nicht mit Rousseau auseinandergesetzt hätte. Freilich waren diese Auseinandersetzungen oft einseitig. Während Rousseaus politisch-pädagogische Ideen kaum beachtet wurden, hat der *Emile* in Zustimmung und mehr noch in Ablehnung die Geschichte der Pädagogik bis in unsere Tage mitbestimmt. Allerdings blieb die Auseinandersetzung vielfach nur auf die ersten Bücher des *Emile* beschränkt, weshalb Rousseaus Erziehungsplan, so schon von den deutschen Pädagogen am Anfang des 19. Jahrhunderts, als bloß sinnlich-materialistisch kritisiert wurde. Rousseaus *Jugendbild* wurde merkwürdigerweise kaum beachtet und daher zugleich auch nicht die für seine Pädagogik und philosophische Anthropologie so charakteristische Stufenfolge von Natur und Sittlichkeit, – ein Vorurteil, das sich in dem Etikett „Rousseauismus" bis in unsere Tage erhalten hat. Und doch sind es gerade diese These von in sich wesentlich verschiedenen Entwicklungsstufen und die daraus gefolgerte Forderung, daß die Erziehungsmethode sich diesen Perioden entsprechend zu ändern habe, denen Rousseaus pädagogischer Entwurf seine bleibende Bedeutung verdankt. Mag man einzelne Charakterisierungen der Stufen und Perioden kritisch beurteilen, der Gesamtentwurf bleibt exemplarisch; vorbildlich bleibt vor allem die enge Verknüpfung von *Psychologie* (der Entwicklung) und *Pädagogik.* Wie jede pädagogische Theorie kennt auch Rousseau eine *Norm,* nach der man gute von schlechter Erziehung unterscheidet. Das Besondere an Rousseaus Normbegriff scheint mir der Versuch zu sein, die Maßstäbe nicht bloß vom Ziel der Erziehung abzuleiten, sondern gerade auch den Weg zum Ziel, die Entwicklung selber und ihre verschiedenen Perioden jeweils unter einer für sie spezifischen Norm zu sehen. Das Ziel der Kindheit ist für Rousseau nicht das Erwachsensein, sondern das reife, das vollkommene *Kind:* ,,l'enfant fait". Weil die Norm für diese Reife nicht den Horizont des kindlichen Verstehens überschreitet, weil sie ihm faßbar und verlockend ist, darum ist der Weg dahin begleitet von dem frohen Bewußtsein des eigenen Fortschritts. Emile ,,hat die Reife der Kindheit erreicht, er hat das Leben eines Kindes voll ausgeschöpft und hat seine Vollkommenheit nicht mit seinem Glück bezahlen müssen; im Gegenteil: das eine hat zum andern beigetragen", so schließt Rousseau den Abschnitt über das Kindesalter. Ganz ähnlich den über das Knabenalter: ,,Emile hat einen gesunden Körper, behende Glieder, ein freies und leidenschaftsloses Herz ... Er hat frei und glücklich gelebt ... Meint ihr, ein Kind, das auf solche Weise bis zu seinem fünfzehnten Jahr gelangt ist, habe die vorangegangenen Jahre verloren?"

Dasselbe Glücksgefühl in seinem gegenwärtigen Leben soll auch der Jugendliche erfahren. Die Jugendzeit dient vor allem der Bildung des *Gefühlslebens.* ,,Wir haben ein handelndes und denkendes Wesen geschaffen, nun bleibt uns, um den Menschen zu vollenden, ein fühlendes Wesen zu schaffen." (Ende des 3. Buches) Das Erwachen des Gefühls, vor allem des auf Menschen bezogenen Gefühlslebens, der *affection,* kennzeichnet den Beginn des zweiten großen Entwicklungsabschnittes: die *Pubertät.* ,,Wir werden sozusagen zweimal geboren, einmal um zu existieren, das andere Mal um zu leben" – gemeint ist: um innerlich zu leben, zu ,,erleben" (Anfang des 4. Buches). Diese zwei Epochen der ,,existence" und der ,,affection" entsprechen den beiden Daseinsstufen, die Rousseau schon im *2. Discours* unterschieden hatte: der Stufe der Selbstgenügsamkeit des einzelnen Menschen und der seiner Vergesellschaftung, seiner Ergänzungs- und Liebebedürftigkeit. Gegenüber der Vollkommenheit und Stärke der ersten Stufe, des Knabenalters, erscheint daher der Beginn der zweiten Stufe als *Schwäche.* Es ist nach Rousseaus Meinung das *Mitleid,* das den in sich selbst befangenen Knaben nun am Schicksal von Mitmenschen teilnehmen läßt, so wie es auch in dem einzelgängerischen ,,Wilden" das erste Gemeinschaftsgefühl geweckt hatte. ,,Die Schwäche des Menschen macht ihn gesellig." Und da es das erwachende Mitleid ist, das aus dem in sich selbst befangenen und gewissermaßen fühllosen Knaben einen fühlenden Jünglich macht, kann Rousseau folgern: ,,So entsteht aus unserer Schwäche unser zerbrechliches Glück. Ein wahrhaft glückliches Wesen ist ein einsames Wesen" – wir erinnern uns an die Worte der *Rêveries* – ,,Gott allein genießt ein absolutes Glück. Aber wer von uns kann sich ein solches (einsames) Glücklichsein vorstellen?" Das Kind mag sich in seinem Alleinsein glücklich fühlen; für den Erwachsenen bedeutet Einsamsein Vereinsamung, Verlassenheit.

Rousseaus Unterscheidung zweier Entwicklungsphasen, die zwei anthropologischen Daseinsstufen entsprechen, mag im einzelnen zu korrigieren sein; sie behält aber für die Pädagogik ihre bleibende Bedeutung. Noch immer nämlich bildet sie die (heimliche) Norm, nach der wir die innere Entwicklung eines Kindes und Jugendlichen zu beurteilen pflegen: Warum würde uns sonst ein allzu starkes Gefühlsleben oder eine Abneigung gegen körperliche Betätigung im Knabenalter beunruhigen? Warum begrüßen wir das emotionale Bedürfnis des Jugendlichen nach Freundschaft und Liebe, warum sehen wir es als Verkümmerung an, wenn dieses Bedürfnis bereits in diesem Alter durch seine Erfüllung, d.h. durch reale sexuelle Bindungen abgelöst wird? Die „Reifezeit" als eine Zwischenperiode zwischen Kindheit und Erwachsensein ist bekanntlich bei primitiven Völkern auf ein Minimum beschränkt, während sie in den Hochkulturen, und hier wieder vor allem bei den „gebildeten Schichten", auffallend verlängert worden ist. Wir wissen heute, wie sehr diese Verkürzung oder Verlängerung in den historischen Epochen gewechselt hat. Mit Rousseau und der beginnenden Epoche der Empfindsamkeit und der Romantik hat sich zweifellos der Sinn für die Zurückhaltung und damit für die Wertung des bloßen Liebes*gefühls,* der „hohen" Liebe und der tragischen Liebesleidenschaft, gesteigert, um später wieder auf ein durchschnittliches Maß zurückzugehen. Wenn man wie Rousseau überzeugt ist, daß Erziehung nicht nur die bewußten Intentionen der Erzieher umfaßt, sondern alle Einwirkungen der Gesellschaft, dann wird man zugeben müssen, daß die in einer Zeit und einer Gesellschaft herrschenden *Wertungen* einen wesentlichen Teil der Erziehungseinflüsse bilden. Anders gesagt: auch die Psychologie von Kindheit und Jugendzeit kann sich nicht auf bloße Deskription von Durchschnittsverhalten beschränken und die Wertungen von „normal" und „anomal" der Statistik überlassen. Rousseaus Versuch, Entwicklungspsychologie und Pädagogik einerseits, Kultur-, Gesellschaftskritik und Pädagogik andererseits in *einem* zu sehen, scheint mir darum von bleibender Bedeutung.

Ulrich Herrmann

DIE PÄDAGOGIK DER PHILANTHROPEN

I. Das „pädagogische Jahrhundert"

1. *„Rousseau in Deutschland"*

Die führenden pädagogischen Schriftsteller und Schulreformer Deutschlands in der zweiten Hälfte des 18. Jahrhunderts lebten und wirkten in dem Bewußtsein, eine neue Epoche, ein „pädagogisches Jahrhundert" heraufgeführt zu haben, ein „Zeitalter der Bildung", wie Herder sagte. Hierin liegt, wie die Zeitgenossen schon deutlich sahen, im Unterschied etwa zu England, den Niederlanden und Frankreich die Besonderheit der deutschen Entwicklung: durch neue Formen und Inhalte der häuslichen und schulischen Erziehung, Unterrichtung und Bildung einen „neuen Menschen" zu schaffen, den aufgeklärt-vernunftgeleiteten, industriös-fleißigen, am Gemeinwohl orientierten Bürger.

Die pädagogische Reformbewegung der Philanthropen – „Menschenfreunde" – besaß ihre historische Identität im Glauben an die Vervollkommnung („Perfektibilität") und Versittlichung des Menschen durch die Allmacht der Erziehung. Sie gewann ihre politisch-soziale und geschichtsphilosophische Triebkraft aus der Zuversicht, mit der Umschaffung des Menschen zugleich eine Reform der Gesellschaft im ganzen bewirken zu können. Die neue Gesellschaftsordnung sollte nicht mehr an Herkommen und Tradition, an Standesordnungen und Geburtsrechten orientiert sein, sondern sich auf die Rationalität von Herrschafts- und Eigentumsverträgen, auf individuelles Leistungsstreben, auf den „öffentlichen Vernunftgebrauch" im gemeinschaftlichen Raisonnement der Untertanen als Staatsbürger gründen: sie sollte eine an Menschenrechten, Wohlfahrt und Glück, Toleranz und Freiheit orientierte Gesellschaftsordnung sein, eben eine „bürgerliche". Den Schlüssel dazu sah man in dem Bestreben allgemeiner Aufklärung, was zugleich bedeutete: allgemeiner Erziehung und Bildung. Diese bedürfen deshalb besonderer Anstrengungen und Vorkehrungen, sie müssen durchdacht, gestaltet und geplant werden. Eltern und Lehrer müssen auf die neue Aufgabe vorbereitet, Kinder und Jugendliche müssen mit geeigneten Lern- und Bildungsmitteln ausgestattet werden. Es entsteht demzufolge eine neue Literatur: Ratgeber für Eltern, Kinder- und Jugendschriften, pädagogische Lehrbücher und Unterrichtshilfen für die Hand des Lehrers, eine breite pädagogische Publizistik in den immer zahlreicher erscheinenden pädagogischen Zeitschriften und Periodika und schließlich neben den Reform- und Programmschriften auch eine erste öffentliche Erörterung der Pädagogik als Wissenschaft. ,,Pädagogik" als terminus technicus bürgert sich ein, während man früher von ,,Kinderzucht", ,,Unterweisung", ,,Erziehungskunst" gesprochen hatte; im Jahre 1779 wird Ernst Christian Trapp auf den ersten Lehrstuhl für Pädagogik (und Philosophie) in Deutschland an die Universität Halle berufen.

Diese deutsche pädagogische Reformbewegung ist in ihrer Pädagogik-Konzeption nicht zu denken ohne Rousseaus 1762 erschienenen Erziehungsroman *Emile ou de l'éducation*.

Es ist wohl mit Recht gesagt worden, daß Rousseau mit seinem *Emile* die ,,kopernikanische Wende" zu einer ,,Pädagogik von Kinde aus" markiert. Die Wirkung dieses Buches ist besonders für Deutschland kaum zu überschätzen; anekdotisch beleuchtet: Kant soll seinen pedantisch eingerichteten Tageslauf nur einmal in seinem Leben in Unordnung gebracht haben – als er den *Emile* erhielt, durch dessen ununterbrochene Lektüre. ,,Rousseau in Deutschland" – eine für die Geschichte der Pädagogik und Anthropologie in Deutschland zentrale, gleichwohl wenig erforschte Thematik. Es genügt ein vorläufiger Blick in die pädagogischen Schriften von Kant, Basedow, Campe und vieler anderer, um festzustellen, daß und warum Rousseau als geistiger Ahnherr und als Autorität für die eigenen pädagogischen Bestrebungen rezipiert und anerkannt wurde: Rousseau schuf in der literarischen Form der fiktiven Biographie in pädagogischer Absicht das Artikulations- und Gestaltungsprinzip der Lebenslaufbeschreibung, in der einerseits das jeweils aktuelle erzieherische Handeln im Verhältnis von Erzieher und Zögling, andererseits die Dimension der Zeit – der Weg vom Kind zum Erwachsensein – miteinander verschränkt wurden. Pädagogische Reflexion meint seitdem nicht nur isolierte Kasuistik – ,,Was tue ich, wenn ... "–, sondern Erweiterung der Perspektive auf die künftige Identität des Heranwachsenden – ,,Welche *Bedeutung* hat das Eingreifen *jetzt* für die *spätere* Persönlichkeitsentwicklung und den künftigen Lebensweg, wenn ... "–. Rousseau eröffnete mit seinen Erziehungskonzeptionen der ,,natürlichen" und der ,,negativen" Erziehung in Verbindung mit einer festen Abfolge der einzelnen Lebensalter eine pädagogische Anthropologie, die pädagogischen Gestaltungswillen freisetzte und leitete, zugleich auch begrenzte und relativierte: er zeigte die erzieherisch-unterrichtlich veranstaltete Entdekkung und Bewältigung von Ich und Lebenswelt in konkreten Situationen und band dieses Vorgehen zugleich an die individuelle Entwicklungsgesetzlichkeit, an das Selbstsein des Heranwachsenden als Kind, Jugendlicher und junger Erwachsener. In dieser Perspektive sind Kind und Jugendlicher nicht länger lediglich „Objekt" von Zucht und Unterweisung oder standesbezogener Einübung von Verhaltensformen, sondern „Subjekt" in einem pädagogischen Verhältnis von Beratung und Begleitung, d. h. der Anleitung zur Selbstfindung als Person.

Daß damit jene deutsche Pädagogengruppe, die im Begriff war, die Erziehung als einen neuen, eigenständigen Beruf zu gestalten, in *Emile's* Erzieher ein willkommenes Vorbild fand, liegt auf der Hand: Was konnte die Bedeutsamkeit des eigenen Amtes und Auftrags als Erzieher und Lehrer besser betonen als der Verweis auf die eigene Schlüsselfunktion bei der Vorbereitung und Einführung der Heranwachsenden ins Leben? „Das Leben zu lehren" – Rousseaus Devise – mußte den Eltern einer sozialen Schicht, dem „gesitteten Mittelstand", notwendig und sinnvoll erscheinen, da sie sich anschickten, sich als den eigentlichen Kern der „Nation" zu begreifen und politischen, ökonomischen und sozialen Fortschritt von der eigenen Reformbereitschaft und -fähigkeit abhängig zu machen. – Auf diese Weise konvergieren ganz unterschiedliche geistes- und sozialgeschichtliche Strömungen und Impulse: die Maximen einer „bürgerlichen Erziehung" entsprechen den Grundzügen bürgerlicher Lebensauffassung und Gesellschaftsgestaltung; die Erziehung des Menschen zum Bürger wurde als entscheidende Triebkraft im Umformungsprozeß des *ançien régime* aufgefaßt.

2. Der Zwang zur Modernisierung

Seit etwa der Mitte des 18. Jahrhunderts entwickeln sich die wirtschaftlichen und sozialen Verhältnisse in eine Richtung, die durch zunehmende Massenarmut und sich verschärfende Versorgungskrisen gekennzeichnet ist. Die Gründe seien kurz angedeutet: Die im Dreißigjährigen Krieg erlittenen Bevölkerungsverluste waren langsam ausgeglichen, und mit der nun einsetzenden Bevölkerungsvermehrung konnte die Nahrungsmittelproduktion nicht Schritt halten; hinzu kommt gegen das Ende des Jahrhunderts das Steigen der Geburtenrate bei gleichzeitig sinkender Sterblichkeit. Dazu kamen Mißernten und die Vernichtung von Hab und Gut durch Krieg. Steigende Agrarpreise, sinkendes Einkommen und – infolge des Bevölkerungszuwachses – abnehmende Nebenverdienstmöglichkeiten schufen für die Masse der Bevölkerung in den Städten und auf dem Lande eine verzweifelte Situation. Die Landesherren und Magistrate griffen ein: durch Landesausbau, durch Intensivierung der Nahrungsmittelproduktion, durch Einführung neuer Pflanzen und Geräte; durch eine gezielte Gewerbeförderungspolitik, besonders durch die Hebung der Manufakturen; durch umfangreiche sozialpolitische Maßnahmen: die Einrichtung von Arbeits- und Waisenhäusern, Armen-Anstalten, Witwen- und Waisenkassen usw. Der Pauperismus war *das* ordnungspolitische Problem am Vorabend der Französischen Revolution!

Infrastrukturmaßnahmen sind auf die Dauer nur erfolgreich, wenn zugleich der „subjektive Faktor" sich ändert, die Mentalität derjenigen Menschen, die die neuen Strukturen mit Leben erfüllen sollen. Steigerung der Nahrungsmittelproduktion ist nicht nur ein technisches Problem, sondern auch eines der bäuerlichen Mentalität, worauf der Popularphilosoph Christian Garve in seiner Schrift *Über den Charakter der Bauern und ihr Verhältnis gegen den Gutsherrn und die Regierung* (Breslau 1786) hinwies: Der Bauer ist nicht faul, dumpf und träge; er hütet sich lediglich vor größerer Anstrengung und höherer Produktion, weil dies nur seine Abgaben erhöht und ihm selbst nicht der Mehrertrag zum Leben bleibt. Also auch *hier* muß man ansetzen, wenn man die Nahrungssorgen wirksam bekämpfen will.

Manufakturen und Fabriken müssen errichtet werden, um Arbeitsplätze zu schaffen und den Import von Konsumgütern senken zu können und Absatzmärkte für die Agrarproduktion zu eröffnen, schreibt der Kameralist Johann Heinrich Gottlob von Justi in seiner *Vollständigen Abhandlung von denen Manufacturen und Fabriken* (3 Teile, 1758/62). Es gilt, als „neuanfangendes" Land den „Vorsprung" der industriellen „Vorgänger"-Länder England, die Niederlande und Frankreich einzuholen. „Ein Land, das keine Manufacturen und Fabriken hat, wird auch allemal träge, schläfrige und unthätige Unterthanen haben. Sie werden den Ackerbau, die Viehzucht und die unentbehrlichen Handwerke nach dem alten Schlendrian so nachläßig hintreiben, das platte Land und die Landstädte werden in Elend und Dürftigkeit, die Hauptstadt aber, die alle Kräfte des Landes an sich ziehet, wird in Ueppigkeit und Verschwendung leben und zum Guten eben diese Trägheit an sich wahrnehmen laßen." Eine Änderung kann aber nur eintreten, wenn die Menschen arbeitswillig sind, wenn sie sich nicht lieber aufs Betteln verlegen, wenn sie die Handwerksstube oder das Taglöhnerhäuschen verlassen und – modern gesprochen – Lohnarbeiter werden. Deshalb meint Justi in seiner *Grundfeste zu der Macht und Glückseligkeit der Staaten* (2 Bände, 1760/61), daß die Kinder nie müßig gehen sollten, sondern vom 5. oder 6. Lebensjahr an nach ihren Vermögen arbeiten sollten, „wodurch man die Arbeit gleichsam zu ihrer Natur machen würde; indem sie den Müßiggang niemals kennen lernten".

Modernisierung ist kein einmaliger Vorgang, sondern ein unabschließbarer Prozeß, gespeist aus der Eigendynamik der sich immer weiterentwickelnden und immer mehr Lebensbereiche erfassenden wissenschaftlichen Technologie. Dieser Prozeß muß gesteuert und geplant werden, Forschungs- und Entwicklungsergebnisse müssen den potentiellen Benutzern vermittelt werden. Es entsteht ein nicht mehr an handwerklicher Kunstfertigkeit, sondern an moderner Technologie orientiertes Ausbildungswesen; Ökonomische, Patriotische, Gemeinnützige Gesellschaften verbreiten nützliches Wissen zur Hebung von Produktion, Handel und Gewerbe. Der Ruf nach neuen Schulen wird laut, klassisch formuliert in Friedrich Gabriel Resewitz' Buch *Die Erziehung des Bürgers zum Gebrauch des gesunden Verstandes, und zur gemeinnützigen Geschäfftigkeit* (Kopenhagen 1773): „ . . . der erwerbende Stand der Bürger, der doch im Ganzen der zahlreichste und wichtigste ist, wird beynahe ganz ohne öffentliche Erziehung und Anweisung gelassen. Für den niedrigen Stand hat man wohl Schulen, wo ihm die Religion eingebläuet wird, und er kümmerlich lesen und schreiben lernet; zu seinem bevorstehenden bürgerlichen Leben aber, davon doch seine ganze Wohlfahrt, ja zum Theil auch seine Sittlichkeit abhängt, bekömmt er gar keine Anweisung. Der bessere und gesittete Stand hingegen, der die Geschäfftigkeit und das Wohl des Ganzen im Gange erhalten und befördern soll, sieht sich vergeblich nach Hülfe und öffentlichem Unterricht um, zu den Geschäften des bürgerlichen Lebens verständig und tauglich zu werden: er muß sich entweder gelehrt erziehen lassen, um einst das mühsam erlernte, weil er es nicht brauchen kann, zu vergessen; oder er muß ganz roh und unbereitet die Geschäffte selbst antreten, und durch die Erfahrung, diesen kostbaren Lehrmeister, spät klug werden. Schulen zur Erziehung des Gelehrten sind genug da; auch Schulen zur Erziehung des Soldaten: *aber keine Schulen zur Erziehung des erwerbenden, des durch mannichfaltige Geschäfftigkeit den Staat erhaltenden Bürgers.*“ Dieser Bürger muß tauglicher, geschickter, betriebsamer gemacht werden; denn: „Der erwerbende Theil der Bürger ist der größte und wichtigste: auf ihm beruhet die innere Kraft der ganzen Gesellschaft; durch ihn muß die zweckmäßige Erhaltung und der Wohlstand aller Glieder bewirket werden“.

3. Die Pädagogik als Antwort auf politisch-soziale Probleme

Notwendige Ergänzung einer gezielten Bevölkerungs-, Gewerbe- und Agrarpolitik ist also eine reformorientierte Pädagogik und Schulpolitik, um die Menschen aus ihrem alten Schlendrian herauszubringen. Der märkische Gutsherr Friedrich Eberhard von Rochow entwickelt das Konzept einer rationalen Elementarbildung für den „gemeinen Mann“ auf dem Lande und errichtet auf seinem Gut Reckhan eine Musterschule. Anleitung zu Aufmerksamkeit und eigenem Nachdenken, Gebrauch des „gesunden Verstandes“ – angeleitet durch eine unterrichtlich vermittelte „anschauende Erkenntnis“ – zielten auf Hilfe zur Selbsthilfe, auf größere wirtschaftliche Sicherheit und Flexibilität durch Erschließung von Nebenerwerbsquellen. Realschulen wie die Semlersche in Halle und die berühmte von J. J. Hecker in Berlin sollten unmittelbarer auf bürgerliche Berufe vorbereiten und so mithelfen, den geplanten gewerblichen Aufschwung zu unterstützen. Mädchenschulen sollten den künftigen Vorsteherinnen des Hauswesens die nötigen Kenntnisse der Hauswirtschaft – im Sinne eines möglichst marktunabhängigen Selbstversorgungssystems – vermitteln. Industrieschulen sollten die herkömmlichen Schulen ablösen: Nicht nur Lesen, Schreiben, Rechnen, Katechismus und Gesang sollten den Elementarunterricht ausfüllen, sondern vor allem *praktische* handwerkliche Tätigkeiten. Dadurch sollte die Industrieschule mehrere Probleme zugleich lösen helfen: neue pädagogische Impulse in die kritisierte Lernschule hineintragen (praktische Arbeit, Selbsttätigkeit, Selbstkontrolle); bettelnde Kinder zur Arbeit bringen und aus dem Verkaufserlös der von ihnen hergestellten Holz- und Strickwaren sowohl ihren Lebensunterhalt als auch die Unterhaltung der Schule sichern; Kindern und Jugendliche zu Arbeitsamkeit, Fleiß, Ordnung, Pünktlichkeit erziehen, ihnen also auch die „Qualifikationen“ des künftigen Manufakturarbeiters oder des im Nebenerwerb arbeitenden Landmannes vermitteln. So verschränken sich pädagogische, armenpolizeiliche und gewerbefördernde Maßnahmen und Pläne. „Unsere Volksschulen sind ... Schulen der Faulheit, der Stupidität und der Unbrauchbarkeit fürs Leben“, schreibt

Joachim Heinrich Campe in seinen Fragmenten *Über einige verkannte wenigstens ungenützte Mittel zur Beförderung der Indüstrie, der Bevölkerung und des öffentlichen Wohlstandes* (Wolfenbüttel 1786). Änderung ist nur durch praktische Arbeit in der Schule zu erwarten, und zwar dann, wenn ,,die Kinder die ihnen angewiesene mechanische Arbeit nicht blos mit einer Fertigkeit, sondern auch in möglichster Schnelligkeit, mit möglichster Geschicklichkeit, so gut, sauber und schön, als möglich, machen lernten: so würde die schädliche Schulfaulenzerei, so würde der schädliche Schulunfug ein Ende nehmen; so würden die sinnlichen Werkzeuge der Kinder und ihre Fähigkeit zum Aufmerken nicht weiter abgestumpft werden; so würde ihr angebohrner Thätigkeitstrieb geübt, gestärkt, auf nützliche Gegenstände gerichtet werden; so würde endlich aus so eingerichteten Schulen eine Generation von Menschen hervorgehn, welche sich eben so durch Fleiß, Aufmerksamkeit, Emsigkeit und Industrie auszeichneten, als die meisten jetztlebenden Mitglieder der niedrigen Volksclassen sich durch Schwerfälligkeit, Trägheit, Ungeschicklichkeit und thierische Gedankenlosigkeit auszuzeichnen pflegt." Und Campe bricht in den pathetischen Ruf aus: ,,In den Schulen, oder nirgends kann eine Nation zur Industrie, wie zu jeder andern moralischen und politischen Tugend gebildet werden ... In den Schulen, ihr Fürsten! in den Schulen, ihr Väter des Staats! in den Schulen oder nirgends muß man die Werkstatt anlegen, wenn man Menschen veredeln, Gewerbe, Künste und Wissenschaften befördern, und Nahrung und öffentlichen Wohlstand seines Landes erhöhen will!"

In seinem 1789 erschienenen *Handbuch der Moral für den Bürgerstand* hat Carl Friedrich Bahrdt zusammenfassend die Zusammenhänge zwischen allgemeiner Erziehung und Aufklärung, zwischen Reformpädagogik und Gesellschaftsreform dargelegt. Aufklärung befördert die allgemeine Menschenliebe, die Toleranz, sie wendet sich gegen Haß und Unterdrückung, orientiert den Menschen an persönlichem Glück und allgemeiner Wohlfahrt. Deshalb sind der Nutzen der Aufklärung für das Individuum und für den Staat bzw. die Gesellschaft identisch: der ,,aufgeklärte Unterthan" ist leichter zu regieren, weil er aus Einsicht den Gesetzen folgt; er ist kein Aufwiegler oder Revolutionär, da er aus ökonomischen Gründen an Rechtssicherheit interessiert ist; Aufklärung vervollkommnet die Seele, bildet den Charakter, mindert Laster und fördert die Tugenden des Fleißes, der Arbeitsamkeit und der Wohltätigkeit, sie vermehrt Industrie, hebt Handwerke, Künste und Wissenschaften und versteht alle ,,in ein stets steigendes Wachsthum"! ,,Wenn wir es dahin bringen, daß nach und nach die Menschen in moralischen und ökonomischen Wahrheiten zu eignem und freien Gebrauche ihrer Vernunft gewöhnt, von Herkommen, Vorurtheilen, Aberglauben und Schwärmerei entfesselt werden, und so zu einer gewissen Freiheit und vermehrten Thätigkeit des Geistes gelangen, so wandeln wir die Welt in ein Paradieß. – Dieß ist unsre Behauptung." In seinem *Handbuch* identifiziert Bahrdt die ,,materiellen Objecte" von Aufklärung als die formalen und materialen Rechtsformen sowie die grundlegenden ,,materiellen Verhältnisse" der bürgerlichen Gesllschaftsordnung.

Johann Bernhard Basedow (1724–1790)

Diesen ,,materiellen Objecten" als den allgemeinen Bedingungen bürgerlicher Gesellschaft entsprechen die subjektiven Verhaltensformen. Es entsprechen sich also allgemeine Rechts- und Wirtschaftsformen und generelle Verhaltensnormen, deren Befolgung sowohl die bürgerliche Gesellschaft als ganze erst möglich macht, als auch für den einzelnen seine bürgerliche ,,Normalität" definiert. Diese Normen werden mit den grundlegenden Zielen bürgerlicher Erziehung, einer Erziehung für den Bürgerstand in eins gesetzt: Tugenden wie Fleiß, Pünktlichkeit, Ordnungsliebe und Genauigkeit; Selbsttätigkeit und Kritikfähigkeit; politische Abstinenz bei gesellschaftlich-wirtschaftlicher Aktivität im Rahmen einer liberalen Wirtschafts- und Gesellschaftsordnung, die den Prinzipien der Konkurrenz, der Rechtsgleichheit und der Eigentumsgarantie verpflichtet ist. Die Erziehung zum Bürger meint die Habitualisierung dieser Normen der bürgerlichen Gesellschaft.

II. Die Philanthropen

Unter den zahlreichen philanthropischen Schriftstellern und Erziehern des 18. Jahrhunderts in Deutschland ragen nach allgemeinem Konsens der pädagogischen Geschichtsschreibung die folgenden vier besonders hervor: *Basedow* als Bahnbrecher dieser ganzen Reformbewegung und Gründer ihrer ersten Alternativschule, des ,,Philanthropinum" in Dessau; *Campe* als vielgerühmter Jugendschriftsteller und Herausgeber der ersten umfassenden Enzyklopädie der Pädagogik in deutscher Sprache; *Trapp* als Erziehungstheoretiker; und *Salzmann,* Gründer der beispielhaften Landerziehungsanstalt Schnepfenthal in Thüringen, der sich als Praktiker und wirkungsvoller Erziehungsschriftsteller besonders der Familien- und Elternbildung zuwandte.

1. Johann Bernhard Basedow (1724–1790)

Die ,,Aufregung der allgemeinen Aufmerksamkeit auf Unterricht und Erziehung, auf ihre Wichtigkeit für die Menschheit, und auf die Notwendigkeit ihrer Verbesserung, – diese Erweckung einer in jetzt allen Ständen verbreiteten Theilnahme daran, – ist das erste wichtige Verdienst Basedows um das Schul- und Erziehungswesen", heißt es 1791 – ein Jahr nach Basedows Tod – in einer Würdigung im 1. Band des *Archivs für Erziehungskunde.* Und weiter: ,,Seitem Basedow für die Erziehungskunde so kräftig schrieb, und so thätig und glücklich wirkte, ist sie gewissermaßen eine Lieblingswissenschaft unserer Zeitgenossen, ja sogar der feinern Welt geworden, worüber unendlich viel gesprochen, geschrieben, gelesen, räsonnirt und deräsonnirt wird. Daher sind auch selbst Romane und andere Modeschriften voll davon . . . Sonst ist in mehrern Jahrhunderten wohl nicht so viel Brauchbares über Schulen und Erziehung geschrieben worden, als in den letzten 20 Jahren darüber zum Vorschein gekommen ist. In vielen gelehrten Journalen hat man seitdem auch eigne Rubriken für die Erziehungsschriften gemacht, und dem Schul- und Erziehungswesen eigne Bibliotheken [Sammelwerke] und Journale gewidmet. – Diese allgemeine Aufmerksamkeit für die Erziehungskunde hat aber bisher sehr wohlthätig gewirkt, und wirkt noch immer fort. Seitdem sie aufgeregt ist, beeifern sich nicht blos Schullehrer und Erzieher, sondern auch verständige Eltern fast in allen Ständen, die Erziehung der Jugend immer mehr zu verbessern und zu vervollkommnen. Die Aufsicht über die Schulen und die Sorge für die Verbesserung wird nicht mehr blos als eine Sache der Geistlichkeit, oder einzelner Scholarchen (weltliche Schulaufseher) betrachtet; sondern wird jetzt ziemlich allgemein als wichtige Angelegenheit des Staats angesehen, und beschäftigt die Aufmerksamkeit jedes selbstregierenden, sein Land und seine Unterthanen liebenden Regenten, seiner Minister, und der höhern Staatskollegien."

Die für die pädagogische Bewegung des 18. Jahrhunderts bahnbrechende Lebensleistung des 1724 in Hamburg geborenen Sohnes eines Perückenmachers wird wahrlich nicht gering veranschlagt. In ärmlichsten Verhältnissen aufgewachsen, besuchte der begabte junge Basedow von 1741 bis 1744 das Gymnasium Johanneum in Hamburg, eine der hervorragenden Gelehrtenschulen nicht nur der damaligen Zeit; Hermann Samuel Reimarus führte ihn hier in Theologie und Philosophie ein. Anschließend studierte Basedow bis 1746 zwei Jahre, das übliche biennium, in Leipzig evangelische Theologie, die hier geprägt war durch die Aufklärungsphilosophie Christian Wolffs. Unmittelbar im Anschluß an das Studium war in der Regel mit einer freien Pfarrstelle nicht zu rechnen; die „Kandidaten" mußten sich anders durchbringen: als „Informator" durch Stundengeben, als freier Schriftsteller, durch eine gute Heirat, als Hauslehrer oder auch als Hofmeister, der die ihm anvertrauten jungen Herren zum Studium an die Universität oder auf ihrer Bildungsreise begleitete. Nicht anders Basedow: nachdem er bis 1749 noch autodidaktische Studien in Leipzig und Hamburg getrieben hatte, wurde er Hauslehrer im Holsteinischen, bis er endlich im Jahre 1753 an der Ritterakademie Soroe (auf der Insel Seeland) eine Anstellung als Professor für Moral und Beredsamkeit, später auch für Theologie, bekam. Seine aufgeklärt-freigeistigen theologischen und philosophischen Anschauungen, die er auch in seinen zahlreichen Büchern publizierte, führten jedoch zu seiner Versetzung ans Gymnasium Christianeum im damals noch dänischen Altona – dank der Fürsprache des Staatsministers Bernsdorff bei vollem Gehalt und ohne Lehrverpflichtungen. Aber auch hier gingen die theologischen Streitigkeiten weiter: schließlich wurden in Hamburg seine Bücher konfisziert, in Lübeck mit Verkaufsverbot belegt, am Ende in Altona der Druck verboten und Familie Basedow vom Abendmahl ausgeschlossen.

Für die Zeitgenossen war es unzweifelhaft, daß Basedow zu den Vorkämpfern für Toleranz und geistige Freiheit in der zweiten Hälfte des 18. Jahrhunderts zu rechnen ist. Seinen Durchbruch als Aufklärer und Reformer erreichte er jedoch nicht auf dem Feld theologischer und popular-philosophischer Publizistik, sondern mit seinen Programmschriften *Vorstellung an Menschenfreunde und vermögende Männer über Schulen und Studien und ihren Einfluß auf die öffentliche Wohlfahrt* (Hamburg 1768) und *Vierteljährige Unterhandlungen mit Menschenfreunden über moralische und dennoch unkirchliche Verbesserungen der Erziehung und Studien* (Altona/Bremen 1768/69). Der junge Regent von Anhalt-Dessau, Fürst Leopold Friedrich Franz, rief 1771 Basedow nach Dessau, um dort seine pädagogischen und schulreformerischen Ideen zu verwirklichen. Basedow plante ein *Philanthropinum,* eine „Schule der Menschenfreundschaft", in der folgende Aufgaben wahrgenommen werden sollten: Internatserziehung reicher oder adliger Kinder; Ausbildung künftiger Hauslehrer und Schulmänner; Erziehung und Unterrichtung der Kinder armer Eltern, damit sie später bessere, geschicktere Bedienstete oder auch Landschullehrer werden könnten.

Im Dezember 1774 wurde die Schule eröffnet, zahlreiche Spenden gingen ein, die Zahl der Zöglinge wuchs rasch, führende pädagogische Schriftsteller und Reformer konnten als Mitarbeiter gewonnen werden, darunter alle diejenigen, die hier repräsentativ für die Reformbewegung des Philanthropinismus stehen: Joachim Heinrich Campe, Ernst Christian Trapp und Christian Gotthilf Salzmann. Eine institutseigene Zeitschrift, das *Philanthropische Archiv* (1776), und dann die von Basedow und Campe seit 1777 herausgegebenen *Pädagogischen Unterhandlungen* informierten die Öffentlichkeit über Absichten und Fortschritte der pädagogischen Reformarbeit.

Kant unterstützte Institut und Zeitschrift nachdrücklich und öffentlich; in seiner Notiz *An das gemeine Wesen* (1777) ruft er zur Förderung des Philanthropinums auf: „Es fehlt in den gesitteten Ländern von Europa nicht an Erziehungsanstalten und an wohlgemeintem Fleiß der Lehrer, jedermann in diesem Stücke zu Diensten zu sein, und gleichwohl ist es jetzt einleuchtend bewiesen, daß sie insgesamt im ersten Zuschnitt verdorben sind, daß, weil alles darin der Natur entgegen arbeitet, dadurch bei weitem nicht das Gute aus dem Menschen gebracht werde, wozu die Natur die Anlage gegeben und daß, weil wir tierische Geschöpfe nur durch Ausbildung zu Menschen gemacht werden, wir in kurzem ganz andre Menschen um uns sehen würden, wenn diejenige Erziehungsmethode allgemein in Schwang käme, die weislich aus der Natur selbst gezogen und nicht von der alten Gewohnheit roher und unerfahrener Zeitalter sklavisch nachgeahmet worden. Es ist aber vergeblich, dieses Heil des menschlichen Geschlechts von einer allmählichen Schulverbesserung zu erwarten. Sie müssen umgeschaffen werden, wenn etwas Gutes aus ihnen entstehen soll, weil sie in ihrer ursprünglichen Einrichtung fehlerhaft sind, und selbst die Lehrer derselben eine neue Bildung annehmen müssen. Nicht eine langsame *Reform,* sondern eine schnelle *Revolution* kann dieses bewirken. Und dazu gehöret nichts weiter, als nur *eine* Schule, die nach der echten Methode von Grunde aus neu angeordnet, von aufgeklärten Männern nicht mit lohnsüchtigen, sondern edelmütigen Eifer bearbeitet und während ihrem Fortschritte zur Vollkommenheit von dem aufmerksamen Auge der Kenner in allen Ländern beobachtet und beurteilt, aber auch durch den vereinigten Beitrag aller Menschenfreunde bis zur Erreichung ihrer Vollständigkeit unterstützt und fortgeholfen würde."

Daß ein entsprechendes Erziehungs- und Unterrichtsprogramm nach den von Kant erhofften Grundsätzen im Dessauischen Philanthropinum eingeführt werden würde, konnte man nach Basedows Schriften *Das Methodenbuch für Väter und Mütter der Familien und Völker* und *Das Elementarbuch für die Jugend und ihre Freunde in den gesitteten Ständen* (beide Altona/Bremen 1770) erwarten. Gegenüber der kritisierten Lern- und Paukschule betonte Basedow das spielerische Element im Elementarunterricht, das Lernen durch Anschauung und Selbsttätigkeit (Naturerleben, handwerkliche und Gartenarbeit), die Betonung der lebenden Fremdsprachen, Pflege der muttersprachlichen Lektüre; das enge Zusammenleben der Lehrer (und ihrer Familien) mit den Schülern sollte vor allem deren Charakter formen; der Unterricht sollte aufs unmittelbar Nützliche abzielen. Gemeinsamer Unterricht, stilles Lernen, praktisches Arbeiten, Leibesertüchtigung, Ausflüge und Feste sollten von einem Erziehungsstil geprägt sein, den Fröhlichkeit und Kameradschaftlichkeit auszeichnen sollten, der zum anderen aber auch durch Förderung und Lob Freude an Lernen und Leistung wecken sollte. Mit diesem Erziehungsprogramm zeigt sich die große Nähe zu Rousseau, dessen *Emile* Basedow in Ergänzung zu seinen Ausführungen *Von der Erziehung in gesitteten Ständen* im *Methodenbuch* ausführlich zitiert.

Eine andere entscheidende Grundlage der Reformschule und des neuen Unterrichts war ein 1774 vorgelegtes Werk, das den bleibenden Ruhm seines Verfassers begründen sollte: das *Elementarwerk;* der Untertitel sagt, worum es sich handelt: „Ein geordneter Vorrath aller nöthigen Erkenntniß zum Unterrichte der Jugend von Anfang bis in's akademische Alter, zur Belehrung der Eltern, Schullehrer und Hofmeister, zum Nutzen eines jeden Lehrers, die Erkenntniß zu vervollkommnen." Man muß sich vergegenwärtigen, daß für durchgreifende Schulreformen nicht nur die finanziellen Voraussetzungen, die Lehrer und Schulräume fehlten, sondern auch die Voraussetzungen für die innere Schulreform: die Lehrbücher! Seit dem Erscheinen des *Orbis pictus* von Johann Amos Comenius unternahm es zum ersten Male Johann Bernhard Basedow, gemäß den Gesetzen der „natürlichen" Entwicklung des Kindes und Jugendlichen und gemäß dem Prinzip der anschauenden („sinnlichen") Erkenntnis in die Natur und die menschliche Lebenswelt einzuführen; der berühmteste Illustrator der Zeit, Daniel Chodowiecki (1726–1801), lieferte die Kupfertafeln dazu. Das *Elementarwerk* behandelt in neun Büchern Grundfragen der Erziehung, dann den Menschen, die Logik, die Religion und Sittenlehre, die Beschäftigungen und Stände der Menschen, schließlich Geschichte und Naturkunde. Mit der Verbindung von Text und Bild, Sachinformation und ihrer dialogischen Erörterung schuf Basedow den modernen Typ des Realienbuchs, das aufgrund seiner leichten Faßlichkeit sowohl für die Hand des Schülers als auch die des Elementarlehrers geeignet war.

So waren entscheidende Voraussetzungen für die Erziehungs- und Schulreform geschaffen: ein großes Schulgebäude, ein modernes Unterrichtswerk, ein ausgesuchtes Lehrerkollegium; das Philanthropinum war finanziell gesichert und genoß die Unterstützung des Landesherrn. Basedows Reformwerk ging jedoch nicht den erhofften raschen Weg des Erfolgs, nicht zuletzt aufgrund des aufbrausenden und unsteten Wesens seines Initiators; Goethe hat es im 14. Buch von *Dichtung und Wahrheit* beschrieben. Basedow experimentierte und agitierte, versprach meist mehr, als er halten konnte, und war zugleich empfindlich gegen alle Kritik. Er stritt sich beständig mit seinen Mitarbeitern und setzte dabei fast das Institut aufs Spiel: Campe – erst Mitkurator und 1777 an Basedows Stelle Institutsleiter – reiste schließlich verärgert ab und ließ sich auch vom Fürsten selbst nicht zur Rückkehr bewegen; Trapp war schließlich so resigniert, daß er Friedrich Nicolai nach Berlin schrieb, lieber „auf einem Comtoir, auf einer Schreibstube" arbeiten zu wollen als in Dessau: „Mit der Schulreformation wenigstens, will ich nichts mehr zu thun haben, sobald ich nur irgend ein anderes Brod finde." Basedow legte 1778 die Institutsleitung endgültig nieder und verließ 1780 das Institut, das noch bis 1793 weiterbestand; Trapp war ein Jahr zuvor als Professor an die Universität Halle gegangen. Basedow widmete sich wieder ganz der Schriftstellerei und starb 1790 in Magdeburg. Er war ein „in mehr als einer Rücksicht großer und außerordentlicher Mann", heißt es 1790 in Samuel Baurs *Charakteristik der Erziehungsschriftsteller Deutschlands* (Leipzig 1790), „der Fürsten und Staaten zuerst auf Verbesserung der Erziehung aufmerksam machte, und eine allgemeine Reform derselben bewirkte. Was er dafür mit so viel Kraft, Betriebsamkeit, Wärme, Einsicht und eiserner Gedult gethan und gelitten hat, wird der spätesten Nachwelt unvergeßlich bleiben. Mit tiefen Einsichten in die Kräfte der menschlichen Seele, reifre Erfahrung, und einem feurigen Eifer, mit Aufopferung seiner selbst sich dem gemeinsamen Besten zu widmen, gestählt, rief er laut um Verbesserung, weckte viele aus dem Schlafe, sein brausender Ungestüm brachte Menschen aus allen Ecken und Orten zusammen, und Er machte den Entwurf zu dem großen Gebäude. Sein stürmischer Geist arbeitete und trieb unaufhörlich zu einer allgemeinen Revolution der deutschen Köpfe und Herzen, riß ein und bauete, verwarf und autorisirte, musterte das ganze Heer menschlicher Begriffe, zeigte ihren Nutzen und Schaden, erfand neue, oder sagte sie vielmehr auf seine neue Art, kämpfte, stritt, drohete und strafte – kurz, er that alles, was jeder Beherrscher, dem der Herr das Zepter nicht im Schlafe gegeben hat, unablässig zu thun sich gezwungen sieht. Dies ist sein Verdienst, das ihm noch keiner seiner Gegner rauben konnte."

An Gegnern hat es bei Lebzeiten nicht gefehlt; die Vorwürfe gegen Basedow reichen von theologischer Ketzerei bis zur pädagogischen Scharlatanerie. Das vom Neuhumanismus des 19. Jahrhunderts geprägte Bild der Philanthropen, besonders das von Bahrdt und Basedow, fiel eindeutig negativ aus; Basedow wurde nicht in den Kanon der pädagogischen Klassiker aufgenommen (daran ändern wohl auch die jüngsten Versuche in der DDR nichts, ihn im Rahmen der Rekonstruktion des fortschrittlichen Erbes des 18. Jahrhunderts zu einem Klassiker zu stilisieren).

Basedow ist der ungewöhnliche Repräsentant eines ungewöhnlichen Zeitalters: der Epoche der kulturellen Entfaltung Deutschlands in der Zeit zwischen dem Ausgang des Siebenjährigen Krieges und dem Ausbruch der Französischen Revolution (1763–1789). Basedow eröffnete Perspektiven und gab mannigfache Anstöße, in der Pädagogik repräsentiert er die charakteristische Spannung zwischen idealistischem Höhenflug und utilitaristischer Borniertheit – die Entwicklung nach 1789 und dann vor allem in der preußischen Reformzeit, die kritische Philosophie Kants, die Pädagogik Herbarts und die Bildungsphilosophie des Neuhumanismus überantworteten ihn bald dem Vergessen.

2. Joachim Heinrich Campe (1746–1818)

Daß die philanthropische Reformbewegung als eine eng miteinander verbundene Personengruppe von Reformern und Schriftstellern ins Bewußtsein einer großen Öffentlichkeit treten konnte; daß die neuen pädagogischen Anschauungen und Methoden Eingang fanden in den Erziehungsalltag im mittleren und gehobenen gebildeten Bürgertum; daß die Pädagogik entschiedene Anstrengungen unternahm, Erziehungsprobleme differenzierter zu durchdenken und sich neue Problem- und Tätigkeitsfelder zu erschließen – dies ist untrennbar mit dem Wirken Joachim Heinrich Campes verbunden. Als Publizist, als Herausgeber, als Übersetzer und Verleger hat er ganz entscheidend zur Vermittlung und Verbreitung der Reformpädagogik beigetragen. Vor allem aber ist er – neben Christian Felix Weiße in Leipzig – in die Geschichte der Erziehung und Bildung als der frühbürgerliche Jugendschriftsteller eingegangen.

Campe wurde im Jahre 1746 in Deensen bei Braunschweig geboren; er gehört zur Generation Herders und Salzmanns (geboren 1744), Pestalozzis (1746), Mirabeaus und Goethes (1749). Sein Bildungsgang ist typisch für die Zeit: mäßiger Unterricht in der Schule des Heimatdorfs und durch einen Informator; Besuch der Klosterschule Holzminden; von 1765 an Studium der evangelischen Theologie an der Landesuniversität Helmstedt (wo ihn Wilhelm Abraham Teller, einer der führenden Köpfe des späteren Kreises der Berliner Aufklärer, stark beeinflußte) und in Halle. Nach dem Studium wurde auch Campe Hauslehrer: beim Major und Kammerherrn Alexander Georg von Humboldt zur Erziehung des Sohnes der Frau von Humboldt aus erster Ehe. Von 1773 bis 1775 ist Campe Feldprediger in Potsdam, um dann im Hause Humboldt die Erziehung und den ersten Unterricht der beiden Söhne Wilhelm und Alexander zu übernehmen. Zu beiden hat er zeitlebens ein gutes Verhältnis bewahrt: Er war der Verleger von Alexanders Erstlingsveröffentlichung über die Basalte am Rhein (1790); Wilhelm von Humboldt begleitete er auf dessen Reise im Jahre 1789 nach Paris, um die Ereignisse dort an Ort und Stelle in Augenschein zu nehmen. 1776 wird Campe als Prediger an Heiliggeist in Potsdam angestellt, folgt aber noch im gleichen Jahr dem Ruf des Fürsten Leopold Friedrich Franz von Anhalt-Dessau als „Educationsrath“ und Mitku-

Joachim Heinrich Campe (1746–1818)

rator des Basedowschen Philanthropinums nach Dessau. Der dortigen Streitigkeiten und Auseinandersetzungen müde, ging er überraschend im Herbst 1777 nach Hamburg, um sich in geordneten und überschaubaren Verhältnissen seiner pädagogischen Schriftstellerei und der Erziehung ihm anvertrauter fremder Kinder widmen zu können.

Die folgenden Jahre in Hamburg sind außerordentlich anregend und ertragreich. Campe lebt im Kontakt mit den Berliner und den Hamburger Aufklärern: mit Klopstock, Claudius, Lessing, dem Kreise der Häuser Reimarus und Sieveking. Es erscheinen seine grundlegenden pädagogischen Schriften, die die pädagogische und psychologisch-anthropologische Konzeption begründen (*Sammlung einiger Erziehungsschriften,* 2 Teile. Leipzig 1778; *Über Empfindsamkeit und Empfindeley, in pädagogischer Hinsicht.* Hamburg 1779; *Kleine Seelenlehre für Kinder.* Hamburg 1780; *Theophron, oder der erfahrne Rathgeber für die unerfahrne Jugend,* 2 Teile, Hamburg 1783). „Wenn man Umstände erfinden könnte, unter denen sich alle natürlichen Bedürfnisse der Menschen auf eine dem kindlichen Geist leicht faßliche Weise zeigen und unter denen sich die Mittel zur Befriedigung dieser Bedürfnisse nach und nach mit der gleichen Leichtigkeit entwickeln, dann muß eine lebhafte und natürliche Schilderung dieser Verhältnisse seiner (Emiles) Einbildungskraft als erster Übungsstoff dienen", schrieb Rousseau im Dritten Buch des *Emile* und wollte daher nur die Lektüre von Defoes *Robinson Crusoe* als erste Lektüre zulassen. Campe folgte dieser Anregung und bearbeitete den Stoff zu *Robinson der jüngere, zur angenehmen und nützlichen Unterhaltung für Kinder* (2 Teile, Hamburg 1779/80), gefolgt von *Die Entdekkung Amerikas, ein angenehmes und nützliches Lesebuch für Kinder und junge Leute"* (3 Teile, Hamburg 1781/82) und wurde mit einem Schlag ein klassischer Jugendbuchautor; sein *Robinson* wurde in fast alle lebenden Sprachen übersetzt und erlebte in Deutschland weit über 100 Auflagen. Hierher gehören auch Campes Sammlungen von Reisebeschreibungen für Kinder und die von ihm herausgegebenen „Kinderbibliotheken". Campe konzipierte und organisierte schließlich ein Sammelwerk, das die „Summe" pädagogischen Denkens und pädagogischer Praxis darstellen sollte: die *Allgemeine Revision des gesammten Schul- und Erziehungswesens,* die seit 1785 in Hamburg erschien und es bis 1792 auf 16 Bände brachte: „Dieses Werk, das zu keiner Zeit, und bei keiner Nation jemals seines gleichen gehabt hat, setzt dem pädagogischen Zeitpunkt unter den Deutschen die Krone auf." (Baurs *Charakteristik* 1790)

Kein Zweifel, daß Campe nach Basedows Scheitern in Dessau als der führende Kopf der philanthropischen Reformpädagogik betrachtet wurde. So lag es für den Herzog Carl Wilhelm Ferdinand von Braunschweig-Lüneburg nahe, Campe zu bitten, Pläne für die Reform des Erziehungswesens in seinem Land auszuarbeiten, die unter der administrativen Leitung des Geheimen Rats Karl August von Hardenberg, dem späteren preußischen Kanzler in der Reformzeit nach den napoleonischen Kriegen, realisiert werden sollten. Campe siedelte 1786 nach Wolfenbüttel über, als Leiter eines „Schuldirektoriums", dem neben örtlichen Vertretern als pädagogische Fachleute die neu berufenen Mitglieder Konrad Heusinger, Johann Stuve und Ernst Christian Trapp angehörten. Die einschneidenden Pläne scheiterten am Widerstand der Kirche und der Landstände; nur für die dem Landesherrn unterstehende Klosterschule Holzminden konnte ein Reformprogramm ausgearbeitet werden. Stuve und Heusinger wechselten wieder in den Schuldienst über; Trapp privatisierte als freier Schriftsteller und Leiter eines Erziehungsinstituts, Campe vereinigte seine 1786 in Wolfenbüttel gegründete Schulbuchhandlung mit der Druckerei des braunschweigischen Waisenhauses zur „Braunschweigischen Schulbuchhandlung", deren Leitung er bald seinem Schwiegersohn Hans Friedrich Vieweg übertrug. Campes schriftstellerische Schaffenskraft war ungebrochen, auch auf dem Gebiet der politischen Publizistik. Er resignierte aber bald gegen die „Finsterlinge" und unter dem zunehmenden Druck der politischen Reaktion, die ihn – als emphatischen Verfechter der Menschenrechte und „citoyen français" ehrenhalber wie Klopstock, Schiller, Pestalozzi, Washington u. a. – als Vorkämpfer der Revolution in Deutschland denunzierte. Die Herausgabe der *Allgemeinen Revision* und des *Braunschweigischen,* später *Schleswigschen Journals* – von beiden wird unten noch zu berichten sein – wurde eingestellt, Campe verlegte sich auf Studien zur Pflege und Weiterentwicklung der deutschen Sprache und gab von 1807 an sein *Wörterbuch der deutschen Sprache* heraus. In völliger Vergessenheit starb er im Jahre 1818 in Braunschweig.

Campes Erziehungskonzeption bewegt sich in den von Rousseau vorgezeichneten Bahnen. Dem Kind muß Zeit gelassen werden, seine Fähigkeiten und Neigungen zu entwickeln; nichts soll gekünstelt, übertrieben, verbildet, einseitig im kindlichen Erleben und Verhalten sein, wie es nur zu leicht das Ergebnis falscher Erziehung ist: „Flugs sind wir mit unsern pädagogischen Tausendkünsten darüber her; hobeln hier etwas ab, setzen dort etwas zu; und raffiniren und künsteln so emsig und so lange, bis das wunderseltsamste Geschöpf unserer Phantasie mit allen seinen Seelenhöckern bei körperlicher Politur und – Schwäche leibhaftig dasteht, um von den erleuchteten Kennern solcher Raritäten angestaunt und weidlich beklatscht zu werden", schreibt Campe in seinem Aufsatz *Von der nöthigen Sorge für die Erhaltung des Gleichgewichts unter den menschlichen Kräften* im Dritten Teil der *Allgemeinen Revision* (1785). Das Kind soll aus eigenem Antrieb lernen und seine Umwelt erkunden; es soll selbsttätig werden in allseitiger Ausbildung seiner Seelenkräfte – „o merkt euch diese für die Erziehung so überaus wichtige Wahrheit! – Selbsttätigkeit allein übt, stärkt und entwickelt die geistigen wie die körperlichen Kräfte des Kindes"; gesunde Vernunft und schlichter Menschenverstand sollen es auszeichnen: „Man sehe unsere Bauerknaben an; da ist ... noch alles so ziemlich schlicht und eben, recht und schlecht ... Er erkühnt sich aber keiner Sache, wovon er nicht zuvor die nöthige Kenntniß und zwar durch eigene Empfindungen erlangt hat. Auch sein sinnliches Begehrungsvermögen und seine sinnliche Erkenntnißkraft stehen noch im Gleichgewichte. Er will nichts, was er nicht kennt; nichts, dessen Erreichung seinen Kräften unmöglich ist. Er hat keine schimärische Wünsche; keine Einfälle oder Launen. Er mißt seine Begierden nach seinen Kräften und nach dem wirklichen Nutzen des Gegenstandes ab. Seht da das Werk der Natur!" Rousseau in Deutschland!

Oberste Maxime der Erziehung ist also diejenige der Kindgemäßheit, die dem Heranwachsenden zur Identität seiner Individualität verhelfen soll, zum Leben „im Mittelpunkt seiner Existenz", wie Campe gelegentlich sagt. Nur wer als Mensch mit sich in Übereinstimmung lebt – so Campes Auffassung –, ist auch ein glücklicher und nützlicher Bürger, wenn er erwachsen ist. Die Bildung eines entsprechenden bürgerlichen Bewußtseins und Betragens ist daher die zentrale Aufgabe während der Jugendzeit. Die Adoleszenz wird, wiederum wie bei Rousseau, als eine spezifische Entwicklungsphase im Leben des Menschen aufgefaßt: als *moratorium,* als Verweilzeit zwischen Kindsein und Erwachsenenleben, als Zeit der Vorbereitung zum Eintritt ins Leben. Campe beschreibt seine pädagogischen Leitbilder für die Jugend in den beiden Ratgebern für die männliche und die weibliche Jugend (dem *Theophron* 1783 und dem *Väterlichen Rath für meine Tochter* 1789): der fleißige, rechtschaffene, deshalb erfolgreiche junge Geschäftsmann; an seiner Seite die verständnisvolle Gattin, die liebevolle Mutter, die geschickte und sparsame Vorsteherin des Hauswesens; die sorgfältig gestaltete häusliche Geselligkeit; die aufmerksame Erziehung der Kinder als Voraussetzung künftiger Wohlfahrt des Hauses und des Gemeinwesens. So gilt Campe mit Recht als klassischer Repräsentant standesbezogener frühbürgerlicher Pädagogik in Deutschland.

Bürgerliche Standesbezogenheit bedeutete aber – nicht nur für Campe – zugleich das Eintreten für Reform und Modernisierung, für bürgerliche Freiheit und Gleichheit. Toleranz in Glaubensangelegenheiten, Denk- und Pressefreiheit sind die unabdingbaren Voraussetzungen für eine bürgerliche Gesellschaft, die es zu schaffen gilt. Die Braunschweiger Pädagogen nutzten in dieser Absicht als Sprachrohr das von ihnen 1788 gegründete *Braunschweigische Journal philosophischen, philologischen und pädagogischen Inhalts.* Hier veröffentlichte Trapp die an ihn gerichteten Briefe Campes aus Paris (die auch 1790 als Buch erschienen), in denen Campe seine Eindrücke aus dem revolutionären Paris anläßlich der gemeinsam mit Wilhelm von Humboldt unternommenen Reise schilderte. Die Zeitschrift – als führendes reformpädagogisches Journal der Zeit – diskutierte nicht nur pädagogische Grundsatzfragen, z.B. zwischen Philanthropen und Neuhumanisten die Rolle der alten Sprachen und der Muttersprache, sondern ließ sich im Zusammenhang mit der Frage nach der Funktion des Staates in Erziehungs- und Schulangelegenheiten zunehmend auf die politischen Auseinandersetzungen der Zeit ein; der preußische Minister Johann Christoph Wöllner, berühmt-berüchtigt durch seine Zensuredikte von 1788, ein „Pfaffe", dem Friedrich der Große die Nobilitierung versagt hatte, bezeichnete Braunschweig als „foyer de la révolution en Allemagne". Unter dem Druck des Wiener und des Berliner Hofs verlegten die Braunschweiger schließlich, um ihrem liberalen Landesherrn nicht weitere Ungelegenheiten zu bereiten, ihr Journal im dänischen Altona bzw. Flensburg (unter Mithilfe von August von Hennings in Plön). Dänische Preßfreiheit ermöglichte den Druck, aber man unterband den Vertrieb; der Jahrgang 1793 war der letzte.

Ähnlich erging es der *Allgemeinen Revision des gesammten Schul- und Erziehungswesens,* deren erste Bände schon 1785 in Hamburg erschienen waren. Bahrdt, Campe, Villaume, Stuve und Trapp sind die führenden Autoren, sie gestalten mit ihren Beiträgen das ,,*Revisionswerk*" zum Kompendium philanthropischer Pädagogik. In den Bänden 9 bis 15 (1787ff.) erscheinen hier John Lockes *Some Thoughts on Education* (1693) und Rousseaus *Emile* erneut in deutscher Übersetzung, von den ,,Revisoren" in Anmerkungen ausführlich kommentiert. Der abschließende 16. Band über die Schulen, von Trapp geschrieben, aber bereits anonym erschienen, bietet den Abgesang auf die philanthropischen Reformbestrebungen. Es hatte so ausgesehen, als sei der aufgeklärte Absolutismus friderizianischer Prägung ein Garant nicht nur für die Herauslösung der Schule und der Erziehungsangelegenheiten aus der Vormundschaft der Kirche, sondern auch für die *liberale* Weiterentwicklung von Pädagogik und Schulwesen. Die politische Reaktion in Preußen nach dem Tode Friedrichs des Großen und die – mehr oder minder starke – Abwendung des intellektuellen Deutschland von den Zielen und Intentionen der Französischen Revolution nach deren Umschlag in ein Terrorsystem (1792) erwies das Gegenteil: der Staat erklärte die Schule zum *politicum,* zur eigenen Angelegenheit – wie 1794 im preußischen Allgemeinen Landrecht – und betrachtete sie – mit Hilfe der Kirche – als Instrument der Herrschaftssicherung, d.h. als Instrument zur Loyalisierung von Untertanen. Trapp revidiert im 16. Band hellsichtig das Revisionswerk: ,,Was läßt sich ihrer immer wachsenden, immer weiter greifenden Ehr- und Herrsucht noch entgegen stellen, wenn sie [die Herrschenden] auch den Schulen vorschreiben dürfen, *was* und *wie* diese lehren sollen? Der erste Glaubensartikel, den sie werden predigen lassen, muß der seyn: daß man den Gewalthabern *unbedingten* Gehorsam schuldig sei; darnach richtet sich alles übrige. So müssen die Schulen, anstatt die Vernunft zu pflegen, sie im Keim ersticken, und jedes neue Menschengeschlecht zu der alten Sklaverei einweihen." ,,*Daß ja die Leute nicht zu klug werden!* ist, laut oder leise die Losung aller derer, die verlieren müßten, wenn der große Haufe über die Verhältnisse des Menschen zu Gott, Kirche und Staat aufgeklärt würde. Die Fortdauer des Sklavenhandels und der Blindheit haben einerlei Ursachen." Diese Sätze, vor fast 200 Jahren geschrieben, erschienen *anonym* – *mußten* sie es bereits? Signalisiert dieser Sachverhalt die historische Kontinuität einer ,,bürgerlichen" Gesellschaftsordnung, die beständig im Begriffe ist, das zu ihrer Voraussetzung gehörende ,,kritische" Potential pädagogisch-politischen Denkens zum Verschwinden zu bringen? Die historischen Vergleiche hinken beträchtlich – die *Sachverhalte gleichen sich fatal* . . .

3. Ernst Christian Trapp (1745–1818)

Die eben zitierten Sätze stammen von einem Angehörigen der philanthropischen Reformbewegung, dessen wechselvolle Lebensgeschichte sich zum ersten Male nicht im Typus „Theologe – Hauslehrer – Pfarrer – Pädagoge" darstellt, sondern der von vornherein – das heben die zeitgenössischen Quellen ausdrücklich hervor – als „professioneller" Lehrer und Erzieher auftritt; als jemand, der zwischen Theologiestudium und Pfarramt nicht Gottlieb Wilhelm Rabeners satirisch beschriebene *Schleifwege zum geistlichen Schafstall* oder das Schicksal von Jakob Lenz' *Hofmeister* hinter sich zu bringen gedachte, sondern dessen Lehrer- und Erziehertätigkeit und -ausbildung von ihm als „Beruf" – *vocatio* – verstanden wurde, als Bekenntnis – *professio* – zu einem neuen Amt; insofern ist er *professionell:* Ernst Christian Trapp.

„Unter den Gelehrten Wolfenbüttels jener Zeit" um 1800, schrieb K. F. von Strombeck, ein braunschweigischer Jurist und Verwaltungsbeamter in seinen Lebenserinnerungen (1833, S. 144f), „sind billig Trapp und Langer [Lessings Nachfolger als Bibliothekar in Wolfenbüttel] vorzüglich zu erwähnen. . . Es ist nicht möglich, daß es einen humanern, wohlwollendern, stets zu Diensten und Aufopferungen bereitwilligern Mann geben kann, als Trapp war. Ein Freigeist im edlen Sinne, war er ein Feind von jedem Pfaffenthume und jeder Art von Verketzerung. In politischer Hinsicht war er Republicaner, doch mit den gemäßigsten Grundsätzen, und dankbar in der trefflichen Administration [des braunschweigischen Herzogs] Karl Wilhelm Ferdinands das letzte Ziel des Republicanismus, Wohl des Ganzen, erkennend. Er studirte mit Eifer die kantische Philosophie, wozu er schon durch sein Amt, als Recensent der Allgemeinen Deutschen Bibliothek in diesem Fache, aufgefordert wurde, und wozu ihm – da die Schuldirection, zu deren Mitgliede er zugleich mit Campe und Stuve berufen, nicht zu Stande gekommen, und er also ohne öffentliche Geschäfte war – hinlängliche Zeit nicht fehlte. Zum Lehrer war er im eigentlichsten Sinne geboren, denn er war im Stande, stundenlang mit eben dem Eifer uns lehrbegierigen jungen Männern die abstractesten Doctrinen der kantischen Philosophie mit einer Deutlichkeit und Klarheit zu entwickeln, die nichts zu wünschen übrig ließen, mit welchem er ein fünfjähriges Mädchen lesen lehrte; denn er ließ es sich nicht nehmen, in seiner kleinen Pensionsanstalt den Elementarunterricht selbst zu ertheilen. Giebt es hienieden wahre Weise, so war Trapp einer derselben. Sein Haus . . . war der Vereinigungsort der literarischen jungen Männer Wolfenbüttels. Dieser Circel empfing aber dadurch eine besondere Bedeutenheit, daß auch Trapp's auswärtige Freunde, als Campe, Fr. Nicolai [der Herausgeber der „Allgemeinen Deutschen Bibliothek" in Berlin], Gleim [der in Halberstadt lebende Dichter], Elise von der Recke usw. von Zeit zu Zeit in demselben erschienen, und Gelegenheiten zu Familien-Festen gaben."

Trapp war 1745 als Sohn eines Gutsverwalters im Holsteinischen geboren worden und hatte das Glück gehabt, daß in seiner Segeberger Gymnasialzeit

Martin Ehlers – ein damals hochgeschätzter pädagogischer Reformer – sein Lehrer und Förderer wurde. Dieser verschaffte Trapp ein Stipendium zum Studium der Theologie und Philologie an der Universität Göttingen (1765–1768), wo der klassische Philologe Heyne sein Lehrer war. 1769 wurde Trapp zum Nachfolger seines Lehrers Ehlers nach Segeberg berufen, 1772 ist er bereits Rektor in Itzehoe, 1776 Konrektor am Gymnasium Christianeum in Altona. Hier erreichte ihn im Jahre 1777 Campes Ruf ans Philanthropinum nach Dessau, dem Trapp folgte. Er kam mitten in die Krise dieser Reformschule; aber nicht nur deswegen fühlte er sich in Dessau in einer mißlichen Lage, sondern auch wegen der augenscheinlichen Diskrepanz zwischen Basedows Programmatik und ihrer Realisierung, die er nicht mitzuverantworten gedachte. ,,Es fehlt hier an Plan und an gehöriger und bestimmter Vertheilung der Geschäffte, überhaupt an genauen Bestimmungen des ganzen Umfangs, der einzelnen Theile, der Theile der Theile, der Zahl der Lehrer und Schüler, der Zahl, des Maaßes und Gewichtes der zu lehrenden Dinge, der Grenzen wovon und wohin", schreibt er im Dezember 1778 an Johann Stuve in Neuruppin. Er bemühte sich deshalb über Nicolai in Berlin um einen Wechsel nach außerhalb. Durch Nicolais Vermittlung übertrug ihm der preußische Kultusminister K. A. von Zedlitz den an der Universität Halle neugeschaffenen Lehrstuhl für Pädagogik (und Philosophie), der zusammen mit einem 1778 errichteten Erziehungsinstitut – dessen Direktoriat mit der Professur verbunden war – ausschließlich für die Lehrerausbildung bestimmt war, eine Lehrerausbildung, bei der zum ersten Male an einer Universität pädagogisch-theoretische und schulpraktische Studien verbunden werden sollten. ,,Was mich am meisten bei dieser Veränderung freut", schrieb Trapp in dem zitierten Brief an Stuve, ,,ist daß ich nun Veranlassung und Musse habe, aus meiner bisherigen Praxis eine Theorie zu abstrahiren, oder vielmehr das schon abstrahirte zu ordnen". Erste Überlegungen dazu teilt Trapp in seiner Antrittsvorlesung *Von der Nothwendigkeit, Erziehen und Unterrichten als eine eigne Kunst zu studiren* (Halle 1779) mit; in ihr hält er sich wesentlich an die Gründungsschrift des Erziehungsinstituts der Universität, von Zedlitz' 1777 erschienene kleine Abhandlung *Plan d'une Pépinière de Pédagogues et de Gouverneurs.* Trapp beginnt sogleich mit der Ausarbeitung einer theoretischen Begründung seiner pädagogischen Anschauungen und veröffentlicht 1780 bei Nicolai in Berlin seinen *Versuch einer Pädagogik,* das Kompendium der philanthropischen Pädagogik. Schon die Zeitgenossen lobten an dieser ersten modernen systematischen Pädagogik, daß Trapp die Pädagogik als Wissenschaft von zwei Endpunkten her zu entwickeln versucht: von der Psychologie bzw. Anthropologie und von den gesellschaftlichen Bedingungen und Zielen der Erziehung her. Die Hinwendung zu den Erfahrenswissenschaften vom Menschen und der Gesellschaft hat ihre methodologische Entsprechung in der Hinwendung zur Empirie: zur – wie wir heute sagen würden – ,,teilnehmenden Beobachtung" beim Spiel der Kinder, im Unterricht usw. Trapp sieht bereits sehr deutlich, daß ein ,,System" der Pädagogik als Wissenschaft nicht nur nicht aus theologischen oder

Ernst Christian Trapp (1745–1818)

philosophischen Obersätzen deduziert werden kann, sondern daß pädagogisches Wissen sich darstellt in Erzählungen, Beobachtungen, einer Kasuistik von individuellen Vorgängen also, die als solche weder „systematisch" noch abschließend gedacht werden kann. Jede neue Eltern- und Kindergeneration wird im Umgang miteinander, unter sich ändernden Zeitumständen, neue Erziehungsformen und -ziele finden müssen, vor immer neue Probleme sich gestellt sehen. Trapp schreibt im § 26 seines *Versuchs:* „Wenn wir die gehörige Anzahl richtig angestellter pädagogischer Beobachtungen und zuverläßiger Erfahrungen hätten: so könnten wir ein richtiges und vollständiges System der Pädagogik schreiben, dergleichen bisher nicht vorhanden ist und auch nicht sein kann." Denn „wann ist die Zahl der anzustellenden Beobachtungen und der darauf sich gründenden Erfahrungen vollständig? Dis läßt sich in der Erziehungskunst so wenig bestimmen, als in irgend einer andern Wissenschaft und Kunst, oder genauer zu reden, die Zahl wird niemals voll. So lange die Welt steht, wird immer für den Arzt und den Pädagogen etwas zu beobachten, zu bemerken übrig bleiben und der Schatz der Erfahrungen in diesen beiden Wissenschaften, die so sehr analogisch sind, ... ist eines Wachsthums ins Unendliche fähig." Es kann also keine pädagogischen Regeln und Grundsätze, keine Maximen der Schulverbesserung usw. geben, die nicht von Fall zu Fall geändert, an die jeweiligen Umstände angepaßt, korrigiert werden müßten.

Im übrigen war Trapps Lage in Halle reichlich unbehaglich aufgrund von Streitigkeiten über die Kompetenzen bei der Aufsicht über das Erziehungsinstitut, das formell der Theologischen Fakultät zugeordnet worden war. Trapp verließ 1783 enttäuscht die Universität; der Versuch, pädagogisch-theoretische Studien und schulpraktische Ausbildung von angehenden Schullehrern universitär zu etablieren, war fehlgeschlagen. Trapps Nachfolger, Friedrich August Wolf, ebenfalls klassischer Philologe, gestaltete die Altertumswissenschaft zum Mittelpunkt der Bildung angehender „gelehrter Schulmänner" – der Gymnasialprofessoren. Das am aufklärerischen Volksbildungsprogramm orientierte Konzept der philanthropischen Lehrerausbildung wurde abgelöst vom neuhumanistischen Konzept des Philologen, des an den antiken Kulturen und Sprachen „klassisch" Gebildeten. – Trapp übernahm Campes Erziehungsinstitut in Hamburg, ohne noch viele Zöglinge anziehen zu können. Als er Campes Ruf ins Schuldirektorium nach Wolfenbüttel folgte (1786), geschah dies nicht mehr aus Reformeifer, sondern Trapp wußte, daß er eher eine Entscheidung zur Sicherung seines Lebensunterhalts getroffen hatte: bei dem zu erwartenden Fehlschlag der Reformkommission sollte eine lebenslängliche Leibrente es ihm ermöglichen, sich der pädagogischen Schriftstellerei zu widmen: der Herausgabe der *Allgemeinen Revision* und des *Braunschweigischen Journals* sowie dem Abfassen von Schulbüchern. Trapp starb 1818 in Wolfenbüttel, ohne daß die Öffentlichkeit oder die Pädagogenschaft der Zeit davon noch Notiz genommen hätte.

4. Christian Gotthilf Salzmann (1744–1811)

„Einer der thätigsten Beförderer einer verbesserten Erziehung, und einer der aufgeklärtesten Männer im Erziehungsfache. Fast alle Schriften dieses Mannes verrathen die Meisterhand, und werden bleiben, wenn die unreifen Produkte unserer Alltagsscribler längst vergessen sind", heißt es in Baurs *Charakteristik* (1790). In der Tat verraten Salzmanns pädagogische Schriften, seine Volksromane, seine Erzählungen und Unterhaltungen für Kinder einen Erzieher, der sich durch außergewöhnliches psychologisches Gespür und erzieherische Geschicklichkeit auszeichnet. Salzmann verstand sich als Anwalt des Kindes; deshalb ist sein erstes Anliegen nicht die Erziehung der Kinder, sondern die Erziehung *der Erzieher.* In der Vorrede zu seinem *Ameisenbüchlein* schreibt Salzmann: „Wir haben einen Überfluß von Büchern, die Anweisung zur Erziehung der Kinder enthalten, aber an Anweisungen zur Erziehung der Erzieher scheint mir noch Mangel zu sein. Was helfen aber jene, wenn diese nicht da sind? Wozu nützen alle Theorien, wenn die Leute fehlen, die sie ausführen können? Die Revision des Schul- und Erziehungswesens [Campes *Revisionswerk*] stellt gute Theorien auf, wo sind sie aber ausgeführt worden? Statt darauf zu denken, das Wahre und Gute, was wir von der Erziehung bereits wissen, in Ausübung zu bringen, fährt man fort, neue Theorien aufzustellen, denen, so gut wie jenen, die Ausführung fehlen wird." „Ach, gebt uns gute Erzieher! gebt uns Leute, die die Neigung, Geschicklichkeit und Fertigkeit haben, Kinder vernünftig zu behandeln, sich die Liebe und das Zutrauen derselben zu erwerben, die Kräfte zu wecken, ihre Neigungen zu lenken, und durch ihre Lehre und Beispiel die jungen Menschen zu dem zu machen, was sie, ihren Anlagen und ihrer Bestimmung nach, sein können, und sein sollen". Hierin steckt bereits Salzmanns ganzes pädagogisches Programm: *„Erziehe dich selbst"* und *„Lerne die Kinder kennen"!* Im *Ameisenbüchlein* heißt es daher: „O, ihr alle, die ihr euch der Erziehung weihet, lernet, ich bitte euch, lernet mit Kindern spielen! Ihr werdet durch diese Übung drei wichtige Zwecke erreichen: Die Kinder an euch ziehen und ihre Liebe und ihr Zutrauen erwerben, die Gabe, mit ihnen zu sprechen und sie zu behandeln, euch mehr eigen machen und – Gelegenheit finden, in das Innerste eurer Kleinen zu sehen, da sie bei dem Spiele weit offener und freier handeln als in andern Lagen und sich mit allen ihren Fehlern, Schwachheiten, Einfällen, Anlagen, Neigungen zeigen, wie sie wirklich sind." Salzmann ist, so könnte es zunächst scheinen, Vertreter einer Pädagogik vom Kinde aus im Sinne Rousseaus. Jedoch entwikkelt Salzmann ein ganz anderes pädagogisches Konzept: Erziehen bedeutet ihm nicht (nur) Schaffung eines kindgemäßen Lebens- und Erfahrungsraumes, sondern zunächst und vor allem Selbsterziehung des Erziehers, damit *er* – nicht nur die Bücher, Bilder, Spielsachen usw. – kindgemäß werde. Daraus entwikkelt Salzmann im „Symbolum" des *Ameisenbüchleins* provozierende Thesen: „Von allen Fehlern und Untugenden seiner Zöglinge muß der Erzieher den Grund *in sich selbst* suchen." – Zum zweiten kann der Erzieher die Ursache der

Christian Gotthilf Salzmann (1744–1811)

Fehler seiner Zöglinge sein, weil er in der Erziehung schlicht versagt hat: er hat sie ihnen nicht abgewöhnen können oder vielleicht sogar beigebracht. – ,,Der Erzieher macht sich drittens auch der Fehler und Untugenden seiner Zöglinge dadurch schuldig, daß er ihnen dieselben *andichtet.*"

Dieser Pädagoge – 1744 im Thüringischen geboren, Gymnasiast in Langensalza, Theologiestudent in Jena, schließlich Pfarrer in Erfurt (1772) ging 1781 gern als Religionslehrer ans Philanthropinum nach Dessau. Aber seine Ziele sah er in Dessau nicht verwirklicht, er suchte eine gelassenere pädagogische Atmosphäre: 1784 gründete er auf dem Gut Schnepfenthal im Thüringer Wald ein Erziehungsinstitut, das er mit pädagogischem Leben zu erfüllen wußte, das eine rasche und dauerhafte Blüte erlebte und bis in unsere Tage Bestand hatte. Aber nicht nur durch den Erfolg seiner pädagogisch-praktischen Tätigkeit unterscheidet sich Salzmann von den übrigen Philanthropen, sondern auch durch sein ausgeprägtes sozialkritisches Bewußtsein, wie es in seinem Roman *Carl von Carlsberg oder über das menschliche Elend* (in sechs Bänden von 1784 bis 1788 in Leipzig erschienen) Gestalt gewonnen hat. Der Roman, eine Sammlung von Briefen, beschäftigt sich mit der hoffnungslosen Lage vieler Kinder und der armen Leute. Krieg und Not, unzureichende oder falsche Ernährung, seelische und körperliche Verkrüppelung der Kinder und Armen; Krankheit, Ausbeutung, Unterdrückung; der Hochmut des Adels, das Schicksal der Waisen und Unehelichen, die Haltlosigkeit der Gestrauchelten und Verwahrlosten; die Rechtlosigkeit der Frauen und Juden; die Gleichgültigkeit der Öffentlichkeit und die Strenge der Polizei; die Dummheit der Lehrer, die Unsinnigkeit der Lernschule; die Überheblichkeit der Kirche – es ist nicht möglich, das Gemälde der Zeit hier auch nur anzudeuten, das Salzmann vor seinem Leser entwickelt in der Absicht, die Menschen aufzurütteln, damit sie mithelfen mögen bei der Verbesserung der menschlichen und gesellschaftlichen Verhältnisse. So verkörpert Salzmann in der Gruppe der pädagogischen Reformer des ausgehenden 18. Jahrhunderts wohl am besten die Einheit von Gesellschafts- und Erziehungsreform, Philanthropie und pädagogisch-politischem Engagement.

Seit der neuhumanistischen Kritik an den Philanthropen geriet Basedow in Vergessenheit, von seinem *Elementarwerk* einmal abgesehen; Campe behielt seinen Rang als Jugendschriftsteller; Trapp pflegt in der Geschichte der Pädagogik oft noch lediglich anekdotisch als Inhaber des ersten pädagogischen Universitätslehrstuhls aufzutauchen. Ganz anders Salzmann: das *Ameisenbüchlein* und das *Krebsbüchlein* wurden pädagogisch-klassische Texte. Der Grund ist leicht einzusehen: Was andere Philanthropen wie Campe und Trapp als Forderung aufgestellt hatten und was in der neuhumanistischen Bildungsphilosophie zum Verschwinden gebracht worden war, hatte Salzmann eingelöst bzw. macht bis heute den Reiz seiner Erziehungsschriften aus: das Erschließen und Sichhineinversetzen in die Gedanken- und Erlebniswelt des Kindes, das Anschaulichmachen des pädagogischen Verhältnisses zwischen Eltern und Kindern, seine Einführung in pädagogisches Sehen und Denken aus der Alltagssituation, der Umgangserfahrung heraus. Der Erzieher des Rousseauschen *Emile* ist allgegenwärtig, er hat einen festen Plan, er arrangiert und gestaltet; das erzieherische Verhältnis wird als eines der Über- und Unterordnung verstanden, Emile macht allein eine Entwicklung durch, nicht sein Erzieher und Lehrer. Anders Salzmann: Im Verhältnis von Eltern bzw. Erziehern und Kindern beeinflussen beide Seiten sich gegenseitig, beide Partner machen eine Entwicklung durch, viele pädagogische Fragen werden dadurch aufgeworfen, daß die Kinder die Eltern ‚erziehen'. *Konrad Kiefer,* Titelfigur eines gleichnamigen Salzmannschen Buchs, „strebt nach dem Kommando über seine Eltern, und wie es ihm gelungen ist" (9. Kap.): „Weil Konrädchen nun ein gar zu freundliches, drolliges Kind war, so thaten wir ihm alles, was wir ihm an den Augen ansahen. Wenn er nach etwas reichte, so bekam er es gewiß; und wenn ihm auch bisweilen etwas abgeschlagen wurde, so brauchte er nur zu schreien, so erhielt er alles, was er wollte. Das ist ja, dachte ich am Ende, die verkehrte Welt. Sonst war es Mode, daß die Kinder den Eltern gehorchen mußten; jetzt gehorchen die Eltern dem Kinde..." Der Grund liegt eben darin, daß die Eltern sich – natürlich – an den Drolligkeiten ihrer Kinder, an jeder neuen Seite ihrer gesunden Entwicklung freuen und den Kindern gern ihre Wünsche erfüllen. Werden die Kinder „nun größer, so sieht man ein, daß sie sich das alles abgewöhnen müssen; es will aber nun nicht gehen. Die Eltern brauchen daher Zwangsmittel; das Kind wird darüber böse und trotzt; die Liebe der Eltern nimmt ab, und, ehe man es sich versieht, so ist Zank und Verdruß da, und man klagt über die Ungezogenheit der Kinder; bedenkt aber nicht, daß man durch seine Nachgiebigkeit sie selbst ungezogen gemacht habe." Dieses kleine Beispiel möge verdeutlichen, daß bis heute die Empfehlung gelten kann, man möge Salzmann lesen, wenn man eine Einführung in Strukturen und Prozesse des erziehenden Umgangs zwischen Eltern und Kindern sucht; Salzmann ist – neben Pestalozzi – *der* Klassiker der Familienpädagogik.

III. Epilog – Der Übergang zum Neuhumanismus

Keiner der hier vorgestellten Pädagogen ist mit seinem Werk in den Kanon der „klassischen" Pädagogik aufgenommen worden, Salzmann vielleicht ausgenommen. Zwar wurden ihre Schriften im 19. und 20. Jahrhundert verschiedentlich wieder herausgegeben – was sie lediglich vor dem Vergessenwerden bewahrte –, aber eine eigene Wirkungsgeschichte ins 19. Jahrhundert hinein und zu den reformpädagogischen Strömungen des 20. Jahrhunderts ist nicht zu verzeichnen. Die wirkungsvolle zeitgenössische pädagogische und politische Diskreditierung der Philanthropen als Marktschreier, Projektemacher, Umstürzler usw. – wiederum Salzmann ausgenommen – hatte bewirkt, daß die Zeitgenossen sich zunehmend voreingenommen von ihnen abwandten und schon vor 1800 kaum noch Notiz von ihnen nahmen. Schließlich wurde die

Reformbewegung des Philanthropinismus durch den Schule und Unterricht dominierenden Herbartianismus ebenso überlagert wie durch die neue Bildungsphilosophie des Neuhumanismus. Besonders die Wortführer des Neuhumanismus ziehen die Philanthropen der philosophischen Plattheit und Seichtigkeit, hierin übrigens einig mit den Kantianern in der Pädagogik und deren Kritik am philanthropischen Konzept der Glückseligkeit von Kants Pflichtbegriff her.

Bei der von Rousseau aufgeworfenen Frage, ob der Mensch zum Menschen oder zum Bürger gebildet werden sollte, hatten sich die Philanthropen für die Erziehung *zum Bürger* entschieden, für *bürgerliche Brauchbarkeit* und *Nützlichkeit.* Im Unterschied dazu setzte der Neuhumanismus auf Bildung des Menschen *zum Menschen:* zur Individualität, zur menschlichen Vollkommenheit und Allseitigkeit, zur ,,höchsten und proportionierlichsten Bildung seiner Kräfte zu einem Ganzen", wie Humboldt sagte (vgl. aber auch gegenläufige Humboldt-Äußerungen, zitiert im Humboldt-Beitrag dieses Bandes, S. 208f). Dieser Wandel in der Auffassung von Bildung und Erziehung ist nicht nur ein ideen- oder geistesgeschichtlich konstatierbarer Vorgang, sondern hat auch unmittelbar realgeschichtlich faßbare Gründe. Oben war darauf hingewiesen worden, daß z. B. Trapp unter dem Eindruck der politischen Reaktion in Preußen nach dem Tod Friedrichs des Großen für eine Trennung von Staat und Schule plädiert hatte: nicht die staatliche Administration, sondern die Bürgergemeinde, die ,,Öffentlichkeit", sollte als Schulträger fungieren und eigenverantwortlich die inneren und äußeren Schulangelegenheiten regeln. Gerade dies aber konnte von den ,,gelehrten Schulmännern" an den Gymnasien nicht mitgetragen werden, da sie sich als Repräsentanten eines neuen Bildungsbürgertums verstanden, das sich in der preußischen Reformzeit nach 1800 anschickte, das eigene Standesinteresse – Aufstieg und soziale Statusabsicherung durch ,,höhere" Bildung – mit Hilfe des Staates in dessen Schulorganisation und Verwaltungshandeln zu verankern. Dieser Vorgang spiegelt eine allgemeine Entwicklungstendenz der bürgerlichen Gesellschaft nach 1800: die doppelseitige Abgrenzung des Bürgertums vom Adel und vom gemeinen Mann, dem ,,Pöbel", so daß das ursprüngliche bürgerliche Konzept allgemeiner Volksaufklärung und -bildung des 18. Jahrhunderts sich im 19. Jahrhundert mehr und mehr standespolitisch artikulierte; *Bildung wird Standesprivileg.* Von daher ist auch leicht einzusehen, daß Bildung und Erziehung, Schule und Unterricht zwar ein *politicum* erster Ordnung werden konnten, daß aber – modern gesprochen – die Einsetzung und Sicherung eines Bildungsverfassungsrechtes nicht gelang: ,,die Gebildeten" hatten nicht die politische Macht errungen – vielfach nicht einmal erstrebt –, aber sie brachten mit ihrem von den höheren Bildungsanstalten her entworfenen Schulwesen den institionellen Mechanismus einer Verfestigung und Reproduktion sozialer Schichten in Gang, den sie vielleicht bewußt nicht wollten, der aber doch in ihrem Standesinteresse lag.

So zeigt sich an der bürgerlichen Pädagogik der Philanthropen ein Dilemma, das für die Pädagogik der bürgerlichen Gesellschaft kennzeichnend geblieben ist: durch Erziehung und Bildung ungerechte Ungleichheit abbauen helfen zu wollen, dies aber nicht nur nicht zu können, sondern die Entstehung und Verfestigung sozialer Schichten sogar noch zu begünstigen.

Heinz-Hermann Schepp

ANTOINE DE CONDORCET

(1743–1794)

Die Französische Revolution ist das Kardinalereignis der neueren Geschichte. Sie ist eine entscheidende Zäsur in der Neuzeit. Was sich unterschwellig lange vorbereitet hatte, übertritt die Schwelle der geschichtlichen Aktualität und teilt sich der Welt mit dem Pathos des Neuen, Einmaligen und Unerhörten mit. Die in der *Déclaration des droits de l'homme et du citoyen* verkündeten Prinzipien von Freiheit und Gleichheit, von Volkssouveränität und Gesetzesherrschaft verändern die Welt bis auf den heutigen Tag. In ihnen manifestiert sich ein einheitliches und planmäßiges, von axiomatischen Feststellungen über die Natur des Menschen und von allgemeinen Prinzipien ausgehendes Denken, das die menschliche Existenz, das politische Gemeinwesen, die Erziehung und die Schule auf neue Fundamente stellen will. Kein Bereich menschlichen Lebens ist seither von ihren Auswirkungen unberührt geblieben.

Die in der „Erklärung“ verkündeten politischen Postulate werden schon während der Revolution auf ihre pädagogischen und schulpolitischen Konsequenzen hin durchdacht. In den Debatten der Nationalversammlung wird mit Leidenschaft davon gesprochen, daß eine Verwirklichung des politischen Programms der Revolution ohne tiefgreifende Veränderungen in der Organisation des Schulwesens nicht möglich sei. Die während der Revolutionsjahre vorgetragenen Schulpläne gelten daher als Gründungsurkunden der modernen Bildungsplanung und Schulorganisation sowie als Ursprungsdokumente für ein neues Verständnis von Erziehung und Unterricht.

Condorcet gehört zu den hervorragenden Theoretikern der Französischen Revolution und ist selbst an der Ausarbeitung der *Erklärung der Menschen- und Bürgerrechte* beteiligt. Unter pädagogischer Fragestellung hebt er sich von seinen Zeitgenossen ab, weil er in besonderer Klarheit und auf der Höhe nicht nur der französischen, sondern darüber hinaus der europäischen Aufklärung die regulativen Prinzipien für ein Schulwesen konzipiert, das den Anforderungen einer demokratischen Gesellschaft genügen soll. Unter den vielen schulpolitischen Konzeptionen, die die Revolutionszeit hervorbringt (Mirabeau, Lavoisier, Lepeletier, St. Just, Babeuf u. a.), ragt Condorcets Plan einer *instruction publique* hervor, weil in ihm zum ersten Mal die Grundsätze einer neuen Schulpolitik artikuliert und anthropologisch-geschichtlich sowie philosophisch-politisch begründet werden. Spätere Konzepte bleiben, auch wenn sie widersprechen oder bestimmte Aspekte radikalisieren, im Horizont des von ihm Vorgedachten. In diesem Sinne bildet das von Condorcet entworfene „aufgeklärte“ Grundmodell für ein öffentliches Unterrichtswesen nicht nur für die Zeit der Französischen Revolution, sondern bis auf den heutigen Tag den ursprünglichen Bezugsrahmen für die Schulsysteme der modernen Industrienationen in West und Ost.

I.

Mit Recht wird von Condorcet gesagt, sein Werk entbehre der spezifisch autobiographischen Züge.[1] Für den am 17. September 1743 in Ribemont (Picardie) geborenen Marie-Jean-Antoine-Nicolas Caritat, Marquis de Condorcet ist die Herkunft aus einer adeligen Familie ebensowenig bestimmend wie die Landschaft, in der er aufwächst oder der Schulbesuch bei den Jesuiten in Reims. Alle persönlichen Momente treten zurück vor der früh ergriffenen Idee des Menschen als eines freien und vernünftigen Wesens, das alle Vorurteile, allen Aberglauben und alle Doktrinen hinter sich gelassen hat, um „in seinem eigenen Wissen und in der Redlichkeit seines Geistes“ (Condorcet, 1792, 83)[2] die Menschheit in sich zu verwirklichen. Diese Idee ist es, nach der Condorcet sein Leben stilisiert. Die in seiner Familie übliche Tradition, in den militärischen Dienst einzutreten, lehnt er ab. Sein wahres Interesse gilt dem Studium der Mathematik, der Naturwissenschaften und der aufgeklärten Philosophie. Schon in jungen Jahren wird er als Mathematiker, Physiker, Mitarbeiter an der Enzyklopädie und als humanitärer Denker bekannt. 1770 erfolgt die Aufnahme in die Académie des Sciences, die ihn später zum Sekretär auf Lebenszeit ernennt. 1782 wird Condorcet Mitglied der Académie Française. Seit 1765 veröffentlicht er zahlreiche Publikationen über mathematisch-naturwissenschaftliche, philosophische, theologische, politische, ökonomische und pädagogische Themen. Turgot, Physiokrat und Finanzminister unter Ludwig XVI, ernennt ihn zum Generalinspekteur der Staatsmünze. In dieser Eigenschaft führt Condorcet die hydrodynamischen Berechnungen zur Vorbereitung des von Turgot geplanten Kanalnetzes aus.

1789 schließt sich Condorcet der Revolution an. Er wird Mitglied des Gemeinderats von Paris und gründet zusammen mit Emmanuel Sieyès, dessen Broschüre *Was ist der Dritte Stand?* zu den auflagenstärksten und einflußreichsten Flugschriften der Französischen Revolution gehört, die „Société de 1789“. Zwei Jahre später wird Condorcet von der Stadt Paris in die Gesetzgebende Versammlung gewählt. Als Sprecher der Unterrichtskommission trägt er vor der Legislative am 20. und 21. April 1792 den Plan für eine Neuorganisation des öffentlichen Unterrichtswesens in Frankreich vor. Als Deputierter und dann als Vizepräsident des Nationalkonvents (seit September 1792) wirkt Condorcet bei der Ausarbeitung der Verfassung mit. Der von ihm vorgelegte Verfassungsentwurf entspricht den Vorstellungen der Girondisten. Nach dem Sturz der Gironde im Juni 1793 wird er vor dem Konvent denunziert und

Antoine de Condorcet (1743–1794)

angeklagt. Es gelingt ihm, der Verhaftung zu entgehen und sich in Paris verborgen zu halten. Noch in der äußersten Bedrängnis seines Verstecks, verfolgt von den Jakobinern, ist sein Glaube an die Allgemeinheit der Vernunft ungebrochen. In völliger Distanz und Objektivität schreibt er sein bekanntestes Werk: *Entwurf einer historischen Darstellung der Fortschritte des menschlichen Geistes.*[3] Aus unbekannten Motiven verläßt er im Frühjahr 1794 seinen Zufluchtsort, wird bei Freunden abgewiesen und verbringt längere Zeit in den Steinbrüchen von Montrouge bei Paris. Am 27. März wird er in einer Gastwirtschaft erkannt und der Behörde übergeben, die ihn inhaftiert. Am nächsten Tag findet man ihn tot in seiner Zelle. Es ist unklar, ob er vor Erschöpfung gestorben ist oder ob er sein Leben selbst beendet hat.

II.

Der Glaube an den Fortschritt und an die Möglichkeit, einen „neuen Menschen" zu bilden, gehört zu den Grundideen der Aufklärung. Auch Concorcet ist davon überzeugt, daß die „allgemeinen Gesetze, welche die Erscheinungen im Universum bestimmen", nicht nur für die „Vorgänge in der Natur", sondern ebenso „für die Entwicklung der intellektuellen und moralischen Fähigkeiten des Menschen ... Gültigkeit haben" (1793, 345). „Es ist die Anwendung des Kalküls auf die Wahrscheinlichkeiten des Lebens" (1793, 361), die es ermöglicht, die Geschichte als einen rationalen, weithin berechenbaren und voraussehbaren Vorgang zu begreifen. In seiner Geschichtsphilosophie beschreibt Condorcet die verschiedenen Epochen einer sich bewußt werdenden Geschichte, angefangen bei der weit zurückliegenden Vereinigung der Menschen zu Sozietäten bis hin zu einer künftigen Zeit, „wo kein allgemeiner Irrtum mehr zu fürchten ist ..., wo sich die Aufklärung gleichmäßig auf alle Orte desselben Gebietes wie auf alle Klassen derselben Gesellschaft ausgebreitet hat (1792, 38) und wo „die ständig wachsenden Fortschritte der Erkenntnisse eine unerschöpfliche Quelle erschließen, die unseren Bedürfnissen hilft, die unsere Schmerzen heilt, die uns Mittel gibt für das individuelle Glück, den allgemeinen Wohlstand (und für) die stufenweise fortschreitende Vervollkommnung des Menschengeschlechts" (1792, 20f). Geschichte ist für Condorcet ein allmähliches Aufwachen und Zu-sich-selbst-Kommen der menschlichen Vernunft. Weil die Menschen bisher unwissend waren, in Vorurteilen und im Aberglauben befangen, weil ihnen die Einsicht in die rationale Gesetzlichkeit von Natur und Gesellschaft fehlte, konnte es ihnen nicht gelingen, ihr Zusammenleben nach den Prinzipien der natürlichen Gerechtigkeit zu ordnen. Erst die Aufklärung ermöglicht – indem sie die Welt rational erkennbar und verfügbar macht – den entscheidenden Schritt nach vorn. Die von ihr begonnene Aufgabe liegt in der Ausweitung und ständigen Korrektur der Vernunft. Der Vernunft folgen, heißt für Condorcet nichts anderes, als dem Anspruch der menschlichen Natur selbst zu gehorchen. In der voll ausgebildeten *raison* des Menschen kommt die Menschheit zu sich selbst. Das beginnende Zeitalter der Freiheit und der Gleichheit wird sich, dessen ist sich Condorcet sicher, vollenden, wenn ,,freie Menschen bei sich selbst die Mittel finden werden, die letzte und schändlichste ihrer Ketten (ihre Unwissenheit – H. H. Sch.) zu zerbrechen" (1792, 32). Wie später Karl Marx ist Condorcet davon überzeugt, daß ,,die Welt längst den Traum von einer Sache besitzt, von dem sie nur das Bewußtsein besitzen muß, um sie wirklich zu besitzen".[4]

Die Grundprinzipien des von Condorcet geplanten Schulsystems stehen in dieser langfristigen Perspektive. Die neue Organisation des öffentlichen Unterrichtswesens soll dazu beitragen, ,,der Welt endlich eine Nation zu zeigen, in der Freiheit und Gleichheit für alle ein tatsächliches Gut sind, dessen sie sich zu freuen wissen und dessen Wert sie kennen" (1792, 58). Nicht die neue schulorganisatorische Konzeption ist also primär, sondern bestimmte axiomatische Feststellungen über die ,,Natur" des Menschen und die ihr adäquate politische Ordnung.

Die für Condorcets schulpädagogische Vorstellungen richtungweisenden anthropologischen, philosophischen und politischen Prinzipien sind in der *Erklärung der Menschen- und Bürgerrechte* niedergelegt (s. o.). Condorcet weist wiederholt auf die *Erklärung* als integrierenden Zurechnungspunkt seines Entwurfs hin. In ihr werden, wie er sagt, die unveränderlichen ,,Prinzipien der natürlichen Gerechtigkeit" und die ,,wesentlichen Rechte des Menschen" (1792, 41) ausgesprochen, die das Leben des Einzelnen und sein Leben in der Gesellschaft bestimmen. Sie stellen gleichsam ein *primum verum* dar, die natürliche und unverfälschte Wahrheit, deren auch der Zweifelnde gewiß sein kann. Wer vernünftig denkt, kann sie erkennen und sich verfügbar machen. Im Unterricht soll daher die Lehre der ,,Grundwahrheiten des menschlichen Zusammenlebens ihrer Anwendung vorangehen" (1792, 24).

In den beiden ersten Artikeln der *Erklärung* werden die grundlegenden Maximen ausgesprochen, auf denen der Aufbau von Condorcets Schulkonzeption beruht. Der erste Satz des Artikels I faßt den freiheitlichen Charakter der Menschenrechte zusammen, indem er erklärt: ,,Die Menschen werden frei und mit gleichen Rechten geboren und bleiben es." Die politische Konsequenz aus dieser Feststellung erläutert der erste Satz des Artikels II: ,,Der Zweck jeder politischen Vereinigung ist die Bewahrung der natürlichen und unverjährbaren Menschenrechte." Für Condorcet sind beide Artikel Ausdruck universaler und vernunftgerechter Wahrheit. Daß alle Menschen von Natur aus frei und in ihren Freiheitsrechten gleich sind, ist für ihn eine ebenso unbezweifelbare Gewißheit wie die politische Bestimmung des Staates, dieses ursprüngliche Recht des Menschen auf Selbst-bestimmung und Selbst-verwirklichung – das Recht auf Bildung und Unterricht eingeschlossen![5] – zu gewährleisten. Condorcets *Bericht über die allgemeine Organisation des öffentlichen Unterrichtswesen* beginnt mit den Worten: ,,Allen Angehörigen des Menschengeschlechts die Mittel zugänglich zu machen, daß sie für ihre Bedürfnisse sorgen, ihr Wohlergehen sichern, ihre Rechte erkennen und ausüben, ihre Pflichten begreifen und erfüllen können; jedem die Möglichkeit zu sichern, seine berufliche Geschicklichkeit zu vervollkommnen, sich für gesellschaftliche Funktionen vorzubereiten, zu denen berufen zu werden er berechtigt ist, den ganzen Umfang seiner Talente, die er von der Natur empfangen hat, zu entfalten und dadurch unter den Bürgern eine tatsächliche Gleichheit herzustellen und die politische Gleichheit, die das Gesetz als berechtigt anerkannt hat, zu einer wirklichen zu machen: das muß das erste Ziel eines nationalen Unterrichtswesens sein; und unter diesem Gesichtspunkt ist es für die öffentliche Gewalt ein Gebot der Gerechtigkeit." (1792, 20) Die neue Organisation des öffentlichen Unterrichtswesens, die Condorcet für Frankreich fordert, ist in ihren prinzipiellen Grundlagen nicht an staatliche Grenzen gebunden. Denn *jede* politische Vereinigung hat für ihn denselben Zweck: sie soll jedem „Menschen" die freie Entfaltung seiner Persönlichkeit dadurch ermöglichen, daß er als „Bürger" in der Wahrnehmung dieses Rechts mit allen anderen gleich ist.

Das Recht auf Unterricht und Bildung ist für Condorcet ein Menschen-Recht, das der Staat durch seine allgemeinverbindliche Schulgesetzgebung für alle in gleicher Weise garantieren soll. Nachdrücklich verlangt Condorcet, das gesamte öffentliche Schulwesen „jeder außenstehenden Gewalt" (1792, 76), d.h. der Aufsicht der bisherigen politischen Mächte – bei denen „alles Privileg war" (1792, 75) – zu entziehen und es einzig jener gesetzgebenden Autorität zu unterstellen, die das Volk selbst beruft. Nur sie darf „ihre Autorität unmittelbar über das ganze Unterrichtssystem ausüben" (1792, 76). Sie darf es, weil die von ihr beschlossenen Gesetze keinen Sonderinteressen Vorschub leisten. Auch für die Schulgesetzgebung gilt das allgemeine Prinzip: die Gesetze bewirken das Gleichsein in der Freiheit, in der das Menschsein besteht.

Aus den in sich einsichtigen Postulaten der Vernunft – Freiheit und Gleichheit – leitet Condorcet eine Reihe von Forderungen an die Gesetzgebung für das öffentliche Unterrichtswesen ab. In ihrem Für und Wider enthalten sie im Ansatz alle Argumente, die im 19. Jahrhundert und bis in unsere Gegenwart die schulpolitischen Auseinandersetzungen bestimmen:

Alle Bildungsprivilegien, so lautet die erste Forderung, sollen abgebaut werden, um das Menschenrecht auf Bildung und Unterricht, auf Vervollkommnung aller Fähigkeiten und Fertigkeiten, für jedermann zu gewährleisten, welchen Alters, welchen Geschlechts und welcher Herkunft er auch sei.

Condorcet geht davon aus, daß die durch die Revolution erkämpfte politische Gleichheit über sich selbst hinausweist. Sie kann nur dann zur bürgerlichen Freiheit und damit zur politischen Befriedigung führen, wenn die extremen Ungleichheiten in den konkreten Lebensverhältnissen allmählich überwunden werden. Das wichtigste Mittel, um dieses Ziel zu erreichen, ist für ihn eine allgemeine Volksbildung, auf die er seine ganze Hoffnung setzt. Das Modell für die künftige Gesellschaft entnimmt Condorcet seiner eigenen Lebenssphäre. Für das Mitglied der Académie des Sciences und der Académie Française verwirklichen sich Gleichheit und Freiheit schon in den gelehrten Gesellschaften Europas. Die Gelehrtenrepublik, in der der Geist „frei von allen Ketten und befreit von jeder Autorität und jeder alten Gewohnheit" (1792, 40) seine ganze Aktivität entfalten kann, nimmt vorweg, was Condorcet eines Tages für alle Bürger erwartet: sich selbst zu regieren und individuelles Glück mit allgemeiner Wohlfahrt zu vereinen.

So ist es Condorcets „erste Sorge" (1792, 21), Erziehung und Unterricht „einerseits so gleich und so allgemein zu verbreiten, andererseits so vollständig zu gestalten, wie die Umstände es erlauben" (1792, 21). Doch Condorcet blickt über die Kinder- und Jugendschule hinaus, wenn er verlangt, „daß der Unterricht die Individuen nicht in dem Augenblick preisgeben darf, in dem sie die Schule verlassen; daß er vielmehr alle Altersstufen umfassen muß, daß es keine gibt, in der zu lernen nicht nützlich und möglich ist" (1792, 22). Mit Condorcet beginnt die moderne Erwachsenenbildung. Sie hat für ihn nicht nur die kompensatorische Funktion, Ausgleich für in Kindheit und Jugend unterbliebene Hilfen zu sein. Sie ist vielmehr die zwingende Folge einer mobil werdenden Gesellschaft, die auf dem Wege ist, sich auf der Basis der „glückverheißenden Revolution" (1792, 36) in Industrie und Gewerbe eine neue politische Ordnung zu geben. Permanente Weiterbildung, *éducation permanente,* ist für Condorcet eine Aufgabe, die politische Bildung und berufliche Fortbildung einschließt.

Im Menschenrecht auf Bildung und Unterricht kulminieren für Condorcet die Bedürfnisse des Einzelnen und die Notwendigkeiten der Gesellschaft. Die *instruction générale* ist für ihn ein Universalinstrument, mit dessen Hilfe der Fortschritt der Gesellschaft als Gesamtheit intendiert werden kann. Der ökonomisch bedingte Gegensatz der Klassen ist ebenso überwindbar wie sein Pendant, die Einteilung des Menschengeschlechts „in die Klasse der Menschen, die vernünftig denken, und die Klasse derer, die nur glauben, in die der Herren und die der Sklaven" (1792, 25). Gleichheit soll durch Aufklärung wirklich werden. Weil Vernunft allgemein und für jedes denkende Wesen dieselbe ist, kann sie Differenzen der Gesinnung, des Glaubens und des sozialen Status hinter sich lassen. Es gibt für Condorcet nur eine von der Natur selbst gewollte Überlegenheit: die der „Vernunft und wahrhaften Einsicht" (1792, 43). Autorität beweist sich selbst. Sie beweist sich als solche, indem sie den „Ehrgeiz, die Menschen zu beherrschen, durch den Eifer ersetzt, sie aufzuklären" (1792, 36). Die Verwirklichung des Menschenrechts auf Unterricht und Bildung soll nicht nivellieren, sondern „alles befreien und auf einen höheren Stand heben" (1792, 66). Das ist – wie Condorcet ausdrücklich hervorhebt – „das fundamentale Prinzip unserer Arbeit" (1792, 66).

Die zweite Forderung, die Condorcet an die Gesetzgebung für das öffentliche Unterrichtswesen stellt, lautet: sie soll die Vielfalt standes- und gruppenspezifischer Schulen einschränken und durch einen einheitlichen, durchgängig organisierten, horizontal gegliederten und durchlässigen Aufbau des öffentlichen Unterrichtswesens institutionell das gleiche Recht auf Unterricht für alle garantieren.

Condorcet fordert ein sich auf das ganze Territorium erstreckendes Unterrichtsangebot, in dem er wesentliche Merkmale der modernen Schulorganisation vorwegnimmt. Die von ihm geplante Schulgliederung soll die Gleichheit der Bildungschancen, soweit es die tatsächlichen Verhältnisse ermöglichen, ebenso gewährleisten wie jedem Einzelnen gestatten, ,,den ganzen Umfang seiner Talente ... zu entfalten" (1792, 20). Gleichheit und Freiheit sollen in der Organisation der Schule zum Ausgleich gebracht werden. Das gesamte Unterrichtswesen bildet für ihn eine in fünf Stufen gegliederte Einheit. Von den ,,Primarschulen" führt der Weg in die ,,Sekundarschulen", von ihnen in die Institutionen der Weiterbildung und in die Hochschulen. Den Abschluß bildet die ,,Nationale Gesellschaft der Wissenschaften und Künste", die in sich wiederum nach verschiedenen Klassen und Sektionen aufgeteilt ist. Nachdrücklich betont Condorcet, daß kein Talent verlorengehen soll, ,,weder für euch [die armen Bürger] noch für das Vaterland" (1792, 23). Der Unterricht soll daher auf allen Stufen des Schulwesens ,,völlig kostenlos" sein (1792, 52). Besonders sollen die ,,Kinder der armen Klassen ..., deren Befähigung auf einer Unterrichtsstufe am meisten hervorgetreten ist, aufgefordert werden, die nächste Stufe zu durchlaufen" (1792, 54). Als ,,Schüler des Vaterlandes" (1792, 54) werden sie ,,auf Kosten des nationalen Vermögens unterhalten" (1792, 54). Unterrichtsgeldfreiheit und ein großzügig gehandhabtes Stipendienwesen ergänzen die organisatorische Durchlässigkeit des Schulsystems.

Die dritte Forderung, die Condorcet an die schulpolitische Gesetzgebung erhebt, bezieht sich auf die Didaktik: Das öffentliche Unterrichtswesen soll keine standes- und berufsbezogene, sondern eine ,,allgemeine" Bildung vermitteln, die auf ihren verschiedenen Stufen ,,das ganze System der menschlichen Kenntnisse" (1792, 23) umfaßt und auf diese Weise das Fundament für jede spätere spezielle Berufsausbildung oder Berufsausübung legt.

Die von Condorcet angestrebte allgemeine Bildung korrespondiert in ihren grundlegenden Motiven mit dem Recht auf eine freie Berufswahl. Condorcet ist sich bewußt, daß die überkommene ständische Ökonomie und Berufsstruktur und die ihr zugeordnete Schulverfassung einer geschichtlich auslaufenden Epoche angehören. Das selbständige Individuum, das ihm vor Augen steht, weiß sich bereits aus den ständisch-beruflichen Zusammengehörigkeiten einer traditionalen Ordnung entlassen. Schulen, die auf die sich abzeichnende bürgerlich-industrielle Erwerbsgesellschaft vorbereiten sollen, dürfen daher keine spezifische Berufs- und Standesbildung vermitteln. In ihnen wird nicht mehr das Besondere, sondern das Allgemeine gelehrt und gelernt: ,,man lernt in ihnen nur die Prinzipien dessen kennen, was anzuwenden man an anderer Stelle üben muß" (1792, 65). Alle Schulen haben das gemeinsame Ziel, in die Fundamente, Elemente, Regeln, Gesetze und Strukturen einzuführen, die den speziellen Berufen zugrunde liegen. Auf diese Weise hofft Condorcet, sowohl einen Beitrag für eine allgemeine Berufsgrundbildung und damit für eine freiere Berufswahl zu leisten, als auch in der Berufswelt ,,eine aufgeklärte Praxis herbeizuführen und durch das Band einer gemeinsamen Vernunft ... die Menschen zu vereinen, die durch ihren Beruf so weit voneinander getrennt sind" (1792, 65). Die durch die Schule vermittelte allgemeine Bildung soll, weil vernünftig, auch das „Zusammenleben angenehmer und vertrauter machen" (1792, 65). Die allgemeine Bildung, die Condorcet herbeizuführen wünscht, soll als durchgehendes Prinzip auf allen Stufen des öffentlichen Unterrichtswesens wirksam werden. Der Stufung soll keine Veränderung des Prinzips, sondern nur dessen immer anspruchsvollere Verwirklichung zugrunde liegen. Alle Stufen haben didaktisch dieselbe Aufgabe. Sie konkretisieren sie nach örtlichen Gegebenheiten, Schwierigkeitsgrad und vor allem nach altersspezifischen Bedürfnissen. Auf allen Schulstufen sollen die Prinzipien aufgeklärter Politik und Moral sowie die Grundlagen der Wissenschaften gelehrt bzw. erforscht und weiterentwickelt werden. Übungen in klarem Denken, exakter Begriffsbildung und schlüssigem Urteilen beginnen schon in der Primarschule. Öffentlich zugängliche Bibliotheken, polytechnische Kabinette, Sammlungen, botanische Gärten, Laboratorien und Werkstätten stehen für das Lehren und Lernen in allen Altersstufen zur Verfügung. Gymnastik, Musik und patriotische Feste ergänzen den allgemeinen Charakter des Unterrichts.

In Condorcets vorgreifender Perspektive sind die pädagogisch-didaktischen Konsequenzen von Kants Wort „Tauglichkeit eines vernünftigen Wesens zu beliebigen Zwecken überhaupt"[6] ebenso angelegt wie Wilhelm von Humboldts gemeinsinnig gemeinter Anspruch auf einen „allgemeinen Schulunterricht", der „auf den Menschen überhaupt geht, auf die Hauptfunktionen seines Wesens".[7] Aber auch Marx' Erwartung, durch eine die „absolute Disponibilität des Menschen für wechselnde Arbeitserfordernisse"[8] anstrebende polytechnische Bildung den entfremdenden Mechanismen der modernen Arbeitswelt begegnen und den Werktätigen ein solidarisches Zusammenleben ermöglichen zu können, ist in Condorcets Überlegungen im Ansatz enthalten.

Die vierte Forderung Condorcets bezieht sich auf die Art der Lehr- und Lernprozesse und auf ihre Rückwirkung auf den Kanon der allgemeinen Bildung: Die Schulgesetzgebung soll für eine aufgeklärte, wissenschaftlich-rationale Lehr- und Lernweise sorgen und alle Lehrinhalte ausscheiden, die diesem Anspruch nicht genügen.

Schon in der Präambel seines *Berichts über die allgemeine Organisation des öffentlichen Unterrichtswesens* formuliert Condorcet ein Axiom, das er grundsätzlich in jedem Unterricht verwirklicht sehen möchte: Es ist „die erste Bedingung jeden Unterrichts, nur Wahrheiten zu lehren" (1792, 22). Die in den Schulen erteilte Lehre soll dem Wahrheitsbegriff der Aufklärung verpflichtet sein. „Ihr schuldet der französischen Nation einen Unterricht, der auf der Höhe des Geistes des achtzehnten Jahrhunderts steht, jener Philosophie, die, indem sie die gegenwärtige Generation erleuchtet, schon die höhere Vernunft ankündigt, vorbereitet und ihr vorhergeht, zu der der unaufhaltsame Fortschritt des Menschengeschlechts die künftigen Generationen ruft" (1792, 40). Wahrheiten zu lehren und zu lernen, heißt für Condorcet, daß sich Lehrer und Schüler dem Anspruch der „Freiheit des Denkens" (1792, 77) und der rationalen Überprüfbarkeit der Ergebnisse unterstellen. Condorcet lehnt das „alte

Unterrichtswesen" (1792, 36) mit seinen unpraktischen, literarisch-historischen Studien ab, weil es den Irrtümern, dem Aberglauben, den Emotionen und dem diffusen Denken Vorschub geleistet habe. Die im alten Unterrichtswesen angebotenen Inhalte, sagt er, „bedienen sich des Verstandes, aber sie bilden ihn nicht" (1792, 35). In der von ihm konzipierten allgemeinen Bildung nehmen daher Mathematik und Naturwissenschaften eine „bevorzugte Stellung" (1792, 35) ein. Sie bilden das didaktische Zentrum, weil ihre „Grundgedanken einfach und streng umrissen sind" (1792, 35), weil sie zu rationaler Klarheit führen und ihr praktischer Nutzen keines Beweises bedarf. Mit Condorcet beginnt das „wissenschaftsbestimmte Lernen" auf der Grundlage eines rationalen Wissenschaftsverständnisses. Wenn der Deutsche Bildungsrat (1970) im Hinblick auf die „Bedingungen des Lebens in der modernen Gesellschaft" erklärt, die „Wissenschaftsorientiertheit von Lerngegenstand und Lernmethode gilt für den Unterricht auf jeder Altersstufe",[9] so sucht er damit auf Probleme zu antworten, die schon Condorcets Denken herausforderten.

Die fünfte Forderung, die Condorcet durch die Schulgesetzgebung realisiert sehen möchte, lautet: nicht Herkunft und Stand, sondern Begabung und Leistung sollen der alleinige Maßstab für die Auslese und für die Zuordnung sozialer Positionen sein.

Condorcet weist der Schule eine neue Funktion zu. Unter dem Leitbild der (sozialen) Gerechtigkeit soll sie Kindern, Jugendlichen und auch Erwachsenen einen Weg öffnen, der ihrer Qualifikation und Bildungsfähigkeit entspricht. Die Schule soll nicht nur allen die gleiche Chance geben und durch ihre allgemeine Bildung in einem grundlegenden Sinne an die Berufs- und Arbeitswelt heranführen, sie soll selbst auch einen Beitrag zur sozialen Ordnung leisten, indem sie als rationale Organisation mit Hilfe objektiver Kriterien die sozialen Auf- und Abstiegsprozesse steuert. Im ganzen Territorium soll „in Zukunft auch (nicht) ein einziger Mensch sagen können", daß er in seiner Unwissenheit und beruflichen Einordnung nicht den „Willen der Natur", sondern die „Ungerechtigkeit der Gesellschaft" (1729, 22) zu spüren bekomme.

Aber Condorcet hält von allen bürokratischen Konsequenzen deutlich Distanz. Zwar soll sich die Schule als Vermittlungsinstitution in der beruflich-sozialen Osmose verstehen. Sie soll aber nicht zu einer „sozialen Dirigierungsstelle", zur „Zuteilungsapparatur von Lebens-Chancen" werden, wie sie in unserer Gegenwart kritisch gedeutet wird.[10] In der Spannung zwischen austeilender (distributiver) und ausgleichender (kommunativer) Gerechtigkeit entscheidet sich Condorcet für eine „liberale" Lösung. Condorcet will ausgleichen, Eigeninitiativen freisetzen, Belastungen und Hemmnisse beseitigen, Schwachen helfen sowie die allgemeine Gesetzgebung auf die Grundintentionen der schulpolitischen Gesetzgebung abstimmen. Aber das Individuum soll sich nicht als Objekt einer Sozialchancen „austeilenden" Institution fühlen. Seine bzw. seiner Eltern Freiheit, über die Bildungs-, Ausbildungs- und auch Aufstiegsmöglichkeiten selbst zu entscheiden, soll die Schule nicht schmälern. Condorcet nimmt den Grundgedanken einer gesellschaftspolitisch liberalen

Schul- und Aufstiegspolitik, wie ihn eineinhalb Jahrhunderte später etwa Ralf Dahrendorf formuliert, vorweg, daß nämlich „nur mehr eigener Entschluß den begabten einzelnen daran hindern kann, von den sozialen Möglichkeiten höherer Ausbildung Gebrauch zu machen".[11]

Die sechste (und letzte) prinzipielle Forderung, die Condorcet an den Gesetzgeber stellt, berührt das Verhältnis von Staatsschule und Kirche: Das öffentliche Unterrichtswesen soll weltlich, die Staatsschule eine säkulare Schule sein.

Condorcet ist kein Gegner konfessioneller Privatschulen. Sie stellen, sagt er, „die nationalen Schulen (vor die) unausweichliche Notwendigkeit, sich mindestens auf dem Niveau dieser privaten Institutionen zu halten" (1792, 75). Unter der Blickrichtung pädagogischen Fortschritts wünscht Condorcet den Wettbewerb zwischen dem staatlichen und dem privaten Schulwesen. Im öffentlichen Unterricht jedoch soll keine Lehre zugelassen werden, „die die Kinder einer Gruppe von Bürgern zurückweist und die dadurch die Gleichheit der gesellschaftlichen Vorteile zerstört und besonderen Dogmen eine mit der Freiheit der Meinungen unvereinbare bevorzugte Stellung gibt" (1792, 47). Die staatliche Schule muß für Condorcet eine weltliche Schule sein, wenn sie ihrer zweifachen Bestimmung, für die soziale Integration der Schüler sowie für die Wissenschaftsbestimmtheit des Unterrichts Sorge zu tragen, gerecht werden will. Condorcet geht es um die innere Kohärenz, um die substantielle „Einheit" des Volkes als des neuen Souveräns. Diese Einheit ist für ihn ein Werk fortschreitender Vernunft. Wenn Vernunft gleichmäßig und gleichzeitig das Leben aller erleuchten soll, muß jedem Einzelnen die Möglichkeit gesichert werden, ohne Einschränkungen an ihrem Fortgang teilzunehmen. Schon in der Schule haben sich daher alle überlieferten philosophischen Systeme, alle besonderen Dogmen der Religionen, alle ständischen Selbstauffassungen und politischen Sonderinteressen vor dem kritischen Richtstuhl der *raison* zu behaupten. Die Verwirklichung der Souveränität des Volkes ist darauf angewiesen, daß durch öffentliche Aufklärung so früh wie möglich die Einheit von Erkennen und Wollen und damit die Fähigkeit, in öffentlichen Kategorien zu denken und ihnen gemäß zu handeln, vorbereitet wird. Indem die Schule in diesem Sinne „aufklärend" wirkt, wird sie für Condorcet zu einem Politikum, zur wichtigsten politischen Institution im Staat.

III.

In Condorcets Entwurf eines umfassenden Schulsystems treten deutlich „durchgehende Grundzüge" hervor, die Friedrich Paulsen am Beginn unseres Jahrhunderts als konstituierend für die neuere Schulgeschichte bezeichnet: Verstaatlichung, Säkularisierung und Demokratisierung des Bildungswesens.[12] Er enthält in nuce bereits das ganze Konfliktpotential, wie es sowohl in der Auseinandersetzung mit dem traditionellen Schulwesen als auch im Streit mit egalitären schulpolitischen Positionen aufbricht.

In der pädagogischen Diskussion unserer Tage durchdringen sich – im Sinne der „Gleichzeitigkeit des Nicht-Gleichzeitigen" (K. Mannheim) – Elemente der „aufgeklärten" Schulkonzeption, seien sie „liberaler" oder „egalitärer" Herkunft, mit Überlieferungen aus der vorrevolutionären Schultheorie und mit Erkenntnissen der Reformpädagogik (im engeren Sinne) auf eine im Einzelfall oft schwer zu entwirrende Weise. Die Besinnung auf Condorcet erweist sich in diesem Zusammenhang als auf eine eigenartige Weise mehrschichtig. Einerseits setzen sich Condorcets schulpolitische Forderungen erst in unserer Gegenwart in größerer Breite durch. Andererseits erweist sich die „ideologische" Grundlage dieser Forderungen, nämlich Condorcets Glaube an die unaufhaltsame *perfectibilité de l'homme* sowie seine Hoffnung, durch die Anwendung des „Kalküls" auf alle Lebensgebiete dem Fortschritt des Menschengeschlechts eine feste und humane Grundlage zu geben, als brüchig. Die Symbiose von Fortschritt und Rationalität, die Condorcet auch seinen Schulplänen zugrunde legt, stößt in der Gegenwart auf deutlich erkennbare Grenzen. Die hier aufbrechende Problematik führt über die schulpolitischen Erörterungen hinaus. Sie verweist auf die „Legitimationskrise" der modernen Gesellschaft und des modernen Staates, auf die Ablösung von „Sinnrationalität" durch „Zweckrationalität". Condorcet sah beide Denk- und Wirklichkeitsstrukturen und die mit ihnen korrespondierenden Herrschaftsformen noch miteinander verbunden. In seinem Bestreben, die dingliche und soziale Welt „kalkulierbar" zu machen, war, trotz aller auf technisch-ökonomische Effizienz abzielenden Momente, die Frage nach dem Sinn, nach der Vernunft der Zwecke, immer schon beantwortet. Nie hat Condorcet daran gezweifelt, daß (politische) Vernunft nichts anderes wollen kann als individuelles Glück und allgemeine Wohlfahrt, ermöglicht durch die Freiheit und die Gleichheit aller. Die im Begriff der *raison* liegenden Ambivalenzen lagen seinem Denken ebenso fern wie die Spannungen, die im Begriff der Demokratie enthalten sind. Daß eine sich verselbständigende, die Mittel-Zweck-Relation negierende, technokratische *raison* den menschlichen Umgang ent-personalisieren und verdinglichen und somit in einer der Freiheit und der Menschlichkeit entgegengesetzten Richtung wirken kann, lag noch außerhalb seines fortschrittlich-optimistischen Vorstellungshorizonts.

Welche Richtungen die pädagogischen Überlegungen und schulpolitischen Entscheidungen letztlich einschlagen werden, ist durchaus offen. Die Besinnung auf Condorcets Konzeption einer Schule, die zu ihrer Zeit bewußt die Herausforderung durch die Moderne annahm und produktiv zu beantworten suchte, kann in der Gegenwart eine Hilfe sein, der geschichtlichen Ursprünge der modernen Schulorganisation und der ihr inhärenten Möglichkeiten und Gefahren bewußt zu bleiben. So verstanden könnte sie beitragen zur heute gebotenen Aufklärung über die „Aufklärung".

Max Liedtke

JOHANN HEINRICH PESTALOZZI

(1746–1827)

„Der Strom der Kenntnisse wird, wie alle Strohme, durch Hinternisse reißend und überschwemmend ... Laß uns ... einfach nur diesen Strohm verstärken, das übrige macht er dann selber." (B 3, 323)[1] Das schrieb Pestalozzi 1795 an den Präsidenten der Helvetischen Gesellschaft, als in der Folge der Französischen Revolution sich auch in der Züricher Landbevölkerung Unruhen verbreiteten. Pestalozzi wollte keine Revolution. Aber die offenkundige Not der nach seiner Meinung durch Unkenntnis, Aberglauben und ökonomische Abhängigkeiten unterdrückten Landbevölkerung – nicht nur in der Schweiz – hat ihn bewegt: „... ich denoncire mich selbst als parteiisch fürs Volk." (W 10, 142) Revolutionäre Veränderungen der gesellschaftlichen Machtverhältnisse sind aber wegen ihres immer auch zerstörerischen Verlaufs nach Pestalozzis Meinung nicht nur inhuman, sondern hinsichtlich der gewünschten Verbesserungen geradezu unwirksam, weil sie nicht die Einstellungen der Menschen verändern, sondern lediglich Macht verlagern, und zwar in die Hände von Menschen, „deren Tugend vorher nur Gedankenlosigkeit war" (W 11, 342). Dauerhafte Verbesserungen der Situation des Menschen sind nur zu erwarten, wenn mit der Verbesserung der äußeren Lebensbedingungen auch eine Verbesserung des Wissensstandes und der Einstellung des Menschen einhergeht. Eben das aber ist nur zu erreichen durch Erziehung und Unterrichtung; dann aber geradezu zwangsläufig, nämlich durch die jeder Motivation und jedem positiven Wissen immanente Dynamik. Es ist keine Resignation des Pädagogen Pestalozzi vor dem Politiker Pestalozzi, wenn der politisch verdächtige Pädagoge in der Restaurationszeit 1815 äußert, daß der Anfang und das Ende seiner Politik Erziehung sei (R VIII, 19). Es ist vielmehr die Einsicht, daß Erziehung und Unterricht wenigstens ursprünglich die bewegenden Kräfte der menschlichen Geschichte waren, politische Macht erst begründet haben und – obwohl nunmehr auch abhängig von dieser Macht – immer die notwendige Voraussetzung jeder Politik und längerfristig auch deren richtunggebende Faktoren sein werden.

So widerspruchsvoll Leben, Werk und auch Charakter Pestalozzis erscheinen mögen, er hat unbeirrt auf Erziehung und Unterricht gesetzt. Die Wirkungsgeschichte Pestalozzis ist selbst schon Indiz für die Richtigkeit seiner Theorie. Wenn auch seine praktischen pädagogischen Unternehmungen allesamt schließlich an ungünstigen ökonomischen und politischen Bedingungen oder auch an persönlichen Unzulänglichkeiten gescheitert sind, kein Pädagoge hat wie er – trotz anhaltender politischer Widerstände – das abendländische Erziehungswesen des 19. und 20. Jahrhunderts so nachhaltig beeinflußt und durch das Erziehungswesen Mensch und Gesellschaft.

I. Lebensgang

Johann Heinrich Pestalozzi, geboren am 12. Januar 1746 in Zürich, entstammt einer italienischen Kaufmannsfamilie, die seit Mitte des 16. Jahrhunderts in der Stadt Zwinglis wohnte, dort 1576 das Bürgerrecht erhielt und zu den ratsberechtigten Familien gehörte. Obwohl Pestalozzi als 22jähriger seine Vaterstadt verließ und später nur mehr gelegentlich Kontakte zu Zürich hatte, blieb sein Lebensweg von den Einflüssen dieser Stadt deutlich gezeichnet.

Zu diesen Einflüssen zählte die besondere Situation seiner Familie in Zürich. Pestalozzi war gerade 5 Jahre alt, als sein Vater, Johann Baptist Pestalozzi (1718–1751), starb. Johann Baptist, der schon wie der Großvater nicht mehr die kaufmännische Tradition der Familie fortgesetzt hatte, vielmehr über eine praktische Lehre – nicht über ein Studium – ein „Chirurgus" geworden war, findet in den zahlreichen biographischen Arbeiten und Entwürfen Pestalozzis nahezu keine Erwähnung. Dieser hatte offensichtlich kaum eine konkrete Erinnerung an seinen Vater. Die Sorge um die wirtschaftliche Betreuung und um die Erziehung der drei Kinder lag nach dem Tod des Vaters allein in der Hand der Mutter Susanne, geb. Hotz (1720–1796). Pestalozzi erinnert sich später an die fast bittere Sparsamkeit, zu der die Familie gezwungen war und die sicher auch die Entfaltungsmöglichkeiten der Kinder beschränkte. Während er diese Armut aber immer eher als ein Geschenk zu nehmen bereit war, empfand er das Fehlen einer strengeren väterlichen Komponente in seiner Erziehung als großen Verlust: „. . . ich mangelte von meinem sechsten Jahre an in meinen Umgebungen alles, dessen die männliche Kraftbildung in diesem Alter so dringend bedarf. Ich wuchs an der Hand der besten Mutter in dieser Rücksicht als ein Weiber- und Mutterkind auf, wie nicht bald . . . ein größeres sein konnte." (W 28, 212) Er glaubte, daß gerade sein Hang zu einer gewissen unkontrollierten Spontanität und Unbekümmertheit durch die fehlende strenge väterliche Reglementierung und Zurechtweisung so dominieren konnte.

Eine zweite Erfahrung, die Pestalozzis späteres Verhalten stark beeinflußte, hing mit seinem Großvater, Andreas Pestalozzi (1692–1769), zusammen, der vor den Toren Zürichs in Höngg Dorfpfarrer war und sich nach dem Tod des Vaters in besonderer Weise der Familie seines Sohnes angenommen hat. Pestalozzi war häufig zu Besuch in Höngg. Schon durch die Familie seiner Mutter hatte Pestalozzi die besondere Lage der Züricher Landbevölkerung kennengelernt.

Die Stadt Zürich beherrschte mit ihren ca. 10000 Einwohnern in der Mitte des 18. Jahrhunderts ein Landgebiet mit ca. 200000 Einwohnern. Die Ausübung der gesetzgebenden, ausführenden und richterlichen Gewalt lag allein bei den Bürgern der Stadt, die ihre Vorrechte noch dadurch zu sichern versuchte, daß die Vergabe des Bürgerrechts stark eingeschränkt, ab 1723 sogar ganz eingestellt wurde. Außerdem war der Landbevölkerung untersagt, eigenen Handel zu treiben bzw. eine eigene Industrie zu errichten. Pestalozzi wußte, daß die Familie seiner Mutter, die Arztfamilie Hotz aus Wädenswil am Zürichsee, unter dieser rechtlichen und wirtschaftlichen Benachteiligung zu leiden hatte. Dabei bedrückte es ihn sicher besonders, daß auch dieser Familie, deren Bildungsstand dem des durchschnittlichen Bürgers Zürichs weit überlegen war – Goethe und Fichte waren später Freunde dieser Familie –, die Erteilung des Bürgerrechts durch die Stadt Zürich versagt wurde.

In der Dorfpfarre des Großvaters Andreas Pestalozzi in Höngg konnte er nun gehäuft erfahren, wie besonders der Bauer und Tagelöhner wegen der wirtschaftlichen Restriktionen daran gehindert war, seine Situation nachhaltig zu verbessern, und wie ein völlig unzureichendes Bildungssystem Unselbständigkeit und Abhängigkeit noch verstärkte. ,,Dabei war mir das Landvolk lieb. Ich bedauerte den Irrthum und die Ungewandtheit ... und es erregte sich sehr frühe in meinen jugendlichen Jahren ein lebendiger Gedanke, ich könnte mich fähig machen, dießfalls mein Scherflein zur Verbesserung der ländlichen Erziehung beizutragen." (W 28, 216)

Der dritte Erfahrungsbereich, der Pestalozzis Lebensweg nachhaltig bestimmte, waren die Schule und die in ihrem Umfeld angesiedelten außerschulischen Aktivitäten. Pestalozzi hat von 1751 bis 1765 die Elementarschule, die Lateinschule und das Collegium Carolinum in Zürich besucht. Mit großer Schärfe hat er später diese Schulen wegen ihrer methodischen Schwächen und wegen ihres mangelnden Realitätsbezuges kritisiert. Aber gleichwohl mußte er zugestehen: ,,Der Zeitpunkt war indeß bey allen diesen Fehlern, rücksichtlich des öffentlichen Unterrichts, in meiner Vaterstadt in wissenschaftlicher Hinsicht ausgezeichnet gut." (W 28, 222) Schon die Züricher Lateinschulen, die Pestalozzi besucht hat, – die Schola Abbatissana am Fraumünster und die Schola Carolina am Großmünster –, waren renommierte Anstalten. Im besondern aber die philologisch-theologische Hochschule Zürichs, das Collegium Carolinum, hatte durch ihre Professorenschaft durchaus europäischen Rang: ,,Bodmer, Breitinger, später Steinbüchel und viele andere Professoren und Gelehrte dieser Zeit waren in einem hohen Grad ausgezeichnet gebildete Männer." (W 28, 222)

Johann Jakob Bodmer (1698–1783), Professor für Geschichte, aber auch mit großen literarischen Interessen, hat den nachhaltigsten Einfluß auf die Schülerschaft, darunter Pestalozzi, ausgeübt. In der Person Bodmers war die Aufklärung in Zürich wirksam geworden. Das Postulat der Eigenständigkeit des Denkens gegenüber jeder Form unreflektierter Tradition und gegenüber den Ansprüchen der Kirche und des Staates wurde von den Schülern, wenn auch –

wie Pestalozzi später bedauert – zum Teil in blindem Eifer, übernommen und hinsichtlich seiner Konsequenzen für das Leben des Einzelnen und des Staates diskutiert. Bodmer war es auch, der trotz des Argwohns der Obrigkeit Rousseaus Werke in Zürich einzuführen half. Mit dem Einfluß Bodmers, der seine Tätigkeit keineswegs auf den schulischen Bereich beschränkte, ist auch die Gründung patriotischer Gesellschaften verbunden, deren bekannteste die im Haus der Gerber an der Limmat tagende ,,Helvetische Gesellschaft zur Gerwe" war. Diese Gesellschaft, deren Mitglieder sich vornehmlich aus der Schülerschaft Bodmers rekrutierte, sollte dazu beitragen, die politischen und sozialen Vorstellungen zu verbreiten und zu realisieren, die Bodmer aus Montesquieu und Rousseau entwickelt hatte. Die Diskussionen kreisten dabei immer wieder um die gesellschaftlichen Zustände Zürichs, die in den Augen der Bodmer-Schüler in vieler Hinsicht zu kritisieren waren: die zur Oligarchie erstarrte Demokratie, Unwissenheit und Unterdrückung der Landbevölkerung, das unseriöse und verweichlichte Leben der Städter und der Sittenverfall, der nach Meinung der zu puritanischer Strenge neigenden Mitgliedschaft allgemein zu beobachten sei.

Die literarische Quelle der Helvetischen Gesellschaft war vornehmlich Rousseau. Rückblickend schreibt Pestalozzi 1826, daß Rousseau tiefgreifenden Einfluß auf die Entwicklung seiner ganzen Generation ausgeübt habe. Das galt auch für das pädagogische Engagement: ,,Sowie sein *Emil* erschien, war mein in höchstem Grad unpraktischer Traumsinn von diesem ebenso im höchsten Grad unpraktischen Traumbuch enthusiastisch ergriffen." (W 28, 224) So sehr die ,,rousseausche Gärung" für den alten Pestalozzi nur noch Erinnerung an teils belächelten, teils bedauerten jugendlichen Ungestüm war, die Lektüre Rousseaus löste Diskussionen und Konflikte aus: ,,Ich verglich die Erziehung, die ich im Winkel meiner mütterlichen Wohnstube und auch in der Schulstube, die ich besuchte, genoß, mit dem, was Rousseau für die Erziehung seines Emils ansprach und forderte." (W 28, 224) Es war klar, daß erhebliche Diskrepanzen zwischen ,,Rousseaus Traum" und der Züricher Wirklichkeit bestanden.

Die jugendlichen Eiferer der Helvetischen Gesellschaft haben selbstverständlich die konkreten Verhältnisse nicht verändern können. Die Besonneneren unter ihnen, denen die Kluft zwischen Anspruch und Vermögen alsbald auffiel, zogen sich zurück. Andere, unter ihnen Pestalozzi, machten sich durch ihre Aktionen mißliebig, wurden öffentlich ermahnt und bestraft; die Druckerlaubnis für den *Erinnerer* – Pestalozzi hatte in dieser Zeitschrift der Helvetischen Gesellschaft seine ersten gesellschaftskritischen Arbeiten veröffentlicht – wird entzogen. Es darf als sicher gelten, daß Pestalozzi wegen dieser Entwicklungen um die Helvetische Gesellschaft gar nicht erst den Versuch unternommen hat, sich nach seinem Abgang vom Carolinum um eine Stellung im öffentlichen Dienst Zürichs zu bewerben.

Pestalozzi hat das Carolinum vorzeitig verlassen. Ursprünglich war es seine Absicht gewesen, in die Fußstapfen seines Großvaters in Höngg zu treten und

Theologe zu werden. Aber gerade die Vorstellungswelt der Helvetischen Gesellschaft – „Knabenideen", wie Pestalozzi später urteilt – waren es, die ihn danach wohl bewegten, die theologische Laufbahn zu verlassen und über eine juristische Ausbildung unmittelbar politischen Einfluß „auf den bürgerlichen Zustand meiner Vaterstadt und sogar meines Vaterlandes" (W 28, 224) zu suchen. Diese Pläne wurden allerdings überholt durch die schon bekannten Entwicklungen um die Helvetische Gesellschaft.

Noch dunkler als der vorzeitige Abgang vom Carolinum ist ohne Zweifel die entscheidende Wende, die Pestalozzi etwa 1767 vollzieht, nämlich der nach Zeugnis des *Schwanengesang* von 1826 geradezu unvermittelte Entschluß, „mich ganz dem Landbau zu widmen" (W 28, 225). Sicher spielen dabei Erfahrungen aus Höngg, wo er sich aus gesundheitlichen Gründen nach dem Schulabgang häufiger als üblich aufgehalten hat, eine Rolle. Ebenso darf man annehmen, daß die sich 1767 anbahnende Liebesbeziehung zu Anna Schultheß (1738–1815) Pestalozzi bewogen hat, nach einer baldigen ökonomischen Absicherung zu suchen. Ausschlaggebend war wiederum der Einfluß Rousseaus. Dessen Vorstellungen von der einfachen und natürlichen Lebensführung hatten sich mit dem aufkommenden Physiokratismus, der im Gegensatz zum Merkantilismus in der Landwirtschaft die Basis jedes stabilen Wirtschaftssystems sah, verbunden und eine Aufwertung der ländlichen Lebensformen vor den städtischen bewirkt. So war Pestalozzis Entscheidung, Bauer zu werden, keineswegs die Entscheidung eines Sonderlings, sondern Ausdruck einer durchaus breiteren gesellschaftlichen Bewegung.

Nach einer etwa einjährigen Lehrzeit, die er auf dem Musterhof des Berner Chorgerichtsschreibers J. R. Tschiffeli absolvierte, erwarb Pestalozzi – unter Aufnahme von Krediten – Ländereien auf dem Birrfeld bei Brugg und bewirtschaftete sie – zunächst von Mülligen aus – ab Februar 1769. Im Herbst 1769 heiratete er die Züricher Kaufmannstochter Anna Schultheß, die – selbst eine Anhängerin der Bodmerschen Ideen – zunächst nur mit einiger Skepsis Pestalozzis landwirtschaftliche Vorhaben aufnahm, schließlich aber gegen den Widerstand ihrer Eltern die Verbindung mit Pestalozzi durchsetzte und ihm ins Birrfeld folgte. Im August 1770 wurde das einzige Kind Pestalozzis, Hans Jakob, geboren. Die Eltern haben ihm die verdeutschten Vornamen Rousseaus gegeben und ihn auch nach Rousseaus Grundsätzen zu erziehen versucht, wie Pestalozzis Tagebuch über die Erziehung seines Sohnes belegt. Pestalozzi machte sich später den Vorwurf, daß gerade dieses Erziehungsprogramm den Sohn nicht hinreichend auf die Anforderungen des Berufslebens vorbereitet habe und schuld sei an der ungünstigen beruflichen und gesundheitlichen Entwicklung des Sohnes, der 1786 Symptome einer Epilepsie zeigte und schließlich 1801 daran verstorben ist.

Pestalozzis landwirtschaftliche Unternehmungen gerieten sehr bald schon in Schwierigkeiten. Insbesondere die Mißwuchsjahre von 1771 und 1772, von denen ganz Europa betroffen war, trugen zur negativen Entwicklung bei, obgleich Pestalozzi den landwirtschaftlichen Betrieb durch Weiterverarbei-

Johann Heinrich Pestalozzi (1746–1827)

tung von Baumwolle zu stützen versuchte. Der Aufbau der Baumwollindustrie führte schließlich zur pädagogischen Wende in Pestalozzis Leben.

Für das Spinnen, Weben und Färben der Baumwolle hatte Pestalozzi wahrscheinlich schon früh auch Kinder auf dem 1771 bezogenen „Neuhof" als Arbeitskräfte eingesetzt. Die Not der Kinder, die zu solcher Arbeit gezwungen waren, aber auch die Erfahrung, daß Kinder durch ihre Mitarbeit in der Baumwollindustrie vor dem Bettel bewahrt und auf einen günstigen Weg gebracht werden konnten, veranlaßten ihn 1774, seinen Hof in eine Armenanstalt zu verwandeln, um „armen Kindern ... Auferziehung und Arbeit zu geben" (W 1, 137). Das war Pestalozzis erster großer Versuch, die sozialpolitischen Ideen aus der Zeit der Helvetischen Gesellschaft zu verwirklichen. Unter großen Schwierigkeiten hat Pestalozzi die Anstalt bis 1780 erhalten können.

Daß auch dieses Unternehmen schließlich scheiterte, lag einerseits an seinem Konzept der Armenerziehung. Pestalozzi wollte durch seine Anstalt nicht lediglich eine kurzfristige Situationsverbesserung der Zöglinge erzielen, vielmehr wollte er den Armen durch eine – wie Pestalozzi später sagt – „politechnische" Erziehung in die Lage versetzen, sich in der jeweiligen Umwelt selbst zu helfen. Das wurde gerade von den Zöglingen nicht verstanden. Sie nützten Pestalozzi aus. Da Pestalozzi zudem keinerlei staatliche Unterstützung fand, mußte er – fast mittellos und beängstigend deprimiert – die Anstalt auflösen. Der Hof und die bescheidene Baumwollindustrie warfen kaum mehr für die eigene Familie das Notwendigste ab. Den großen Plan, durch ein umfassendes Erziehungsprogramm die ungünstige Situation der Bauern, der Tagelöhnerschaft und des aufkommenden industriellen Proletariats zu verbessern und dadurch auf die Verfassung der gesamten Gesellschaft Einfluß zu nehmen, hat Pestalozzi gleichwohl nicht aufgegeben.

Was er in konkreten Unternehmen nicht realisieren konnte, hat er in den folgenden Jahrzehnten bis etwa 1800 literarisch betrieben. Noch 1780 erscheint *Die Abendstunde eines Einsiedlers,* in der Pestalozzi – immer noch auf den Spuren Rousseaus – eine naturgemäße Erziehung fordert, Schulen und schulische Methodik als unnatürlich ablehnt. Europäischen Ruhm trug ihm der Volksroman *Lienhard und Gertrud* ein. Der Roman, dessen vier Teile zwischen 1781 und 1787 erschienen sind, sollte dem Volk und den Machthabern die Zusammenhänge zeigen, die die Not des Landvolks verursacht haben, und zugleich einen Weg aufweisen, wie diese Not auf Dauer zu beseitigen wäre. Dieser Weg müßte nach Pestalozzi zwar durch eine entsprechende Gesetzgebung markiert sein, aber fundiert durch Erziehung und – hier zeigte sich die Abkehr von Rousseau – durch institutionalisierte Schulen.

Der Erfolg des Romans war auch der Anlaß dafür, daß Pestalozzi 1792 zusammen mit Schiller, Klopstock u.a. von der französischen Nationalversammlung zum Ehrenbürger Frankreichs ernannt wurde. In Auseinandersetzung mit der französischen Revolution entstand 1797 das philosophische Hauptwerk Pestalozzis *Meine Nachforschungen über den Gang der Natur in der*

Entwicklung des Menschengeschlechts. Wie bei Plato schlägt hier bei Pestalozzi Philosophie in Erziehung um, die wiederum ohne Philosophie ziellos und unfundiert wäre. In unmittelbarer Kombination philosophischer und pädagogischer Aspekte geht es um die Frage: ,,Was bin ich, und was ist das Menschengeschlecht? ... Ich will wissen, was der Gang meines Lebens, wie es war, aus mir gemacht hat; ich will wissen, was der Gang des Lebens, wie er ist, aus dem Menschengeschlecht macht.“ (W 12, 6) Die Widersprüchlichkeit des Menschen und seiner Welt, illustriert im konkreten Verlauf der Französischen Revolution, erklärt Pestalozzi dadurch, daß der Mensch geschichtliches Produkt sehr divergierender Kräfte sei: der Natur, der Gesellschaft und seiner selbst. Im reinen Naturzustande könne der Mensch nicht leben. Bloße gesellschaftliche Veränderungen oder Umwälzungen könnten ihn aber nicht bessern, sofern er erzieherisch nicht auch Werk seiner selbst werde.

Nachwirkungen der Französischen Revolution waren es, die es Pestalozzi in der Schweiz schließlich erneut ermöglichten, seine pädagogischen Vorstellung praktisch zu erproben. 1798 hatte die Revolution auf die Schweiz übergegriffen. Die neue Regierung betraute Pestalozzi mit der Einrichtung einer Armenanstalt in Stans, das sich der Revolution und der Zentralregierung widersetzt und unter der gewaltsamen Unterwerfung stark gelitten hatte. Nahezu auf sich allein gestellt bemühte er sich sieben Monate darum, 80 verarmte und verwaiste Kinder in Stans rundum zu betreuen, zu erziehen und zu unterrichten. Dann mußte die Anstalt unter dem Druck des französisch-österreichischen Krieges wieder geschlossen werden.

Erneut war sein Vorhaben, das Modell einer ganzheitlichen Armenerziehung zu realisieren, gescheitert. Aber die Zentralregierung hatte Interesse an Pestalozzis in Stans entwickelter Methode des Lesen- und Schreiben-Lernens gefunden und ermöglichte ihm noch 1799 weitere Versuche in einigen Schulen Burgdorfs an der Emme. Es war niemals Pestalozzis pädagogische Absicht, lediglich eine verbesserte, am Lautierverfahren orientierte Methodik des Erstlese- und Schreibunterrichts zu entwickeln.

Das Ziel einer umfassenden Volkserziehung und -bildung hat er auch nie aus den Augen verloren. Aber die Widrigkeiten seiner geschichtlichen Situation zwangen ihn nun, dieses Ziel über die Verbesserung der Unterrichtsmethodik anzugehen. Die schulischen Erfolge in Burgdorf brachten ihm nach 1800 die Erlaubnis ein, im selben Ort ein Schulmeisterseminar einzurichten. Sein methodisches Programm wurde 1801 in der Schrift *Wie Gertrud ihre Kinder lehrt* publiziert und fand große Beachtung in Europa. Ein neuer Rückschlag zeichnete sich ab, als die Schweiz 1803 durch Napoleon föderalistisch strukturiert wurde und damit für Pestalozzi die finanzielle Unterstützung der Zentralregierung entfiel. Das Institut wurde schließlich – über eine Zwischenlösung in Münchenbuchsee – 1804/05 nach Iferten verlegt. Unter praktischer und publizistischer Mithilfe einer engagierten Lehrerschaft, hervorzuheben sind die Namen H. Krüsi, J. G. Tobler, J. Niederer, J. Schmid, entwickelte sich das Institut zu einem pädagogischen Zentrum Europas. In der Blütezeit des Instituts um 1809 werden 166 Zöglinge unterschiedlicher Nationalität betreut. Die Methode, die nach dem Prinzip der Anschaulichkeit „das Innerste aller Anlage" (W 19, 30) wecken sollte, wurde auf alle wichtigen menschlichen Verhaltensbereiche und auf alle bekannten Unterrichtsfächer – z. T. allerdings überzogen und gekünstelt – angewandt. Der Niedergang der Anstalt hängt einmal mit der politischen Restauration nach 1814 zusammen, die Pestalozzis Volksbildungskonzept mit Mißtrauen begegnete, zum anderen mit einem um 1815 ausgebrochenen und sich über Jahre hinziehenden Streit innerhalb der Lehrerschaft. Dieser Lehrerstreit, der 1825 schließlich zur Auflösung der Anstalt führte, überschattet Pestalozzis letztes Lebensjahrzehnt schwer. Es ist müßig, darüber zu streiten, ob die Schuld an diesem Lehrerstreit mehr bei Schmid, zu dem Pestalozzi bis zu seinem Tod gehalten hat, oder bei Niederer lag. Das in der Kritischen Ausgabe nunmehr vorliegende Quellenmaterial belastet – entgegen der bisherigen Tradition – Niederer stark. Andererseits bleibt Pestalozzi nicht schuldlos. Zwar bemühte er sich nahezu unablässig um Versöhnung. Aber wie er sein eigenes Schicksal mit dem Schicksal des Instituts identifizierte, wie er geradezu narzißtisch nicht aufhörte, sein eigenes Leid zu beklagen, brachte mit jedem Versöhnungsversuch einen neuen Stachel für den Gegner. Das distanzlose, fast blinde Engagement für seine Sache war schon in Zürich Pestalozzis größte Gefährdung. Er war an der Grenze, wo Nächstenliebe in Egozentrik umschlagen kann.

Nach Auflösung der Anstalt zu Iferten ging Pestalozzi zurück auf den Neuhof im Birrfeld. Er wollte dort erneut eine Armenanstalt gründen. Am 17. Februar 1827 ist er in Brugg verstorben. An der Dorfkirche in Birr wurde er begraben.

II. Werk

Pestalozzi hat ein umfangreiches publizistisches Werk hinterlassen. Die kritische Ausgabe (Berlin und Zürich 1927ff.) umfaßt 28 Werk- und 13 Briefbände.

Da zugleich der Themenkreis sehr vielgestaltig ist, Pestalozzi überdies im Laufe seiner Entwicklung zu einzelnen Fragen unterschiedliche, z. T. völlig gegenläufige Positionen bezieht, ist selbst eine thesenartige Skizzierung des Gesamtwerkes ausgeschlossen. Gleichwohl gibt es bestimmte Schwerpunkte, die wie ein Leitthema immer wieder auftauchen und um die alle anderen Fragen gleichsam nur ranken. Sicher ist das dominierende Thema die Bildung des Menschen, ihr Sinn, ihre Notwendigkeit, ihre Möglichkeit. Aber dieses Thema erscheint meist in der Form konkreter Einzelfragen, wie der Frage nach Form und Inhalt der Armenerziehung, der Frage nach den Erziehungs- und Unterrichtsmethoden, nach der Funktion der Schule und der Familie sowie die jeder Erziehung oder politischen Aktion voranzustellende Frage nach dem Wesen des Menschen.

In der *Abendstunde* von 1780 hatte Pestalozzi postuliert, jedes erzieherische bzw. politische Programm vom Bild des Menschen her zu entwickeln. Das Menschenbild des jungen Pestalozzi war in der Nachfolge Rousseaus optimistisch. Die Natur des Menschen sichere die Entwicklung eines ausgeglichenen, sittlich reifen Menschen, sofern er nur in einer ihm wohlwollenden und seine elementarsten Bedürfnisse befriedigenden Umwelt aufwachsen könne. Nach 1785 erhält dieses Menschenbild wesentlich pessimistischere Züge. Die Natur des Menschen läßt unter den besagten Bedingungen eben nicht die gewünschte Entwicklung erwarten. „Die Unmöglichkeit eines vollendeten Gleichgewichts der Menschennatur ist durch die Wahrheit der Disharmonie der Kräfte und Anlagen der einzelnen Menschen zum voraus entschieden. Jeder einzelne Mensch wird in hoher Ungleichheit seiner Kräfte gegen die Kräfte tausend und tausend anderer Menschen geboren." (W 28, 159) Diese Disharmonie ist darin begründet, daß sehr unterschiedliche, widerstreitende Determinanten das Erscheinungsbild des Menschen bestimmen: Der Mensch ist Werk der Natur, d.h. seiner physischen Anlagen, seiner biologischen Konstitution. Er ist Werk der Gesellschaft, mit der er sich arrangieren muß. Er ist schließlich aber auch Werk seiner selbst, d.h. insoweit er als Mensch in Freiheit über sich zu entscheiden vermag. Erst als Werk seiner selbst kann er das Niveau freien und sittlichen Verhaltens erreichen. Aber weil der Mensch sich aus den Bindungen von Natur und Gesellschaft auch als Werk seiner selbst nicht lösen kann und soll, lebt er in ständiger Spannung zwischen diesen auf ihn einwirkenden Faktoren. Da die Natur des Menschen eher zur Destruktion neigt – „der Mensch ... ist von Natur ... träg, ... leichtsinnig, ... und ohne Gränzen gierig" (W 3, 330) –, kann die Erziehung keineswegs bloß in einem gutmütigen Gewähren-lassen bestehen. Vielmehr muß sie darum bemüht sein, soweit Natur und Gesellschaft einer angemessenen Entwicklung im Wege stehen, diesen Hindernissen entgegenzuwirken, ohne ihrerseits die elementarsten Rechte von Natur und Gesellschaft zu verletzen.

Diese veränderte anthropologische Position hat auch Konsequenzen für Pestalozzis Einstellung zur Frage nach einer methodisierten Unterweisung und nach schulischen Institutionen. Die Skepsis, mit der der junge Pestalozzi den höfischen und städtischen Formen des gesellschaftlichen Lebens begegnete, bezog sich auch auf das nach Pestalozzis Meinung gleichermaßen unnatürliche Unterrichtswesen. Nach 1780 wird jede Form ersonnener und insoweit künstlicher Unterrichtsmethode abgelehnt, weil sie – im Gegensatz zur Lehrart der Natur – in gewisser Weise immer Zwangscharakter trage, unflexibel sei und außerdem zu Einseitigkeiten tendiere (vgl. W 1, 267). Die Lehrart der Natur, insbesondere wenn sie sich „im freyen Hörsaal der ganzen Natur" (W 1, 124) ungestört abspielen kann, ist hingegen nicht bestimmt durch künstliche Ordnungs- und Auswahlprinzipien, durch didaktische und methodische Reihung der Gegenstände. Insofern ist sie freier als jede künstliche Unterrichtsmethode, zugleich weniger einseitig. Die Natur, „obwol sie unwiderstehlich hinführt zur Wahrheit, hat keine Steifigkeit in ihrer Führung ..., alle Gegenstände der

Natur wallen in erquickender Freiheit, nirgends ist ein Schatten einer zudringlichen Ordnungsfolge" (W 1, 267). Weil die Schule aber gerade dadurch gekennzeichnet ist, daß sie mit methodischen Kunstgriffen Wissen und Verhaltensweisen – überdies möglichst kurzfristig – vermitteln soll, lehnt der junge Pestalozzi auch die Schule als Institution ab. „Die Natur will also, daß der Mensch durch ruhiges, stilles, festhaltendes Anschauen und Betrachten aller der Dinge, die vor ihn kommen, sich in Stand stelle, nach und nach richtige Urtheile über diese Gegenstände zu fällen. Die Kunst und Schul bringt dem Menschen das Urteil in den Kopf, ehe er die Sach sieth und kennt." (B 3, 130) Er warnt insbesondere vor einer verfrühten akademischen Bildung der Kinder: „lieber im Stall, in der Kuchen, in der Wohnstube, als maßleidig bim Buch und mit nassen Augen abstrahierend." (B 3, 130)

Pestalozzis nach 1785 völlig veränderte Einstellung zur Methode und zur Schule hängt mit zwei Einsichten zusammen. Zunächst mit der Einsicht in die veränderten Lebensbedingungen der spätagrarischen Gesellschaft. Im 3. Teil von *Lienhard und Gertrud* wird die Einrichtung einer neuen Schule verlangt: „Vor alten war alles gar einfältiger, und es mußte Niemand bey etwas anderem als bey'm Feldbau sein Brod suchen. Bey diesem Leben brauchten die Menschen gar viel weniger geschulet zu seyn – der Bauer hat im Stall, im Tenn, im Holz und Feld, seine eigentliche Schul ... Aber mit den Baumwollenspinner-Kindern, und mit allen Leuthen die ihr Brod bey sizender oder einförmiger Arbeit verdienen müssen, ist es ganz anderst." (W 3, 14) Für diese Kinder wird die Einrichtung einer Schule vordinglich, damit ihnen das ersetzt wird, was ihnen ihre gesellschaftliche Lage vorenthält. Schließlich aber wird die Schule notwendig für alle Berufsgruppen, weil das gesellschaftlich erforderliche Wissen in einem solchen Maße angewachsen ist, daß es ohne institutionalisierte Unterrichtung nicht mehr zu vermitteln ist. „Wir dürfen uns namentlich nicht verhehlen, es fordert, um mit Gott und Ehren durch die Welt zu kommen, in allen Gewerben und Berufen des Menschen eine weit, sehr weit größere Kunstbildung, als es unseren Vätern hierfür notwendig war." (W 25, 35) Deswegen benötige man nunmehr „Sicherungs- und Bildungsmittel, die unsere frühere Vorwelt gar nicht bedurfte" (W 25, 35).

Die zweite Einsicht betrifft das Problem der „naturgemäßen" Methode. Das pessimistischere Menschenbild nach 1785 ist Ausdruck einer negativeren Sicht der Natur überhaupt. „Wo du die Erde der Natur überlässest, da trägt sie Unkraut und Disteln." (§ 13, 324) Für die Unterrichtsmethode bedeutet das: „Wo du ihr die Bildung deines Geschlechts überlässest, da führt sie dasselbe weiter nicht, als – in den Wirrwarr einer Anschauung; die weder für deine noch für die Fassungskraft deines Kindes so geordnet ist, wie ihr es für den ersten Unterricht bedürfet." (W 13, 324) „Naturgemäß" zu unterrichten, kann deshalb nicht heißen, das Kind der es umgebenden Natur zu überlassen, sondern heißt nunmehr, die äußere Natur für die Natur des Kindes faßlich zu machen. In der Natur stehen z. B. Bäume und Kräuter „nicht in den Reihenfolgen, welche die geschicktesten sind, das Wesen einer jeden Gattung anschaulich zu machen" (W 13, 324). Daher muß ein naturgemäßer Schulunterricht „das, was das Leben zerstreut gibt, der leichtern Übersicht wegen zusammenstellen, ordnen und ergänzen" (W 23, 104).

Das nunmehr geforderte und von Pestalozzi unablässig ergänzte und verbesserte methodische Vorgehen im Unterricht ist gleichwohl noch in gewisser Weise verbunden mit den unterrichtlichen Vorstellungen des jungen Pestalozzi. Zwar wird der unmittelbare Umgang mit der Natur, die unmittelbare Begegnung mit den Realitäten von Sachumwelt und Gesellschaft reglementiert und dadurch unterbrochen. Aber die reale Welt bleibt gleichwohl Basis und Korrektiv jeder Erkenntnis. Diese Basis, die verhindern soll, daß das Kind „leere Wörter, als wären sie Sacherkenntnisse" (W 28, 88), blind übernimmt, wird nunmehr aber vermittelt durch das Prinzip der Anschaulichkeit. Anschaulichkeit bedeutet dabei keineswegs die bloße Forderung nach bildhaften Unterrichtsmitteln. Anschaulichkeit heißt vielmehr, daß alle sprachlich faßbaren Informationen, alle Verhaltensmaximen, alle ethischen und ästhetischen Wertvorstellungen aus konkreten Erfahrungen gewonnen und stets auf sie bezogen sein müssen (vgl. W 13, 309). Um in einer von vielen Zufällen unterworfenen Umwelt den Kanon notwendiger Erfahrungen zu sichern, macht Pestalozzi den Versuch, die grundlegenden Elemente jeder Erkenntnis, jeden Verhaltens, jeder menschlichen Fertigkeit ausfindig zu machen und über deren methodische Vermittlung – er nennt dies „Elementarbildung" – fundierte Lernprozesse in Gang zu setzen. Da nach Pestalozzis Meinung „alle unsere Erkenntniß von Zahl, Form und Wort ausgehe" (W 13, 255), kann sich die Elementarmethode an diesen Begriffen orientieren. Das in der Anschauung Gegebene soll zunächst nach seiner Anzahl, sodann nach seiner Form, schließlich nach seinem Begriff bestimmt werden (vgl. W 13, 255). Um zum Beispiel aber sprachlich Begriffe vermitteln und erfassen zu können, müssen die Elemente der Sprache selber, etwa der Schall, analysiert werden. Es kann gar keinen Zweifel geben, daß der Wunsch nach zunehmender Elementarisierung oder die Übertragung der Elementarmethode von der Vermittlung der einfachen Kulturtechniken auf die Musik, Gymnastik, Fremdsprachen, Handarbeiten, sittliche Erziehung schließlich zu Konstrukten und damit eben nicht zu handfester Realerfahrung geführt haben. Pestalozzi gesteht das ein. Andererseits stand aber seine Methode besonders im Bereich der elementaren Kulturtechniken wie Lesen, Schreiben und Rechnen nicht nur weit über dem methodischen Niveau der Schule des 18. Jahrhunderts, sondern die bloße Tatsache seiner intensivierten Mühe um die Verbesserung der Unterrichtsmethodik hat den Anstoß zu neuen methodologischen Überlegungen gegeben und somit zu einer humaneren Entwicklung der Schule im 19. Jahrhundert beigetragen. Humaner, nicht im Sinne einer bloßen „Erleichterung" oder gar „Versüßung" des Lernens, wie Fr. I. Niethammer es den Philanthropen unterstellt, sondern im Sinne einer für die menschliche Natur angemesseneren Organisation des Lernens. Ein weiteres Postulat des jungen Pestalozzi bleibt unverändert erhalten. Wenn schon die Einrichtung von Schulen unumgänglich ist, wird die

Schule nur insoweit ihrer Funktion nachkommen können, als sie nach dem Wohnstubenmodell konzipiert ist. In der *Abendstunde* von 1780 nennt Pestalozzi die ,,häuslichen Verhältnisse ... die ersten und vorzüglichsten Verhältnisse der Natur" (W 1, 271). Dies bedeutet nach Pestalozzi, daß jede menschliche Entwicklung aus der Familie hervorgeht, aber auch immer an diese Grundlage gebunden sein muß, wenn das menschliche Leben erfüllt sein soll (vgl. W 1, 272). Dieser Gedanke wird von Pestalozzi in vielen Varianten wiederholt. 1818 schreibt er: ,,Was für den Vogel das Nest ist, in dem er dem Ey entschlüpft und aufwächst, und sowohl das Streben als die Ruhe seines ganzen Lebens vereinigt, so ist die Wohnstube dem Volk der Mittelpunkt, in dem und durch den sich alle Kräfte seines Lebens bewegen, und hinwieder darin ruhen. Nimm dem Vogel sein Nest ..., so hast du ihm sein Leben verdorben; laß dem Volk seine Wohnstube im Verderben, so lassest du ihm sein Leben im Verderben." (W 25, 313) Wegen dieser zentralen anthropologischen Funktion der ,,Wohnstube" erscheint das ,,häusliche Leben" auch als ,,erste und wesentlichste Schule aller Erziehung, allen Unterrichts" (W 28, 25), als Modell der Elementarbildung überhaupt. Elementarbildung sei nämlich ,,nichts anderes, als ein erhabener Rückschritt zur wahren Erziehungskunst und der Einfachheit der Wohnstubenbildung" (W 25, 312). Der Modellcharakter der ,,Wohnstube" besteht darin, daß – besonders offenkundig in der frühen Phase der kindlichen Entwicklung – die Liebe der Eltern die altruistische Motivation repräsentiert, ohne welche weder Erziehung noch Unterricht möglich wären (vgl. W 17 A, 224). Er besteht außerdem darin, daß auf der Basis dieser Motivation alle affektiven, intellektuellen und physischen Kräfte des Kindes, ,,Herz, Geist und Hand" (W 25, 313) zugleich angesprochen und gleichmäßig entwickelt werden. Daß die Schule sich faktisch aus diesem ,,Wohnstubenmodell" gelöst hat, hält Pestalozzi für verhängnisvoll: ,,Gerade die Trennung des Schulwesens von der häuslichen Bildung ist das Grundübel des ersteren." (W 17 A, 194).

Ein wichtiger Aspekt dieses Grundübels der Schule zeigt sich darin, daß in der Familie die für eine positive Erziehung notwendige altruistische Motivation eher gesichert erscheint als bei einer professionalisierten Lehrerschaft. Entsprechend betont Pestalozzi einerseits die entscheidende Bedeutung des Engagements der Lehrerschaft, läßt andererseits aber keinen Zweifel, daß der berufsmäßige Lehrer die Funktion der Familie nicht gleichrangig wahrnehmen kann: ,,Die Väter und Mütter der Zeit müssen vor allem aus wieder dahin gebracht werden, es lebendig in sich selbst zu fühlen, wie erhaben sie der Erziehung ihrer Kinder halber ob allen denen stehen, die als Lehrer und Gehülfen einer Sache, die von Gottes und ihres Gewissens wegen die Sache der Eltern ist, ihnen an die Hand gehen." (W 25, 295) Durch die Professionalisierung des Erziehens und Unterrichtens in der öffentlichen Schule ist nach Pestalozzis Meinung die erzieherische Funktion der Familie nicht nur eingeschränkt, sondern in ihrer Bedeutung auch heruntergespielt worden: ,,Unsere Zeitväter und Zeitmütter sind fast allgemein aus dem Bewußtseyn, daß sie etwas, daß sie alles für die Erziehung ihrer Kinder thun können, herausgefallen ... Um also der Volkserziehung als Nationalsache und im allgemeinen aufzuhelfen, ist vor allem aus nothwendig, daß das Selbstbewußtseyn der Eltern, daß sie etwas, daß sie viel, daß sie alles für die Erziehung ihrer Kinder thun können, in ihnen wieder belebt werde." (W 25, 295)

Schule im Sinne des „Wohnstubenmodells" muß sich demnach zunächst insoweit relativieren, als die Anfangsgründe jeder Bildung in der Familie gelegt werden sollen. Wenn „dann das Kind allmählig in die Schulepoche" (W 23, 199) kommt, und die Schule wegen der gewachsenen gesellschaftlichen „Ansprüche" Funktionen der Familie übernehmen muß, muß sie sich ein zweites Mal relativieren und sich auch in ihrem Unterricht an der „Wohnstubenerziehung" orientieren. D.h. sie muß darum bemüht sein, alle ihre Maßnahmen möglichst unter der Kontrolle altruistischer Motivationen zu treffen; sie muß in ihrer Methodik auf die jeweils konkrete und somit vom Kind selbst überprüfbare Erfahrung bezogen sein; sie muß die herkömmliche schulische Überakzentuierung intellektueller Fähigkeiten abbauen und auf eine ausgeglichenere, alle Vermögen des Menschen berücksichtigende Entwicklung setzen (vgl. W 25, 57ff.).

Wenn die Lebensumstände Pestalozzi schließlich auf die Bahn des Methodikers gebracht haben, das durchgängige Motiv aller seiner Bemühungen war die Sorge um die Situation der verarmten Bevölkerung. „Von Jugend auf gieng das Ziel meines Lebens dahin, den Armen im Land durch tiefere Begründung und Vereinfachung seiner Erziehungs- und Unterrichtsmittel ein besseres Schicksal zu verschaffen." (W 25, 277) Dieses Motiv zeigt sich 1768 bei dem jungen Mitglied der Helvetischen Gesellschaft nicht weniger als bei dem 1825 zum Neuhof zurückgekehrten Greis. Pestalozzis Modell der Armenerziehung ist vielfach als Modell gesellschaftlichen Immobilismus mißverstanden worden. So lange zu erwarten ist, daß die gesellschaftlichen Verhältnisse sich nicht wesentlich verändern, sondern daß der junge Mensch, der in Armut aufgewachsen ist, sich auch künftig in einer durch Armut gekennzeichneten Umwelt muß behaupten können, muß der Arme nach Pestalozzis Meinung „zur Armuth auferzogen werden" (W 1, 143). Damit wollte er aber weder den Armen in Armut belassen, noch die gegebenen Verhältnisse legitimieren.

Pestalozzi wußte, daß die Armut des Schweizer Landvolkes keineswegs selbst verschuldet, sondern überwiegend darin begründet war, daß ihnen die zu einer angemessenen wirtschaftlichen Entwicklung notwendigen Bedingungen vorenthalten wurden. Noch 1817 kritisiert er im *Trostgedichte-Zyklus* in fast unbarmherziger Härte das Verhalten des Besitz-Bürgertums: „Was der Reiche, / was der Eitle, / was der risenmeßig Reiche, / was der risenmeßig Eitle / dem Armen schuldig., / das sollte unverjährt bleiben. / ... Es sollte sich erben / von Kind auf Kind, / es sollte sich erben / auf die Kindeskinder / der risenmeßig Reichen, / der risenmeßig Eitlen. / Es sollte ein Gräuel seyn, / es sollte ein Gräuel heißen, / das Volk zum Gesindel machen / und dann es verlassen!" (W 25, 162) Die Rettung des Armen sollte aber möglichst in die

Hände des Armen selbst gelegt werden: ,,Der Arme muß lernen, sich selber zu helfen. Es kann ihm sonst niemand helfen, und es hilft ihm sonst niemand." (W 26, 21) Die Hilfe zur Selbsthilfe kann deswegen nur darin bestehen, ,,daß die Fertigkeiten bey ihnen ausgebildet werden, die an dem Orte ihres künftigen Lebens die wahrscheinlichste sicherste Quelle ihres Unterhaltes seyn werden" (W 1, 144). Eben deshalb setzt Pestalozzi sich für einen ,,politechnischen" (B 12, 167) Unterricht ein, der am besten gewährleiste, daß der Arme sich den konjunkturellen Schwankungen der Wirtschaft anzupassen vermag (vgl. W 10, 55f.).

In den Augen Pestalozzis ist die wirtschaftliche Absicherung aber nur eine Seite des Problems, und zwar die leichtere: ,,Wenn es nichts als Arbeit und Verdienst brauchte, die Armen glücklich zu machen; so würde bald geholfen seyn. Aber das ist nicht so; bey Reichen und bey Armen muß das Herz in Ordnung seyn, wenn sie glücklich seyn sollen." (W 2, 55) Die unendliche Kumulierbarkeit wirtschaftlicher Güter wird auf jeder Stufe neue Ansprüche wecken und den Menschen nicht zur Ruhe kommen lassen: ,,Wenn das Gefühl nicht mehr von innerer Ruhe beseelt ist, so entnervet seine Kraft den Menschen in seinem Innersten, und plagt ihn mit finsteren Qualen, in Tagen, in denen der heitere Weise lächelt." (W 1, 272) Deswegen muß der Mensch ,,zu innerer Ruhe gebildet werden" (W 1, 272). Wie soll dies geschehen? Die Antwort Pestalozzis mag – besonders in der emphatischen Sprache der *Abendstunde* – restaurative Züge tragen: ,,Genügsamkeit mit seiner Lage und mit ihm erreichbaren Geniessungen, Duldung, Achtung und Glauben an die Liebe des Vaters bei jeder Hemmung, das ist Bildung zur Menschenweisheit." (W 1, 272) Wie immer diese Aussage in der jeweils gegebenen geschichtlichen Situation zu interpretieren ist, – wenn wirtschaftliche und rechtliche Verbesserungen, die unstreitig auch Pestalozzi wollte, nicht irgendwann durch das Regulativ der Selbstbescheidung aufgefangen werden, ist in der Tat dauerhafteres individuelles Glück nicht erreichbar.

III. Wirkung zu Lebzeiten

Auf Pestalozzis Lebensweg zeichnen sich Erfolg und Mißerfolg in scharfen Konturen ab. Der 1781 zu europäischem Rang gelangte Autor von *Lienhard und Gertrud* findet Jahrzehnte hindurch keinen Staat, der es ihm erlaubte, die bildungspolitischen Vorstellungen des Romans auch nur in einem kleinen Modellversuch zu realisieren. Auch als der ,,Ehrenbürger Frankreichs" 1792 seinem ,,neuen Vaterland" seine Dienste anbietet – ,,ich kann im Fach der Volksbildung Licht geben wie niemand" (B 3, 288) –, wird er nicht akzeptiert. Erst in der Schweiz der Revolution von 1798/99 erhält er staatliche Unterstützung für seine pädagogischen Vorhaben in Stans, Burgdorf, Münchenbuchsee und Iferten. In der nachrevolutionären Zeit, nach Auflösung des gerade erst konstituierten helvetischen Einheitsstaates durch Napoleon geht dieses staatliche Interesse weitgehend wieder verloren. Die Schweiz verübelte Pestalozzi das Eintreten für den zentralisierten Einheitsstaat. Außerdem gab es Vorbehalte gegen seine Unterrichtsmethodik. Bezogen auf die Schweiz bemerkt Pestalozzi 1805 resignierend: „Ich wäre im Vatterland schon lang mehr als civiliter mortuus, wenn das Ausland nicht für gut gefunden hette, mich noch nicht ganz für verschollen und abgethan anzusehen." (B 5, 105)

Das Ausland war, wenngleich es auch hier Widerstände gab, in der Tat an Pestalozzis Arbeit – und zwar speziell an seiner Unterrichtsmethodik – stärker interessiert als die Schweiz. Aus allen Teilen Europas kamen Besucher und offizielle Delegationen nach Iferten, um die neue Methode kennenzulernen: „Das Haus schien ... sich wirklich in vielen Köpfen zum Mittelpunkt der europäisch-pädagogischen Kultur empor zu heben." (W 27, 244) Die intensiven Kontakte zu Iferten fanden ihren Niederschlag darin, daß um 1810 in nahezu allen Ländern Europas, z. T. auch in Amerika mit der neuen Methode experimentiert bzw. diese Methode generell eingeführt wurde (vgl. H. Schönebaum 1942, 350ff.). Im deutschsprachigen Raum wurde Pestalozzis Werk besonders durch Preußen (Zeller, Nicolovius, Süvern) gefördert. Bayern hat Pestalozzi am 1. 8. 1808 zum Mitglied der Münchener Akademie ernannt und 1809 durch das „Allgemeine Regulativ für die Ordnung der Schullehrerseminarien und die Bildung der Volksschullehrer" Pestalozzis Methode in die Seminare und Volksschulen eingeführt. Entsprechende Vorgänge sind aus Baden, Hessen, Nassau, Rheinpreußen, Württemberg usw. bekannt. Die Anerkennung, die ihm das Ausland entgegenbrachte, hat Pestalozzi mehrfach überlegen lassen, das Schweizer Institut ins Ausland zu verlegen.

Die freundliche Aufnahme, die Pestalozzis Werk in Europa fand, war gleichwohl nicht von Dauer. Württemberg, das 1808/09 die Schulamtskandidaten durch C. A. Zeller in Pestalozzis Methode unterweisen ließ, hat sich bereits 1812 in aller Schärfe wieder gegen die Einführung dieser Methode ausgesprochen (vgl. Heppe, 1858, 166). In der Restaurationszeit nach 1814 werden Pestalozzi wegen seines politischen Engagements während der Revolutionszeit nunmehr auch im Ausland republikanische Tendenzen vorgeworfen, die Regierungen nehmen allgemein eine sehr reservierte Haltung ein. Die zunehmende Skepsis gegenüber Pestalozzis Ideen mag nicht nur politisch begründet gewesen sein. Der langjährige Streit zwischen Pestalozzi und Niederer war der Pestalozzischen Bewegung ebenso unzuträglich. Wie immer der Rückgang des Einflusses Pestalozzis nach 1812 aber begründet gewesen sein mag, für Pestalozzi und seine Zeitgenossen mußte es so scheinen, daß der Zusammenbruch des Institutes zu Iferten vom März 1825 den endgültigen Mißerfolg Pestalozzis besiegelte.

IV. Bedeutung für die Nachwelt

Der deprimierende Zusammenbruch der Anstalt, die Vereinsamung des alten Pestalozzi und die politischen Widerstände der Restaurationszeit haben aber gleichwohl nicht verhindert, daß Pestalozzis Ideen die Entwicklung des Bildungswesen und über das Bildungswesen die gesamtgesellschaftliche Entwicklung des 19. und 20. Jahrhunderts – insbesondere im deutschsprachigen Raum – wesentlich mitbestimmt haben. Als die deutsche Lehrerschaft 1845 den 100. Geburtstag Pestalozzis mit einer uns heute kaum verständlichen Begeisterung feierte, tat sie dies, weil sie glaubte, daß durch Pestalozzi eine neue Epoche des Bildungswesens eröffnet worden sei. A. Diesterweg, der die zentrale Berliner Pestalozzi-Feier initiiert hatte, sah die Bedeutung konkreter einmal darin, daß ohne Pestalozzis Anstöße die positive Entwicklung des deutschen Volksschulwesens nicht denkbar gewesen wäre, dessen Organisation und Methodik auch jenseits der deutschen Grenzen als geradezu vorbildhaft gerühmt werde. Ohne Pestalozzi hätte der Volksbildungsgedanke keine so große Verbreitung gefunden. Zum anderen sei es aber auch das Verdienst der Methodik Pestalozzis, daß die Schule humanere Züge annehmen könne.

Spätere Pädagogen, insbesondere die Reformpädagogen aus dem ersten Drittel des 20. Jahrhunderts, wiederholten die Argumente Diesterwegs, wenngleich nunmehr auch die sozialpädagogische Bedeutung Pestalozzis stärker hervorgehoben wurde.

Sicher wäre es überzogen, die fast explosionsartige Entwicklung des Bildungswesens in den letzten beiden Jahrhunderten allein oder auch nur vornehmlich an den Namen Pestalozzis binden zu wollen. Pestalozzi wirkte in eine Zeit hinein, die durch die Aufklärung pädagogisch sensibilisiert und aktiviert war. Er fand in den napoleonischen Wirren Staaten, die – wie insbesondere Preußen – ihre politische Entmachtung durch ein florierendes Bildungssystem kompensieren wollten. Er fand eine Lehrerschaft, die sich – sicher auch zur eigenen Profilierung – seines Namens bediente. Aber innerhalb dieser Bedingungen ist Pestalozzi gleichwohl zu einem zentralen Faktor der weiteren Entwicklung geworden, einer Entwicklung, die über ein organisiertes Bildungswesen auf umfassende Verbreitung des kumulierten Wissens zielt, durch die Betonung des Lernens aber einen Prozeß in Gang setzt, der wenigstens potentiell unabschließbar und seiner Natur nach nur durch Argumente regulierbar ist.

Insoweit läßt sich wohl sagen, daß Pestalozzis größte Bedeutung für die gegenwärtige Pädagogik vielleicht in seiner Wirkungsgeschichte liegt.

Mit einer solchen Aussage soll nicht das Gewicht des literarischen Werkes Pestalozzis geschmälert werden. Die Wirkungsgeschichte ist zugleich auch ein Niederschlag des spannungsreichen Werkes Pestalozzis. Die Lehrerschaft des 19. Jahrhunderts verehrte den Methodiker, der das Lernen an das Prinzip der Anschauung geknüpft hat; die Reformpädagogen des 20. Jahrhunderts den

Erzieher, der nicht nur mit methodischem Geschick Wissen vermittelt, sondern allen Bedürfnissen des Kindes gerecht zu werden versucht. Der sozialpädagogisch, politisch und ökonomisch engagierte Republikaner Pestalozzi fand zu jeder Zeit ebenso seine Nacheiferer wie der Bewahrer des volkstümlich Schlichten und des „edlen Magistraturgeistes unserer Ahnen"; der aufklärerisch philosophierende Pestalozzi ebenso wie der kindlich gläubige.

Den Verlauf dieser Wirkungsgeschichte gleichwohl zu akzentuieren, erscheint aber deswegen gerechtfertigt, weil sie – bezogen auf die Sozialgeschichte des neuzeitlichen Mitteleuropas – die längerfristigen Effekte von Erziehung und Unterricht zu demonstrieren vermag. Wenngleich unter den gesellschaftsstrukturierenden Faktoren die politischen und ökonomischen Bedingungen kurzfristig immer den Ausschlag geben mögen, längerfristig setzen sich dennoch die aus Erziehung und Unterricht herrührenden Einflüsse durch. Auch politische und ökonomische Macht kann sich dauerhaft nur erhalten, wenn sie den elementaren Bedingungen der Kulturentwicklung entspricht. Diese aber ist geschichtlich primär ein Produkt von Erziehung und Unterricht. Das wußte Pestalozzi, und das belegt seine Wirkungsgeschichte.

Ursula Cillien

JOHANN GOTTFRIED HERDER

(1744–1803)

„... im höchsten Sinn der Zukunft zu begründen, Humanität sei unser ewig Ziel" – so faßt Goethe im Maskenzug von 1818 das Wollen Herders zusammen. Im Zeitenumbruch des ausgehenden 18. Jahrhunderts die bewegende Intention der Aufklärung mit der religiösen Erfahrung sowie mit der Tradition des abendländischen Humanismus zu verbinden, das war in der Tat eine epochale Leistung, durch die Herder der Neuzeit gleichsam ihr problemreiches Thema eröffnete. Immer wieder ist dieses Thema in der Folgezeit umkreist worden, neue Aspekte wurden ihm abgewonnen, es wurde auch in schlimmster Weise pervertiert, und es gibt gute Gründe, auch den Widerstreit in unserer Zeit als die „Suche nach der versäumten Humanität" zu verstehen. Es wurde zum Thema von Philosophen und Sozialwissenschaftlern, zum Thema der Politik – vor allem aber zum wichtigsten Thema der Pädagogik.

Dabei ist bedeutungsvoll, daß es gleich zu Anfang der Moderne in großer Spannweite eröffnet wurde. Schon von einem der frühesten Bewunderer Herders, von Jean Paul, wurde der Reichtum, der in Herders Denken beschlossen lag, angesprochen, wurden auch die Probleme, die damit verbunden waren, gesehen: „Der edle Geist wurde von entgegengesetzten Zeiten und Parteien verkannt: doch nicht ganz ohne seine Schuld; denn er hatte den Fehler, daß er kein Stern erster oder sonstiger Größe war, sondern ein Bund von Sternen, aus welchem sich dann jeder ein beliebiges Sternbild buchstabiert."[1] Von einem neueren Kritiker Herders, dem Engländer A. Gilles hören wir: „Herder vereinigte in seiner Person die wichtigsten Lehren der westlichen Denker mit der angeborenen romantischen Sehweise der Deutschen. Später neigte das deutsche Denken dazu, jene zu verneinen und diese überzubetonen, während der Westen gerade das Gegenteil tat. Hier ist der Schlüssel zu jener scheinbar absoluten Unverträglichkeit des deutschen und des französisch-englischen Standpunktes in der modernen Welt. Doch die beiden Ansichten *sind* in gewisser Hinsicht versöhnbar, wie Herder gezeigt hat."[2]

Zu dieser Mittlerfunktion war Herder nicht durch besondere systematische Kraft befähigt, sondern durch eine übergroße Sensibilität, die ihn die verschiedenen ihm begegnenden Zeittendenzen aufnehmen und sich aneignen ließ, auch dadurch, daß sein Denken stets an seine eigene Erfahrung zurückgebunden blieb. Natürlich war dafür auch bedeutungsvoll, daß er in einer Zeit großer geistiger Bewegtheit aufwuchs und daß sich auf seinem Lebensweg früh sehr unterschiedliche Strömungen begegneten.

I.

Am 25. 8. 1744 in engen und bescheidenen Verhältnissen als Sohn eines Küsters und Mädchenschullehrers in der ostpreußischen Stadt Mohrungen, ,,der kleinsten im dürren Lande", geboren, scheinen sich ihm kaum Chancen für einen breiteren Lebensweg zu eröffnen. Das Elternhaus kann ihm zwar den Besuch der Stadtschule ermöglichen, doch dann bleibt als peinliches Surrogat für eine weitere geistige Bildung der Dienst als Abschreiber beim pedantischen und auch tyrannischen Stadtkanonikus gegen Kost und Logis. Überdies droht – übrigens noch lange Jahre – die Aussicht, bei Bedarf ins Heer Friedrich II. eingezogen zu werden und also das Leben als Soldat verbringen zu müssen. Es ist sicher nicht abwegig, wenn man in diesen Kindheitserfahrungen den Keim für das übergroße Freiheitsbedürfnis, das Herder zeitlebens gekennzeichnet hat, sowie für seine Abneigung gegen jede Staatsallmacht erkennt.

All diesem Bedrückenden nun steht in der Kindheit ein frühes und offenbar tiefes religiöses Erleben sowohl im pietistisch frommen Elternhaus als auch im Gottesdienst gegenüber. Hier macht er erstmals die Erfahrung erweckten, intensiven Daseins, wie er auch das sichere Vertrauen, in eine umgreifende Ordnung eingebettet zu sein, gewinnt. Schließlich gehört in diese Zeit die heimliche Entdeckung der Literatur – und zwar der antiken ebenso wie der keimenden deutschen Dichtung; von dem Glück dieser Entdeckung schreibt noch der alte Herder mit Ergriffenheit.

Durch einen Zufall wird Herder 1762 aus der Mohrunger Enge befreit; es eröffnen sich ihm zwei kurze, doch um so intensiver genutzte Studienjahre in Königsberg. Wieder sind es sehr heterogene Einflüsse, die ihn gleichzeitig bestimmen. Da ist einmal sein Lehrer Kant, der ihm das weite Feld der Wissenschaften eröffnet, der ihm den ,,Schutt des angemaßten Wissens, wodurch die Vernunft mit sich selbst in Widerspruch kam, vom Herzen räumt" und es so ,,für das Sittlichgute frei schlagen läßt" (XVII, 404)[3].

Da ist zum anderen Hamann, der Magus des Nordens, das religiöse Genie, der nun gerade all seinen Scharfsinn und seine Ironie darauf verwendet, alles Bauen auf die menschliche Vernunft ad absurdum zu führen, und der sich in all seinem Tun und Denken ganz von der göttlichen Kraft und Gnade bestimmt weiß. Bei Hamann lernt Herder auch Englisch, und so eröffnet sich ihm der Zugang zur englischen Literatur, insbesondere zu Shakespeare, und zum englischen Denken. Schließlich erfolgt in diesen kurzen Königsberger Jahren die intensive Auseinandersetzung mit der Aufklärungsliteratur und -Ästhetik. Auf diesem Feld liegt dann auch Herders erste eigene literarische Leistung.

Als er 1764 als Lehrer an die Domschule in Riga geht, ist das Konzept der ersten Arbeit, der *Fragmente über die neuere deutsche Literatur,* bereits fertig. Als die *Fragmente* dann 1766 erscheinen, wird der 22jährige mit einem Schlage zu einem berühmten Mann. Aber wieder zeigt sich das Problem seiner Knabenjahre: Herder ist nicht in der Lage, mit dem Konflikt zwischen der beglückenden Welt seiner eigenen Entdeckungen, dem freien Kommerz mit vertrauten Freunden und den verschiedenartigen Zwängen und Belastungen, die die öffentlichen Auseinandersetzungen mit sich bringen, zu leben. Er verfährt nach seinem alten Muster: er verbirgt sich vor der Öffentlichkeit. Den literarischen Streit führt er anonym, und als nach neuerlichen bedeutenden Publikationen die Spannungen ihn doch unentrinnbar erreichen, löst er sich mit einem kühnen Entschluß aus allen Verflechtungen. Ohne Sicherung und ohne festes Ziel bricht er nach fünf Jahren seine Tätigkeit in Riga ab und schifft sich ein gen Westen. Die sechswöchige Seereise und eine anschließende ein Vierteljahr währende Verborgenheit in Nantes geben ihm die Freiheit, wieder ganz zu sich selbst zu finden. Das Resumée dieses Aufbruchs, das *Journal meiner Reise* ist ein eindrückliches Zeugnis dieser Selbsterfahrung.

Endlich kehrt er „in die Welt" zurück. Es folgt eine Zeit von zwei Jahren, die durch Reisen und durch vielfältige neue Bekanntschaften gekennzeichnet ist. Herder erweitert jetzt seine Weltkenntnis und gewinnt europäische Weite. In Paris trifft er mit den damals berühmtesten Aufklärern zusammen, in Hamburg lernt er Lessing und Basedow kennen und knüpft mit Matthias Claudius eine lebenslange Freundschaft; er lebt dann einige Zeit am Eutiner Hof, um anschließend eine Bildungsreise mit dem jungen Prinzen zu beginnen. Zwar nimmt die Reise bereits in Straßburg ein frühes Ende – die Abhängigkeit, in die ihn seine Stellung brachte, ist seinem Freiheitsbedürfnis unerträglich –, doch erfolgt hier das für ihrer beider Leben wie für die deutsche Geistesgeschichte so bedeutungsvolle Zusammentreffen mit Goethe. Herder trägt sich in dieser Zeit mit Gedanken für eine Preisschrift *Über den Ursprung der Sprache* und regt Goethe zum Sammeln alter Volkslieder an. Dem neugewonnenen jungen Freund eröffnen sich damit bisher ungeahnte Aspekte.

Ab 1771 verläuft Herders Leben dann recht stetig: er tritt nun endgültig ins „bürgerliche Dasein" ein, nimmt Abschied von der relativen Unverbindlichkeit der Jugend und ist von nun an in die „nutzbare Welt" gebannt. Von 1771–1776 ist er Konsistorialrat und Oberpfarrer in Bückeburg und dann bis zu seinem Tode 1803 Hofprediger und Konsistorialrat in Weimar. Nur einmal wird die Gleichförmigkeit des Lebens noch unterbrochen: 1788/89 durch eine Reise nach Italien. Doch vermag Italien, vermögen Natur und Kunstgenuß ihm jetzt nicht mehr die gleiche Beglückung zu geben, wie einst erhofft und wie Goethe und Humboldt sie dort erfuhren. Zu sehr ist Herder nun darauf gerichtet, an der geschichtlichen Gegenwart teilzunehmen und in ihr zu wirken. So drängt es ihn schon bald zurück in die Heimat, sehnt er sich nach einem befriedigenden Tätigkeitsfeld.

Während all der Jahre in Bückeburg und Weimar hat Herder einen dreifachen Wirkungskreis: Er ist zuerst und vor allem Geistlicher und er ist das zweifellos mit ganzer Person. So oft er auch mit dem geistlichen Stand und mit der Theologie seiner Zeit ins Gericht geht – er ist nie bereit, vom Predigeramt zu lassen.

Er ist aber zugleich auch leitender Beamter des Konsistoriums und als solcher auch mit der Aufsicht und Fürsorge des Schulwesens betraut. Diese Aufgabe ist ihm nicht minder wichtig als sein Predigeramt, und er verwendet einen erheblichen Teil seiner Arbeitskraft darauf, hier zu bessern und zu reformieren.

Und schließlich ist Herder Literat. Als solcher hat er seinen Ruhm erworben; als solcher auch hat er weit über den Kreis seiner jeweiligen Kirchen- und Bürgergemeinde hinaus gewirkt und mit den geistigen und politischen Bewegungen der Zeit in Verbindung gestanden.

Man muß sich gegenwärtig halten, daß diese so verschiedenen Bereiche seiner Tätigkeit für Herder stets zusammengehören. Wohl hat er um ihre Unterschiedenheit gewußt, er hat auch häufig unter ihrer Unvereinbarkeit geseufzt. Aber in allen ist er doch mit der gleichen Intention wirksam: Wege zu weisen, die Humanität in seiner Zeit zu befördern.

II.

Herder ist Zeit seines Lebens literarisch außerordentlich fruchtbar gewesen und der Kreis der Themen, das Feld, auf dem er zum Anreger wurde, war ungewöhnlich weit und vielfältig. Er gilt als der Initiator des Historismus so gut wie der neuzeitlichen Sprachphilosophie, ihm verdankt die Hermeneutik so viel wie die Ästhetik, er hat ein neues Verständnis der Bibel angebahnt wie eine neue Sicht der Volkspoesie. Bleibt auch die Breite seiner Interessen während seines Lebens erhalten, so sind seine Arbeiten in den verschiedenen Epochen doch unterschiedlich akzentuiert. So vorsichtig man mit jeder Periodisierung sein muß, so kann man wohl die Bückeburger Zeit als religiös akzentuiert, die erste Hälfte der Weimarer Zeit als vorwiegend philosophisch-ästhetisch und die letzten Jahre als politisch-didaktisch gerichtet ansehen. Man kann auch feststellen, daß Herder zunächst mit großer Beglückung in früher Poesie und in religiösen Zeugnissen den Klang des Menschlichen lebendig und rein ausgesprochen findet; daß er dann versucht, sich des Sinnes der Humanität durch eine Reflexion auf die Bildungsgeschichte der Menschheit und durch eine metaphysische Spekulation zu vergewissern, um schließlich in direkter didaktischer Absicht durch Exempla und Lehre an der ,,Beförderung der Humanität" zu wirken.

Fragen wir, wo wir das ,,Pädagogische" in Herders Werk finden, so geraten wir, wollen wir bestimmte Schriften anführen, in einige Verlegenheit. Gewiß, uns liegen seine *Schulreden* vor – eine schöne Quelle vielfältiger pädagogischer Einsichten. Wir haben sein *Reisejournal,* in dem der junge Herder auch einen recht detaillierten Schullehrplan vorlegt, einen Plan, mit dem er zum Reformator Livlands werden will. In manchen der *Humanitätsbriefe* finden wir Elemente einer didaktischen Konzeption, ebenso in der Sammlung seiner *Briefe das Studium der Theologie betreffend* und in der Vorrede zur *Metakritik.* Doch wer Herders pädagogische Bedeutung erfassen will, muß über diese im engeren

Johann Gottfried Herder (1744–1803)

Sinn pädagogischen Äußerungen hinausgehen und sich auch mit den wichtigsten theologischen und philosophischen Schriften befassen. Darüber hinaus kann auch die Durchsicht der Predigten vertieftere Einsichten gewähren.

Denn was Herder zu einem Klassiker der Pädagogik macht, das ist nicht ein bestimmter Schul- und Erziehungsplan, das ist auch nicht eine ausgeführte didaktische Konzeption; das ist vielmehr eben dies, daß er ,,Humanität" zum zentralen Thema des Nachdenkens macht. Was aber Humanität ist, davon gibt er keine Definition, er entwirft auch nicht eine zusammenhängende Lehre vom Menschen; Humanität ist ihm ein geschichtlicher Begriff; humanes Dasein spiegelt sich in der Fülle geschichtlicher Zeugnisse. Im Fortgang seiner eigenen Lebenserfahrung eröffnen sich ihm dabei immer neue Aspekte. So kann man nur sehr behutsam versuchen, in Herders Aussagen bestimmte Grundstrukturen zu erkennen, die sein Humanitätsdenken kennzeichnen.

III.

Was heißt ,,humane Existenz"? Die erste vorsichtige Umschreibung lautet: Humane Existenz ist ein personales Dasein, das durch Selbsterfahrung bestimmt und voll lebendiger Wirksamkeit ist. Als solches steht es gegen ein Dasein der Trägheit und Starrheit, der Oberflächlichkeit ebenso wie des bloßen Aktivismus, gegen ein Leben ,,aus zweiter Hand". Selbsterfahrung meint zum einen, daß hier der Mensch in seiner unverwechselbaren geschichtlichen Konkretheit bei der Sache ist, als der, der er durch die geographische und gesellschaftliche Situation, durch bestimmte Traditionen sowie durch seine einmaligen unverwechselbaren Erlebnisse und Erfahrungen geworden ist. Und es meint, daß der Mensch *als ganzer* in seiner körperlich-seelisch-geistigen Totalität beteiligt ist. Mit beißendem Spott kritisiert Herder schon früh seine Zeit, die meint, allein mit allgemeinen Ideen die Welt bessern zu können, ohne Acht zu nehmen auf die wirklichen, geschichtlichen Menschen.

Selbsterfahrung meint aber auch, daß der einzelne ganz *bei der Sache* ist, daß er sich dem, was ihm begegnet ganz öffnet. Vernunft kommt von Vernehmen, so schärft er immer wieder ein, und wirkliches Vernehmen setzt bereite Hingabe voraus. Besonnenheit, sich einfühlen, sich anempfinden, so lauten bezeichnende Wendungen, die zeigen, daß es hier nicht um ein intellektuelles Aufnehmen allein geht, sondern um eine Offenheit des ganzen Menschen. ,,Werden Sie mit Hirten ein Hirt, mit einem Volk des Ackerbaus ein Landmann, mit uralten Morgenländern ein Morgenländer", so legt er dem jungen Theologiestudenten das Studium des alten Testamentes ans Herz (X, 14). Dabei wird aus seinen Schriften deutlich, daß er sich sehr wohl auch der Grenzen eines vollen Verstehens bewußt ist. Wir sind immer nur dahin auf dem Wege, der Sache ganz ansichtig zu werden, nicht jede Fremdheit läßt sich einfach überwinden. Daher die Toleranz gegenüber der Einsicht des anderen, die oft wiederholte Überzeugung, daß der Kommerz mit anderen, denen es um die gleiche Sache geht, zu immer tieferer Erfahrung führen könne.

Damit ist aber schon ein weiteres angesprochen: solche Erfahrung drängt zur Mitteilung. Sie kommt überhaupt nur im Wort zu sich selbst. Es ist nicht so, daß da zunächst ein subjektives Erleben ist, das erst im Nachhinein in Sprache übersetzt wird, um mitteilbar zu werden. Erst wenn eine Empfindung zu Wort kommt, wird sie wirkliche persönliche Erfahrung. Erst jetzt „erkennt die Seele" sie, kann sie sich zueignen. Zugleich damit wird es auch möglich, sie mitzuteilen. „Ich kann nicht den ersten menschlichen Gedanken denken, nicht das Erste besonnene Urteil reihen, ohne daß ich in meiner Seele dialogiere oder zu dialogieren strebe, der erste menschliche Gedanke bereitet also seinem Wesen nach, mit anderen dialogieren zu können! Das erste Merkmal, was ich erfasse, ist Merkwort für mich, und Mitteilungswort für Andere!" (V, 47) Und diese Mitteilung schafft, wo sie so offen aufgenommen wird, wie sie erworben wurde, Verständigungsgemeinschaft. Der Mitteilende gibt gewissermaßen sein Eigenstes, und diese Unmittelbarkeit vermag die Hörenden zusammenzuschließen, im Verstehen eignen sie sich zu, was ihm zuteil wurde. So vermag Erfahrung zugleich Gemeinschaft zu schaffen. Humane Existenz ist mithin nicht nur intensives, „erhöhtes" Dasein, unmittelbare Lebendigkeit des Einzelnen, sondern sie drängt auch dazu, intensives Dasein einer Gruppe zu werden, ja allererst wirkliche Gemeinschaft zu konstituieren.

Mit diesen Ausführungen ist aber auch die im engeren Sinn pädagogische Frage angesprochen: zum humanen Dasein wird man gewissermaßen „erweckt" durch solche, die selbst human sind. Der personale Bezug – vor allem der unmittelbar gegebene, aber auch der durch geschichtliche Zeugnisse vermittelte – ist die Grundlage aller humanen Erziehung. Dabei wird vorausgesetzt, daß die einen bereit sind, teilzugeben an dem, was ihnen aufgegangen ist, daß die anderen bereit sind, teilzunehmen.

Schließlich aber gilt: Humanes Dasein äußert sich in Handlungen. Es ist tätiges Dasein, ein Dasein, in dem die Erfahrungen zu Beweggründen humanen Handelns geworden sind. „Du bist, wenn du würkest und waltest, ein Bild Gottes." (VI, 63) An seinem Platz das hier und jetzt Rechte und Angemessene zu tun, darin besteht die menschliche Aufgabe.

Es ist unübersehbar, wie in diesem Herderschen Humanitätsdenken die Tradition des Pietismus wirksam ist. Freilich ist dieser Einfluß bei ihm eine enge Verbindung eingegangen mit Ideen, die aus der Aufklärung und aus dem Rationalismus stammen. Von hier dürfte auch der unüberhörbar euphemistische Klang in sein Denken gekommen sein. Ihm steht allerdings eine widerstreitende Erfahrung gegenüber: die Welt trägt offenbar so gar nicht das Signum wirkender Humanität. Herder selbst gehört zu den schärfsten Kritikern mindestens seiner eigenen Zeit, aber er hat sich auch nie den Blick verstellt für die tiefe Fragwürdigkeit, die eigentlich eine jede Zeit kennzeichnete.

Wenn er trotz der Einsicht in das zutiefst Problematische dieser Welt daran festhält, daß der Mensch zur Humanität berufen, ja daß Humanität „unser ewig Ziel" sei, so ist ihm das möglich unter der Voraussetzung eines unerschütterlichen Gottvertrauens. Weil er gewiß ist, daß sich in dieser einen Welt – wenn auch vielleicht oft unerkennbar – ein umgreifender Sinn erfüllt, vermag er sich in die Einsicht zu schicken, daß sein begrenztes Tun nur zu ohnmächtig ist, ja, daß die Welt als Ganzes häufig so sinnlos erscheint, ohne deshalb in Quietismus oder auch in einen sich selbst genügenden Spontanismus zu verfallen.

Aber Herder begnügt sich nicht mit solchem fraglosen Vertrauen. Seiner anthropologischen Grundeinsicht getreu, wird ihm solche Gewißheit erst dann zum bestimmenden „Charakter" des Menschen, wenn sie sprachlich ausgelegt ist. So sind denn gerade die großen „klassischen" Arbeiten Herders eigentlich eine beglückte und beglückende Kontemplation über den Sinn und den großen Zusammenklang der Welt und der Geschichte. Das reiche geschichtliche Material verdankt er dabei seinen jahrelangen vielfältigen Studien, das begriffliche Instrumentarium für den metaphysischen Entwurf, der hinter allem steht, gaben ihm vor allem Spinoza und Leibniz.

Allerdings führt die Reflexion Herder nicht zu einem geschlossenem metaphysischen System, es bleiben vielmehr deutliche Widersprüche. Gott ist das Eine und das Alles, alle Phänomene dieser Welt sind „Ausdrücke der göttlichen Kraft", „Hervorbringung einer der Welt einwohnenden ewigen Wirkung Gottes" (XVI, 459) und die Welt ist nach wenigen einfachen Gesetzen geordnet, so verkündet er einerseits. Andererseits erkennt der Geschichtsphilosoph Herder nur zu scharfsichtig, daß die Widersprüchlichkeiten dieser Welt sich nicht einfach aufheben lassen in eine höhere Ordnung. So erscheinen wiederum die Spuren des Göttlichen unter allerlei Entstellungen verborgen – man möchte eher in der Lutherschen Wendung sagen, die Welt sei „Gottes Mummenschanz", denn daß sie sein unverwechselbarer „Ausdruck" sei. Immer wieder zeigt sich hier ein Schwanken in Herders Worten: eben noch hat er voll Enthusiasmus die alles durchwaltende göttliche Ordnung gepriesen – da fällt er sich gewissermaßen selbst ins Wort und weist mit leiser Selbstironie auf Phänomene hin, die zu solcher Ausdeutung so gar nicht passen wollen. Daß er nicht zu voller Klarheit vorstößt, irritiert ihn offenbar jedoch wenig: die Theorie ist ja nicht eigentlicher Zweck, sondern es geht um die Selbstfindung und die Verständigung mit anderen, und dahin ist man, wie er meint, immer erst unterwegs.

Für den Pädagogen interessant ist, daß Herder meint, solche Reflexion auf die Voraussetzungen allen Daseins könne und dürfe nicht deshalb ausgespart werden, weil sie menschliche Vernunft übersteigt. Zum vollen humanen Dasein gehört ihm auch solch tiefste Grunderfahrung, und es ist ihm wichtig, daß sie nicht rudimentär oder irrational bleibt, sondern zu expliziter Einsicht kommt. Gerade diese Erfahrung gewährt im übrigen das, was hervorstechendes Merkmal humaner Existenz ist: Freude, Beglückung.

In den letzten Jahren seines Lebens verschiebt sich aber nun der Akzent von Herders Arbeiten. Man hat davon gesprochen, daß diese letzten Jahre durch einen ,,Rückfall" Herders in die Aufklärung gekennzeichnet seien. Tatsächlich geht es jetzt kaum mehr darum, an eigenen geschichtlichen Entdeckungen und Erfahrungen teilzugeben, auch nicht darum, den Welt-Sinn zu erhellen. Herder führt jetzt vielmehr bestimmte Exempla vor, um an ihnen allgemeine Regeln aufzudecken. Die Ursache für diese Wandlung liegt wohl vor allem in der Entwicklung sowohl der politisch-gesellschaftlichen Verhältnisse wie auch der menschlichen Beziehungen in Weimar. Beides gehört aufs Engste zusammen: Die Geschehnisse im Zusammenhang mit der Französischen Revolution hatten die Weimarer Gesellschaft zutiefst gespalten; sie hatten auch entscheidend zur Entfremdung zwischen Goethe und Herder beigetragen. In diesem Geschehen war jeder genötigt worden, seine eigene Stellung gegenüber dem politischen Leben zu klären und zu prüfen. Das führte Herder notwendig dazu, den Blick wieder stärker von der beglückenden Kontemplation fort aufs menschliche Handeln zu lenken.

Es geht ihm jetzt vor allem anderen darum, aufzudecken und bewußt zu machen, welche ethischen Grundsätze ein humanes Handeln in dieser so zerrissenen Welt bestimmen müßten. Auch jetzt treffen wir bei ihm auf keine Systematik. Die Grundsätze sind in geschichtlicher Erfahrung gewonnen und werden dargeboten wie die Situation oder der thematische Zusammenhang es veranlassen. Bisweilen werden in lockerer Folge mehrere aneinandergefügt. So finden wir etwa folgende Zusammenstellungen: Sympathie, Friedfertigkeit, Verstehensbereitschaft, Selbstlosigkeit, Erbarmen (XXIX, 142f); oder: Abscheu gegen den Krieg, verminderte Achtung vor dem Heldenruhm, Abscheu vor falscher Staatskunst, geläuterter Patriotismus, Gefühl der Billigkeit gegen andere Nationen, Verurteilung von Handelsanmaßungen einzelner Nationen, nützliche Tätigkeit (XVIII, 262). Die zuletzt genannten sind durch die konkrete Zeitsituation bestimmt; die ersteren dagegen gehören ganz in die christlich-humanistische Tradition des Abendlandes. Daß diese Grundsätze nicht schon ein bestimmtes Handeln determinieren, ist sicher; zwischen dem allgemeinen Beweggrund und dem konkreten Tun liegt der Spielraum des Geschichtlichen. ,,Pflanzt den Baum; er wird von selbst wachsen. Sichert gute Grundsätze, durch eigene Kraft werden sie wirken – nicht anders aber als mit Modifikationen, die Zeit und Ort ihnen allein geben werden." (X, 338)

Besonders charakteristisch für Herder sind zwei Maximen, die immer wieder hervorgehoben werden: daß jeder im Handeln das rechte Maß halten und daß Vernunft immer mit Güte verbunden werden müsse. Auch damit steht er in der ethischen Überlieferung; doch im Zusammenhang seines Denkens machen sie vor allem deutlich, wie nun die Spannung zwischen einer freien, humanen Existenz und den Erfordernissen dieser Welt positiv aufgenommen wird: Auch das Vernünftige kann nicht rein realisiert werden, es würde denn tyrannisch wirken; stets muß auch die spezielle Bedingtheit der Situation und müssen die Unvollkommenheiten der Menschen mitberücksichtigt werden. Umgekehrt wird bloße Milde zur Schwäche und führt zur Stagnation, wird nicht zugleich das Vernünftige befördert. Und auch im Blick auf den Menschen und seine widerstreitenden Kräfte und Bedürfnisse gilt, daß immer das rechte Maß gehalten werden muß; Maßlosigkeit gebiert stets verderbliche Folgen.

Auffallend ist, daß Herder es an keiner Stelle für nötig hält, die von ihm angesprochenen Normen weiter zu begründen. Er geht vielmehr davon aus, daß sie jedem, der in der gleichen Tradition steht und dem die gleichen Erfahrungen zuteil wurden, ohne weiteres evident sind. Wichtig aber erscheint es, daß diese Evidenz immer neu erfahren und auch zum Bewußtsein gebracht wird. ,,Charakterbildung" erfordert häufige Wiederholung. Damit kommt nun in den Gang der Bildung doch eine gewisse Planmäßigkeit. Freilich heißt das nicht, daß ein folgerichtiger Lehrgang konzipiert würde. Was Herder selbst uns vorführt, ist eher etwas wie ein ,,exemplarischer" Unterricht. Immer wieder werden dem Leser geschichtliche Beispiele gegeben, die eine bestimmte Evidenzerfahrung ermöglichen. Damit wird zugleich noch einmal deutlich, daß es auch hier nicht einfach um Übermittlung einer Lehre geht, daß ,,Gewissensbildung" ihm nicht ein Akt rein intellektueller Erkenntnisse ist. Wenn Herder wechselnd von ,,Grundsätzen" oder ,,Gesinnungen" spricht, so weist auch das noch einmal darauf hin, daß hier Einsichten gemeint sind, die im Erleben der Person gründen.

,,Bildung zur Humanität" meint stets den ganzen Menschen und sein Bezogensein auf die Mitmenschen, auf die Welt, auf Gott. Dabei kann nicht verkannt werden, daß die für die ,,Gesinnungsbildung" als notwendig erkannte Planmäßigkeit und Übung in Spannung steht zu den zuvor angesprochenen Formen einer pädagogischen ,,Erweckung" und der Einführung in die Kontemplation, die Vergewisserung des alles Leben umgreifenden Sinnes. Es sind drei unterschiedliche pädagogische Aufgaben, die wir in Herders Werk nicht integriert, aber aneinander gebunden sehen. Sie gehören zusammen als Aspekte der einen, umfassenden Humanitätsbildung. Humanität, so dürfen wir zusammenfassend sagen, meint in Herders Verständnis eine Lebensform, die durch konkrete, einsichtig gewordene Erfahrung hervorgerufen wird und die durch Dialogfähigkeit und lebendige Wirksamkeit gekennzeichnet ist. Sie ist bezogen auf einen umgreifenden Sinn, der sie im tiefsten ermöglicht und bestimmt, und andererseits auf eine öffentliche Welt, deren Begrenzungen und Bedingungen ernst genommen werden und in der doch zugleich die Beweggründe humaner Wirksamkeit im Handeln zur Geltung gebracht werden.

In diesem umfassenden Sinn ist ,,Humanität" von Herder dem Pädagogen als Thema überliefert. Jede Vernachlässigung des einen oder anderen Aspektes – meistens um der prinzipiellen Einheitlichkeit und Geschlossenheit willen – bedeutet eine Verkürzung dieses Erbes. Sie bedeutet aber auch, wie die Geschichte lehrt, eine Gefährdung der Humanität und der humanen Erziehung überhaupt.

IV.

Die Spannung und die theoretische Unabgeschlossenheit, die das Herdersche Denken kennzeichnen, haben nun allerdings schon zu seinen Lebzeiten irritierend gewirkt. Er wurde der große Anreger, der Menschen, ja Zeittendenzen in Bewegung gebracht hat, ohne sich selbst in eine dieser Bewegungen ganz hineinzustellen und ohne auch von ihnen als der eigentliche Mentor anerkannt zu werden. Und ein Blick auf die Geschichte zeigt vollends, wie die Impulse, die von ihm ausgingen, in verschiedene Richtungen auseinanderlaufen.

Auch die Geschichte der Pädagogik zeigt in ihrem Fortgang, daß sein Wirken nicht folgenlos blieb, aber zugleich wird doch deutlich, wie – zum Schaden – die Spannung, die er zusammenband, sich auflöst und die unterschiedlichen Aufgaben isoliert in Angriff genommen werden.

Humboldts Bildungsreform ordnete die Universitäten – und tendentiell auch die Gymnasien – nach der Idee einer freien Verständigungsgemeinschaft. Daß Humboldt, auch wenn er Herders Namen nie nennt, ebenso wie die anderen großen Mit-Reformer durch jenen entscheidende Anregungen erhalten hatte, ist fraglos. In der Gemeinschaft der Lehrenden und Lernenden ging es vor allem darum, durch Selbstreflexion und durch Reflexion auf die abendländische Tradition und die Wissenschaftsgeschichte sich der Voraussetzungen und des großen Zusammenhanges des Daseins beglückt zu vergewissern. Daß dabei für die ,,Bildung der Humanität" Großartiges geleistet wurde, kann nur ein Ignorant in Abrede stellen. Nicht unbedenklich war jedoch, daß die Erweckung des Einzelnen zu humaner Existenz als selbstverständliches Geschehen vorausgesetzt wurde. Fehlte sie, was natürlich nur zu oft vorkam, so mußte alle Bildung gleichsam ,,wurzellos" bleiben. Verhängnisvoller aber war noch, daß gesellschaftliches Handeln und Gewissensbildung als besondere Aufgaben so weithin ignoriert wurden. Das führte dann nur zu leicht entweder zu einer weitgehenden Abstinenz des Gebildeten vom politisch-gesellschaftlichen Leben oder umgekehrt zu irrationalem Engagement.

Was hier versäumt wurde, stand im Herbartianismus – der nun freilich keine direkten Einflüsse Herders zeigt – im Mittelpunkt: die Gesinnungsbildung. Da der Herbartianismus aber in besonderer Weise im niederen Schulwesen Eingang fand, kam es dabei nicht zur Herausbildung eines das ganze Volk umfassenden common sense, sondern gewissermaßen zu einer ethischen Standesbildung. Andererseits ließ diese Pädagogik gerade die Erfahrungen außer Acht und unaufgeklärt, die das einfache Volk am entscheidendsten bestimmten. Ja, mehr und mehr versäumte man es überhaupt, die Bildung des ,,Charakters" an Erfahrungen und Interessen zu binden, man begnügte sich nur zu oft mit einer vorgegebenen Doktrin.

Dagegen wandte sich dann mit teilweise großer Leidenschaftlichkeit die Reformpädagogik. Ihr ging es gerade darum, wieder Spontaneität zu wecken. Erlebnisse, Selbsterfahrung von Einzelnen und von Gruppen ins Zentrum zu rücken. Sie berief sich dabei unter anderen geistigen Vätern sehr ausdrücklich auch auf Herder. Diese Bewegung versäumte nun aber umgekehrt weithin eine planmäßige „Gewissensbildung". Die ethischen Evidenzerfahrungen, zu denen es natürlich auch hier kam, blieben meistens auf den Kreis derer begrenzt, die unmittelbar am Erlebnis teilhatten. Sie wurden nicht erweitert und bezogen auf die Welt der Gesamtgesellschaft mit ihren so heterogenen Bedingungen und Gefährdungen. So konnte es dann geschehen, daß Spontaneität und Engagement für eine Ideologie mißbraucht wurden, die schlechthin inhuman war, und daß bei ethischen Entscheidungen, die nicht den engeren Kreis der Erlebnisgruppe betrafen, nur zu oft eine bedrückende Unsicherheit und Ignoranz bestand.

Gerade darin scheint mir die Bedeutung Herders für die Gegenwart zu liegen, daß die pädagogische Aufgabe bei ihm in solch spannungsreicher Einheit gesehen wird. Keiner der einzelnen Aspekte, der uns nicht in der neueren Pädagogikgeschichte auch und oft in systematischerer Klarheit entgegentritt. Herder aber zeigt, daß und wie sie notwendig zusammengehören. Zu verhängnisvoll waren die Einseitigkeiten in unserer Geschichte, als daß wir ihnen noch einmal nachgeben sollten.

Adolf Meyer

WILHELM VON HUMBOLDT

(1767–1835)

Wer heute den Namen Wilhelm von Humboldts erwähnt, findet gleichermaßen Zustimmung und Widerspruch. In Begeisterung und Verehrung, mit bitterem Tadel und hämischen Verunglimpfungen hat die Nachwelt das Bild Humboldts und seines Wirkens immer wieder neu zu zeichnen versucht. Wer das Maß seines wirklichen Einflusses auf Grund von Taten festsetzen möchte, sieht sich immer zugleich auf den inneren Bezirk der Person Humboldts zurückgeworfen, von dem wiederum nur spärliche Spuren nach außen führen. Wer der Individualität Humboldts nachgeht, erfährt dabei die Gewißheit, daß eine solche Fülle personalen Seins nicht in einem einzelnen Menschen verschlossen geblieben sein kann, ohne sichtbare Zeichen für die folgende Zeit zu setzen, deren Nachweis jedoch nicht deutlich genug ausfällt. Die Einheit von Person und Tat, Denken und Handeln im Umfeld des historischen Augenblicks, die wir gewöhnlich voraussetzen, wird bei Humboldt zu einem besonderen Problem. Ist er das „Haupt" jener später mit dem Namen „Neuhumanismus" belegten geistigen Strömung gewesen? Haben wir in ihm den „einflußreichen Organisator" des deutschen Schulwesens im 19. Jahrhundert zu sehen? Nur einer Sichtweise, die Humboldt in die Unmittelbarkeit der historischen Situation zwischen Spätaufklärung und Romantik, zwischen der Französischen Revolution und den napoleonischen Kriegen, zwischen dem Merkantilismus und dem Beginn einer liberalen Gesellschafts- und Wirtschaftsverfassung hineinstellt, mag es gelingen, darauf eine Antwort zu finden. Untauglich erscheint es dagegen, Humboldt am späteren historischen „Fortschritt" in Politik und Pädagogik messen zu wollen, um seine Modernität bzw. seinen ideologischen Rückstand nachweisen zu können. Deshalb bedarf die rein ideengeschichtliche Betrachtungsweise einer Erweiterung, die den politischen, gesellschaftlichen und wirtschaftlichen Hintergrund bewußt einschließt.

I. Leben

Wilhelm Freiherr von Humboldt wurde am 22. Juni 1767 als Sohn eines königlichen Kammerherrn aus pommerschem Beamtenadel geboren. Zusammen mit seinem um zwei Jahre jüngeren Bruder Alexander, dem späteren Naturforscher und Entdecker, verbringt er seine Jugend auf dem Landsitz

Tegel und in Berlin. Seine Erziehung regelt sich nach einem strengen Plan, der die Tagesstunden unter Anleitung eines Erziehers voll ausfüllt und fast keinen Freiraum für die Freuden und altersmäßigen Bedürfnisse der Kindheit und Jugend läßt. Humboldt verliert früh seinen Vater, die Mutter steht ihm wenig nahe. Die Knaben werden zunächst der Obhut von Campe übergeben, der als junger Theologe der Gepflogenheit der Zeit gemäß seine Laufbahn als Hauslehrer beginnt und als ein vielgelesener Jugendschriftsteller zu den führenden Köpfen der Aufklärungspädagogik gehört. Als eigentlicher Hofmeister folgt Kunth, der sich später als Staatsrat für die Entwicklung der Industrie und als Förderer der Gewerbeschule große Verdienste erwirbt. Ihm überläßt die Mutter weitgehend die Erziehung der Knaben, für die er angesehene Lehrer gewinnt. Wenn Humboldt selbst auch nie eine öffentliche Schule besucht hat, so beschränkt sich der von ihm genossene Unterricht doch nicht allein auf im Haushalt lebende Privaterzieher. Er wird ebenso von Gymnasialprofessoren und hochgebildeten im Staatsdienst stehenden Personen erteilt, die im Nebenamt Extrakurse für Knaben seiner Gesellschaftsschicht abhalten. Das Lehrprogramm umfaßt neben der Geschichte als der umfassenden Kunde von der Welt und der Natur, neben ein wenig Mathematik und Ökonomie vor allem ausgedehnte Sprachstudien in Latein und Französisch. Es wird später durch das Griechische erweitert, zu dem Humboldt sich besonders hingezogen fühlt. Insgesamt erhält der Unterricht bereits einen akademischen Zuschnitt. Die Ideen der Aufklärung vom Naturrecht bis zu Christian Wolffs Weltweisheit und Leibniz' Vernunftslehre sind Humboldt wohlvertraut, und die Methoden spekulativer Entwicklung und räsonierender Gedankenführung prägen auch später noch seinen Sprachstil. Seine Lehrer, unter ihnen der Philosoph Engel und der Kammergerichtsrat Klein, der Mitschöpfer des Preußischen Allgemeinen Landrechts, gehören sämtlich der Berliner Aufklärung an. Humboldt hat sich dieses Pensums mit großer Bravour entledigt, obwohl weder seine Neigungen noch Interessen nachhaltig berührt worden sind; denn er bekennt von sich selbst, daß er im geheimen viel Mühe aufgewendet habe, um sein Inneres von der Beanspruchung des rigorosen Lehrplans zu bewahren. Doch was er dieser strengen Schulung seines Geistes verdankt, weiß er auch später noch durchaus zu würdigen. Für den Privatunterricht seines Sohnes Theodor will er sogar die Arbeitsstunden an den üblicherweise freien Nachmittagen nicht geopfert wissen. Die Übung, die meisten Stunden des Tages in anstrengender Gedankenarbeit schreibend und lesend oder mit ernsthaftem Gespräch auszufüllen, ist Humboldt zu einer mühelosen Gewohnheit geworden.

Wenn auch die Mutter die Erziehung ihres Sohnes durch Personen ihres Vertrauens strengen Regeln unterwirft, so entbehrt diese doch nicht einer Freizügigkeit, die sich jeder Bevormundung fernhält. Bereits als Jüngling findet Humboldt zu den Salons geistreicher Jüdinnen Zutritt, unter denen die gefühlvolle Henriette Herz ihm besonders nahesteht und in deren der Romantik zuneigendem Kreise er seine spätere Gattin Caroline von Dacheröden kennenlernt.

Im Sommer 1787 beginnt er das juristische Studium in Frankfurt an der Oder. Bereits nach einem Semester wechselt er nach Göttingen, wo er die entscheidende Ausrichtung seines Denkens erfährt. Er fühlt sich nicht nur von der historischen Richtung der Staatswissenschaft, sondern auch von der neuentstehenden Altertumswissenschaft angezogen, die er durch Heyne kennenlernt. Der freie geistige Verkehr im Kreis um diesen Gelehrten, zu dem auch das Ehepaar Forster gehört, das den Ideen der französischen Revolution anhängt, fordert seine Anteilnahme an den Zeitproblemen heraus. Seine privaten Studien sind der Kantschen Philosophie gewidmet.

Mit Campe unternimmt er dann die übliche Bildungsreise, die ihn 1789 in Paris die Revolution als Augenzeuge erleben läßt. Scheinbar weniger berührt von den äußeren Ereignissen spürt er mit scharfer Beobachtungsgabe dem Pariser Volksleben nach, was sich in umfangreichen Tagebuchaufzeichnungen niederschlägt.

1790 tritt er als Auskalkulator beim Berliner Stadtgericht in den Preußischen Staatsdienst, wird Referendar und gelegentlich mit Aufgaben aus dem diplomatischen Fach beauftragt. In dieser Zeit gehört Gentz, der Übersetzer Burke's und spätere Sekretär Metternichs, zu seinen vertrauten Freunden. Humboldts ausgezeichnete Beurteilung läßt eine glänzende Laufbahn erwarten; er flüchtet jedoch zum Befremden seiner Umwelt aus dem Staatsdienst, um sich nach seiner Heirat mit Caroline 1791 in die Abgeschiedenheit von Burgörner in Thüringen, dem Landgut seines Schwiegervaters, zurückzuziehen.

Die folgenden Jahre äußerster Zurückgezogenheit sind mit Studien des klassischen Altertums, einem sehr ausgedehnten Verkehr mit Dahlberg, Goethe, Schiller und Friedrich August Wolf und mit schriftstellerischen Arbeiten anthropologischen und ästhetischen Inhalts ausgefüllt, die mit wenigen Ausnahmen der Öffentlichkeit jedoch verborgen bleiben.

In dieser Zeit knüpft Humboldt gleichsam das Netz, das seine Gedankenwelt zusammenhält. In deren Mittelpunkt steht die Frage nach der faßbaren Wirklichkeit des Menschen als Einzel- und Gattungswesen, wie sie sich aus der Geschichte, den Sprachen und der Kunst ablesen läßt. Die von Humboldt gesuchte Anthropologie gründet sich auf das zugleich ideal und real Vorfindbare in den Objektivationen des Geistes und erkennt in der Bildung des Individuums diejenige innere Verfassung, aus der alle Tätigkeit des einzelnen im Ganzen der Kultur entspringt. Die Nachwelt hat besonders auf diese Periode seines Lebens, deren Kraftquell das innige Verhältnis zu seiner Gattin ist, nicht ohne Neid geblickt und übel vermerkt, daß er frei von Existenzsorgen und ohne die Verantwortung einer ernsthaften Berufsarbeit ausschließlich der Vervollkommnung seiner Bildung gelebt habe. Ein solches Urteil verkennt die Tragik im Leben Humboldts: Denken und Handeln sind so weit gespannt, daß ihre Einheit für ihn unerreichbar bleibt. Gerade die scheinbare Flucht in die Privatheit enthüllt sich als eine Zeit anstrengender Tätigkeit, die ihn mit nie erlahmender Energie in Kontemplation und Selbstreflexion treibt. Auch ist zu vermuten, daß Humboldt in dieser Zeit ein größeres Werk über eine *Theorie der Bildung des Menschen* geplant und an eine Zukunft in öffentlicher Anerkennung als Gelehrter und Schriftsteller geglaubt hat.

Da ihm dies wegen des spärlichen Echos, das einzelne Aufsätze finden, nicht gelingt, reißt er sich los und wohnt mit seiner Familie von 1797 bis 1801 in Paris. Von dort unternimmt er mit der Familie zwei Reisen nach Spanien, wobei die Beschäftigung mit der baskischen Volkssprache den Grund für seine speziellen Arbeiten zur Sprachforschung legt.

Wohl die glücklichste Periode seines Lebens ist die anschließende Tätigkeit als diplomatischer Vertreter Preußens beim päpstlichen Stuhl von 1802 bis 1808. Bei mäßigen Amtsgeschäften genießt er die Abgeschiedenheit des Familienlebens und wendet sich in intensiver Beschäftigung dem klassischen Altertum zu. In Rom erlebt er den Zusammenbruch Preußens, der ihn zu einer Privatreise in die Heimat zwingt. Unterwegs erfährt er von der Auflösung seines römischen Postens und dem Vorschlag Steins, ihn im Zuge der Verwaltungsreform mit der neuen selbständigen Sektion für Kultus und Unterricht zu beauftragen. Humboldt, der ein solches Amt niemals für sich erstrebt und sich bisher überhaupt nicht näher mit dem Schulwesen befaßt hat, findet sich nur gezwungenermaßen zur Übernahme bereit und hofft vergebens, nach Rom zu seiner Familie zurückkehren zu können.

Von 1809 bis 1810 leitet er für faktisch nur vierzehn Monate meistenteils von Königsberg, später von Berlin aus die Sektion, in der bereits Nicolovius und Süvern die Reformgedanken von Stein unter Berufung auf Pestalozzi auf dem Gebiet des Unterrichtswesens umzusetzen versuchen. Die amtliche Tätigkeit fesselt ihn in zunehmendem Maße, und er hofft im geheimen, als verantwortlicher Minister seines Geschäftsbereichs, noch größeren Einfluß zu gewinnen. Als eine Änderung des Verwaltungsaufbaus eine größere Abhängigkeit vom vorgesetzten Ministerium erwarten läßt, nimmt er nach erfolglosem Kampf seinen Abschied und kehrt in den diplomatischen Dienst zurück.

Die folgenden Jahre lassen Humboldt zum Staatsmann heranreifen, dessen Wirken entscheidend am Wiederaufstieg Preußens unter den europäischen Großmächten beiträgt. Als Gesandter in Wien, im Hauptquartier der Allianz gegen Napoleon, als Bevollmächtigter Preußens auf dem Wiener Kongreß neben Hardenberg und später beim Deutschen Bund in Frankfurt gewinnt er persönlichen Einfluß auf die auswärtige Politik, findet daneben aber immer noch Zeit für eigene literarische Arbeiten. Das hohe Ansehen Humboldts als fähiger Diplomat beruht auf dem Respekt, den man seiner Person entgegenbringt, auch wenn er bei den politischen Entscheidungen immer im ,,zweiten Glied" gestanden hat.

Die sich anbahnende Gegnerschaft zum Staatskanzler Hardenberg verbannt ihn von 1817 bis 1818 auf den Londoner Gesandtenposten. Als Minister für Verfassungsfragen erhofft er sich 1819 einen verstärkten Einfluß auf die Innenpolitik und wendet sich gegen den aufkommenden Neoabsolutismus. Die Hoffnung auf eine neue ständische Verfassung wird zunächst begraben. Die allgemeine Empörung über die polizeilichen Maßnahmen bei der Überwachung der öffentlichen Meinung wird von Humboldt geteilt. Er unterliegt im Kampf mit Hardenberg und erhält seinen Abschied.

Danach widmet er sich bis zu seinem Tode am 8. April 1835 in intensiver Arbeit seiner Sprachtheorie, die bis zur modernen Sprachwissenschaft hinüberführt. Dazu sammelt er eine Fülle von Material, das sich bis auf die indonesischen Sprachen erstreckt. Er lebt in völliger Zurückgezogenheit inmitten seiner großen Familie in Tegel. Der Wissenschaft bleibt er als Mitglied der Akademie verbunden.

Obwohl Humboldt bereits seinen Zeitgenossen als Berühmtheit gilt, wird sein fragmentarisches Gesamtwerk erst um die Mitte des 19. Jahrhunderts der Öffentlichkeit bekannt, als seine Hauptschriften aus dem Nachlaß veröffentlicht werden. Von großer Bedeutung für das Verständnis Humboldts sind seine Tagebücher und der umfangsreiche Briefwechsel, deren Veröffentlichung mehr als ein Jahrhundert in Anspruch nimmt. Im deutschen Bürgertum ist Humboldt durch seine „Briefe an eine Freundin" (Charlotte Diede) populär geworden. Der Briefwechsel mit seiner Gattin gilt als ein Dokument, in dem sich die hohe Kultur des Familienlebens im 19. Jahrhundert widerspiegelt. Der Umfang seiner Tätigkeit als Leiter der Sektion für Kultus und Unterricht ist erst vor dem Ersten Weltkriege durch Eduard Spranger aufgedeckt worden, der ihn als den Schöpfer des modernen Bildungswesens herausstellt.

Die Generation danach hat das Wirken Humboldts mit größerer Skepsis beurteilt und ihm ein „Leben in Ideen" vorgeworfen, das jedem wirklichen Handeln ausgewichen sei. Die Zeit unmittelbar nach dem Zweiten Weltkrieg hat in Humboldt einen Zeugen für die Notwendigkeit der Herauslösung des einzelnen aus der Allmacht des Staates gesehen. Der Marxismus und der von ihm abhängige deutsche Teilstaat würdigen Humboldt als bedeutsamen Vertreter des geschichtsnotwendigen bürgerlichen Fortschritts bei der Ablösung feudaler Gewalten. Zwiespältig bleibt seine Aufnahme im Westen. Das Übergewicht des wirtschaftlichen Moments in der hochindustriellen Gesellschaft läßt Zweifel aufkommen, ob nicht die Humboldt angelastete „Trennung" von allgemeiner und beruflicher Bildung eine Entwicklung eingeleitet habe, die als „ideologisches Relikt" überwunden werden müsse. Zugleich wird seiner ursprünglichen Theorie der Bildung immer noch die auslösende Funktion zuerkannt, für die Selbstverwirklichung des Menschen bei gleichzeitiger Beseitigung gesellschaftlicher Zwänge ein konkretes Handlungsmodell zu liefern.

II. Werk

Der Mensch als Individuum ist die Mitte, zu der alle Überlegungen Humboldts hinführen, ob diese nun bei philosophischen, historischen oder anthropologischen Fragestellungen beginnen. Es geht ihm um die Erkenntnis des wirklichen in Zeit und Raum als „Naturprodukt" existierenden Menschen, wobei dessen Besonderheit sich gerade aus den Teilbezügen herleitet, die sich

Wilhelm von Humboldt (1767–1835)

aus der Eigenart der Geschlechterrolle, der Familie, des Standes, des Volkes und der Nation ergeben. Der eigentliche Gewinn solcher Einsichten liegt nicht nur im wissenschaftlichen Fortschritt und in nutzbringender Anwendung, sondern darin, daß sie das „Material" liefern, aus dem sich der Mensch erst selbst gewinnt. Die höchste Menschlichkeit werde „durch das tiefste Studium des Menschen gewirkt" (Akademie-Ausgabe I, 262; im Folgenden nur mit Band- und Seitenzahl zitiert). Es geht Humboldt nicht um allgemeingültige Erkenntnisse im Sinne einer Gesetzmäßigkeit der „Natur" des Menschen, sondern um die Erfassung des Einmaligen und Besonderen, das jedes Individuum prägt, was nur durch tätige Aneignung gelinge. Dies sind keineswegs originale Gedanken Humboldts. Wir finden sie bei Herder und Goethe, auch bei Friedrich August Wolf. Sie sind insgesamt für das Zeitalter der „Bildung zur Humanität" kennzeichnend; der Gedanke jedoch, daß es weniger auf eine vorzeigbare Leistung, durch die der Mensch sein Können ausweist, sondern auf die Entfaltung der zugrunde liegenden „Kräfte" ankomme, wird von Humboldt in besonderer Weise aufgegriffen. Auch wenn er sich dabei an die Monadologie von Leibniz anlehnt und von der Präformationslehre Christian Wolffs beeinflußt ist, verzichtet er auf den spekulativen Substanzcharakter des Kraftbegriffs der rationalistischen Aufklärungsphilosophie und verläßt sich vielmehr auf die ihm gewisse Tatsache, daß Kraft vom Individuum unmittelbar erfahren werden kann, da sie als Äußerung des Lebens schlechthin anzusehen ist (III, 139). Der Mensch fühlt zunächst nur das Bedürfnis, die Kräfte seiner Natur zu erhöhen und zu verstärken. Er sehnt sich nach Tätigkeit, und diese ist ihm wichtiger als die „Resultate" selbst.

Die „Energie" als das Prinzip des Tätigseins ist die Grundkategorie der Anthropologie Humboldts; ihr Ursprung bleibt jedoch für den Menschen verborgen und für sein Wissen unerklärbar. Er verfügt nicht eigenmächtig über sie; denn er kann weder ihre Stärke beliebig vermehren noch ihre Richtung willkürlich bestimmen. Deshalb sei es unmöglich, das „ursprüngliche Naturell", den angeborenen Charakter durch äußere Einflüsse „auszurotten oder wesentlich umzustimmen" (II, 90). Doch Humboldt beeilt sich hinzuzufügen, daß es keine gesicherte Erkenntnis geben kann, die Grenzen dieser Kraft in quantitativer und qualitativer Hinsicht bei einem Individuum festzusetzen.

Worauf es ihm ankommt, ist nicht die resignierende Erkenntnis, daß sich die Beurteilung der Individualität einer vollständigen wissenschaftlichen Bestimmung entzieht, sondern daß dieser aus dem Denken selbst gewonnene Sachverhalt die Quelle aufdeckt, aus der der Mensch sein Leben schöpft, daß nämlich die „Freiheit des Menschen ... sein eigentlicher Charakter" sei (ib.). Was der Individualität zugrunde liege, sei „etwas an sich Unerforschbares, Selbständiges, seine Wirksamkeit selbst Beginnendes, und aus keinem der Einflüsse, welche es erfährt, (da es vielmehr alle durch Rückwirkung bestimmt) Erklärbares" (III, 365). Wirklichkeit ergibt sich somit für den Menschen dadurch, daß er sich als Urheber seines Denkens und Handelns erfährt.

Was immer neben den kosmischen Gewalten in der Welt bewirkt wird, geschieht durch einzelne Menschen. Es ist also ein eigenes Aktionszentrum im Menschen anzusetzen, das seinen Ursprung in sich selbst hat und nicht bloß Durchgangspunkt von Einwirkungen ist, die aus der Außenwelt stammen. Dieses ist der Quellpunkt der Freiheit.

Um den möglichen Umfang menschlicher Freiheit abzustecken, bedarf es einer weiteren Überlegung. Bezeichnend für Humboldt ist, daß er sich in aller Anlehnung an die Transzendentalphilosophie Kants doch auch immer auf seine innere Erfahrung beruft: Es gibt Augenblicke im Leben, in denen ein einzelner über sich selbst hinauswächst und zu Taten fähig wird, die ,,Seelengröße, Tugend und Heroismus" verraten und ihn ,,plötzlich über eine sonstige Mittelmäßigkeit" emporheben (II, 88). Menschen sind in ,,ungewöhnlichen Lagen" imstande, unvermutet hohen Anforderungen zu genügen. Demnach enthält das menschliche Individuum offenbar ,,Triebfedern", die bewirken, daß der ,,Geist erweckt und befeuert" wird und sich einer Größe nähert, die beim einzelnen höchstens partiell und im ganzen nur beim Menschengeschlechte selbst anzutreffen ist.

Diese Fähigkeit, die eigene Subjektivität zu transzendieren und sich an der Gattung zu orientieren, gehört für Humboldt zur Grundausstattung des Menschen. Der Drang nach Höherem ist jedem eingeboren. Diese bereits ,,instinktartig" vorhandene Neigung stellt nach Humboldt die ,,Idealität" des Menschen dar. Menschliche Wirklichkeit erschöpft sich nicht in der feststellbaren Zuständlichkeit eines Gegebenen, sondern enthält immer auch ein Sollen. *Individualität* als Besonderheit der Beschaffenheit des Menschen und *Idealität* als Unterwegssein zu einem nie ganz erreichbaren Ziel der Selbstvervollkommnung sind nicht voneinander zu trennen. Die Idealität ist noch insofern nichts Wirkliches, als sie auf Ideen und deren Verbindung zum Ideal als auf bloßen Gedanken beruht. Wirklichkeit haftet erst der Individualität in der Konkretisierung des Lebens an.

So bleibt die Anthropologie Humboldts in ihrem Anspruch, die Natur des Menschen umfassend aufzuhellen, letztlich theologisch-ontologisch fundiert. Sie enthält die christliche Glaubensüberzeugung, daß die Einzelseele einen unendlichen Wert besitze und daß der Mensch aufgerufen sei, Vollender der Schöpfung zu sein, ohne es jemals werden zu können. Sie hält an einer Seinsordnung fest, bei deren Verletzung der Mensch selber Schaden nimmt. Auch wenn für Humboldt die Idealität des Menschen als Teil seiner Natur erfahrbar ist, so leugnet er doch andererseits nicht, daß die Umstände, unter denen der Mensch lebt, ebenso wie die bereits stattgefundene Entwicklung seiner Persönlichkeit zu den schicksalhaften Begebenheiten gehören, deren Verursachung zu erkennen und aufzudecken möglich, wenn auch nie ganz lösbar ist (II, 97). Humboldt bestreitet, daß es jemals möglich sei, das ,,Zufällige" und somit nicht Verfügbare völlig auszumerzen, obwohl die Vernunft beständig danach strebe, es in Moral und Wissenschaft zu vernichten (II, 6). Für ihn kann es keine Selbstverwirklichung durch bloße Beseitigung äußerer Zwänge geben. Die Idealität des Menschen kann und muß sich durch die Realität, in die sein Dasein gespannt ist, hindurcharbeiten, wenn seine Individualität sich verwirklichen soll. Dazu ist zweierlei nötig: Die ursprüngliche Kraft, die seine Freiheit ausmacht, muß sich nach Maßgabe der Umstände voll entfalten; dies gelingt ihr jedoch nur, wenn sie sich auf den „idealischen" Menschen, d. h. nicht wie er ist, sondern wie er sein sollte, richtet.

Unser späteres Zeitalter, dessen Realitätserfahrung der menschlichen Freiheit kaum noch Spielraum zuerkennt, mußte diesen „Idealismus" Humboldts beinahe zwangsläufig als überholt und wirklichkeitsfern ansehen. Aus Humboldts unerbittlicher Offenhaltung einer idealischen philosophischen Anthropologie lassen sich gewiß keine brauchbaren Maximen entwickeln, die als „praxisnahe Theorie" gelten könnten. Dies hat auch keineswegs in seiner Absicht gelegen, was gewöhnlich gern unterschlägt, wer ihm Flucht in die Beschaulichkeit eines Lebens in bloßen Ideen nachsagt. Auch für Humboldt sind „Betrachten und Nachdenken eher ein Vorrecht als eine Verpflichtung des Menschen; aber zu Handeln kann man nicht unterlassen" (II, 8). Er ist sich durchaus der Gefahr bewußt, daß ideelle Zielsetzungen „gegen das wahrhaft Notwendige und den nächsten Beruf kalt und gleichgültig machen"; denn die Lebensweisheit verlange, die Zahl unserer Pflichten nur auf einen engen und leicht überschaubaren Kreis zu beschränken; dies dürfe den Menschen jedoch nicht hindern, „die Richtung seiner Tätigkeit dem Gange der ganzen Menschheit anzupassen" (II, 12).

Nach Humboldt gilt es einen doppelten Fehler zu vermeiden: Jede unmittelbar praktische Tätigkeit enthalte Grenzen ihrer Ausführbarkeit und lasse sich deshalb nicht uneingeschränkt an idealische Muster anlehnen; ebensowenig sei es möglich, den schöpferischen Geist in den engen Bezirk der Wirklichkeit einzuschließen. Deshalb fange die sicherste, wenn auch nicht schnellste Verbesserung bei der Ausbildung des Geistes an (II, 13). Immer wird dieser Höhenflug des menschlichen Geistes, dem es möglicherweise gelingt, sich über das Bestehende und Gegebene zu erheben, von Humboldt in den diesem selbst innewohnenden Grenzen gesehen (III, 57f).

Deshalb kann es sich für ihn nicht darum handeln, einen neuen Menschen und eine veränderte Welt jenseits aller Möglichkeiten bisheriger Geschichte zu schaffen. Die „Vollendung des Menschengeschlechts" läßt sich nicht abstrakt bestimmen. Sie besteht immer nur in der „Entwicklung eines Reichtums großer individueller Formen". Die Natur vermag zwar „unendliche Zwecke", diese aber nur mit „endlichen Mitteln" hervorzubringen, so daß diesen stets eine Unvollkommenheit in irgendeiner Weise anhaftet (I, 387). Der Fortschrittsglaube Humboldts ist nicht chiliastisch, da er die Gebundenheit des Menschen an seine Endlichkeit einbezieht.

Wenn nach Humboldt alles darauf ankommt, daß der Mensch sich selbst bildet, bevor er handelt und auf andere wirkt, um überhaupt erst die Kraft für wirksame Leistungen und einen Maßstab seiner Tätigkeit zu erwerben, sind nunmehr die Voraussetzungen zu benennen, an die nach seiner Meinung die

Möglichkeit von Bildung unabdingbar geknüpft ist. Dabei ist die Weite seines Bildungsbegriffes zu beachten: Bildung auf Vorgänge einzuengen, die sich etwa allein auf Schule und Unterricht beziehen, wäre bereits unzulässig. Eine Theorie der Erziehung als besonderer Form der Einwirkung der Älteren auf die Jüngeren läßt sich für ihn von der umfassenden Sicht auf den Menschen und seine Kultur insgesamt nicht abtrennen.

Bildung als „durchgängige Wechselwirkung des theoretischen Verstandes und des praktischen Willens" bleibt als ein Ganzes dem Leben eingeordnet und kann nur aus dem Kampfe mit dessen Widerständen hervorgehen (II, 326). Sie ist nur eine der „treibenden Kräfte der Weltgeschichte", zu denen in der Terminologie Humboldts ebenso „Zeugung" und „Trägheit" gehören (II, 355). Es gibt nämlich Neuanfänge, wie das plötzliche Auftauchen von Hochkulturen beweist, die in ihrer Originalität nicht willkürlich geschaffen werden können; und ebenso zeigt sich ein Beharrungsvermögen, das lediglich auf Gewohnheit beruht, die sich durch Anpassung und Erhaltung des Bestehenden einstellt.

Gleichsam in der Mitte zwischen diesen beiden an der Geschichte beobachtbaren Tendenzen liegt die Bildung. Sie orientiert sich an den großen einmaligen Schöpfungen, die sie selbst nicht hervorbringen, sich wohl aber in einem aktiven und zugleich distanzierten Aneignungsprozeß einverleiben kann, wodurch sie einen Kraftüberschuß erzeugt, der danach drängt, die Trägheit des Gewohnten zu überspringen. Daß Bildung somit den Blick rückwärts wenden muß, ist unvermeidbar; sie bliebe leer, wenn sie sich auf nur vorgestellte Inhalte der Zukunft richtete, die überhaupt noch nicht vorhanden sind. Von den „Untergegangenen" erhalten sich bisweilen „Ideen, welche die künftige Naturerzeugung befördern, oder ihr anhaften, obgleich auch sie nur fruchten, wenn sie mit junger oder erneuerter Kraft ergriffen werden" (III, 352). Solche Kraft stellt sich freilich nur in entlasteten Situationen ein, wo die Nötigung aufgehoben ist. Bildung enthält ein vom Handlungsdruck befreites kontemplatives Element.

Wie soll sich nun ein Bildungsbeflissener gegenüber der unendlichen Fülle des Überlieferten verhalten? Für Humboldt kann es sich nicht darum handeln, nur die richtige Auswahl zu treffen. Diese bleibe meistens zufällig, und es sei darüber hinaus fraglich, ob die Zielsetzungen sich beim Lernenden auch aktualisieren lassen. Die Grundfrage jeder Bildungstheorie muß deshalb umformuliert werden: Nicht die Welt oder irgendein Stoff ist zu transportieren, sondern es geht um die „Verknüpfung unseres Ichs mit der Welt". Für den menschlichen Geist gilt deshalb: „In ihm ist vollkommene Einheit und durchgängige Wechselwirkung, beide muß er also auch auf die Natur übertragen; in ihm sind mehrere Fähigkeiten, ihm denselben Gegenstand in verschiedenen Gestalten, bald als Begriff des Verstandes, bald als Bild der Einbildungskraft, bald als Anschauung der Sinne vor seine Betrachtung zu führen. Mit allen diesen, wie mit ebensoviel verschiedenen Werkzeugen, muß er die Natur aufzufassen versuchen, nicht sowohl um sie von allen Seiten kennen zu lernen, als vielmehr um durch diese Mannigfaltigkeit der Ansichten die eigene inwohnende Kraft zu stärken“ (I, 284f).

In dieser subjektiven Wendung liegt der entscheidende originale Ansatz Humboldts, der sich durchaus bewußt bleibt, daß diese Umkehrung als einseitige Abhebung zunächst vom Ausdruck her unverständlich und als Gedanke überspannt erscheinen müsse. Wird nämlich Bildung allein vom Bedürfnis des Subjekts her begründet, so wird alles Objektive zum bloßen „Material“, wird mediatisiert und seiner Eigenständigkeit entkleidet.

Deshalb wird für Humboldt eine zweite Überlegung notwendig: Zur Bildsamkeit gehört auch die Empfänglichkeit, die sich öffnet; denn „nur die Welt umfaßt alle nur denkbare Mannigfaltigkeit und nur sie besitzt eine so unabhängige Selbständigkeit, daß sie dem Eigensinn unsres Willens die Gesetze der Natur und die Beschlüsse des Schicksals entgegenstellt“ (ib.). Selbständigkeit und Empfänglichkeit befinden sich in einer beständigen Wechselwirkung. „Ich“ und „Welt“ stehen einander nicht unabhängig gegenüber, sondern sind aufeinander hingeordnet, und es kommt darauf an, „beide einander ähnlicher zu machen.“ Auch wenn Bildung ein Vorgang ist, den ein einzelner selbst hervorbringen muß, so bedarf er der Anknüpfung an eine Welt, die dem Individuum entgegengestellt ist. Diese Dialektik kann unendlich fortgesetzt, in einer Theorie der Bildsamkeit jedoch niemals aufgegeben werden, auch wenn sie nie zu abschließender Klarheit führt.

Hier stoßen wir auf das besondere didaktische Problem der Humboldtschen Bildungstheorie. Oft wird nicht deutlich genug gesehen, daß sich der Begriff „allgemeine Menschenbildung“ seit Humboldt inhaltlich verschoben und zugleich verengt hat. Er ist fast identisch mit „formaler Bildung“ als einem Potential geworden, dessen Umfang nicht spezifisch reduziert werden darf und aus dem alle Qualifikationen nach Bedarf abgerufen werden, die die Wahrung individueller Chancen und eine optimale Eingliederung in die Gesellschaft bewirken sollen. Somit wäre allgemeine Bildung nicht mehr an bestimmte Gehalte und deren Gegenstandsstrukturen gebunden. Diese wären vielmehr austauschbar und weitgehend beliebig kombinierbar. Für Humboldt stellt sich das Problem anders. Wer in seinem Sinne von Bildung reden will, muß sich immer zugleich auf charakteristische Gehalte beziehen, die sich nur im Gefüge der überlieferten Kultur finden lassen. Sie müssen eine „idealische“ Struktur aufweisen, da nur diese in historisch ausgeprägten Formen die jeweils erreichte Vollkommenheit der Menschheit insgesamt widerspiegelt.

Die Gehalte, auf die Bildung angewiesen ist, ergeben nur dann eine „Mannigfaltigkeit der Welt“, wenn sie die geistigen Grundkräfte insgesamt herausfordern. Neben der Entwicklung des Verstandes sind deshalb Vertiefung der Anschauung und des Gefühls sowie Erregung der Einbildungskraft ebenso wichtig. Die partiellen Kräfte dürfen niemals isoliert gesehen werden, da sie als einzelne erkenntnismäßig nur Abstraktionen darstellen, deren sich der Mensch bedient, um überhaupt eine Vorstellung von den ihm innewohnenden Grundkräften zu gewinnen. Der Bildungsprozeß muß deshalb an diese Grundkräfte zugleich anknüpfen, auch wenn die individuelle Eigentümlichkeit gerade darauf beruht, daß diese jeweils in einem anderen Verhältnis zueinander stehen. Nicht das Vielerlei und Nebeneinander der Lehrgegenstände ist für deren Auswahl wichtig, sondern die Mannigfaltigkeit jedes einzelnen in seiner Fruchtbarkeit für die Entwicklung der Grundkräfte. Dies scheint mir der Kern jener oft zitierten Stelle aus dem ,,Litauischen Schulplan" zu sein: ,,Dieser gesamte Unterricht kennt daher auch nur Ein und dasselbe Fundament. Denn der gemeinste Tagelöhner, und der am feinsten Ausgebildete muß in seinem Gemüth ursprünglich gleich gestimmt werden, wenn jener nicht unter der Menschenwürde roh, und dieser nicht unter der Menschenkraft sentimental, chimärisch, und verschroben werden soll." (XIII/278)

Gegen zwei Mißverständnisse ist Humboldt in Schutz zu nehmen: Das erste wirft seiner Bildungstheorie einseitigen Individualismus vor. Richtig daran ist, daß er die schöpferische Selbsttätigkeit des einzelnen gegen alle Versuche verteidigt, sie kausal oder funktionalistisch aus äußeren Gesetzmäßigkeiten abzuleiten. Er bestreitet nicht das Recht und die Möglichkeit empirischer und mathematischer Beobachtungen auch am Menschen, betont aber deren begrenzten Aussagewert. Falsch dagegen ist der Vorwurf, sein Bildungsbegriff klammere eine überindividuelle Welt aus. Deren Negation würde für Humboldt gerade die Möglichkeit von Bildung vernichten. Der zweite Vorwurf unterstellt, die von Humboldt so hoch veranschlagte Selbstbildung setze eine Flucht in die Einsamkeit voraus und verzichte selbstgenügsam auf jeden sozialen Bezug. Die von ihm geforderte Bildung ist im Gegenteil auf die mitmenschliche Begegnung und gemeinsame Tätigkeit angewiesen. Er setzt dabei allerdings voraus, daß sich Menschen in freier Geselligkeit oder freiwillig zu gesellschaftlichen Handlungsweisen vereinigen können; denn nur Individualitäten können sich gegenseitig in ihrer Eigentümlichkeit bestärken und zugleich abschleifen und ihre Kräfte in der Verfolgung gemeinsamer Ziele steigern. Nicht zufällig hat die Verknüpfung von Ich und überindividueller Außenwelt samt allen mitmenschlichen Bezügen Humboldt dazu veranlaßt, seine Bildungslehre von der Sprachtheorie her abzustützen.

Jeder Inhalts- und Sozialbezug verlangt nach Darstellung und Mitteilung, die für den einzelnen nur in einer Zwischenwelt möglich ist, wie sie das Medium der Sprache bildet. Die Sprachfähigkeit ist ihm ,,zugleich Werk des Menschen und Abdruck der Welt". Das Erlernen fremder Sprachen dient zunächst der Herausarbeitung der eigenen Individualität, da die eigentliche Leistung der Sprache darin besteht, durch die ihr innewohnende Form jeweils eine von ihr geprägte Weltsicht zu vermitteln. Humboldt hat diesen Sachverhalt als ,,innere Sprachform" bezeichnet. Dieser Begriff hat bis in die Gegenwart auf die Didaktik der muttersprachlichen Bildung einen großen Einfluß ausgeübt. Der Bildungswert der Sprache liegt für Humboldt weit über jedem faktischen Nutzen. Die Kenntnis verschiedener Sprachen mit den jeweils in ihnen enthaltenen Ansichten von der Welt, vermag die Absonderung, in der sich die Subjektivität notwendigerweise befindet, aufzuheben und die Wechselwirkung von Ich und Welt auf eine höhere Stufe zu führen, so daß sowohl ein vertieftes Verstehen des außer uns Liegenden möglich wird, als auch die Individualität, die dies hervorbringt, durch das Fremde in ihrer Eigentümlichkeit bestärkt und von ihrer Einseitigkeit befreit wird. Die Richtung, die dabei der Bildung vorgezeichnet wird, hängt von der Beschaffenheit der zu erlernenden Sprache ab. Humboldt ist dabei in dem klassizistischen Vorurteil befangen, daß das Griechische in dieser Hinsicht am weitesten zu führen vermag.

Zuletzt ist noch ein drittes Mißverständnis auszuräumen. Humboldt warnt selbst vor den ,,übertriebenen Vorstellungen, was der Mensch, unabhängig aller äußeren Tätigkeit, seyn könne". Die von ihm geforderte allgemeine Bildung läßt sich nicht grenzenlos offenhalten; denn irgendwo gelangt ein jeder an den Punkt, sich für eine Tätigkeit entscheiden zu müssen, wie sie seine individuelle Lage fordert. ,,Man vergißt, daß die menschlichen Kräfte wirklicher Lagen bedürfen, um sich zu ihrer wahren Stärke zu sammeln, daß eine unbestimmte Ausbildung so gut als gar keine ist, und daß wir tiefer in menschliche Verhältnisse eingehen (das einzige Mittel wahrer Cultur), wenn wir uns durch selbstthätigen Antheil an einen kleinen Kreis fesseln, als wenn wir uns durch kaltes Zurückziehen die Freiheit bewahren, uns jedem zu nahen ... Es war nothwendig, dieses Abweges hier warnend zu erwähnen, da gerade das Studium der Menschenkenntnis leicht verführen kann, ein bloß beschauendes Leben zu allzugroßem Nachtheil eines thätigen zu begünstigen, und über der Schätzung der bloßen innern Anlagen und Gesinnungen der Menschen den Werth äußerer Brauchbarkeit und Nützlichkeit unrichtigerweise herabzusetzen." (II/70)

Humboldt will seine Bildungstheorie auf ein ,,Studium der Menschenkenntnis" begründen. Er ist sich möglicher Einseitigkeiten durchaus bewußt; diese herauszuarbeiten erscheint ihm notwendig, um sich der Einengung der Bildung des Menschen auf dessen Brauchbarkeit, auf die die Aufklärungspädagogik prinzipiell ausgerichtet ist, erwehren zu können. Er erkennt durchaus die Notwendigkeit einer Ergänzung seiner Bildungslehre, die die berufliche und gesellschaftliche Tüchtigkeit nicht ausschließt.

Von der Bildungslehre Humboldts läßt sich ferner das politische Element nicht abtrennen. In der Konsequenz seiner Weltsicht bilden Pädagogik und Politik eine nicht auflösbare Einheit, wie sie seiner Frühschrift über die Grenzen der Wirksamkeit des Staates von 1792 zugrunde liegt, die im ganzen mehr Unwillen erregt hat als verstanden worden ist. Die ablehnenden Urteile benutzen Begriffe wie ,,Jugendsünde", ,,Nachtwächterstaat", ,,Vorläufer eines theoretischen Anarchismus" oder ,,Kult der narzißtischen Individualität im Untertanenstaat". Zunächst muß daran erinnert werden, daß diese Schrift sich nicht mit den Grenzen des Staates, sondern mit den Grenzen seiner Wirksamkeit befaßt. Das Wesen des Staates als Herrschaftsform, seine Befugnis zur Machtanwendung und Zwangsausübung werden von Humboldt nicht in Frage gestellt. Die Schrift ist überhaupt ihrem Gehalte nach primär keine politische. Sie konstruiert weder eine bestimmte Staatsauffassung im Sinne der

Anordnung und Verteilung von Macht, noch entwirft sie irgendeine Strategie, um diese durchzusetzen. Nichts wäre verfehlter als die Behauptung, Humboldt erwarte allen Ernstes, der Staat solle auf die Ausübung seiner Machtbefugnisse verzichten, weil nur aus einer solchen Enthaltsamkeit ein gedeihliches Zusammenleben seiner Bürger automatisch hervorgehe. Gleich zu Beginn seiner Schrift läßt sich nachlesen, daß dies gar nicht möglich sei; denn so lange es tätige Menschen gebe, könne niemand sie daran hindern, politisch zu wirken. Der Zweck der Schrift ist vielmehr ein philosophischer: Sie versucht Grundsätze aufzustellen, nach denen sich die Tätigkeit des Staates hinsichtlich des Umfangs und der Art einer möglichen Einwirkung kritisch beurteilen läßt; aber diese sind durchaus nicht abstrakt gemeint, sondern beziehen sich auf eine politische Realität, wie sie sich in der Zeit Humboldts herausgebildet hat und als Entwicklungstendenz weiterhin abzeichnet. Der absolutistisch-merkantilistische Staat mit den in ihm erhalten gebliebenen feudalen Strukturen hat bereits die Ohnmacht des einzelnen enthüllt.

Humboldt wendet sich zugleich gegen die Konstruktion eines reinen Vernunftstaates in Ablösung der vorhandenen historisch gewachsenen Realität. Die Zukunft erfüllt ihn mit Sorge; denn ihn quält die Vision, daß die institutionalisierte Rationalität die Unabhängigkeit des einzelnen noch weiter einschränken könne. Deshalb wendet er sich gegen die Ideenproduzenten und Projektemacher, die im Namen der Freiheit und Würde des Menschen den vorhandenen und gewiß abzulehnenden Staat bekämpfen, sich selbst als die legitimen Vollstrecker der Vernunft ausgeben und danach trachten, Freiheit, Gleichheit und Selbstbestimmung wie aus einem Mechanismus hervorgehen zu lassen. Was Humboldt an ihnen tadelt, verdankt er seiner anthropologischen Erkenntnis. Alle diese Maßnahmen reichen wohl an den innersten Punkt heran, aus dem die Tätigkeit des Menschen entspringt, unterliegen aber dort einem Akt der Umverwandlung und Umbiegung, d.h. alle Anforderungen produzieren eine Stellungnahme oder Handlungsweise, die der einzelne selbst hervorbringt. Dabei hat Humboldt nie geleugnet, daß es Verhaltensweisen gibt, die durch äußere Umstände gleichförmig ausfallen (I, 106). Es gibt für ihn zwei Formen der Unterdrückung: Beschränkung der individuellen Handlungsfreiheit, die der Mangel an Gelegenheit hervorruft, und die willkürliche Veränderung der Umwelt durch geplante Regelungen, die für den Bürger keine Alternativen zum Handeln offenlassen und ihn zwingen, sich als Abhängiger zu erleben.

Nun hat Humboldt über den institutionellen Rahmen, der das Werk der Politik ist, keineswegs gering gedacht. Ihn abschaffen zu wollen, wäre Illusion, und er verkennt durchaus nicht seinen entlastenden und auch motivierenden Charakter. Er verteidigt die bestehende Monarchie, die den Bürger davon freisetzt, sich wie im Altertum einer für alle gleichen Gesinnung zu unterwerfen. Er tritt unumwunden dafür ein, daß die Ämter im Staate nicht beliebig besetzt werden können, sondern an Qualifikationen gebunden sind, die sich nicht aus der Zugehörigkeit zu einer gesellschaftlichen Klasse, sondern aus der erworbenen Bildung herleiten. Die Entscheidungen seien in offener Diskussion unter Beschränkung auf den Kreis der berufenen Beamten zu fällen; aber kein Mehrheitsbeschluß könne die persönliche Verantwortung des einzelnen ersetzen.

Daß die Einrichtung eines öffentlichen Schulwesens selbst noch keine wirksamen Handlungsanweisungen für die Realisierung einer menschlichen Bildung automatisch mitenthält, ist ihm unumstößlich gewiß. Der Staat könne zwar Bildung gemäß seinen Vorstellungen vom allgemeinen Wohl zu fördern vorgeben; aber was dabei herauskomme – dies ist der Kern seiner Ausführungen über den Charakter der öffentlichen Erziehung in seiner Frühschrift – ist immer nur eine Staatserziehung, die sich an dem jeweiligen Staatsinteresse und somit, wie wir heute sagen würden, an der Aufrechterhaltung feststehender politischer und sozialer Strukturen orientiert. Außerdem werde dieses Ziel faktisch nur selten, meistens sogar das Gegenteil erreicht. Dies gelte selbst dann noch, wenn der Staat vorgibt, diese Art von öffentlicher Erziehung gar nicht zu wünschen, wenn er also nach dem Sprachgebrauch von heute Progressivität und Emanzipation gleichsam zu amtlichen Lernzielen erhebt. Immer würde dies nur auf den Versuch hinauslaufen, eine Gesinnung mit institutionellen Mitteln einpflanzen zu wollen. Nach seiner anthropologischen Grundauffassung bleibt es höchst zweifelhaft, ob ein solcher Versuch auch im innersten Punkt angreift, aus dem diese hervorgeht.

Die Erfahrungen, die wir zwischen Stiehl einerseits und der schulmäßigen Institutionalisierung politischer Kritikfähigkeit andererseits in dieser Hinsicht gemacht haben, könnten uns belehren, daß die anthropologische Dimension des Problems einer politischen Bildung von Humboldt zumindest aufgedeckt worden ist. Was der Staat uneingeschränkt verlangen könne, wenn er der Sorge für die innere und äußere Sicherheit nachkommen wolle, was somit zum Inhalt öffentlicher Erziehung gehöre, sei der Gehorsam gegenüber den Gesetzen. Humboldts Ideen über die Grenzen der Staatswirksamkeit gipfeln nicht etwa in dem Ruf nach möglichst weitgehender Freiheit vom Staate, sondern lassen sich in der Formel ausdrücken: Der Staat ist gewiß nicht alles, aber ohne den Staat ist alles nichts.

III. Wirken

Bei der Beurteilung der amtlichen Tätigkeit Humboldts als Chef der neugegründeten Sektion für Kultus und Unterricht kann deshalb auch nicht unterstellt werden, diese leite sich aus einer Staatsauffassung her, die mit den in seiner Frühschrift vertretenen Ansichten gebrochen habe. Er bewahrt die ursprünglichen Ideen und berücksichtigt, daß ihre Umsetzung der Gunst des Augenblicks bedarf. Sein Handeln ist in überzeugender Weise auf dieses Prinzip eingestellt. Zu warnen ist jedoch vor einer Überschätzung der Möglichkeiten, die seinem Wirken beschieden gewesen sind. Sein Dienst beginnt am

13. April 1809 in Königsberg und endet am 23. Juni 1810 in Berlin. Er fällt in eine Zeit, in der der preußische Staat nach seiner vernichtenden Niederlage erst langsam wieder zu erstarken beginnt, und die Reorganisation der Behörden sich nur allmählich gegen zahlreiche Widerstände durchsetzen läßt. Die allgemeine Stimmung kommt Humboldt entgegen; denn die Hoffnung, durch den Geist einer neuen Erziehung das durch das Versagen des Staates herbeigeführte nationale Unglück künftig verhindern zu können, führt zu einer Begeisterung, die zu einer umfassenden Reform des bestehenden Schulwesens drängt. Als er in Königsberg eintrifft, sind bereits durch Nicolovius und Süvern als die führenden Mitglieder der Sektion Maßnahmen eingeleitet, um den Volksbildungsgedanken und das pädagogische Ethos Pestalozzis sowie dessen Elementarmethode zur Entfaltung ,,der menschlichen Kräfte von innen heraus" in den niederen Schulen fruchtbar werden zu lassen. Die Hochschätzung, die der Begriff ,,Bildung" bereits durch die Aufklärungspädagogik genießt, das Interesse des sich neu herausformenden ,,Standes der Gebildeten" an ihrer sozialen Position drängen bereits im letzten Drittel des 18. Jahrhunderts zu einer Umwandlung der überlieferten Lateinschule in eine voll ausgebaute Vorbereitungsanstalt für die Universität unter wesentlicher Mithilfe des Staates. Die bereits im einzelnen vorhandenen Reformtendenzen beziehen sich auf die Entwicklung der Wissenschaften durch die Aufklärung und greifen auch auf die neue Altertumswissenschaft über; diese schafft für das Studium der Alten Sprachen in der Philologie eine eigenständige Grundlage, die sich in Exklusivität von praktischen Bedürfnissen abhebt und dennoch durch ihren führenden Vertreter Wolf den Realien im Schulwesen die größere Breitenwirkung zuerkennt. Humboldt hat sich in diese bereits vorliegende Materie rasch eingearbeitet. Die Elementarbildung Pestalozzis findet bald seine volle Unterstützung, obwohl er sie zunächst wegen ihres ,,mechanischen Charakters" abgelehnt hat. Sie wird von ihm als ein im Prinzip für alle gleiches Fundament an den Anfang des Schulunterrichts gesetzt. Wie er später in einem Brief an seine Frau bekennt, bedürfen gerade die höheren Stände dieser Elementarbildung, um nicht die Verbindung mit dem Leben der Nation zu verlieren. „In die höheren Stände bringt man aber das Volksmäßige nicht, wenn man nicht den Volksunterricht so anordnet, daß er eine allgemeine Grundlage wird, die niemand verschmähen kann." (20. 8. 1814).

Es kann deshalb keinen Zweifel geben, daß Humboldt die Elementarschule als eine besondere Gattung von Schulen ansieht, die gemäß seiner Idee einer allgemeinen menschlichen Bildung den Kindern aller Stände offen stehen muß. Sie darf deshalb nicht nur von der ihr verbleibenden Funktion gesehen werden, diejenigen Kinder, die unmittelbar ins Leben übertreten, mit den ,,Sprach-, Zahl- und Maß-Verhältnissen" bekanntzumachen und mit notwendigen Grundkenntnissen allgemeiner Art auszurüsten (XIII, 260). Sein Programm lautet hier: erweiterter Elementarunterricht durch Anregung und Übung aller Grundkräfte des menschlichen Geistes für die gesamte Nation im Sinne einer Volksbildung durch ein breites Angebot von Schulen, die im einzelnen durchaus die bestehenden gesellschaftlichen Unterschiede berücksichtigen.

Was den Zusammenhang von allgemeiner menschlichen Bildung und den Erfordernissen des praktischen Lebens anbetrifft, denkt Humboldt keineswegs doktrinär. Wie aus bisher unbekannt gebliebenen Akten hervorgeht, erhebt er keine Einwände gegen die Aufnahme einer landwirtschaftlichen „Arbeitslehre" und eines Industrieunterrichts in den Lehrplan der Elementarschule, wo sich dies in Land- und städtischen Armenschulen als notwendig erweist.

Über die Elementarschule hinaus will er jedoch nur noch Gelehrtenschulen als allgemeinbildend anerkennen, deren Grundlage der früh beginnende ausgedehnte Unterricht in den alten Sprachen ist und die außerdem Mathematik und Naturwissenschaften ohne Verkleinerung des in ihnen liegenden wissenschaftlich-propädeutischen Sachanspruchs betreiben. Zwar hält er Schwerpunktbildungen für möglich, eine Differenzierung nach mehreren Zweigen als gleichberechtigte Formen einer höheren Ausbildung jedoch für unzulässig. Diese Gelehrtenschulen sollen allen und nicht nur künftigen Studenten offen stehen. Ritterakademien und Kadettenhäuser seien dann überflüssig. Die praktischen Ziele seiner schulpolitischen Grundsätze sind klar erkennbar: gegebenenfalls Verminderung der Gelehrtenschulen und größere Strenge bei Prüfungen (XIII, 240f.).

Seine Mißbilligung finden die „Mittelschulen", die den ersten Teil des gelehrten Unterrichts übernehmen und zugleich ihre Lehrgegenstände auf die Berufs- und Wirtschaftswelt beziehen möchten. Diese abzuschaffen, liegt nicht im Rahmen seiner Machtbefugnis; er leitet jedoch mit dieser Kritik eine folgenreiche Entwicklung ein: Das altsprachliche Gymnasium erteilt bis 1900 allein die allgemeine Hochschulreife, und das sich allmählich herausbildende Real- und Fachschulwesen muß sich gegen erhebliche staatliche und gesellschaftliche Widerstände durchsetzen.

Gewöhnlich werden immer nur drei Dokumente angeführt, aus denen der Umfang der neuhumanistischen Bildungsreform abgeleitet wird: der *Königsberger* und *Litauer Schulplan* vom September und der *Bericht an den König* vom Dezember 1809. Die Schulpläne enthalten im strengen Sinne nur die persönliche Meinung Humboldts zu Verbesserungsvorschlägen, die den faktischen Zustand von Ortsschulen betreffen. Er entwickelt dabei Grundsätze seiner Bildungskonzeption, deren praktische Konsequenzen nur schwer in einen widerspruchsfreien Zusammenhang zu bringen und von denen einzelne zu geflügelten Worten geworden sind, wie zum Beispiel: „Alle Schulen aber, denen sich nicht ein einzelner Stand, sondern die ganze Nation, oder der Staat für diese annimmt, müssen nur allgemeine Menschenbildung bezwecken. – Was die Bedürfnisse des Lebens oder eines einzelnen seiner Gewerbe erheischt, muß abgesondert, und nach vollendetem allgemeinen Unterricht erworben werden. Wird beides vermischt, so wird die Bildung unrein, und man erhält weder vollständige Menschen, noch vollständige Bürger einzelner Klassen." (XIII/276f.)

Aus den Grundsätzen werden gleichsam nebenbei in genialem Ansatz und einprägsamer Verkürzung Konsequenzen für eine Theorie der Lehrerrolle und des sich wandelnden pädagogischen Bezuges gezogen: Wie die Elementarschule den Lehrer erst ermögliche, so müsse sich dieser auf der eigentlichen Schule, wo es um das „Lernen des Lernens" gehe, selber zunehmend entbehrlich machen, bis er auf der Universität überflüssig sei (XIII, 261).

Doch wäre es verfehlt, aus diesen wenigen und keineswegs eindeutigen Aussagen Humboldts die bereits entwickelte Grundkonzeption einer Bildungsreform abzulesen, die in Preußen die Organisation des gesamten Schulwesens im 19. Jahrhundert bestimmt hat. Insgesamt handelt es sich um einen sehr komplexen Abschnitt der Realgeschichte des Bildungswesens, in der Humboldt zwar eine wichtige, keineswegs aber entscheidende Rolle gespielt hat. Die Aussage von Nicolovius, daß „Humboldt keinen Plan zu einer allgemeinen Schulordnung entworfen" habe und ein entsprechendes Aktenstück nicht existiere, dürfte für die Richtigkeit dieser Ansicht bürgen. Völlig verfehlt wäre es, in Humboldts Schulkonzeption die Vorstufe eines Organisationsmodells erkennen zu wollen, das in die Einheitsschule sozialer Egalität einmündet. Wenn es dennoch mit Hilfe des Staates zu einem nachweisbaren Ausbau des sog. allgemeinbildenden Schulwesens gekommen ist, so hat dies geschichtlich andere Gründe.

Der preußische Staat sah sich durch die napoleonischen Kriege wegen seiner leeren Kassen, der unentwickelten Landwirtschaft und der eingetretenen Rückschläge in der Ausbreitung von Gewerbe und Industrie genötigt, Maßnahmen zur Entfaltung der allgemeinen Wirtschaftskraft zu ergreifen, zu denen die Bauernbefreiung als Landausbau und die Öffnung neuer Märkte durch die Einführung der Gewerbefreiheit gehören. Die Eigenart der preußischen Finanz- und Wirtschaftspolitik, an der Humboldt nicht unbeteiligt ist, liegt darin, daß sie ihre Mittel aus den Grundsätzen der im Anschluß an Adam Smith entwickelten Lehren bezieht und rigoros gegen allseitigen Widerstand anwendet. Sie verzichtet bewußt darauf, die Richtung der wirtschaftlichen Entwicklung durch direkte staatliche Eingriffe in bestimmte Bahnen zu lenken. Konsequenterweise muß sie es auch ablehnen, spezifische Anforderungen, die sich aus einer vorhandenen und für die Zukunft vermuteten Erwerbsstruktur ergeben, durch staatliche Unterstützung beim Ausbau eines beruflichen Bildungswesens festzusetzen. Die Gleichgerichtetheit von Wirtschafts- und Bildungspolitik begünstigt die Entstehung eines allgemeinbildenden Schulwesens.

Die unbestreitbaren Verdienste Humboldts liegen auf dem Gebiete der Kultusverwaltung. Hier hat seine kurze Tätigkeit völlig ausgereicht, um dem künftigen Ministerium durch seine Person ein Ansehen und eine Ausrichtung zu geben, die im ganzen wohl unerreicht geblieben ist. Es geht ihm um die Vermehrung staatlicher Einflußnahme in doppelter Hinsicht. Die Kultus- und Unterrichtsangelegenheiten bedürfen einer besonderen Behandlung, die mit den übrigen Zweigen der Administration nicht ohne weiteres gleichzusetzen ist, und bilden deshalb einen selbständigen und unabhängigen Hoheitsbereich. Dieser schafft wiederum diejenige Machtinstanz, die potentiell überhaupt in der Lage ist, Bildung und Wissenschaft in ihrer prinzipiellen Offenheit nach Maßgabe der in ihnen selbst enthaltenen Voraussetzungen gegen partikulare und singulare Interessen zu schützen. Die Staatstätigkeit ist der Garant, nicht aber der Produzent dessen, was innerhalb einer Nation an menschlicher Bildung möglich ist. Sie bedarf deshalb bei der Leitung des Schulwesens der Mitwirkung der Bürger und der Gelehrten in wissenschaftlichen Deputationen. Sie muß aber auch gegebenenfalls die ihr anvertrauten Einrichtungen gegen Ansprüche der Beteiligten schützen, die sie ihren Sonderinteressen dienstbar machen wollen.

Im ganzen bilden die von Humboldt eingeleiteten Maßnahmen ein kompliziertes Geflecht von staatlicher Machtkompetenz und gesellschaftlicher Mitwirkung mit dem Ziel, die Wirksamkeit der im öffentlichen Schulwesen Tätigen zu erhöhen. Hierunter fällt auch die Einrichtung, daß akademisch ausgebildete Lehrer sich von den wissenschaftlichen Deputationen prüfen lassen können, eine Vorform aller späteren Staatsprüfungen.

Die Gründung der Universität Berlin ist das eigentliche Werk Humboldts, bei dem sich seine Bildungskonzeption, wenn auch nicht ausschließlich, so doch am reinsten durchgesetzt hat. In zähen Verhandlungen verschafft er ihr die notwendigen Mittel. Ihre innere Einrichtung wird in der wissenschaftlichen Deputation der Sektion offen diskutiert, den Vorschlägen ihres Direktors Schleiermacher großer Einfluß eingeräumt. Die Trennung von Lehre und Forschung in der Abspaltung von Universität und Akademie verhindert er. Ebenso scheitern alle Versuche, die Universität durch vorgegebene Lehr- und Studienpläne in eine geschlossene Lehranstalt zu verwandeln. ,,Einsamkeit und Freiheit" sollen allen Lehrenden und Lernenden ein hohes Maß an Selbstbestimmung bewahren. An den Berufungsverhandlungen nimmt Humboldt auch noch nach seiner Entlassung starken persönlichen Anteil, und es gelingt ihm, eine große Anzahl bedeutender Lehrer zu gewinnen. Die ,,Idee der deutschen Universität" mit ihrer Lehr- und Lernfreiheit und weitgehenden Entlastung von Ausbildungsfunktionen wird zu einer Leitvorstellung, die bis zur Gegenwart die Entwicklung der Hochschulen entscheidend beeinflußt hat.

Immer wieder hat es Humboldt-Renaissancen gegeben. In der Pädagogik nimmt der bildungstheoretische Aspekt, der sich aus der Tradition des deutschen Bildungsidealismus ableitet und mit Recht auf Humboldt beruft, eine Position ein, die im ganzen wegen der in ihr enthaltenen Korrekturmöglichkeit gegenüber einer funktionalistischen Verengung handlungs- und lernzielorientierter Erziehungswissenschaft nicht aufgegeben werden kann. Die Grundfrage Humboldts, wie Bildung durch ,,die Verknüpfung unseres Ichs mit der Welt in der regesten und freiesten Wechselwirkung" zu erreichen sei, bleibt bestehen (I, 283). Um hierauf eine Antwort geben zu können, die auf Humboldt zurückgreift, ist es notwendig, ihn von der Doppelrolle zu befreien, in die ihn eine spätere Zeit versetzt hat. Humboldt darf nicht länger als

Zeuge für das Verlangen nach einer Selbstermächtigung des Menschen in idealistischer oder emanzipatorischer Überspannung dienen. Er muß zugleich aufhören, Sündenbock zu sein, auf den sich die ungelösten Bildungsfragen des Industriezeitalters und eine belastende Vergangenheit abwälzen lassen. Ferner darf eine neubeginnende Auseinandersetzung nicht in die Enge des nationalen deutschen Geistes führen. Der Universalismus Humboldts enthält selbst die Möglichkeit, dieser Gefahr zu begegnen.

Günter R. Schmidt

FRIEDRICH SCHLEIERMACHER

(1768–1834)

„Für das menschliche Leben, für die gesamte menschliche Bildung gibt es nichts Bedeutenderes als Vollkommenheit der Erziehung."[1]

„Ach, Kinder sind nicht nur teure, von Gott uns anvertraute Pfänder, für welche wir Rechenschaft zu geben haben, nicht nur unerschöpfliche Gegenstände der Sorge und der Pflicht, der Liebe und des Gebets; sie sind ein unmittelbarer Segen für das Haus; sie geben leicht ebensoviel, als sie empfangen; sie erfrischen das Leben und erfreuen das Herz."[2] Diese Worte sprach Schleiermacher an seinem 61. Geburtstag bei der Beerdigung seines einzigen mit neun Jahren verstorbenen Sohnes. Schon „manche schwere Wolke" habe sein Leben überschattet, aber Glaube und Liebe seien ihm stets beigestanden. Jedoch habe „dieser eine Schlag, der erste in seiner Art, das Leben in seinen Wurzeln erschüttert".

Schleiermachers Liebe zu Kindern und sein heiterer Umgang mit ihnen werden besonders in den *Jugenderinnerungen seines Stiefsohnes Ehrenfried v. Willich* deutlich: „Als ich zwei Jahre alt war, erhielt ich durch die zweite Heirat meiner Mutter einen Vater, der es nach dem Blute nie mehr sein konnte. Wie könnte ich es je genug erkennen, wie könnte ich es aussprechen, welche Gnade mir Gott in diesem Vater erzeigt hat! So weit meine Erinnerung reicht in meine früheste Kindheit zurück, steht sein Bild mir vor Augen, mit immer gleicher Liebe mich pflegend, so daß ich auch das Bewußtsein davon niemals fand, daß er eigentlich nicht mein Vater sei."[3]

Nicht nur als häuslicher Erzieher, sondern auch als Unterrichtender hinterließ Schleiermacher unauslöschliche Eindrücke. Den Konfirmandenunterricht des Berliner Pastors bezeichnet v. Willich als „berühmt".[4] Unter den Pädagogen der Gegenwart ist Schleiermacher eher als bedeutender Theoretiker denn als Praktiker der Erziehung in Erinnerung. Nach fast allgemeinem Konsens stellen Schleiermachers Überlegungen zusammen mit denen Herbarts „den eigentlichen Beginn einer pädagogischen Wissenschaft" dar.[5]

I.

Friedrich Daniel Ernst Schleiermacher wurde am 21. November 1768 in Breslau als Sohn eines reformierten Feldpredigers geboren. Auf väterlicher wie auf mütterlicher Seite weist sein Stammbaum eine große Zahl von Pastoren auf.

Schon mit vier Jahren ließ das Kind Zeichen einer ungewöhnlichen Sensibilität und Intelligenz erkennen. Auf dem Gymnasium zu Pleß, das er 1780–1782 besuchte, wurde seine Liebe zu den alten Sprachen geweckt. Als Militärgeistlicher hatte Schleiermachers Vater viele Reisen zu unternehmen und lernte dabei auch herrnhutische Brüdergemeinden kennen, durch deren Einfluß er eine pietistische Erweckung erfuhr. Diese führte ihn zu dem Entschluß, die weitere Erziehung seiner drei Kinder den Herrnhutern anzuvertrauen.

Im Frühjahr 1783 trat Friedrich in das Paedagogium zu Niesky bei Görlitz ein. Diese Internatsschule diente hauptsächlich der Erziehung künftiger Prediger und Lehrer der Brüdergemeinde. Das Schulleben war von Gottesdiensten und Andachten durchzogen, deren Leitideen in der Heilsbedeutung einer persönlichen Erweckung und Christusbeziehung bestanden. Inhaltlicher Schwerpunkt des Unterrichts war das Studium der klassischen Sprachen, daneben die Beschäftigung mit mathematischen und naturwissenschaftlichen Gegenständen. Der Lehrplan ließ viel Zeit für private Interessen, die Schleiermacher und ein kleiner Kreis von Freunden besonders für die Lektüre antiker Schriftsteller nutzten.

1785 ging er zur Theologischen Hochschule der Brüdergemeinde nach Barby über. Auch dort wurde eine strenge Behütungspädagogik praktiziert. Die Ausbildung hatte eher eine Vertiefung der Frömmigkeit als die Einführung in die Wissenschaften zum Ziel. Die Lektüre modernerer schöngeistiger und philosophischer Literatur war untersagt, theologische Strömungen der Aufklärung sollten die Studenten nur mittelbar durch die polemische Darstellung ihrer Dozenten kennenlernen. Doch reizte die Zensur Schleiermacher und einige seiner Freunde um so mehr, sich die verbotenen Schriften heimlich zu beschaffen. Zunehmend wurde ihm deutlich, daß er mit den Auffassungen seiner Lehrer großenteils nicht mehr übereinstimmte, was zu dem Entschluß führte, an die liberalere Universität Halle überzugehen, wo er sich etwa eineinhalb Jahre von 1787–1789 aufhielt.

Neben Theologie betrieb er in Halle Philosophie bei dem Wolffianer Eberhard, durch den er auch auf Kant aufmerksam wurde, und besonders antike Literatur und Philosophie bei dem Philologen Friedrich August Wolf. Um für die Zeit nach dem Examen Aussichten auf eine Hauslehrerstelle zu haben, vertiefte er auch seine englischen und französischen Sprachkenntnisse. Während seiner Examensvorbereitung in Drossen versetzten ihn religiöse Skepsis, sein schlechter Gesundheitszustand und Überarbeitung häufig in depressive Stimmungen.

1790 bestand er die erste theologische Prüfung und wurde Hauslehrer bei dem Grafen Dohna zu Schlobitten in Ostpreußen. Die kultivierte Geselligkeit in einem der ersten Häuser des Königreichs wurde für Schleiermacher zu einer prägenden Erfahrung. Seine Aufgabe bestand darin, die jüngeren Söhne des Grafen in Französisch, Mathematik, Geschichte und Geographie zu unterrichten und mit seinen Töchtern, die zwischen sechzehn und zwanzig Jahre alt waren, allgemeinbildende Gespräche über philosophische und religiöse Fragen zu führen. Während dieser Zeit überwand er seine religiöse Krise und gewann wieder Freude an seinem künftigen Predigtamt. Pädagogische und politische Meinungsgegensätze bewirkten, daß Schleiermachers Informatorentätigkeit schon 1793 im Einvernehmen beider Seiten an ihr Ende kam.

Nach einer kurzen Beschäftigung als Lehrer in Berlin erhielt er 1794 eine Stelle als Hilfsprediger in Landsberg an der Warthe. Hier widmete er seine besondere Aufmerksamkeit der „Katechisation" von Kindern und Jugendlichen.

Ein wesentlicher Einschnitt in Schleiermachers Leben war sein Übergang nach Berlin, wo er eine Stelle als Prediger an der Charité annahm. Er fand Zugang zum Salon von Henriette Herz, in dem er mit Vertretern der Beginnenden deutschen Romantik in Kontakt kam. Mit Friedrich Schlegel verband ihn eine enge Freundschaft, aus der sich der Plan einer gemeinsamen Übersetzung der Werke Platos ergab.

Das geringe Verständnis seiner Berliner Freunde für Religion und seinen Predigerberuf wurde mit zum Anlaß für seine erste Schrift, die ihn in kurzer Zeit berühmt machte: *Über die Religion. Reden an die Gebildeten unter ihren Verächtern* (1799). Er vesucht darin, Religion als eine von Metaphysik und Moral streng zu unterscheidende Grundtendenz des menschlichen Geistes zu erweisen. Sie sei „Sinn und Geschmack fürs Unendliche" und gehe jeder Glaubenslehre voraus, die als kognitive Spiegelung individueller religiöser Erfahrung immer nur als etwas Abgeleitetes gelten könne. Aber nur dieses Sekundäre sei lehrbar. Die Religion selbst könne durch die „Äußerungen" des religiösen Lebens anderer nur „aufgeregt" werden und sich dann spontan und individuell weiterbilden.[6] In dieser Schrift tritt bereits die Bedeutung des Individualitätsbegriffs für Schleiermachers Denken hervor, wie er im Mittelpunkt der ein Jahr später erschienenen *Monologen* steht und auch sein pädagogisches Denken bestimmt.

Die Berliner Zeit brachte für Schleiermacher auch leidvolle Erfahrungen. Dazu gehörte nicht nur das Unverständnis seiner kirchlichen Vorgesetzten für seinen „Geschmack ... an vertrauteren Verbindungen mit Personen von verdächtigen Grundsätzen und Sitten" – so Oberkonsistorialrat Friedrich Samuel Gottfried Sack – und die Behauptung, seine Religionsauffassung tendiere zum Pantheismus und sei mit dem Christentum, folglich auch seinem kirchlichen Beruf unvereinbar; dazu gehörte aber vor allem seine unglückliche Liebe zu Eleonore Grunow, der Frau eines Berliner Amtskollegen. Diese litt zwar unter ihrer Ehe, hielt jedoch aus Gewissensgründen an ihr fest.

Diese mißliche Lage trug zu dem Entschluß bei, 1802 einer Berufung als Hofprediger nach Stolp in Pommern zu folgen. In den zwei Jahren dort setzte Schleiermacher seine Arbeit an der Platon-Übersetzung fort und verfaßte sein ungemein schwierig zu lesendes Werk *Grundlinien einer Kritik der bisherigen Sittenlehre*.

1804 nahm er einen Ruf auf eine theologische Professur an der Universität Halle an. Er lehrte sowohl Exegese und Hermeneutik als auch Dogmatik und

Ethik in einer Vortragsweise, die er im Laufe der Zeit bis zur Virtuosität entwickelte: Von einigen stichwortartigen Notizen her ließ er sein Gedankengefüge auch für sich selbst erst vor seinen Zuhörern entstehen, um sich seine wichtigsten Einfälle erst nachträglich aufzuschreiben und in spätere Schriften einzuarbeiten. In der einerseits von der Aufklärung, andererseits von Pietismus und Orthodoxie bestimmten theologischen Fakultät war er verhältnismäßig isoliert, doch hielt er rege Verbindung zu dem Naturphilosophen Henrik Steffens, dessen Gedanken sich nach Dilthey spannungslos in die entsprechende Leerstelle in Schleiermachers Philosophie einfügen lassen, und zu dem Altphilologen Friedrich August Wolf, mit dem er sich über Fragen der Platon-Interpretation austauschte.

1806 wurde Halle von den Truppen Napoleons besetzt, der die Universität auflöste. Schleiermacher blieb zunächst in der Stadt und wirkte durch seine Predigten auch in patriotischem Sinne. Als 1807 Halle zu dem neugegründeten Königreich Westfalen geschlagen wurde, ging Schleiermacher wieder nach Berlin, wo er 1809 Prediger an der Dreifaltigkeitskirche wurde. In seinen Predigten kommt ein starker Vorsehungsglaube zum Ausdruck, aus dem heraus er seinen Hörern die Niederlage Preußens als Möglichkeit der Selbstbesinnung und des Neuanfangs verständlich zu machen suchte. Den geschichtlichen Sozialindividualitäten der Völker und Staaten komme eine je besondere geschichtliche Sendung zu. So war für ihn der Kampf gegen Napoleon Ausdruck von Gottvertrauen.

Er predigte bis zum Ende seines Lebens fast sonntäglich unter ungeheuerem Zulauf. Sein Einfluß als Prediger verstärkte sich noch dadurch, daß viele seiner Kanzelreden nachträglich gedruckt verbreitet wurden. Bei all seinen vielfältigen akademischen, schriftstellerischen, politischen und kirchenpolitischen Beschäftigungen sah er sein Predigtamt stets als seine Hauptaufgabe an.

1808 schloß er sich der preußischen Patriotenbewegung an, die den allgemeinen Volksaufstand und Volkskrieg gegen Napoleon herbeiführen wollte. Dabei kam er persönlich mit dem Freiherrn vom und zum Stein, mit Gneisenau, Scharnhorst und der Königin Luise in Verbindung. Als 1813 der Aufruf des Königs „An mein Volk" herauskam, warb Schleiermacher für Freiwillige und nahm auch selbst, wiewohl seine Vorzüge nicht gerade physischer Natur waren, an den Übungen des Landsturms teil. Schleiermachers politische Bestrebungen waren bestimmt von Zielvorstellungen wie freiheitliche Verfassung, konstitutionelle Monarchie, deutsches Kaisertum und Wahrung der Eigenarten der einzelnen deutschen Länder. Während der Restaurationszeit kam er mehrfach in Konflikt mit konservativen Kollegen, darunter Hegel, und der „Demagogenriecherei" obliegenden Beamten, die ihn als Revolutionär verdächtigten.

Zu breiter Wirkung gelangte Schleiermacher auch in bildungspolitischer und -organisatorischer Hinsicht. Er wurde 1810 nachdem er schon 1808 *Gelegentliche Gedanken über Universitäten in deutschem Sinne* geäußert hatte, von Wilhelm von Humboldt zusammen mit Süvern und Uhden in die Gründungskommission der Universität Berlin berufen. Die Grundgedanken dieser Schrift sind folgende: Es sei einer Universität, die dem Erkennen als solchem verpflichtet sei, abträglich, wenn sie staatlich zu sehr reglementiert werde, da dadurch Nützlichkeitserwägungen zu großes Gewicht erlangen könnten. Statt philosophischer Gesamtschau würden dann bloße Einzelkenntnisse betont. An der Universität komme es jedoch nicht auf emsige Stoffrezeption an, sondern darauf, daß „der systematisch-philosophische Geist ... der allgemeine Sinn für die Einheit und den durchgängigen Zusammenhang alles Wissens" (PS II, 91) geweckt werde. Die „eigentliche Universität" sei „lediglich in der philosophischen Fakultät enthalten", denn nur sie ziele unmittelbar auf Erkenntnis. Dagegen seien die juristische, theologische und medizinische Fakultät „entstanden durch das Bedürfnis, eine unentbehrliche Praxis durch Theorie, durch Tradition von Kenntnissen sicher zu fundieren" (PS II, 111). Daher müsse sowohl jeder Student, „wenn er für die Wissenschaft gedeihen soll, eine Zeitlang im Allgemeinen derselben", also der philosophischen Fakultät sich bewegen, als auch jeder Universitätslehrer in ihr „eingewurzelt" sein und wenigstens „von Zeit zu Zeit Vorträge aus dem rein wissenschaftlichen Gebiet" halten. „Nur dadurch könnte man auch äußerlich sicher sein, die lebendige Verbindung dieser Doktrinen mit der wahren Wissenschaft, ohne welche jene gar nicht auf die Universität gehören könnten, zu erhalten."(PS II, 114)

Für Schleiermachers eigene Lehrweise charakteristisch ist, was er in dieser Schrift zum „Kathedervortrag" sagt: „Der Lehrer muß alles, was er sagt, vor den Zuhörern entstehen lassen; er muß nicht erzählen, was er weiß, sondern sein eigenes Erkennen, die Tat selbst, reproduzieren, damit sie beständig nicht etwa nur Kenntnisse sammeln, sondern die Tätigkeit der Vernunft im Hervorbringen der Erkenntnis unmittelbar anschauen und anschauend nachbilden." (PS II, 107)

Auf die Gestaltung des Schulwesens wirkte Schleiermacher als Staatsrat und Mitglied der Sektion des Kultus und öffentlichen Unterrichts im Ministerium des Innern von 1810–1815 und als Direktor der wissenschaftlichen Deputation für den öffentlichen Unterricht von 1810–1811. Erhalten sind mehrere Gutachten von ihm, so zum Religions- und zum Deutschunterricht an Gymnasien und sein Votum zu Süverns Gesamtinstruktion von 1813.

Schleiermachers Lehrtätigkeit an der Theologischen Fakultät der Universität Berlin, deren erster Dekan er wurde und wo er später noch dreimal das Dekanat innehatte, umfaßte fast das gesamte Gebiet der Theologie: Exegese des Neuen Testaments, Kirchen und Theologiegeschichte, Dogmatik, Ethik, Religionspädagogik, Homiletik, Liturgik und Fragen der Gestaltung des Gemeindelebens. Was er von einem Universitätslehrer verlangte, nämlich an der Philsophischen Fakultät „eingewurzelt" zu sein, praktizierte er selbst weitestgehend. Er hielt dort Vorlesungen über Dialektik, Ethik, Politik, Psychologie, Pädagogik, Hermeneutik und Ästhetik. Gemessen an den Hörerzahlen übertraf sein Lehrerfolg in der Philosophie sogar denjenigen Hegels. Dazu kamen Aktivitäten in gelehrten Gesellschaften. Er gehörte von 1810 bis 1826 der philosophischen Klasse der Berliner Akademie der Wissenschaften an, ab 1814 als ihr ständiger Sekretär. Von 1815 bis 1834 war er auch Mitglied der philologischen Klasse, ab 1826 ebenfalls als ihr Sekretär.

Zu den wichtigsten literarischen Leistungen Schleiermachers während seiner Berliner Zeit zählt die Weiterführung der *Plato-Übersetzung,* durch die das Platonbild Schleiermachers im 19. Jahrhundet bestimmend wurde. Nach dem Urteil des klassischen Philologen August Boeck hat niemand ,,Platon so vollständig selbst verstanden und andere verstehen gelehrt wie dieser Mann".[7] Die Theologie verdankt der Berliner Zeit neben dem Abriß *Kurze Darstellung des theologischen Studiums zum Behuf einleitender Vorlesungen entworfen* (1810) eines ihrer bedeutendsten klassischen Werke *Der christliche Glaube nach den Grundsätzen der evangelischen Kirche im Zusammenhange dargestellt* (1821/22).

Schleiermachers Auffassung von der Kirche, die auch sein kirchenpolitisches Wirken bestimmte, brachte ihn in vielerlei Konflikte. Er verstand sie als den durch die Impulse der Erscheinung Christi entstandenen, sich spontan-organisch weiterentwickelnden sozialen Lebenszusammenhang. Diese Auffassung vertrug sich schlecht mit staatlicher Reglementierung der Kirche. So unterstützte er zwar die Bestrebungen des Königs nach einer Kirchenunion von Lutheranern und Reformierten, widersetzte sich jedoch dessen Versuchen, obrigkeitlich eine einheitliche Gottesdienstordnung aufzuerlegen, und brachte dadurch sowohl konfessionalistische Theologen als auch staatliche Stellen gegen sich auf.

Bei den vielseitigen Beanspruchungen Schleiermachers ist kaum vorstellbar, wie er noch Zeit zu einem so harmonischen Familienleben gehabt haben soll, wie es in den eingangs zitierten Äußerungen seines Stiefsohns anklingt. 1809 hatte er die um einundzwanzig Jahre jüngere neunzehnjährige Witwe eines Freundes, Henriette v. Willich geb. v. Mühlenfels geheiratet. ,,Wissenschaft und Kirche, Staat und Hauswesen – weiter gibt es nichts für den Menschen auf der Welt",[8] heißt es in einem seiner Briefe an seine künftige Frau. Den letztgenannten Lebensbezirk ließ Schleiermacher keineswegs zu kurz kommen. ,,Im Familienkreise war er besonders von der hingebendsten Freundlichkeit gegen Frau und Kinder ... Üble Laune überhaupt gestattete er sich nicht."[9] Dabei muß es im Hause recht lebendig zugegangen sein. Zu den beiden Kindern aus der ersten Ehe seiner Frau und den vier eigenen Kindern wurden oft für längere Zeit auch noch Pflegekinder und jüngere Verwandte aufgenommen. Die Gastfreundschaft der Familie war sprichwörtlich. Neben allerlei ,,bemerkenswerten Personen"[10] aus dem kulturellen, kirchlichen und politischen Leben gingen dort auch Gemeindeglieder – es handelte sich um ein Pfarrhaus –, Verwandte und Freunde ein und aus. Schleiermacher muß sich eine fast unvorstellbare Arbeitslast aufgebürdet haben. Er ging kaum je vor Mitternacht zu Bett und stand um 5 Uhr morgens auf. Im Sommersemester hielt er oft die ganze Woche hindurch schon von 6 bis 7 Uhr eine philosophische, dann von 7 bis 9 Uhr eine theologische Vorlesung.

Schleiermacher war von kurzer Gestalt, an der einen Schulter, weil ihn seine

Friedrich Schleiermacher (1768–1834)

Schwester Charlotte als Kind einmal hatte fallen lassen, etwas verwachsen, kurzsichtig und litt häufig an Magenkrämpfen. Ehrenfried v. Willich rühmt „seine Herrschaft des Geistes über den Körper". Nie habe er einmal seinen Stiefvater bei Tage wegen physischer Beschwerden zu Bett gehen sehen. Er habe die Auffassung vertreten, „daß man zum Kranksein keine Zeit haben dürfe" und Luftzug als „pure Einbildung" angesehen.[11] Schleiermacher starb am 12. Februar 1834 an Lungenentzündung. Als sein Trauerzug sich durch Berlin bewegte, füllten nach Leopold v. Ranke zwanzig- bis dreißigtausend Menschen, nicht wenige mit Tränen in den Augen, die Straßen.[12]

II.

Bei dem Reichtum seiner Gedanken zu so vielen Gebieten konnte Schleiermacher nicht allen seinen Ideen eine letztgültige schriftliche Fassung geben. Ein Großteil der Schleiermacher-Überlieferung beruht daher auf Aufzeichnungen seiner Hörer. Diese sind gleichwohl genau und vollständig genug, um Aufnahme in der mehr als 32 Bände umfassenden Ausgabe seiner gesammelten Werke zu finden. Quellen für Schleiermachers Pädagogik sind seine *Predigten über die christliche Kinderzucht,* Briefe, Gutachten, Abhandlungen wie die oben erwähnte über Universitäten, Vorlesungen über philosophische und theologische Ethik sowie praktische Theologie, besonders jedoch diejenigen über Pädagogik. Schleiermacher hat dreimal, im Winter 1813/14, im Winter 1820/21 und im Sommer 1826 an der Berliner Universität über Pädagogik gelesen. Da die Vorlesung von 1826 die zusammenhängendste und abgerundetste Darstellung seines pädagogischen Denkens bietet, bezieht sich der vorliegende Abriß bei seiner Kürze nur auf diese. Sie wurde ursprünglich durch C. Platz als 9. Band der III. Abteilung der gesammelten Werke Schleiermachers 1849 veröffentlicht. Da Schleiermacher auf der Grundlage kurzer Notizen frei vortrug, war der Herausgeber bei seiner Zusammenstellung auf „sechs Zettel" in Schleiermachers Handschrift und vier Mitschriften von ehemaligen Hörern angewiesen.

Pädagogik war durchaus kein Schwerpunkt der akademischen Lehrtätigkeit Schleiermachers. Vielmehr stellt sein pädagogisches Gedankengefüge ein Nebenprodukt seines vielfältigen Wirkens dar. Es ist eines der Zeichen seiner genialen Vielseitigkeit, daß es ihm gelang, gleichsam mit dem kleinen Finger die wissenschaftlichen Grundlagen einer ganzen Disziplin zu erstellen. Wenn er in der Philosophie bisher zu geringerer Wirkung gelangte als in der Theologie und der Pädagogik, dürfte dies einmal auf den Charakter der Überlieferung, zum andern auf das gehäufte Auftreten bedeutender Philosophen in seinem Zeitalter zurückzuführen sein.

Schleiermacher betrachtet die Pädagogik als „eine rein mit der Ethik zusammenhängende, aus ihr abgeleitete angewandte Wissenschaft, der Politik koordiniert" (PS I, 12). Er verzichtet jedoch darauf, sie aus seinem eigenen oder einem fremden ethischen System abzuleiten, weil sich keines allgemeiner Anerkennung erfreue und ihr Geltungsbereich damit eingeschränkt würde. Dagegen weisen für ihn die ,,populären ethischen Begriffe", die in der gegebenen Gesellschaft gemeinsam anerkannten Wertvorstellungen, genug Übereinstimmung auf, um der Pädagogik als Grundlage zu dienen.[13] ,,Die Erziehung ist gut und sittlich, wenn sie dem sittlichen Standpunkt der Gesellschaft entspricht." ,,Die Pädagogik beruht auf der Einsicht vom Sittlichen, wie diese in einem bestimmten Gesamtleben, für welches die Pädagogik gegeben wird, im einzelnen und großen gerade ist." (PS I, 28) An dieser Stelle zeigt sich, daß Schleiermacher zwar seine Pädagogik nicht von seinen theologischen und philosophischen Auffassungen ableiten will, daß diese aber doch den Rahmen bilden, innerhalb dessen sie verstanden werden muß. Ohne diese philosophischen und theologischen Rahmenvorstellungen Schleiermachers würde es auf eine höchst fragwürdige Anpassungspädagogik hinauslaufen, ,,dem sittlichen Standpunkt der Gesellschaft" eine solche Bedeutung als normative Vorgabe zu verleihen. Schleiermachers philosophische Ethik, nach heutigem Sprachgebrauch eine Geschichts-, Sozial- und Kulturphilosophie, versteht den Geschichtsverlauf als Einigung der beiden Grundprinzipien Natur und Geist, als wachsende Überformung der Natur durch die Vernunft. Dieser Entwicklungsrichtung der Geschichte entspricht das Christentum als Gestaltungsmacht. Der Fortschrittsoptimismus Schleiermachers ist nicht zuletzt in dem Glauben begründet, daß ,,der Erlöser" fortschreitend ,,die Gläubigen in die Kräftigkeit seines Gottesbewußtseins" aufnimmt,[14] also die Kirche intensiv und extensiv wächst.[15] Von solchen Voraussetzungen her vermag er den erreichten sittlichen Bewußtseinsstand, wie er in den ,,populären ethischen Begriffen" zum Ausdruck kommt, positiv zu werten. Das Ziel, welches der geschichtlichen Entwicklung die Richtung angibt, bezeichnet Schleiermacher als ,,das höchste Gut". Es beinhaltet die vollkommene wechselseitige Durchdringung von Natur und Geist. Solange dieser Zustand nicht erreicht ist, kann ,,das höchste Gut" nur gedanklich vorweggenommen, nicht aber beschrieben werden, ist also Ethik als vollendete Wissenschaft nicht möglich.[16] Der bestehende Dissens ist daher als äußeres Zeichen dieser Unmöglichkeit unumgänglich. Die Beschränkung der Ethik zieht jedoch unvermeidlich eine solche der Pädagogik nach sich. Da jedoch Pädagogik als Praxis die sittlich-kulturelle Entwicklung fördert, trägt sie selbst fortschreitend zur Verbesserung ihrer Möglichkeiten als Theorie bei.[17] Ein weiterer Grund für die Beschränkung pädagogischer wie sonstiger Theorie ergibt sich aus der Einsicht in den ,,Totalzusammenhang" des Wissens: ,,Es gibt ... kein einzelnes Wissen, das nicht zugleich mit allem übrigen Wissen zusammenhinge. Alles Wissen und all unsere Gedanken und Vorstellungen sind unvollkommen, bis die absolute Totalität ihres Zusammenhanges hergestellt ist."[18] Wie gegen alle Wissenschaft meldet Schleiermacher auch gegen die Pädagogik einen eschatologischen Vorbehalt an. Diese Beispiele machen die Bedeutung außerpädagogischer Voraussetzungen für Schleiermachers Erziehungstheorie hinlänglich deutlich.

Die Vorlesungen von 1826 bestehen aus einem einleitenden, einem allgemeinen und einem besonderen Teil. Im ersten Teil spricht er von der Möglichkeit, dem Sinn und der Reichweite einer pädagogischen Theorie und ihrer Beziehung zu anderen Wissensgebieten. Er behandelt die Erziehungsvoraussetzungen im Zögling und die pädagogischen Ziele. Ein großer Abschnitt entwickelt Gesichtspunkte zur Differenzierung der pädagogischen Aufgaben. Solche Gesichtspunkte ergeben sich aus Polaritäten wie: Einzelner – Gemeinschaft, Gleichheit – Ungleichheit, Gegenwart – Zukunft des Kindes, Unterstützung – Gegenwirkung, Erhaltung – Verbesserung der Gesellschaft, häusliche – öffentliche Erziehung, männlich – weiblich. Der zweite, allgemeine Teil entfaltet die grundlegenden pädagogischen Phänomene „Unterstützung" und „Gegenwirkung" weiter, indem er sie auf verschiedene einschlägige Aspekte wie Entwicklungsstufen, außerpädagogische Einflüsse, die Polarität von Leib und Geist sowie innere Voraussetzungen des Verhaltens und Erlebens bezieht, die Schleiermacher in „Gesinnung", „Willensakte" und „Fertigkeiten" gliedert. Der letzte Abschnitt des zweiten Teiles wendet sich den großen „Lebensgemeinschaften" zu: „Kirche", „Staat", „Wissenschaft" und „freier geselliger Verkehr". Der dritte, besondere Teil gliedert den zeitlichen Verlauf der Erziehung in „Kindheit", „Knabenalter", „Jugend" und behandelt für jeden Abschnitt Erziehungsaufgaben, -maßnahmen und -einrichtungen. In der Kindheit obliegt die Erziehung vollständig der Familie, mit dem Knabenalter wird sie teilweise öffentlich. Drei Schulformen werden von Schleiermacher unterschieden: die „Volksschule", welche so einzurichten ist, „daß sie ihre Zöglinge sowohl in ein rein mechanisches Gewerbsleben als auch in diejenigen Anstalten, in denen die höchste individuelle Ausbildung erreicht wird, abliefern kann" (PS I, 235); die „Gelehrtenschule" für diejenigen, die dazu geeignet und bestimmt sind, in der Generation, der sie angehören, als Leitende aufzutreten" (PS I, 313), und zwischen diesen Schulformen die „Bürgerschule", für diejenigen, die sich zwar nicht in oberen Leitungspositionen befinden, aber doch auf einer etwas höheren geistigen und organisatorischen Ebene arbeiten und für die Tätigkeiten einiger anderer Verantwortung tragen werden. In der Jugend „darf ... das Leben ... nicht mehr ganz und gar im Kreise der pädagogischen Einwirkung beschlossen sein; die Erziehung tritt partiell zurück" (PS I, 159). Neben der Teilnahme am „Geschäftsleben" in „Ackerbau, Gewerbe, Fabrikation oder Handel" und dem Besuch von „Anstalten für Gewerbsbildung" hält Schleiermacher als „Gegengewicht" gegen „Zunftgeist" ein gemeinsames Leben der Gewerbsjugend ..., das seinem Wesen nach den Gemeingeist fördert", für notwendig (PS I, 353). Er denkt dabei an „freie Tätigkeit", „Spiel" und „gymnastische Übungen". Die Universität liefert „die Anleitung zur Wissenschaft und die besondere letzte Vorbildung für diejenigen verschiedenen Geschäfte, welche die höchste Leitung der öffentlichen Angelegenheiten in sich schließt" (PS I, 357). Besonders betont wird ein philosophisches Eingangsstudium, „die Totalität des Wissens umfassend", ohne welches „der wesentliche Charakter der Universitätsbildung verloren" geht.

Aus der Fülle von Gedanken, welche diese Vorlesungen ausbreiten, können hier nur einige wenige vorgestellt werden. Die größte Wirkung auf die gegenwärtige pädagogische Theorie geht von dem als ,,Einleitung" bezeichneten Teil aus, der etwa ein Sechstel des Umfangs ausmacht.

Eine Theorie muß sich nach Schleiermacher auf etwas Bestimmtes und gleichzeitig Allgemeines richten, das im Wesen der Dinge selbst verankert und nicht bloß zufällig ist. Folglich kann er das Formalobjekt pädagogischer Theorie weder in der Erziehungstätigkeit der Eltern, noch in der Wirksamkeit von Hauslehrern, noch in öffentlichen Unterrichtseinrichtungen finden. Die erstere ist in die Gesamtheit des elterlichen Lebens verwoben und bildet kein abgegrenztes Gebiet für eine besondere Theorie, die zweite ist nur zufällig und den ,,Mängeln" des Familienlebens zuzuschreiben, und was schließlich formellen Unterricht anlangt, so ist ,,die Didaktik, die Methodik des Unterrichts ... weniger etwas für sich als ein Anhang zu den Wissenschaften und Künsten selbst, die mitgeteilt werden sollen" (PS I, 8). Ein genügend allgemeines und klar genug unterscheidbares Phänomen, das Gegenstand einer besonderen pädagogischen Theorie werden kann, findet Schleiermacher in der Beziehung zwischen der älteren und der jüngeren Generation. Hier stellen sich zwei Fragen: ,,Was will denn eigentlich die ältere Generation mit der jüngeren? Wie wird die Tätigkeit dem Zweck, wie das Resultat der Tätigkeit entsprechen?" ,,Auf diese Grundlage des Verhältnisses der älteren zur jüngeren Generation, was der einen in Beziehung auf die andere obliegt, bauen wir alles, was in das Gebiet dieser Theorie fällt." (PS I, 9)

Da Erziehung eine ,,Kunst" ist, verlangt sie nach einer ,,Kunstlehre." Wie bei jeder Kunst ist jedoch auch bei der Erziehung ,,die Praxis viel älter als die Theorie, so daß man nicht einmal sagen kann, die Praxis bekomme ihren bestimmten Charakter erst mit der Theorie. Die Dignität der Praxis ist unabhängig von der Theorie; die Praxis wird nur mit der Theorie eine bewußtere." (PS I, 11)

Die Theorie hat die Frage zu beantworten: ,,Wie soll die Einwirkung der älteren Generation auf die jüngere beschaffen sein?" Diese enthält zwei weitere Fragen: ,,Was soll durch die Erziehung bewirkt werden?" ,,Was kann durch dieselbige bewirkt werden?" (PS I, 13) Die Frage nach den Möglichkeiten der Erziehung macht die Erziehungstheorie von der Anthropologie abhängig und bringt sie dadurch in Schwierigkeiten. Denn diese Disziplin hat noch nicht die gesicherten Ergebnisse erbracht, welche die Pädagogik braucht. Schleiermacher löst dieses Problem dadurch, daß er sich an die Wirklichkeit hält (,,auf das, was uns wirklich gegeben ist, zurückzugehen" PS I, 19). Die Wirklichkeit ist in diesem Falle die ,,Unentschiedenheit der anthropologischen Voraussetzungen". Das bedeutet, daß die Pädagogik, wenn immer auf eine anthropologische Frage zwei einander entgegengesetzte Antworten möglich sind, eine Lösung finden muß, die bei der Richtigkeit jeder dieser Antworten gültig wäre. So behauptet beispielsweise das Postulat von der ,,Allmacht der Erziehung", daß jede nur wünschenswerte menschliche Eigenschaft pädagogisch entwickelt werden könne, weil ja potentiell alle in jedem angelegt seien. Das entgegengesetzte Postulat von der ,,Beschränktheit der Erziehung" geht von einer vorgegebenen Konstellation von Anlagen aus, die ein Individuum charakterisieren und denen gegenüber die Erziehung ziemlich ohnmächtig ist. Schleiermacher findet, daß unsere Unwissenheit hinsichtlich der Richtigkeit dieser beiden Voraussetzungen sogar einen moralischen Vorteil hat. Im Falle der Richtigkeit des Allmachtspostulats müßte der Erzieher darüber entscheiden, welche Anlagen auf Kosten welcher anderen entwickelt, beziehungsweise zugunsten welcher anderen geopfert werden sollen. Das Kind würde der willkürlichen Entscheidung eines Erwachsenen unterworfen, was ethisch unannehmbar wäre. Im anderen Falle wäre die Erziehung zur Passivität verurteilt, bis die Anlagen sich zu zeigen beginnen. Geht die Erziehung jedoch von der Voraussetzung der ,,Unentschiedenheit" aus, so muß sie anfänglich ,,erregend ...auf jede Anlage wirken, und leitend, indem sie das in die Erscheinung Getretene weiter fördert." Schleiermacher bietet damit eine Lösung, die auch künftig noch gültig sein dürfte: Ein vielseitiges Bildungsangebot soll den Aufwachsenden zur Entdeckung seiner Fähigkeiten und Neigungen befähigen und dann die Wahl von Schwerpunkten ermöglichen.

Für das verwandte Problem Gleichheit-Ungleichheit bietet Schleiermacher eine ähnliche Lösung. Die Organisation der Erziehung auf der Basis der Annahme angeborener Gleichheit würde dazu führen, Individuen, die ihrer Altersgruppe voraus sind, zu hemmen. ,,Was aber der Fortschreitung der menschlichen Natur entgegenwirkt, das streitet auch gegen die Idee des Guten." (PS I, 41) Das Ausgehen von der umgekehrten Annahme angeborener Begabungsunterschiede könnte dazu führen, die Aufwachsenden nach unsicheren Kriterien zu klassifizieren und so Unterschiede zu schaffen, die genetisch gar nicht präexistierten. Schleiermachers Lösungsvorschlag läuft darauf hinaus, die Erziehung so einzurichten, daß Unterschiede, die im Laufe der Zeit auftreten, nicht durch die Erziehung auferlegt worden sind. Der Erziehungsverlauf soll in aufeinanderfolgende Abschnitte fortschreitender Differenzierung und der Zuweisung zu unterschiedlichen Gruppen gegliedert werden, wobei die Zuweisung jeweils auf der Grundlage von Unterschieden erfolgen soll, die sich beim Übergang von dem einen Abschnitt in den anderen beobachten lassen. ,,Das ganze Geschäft der Erziehung ist so zu teilen, daß am Ende eines jeden Abschnittes und beim Übergang in einen neuen die Entwicklung der Ungleichheit und die immer mehr sich selbst bestimmende Aussicht auf die Region, die jeder einnehmen wird, deutlich erkannt werde als von dem Einzelnen selbst, seinen Anlagen und seiner freien Tätigkeit ausgehend, nicht als ihm von der Erziehung gewaltsam aufgedrungen oder vorenthalten." (PS I, 136)

Die Art, wie Schleiermacher die Bedeutung der Ausgangslage des Zöglings und die Frage Gleichheit-Ungleichheit behandelt, läßt seine dialektische Verfahrensweise besonders gut erkennen. Feinheiten werden naturgemäß am Text der Vorlesungen deutlicher als an dieser gerafften Darstellung. Erziehung ist

,,beendet, wenn der Zeitpunkt eintritt, daß die Selbsttätigkeit der Einwirkung anderer übergeordnet wird" (PS I, 28). Daraus ergibt sich für die Zielfrage, die Erziehung solle ,,den Menschen abliefern als ihr Werk an das Gesamtleben im Staate, in der Kirche, im allgemeinen freien geselligen Verkehr und im Erkennen oder Wissen" (PS I, 29). Wie kommt Schleiermacher zu dieser Vierteilung des ,,Gesamtlebens"? Ist nicht beispielsweise das ,,Erkennen oder Wissen" eine Funktion innerhalb von Staat und Kirche? Schleiermacher antwortet, es komme darauf an, wie ,,in der Grundwissenschaft, der Ethik, das Leben organisiert wird". Nach seiner eigenen ethischen Theorie zielt der Geist darauf, die Natur zu seinem Organ und zu seinem Symbol zu machen, das heißt sie seinen Absichten entsprechend zu strukturieren (,,organisieren") und sich in ihr darzustellen und auszudrücken (,,symbolisieren"). Durch Überschneidung der Kategorien Organisieren und Symbolisieren mit denen der Identität und der Individualität erhält er vier Bereiche: Identisches Organisieren (Staat, Gesetz, Wirtschaft), individuelles Organisieren (Eigentum, Familie, Geselligkeit, Gastfreundschaft), identisches Symbolisieren (Wissenschaft), individuelles Symbolisieren (Kunst, Religion).[19] Er macht nicht deutlich, warum er in seiner Ethik manchem Bereich mehrere konkrete sozial-kulturelle Sphären zuordnet und in seiner Pädagogik nur jeweils eine. Müßte nicht beispielsweise der Bereich der Wirtschaft wegen seines Gewichts besonders genannt werden? Doch lassen sich dafür mehrere Gründe vermuten: Möglicherweise verwendet er Termini wie Staat in seiner Pädagogik in einem weiteren Sinne als in seiner Ethik. Es mag auch die Meinung eine Rolle spielen, nicht für alle Sphären sei in gleichem Maße formelle Erziehung notwendig. So lernt man Familienleben großenteils durch das Aufwachsen in einer Familie. Unter Umständen läßt er auch die Aktivitäten aus, für die sich kein klar umrissener Sozialkörper angeben läßt. So entspricht beispielsweise nichts der Kunst in der gleichen Weise wie die Kirche der Religion. Endlich mag es ihm auch scheinen, daß manche Felder als in anderen enthalten angesehen werden können. So erwähnt er einmal, das religiöse Leben erwecke Interesse für Musik (PS I, 261).

Der Ausdruck ,,abliefern" in der oben zitierten Aufgabenbestimmung für die Erziehung klingt nach einer sozialkonservativen Anpassungsforderung. Nähme man den bestehenden Zustand unter der Zielvorstellung des ,,Erhaltens" als normative Vorgabe, so würde nach Schleiermacher ,,die Unvollkommenheit . . . verewigt". Die entgegengesetzte Vorstellung, den Aufwachsenden ,,den Trieb und das Geschick" anzuerziehen, ,,die Unvollkommenheiten auf allen Punkten des gemeinsamen Lebens zu verbessern", führt die Pädagogik ,,in das Unbestimmte hinein". Außerdem ist es gefährlich, ,,wenn man es darauf anlegt, die Jugend zu lauter Reformatoren zu erziehen", weil damit die Übernahme der bestehenden Kultur gefährdet würde. Damit würde durch eine revolutionäre Stimmung eine Verbesserung von innen gerade unmöglich. Schleiermacher löst das Problem, indem er ,,Erhalten" im Sinne seiner evolutionären Geschichtsauffassung versteht. ,,Erhalten" soll ja gerade das Leben werden, welches als solches immer im Fluß ist. Damit sind aber

,,Erhalten" und ,,Verbessern" Aspekte der gleichen Wirksamkeit. So kommt Schleiermacher zu der ,,Formel": ,,Die Erziehung soll so eingerichtet werden, daß beides in möglichster Zusammenstimmung sei, daß die Jugend tüchtig werde, einzutreten in das, was sie vorfindet, aber auch tüchtig, in die sich darbietenden Verbesserungen mit Kraft einzugehen." (PS I, 31)

Was erwarten die großen ,,Lebensgemeinschaften", an welche die Erziehung ,,den Menschen abliefern" soll?

Der Kirche liegt daran, ,,daß in der jüngeren Generation die religiöse Gesinnung entwickelt ... und daß jedem möglich gemacht werde, dasjenige zu verstehen, was im Kultus vorkommt, und teilzunehmen an der Darstellung des religiösen Gesamtlebens" (PS I, 117). Unter Gesinnung versteht Schleiermacher die motivationale Grunddisposition, den ,,allgemeinen Willen", aus dem die einzelnen ,,Willensakte" hervorgehen. Die Gesinnung, auf die es der Kirche ankommt, heißt bei ihm ,,christliche Frömmigkeit". Sie entwickelt sich normalerweise in der Familie und der Religionsunterricht kann nur als ,,Supplement" dienen. Größere Bedeutung schreibt er ihm für die Förderung des Verstehens der Glaubensinhalte zu.

Der Staat, oder auch ,,das bürgerliche Leben", ,,die bürgerliche Gesellschaft", erwartet von dem ,,Einzelnen", ,,daß der Gemeingeist in ihm lebendig geworden sei" und daß er ,,irgendeinen Teil der Aufgabe der ganzen Gesellschaft lösen könne" (PS I, 105).

Was das ,,Gebiet der Erkenntnis" anlangt, so muß nicht von allen ,,die wissenschaftliche Gesinnung gefordert werden", ,,die Richtung auf das Erkennen rein an und für sich". ,,Wenn sie nur in einigen so kräftig ist, daß diese den gehörigen Einfluß ausüben, so ist es möglich, daß in den anderen die Erkenntnis sich entwickelt, ohne daß in ihnen die wissenschaftliche Gesinnung ist." Allerdings gilt auch für die anderen, daß ,,alle wirklichen Kenntnisse ... nur das Resultat von Fertigkeiten" sind, das heißt, das sie nicht nur rein rezeptiv, sondern mindestens reproduktiv zu erwerben sind. Das ,,Gebiet des freien geselligen Verkehrs" erfordert einesteils besondere ,,Fertigkeiten" des Umgangs, die ,,nicht als ein Werk der Mühe erscheinen, bliebe jedoch ohne Beziehung auf die vorher genannten drei Bereiche inhaltsleer. Der Gesinnung auf den ersten drei Gebieten korrespondiert hier der ,,Sinn für das Anmutige und Schöne, nicht als aufnehmend, sondern als produktiv gedacht" (PS I, 107)." Das gesellige Leben entspricht nur dann seiner Idee, wenn es aus dem Familienleben hervorgeht und daran anknüpft."

,,Tüchtigkeit für die großen sittlichen Gemeinschaften" kann nicht die einzige pädagogische Zielvorstellung sein für den Autor der *Monologen,* der einst geschrieben hatte: ,,So ist mir aufgegangen, was jetzt meine höchste Anschauung ist; es ist mir klar geworden, daß jeder Mensch auf eigne Art die Menschheit darstellen soll, in einer eignen Mischung ihrer Elemente, damit auf jede Weise sie sich offenbare, und wirklich werde in der Fülle der Unendlichkeit alles, was aus ihrem Schoße hervorgehen kann."[20] Entsprechend heißt es dann in den pädagogischen Vorlesungen: ,,Wenn wir den Menschen in seiner persönlichen Vollkommenheit betrachten am Ende der Erziehung, so muß jeder Einzelne in dem Ganzen durch eine eigentümliche Bestimmtheit sich von allen anderen, wenn auch nur graduell, unterscheiden, so daß der Grad, in welchem er persönlich eigentümlich ausgebildet ist, zugleich das Maß für die Vollkommenheit seiner Entwicklung überhaupt ist ... Das Ende der Erziehung ist die Darstellung einer persönlichen Eigentümlichkeit des Einzelnen." (PS I, 34) Naturgemäß entfaltet sich die ,,persönliche Eigentümlichkeit" durch ,,freie Wechselwirkung" mehr als durch regelgeleitete ,,pädagogische Einwirkung". Deshalb fordert Schleiermacher ein möglichst weites ,,Gebiet der freien Handlungen" für die Aufwachsenden (PS I, 102). Weiterhin soll ein sich immer mehr differenzierendes inhaltliches Angebot ,,das Hervortreten der persönlichen Eigentümlichkeit begünstigen" (PS I, 45). Besonders in der Berufswahl sollen individuelle Neigungen zur Geltung kommen. Da erst von einem bestimmten Reifegrad an ,,die innere Neigung als etwas Zuverlässiges angesehen werden kann", ist es während des Knabenalters ,,pädagogische Aufgabe ... die Ausbildung dieser Fertigkeiten, die eine bestimmtere Richtung auf einzelne Berufskreise haben, in einer gewissen Allgemeinheit zu lassen" (PS I, 138). Nachdrücklich wendet er sich gegen die ,,große Annäherung an das Kastenwesen" ,,in einem großen Teile des geschichtlichen Gebietes, worin wir leben", durch welche die Berufsmöglichkeiten der Kinder nach der Stellung der Eltern weitgehend festliegen (PS I, 158).

Die Art der ,,pädagogischen Einwirkung" unterscheidet Schleiermacher ,,in Beziehung auf das, was außer ihr auf den Zögling einwirkt" in ,,Unterstützung" und ,,Gegenwirkung". ,,Unter Voraussetzung der absoluten Vollkommenheit würde die Erziehung als besondere Tätigkeit, worüber es eine Theorie gibt, aufhören können." (PS I, 58) Die Notwendigkeit der Erziehung ist für Schleiermacher dadurch gegeben, daß der Aufwachsende in der Gesellschaft ungeordneten und teilweise schädlichen Einflüssen ausgesetzt ist. Erziehung muß also einmal die günstigen Einflüsse ordnen und verstärken (Unterstützung), schädliche Einflüsse abblocken (Verhütung) und von solchen bereits wachgerufene wertwidrige Verhaltenstendenzen des Zöglings wieder zum Verschwinden bringen (Gegenwirkung im engeren Sinne).

Hier legt sich jedoch die Frage nahe, ob eine ,,sittliche Vollkommenheit" der Gesellschaft im Sinne der ,,Harmonie" der einzelnen ,,Lebensgebiete" unter sich und aller ,,Einzelnen" mit dem ,,Ganzen" unter den Bedingungen einer hochdifferenzierten Kultur gleichzeitig eine günstige pädagogische und vor allem didaktische Ordnung darstellen müßte. Schleiermacher antwortet darauf, in einem so vollkommenen motivierenden Sozial- und Kulturzusammenhang würde der Einzelne ,,sich selbst zusammenhängende Übungen einrichten in Beziehung auf die Funktionen, die er besonders entwickeln will, und dadurch auch sich Fertigkeiten verschaffen" (PS I, 52). Einleuchtend klingt der Satz: ,,Je vollkommener die Organisation der großen Lebensgemeinschaften und je größer die Harmonie zwischen dem Ganzen und den einzelnen Gliedern ist, desto weniger wird die Erziehung Gegenwirkung zu üben haben." Fraglich scheint jedoch der entsprechende Satz zur „Unterstützung": „Je größer die Vollkommenheit des Gesamtzustandes ist, desto weniger ist erforderlich, daß die Unterstützung absichtlich und methodisch sei." (PS I, 58) Er mag noch für das Gebiet der „Gesinnung" gelten, aber läßt er sich auch hinsichtlich der Fertigkeiten aufrechterhalten? Ist hier das notwendige Maß des Absichtlichen und Methodischen nicht viel mehr eine Funktion des erreichten kulturellen Differenzierungsgrades? An einer späteren Stelle der Vorlesungen scheint Schleiermacher dies zuzugestehen. Er unterscheidet dort erstens „Einwirkungen, die ohne Absicht im Leben selbst, in freier, mannigfacher Wechselwirkung geschehen, die auch vorkommen, wenn gar keine Erziehung geübt wird; zweitens Einwirkungen, denen eine bestimmte Absicht zu Grunde liegt und die vom Willen zu erziehen und von dem Verhältnis der älteren Generation zur jüngeren ausgehen, nicht mehr so allgemein ethisch wie jene ersten Einwirkungen, aber in Beziehung auf die Form ihnen ähnlich; drittens Einwirkungen, die sich an die strengere Form der Methode anschließen" (PS I, 113). Die mehr absichtlichen und methodischen „Einwirkungen auf die Gesinnung" bringen gegenüber den zufälligen und unbedachten „Vollständigkeit", „Zusammenhang der Tätigkeiten untereinander" und für den Zögling „ein stärkeres Bewußtsein von der Sache selbst" hinzu. Bei den „Einwirkungen auf die Entwicklung der Fertigkeit" besteht „das Unterscheidende in der „Stetigkeit" und in der „Folge" oder „Ordnung".

Gesichtspunkte für eine Theorie der Erziehungsinstitutionen ergeben sich für Schleiermacher aus der Betrachtung der Polarität von Familie und Lebensgemeinschaften. „In der Familie sind ... ihrer Natur nach alle großen Lebensgemeinschaften repräsentiert." (PS I, 144) Er betrachtet sie „als organisches Element der bürgerlichen Gesellschaft und als integrierenden Bestandteil des Volkes" (PS I, 153). „Das Hauswesen ist doch das erste organische Element des Staates und die notwendige Grundlage desselben; er ist selber nur ein Aggregat von Hauswesen. Von dem häuslichen Leben hängt das Wohl des Staates ab." (PS I, 63)[21] Entsprechendes gilt für die Beziehung von Familie und Kirche. Im Idealfall wäre die Übereinstimmung von Familie und „größerem Ganzen" so vollkommen, daß der Staat und die Kirche sich um die Erziehung gar nicht zu kümmern bräuchten, weil die von ihnen erwartete Gesinnung in den Familien stark genug wäre, um sich den Aufwachsenden spontan mitzuteilen, und weil die Familien zur Schaffung überfamiliärer Erziehungseinrichtungen aus eigenem Antrieb zusammenwirken würden. Von dem organologischen Gesellschaftsbild Schleiermachers her erscheinen staatliche Eingriffe als Ausdruck des Mangels von lokaler Initiative. „Bei recht regem öffentlichem Leben hat die Regierung wenig Veranlassung, sich in die Erziehung zu mischen; sie kann darauf bauen, daß es nie fehlen werde an tüchtigen Bürgern." (PS I, 121) Unter den gegebenen Umständen müssen jedoch Staat und Kirche „voraussetzen, daß die häuslichen Einwirkungen ihren Absichten nicht vollkommen entsprechen, sondern eines Supplements und der Korrektion bedürfen" (PS I, 109).[22] Der Schule kommt es zu, „dasjenige auf dem Gebiete der

Gesinnung zu entwickeln, was sich unmittelbar auf das öffentliche Leben in seinem relativen Gegensatz zu dem Familienleben bezieht" (PS I, 236). Weiterhin fällt in ihren Aufgabenbereich „alles ... was Unterricht und Übung der Fertigkeit ist, mit Ausnahme der Kenntnisse und Fertigkeiten, die sich auf eine speziellere Geschäftstüchtigkeit beziehen".

III.

Schleiermacher ist neben Herbart der Begründer einer wissenschaftlichen Pädagogik zu Beginn des 19. Jahrhunderts. Wenn er weniger unmittelbar zur Wirkung gekommen ist, so mag dies mit seiner schwierigeren dialektischen Argumentationsweise und damit zusammenhängen, daß er seinem pädagogischen System nicht selbst eine schriftliche Fassung gegeben hat, so daß seine Erziehungsgedanken erst 1849 auf der Grundlage des handschriftlichen Nachlasses und der Aufzeichnungen von Hörern herausgegeben werden konnten. Ein weiterer Grund dürfte in der schwierigeren pragmatischen Umsetzbarkeit liegen. Seine Wirkung auf die Theoriebildung ist ansehnlicher und verläuft über Wilhelm Dilthey und seine Schüler. In der Gegenwart dürften im deutschen Sprachraum über kaum einen historischen Pädagogen mehr Hochschulschriften erschienen sein als über Schleiermacher.

Sein Hauptverdienst besteht in dem systematisch-methodischen Charakter auch seines pädagogischen Denkens und dessen philosophischer und interdisziplinärer Einbettung auf der einen Seite, in der relativen Autonomie gegenüber außerpädagogischen Theoremen auf der anderen. Er entwickelt seine Pädagogik aus einer Gesamtauffassung von Individuum und Gesellschaft heraus. Der sozial-kulturelle Zusammenhang wird als Gefüge von Einzelphänomenen verstanden, die untereinander in Wechselwirkung stehen und aus deren spannungsreichen Beziehungen sich allgemeine Entwicklungstrends und ihnen entsprechende Erziehungstendenzen ergeben, die eine pädagogische Theorie verständlich zu machen hat. Damit ist Pädagogik sowohl als bloße Aufreihung einzelner Einsichten nach relativ äußerlichen Ordnungsgesichtspunkten als auch in einer einseitig präskriptiven Orientierung überwunden. Die Vorlesungen von 1826 sind von einer meta-theoretischen Besinnung über Wesen, Funktion und Reichweite einer pädagogischen Theorie durchzogen. Die Pädagogik ist eine an die Ethik „sich anschließende Kunstlehre" (PS I, 12). Sie begründet die ihr zugehörige Praxis nicht, sondern findet sie vor und „leistet nur den Dienst, welchen das besonnene Bewußtsein überall in der Praxis leistet" (PS I, 55). Wenn man so erziehen muß, „daß man sich an das Gegebene anschließt" (PS I, 21), so hat man auch so darüber zu theoretisieren. Damit kann aber pädagogische Theorie „nicht eine allgemeingültige sein", sondern nur „für die gegenwärtige geschichtliche Periode der europäischen Welt allgemeine Gültigkeit" anstreben (PS I, 125). „Aber die Theorie beherrscht an und für sich nicht die Praxis, die Theorie ist immer später. Die

Theorie muß sich erst Raum verschaffen, wenn die Praxis schon begründet ist. Verschafft sie sich diesen Raum durch ihre eigenen Kräfte und gewinnt sie unter denen, welche die Praxis handhaben, allmählich freie Anerkennung, so wird Theorie und Praxis sich einigen, die Praxis sich von selbst ändern ... Die Wissenschaft muß also frei sein." (PS I, 131)

Erich E. Geißler

JOHANN FRIEDRICH HERBART

(1776–1841)

Unverändert gilt, daß dem erstaunlichen Herbart gelungen ist, was seitdem in ähnlicher Geschlossenheit und Vollständigkeit nicht wiederholt werden konnte: eine durch Erkenntnistheorie, gesellschaftswissenschaftliche Ansätze, und vor allem eine auch heute noch diskutable Psychologie abgestützte wissenschaftliche Erziehungs- und Unterrichtslehre vorzulegen, die – wenngleich lange durch etwas einseitige Interpretationen der Herbartianer verdeckt und außerdem in der reformpädagogischen Kritik mißverstanden – wegen ihrer systematischen Geschlossenheit bei den heute zur Diskussion anstehenden pädagogischen Fragen sehr hilfreich sein kann (vgl. Geißler 1970, 11f).

Man muß sich allerdings vor dem noch immer verbreiteten Mißverständnis hüten, das Herbart als einen Theoretiker der alten Schule und des „Lehrers vor der Klasse" ansieht. Das zentrale pädagogische Anliegen Herbarts ist dem Rousseaus und Pestalozzis gleich: Wie reagieren Heranwachsende auf Einwirkungen und Zwänge der Gesellschaft? Wie ändert sich ihre Entwicklung in dieser, wie in jener Situation? Wie muß eine Erziehung aussehen, damit sich Individualitäten entwickeln können? Zusammengefaßt: Wie soll Erziehung beschaffen sein, damit der Mensch Mensch wird? Es ist die genuin pädagogische Frage nach der richtigen Genese (vgl. ib., 12).

Herbart war der Pädagoge, der ganz besonders die nach Voraussetzung und Folge geordneten Abläufe im Unterrichts- und Erziehungsgeschehen in klare und deutliche Begriffe zu fassen und in ein geschlossenes System zu bringen bemüht war. Er hat damit die Voraussetzungen für eine wissenschaftlich fundierte Didaktik und Methodenforschung geschaffen (vgl. ib. 17).

Als Herbart zur Welt kam, stand das Zeitalter der Aufklärung auf seinem Höhepunkt. Nichts sollte gelten, was sich nicht vor dem Forum kritischer Vernunft zu rechtfertigen imstande war. Die exakten Naturwissenschaften hatten sich entwickelt und die experimentelle Forschung war vorangetrieben worden. Als er fünf Jahre alt ist, erscheint Kants Kritik der reinen Vernunft, in der die kritische Frage an die Vernunft selber gerichtet wird, ob sie die Hoffnungen denn wirklich zu rechtfertigen in der Lage sei, die der aufgeklärte Geist mit ihr verband.

Zuerst in den Beziehungen des Menschen zur Natur, später dann immer mehr auf die Beziehungen des Menschen zu seinesgleichen und sich selber übergreifend machte sich langsam eine dritte Tendenz bemerkbar: die mehr vom Gefühl als von der Vernunft geleitete Auffassung der Romantik, wonach das Ich zentrale Wirklichkeit sei und der persönliche Bezug des Individuums zur Welt, das in Anschauung und Gefühl eingebettete persönliche Erleben Vorrang erhält.

Herbart hat das eine wie das andere: Er beherrscht die Philosophie der Aufklärung und ist zugleich, hierin strenger Nachfolger Kants, ihr entschiedener Kritiker. Die von dem Schüler Fichtes in die Philosophie eingebrachte stärkere Beachtung der Affekte, Emotionen, Gefühle zeigt, daß er auch mit besonderen Themen des romantischen Denkens vertraut ist. Diese drei Wurzeln: Aufklärung, Vernunftskritik und das neue Denken über die Bedeutung des Gefühls, der Emotionen und Affekte bilden nicht nur den Boden des Herbartschen Denkens, sie sind zugleich die Denklineamente, in deren Synthese sich sein pädagogisches System formt.

I. Biographisches

Am 4. Mai 1776 wird Herbart als einziges Kind eines Justiz- und Regierungsrates in Oldenburg geboren. Erst mit dreizehn Jahren tritt er in ein öffentliches Gymnasium ein. Achtzehnjährig immatrikuliert er sich an der Universität in Jena, an der er sechs Semester lang studieren wird. Er kommt in engeren Kontakt mit dem damals 35jährigen Schiller, der, seit fünf Jahren Professor für Geschichte in Jena, nach ersten schweren Erkrankungen gerade wieder nach Jena zurückgekommen ist. Die Faszination aber geht von Fichte aus, der zweiunddreißig Jahre alt und eben Professor in Jena geworden, seine Wissenschaftslehre vor seinen Zuhörern entstehen läßt. Der „philosophisch und pädagogisch, mathematisch und musikalisch gleich begabte“ Herbart wird früh mit der Kritik an dieser Lehre anfangen und im Grunde niemals damit aufhören.

Zwei Jahre lang (1797–1799) ist Herbart Hauslehrer und Erzieher im Hause des Landvogts Steiger in Bern. Hier habe er, so heißt es, „sein System gefunden“ (K I, 9). Frappierend wiederum, in welcher erstaunlichen Kürze Herbart ganze Disziplinen durcharbeiten und in sein eigenes Denksystem integrieren kann. Gegen Ende dieser Zeit besucht Herbart Pestalozzi in Burgdorf. Der Einfluß dürfte größer gewesen sein, als man gemeinhin annimmt und sich in den wenigen direkt auf Pestalozzi bezogenen Schriftteilen Herbarts ausweist. Zentrale Themen des Herbartschen Denkens: der Einfluß der „Atmosphäre“ in Unterricht und Erziehung, die Bedeutung der über Vater und Mutter vermittelten „einlenkenden“ Gefühle, die Interessenlehre Herbarts weisen deutlich auf Pestalozzis Erbe hin.

Zwei Jahre Privataufenthalt in Bremen mit ersten Publikationen gehen einer Dozententätigkeit in Göttingen voraus. 1809 erhält er den Ruf auf den Lehrstuhl Kants in Königsberg. Die Berufungsverhandlungen bringen ihn mit Wilhelm von Humboldt zusammen. Der Aufenthalt in Ostpreußen wird bis

1833 währen und fast seine gesamte produktive Phase umfassen; von einer einzigen größeren Reise unterbrochen, die den doch etwas abseits Lebenden mit einigen seiner Zeitgenossen, so mit dem achtzigjährigen Goethe, unter anderem auch mit Tieck und Savigny, zusammenführt. Der Versuch einer Kontaktaufnahme mit Hegel mißlingt auf eine etwas tragikomische Weise. 1831 bringt ihm die große Enttäuschung. Er wird nicht, wie offensichtlich ganz fest erwartet, der Nachfolger Hegels auf dem ersten philosophischen Lehrstuhl des preußischen Staates. Er soll sich deswegen nicht mehr in der Lage gefühlt haben, Bürger dieses Staates bleiben zu können, dem er bislang streng loyal diente, und kehrt an die Universität seiner Jugend zurück: auf den durch den Tod Aenisidemus Schulzes freigewordenen Lehrstuhl in Göttingen.

Als Dekan der Philosophischen Fakultät feiert er 1837 das hundertjährige Jubiläum der Georgia Augusta. In diesem Amt wird er allerdings im gleichen Jahr in die Vorgänge um die Göttinger Sieben hineingezogen, deren Protest er sich nicht anschließt, ja deren Vorgehen er scharf verurteilt, was ihm heftige Vorwürfe bis in unsere Tage einbrachte. Am 11. 8. 1841 hält Herbart noch Vorlesungen. Der ,,beste Pädagoge unter den Philosophen und der beste Philosoph unter den Pädagogen" stirbt am 14. 8. 1841.

II. Das Werk

1. Das Philosophische

Zu den merkwürdigen wenngleich wenig beachteten Widersprüchlichkeiten europäischer Geistesgeschichte gehört die Zweideutigkeit des Wortes Aufklärung. Von Galileis metodo risolutivo über Bacons Idolenkritik bis zu Kants Kritik der reinen Vernunft bedeutete sie vor allem und zuerst eine philosophische Haltung, die sich streng an Faktizität orientierte und folglich scharfe Kritik an aller erfahrungsunabhängigen Spekulation übte. In dieser Hinsicht war die unter den Enzyklopädisten in den Materialismus und Atheismus einmündende Entwicklung wenngleich nicht zwingend, so doch konsequent.

Über Kants Begrenzung des Wissens, selber typisch aufklärerisches Anliegen, entsteht indes jene Philosophie von der Autonomie des Willens, in deren Konsequenzen Fichte alles Gegenständliche zum bloßen Material der Pflicht herabsetzen konnte und der visionär Zukunft antizipierenden Spekulation wiederum das Primat vor retrospektiver Datenanalyse zugewiesen wurde. Wer ist, so bleibt zu fragen, denn eigentlich der Aufgeklärte: der Anhänger Diderots und, blicken wir auf heute, der Neopositivist oder, dem entgegengesetzt, der Anhänger der Fichteschen Wissenschaftslehre und ihrer Folgesysteme, heute etwa in der Spielart der Kritischen Theorie?

Noch ein weiteres Problem sprachverwirrender Art folgt aus solchen unbewältigten Gegensätzen. Denn was in der Philosophiegeschichte mit dem Namen Fichtes verbunden noch Idealismus heißt, nennen wir seit Schopenhauer

Johann Friedrich Herbart (1776–1841)

Voluntarismus. Was Fichte Dogmatismus nannte, hieß in der älteren Philosophie des Gegenstandes Intellektualismus: die Fähigkeit der menschlichen Intelligenz bezeichnend, das in den Dingen vorgegebene Geistige zu erfassen, die berühmte adaequatio intellectus ad rem. Intellektualismus hat indes seit Hegels Systembildung noch eine sehr viel weiterreichende Bedeutung, ja ersetzt dort, oft unvermerkt, den älteren Terminus der Metaphysik. Noch der Intellektuelle unserer Tage versteht sich, ob reflektiert oder nicht und in enger oder weiter Auslegung, in der Nachfolge einer Art von Hegelschem Intellektualismus: mit der Fähigkeit begabt nämlich, in utopischen Entwürfen zukünftige menschliche Geschichte zu antizipieren, von da aus die Gegenwart zu relativieren und ,,kritisch" auf ,,Fortschritt" hin aufzulösen.

Abermals die gleiche Frage: Wer ist eigentlich der Aufgeklärte? Wer Faktizität gegen Spekulation setzt oder wer Spekulation gegen Faktizität ausspielt? Soviel ist jedenfalls sicher, daß ein Schüler der Philosophie kaum lernen wird, klar, kritisch, nüchtern, sachlich zu denken, wenn er nicht auf diese großen Gegensätze aufmerksam geworden ist.

Herbart ist der große kritische Philosoph seiner Zeit. Mitten im Zeitalter des Idealismus scheut er sich nicht, sich zu jener philosophischen Richtung zu bekennen, die sein Lehrer Fichte als Dogmatismus verwarf, und die von den Neukantianern später heftig attackiert werden wird. Gegen den voluntaristischen Idealismus vertritt er die Position des Intellektualismus; nicht im Sinne Hegels, sondern in der erwähnten Form älterer Gegenstandstheorie, die sich nicht mit der cartesianischen Spaltung zwischen res extensa und res cogitans beruhigt. Vom Widerspruch gegen seinen Lehrer Fichte getrieben, sucht er die Objektivität des erkennbaren Gegenstandes nicht in der Subjektivität des Erkennenden, sondern, angesichts und in voller Kenntnis der Kantischen Kritik, die Gegenständlichkeit des Gegenstandes im gegenüberstehenden Objekt. Herbarts Philosophie wie die daran angeschlossenen pädagogischen Fragen sind auf den einen Satz zurückführbar: Wie ist Übereinstimmung (adaequatio) zwischen dem erkennenden Subjekt und dem erkennbaren Objekt möglich? Herbart folgt nicht dem Weg, den Fichte in Weiterführung Kants eingeschlagen hat, sondern geht genau den anderen Weg über Kant hinaus, indem er mit den Mitteln Kantischer Philosophie hinter die Kantische Position zurückfragt.

Grund dafür ist, daß er den großen Widerspruch sieht, der, unaufgelöst, in der Kantischen Philosophie liegt: daß Kant einerseits alles auf Erfahrung zurückführen möchte, andererseits dann aber nicht zu sagen imstande ist, was denn eigentlich in dieser so viel beschworenen Erfahrung wirklich erfahren wird, wenn doch selbst Raum und Zeit subjekteigene Anschauungsformen sind. Es ist ja die in der Tat bei Kant ewig ungelöste Frage, was uns denn eigentlich dazu bringt, daß wir in einem Falle das Objekt ,,Eiffelturm" erkennen, im anderen dagegen das Objekt ,,Fliege".

Herbart geht folglich über die bloße ,,Affektion" des Subjekts hinaus und hält an der Erkennbarkeit eines real gegebenen Gegenstandes fest. Dazu muß das Erkenntnisvermögen in der Lage sein, zu erfahren und die Erfahrungen zu

Erkenntnissen zu verarbeiten, das heißt Urteile zu bilden und Schlüsse zu ziehen, in denen Aussagen über objektive Sachverhalte enthalten sind. Herbart muß folglich fragen, ob ein solches Erkenntnisvermögen einfach gegeben ist, oder ob es zu seiner Entwicklung eines pädagogischen Prozesses bedarf, in dessen Verlauf darauf zu achten sein wird, was möglicherweise an urteilsverfärbenden Einflüssen subjektiver Art in Erkenntnisse einfließt, und wie solche Einflüsse pädagogisch unterbunden werden können. Das ist Herbarts erkenntnistheoretische Position mit ihren daraus abzuleitenden pädagogischen Konsequenzen.

Erkenntnistheorie ist freilich von Moralphilosophie nicht zu trennen. Bei Kant hatte sich hier der große, die Entwicklung im deutschen Idealismus bestimmende Gegensatz aufgetan: Was in der Kritik der reinen Vernunft in einer resignativen Färbung auftrat, daß wir nämlich außerstande seien, die Grenzen subjektimmanenter Anschauungsformen zu überspringen, erhielt in der Kritik der praktischen Vernunft eine gänzlich anders geartete Darstellungsform, daß nämlich der menschliche Wille gerade deshalb frei sei und ihm Autonomie zukomme, weil er nicht kausal an vorgegebene Erkenntnis gebunden sei. Auch hier also die alles andere als gelöste Frage, wie man das Kantische System eigentlich lesen müsse: Ist die erkenntnistheoretische Resignation der Ausgangspunkt und die Moralphilosophie das dagegen gehaltene „Dennoch“, oder muß man bei der Moralphilosophie zu lesen anfangen und die erkenntnistheoretischen Positionen Kants als die unausweichlichen Konsequenzen betrachten, die gezogen werden müssen, wenn an der Autonomie des Willens festgehalten werden soll? Fichte hatte sich für die eine Seite entschieden; gegen den Dogmatismus, wie er, selber dogmatisch genug, die andere Position nannte: „Die Wissenschaftslehre leitet sonach, ohne alle Rücksicht auf Wahrnehmung, a priori ab, was ihr zufolge dann in der Wahrnehmung, also a posteriori, vorkommen soll!“ (Sonnenklarer Beweis, 2. Lehrstunde) Wahrnehmung darf hier nur die Qualität des a posteriori haben. Genau entgegengesetzt Herbart: Der Erfahrung kommt das a priori zu, auch hinsichtlich der Entscheidungen des Willens. Die erfahrungsgebundene Erkenntnis beschränken zu wollen, um den Entscheidungsraum des Willens vergrößern zu können, hält er schlicht für eine philosophische Verirrung und für ein hybrides Freiheitsverständnis. Das Sollen kann für ihn nicht gegen das Sein stehen, sondern das Sollen wurzelt im Sein. Deshalb muß für Herbart der Wille an vorausgehende Einsicht gebunden werden und gebunden bleiben.

Wiederum leiten sich von hier aus eine Reihe pädagogischer Folgerungen ab. Wurde vorhin gefragt, wie es zu einer unverstellten Einsicht kommen könne, welche spezifisch pädagogischen Maßnahmen dazu erforderlich seien, so ist jetzt die Frage, wie eine Bindung des Willens an Einsicht geschehen soll, ob eine Art prästabilierter Harmonie vorliegt, oder ob dazu pädagogische Hilfe notwendig sei. Für Herbart gilt das zweite: Die Fähigkeit, seinen Willen durch Einsicht bestimmen zu lassen, ist für ihn Ergebnis von Erziehung und Bildung.

Wir haben damit, aus der Problem- und Ideengeschichte der Zeit heraus, die philosophische Position Herbarts umschrieben, den Grund für seine Kritik an Kant erkannt, zugleich gesehen, weshalb er sich, unbeschadet dieser Kritik, als Weiterführer, ja Vollender des Kantischen Werkes betrachten konnte, woher seine entschiedene Gegnerschaft zu Fichte resultiert, und weshalb er sich stets reserviert den Positionen des deutschen Idealismus gegenüber verhielt, warum vor allem seine Philosophie uns heute noch bedeutsam ist, und wie schließlich und endlich sein pädagogisches Werk sich ganz konsequent aus seinen philosophischen Reflexionen heraus entwickelt:

Die erkenntnistheoretische Frage: Wie kommt unverstellte Einsicht zustande? – wird Herbart pädagogisch durch seine Lehre vom Unterricht und der Bildung eines ,,vielseitigen Interesses" beantworten.

Die moralphilosophische Frage: Wie läßt sich der Wille des Subjekts an die vorgängigen Einsichten des Verstandes anknüpfen? – beantwortet Herbart mit seiner Lehre von der ,,Zucht" und mit dem pädagogischen Leitmotiv der ,,Charakterstärke der Sittlichkeit".

2. Das Pädagogische

Die beiden wichtigsten Themen der pädagogischen Überlegungen Herbarts sind genannt worden: Wie erstens der *Verstand* des Menschen so instand gesetzt werden kann, daß er zu unvoreingenommenen Erkenntnissen kommt und daraus sachlich angemessene Urteile und Schlüsse abzuleiten in der Lage ist, wie zweitens der *Wille* des Menschen so entwickelt werden kann, daß er die den genannten Einsichten gemäßen Handlungen durchzuführen bereit und fähig ist. Sehen wir uns dazu die pädagogischen Überlegungen Herbarts näher an.

Herbart ist von vornherein jener Entwicklung im Bildungsdenken entgegengetreten, die zur Vielwisserei und damit zu einer lediglich ästhetischen Bildungskonzeption führte, wie sie dann im Verlauf des neunzehnten Jahrhunderts leider tatsächlich eingetreten ist: ,,Der Wert des Menschen (. . .) liegt nicht im Wissen, sondern im Wollen. (UV § 58) Daran muß man erinnern, weil ja Herbart, regelmäßig voreilig, eines angeblich intellektualistischen Bildungskonzeptes wegen angeklagt wurde, das auf die Bildung eines ,,Gedankenkreises" oder ,,Vorstellungsgewebes" – übersetzt: auf Vielwisserei – dränge und es damit genug sein lasse. Herbarts Texte lauten allerdings ganz anders. ,,Tugend", heißt es bei ihm lakonisch, ,,ist der Name für das Ganze des pädagogischen Zwecks" (UV § 8), eine ganz andere personale Kategorie also das Wissen allein. Mit ,,Tugend" darf man hier freilich nicht die seit Wilhelm Busch übliche Karikatur des ,,Immer anders sollen als man möchte" verstehen, auch nicht, was heute nahe liegt, ein richtiges Verhalten. ,,Tugend" ist vielmehr, wie Herbart an gleicher Stelle schreibt, ,,die in einer Person zur beharrlichen Wirklichkeit gediehene Idee der inneren Freiheit", also das von Kant auf den Begriff gebrachte und in eine lange Tradition des Personenbegriffs zurückreichende ultimum potentiae, daß die Person richtig ist, indem sie moralisch handelt. Richtiges Verhalten allein schüfe allenfalls Legalität, keine Moralität. ,,Innere Freiheit" dagegen ist kein Modus des Verhaltens, sondern ein Zustand der Person.

Was ist nun diese ,,innere Freiheit", die von Herbart an die Spitze der pädagogischen Zwecke gerückt wird. ,,Innere Freiheit", heißt es bei ihm weiter, ,,ist ein Verhältnis zwischen zwei Gliedern: Einsicht und Wille" (ib.). Genauer noch und in scharfer Kritik der Spontaneitätskonzeption seines Lehrers Fichte: ,,Von innerer Freiheit kann nicht die Rede sein, wo das Wollen nicht im Verhältnis zur Einsicht steht." (KII, 410) Aus diesem Grunde wird für Herbart Unterricht zum Kernstück der Erziehung, ohne deswegen dessen einziger Teil zu sein. Unterricht ist indes das Herzstück, weil in ihm ein ,,Gedankenkreis" aufgebaut werden soll, der als Nachkonstruktion der Welt zur soliden inhaltlich bestimmten Motivierung des Handelns dienen solle. Ihm erst kann die Anbindung des Willens an die Einsicht als weiterer Aufgabenteil der Gesamterziehung folgen.

Ist das große Leitziel des Unterrichts der Aufbau eines „geordneten Gedankenkreises" zur objektiven sachgerechten Bestimmung des Willens, so stehen dieser Aufgabe freilich zwei Schwierigkeiten entgegen: Die erste liegt in der Nichtabschließbarkeit der Erkenntnis immer neuer Merkmalskomplexe und der damit zusammenhängenden Tatsache, daß auch Begriffe einem geschichtlichen Veränderungsprozeß unterliegen. Dahinter verbirgt sich abermals ein doppeltes Problem: daß ein Lernender aufgrund begrenzter Sachkenntnisse niemals alles lernen kann, was zu Vorurteilsbildungen führt, und daß man immer neu lernen muß, weil im Fortgang der Forschung sich immer neue Merkmalsteile erschließen, die in den folgenden Urteilsbildungen berücksichtigt werden müssen. Eine zweite Schwierigkeit hängt mit der Tatsache psychologischer „Verunreinigungen" zusammen, womit sachunangemessene Einflüsse von Affekten auf Wahrnehmung, Gedächtnis, Begriffsbildung gemeint sind. Deren Folge ist, daß entweder ganze Merkmalskomplexe nicht wahrgenommen, nicht im Gedächtnis behalten, aus der Urteilsbildung verdrängt oder aber andere in gleichfalls unangemessener Weise in den Mittelpunkt der Aufmerksamkeit und damit in der Urteilsbildung gerückt werden.

Aus solchen Überlegungen ergeben sich drei Aufgaben für eine Theorie des Unterrichtes:

- die Bildung eines ,,Gedankenkreises", so, daß der Gebildete daraus angemessene Entscheidungen ableiten kann;
- die Berücksichtigung der grundsätzlichen Schwierigkeit: niemand kann alles wissen; Urteile werden folglich pars pro toto gezogen; außerdem muß jeder sein Leben lang lernen und folglich immer erneut Begriffe und daran angeschlossene Bewertungen auf ihr sachliches Fundament hin prüfen;
- die Verhinderung unangemessener emotionaler Einwirkungen auf Vorstellungs- und Willensbildung als vorurteilsunterbindende Psychohygiene.

Bildung des Gedankenkreises durch Unterricht braucht als Fundament die Theorie eines Lehrplanes. Hier weist uns Herbart sofort auf eine in aller Lehre auftretende, leider meist nur ungenügend oder gar nicht bemerkte so fundamentale wie mehrschichtige Aporie hin: Zwar hängt Entscheidungsfähigkeit von einem ausreichend umfangreichen und strukturierten Bildungswissen ab; weshalb Wissen, dies entgegen vielen einseitig formal-orientierten Bildungskonzeptionen, unverzichtbar ist. Indes: wie lassen sich wohl spätere Lebenssituationen eines Menschen so antizipieren, daß sowohl der Lehrende wie der Lernende jetzt wissen kann, welches Bildungswissen in welchen späteren Situationen zu welchen Entscheidungen benötigt wird?

Wir wissen heute, durch vielerlei Erfahrungen mit verschiedenen Lehrplankonzepten gewitzt, daß diese Frage nach angemessenem Lehrinhalt immer nur approximativ beantwortet werden kann. Um so erstaunlicher, daß Herbart das Problem, hellsichtig genug, in seiner vollen Schärfe sieht und eine Lösung anbietet, die nichts von ihrer Aktualität verloren hat, wenngleich ihr bis heute angemessene didaktische Realisation versagt blieb.

Der naiven Hoffnung, durch enzyklopädisches Bildungswissen der Auswahl- und Begründungsproblematik entrinnen zu können, bekanntlich die Form gymnasialer Allgemeinbildung bis in die Mitte dieses Jahrhunderts hinein, gibt Herbart sich erst gar nicht hin. Nicht nur, daß Universalität und Totalität schon rein quantitativ nicht lehrbar sind, die erwähnte Tatsache der geschichtlichen Fortentwicklung der Wissensinhalte zeigt, daß eine prinzipielle Kluft zwischen je verfügbarem Wissensumfang und einer zu erwartenden Weiterentwicklung bestehen wird, ja die besonders aktuellen Fragen gerade immer im Bereich der Veränderung liegen werden. Wie kann Lehre nicht nur das retrospektiv Faßbare aufgreifen, sondern auch das, was den heute Lernenden morgen als aktuell begegnen wird?

Auch dem anderen zu seiner Zeit so kräftig wie hoffnungsvoll diskutierten Ausweg der formalen Bildung, hier in der Form der Kräfte- oder Vermögensbildung gefaßt (Übung der Gedächtniskapazität, des sogenannten logischen Denkvermögens, nach heutigen Vokabeln: Training der Kreativität als solcher), vermag sich Herbart nicht anzuschließen. Mißtrauisch gegen den „tief eingewurzelten Aberglauben von der ‚Gymnastik des Geistes'" (so bei K. V. Stoy: Enzyklopädie der Pädagogik, 1861, 64), auch hier wiederum heutige Forschungsergebnisse über Transfermöglichkeiten vorwegnehmend, wendet Herbart gegen das Konzept formaler Bildung ein, daß sich ohne Beziehung zu bestimmten benachbarten Gegenstandsbereichen Übertragungen nicht nachweisen lassen: „Der Verstand der Grammatik bleibt in der Grammatik; der Verstand der Mathematik bleibt in der Mathematik", formuliert er bereits so nüchtern wie treffend (K IX, 145).

Was bleibt? Wird die Möglichkeit gegenstandsadäquater Einsicht zur Bestimmung des Willens letzlich von der Unmöglichkeit unterlaufen, einen angemessenen Lehrplan aufstellen zu können? Herbart entwickelt seine Problemlösung mit der Konzeption dessen, was er *vielseitiges Interesse* heißt, was allerdings, wie gesagt, bislang nur unzulänglich in angemessene didaktische Handhabung übersetzt worden ist. Sein hochinteressanter Grundgedanke ist folgender: Im Gedächtnis liegende separate Vorstellungen verbinden sich bekanntlich ohne unser Zutun zu komplexen Gebilden, was bis zur Form von Urteilen und Schlüssen gehen kann; sie ,,apperzipieren", wie es Herbart, einen Leibnizschen und Kantischen Begriff aufnehmend, nennt. Tritt ein neues Wissenselement als Vorstellung ins Gedächtnis ein, wird es von der bereits vorhandenen ,,Apperzeptionsmasse" aufgenommen und in ebenfalls bereits vorhandene Sinngefüge eingeordnet. Je häufiger diese Apperzeption, desto leichter das Wahrnehmen, Auffassen, Behalten, Verstehen, so daß der Qualitätsgrad des Lernens von der Stärke der jeweiligen Apperzeption direkt abhängig ist. Solche Apperzeption nennen wir, sobald sie auf ein Sachgebiet bezogen konstant bleibt, mit einem anderen Ausdruck Interesse.

Auf dieser psychologischen Grundlage baut Herbart seine didaktische Konzeption auf: Sobald es gelänge, dem Schüler ein solches Wissen zu vermitteln, daß aus dessen Problemstruktur heraus sich die Apperzeptionskonstanten eines kontinuierlichen Interesses ergäben, könnten wir die berechtigte Hoffnung haben, daß der Schüler von nun an die besten subjektiven Voraussetzungen für ein den jeweiligen objektiven Erfordernissen entsprechendes Lernen zeitigen wird, in der Sprache Herbarts: ein „vielseitiges Interesse" besitzt. Wieviel sich dann auch im Bereich der Wissenschaften und des davon abhängigen Lehrplanes an jetzt nicht Voraussehbarem verändern mag, der Schüler bringt, mit vielseitigem Interesse ausgestattet, sowohl die motivationalen Voraussetzungen zum lebenslangen Lernen mit (Interesse) wie die von Herbart besonders wichtig erachteten subjektiven Voraussetzungen für mögliche Objektivität (Vielseitigkeit als Gegenteil zur vorurteilsverhafteten Einseitigkeit).

Damit hat Herbart bereits ein philosophisches Fundament für die Notwendigkeit eines ,,lebenslangen Lernens" wie eines ,,Erlernens des Lernens" gelegt, vervollständigt zudem durch das dort vergessene, der Sache nach indes unentbehrliche Fundament, daß lebenslanges Lernen ja offenbar nur dann von Nutzen sein wird, wenn auch das je Richtige gelernt und zudem das sachlich Richtige psychologisch richtig gelernt wird und nicht in falsche Deutungszusammenhänge gerät. Schließlich könnte man ja auch in fragwürdigen Zusammenhängen lebenslanges Lernen betreiben. Herbarts Formel vom ,,vielseitigen Interesse" verbindet dagegen den sachlichen Bereich (denn die Sache ist es, aus der heraus sich Interesse entwickeln soll) mit der Person (denn es ist immer die Person, die Interesse zeigen soll).

Auf diese Weise hat Herbart nicht nur angemessene Reduktion des Lehrstoffs erreicht, sondern außerdem die durch fortgesetzte Kulturentwicklungen bedingte fortwährende Curriculumrevision aufgefangen. Es gehört ja schließlich zur Charakteristik des ,,vielseitigen Interesses", daß es den Entwicklungen in den verschiedenen Wissensbereichen ohne fortdauernden äußeren Anstoß folgt. Besonders wichtig ist aber, daß Herbart auf diese Weise gegenstandszugewandte Objektivität in subjektiven Einstellungen fundieren konnte. Auch hier eine Form formaler Bildung. Ganz anders indes konzipiert als die der Vermögenspsychologie; nicht unter Absehung von Inhalten, sondern vielmehr gerade streng auf diese bezogen.

Erst nach der Analyse dieses zentralen Zieles von Unterricht und Bildung kann man sich sinnvoll mit dem Teil der Herbartschen Unterrichtslehre beschäftigen, der leider lange Zeit fast ausschließlich in Verbindung mit seinem Namen bekannt geworden ist: der Formalstufentheorie. Denn es ist eine nachgeordnete, wenngleich sicherlich hochbedeutsame Frage: Wie muß Unterricht beschaffen sein, damit vielseitiges Interesse entsteht? Wird das Ziel weggestrichen, degeneriert die Formalstufenlehre in der Tat zu einem hohlen Mechanismus, als der er denn auch den erklärten Widerwillen der Reformpädagogen hervorrief.

Wir finden folgende didaktische Grundkonzeption: An besonders ausgewählten Sachthemen, denen im Sinne der Herbartschen Interessenlehre hohe Exemplarität für gewünschte Apperzeptionskonstanten zukommt, soll Unterricht so betrieben werden, daß nicht nur der Inhalt erschlossen, sondern die in ihm liegenden Apperzeptionsmuster erkannt und mit ihrer Hilfe ein Interesse aufgebaut wird, das den Schüler alsbald in die Lage versetzt, so selbständig und ausdauernd wie sachgerecht und kritisch zu lernen.

Damit das gelingt, darf es im Unterricht mit dem bloßen Wissenserwerb nicht sein Bewenden haben. Um die weiterreichende exemplarische Funktion der Unterrichtsprozesse hervortreten zu lassen, müssen nach Herbart die sogenannten Formalstufen Beachtung finden. Ein bloßes Einprägen des Stoffes zur möglichst getreuen Wiedergabe dagegen könnte auch ohne ,,Artikulation des Unterrichts" geschehen. Natürlich kann in der gebotenen Kürze nur umrißhaft angedeutet werden, was eigentlich einer umfangreichen didaktischen Erörterung bedürfte:

1. Damit Erkenntnis zustande kommen kann, ist es notwendig, sowohl *Analyse* der einzelnen Gegenstandsmerkmale zu betreiben wie deren *Synthese* im Begriff zu vollziehen.

2. Dazu bedarf es auf der Seite des erkennenden Subjekts sachangemessener Einstellungen: der Haltung der *Vertiefung* bei der Analyse der Merkmale, der Haltung der *Besinnung* bei der Synthese im Begriff.

3. Analyse und Synthese, Vertiefung und Besinnung bringt Herbart im bekannten Vierschritt der Formalstufen zueinander in Beziehung. Der Unterrichtsablauf sei in folgender Weise zu gliedern: In der Stufe der *Klarheit* (der ,,ruhenden Vertiefung") werden einzelne Merkmale analysiert. Hier komme es vor allem darauf an, jedes Element so zu isolieren, daß er sich ,,klar" von anderen Merkmalen unterscheiden läßt. In der *Assoziation* (der ,,fortschreitenden Vertiefung") durchläuft der Lernende sodann die Reihe aller bereits erfaßten Merkmale, damit sowohl deren Übereinstimmung (genus proximum) wie auch Unterschiedlichkeit (differentia specifica) heraustreten kann. Damit sind die methodischen Funktionen von Analyse und Vertiefung erfüllt. Jetzt treten Synthese und Besinnung auf. Zunächst in der Stufe des *Systems* (der ,,ruhen-

den Besinnung"). Hier bilden sich aus dem ,,Aggregat" von Merkmalen durch sachlogische Komplexionen die angemessenen Begriffe. Dem System folgt der *Methode* genannte letzte Schritt (,,fortschreitende Besinnung"). Herbart zielt damit auf die aus dem erkannten System folgende Methode der angemessenen Anwendung des Begriffenen auf neue (analoge) Fälle. Das am erkannten System geschulte methodische Denken durchläuft dabei das bislang Begriffene in seinem inneren Zusammenhang und überträgt das zugrunde liegende Allgemeine auf verwandtes Ähnliches (,,es apperzipiert"). Die Bildung eines ,,vielseitigen Interesses" ist damit erreicht und die Grundlage für einen ,,geordneten Gedankenkreis" geschaffen.

Nur als knapper Hinweis, der sich jetzt nicht weiter verfolgen läßt: Es ist so interessant wie bemerkenswert, wie sich der von Gaudig verfemte Herbart der Spontaneitätskonzeption des Reformpädagogen genähert hat, dazu eine didaktische Konzeption entwickelte, die weitaus detaillierter wirkt als die seines späteren Kritikers.

Die ,,Bildung eines Gedankenkreises" ist aber, wie schon erwähnt, kein Selbstzweck. Sie rechtfertigt sich erst, sobald und insofern der Wille durch die gewonnene Einsicht die Motive und Maßstäbe für sachangemessenes Handeln erhält. Die Anbindung des Willens an die Einsicht, durch die die personale Qualität ,,innerer Freiheit" entsteht, nennt Herbart *Charakterstärke der Sittlichkeit,* die dazu notwendige pädagogische Veranstaltung *Zucht.*

,,Zucht" meint bei Herbart, was ansonsten ,,sittliche Erziehung" oder auch ,,moralische Bildung" heißt. Es geht darum, sowohl eine genügende ,,Festigkeit des Willens" zu erreichen wie auch eine ,,Wärme fürs Gute". Beides zusammengenommen ergibt die Aufgabe der ,,Zucht", in Herbarts Worten: ,,Machen, daß der Zögling sich selbst finde, als wählend das Gute, als verwerfend das Böse: dies, oder Nichts, ist Charakterbildung!" (KI, 261) Denn ,,der Sittliche gebietet sich selbst" (ib., 262).

Das Problem, in das Herbart damit alsbald gerät, gehört zu den schwierigsten aller Erziehungswissenschaft, von Gegensätzen und Aporien reich besetzt: Wie kann durch pädagogische Veranstaltung, durch äußerliche Einwirkung erreicht werden, daß der Schüler alsbald keiner Hilfe mehr bedarf, selbständig sachgerecht urteilt und selbständig sittlich handelt? Hebt die unentbehrliche pädagogische Voraussetzung der Fremdeinwirkung nicht die als Wirkung gedachte Konsequenz der Selbständigkeit notwendig auf? Wie kann durch ,,pädagogische Kausalität" Freiheit zustande kommen, wie durch wenngleich nur temporär gedachten Gehorsam Selbständigkeit? Es ist die bereits von Kant gesehene alte Problematik: ,,Wie kultiviere ich Freiheit bei dem Zwange?"

Wahrscheinlich gehört Herbart zu jenen Denkern, die dieses grundlegende pädagogische Paradoxon am deutlichsten gesehen und am ausführlichsten beschrieben haben. Interessant ist dabei, daß seine Lösungen überraschende Vorwegnahmen späterer reformpädagogischer Versuche sind: durch das Arrangement pädagogischer Situationen eine ursprüngliche ,,Wärme fürs Gute" entstehen zu lassen, die den folgenden sittlichen Überlegungen als willkommene ,,sinnliche Einlenkung" dienen könne.

Hier zeigt sich, daß die so eigenartig kritisch auf Herbart eingestellten Reformpädagogen in vielem praktisch Vollender Herbartscher Konzepte gewesen sind und ihre laute Gegnerschaft nur auf die Einseitigkeiten des Herbartianismus gerichtet und wahrscheinlich auch durch eine nur teilweise Lektüre des Herbartschen Schrifttums bedingt gewesen ist.

3. Das Psychologische

Bemerkenswert an Herbarts Gesamtwerk ist die außerordentliche Stringenz, mit der er Probleme durchhält und sie von allen möglichen Aspekten her ventiliert. Die beiden Hauptthemen seiner Philosophie: Erkennbarkeit einer gegenständlichen Welt und sittliches Handeln gemäß eigener Einsicht, in den pädagogischen Themenstellungen der „Vielseitigkeit des Interesses" und der „Charakterstärke der Sittlichkeit" wiederkehrend, bestimmen auch die Hauptthemen seiner Psychologie, wobei Herbart auch in diesem Falle die Lehre seines Königsbergers Vorgängers kritisch weiterführt.

Das erste Thema: Hatte Kant immer nur darauf verwiesen, daß die Empfindung, die Affektion eines Gegenstandes, eben lediglich unsere Empfindung sei, nicht die Sache selber – wobei letztlich unklar blieb, weshalb unsere Empfindung von der Sache nicht Ausdruck der Sache selber sein solle – zeigt Herbart, weshalb hier tatsächlich ein außerordentlich weitreichendes Problem sitzt. Er weist nämlich nach, daß unsere Empfindung keineswegs nur Resultat der Sache ist, sondern auf mehrfache Weise zustande kommt, wobei emotionale Begleitumstände während des Wahrnehmens besondere Wirksamkeit entfalten können. Denn je nachdem, ob sympathetische oder antipathetische begleitende Gefühlszustände vorliegen, können Merkmalskomplexe besonders in den Mittelpunkt der Aufmerksamkeit gerückt oder aber entgegengesetzt unter die ,,Schwelle des Bewußtseins" ,,verdrängt" werden, so daß unser Eindruck von einer Sache nur zum Teil Eindruck der Sache selber ist. Die rationale Partialpräsentation wird vielmehr in mannigfaltiger Weise durch emotionale Partialpräsentationen überlagert. ,,Gesundheit des Geistes" entsteht, wenn die emotionale Seite mit der rationalen zur Deckung kommt. Besondere Aufgabe des auf Vollzug von Bildung angelegten Unterrichtes ist es demnach, emotionale Begleitumstände so zu arrangieren, daß sich nicht erkenntnisverfremdende ,,habituelle Mißlaune" einstellen kann, die zur ,,Schwindsucht des Charakters" führen muß (AP, 129).

Das zweite Thema: Genau wie in der Vorstellungsbildung zwischen Affekt und Kognition kein Gegensatz herrschen darf, sondern Übereinstimmung hergestellt werden muß, so auch in der Charakterbildung. Wenn Affekte und Gefühle der vom Verstand her geleiteten Einsicht widersprechen, ist und bleibt der Charakter eines Menschen entzweit: ,,Die besseren Forderungen an uns selbst, wenn sie nur den Verfall in das entschiedene Schlechte verhindern, (können) höchstens eine heilsame Charakterlosigkeit erhalten" (AP, 117), wenn sie nicht von „legalisierten Neigungen" mitgetragen werden können. Auch hier also als besondere pädagogische Aufgabe die Herstellung angemessener Übereinstimmung.

Herbart hat mit seiner Lehre vom „Mechanismus der Vorstellungen" zwar manche Mißverständnisse hervorgerufen, als wenn er in naiver Nachfolge Hume'scher Überlegungen Gravitationsregeln zwischen Vorstellungen angenommen hätte. Was er damit meinte, wird erst ganz deutlich, sofern man die weiterführenden psychologischen Entwicklungen, vor allem in der Psychoanalyse, erklärend zu Rate zieht. Wenn man das Bild richtig interpretiert, können bestimmte affekt-besetzte Vorstellungen ja in der Tat eine besondere „Schwerkraft" entwickeln, die rationale Argumente zu „verdrängen" in der Lage ist.

Das große Thema der Herbartschen Überlegungen durch die drei Bereiche der Philosophie, der Erziehungswissenschaft und der Psychologie durchgängig ist das der Identität der Person. Dazu hat er nicht nur seine pädagogischen Überlegungen von den Nachbardisziplinen der Philosophie und der Psychologie her gut abgesichert, sondern ein Gesamtkonzept entwickelt, das bis heute gleichbleibende Aktualität aufweisen kann.

III. Systematische Erträge: Weiterwirkung und heutige Bedeutung

Herbart hatte eine Reihe von Nachfolgern, die, obwohl nicht direkt seine Schüler, doch als seine Schule anzusehen sind. Wir fassen sie gewöhnlich unter dem Namen Herbartianer zusammen. Zu nennen sind: Friedrich Eduard Beneke, 1798–1845, Karl Volkmar Stoy, 1815–1885, Tuiskon Ziller, 1817–1882, Otto Willmann, 1839–1920 und Wilhelm Rein, 1847– 1929. Ein auch noch an Pestalozzi orientierter Herbartianer war Friedrich Wilhelm Dörpfeld, 1824–1893. Diese Schulbildung ist in der deutschen Erziehungswissenschaft einmalig, selbst mit der sog. Dilthey-Schule nicht vergleichbar, bei der es sich um weit stärkere Lehrer-Schülerverhältnisse handelte.

Das Verhältnis „Herbart und die Herbartianer" (Schwenk 1963) ist nicht ganz einfach, weil diese wohl viele der Ideen Herbarts getreu weiterführten, die Formalstufenlehre vor allem, in anderer Hinsicht indes große Partien des Herbartschen Gesamtwerkes unberührt ließen. Dadurch ging in nun freilich beklagenswerter Weise die gerade pädagogisch so bedeutsame große Einheit des von Philosophie über Pädagogik bis zur Psychologie reichenden Lebenswerkes verloren und aus der auf Personbildung ausgerichteten Identitätskonzeption des Lehrers wurde ein didaktisches Ordnungsschema. Dies vor allem führte zur erregten Kritik der Reformpädagogen.

Dennoch sollte man auch hier nicht zu schnell in einseitige Kritik und Ungerechtigkeit verfallen. Der Herbartianismus hatte, vor allem für die Entwicklung der deutschen Volksschule, eine nicht zu unterschätzende Bedeutung.

Durch ihn ist diese Schulgattung zu einer Institution geworden, die in Europa Vorbildcharakter besaß.

Allerdings erhob sich auch direkte Kritik an Herbart. Paul Natorp hat 1897–1898 vor Schulleuten in acht Vorträgen „eine klare und begründete Antwort zu geben (versucht) auf die längst gestellte Frage: Herbart oder Pestalozzi?" (Natorp 1899, Vorwort). „Die Antwort ist", wie Natorp selber sagt, „nach der negativen Seite" – für Natorp ist das Herbart – „etwas schneidend ausgefallen" (ib.) Interessant ist, wie solche Vorkommnisse wirken. Denn obwohl Natorps Pädagogik selber keineswegs große Nachfolgeschaft fand, die von ihm aufgestellte Alternative „Pestalozzi oder Herbart", die es in Wirklichkeit gar nicht gab, bestimmte die wachsende Kritik an Herbart, beeinflußte die erziehungswissenschaftliche Lehrtätigkeit an den Universitäten und schlug sich schließlich auch in Publikationszahlen nieder. Erst in unseren Tagen beginnen sich hier einige Veränderungen abzuzeichnen.

Das neuerdings wieder stärker anwachsende Interesse an Herbart kann auf drei Ursachen zurückgeführt werden:

Herman Nohl hat in seinem verdienstvollen Aufsatz von 1948 „Der lebendige Herbart", mit dem die Rückwendung zu einer sachlichen Diskussion Herbarts einsetzte, eine bezeichnende Episode berichtet: Gaudig hält eine seiner bekannten großen Demonstrationslektionen vor Zuhörern. Vorher schimpft er kräftig auf Herbarts Formalismus. Nachher, während des Unterrichtens, hält er sich genauso entschieden an Herbarts Formalstufen. In der Tat: Herbart hat eine Reihe allgemein didaktischer Grundprinzipien aufgezeigt, die schlechterdings nicht außer Kurs gesetzt werden können. Man kann sie allenfalls eine Zeitlang vergessen. Herbarts Beitrag zu einer Allgemeinen Didaktik ist deshalb heute von gleicher Wichtigkeit wie zu seinen Lebzeiten.

Walter Asmus, der große Herbartforscher unserer Tage, läßt in seiner mitten im Zweiten Weltkrieg publizierten Abhandlung „Der unbekannte Herbart" die Einsicht deutlich werden, daß diesem Manne in der vorausgegangenen Kritik bitteres Unrecht geschehen sei. Der emotionsbeladene Angriff Natorps hatte vergessen lassen, daß es Herbarts Lehre gewesen war, die die Entwicklung einer wissenschaftlichen Pädagogik entschieden voranbrachte. Seine Kritik verdeckte, daß hier die geschlossenste Erziehungs- und Bildungstheorie vorliegt, die es in der deutschen Sprache bis heute gibt. Der vor kurzem gestellten Frage ist deshalb beizupflichten, ob denn „seit Herbart und Schleiermacher wirklich ein ‚Fortschritt' zu verzeichnen ist, ob nicht vielmehr (...) die ‚Erziehungswissenschaft' eher einen Rückschritt und Zerfall an spekulativem Niveau darstellt" (Schurr, J.: Schleiermachers Theorie der Erziehung. Düsseldorf 1975, 14).

Bedenkt man, weshalb Natorp Herbart so scharf angriff, so sieht man auch, warum gerade Herbarts Überlegungen für die Gegenwart von herausragender Bedeutung sind. Der Neukantianer Natrop ist, was die Fundamente seiner Moralphilosophie angeht, strenger noch als der Verfasser des kategorischen Imperativs Philosoph auf einer voluntaristischen Basis. „Es ist der erhabene

Zug der Ethik Kants, daß sie hiermit den sittlichen Willen ganz auf sich selbst stellt. Nichts ist an sich von sittlichem Wert als allein der reine Wille; und diesen reinen Willen versteht Kant ganz wörtlich, als den allein sich selbstbestimmenden durch nichts Äußeres bestimmten; der vielmehr umgekehrt über alles Äußere nach eigenem Maßstab zu richten und zu befinden hat." (Natorp, P.: Ges. Abh. z. Sozialpäd., 2. Heft, Stuttgart 1922, 24f). Dagegen Herbart, der Intellektualist: „Die Vernunft vernimmt; und sie urteilt, nachdem sie vollendet vernahm". (KI, 263) Geistiges ist nicht nur im Menschen und seinem Verstande, sondern auch in den der objektiven Welt zugrunde liegenden Gesetzlichkeiten, die der Mensch der Welt nicht vorzudenken hat, sondern über die er nachdenken soll. Das „Nicht-Ich" ist nicht nur amorphes Material.

In einer auf solcher Philosophie aufbauenden Erziehungswissenschaft muß alles darauf ankommen, vernehmende Sachlichkeit zu entwickeln: im Wissen wie in der Einstellung zum ständig weiterführenden Wissenserwerb. Damit aber wird Herbarts Lehre zu einem sehr entscheidenden ideologiekritischen Instrument gerade auch für den gegenwärtigen Zeitgeist, der ja weithin, bemerkt oder nicht, am Voluntarismus hängengeblieben ist; gleich, ob es sich dabei um den einfachen Pragmatismus der Machbarkeit handelt oder aber die anspruchsvollere Konzeption der verschiedenen evolutionären Gesellschaftskritiken. Permanenter Veränderungsdrang, die Betonung des „Fortschritts", der „Mobilität", der „Kreativität" und „Spontaneität" sind ja weithin Derivate voluntaristischer Anthropologie, der Herbarts philosophische wie pädagogische Position scharf entgegenzustellen ist, weil von dorther wieder gesehen wird, daß das „Du sollst" doch etwas mehr beinhaltet als das „Ich will".

Dies alles zusammengenommen läßt Herbarts Lehre zum besten Erbe einer ausgewogenen Aufklärung werden: „Die Befreiung des erkennenden und urteilenden Individuums von allen Idolen, allen emotionalen Verfärbungen, allen unreflektierten Begehrungen, die Ausbildung einer ‚Charakterstärke der Sittlichkeit', mit deren Hilfe jeder sein Handeln selber an seine Einsicht binden, eines ‚vielseitigen Interesses', das selbständig Erfahrung zu analysieren in der Lage ist, so daß das Individuum nicht mehr auf vorinterpretierende Vermittlung angewiesen ist, – kurz: eine reale Verselbständigung des Individuums, die nicht mehr nur postulatorische Ideen bleiben, sondern pädagogisch verwirklicht werden soll, ist Herbarts philosophisches, ethisches und zugleich pädagogisches Grundanliegen. Genau das ist aber zugleich bestes Erbe der Aufklärung, die, nachdem sie in Kant ihren philosophischen, nun in Herbart ihren pädagogischen Vollender gefunden hat." (Geißler 1970, 223)

Klaus Giel

FRIEDRICH FRÖBEL

(1782–1852)

Mit Fröbels Namen wird heute weltweit die Bezeichnung *Kindergarten* in Zusammenhang gebracht. Die Institutionalisierung der Kinderpädagogik scheint einem gesellschaftlichen Bedürfnis des 19. und 20. Jahrhunderts entsprochen zu haben. Das beziehungsreiche Bedeutungsfeld jedoch, das sich für Fröbel in dem Wort Kindergarten verdichtete, ist längst zerfallen. Von Fröbels eigener Konzeption konnte nur wenig in unser Jahrhundert herübergerettet werden: seine ,,Spielgaben" haben fast nur noch musealen Wert, und seine Ideen, die ohnehin nur einem engen, vertrauten Kreise ,,verständlich" waren, haben schon die Generation der unmittelbaren Schüler nicht überdauert. Vor dem Hintergrund der verdämmernden Romantik[1] waren sie offenbar in ihrer Sprache wie in ihren philosophischen Elementen unzeitgemäß schon zur Zeit ihrer Entstehung.

Fröbel hatte versucht, eine pädagogische Praxis der Kindererziehung im Sinne der Pestalozzischen Methode zu begründen. Er ging von der Annahme aus, pädagogische Praxis sei nicht schon in den Lebensprozessen ,,gegeben", ihre Handlungsansätze und Eingriffsmöglichkeiten müßten vielmehr durch eine hinzukommende – sekundäre – Ordnung in Gestalt einer Kunstlehre (ars) erschlossen werden, deren Dringlichkeit ihm in der zunehmenden Unübersichtlichkeit und Mehrdeutigkeit der Lebensvorgänge begründet schien. Schon in diesem Ansatz lag jedoch ein wesentlicher Grund für seine Unzeitgemäßheit.

Dabei bediente er sich weder der Denkmittel der Aufklärungsphilosophie, in deren Gefolge der Fortschritt in den staats-, wirtschafts- und humanwissenschaftlichen Disziplinen dem plan- und kontrollierbaren Handeln neue Bereiche erschlossen hatte und bezüglich der Konstitution von Praxis das Modell der ,,angewandten Wissenschaften" nahelegte.[2] Noch bediente er sich der Denkmittel der ,,idealistischen" Philosophie, die das Problem des Fortschritts im umfassenderen Rahmen einer Erörterung des Ursprungs und Sinnes menschlichen Handelns überhaupt zu stellen suchte. Aber auch die neuhumanistischen und historischen Schulen des 19. Jahrhunderts, die die gestaltenden Kräfte des Lebens in ,,geschichtlicher Betrachtung" der Wirklichkeit selber suchten, blieben ihm fremd. In ihnen war der gesellschaftliche Rahmen alles Handelns entdeckt und damit auch die Pädagogik zunehmend als eine gesellschaftlich-historische Disziplin entwickelt worden.[3]

Die Unzeitgemäßheit Fröbels liegt darin, daß er das Problem der pädagogischen Praxis mit keinem dieser Denkmuster seiner Zeit angeht, sondern seine Vorstellung aus tieferliegenden, älteren Quellen speist. Sie können von ihm deshalb prinzipiell nicht in der Gelehrtensprache der Zeit – selbst wenn er diese beherrscht hätte – ausgedrückt werden und bleiben ohne größere literarische Wirkung.[4]

Eine zweite Erschwerung für das Fröbel-Verständnis liegt darin, daß seine Pädagogik so eng mit seinem Leben verbunden ist, daß sie in gewissem Sinne zu seiner Autobiographie wird. Gesellschaftliche und politische Verhältnisse werden darin nur so weit berücksichtigt, als Fröbel selbst von ihnen betroffen ist. Diese Verwurzelung in der Intimität des eigenen Lebens macht seine Pädagogik, man möchte sagen: anfällig und schutzlos. Ihre Sprache scheint durch die Wendung nach innen jede Verbindlichkeit einzubüßen und fast beliebig interpretierbar zu werden. In irgendeinem Sinne konnte sich deshalb beinah jede pädagogische Strömung auf Fröbel berufen: die Kindergartenpädagogik, verschiedene Richtungen der Reformpädagogik, die Vorschulerziehungsbewegung, aber auch die Spiel- und Mediendidaktik (Heiland 1972, 59ff). Doch ist es in keiner dieser Bewegungen zu einer wirklichen Fröbelrenaissance gekommen. Im tiefsten Grunde ist Fröbel allen Strömungen fremd geblieben, und diese Fremdheit hat nicht einmal betroffen gemacht: mit dem Hinweis auf den spekulativ-metaphysischen und mystischen Hintergrund Fröbelschen Denkens konnte sie als irrelevant abgetan werden (Bollnow 191ff).

Doch was bleibt? Weshalb interessiert uns dieser merkwürdige Erzieher und Denker? So fragwürdig sein ständiger Umgang mit der eigenen Lebensgeschichte sein mag – verstehbar vielleicht vor dem Hintergrund des Aufwachsens in einem pietistischen Pfarrhaus, in ständigem Ringen um die Gunst und den Zuspruch des Vaters –, so führte er doch zur Ausformulierung einer Pädagogik, deren Sinn und Vollendung darin liegt, dem Zögling zur authentischen Aneignung des eigenen Lebens zu verhelfen. Fröbel strebt danach, „die Menschen ihnen selbst zu geben". Daraus ergibt sich für ihn die eigentümliche Hinwendung zur Kindheit, die Ausbildung seiner Spielpädagogik; aber auch seine Kultivierung des zärtlichen Umgangs mit Kindern in einer „Kosepädagogik", von deren Kühnheit und Genialität uns noch heute die Augen übergehen. Im ganzen gesehen geht es Fröbel darum, die Menschen jeden Alters zu befähigen, aus den Ereignissen, Zeichen und Spuren ihres eigenen Lebens einen in sich zusammenhängenden, interpretierbaren Text zu gestalten. Solche Erziehung ist nicht mit der Kindheit zuende: der Umgang mit Kindern hat für Fröbel nur in dem Maße erzieherische Qualität, als er auch für die Erwachsenen zum Anlaß neuer Selbsterfahrungen und Selbstdeutungen wird. Nach seiner Vorstellung durchdringt die Erziehung das ganze Leben, macht es in gegliederten Zusammenhängen erfahrbar.[5]

Kindererziehung, Unterricht, Erwachsenenpädagogik sind als unteilbare Einheit zu begreifen. Dem widerspricht nicht, daß Fröbel selbst sich in einzelnen Phasen seines Schaffens schwerpunktmäßig bestimmten Lebensaltern und

Institutionen zugewandt hat. Das gemeinsame Grundproblem der pädagogischen Kunstlehre, wie Fröbel sie im Sinn hat, ist die Bereitstellung von Organen und Werkzeugen, mit denen Lebenssituationen, Handlungen und Dinge in einer spezifisch pädagogischen Weise gegliedert und strukturiert werden. Organe und Werkzeuge – nicht, jedenfalls nicht in erster Linie, die Sprache – werden zu den organisierenden Zentren von pädagogischen Institutionen. Die Einheit der Erziehung ist als ein einheitliches System pädagogischer Einrichtungen gedacht, das von der Institutionalisierung der Familienerziehung (Mutter- und Koselieder, Spielgaben) über Kindergarten, Vorschule und Schule bis zu den vielfältigen Formen der Erwachsenenbildung reicht.[6]

I. Lebensstationen

Eine Fröbel-Biographie, die den neuen Quellenstand methodisch sichtet und auswertet, fehlt noch (vgl. Heiland 1972, 36ff). Aber schon die Aufzählung der Lebensstationen kann sichtbar machen, daß sich Fröbels Pädagogik nicht einer vorgefundenen gesellschaftlichen Aufgabe mit mehr oder weniger technischem Verstand und Geschick annimmt, sondern daß sie einer tief empfundenen Erschütterung und Bedrohung des ,,Menschlichen" entspringt. Erziehung wird nicht als gesellschaftliche Funktion wahrgenommen, sondern als das (man möchte sagen: existentielle) Problem der Selbstvergewisserung des Humanen.

Friedrich Wilhelm August Fröbel wurde am 21. April 1782 in Oberweißbach im Thüringer Wald als sechstes Kind des Pfarrers Jakob Fröbel geboren. Die Mutter starb bereits im Februar 1783 ,,an den Folgen einer harten Geburth", wie Pfarrer Fröbel im Kirchenbuch vermerkt hat (Halfter 1931, 4). 1785 schloß der Vater eine zweite Ehe. Von der Stiefmutter fühlte sich der Vierjährige zurückgestoßen. Die Mägde trugen ihre eigenen Spannungen mit der Stiefmutter auf dem Rücken des Kindes aus. In einer verworrenen und freudlosen Kindheit werden bei Fröbel in exemplarischer Weise Probleme des Kindseins sichtbar, wie sie im Übergang vom 18. zum 19. Jahrhundert allgemein aufgetreten sein dürften, als aus dem bürgerlichen Hauswesen die Kleinfamilie wurde, deren Intimität zunächst idealistisch überhöht als Hort der Geborgenheit, als Raum ,,echter" (nicht ,,gesellschaftlich geheuchelter") menschlicher Beziehungen, ja geradezu als irdisches Abbild der ,,Heiligen Familie" gefeiert wurde.[7] Doch die Realität sah oft anders aus, besonders wo die Mägde die Kinder regierten.[8] Fröbel jedenfalls empfand als vereinsamtes Kind die Hausandachten des Vaters als einzige Form elterlicher Zuwendung.

Der Versuch des Pfarrers, seinen Sohn lesen zu lehren, schlug fehl. Das verstockt scheinende Kind erwies sich damit als ,,unbegabt", für eine weiterführende Schulkarriere nicht geeignet.

Nach dem Besuch der Volksschulen in Oberweißbach und Stadtilm trat Fröbel fünfzehnjährig eine Försterlehre bei Hirschberg an der Saale an. Diese

Lehre schien den Neigungen des vom Vater in die Pflanzenpflege eingeführten Jungen entgegenzukommen, blieb jedoch nicht frei von inneren Spannungen; Erfüllung brachte sie nicht. Der Hang zum unverbindlich-träumerischen Umgang mit sich selber und dem eigenen Inneren wurde durch sentimentale Theaterstücke und einsame nächtliche Heimwege kräftig gefördert. Viel sich selbst überlassen, begann Fröbel als Autodidakt mit dem Studium der Botanik und Geometrie.

1799 kehrte er mit einem schlechten Zeugnis und dem Wunsch zu studieren nach Oberweißbach zurück. Noch im selben Jahr ergab sich ein Anlaß, nach Jena zu reisen. Dort hörte er zunächst als Gasthörer, dann, nachdem er vom Vater die Erlaubnis erhalten hatte, sein mütterliches Erbteil zum Studium zu verwenden, als immatrikulierter Student der Philosophie im Wintersemester 1799 – ohne jede gelehrte Vorbildung „als eine wahre Naturpflanze" – Naturwissenschaften bei Batsch und Göttling.[9]

Die Einstellung zum Studium blieb die des Autodidakten. Was er suchte, waren die großen Zusammenhänge in der Natur. Was ihm geboten wurde, war Detailwissen, zu dessen Aneignung ihm alle Voraussetzungen fehlten, nicht zuletzt die geistige Übung. Am meisten fühlte er sich von Batsch angezogen, der, was von Goethe beifällig aufgenommen wurde, die Künstlichkeit des Linnéschen System durch ein „natürliches Pflanzensystem" zu ersetzen versuchte. Auf Batschens Antrag wurde Fröbel auch in die „Societät für die gesamte Mineralogie zu Jena" aufgenommen.

Doch nach nicht ganz zwei Jahren mußte Fröbel, der aus Gutmütigkeit in Schulden und in den Karzer geraten war, das Studium abbrechen. Gedemütigt kehrte er Ende Mai 1801 nach Oberweißbach zurück.

Nach dem Tode des Vaters (Februar 1802) verschlug es ihn als Forstamtsaktuar nach Baunach in die Nähe Bambergs. Die Arbeit, die sich auf „ewige Schreiberei" und Feldmessen beschränkte, füllte ihn nicht aus. Im Oktober 1803 bewirbt er sich im „Allgemeinen Anzeiger der Deutschen" um eine neue Stelle „Erstlich und am liebsten: als Unterverwalter, Rechnungsführer u. drgl. bey einer großen Oeconomie, wo und in welcher Gegend es auch sey (selbst in Rußland oder Polen) wenn ich nur zugleich Gelegenheit erhielte, in der Landwirtschaft practisch meine Kenntnisse zu erweitern" (zit. nach Halfter 1930, 64). Er wird Privatsekretär auf dem Mecklenburgischen Gut Groß-Miltzow, sieht darin aber auch nur einen „Nothanker", entdeckt seine Neigung zur Baukunst und verläßt zu Beginn des Jahres 1805 seine Stelle, um in Frankfurt am Main das Studium der Architektur aufzunehmen.

Hier begegnet er dem Pestalozzianer Gruner,[10] der ihn als Erzieher für seine Musterschule anwirbt, wo er sich, wie er nach wenigen Tagen seinem Bruder Christoph schreibt, erstmals in seinem Element fühlt. Frau Caroline von Holzhausen, zu der er Vertrauen und tiefe Zuneigung faßte, finanzierte ihm in den Herbstferien 1805 eine Fußreise nach Iferten. Im Juni 1806 löste er sein Anstellungsverhältnis bei Gruner, um Hauslehrer und Erzieher der Kinder der Familie von Holzhausen zu werden. Schon im gleichen Sommer wurde mit

Caroline der Plan erwogen, die drei Jungen in Iferten unter Pestalozzis Einfluß heranbilden zu lassen; der Vater war jedoch nicht für den Plan zu gewinnen. Erst im September 1808 durfte Fröbel mit den drei Kindern nach Iferten reisen. Dort waren die Diadochenkämpfe noch zu Lebzeit Pestalozzis bereits ausgebrochen, und Fröbel setzte Ende August 1810 die Rückkehr aus Iferten – gegen den ausdrücklichen Wunsch Pestalozzis – durch.

Im März 1811 kündigte er seine Stellung bei der Familie von Holzhausen, wurde zum Bleiben überredet, brach dann aber im Juni 1811 doch seine leidenschaftlich gewordenen Beziehungen zu Frau von Holzhausen abrupt ab (vgl. Hoffmann 1951, Bd. 1, 156f) und ging nach Göttingen, um sein Studium zu vollenden. Im Herbst 1812 wechselte er nach Berlin, um bei Weiß[11] Kristallographie zu studieren. Er unterbrach das Studium 1813/14, um als Lützower Jäger am preußischen Feldzug gegen Napoleon teilzunehmen, wurde danach Assistent am mineralogischen Institut in Berlin.

1816 gab er diese Stellung auf und gründete, zunächst nur mit den drei verwaisten Kindern seines verstorbenen Bruders Christoph in Griesheim, wo die Witwe seines Bruders lebte, die „Allgemeine deutsche Erziehungsanstalt". 1817 wurde diese Anstalt nach Keilhau bei Rudolstadt verlegt. Dort begann Fröbel ab 1820 seine pädagogischen Ideen in einer Reihe kleinerer Schriften zu entwickeln. Das Hauptwerk erschien 1826 mit dem Titel *Die Menschenerziehung, die Erziehungs-, Unterrichts- und Lehrkunst, angestrebt in der allgemeinen deutschen Erziehungsanstalt zu Keilhau; dargestellt von dem Stifter, Begründer und Vorsteher derselben, Friedrich Wilhelm August Fröbel. 1. Bd. Bis zum begonnenen Knabenalter.*

1831 gründete er auf Einladung von Schnyder von Wartensee eine Erziehungsanstalt auf Schloß Wartensee in der Schweiz, wurde 1833 Leiter der Erziehungsanstalt Willisau und 1835 des Waisenhauses in Burgdorf.[12] Im Mai 1836 verließ er Burgdorf und die Schweiz, um sich Anfang 1837 in Blankenburg in Thüringen niederzulassen. Hier eröffnete er noch im selben Jahr die „Anstalt zur Pflege des Beschäftigungstriebes für Kindheit und Jugend". Von 1838 an gab er in einer Reihe von Broschüren Anweisungen zum rechten Gebrauch der inzwischen von ihm entwickelten *Spielgaben* heraus.

Zur 400-Jahrfeier der Erfindung der Buchdruckerkunst im Mai 1840 rief Fröbel zur Gründung eines allgemeinen deutschen Frauenvereins, genannt *Kindergarten*, auf. Durch das Angebot von Aktien hoffte er das Kapital zur Gründung eines Musterkindergartens in Blankenburg aufzubringen. 1844 erschienen seine *Mutter- und Koselieder*. Auch zur Lehrerschaft trat er in jener Zeit in eine fruchtbare Beziehung. Im August 1848 lud er zu einer Lehrerversammlung nach Rudolstadt ein, auf der man beschloß, eine Petition an die Nationalversammlung zu richten. Die deutschen Regierungen werden darin aufgefordert, die Idee der Kindergärten in ernste Erwägung zu ziehen und die Gründung von Kindergärten sowie die Bildung von Kindergärtnerinnen mit Benutzung des Fröbelschen Lehrstoffes zu fördern (vgl. Anm. 6).

Seine letzten Lebensjahre verbrachte Fröbel in ständiger Arbeit an der Weiterverbreitung seiner Idee. Im Mai 1849 eröffnete er seine letzte Anstalt in Bad Liebenstein bei Eisenach, wo er die Bekanntschaft von Adolph Diesterweg und Frau Bertha von Marenholtz-Bülow machte. Nachdem die Kindergärten nach 1848 in den Geruch geraten waren, liberale und sozialistische Ideen zu verbreiten und sogar den Atheismus zu begünstigen, wurden sie im August 1851 in Preußen verboten. Fröbel starb am 21. Juni 1852, ohne die erst 1860 durch die unablässigen Bemühungen der Frau von Marenholtz-Bülow erwirkte Aufhebung des unsinnigen Verbotes noch zu erleben.

II. Die „Menschenerziehung"

1. *Biographischer Hintergrund*

Die Brüche, Verwerfungen und Zufälle in Fröbels erster Lebensphase bis zur endgültigen – als Berufung erfahrenen – Findung seiner pädagogischen Lebensaufgabe treten schon bei der bloßen Nennung seiner Lebensstationen deutlich hervor. Aufgrund seiner Selbstzeugnisse dürfen wir aber annehmen, daß ihn gerade die Diskontinuität seiner in keiner geregelten Bahn oder Karriere verlaufenen Jugend auf den Gedanken brachte, nach tieferliegenden Leitlinien seines Lebens zu forschen. Seine autobiographischen Briefe sind der Versuch, in einer Art Archäologie des eigenen Lebens die Baupläne nachzuzeichnen, nach denen sich die verwirrende Vielfalt der Ereignisse zu einem verstehbaren Ganzen ordnet. Die Idee einer solchen Archäologie ist im Zusammenhang mit dem Zerfall der tradierten gesellschaftlichen Steuerungssysteme zu sehen. Dafür spricht die Tatsache, daß die Frage nach einer inneren Steuerung des Lebens um die Jahrhundertwende auch von anderen Zeitgenossen immer wieder gestellt wird. Sie bewegt zum Beispiel die verschiedenartigen Entwürfe zu einer theoretischen Fundierung der Menschenkenntnis, wie sie in der Physiognomik, der Charakterologie und Anthropologie greifbar werden.[15]

Für Fröbel ergab sich die Annahme, daß die biographischen Tiefenstrukturen nur in einem sozialen Raum unverfälscht hervortreten können, in dem sie nicht von fremden Schichten verdeckt werden. Als dieser Raum schien sich die Familie – gerade aufgrund ihrer abnehmenden gesellschaftlichen Reichweite – anzubieten. Die „Pflege des Inneren" war für Fröbel ihre – alle gesellschaftlichen Detailfunktionen überschreitende – „menschheitliche" Aufgabe. In diesem Rahmen konturiert sich für ihn auch die „Mütterlichkeit" als soziale Rolle. Die Institution der Familie bekam für Fröbel damit eine neue gesellschaftliche Bedeutung: die einer Drehscheibe, auf der Inneres, Intimes auf originäre Weise „äußerlich", objektiv faßbar gemacht und das Objektivierte in seiner biographischen Bedeutung erhellt werden kann. Auch die Mutterrolle, die er in dem entscheidenden erzieherischen Bereich geradezu professionalisieren möchte, will er als Vermittlung von „Innerem" und „Äußerem", von „Haushalt" und „Öffentlichkeit" verstanden wissen.

2. Menschenerziehung und Volkserziehung. Die Auseinandersetzung mit Pestalozzi

Fröbel nannte Pestalozzi voll Dankbarkeit seinen geistigen Vater. Bei ihm schien der Autodidakt die Bestätigung zu finden, die er auf der Universität vergeblich suchte. Er ergriff die „Methode" nicht nur als einen Ersatz für fehlende Schulbildung, sondern als die vollkommene Verwirklichung des Sinnes von Schulbildung überhaupt. Über die sozusagen „psychohygienische" Funktion hinaus bekam aber die Methode für Fröbel als angehenden Pädagogen eine zentrale Bedeutung: Sie wurde für ihm zum Organon, mit dem es ihm zum erstenmal gelang, die eigene sprachlose Bewegtheit in Ideen zu artikulieren. In ihr fand er auf den Begriff gebracht, was ihn bewegte: das Problem einer kunstgemäßen Nachzeichnung der inneren „Naturführung".[16]

Die theoretischen und praktischen Ausführungen der Mitarbeiter Pestalozzis hielten jedoch bei weitem nicht, was Fröbel sich vom Geist der Methode versprach: die Einbindung des analytisch-diskursiven Denkens in den lebendigen Zusammenhang ,,natürlicher" Prozesse. Am überzeugendsten fand er die Methode noch im elementaren Musikunterricht verwirklicht, so das Konstruktiv-Kombinatorische unmittelbar als rhytmische Gliederung von (dynamischen) Lebensäußerungen in Erscheinung trat. In seiner Darstellung des Musikunterrichts antizipiert Fröbel das Programm der *Spielgaben* (Kl. Schr., hrsg. von Zimmermann 1914, 52).

Die Schuld am Zurückbleiben der Praxis hinter den Intentionen muß, wie Fröbel schließlich zu erkennen glaubt, auch Pestalozzi selbst angelastet werden. Bereits im ersten Schreiben aus Iferten an die Fürstin von Schwarzburg-Rudolstadt (1. Mai 1809) wird mit kritischem Unterton vermerkt: ,,Pestalozzis Grundsätze der Erziehung gehen nicht von dem absoluten Sein des Menschen aus, und seine Methode stellt nicht dieses absolute Sein des Menschen zum obersten Grundsatz auf. Pestalozzi nimmt den Menschen ganz so, wie er ist." (Kl. Schr. ib. 8) Noch deutlicher wird die Kritik in dem großen autobiographischen *Brief an die Frauen in Keilhau:* ,,Ich erkannte schon klar den Unterschied zwischen Pestalozzi und mir, daß Pestalozzi den Menschen nehme, wie er auf der Erde erscheine, in seiner Erscheinung als nur daseiend, ich aber den Menschen in seinem ewigen Wesen, in seinem ewigen Sein ... Die einseitige Betrachtung des Menschen in der Erscheinung und nur als daseiend führt zur Zerstücktheit, zum Widerspruch, zum Tod. So mußte Pestalozzi mit seinen sogenannten Freunden zerfallen und in Widerspruch geraten, sein sogenanntes Werk mußte sterben. Pestalozzi und seine Gehilfen konnten mich nicht verstehen, nicht erfassen, wohl aber ich sie begreifen." (Zit. nach Gumlich o.J., 54).

Eine angemessene Realisierung der Idee der Methode hat daher für Fröbel mit einer Radikalisierung ihrer Fragestellung zu beginnen. Pestalozzi gehe von Kräften aus, wie sie im Rahmen der Künste und Wissenschaften faktisch vorgefunden und ausgebildet werden. Die auf das ,,Sein" des Menschen aufbauende Erziehung müsse dagegen nach der allen Kräften gemeinsamen anthropologischen Wurzel, nach der inneren Ordnung und dem inneren Maß dieser Kräfte fragen. Mit dieser Grundfrage wird das Angebot der Pädagogik, der Kanon der dem Zögling zugemuteten Künste und Wissenschaften unter das Kriterium der anthropologischen Vollständigkeit gestellt. In dieser Radikalisierung der Fragestellung weiß Fröbel sich mit Fichte einig, mit dem er auch die Ansicht teilt, eine umfassende, in die Wurzeln der Kräfte wirkende Erziehung müsse als „Volkserziehung" eingerichtet werden.[17]

Freilich werden auch für Fröbel die menschlichen Kräfte allein in den kulturellen Objektivationen faßbar. Aber was für den einzelnen jeweils zur verbindlichen Objektivation wird und werden kann, hängt – nach heutiger Sprechweise – von seinem sozio-ökonomischen Status und den in seiner „Schicht" überlieferten Lebensformen ab. Das Problem der Menschenerziehung kann somit nicht ohne Berücksichtigung der gesellschaftlichen Faktoren ausgearbeitet werden. Es erhält in diesem Kraftfeld bei Fröbel jedoch eine originelle Wendung, indem es sich für ihn in zwei Grundfragen stellt. Einmal: Welches sind die im Individuum zu schaffenden Voraussetzungen für die Befähigung zur Teilnahme an jeder möglichen Art gesellschaftlichen Verkehrs? Was braucht der Mensch also, damit er unter den Bedingungen der Gesellschaft, in die er hineingeboren ist, produktiv, selbstschaffend werden kann? Und zum andern: Welches sind die Medien, auf die jedweder gesellschaftliche Verkehr angewiesen ist? Beide Fragen zusammen bilden das Programm der Volkserziehung. Unter der ersten wird die „Familienerziehung" ausgelegt, während die zweite den Kristallisationskern für den Lehrplan der öffentlichen, der Schul-Erziehung abgibt.

3. *Die Familienerziehung im Rahmen der Nationalerziehung*

Die grundsätzliche gesellschaftliche Bestimmtheit des Menschen sieht Fröbel in dem menschlichen Streben, sich Geltung und Ansehen zu verschaffen. „Jeder strebt also nach Hervorhebung, Emporhebung seiner selbst ... Dieses kann aber nur durch Geltendmachung von Vorzügen geschehen ... Diese können und werden natürlich nur nach dem Maße dessen gemacht werden, was vorzüglich genannt wird. Ist es Ehre, wird Ehre gesucht ...; ist es Reichtum, Bequemlichkeit, Herrschaft, Freiheit, so wird sich jeder diese vor den anderen zu verschaffen suchen." (Kl. Schr. 131). Die Aneignung gesellschaftlicher Güter zur Steigerung des eigenen Ansehens ist an Bedingungen gebunden, die mittelbar oder unmittelbar zu dem erstrebten Gut führen. Bei der mittelbaren, indirekten Methode des Erwerbs werde ein bereits vorhandenes Gut zur Erringung des erstrebten eingesetzt. Vernünftiger sei es, sich die Voraussetzungen anzueignen, die unmittelbar an jedes nur denkbare Gut heranführten. Das Mittel hierfür sei die „Bildung" (ib. 132), deren Begriff hier von Fröbel durchaus in gesellschaftspolitischem Sinne gebraucht wird: Für den „Niedrigsten" wie für den „Höchsten" eröffne Unterricht den Zugang zu allen gesellschaftlichen Gütern, – eine Argumentation im Sinne Condorcets und seiner Nachfolger. Fröbel geht jedoch noch einen Schritt weiter: Wenn Bildung Chancengleichheit vermitteln und gewährleisten soll, darf sie selber nicht an andere gesellschaftliche Bedingungen wie Reichtum oder Standeszugehörigkeit geknüpft sein. Sie muß als „unmittelbare", nicht selbst wieder gesellschaftlich vermittelte Voraussetzung des Gütererwerbs behandelt werden. Fröbel scheint hier den Teufelskreis der „progressiven" Pädagogik zu durchschauen: den Zirkel von Chancengleichheit und Gleichheit der Bildungschancen, in den man sich verstrickt, wo „Bildung" in naiver Weise als gesellschaftspolitisches Instrument reklamiert wird. Wenn man nun aber nicht auf die politische Herstellung der Gleichheit von Bildungschancen warten kann, weil man hier und jetzt schon erziehen muß? Ist der Zirkel pädagogisch überhaupt zu durchbrechen? Ist eine positive Pädagogik denkbar?

Fröbel sieht das Grundproblem einer positiven Pädagogik in der Auslegung der „subjektiven", anthropologischen Bestimmtheit der zu erstrebenden Güter, nicht im Fragen nach einer Taxonomie, nach objektiven Kriterien der Zumessung von Werten. Es geht ihm um die Formen des „subjektiven" Gegebenseins von Gütern, von Dingen, die als wertvoll erstrebt werden. Wie können Kinder und junge Menschen dazu befähigt werden, sich auf Ansprüche und Forderungen einzulassen und sie zu Inhalten ihres eigenen Wünschens und Strebens zu machen? „Da aber der Einzelne auch an sich wieder Forderungen gemacht sieht, da er als Einzelner wieder Forderungen an andere macht und machen muß, so fordert er Belehrung über seine Pflichten und Befähigung, seinen Pflichten gemäß und getreu handeln und wirken zu können; er fordert Befestigung und Befähigung seiner selbst, diesen mancherlei Pflichten stets Genüge leisten zu können" (ib. 132). Die „subjektiven", im Kinde zu erzeugenden Voraussetzungen für die Annehmbarkeit von „objektiven" gesellschaftlichen Forderungen liegen für Fröbel in einem Medium, das er „Zutrauen" nennt: „Wenn der so erzogene Mensch nun all das Genannte, was jeder, auch in den mannigfaltigsten Formen, in Sicherstellung, in Geltendmachung, Anerkanntmachung seiner selbst usw. zu erlangen, zu erreichen strebt, in seiner letzten Einheit anzuschauen und aufzufassen sucht, so ist es – *Zutrauen*. Die Quellforderung, das Quellbedürfnis, aus welchem alles übrige hervorfließt, ist *Zutrauen,* Zutrauen *zu sich,* Zutrauen *zu anderen* und Zutrauen *anderer zu ihm*" (ib. 132f). Die „anderen" nehmen dabei eine vermittelnde Funktion ein: Das Kind traut ihnen zu, daß sie ihm nach Qualität und Quantität so viel zumuten, wie es sich selber zutraut. In dieser Dreifachheit des Zutrauens – heute würde man sagen: in dieser interaktionistischen Wechselseitigkeit der Erwartungs-Erwartungen – besteht für Fröbel diejenige Kommunikationsform, deren Verwirklichung im Zeichen der „Humanität" ein „Quellbedürfnis" ist. Es geht um eine Art des Umgangs, bei dem Erwartungen als kräftebildende Organe ausgetauscht werden können.

Der „Ort" für diesen Austausch ist primär die Familie. Sein Medium aber die gemeinsame Arbeit: „Entwickeln kann sich jedes Wesen nur durch Tätigkeit, Tun, Arbeiten; vernehmen, bewußt werden kann sich ein Wesen nur durch Bemerken, Kennen, Erkennen, Berichtigen, Vergleichen seiner Tätigkeit, und nur bewußt durch Bewußtsein kann sich ein Wesen vernehmen; vernehmend, vernünftig kann aber nur ein Wesen, und so besonders der Mensch nur durch Tun, Arbeiten und Denken werden" (ib. 130). Fröbel macht freilich die Arbeit noch nicht im Rahmen der wirtschaftlichen Werteerzeugung zum Problem.[18] Nach dem physiokratischen System, mit dessen Grundzügen er als Agronom sicher vertraut war, werden die ökonomischen Werte nicht durch Arbeit, sondern durch den Konsum bestimmt. Die „sterile" Klasse ist an der Erzeugung von Werten genauso beteiligt wie die produzierende: beide benötigen und verzehren Güter. Arbeit wird nach physiokratischer Lehrmeinung nicht in wirtschaftlichen Kategorien ausgelegt. So sieht auch Fröbel den Sinn der Arbeit nicht im Erwerb, sondern in der Hervorbringung, Durchzeichnung und Differenzierung von – zunächst körperlichen – Fähigkeiten: in der Aneignung des eigenen Körpers und der Ausbildung leiblicher Disponibilität. In der Arbeit werden zunächst Bestimmtheiten und Grenzen ausgemessen, die mit der eigenen „Natur" gegeben sind. Sodann werden im Arbeitsprozeß die einmal erworbenen Fähigkeiten zu komplexeren zusammengefügt und zur Verfügung gehalten. Tätigkeiten, die nicht im Dienst der Hervorbringung des dem Menschen Möglichen stehen und somit keine inneren Gratifikationen bereithalten, werden von Fröbel nicht als Arbeit im humanen Sinne gewertet.

In der Arbeit vollzieht sich des Menschen „Einigung" mit der Natur: sowohl mit der eigenen als auch mit der umgebenden, die er sich arbeitend aneignet und verfügbar macht. So genommen hat Arbeit einen „entwickelnden, entfaltenden", keinen aggressiven, die Lebensgrundlagen verändernden, revolutionären Charakter. Arbeiten soll der Mensch, wie der Vogel singt: „das Lied, das aus der Kehle dringt", ist als Gestaltung, Ausdruck und bewußtmachende Erfahrung zugleich Befreiung aus der eigenen unerschlossenen, dumpf-lastenden Natur. Sie ist als Selbstbefreiung und Selbstgestaltung auch „Lohn, der reichlich lohnet" (nach Goethes Gedicht „Der Sänger"). Zur Befriedigung der irdischen Bedürfnisse finde sich, meint Fröbel, immer ein Weg. Und er spielt auf das Gleichnis Jesu von den „Vögeln unter dem Himmel" und den „Lilien auf dem Felde" an (Menschenerziehung, hrsg. von E. Hoffmann 1951, Bd. 2, 28f). Wer sich nicht arbeitend in den Ausmessungen seiner Natur verwirklicht, ist für ihn nicht so sehr durch Mangel an irdischen Gütern bedroht als durch Mangel an Übereinstimmung mit sich selbst: er hat das Maß des ihm Möglichen nicht erkundet und gerät in die Gefahr äußerer Abhängigkeiten, Unter- und Überforderungen.

Hat Fröbel die gesellschaftliche Bedeutung der Arbeit damit verkannt? Die realen Arbeitsbedingungen im Zeitalter der Manufakturen und der beginnenden Industrie, die einen großen Teil der Menschen außer Hause zu „Lasttieren" erniedrigten, zeigen, wie wenig der Arbeit schon von Natur aus ein Maß und Gesetz innewohnt, das sie gegen entfremdende, inhumane gesellschaftliche und historische Entwicklungen immun machte. Es kann auch nicht mehr selbstverständlich davon ausgegangen werden, daß in den häuslichen Tätigkeiten ein natürliches Maß des Zutraubaren enthalten ist, eine immanente Ordnung, durch die gleichzeitig auch die emotionale Zuwendung in der Hausgemeinschaft geregelt wird. Eine Emotionalität aber, die nicht auf der Ordnung des Zutrauens beruht, gerät für Fröbel in die Gefahr, zur verletzenden Distanzlosigkeit zu entarten. Die Frage nach Möglichkeiten zur Verwirklichung und Sicherung der Ordnung des Zutrauens wird in den *Keilhauer Schriften* und in der *Menschenerziehung* noch offen gelassen. Hier setzt Fröbel später mit dem System der Spielgaben und Beschäftigungsmittel neu ein.

4. Die „öffentliche" Erziehung im Rahmen der „Volkserziehung"

Im Zentrum von Fröbels Ausführungen zur Volkserziehung steht die Idee des „Urvolks".[19] Vor dem Hintergrund dieses gesellschaftstheoretischen Rahmens stellt sich für ihn das Verhältnis von Familie und Öffentlichkeit als zwar spannungsreich, aber doch harmonisierbar dar.

Das „Zutrauen" hat für Fröbel auch einen wirtschaftlichen Aspekt, und zwar nicht aus Gründen einer äußerlich verstandenen Sparsamkeit, sondern weil nur aus den ungeformten, noch unverarbeiteten materiellen Gütern Gewinn für die Erkundung menschlicher Vermögen erzielt werden kann. Zu Fröbels Bild des Familienlebens gehören wie selbstverständlich „Haus, Hof usw.", der Besitz eines Grundstückes.[20] Gleichwohl bleibt jede Familie auch auf „äußerlichen" Erwerb, auf Kauf fertiger Güter angewiesen.

Der Hauswirtschaft fällt hier die pädagogische Funktion zu, einen Schonraum zu sichern, in dem der Prozeß der Selbsterkundung durch Zuweisung der notwendigen Güter eingeleitet und durch „Behütung" vor äußeren Störungen in Gang gehalten und gefestigt werden kann. Indem sie die Güter vermittelt, derer der Heranwachsende zu seiner Selbstfindung bedarf, bringt sie „echte" (nicht aufgesetzte, fremde) Bedürfnisse hervor. Diese Artikulation der „wirklichen" Bedürfnisse, die den Heranwachsenden auf sich selber stellen, nennt Fröbel „Mäßigung": „Doch nicht nur in sich ruhend als Religion und Religiosität, nicht nur herauswirkend als Arbeit und Werktätigkeit, sondern auch auf sich zurückziehend und auf sich ruhend soll die Menschenkraft sich entwickeln, ausbilden, wirken, und im letzteren Fall als Enthaltsamkeit, Mäßigkeit, Sparsamkeit. Was ist hier für den sich nicht ganz entfremdeten Menschen mehr nötig als anzudeuten? – Wo die eigentlich ungeteilte innige Drei in echter ursprünglicher Einigung, wo Religion, Arbeitsamkeit und Mäßigung in Eintracht wirken: da ist der irdische Himmel" (Menschenerziehung, ib. 31). Deshalb nimmt Fröbel die Hauswirtschaftslehre auch als wichtigen Bestandteil in die Ausbildung der Kindergärtnerinnen auf.[21] Auch hier sind die Spuren Pestalozzis unverkennbar.

Die hauswirtschaftliche Artikulation von Bedürfnissen bleibt freilich für den Schutzbefohlenen etwas ihm „Äußeres": er leistet die Artikulation noch nicht selbst, ist noch nicht zum Subjekt seiner Bedürfnisse geworden. Im Schutz des

Haushalts lebt er zwar im Einklang mit sich; aber er lebt bloß im Modus des Sich-Wohlbefindens. Um Subjekt seiner Bedürfnisse werden zu können, muß er das Im-Einklang-mit-sich-selbst-Leben, das er atmosphärisch als etwas „Äußeres" vorfindet, für sich selber „innerlich machen", zu Bewußtsein bringen. Die Zeit des Hinaustretens aus dem Umkreis des Häuslichen und der Kindheit ist eine außerordentlich krisenanfällige Entwicklungsphase, die erhöhte Anforderungen an die Erziehung stellt.[22] Die Heranwachsenden bewegen sich jetzt auf dem schmalen Grat zwischen Überforderung, die sie schon als Erwachsene annimmt, und Unterforderung, die ihnen die schon abgestreifte Kindheit weiterhin zumutet. Diese kritische Phase, „in welche der für den Knaben so höchst wichtige Durchgangspunkt (Epoche) vom Unbewußten zum Bewußtwerden fällt" (Kl. Schr. 239), findet ihren Ausdruck in der Schüchternheit. Das scheue Sich-Abschließen gegen andere bringt die „Knaben" in die Gefahr eines unproduktiven, ausdruckslosen Umgangs mit sich selber. Der Gefahr vereinzelnder Selbstsucht ist nur dann zu begegnen, wenn die Reflexion auf eine Bahn gebracht wird, in der das Individuelle sich als eine allgemein-verbindliche, „weltschaffende", sinnstiftende Potenz zur Geltung bringen kann. Es sind also Medien des gesellschaftlichen Verkehrs zu suchen, in denen Individuen unvoreingenommen sich aufeinander zu bewegen können, so daß niemand zum Subjekt eines anderen und niemand zum Objekt und Opfer eines anderen wird. Gesucht werden also „überindividuelle" Formen, in denen Güter aller Art zur produktiven Weiterverarbeitung durch die Heranwachsenden bereitstehen. Die Medien für solche die eigene Individualität überschreitenden, transzendierenden Tätigkeiten sind für Fröbel: Sprache, Wissenschaft, Kunst, Geschichte, Religion und Arbeit. Sie bilden daher auch das Grundgerüst des Lehrplans der öffentlichen Schulen (Kl. Schr. 138ff und 176ff).

Das Vorhandensein dieser Medien allein ist für Fröbel allerdings noch keine Gewähr für ihre pädagogische Potenz. Die Funktionsfähigkeit dieser überindividuellen Kommunikationsmedien kann nur durch entsprechende Institutionen (Universitäten, Kirchen, Staat) gewährleistet werden. In den Medien wie den Institutionen ist sich die Gesellschaft immer schon zum Ärgernis geworden. Es bedurfte daher eines epochalen Ereignisses, um die gegebenen gesellschaftlichen Verkehrsformen in Medien der Menschenerziehung umzuwandeln. Für Fröbel (wie für viele der „Gebildeten" seiner Zeit) hat dieses Ereignis in der Erhebung gegen Napoleon bestanden. Für sie bahnte sich darin die Formierung einer Gesellschaft an, die in nichts anderem begründet war als in dem unbedingten Willen ihrer Glieder zur Vergesellschaftung. Das Erregende an diesem Ereignis wurde in der geradezu eruptiv-ursprünglichen Entstehung einer Nation gesehen: Menschen, die nie zuvor zu einem einheitlichen Staatsvolk gehört hatten, fanden sich ohne die Vermittlung einer bestehenden Staatsverfassung als Glieder eines Volkes zusammen unter einem „Gesetz" von offenkundig höherer Legitimität als der einer verfaßten Ordnung. Dieses Ereignis versuchte auch Fröbel in dem Begriff des „Urvolkes" zu fassen,

Friedrich Fröbel (1782–1852)

einem Begriff, in dem, eben weil er in einem kontrafaktischen Verhältnis zur tatsächlichen Tradition entworfen war, die Geschichte (und vergleichsweise auch die Sprache) zum Problem werden mußte. Das im Werden begriffene Volk hat keine Geschichte im Sinne einer Tradition; wohl aber reicht die schicksalhafte Zugehörigkeit zu ihm über das individuelle Leben hinaus und muß erhellt und ausgelegt werden in einer mit dem Volk selber erst entstehenden Geschichte. In gleicher Weise muß die Sprache neu geschaffen werden: „Unser Sprachunterricht gründet sich, nach den Forderungen unserer Sprache als einer ursprünglichen, auf die in jedem Menschen liegende Sprachfähigkeit... So entwickelt und entfaltet sich dem Zögling das ganze Gebiet der Sprache ..., indem er sie gleichsam aus sich selbst von neuem entwickelt und schafft" (Kl. Schr. 140).

Fragwürdig wurde diese Fröbelsche Vorstellungswelt, wo er sich von der Idee einer aus sich selbst deutbaren – „deutischen" – Sprache dazu führen (soll man sagen: verführen?) ließ, in jedem Sprachelement, bei den Lauten angefangen, tiefere symbolische Bedeutung zu suchen. Hinzu kommt, daß er seine Version der Nationalerziehung in der Zeit der tiefsten Restauration publizierte. Sein nationalpädagogisches Manifest *An unser deutsches Volk* verfaßte er im Jahre 1820, ein knappes Jahr nach den Karlsbader Beschlüssen. Die von der Restauration unterdrückte politische Bewegung erlebte zwar 1830, in den Fußstapfen der Julirevolution, einen gewissen Aufschwung, in dessen Trend auch die Idee der Nationalpädagogik neu aufgelegt wurde, aber doch mehr als Angelegenheit von für die Praxis unverbindlichen Willenskundgaben. Fröbel selbst resignierte schließlich vor den tatsächlichen Verhältnissen. In der Neujahrsschrift *Erneuung des Lebens fordert das Jahr 1836* (hrsg. von E. Strnad 1933) hat er dem nationalpädagogischen Konzept zwar nicht abgeschworen, hält es aber nur in einem anderen Land für durchführbar und empfiehlt die Auswanderung in die Neue Welt. Im wesentlichen hoffte er, dort die Verhältnisse und Erwerbsbedingungen vorzufinden, die den Familien die Erfüllung ihrer menschheitlichen Aufgabe ermöglichen (vgl. E. Spranger 1953, 32ff). Die Idee der Menschenerziehung war aber doch im ganzen zu eng an die nationale Erneuerungsbewegung gebunden, als daß die politische Ernüchterung nicht auch das pädagogische Konzept in Frage gestellt hätte. Die neue Frage lautet, wie die Menschenerziehung auch unter „widrigen" gesellschaftlichen Bedingungen möglich ist.[23]

III. Die Kindererziehung als Fundament der Menschenerziehung

1. *Die Bedeutung der Ahnungen und der Symbole*

Das Problem der Versöhnung von Intimität und rationaler Ordnung bricht im Zusammenhang mit der politischen Resignation erneut auf: das Problem des „Äußerlichmachens" des Intim-Vertrauten und seiner Übertragbarkeit auf menschliche Beziehungen, die nicht auf den häuslichen Kreis beschränkt sind. In dem Maße, in dem diese Übertragung gelänge, wäre es möglich, den im intimen Kreis als Instinkt oder Trieb verhüllten Sinn zu entziffern.

Mit dem nationalpädagogischen Konzept wurde ein Grundmuster pädagogischen Denkens überhaupt in Frage gestellt: die Annahme, daß die Strukturen der gesellschaftlichen Ordnung (oder die Dynamik gesellschaftlicher Bewegungen) den Spiegel abgeben, in dem der einzelne sich zu begreifen und seine Indentität zu gewinnen vermag. Dem Menschen wird in diesem, in wichtigen Zügen auf Plato zurückgehenden Denkmuster das Sich-selbst-Übersteigen (Transzendieren) als Wesenseigenschaft zugeschrieben oder als Aufgabe zugemutet. Nun hatte Fröbel bereits seinen Erörterungen des pädagogischen Sinnes der Arbeit ein Denkmuster zugrunde gelegt, das den Prozeß der Selbstfindung nicht als ein Überschreiten seiner selbst begreift, sondern als eine Art immanente Interpretation von Lebensvorgängen. Der Sinn wird in der Freilegung der verborgenen Bestimmtheit der eigenen Natur gesehen. Fröbel fordert die „Pflege des inneren Lebens". „Wiederkehrend spreche ich es aus, es bedarf nun zu allernächst der höchsten ausdauernden ruhigen Pflege unseres eigenen und eigensten Lebens" (zit. nach E. Hoffmann, 1951, Bd. 1, 103). Doch wie hat man sich diese Pflege vorzustellen?

Es geht darum, Ereignisse des eigenen Lebens als Chiffren wahrzunehmen, in denen sich etwas von der eigenen verborgenen Natur ankündigt, in der Form eines dunklen, in hohem Maße interpretationsbedürftigen Drangs zur Selbstoffenbarung. Als Beispiel führt Fröbel eine Begebenheit aus seinem eigenen Leben an: Auf dem Weg von Groß-Miltzow nach Frankfurt im Jahre 1805 verbrachte er einige Tage bei einem Freund in der Uckermark, dem er beim Abschied ins Stammbuch schrieb: „Dir gebe das Schicksal bald einen sicheren Herd und ein liebendes Weib. Mich treibe es rastlos umher und lasse mir nur so viel Zeit, um immer mein Verhältnis zu meinem inneren Sein und zur Welt gehörig erkennen zu können. Du gib den Menschen Brot; mein Streben sei, die Menschen ihnen selbst zu geben." (zit. nach Gumlich 38; vgl. E. Hoffmann 1951, 1. Bd., 150) Als Fröbel dies schrieb, war er Agronom auf dem Wege, Baumeister zu werden; er wußte noch nichts von seiner pädagogischen Zukunft.

Als Spuren und Zeichen zur Selbstoffenbarung können Lebensereignisse allerdings nur dann wahrgenommen werden, wenn sich im einzelnen Ereignis Züge der ganzen Lebensgeschichte verdichten, wenn das Ereignis „Ahnungen" weckt. Die „Pflege des inneren Lebens" ist für Fröbel auch „Pflege der Ahnungen". Diese sind keine unverbindlichen Anmutungen, haben auch nichts mit der okkulten Fähigkeit des Wahrsagens zu tun. Die Verbindlichkeit der Ahnungen liegt für ihn vielmehr in ihrer Kraft, einen Verweisungszusammenhang von Ereignissen herzustellen, die aneinander erinnern und sich wechselseitig interpretieren. Da nicht jedes beliebige Ereignis zum „Ahnungspunkt" werden kann, wird es zur pädagogischen Aufgabe, Kinder für die Wahrnehmung solcher „Ahnungspunkte" zu sensibilisieren. Diese stellen sich ein, als besäßen sie ein eigenes Kraftzentrum. In vergleichbarer Weise hat neuerdings Paul Ricoeur den Ausdruck „Zeit-Ladung" (charge temporelle) im Problemzusammenhang der Konstitution von Symbolen eingeführt. In solchen Zeit-Ladungen, die die Durchbruchs- und Entstehungsstelle von Symbolen markieren, verschränken sich Kraft (Wunsch, Trieb) und Sinn (Vorwegnahme einer erst noch zu leistenden Interpretation).[25]

Der Mensch wird als Autobiograph beansprucht, der sein Leben durch dessen Interpretation zugleich gestaltet. Deshalb hält Fröbel „es für das Leben auf das höchste wichtig, daß das Leben wieder sinnbildliche (symbolische) Bedeutung bekomme; ... durch die Wiedereinführung des Sinnbildlichen im Leben bekommt das Leben für das äußere und innere Auge wieder Klarheit und Durchsichtigkeit" (an Barop 96). Die symbolische Vermittlung von Kraft und Sinn kette den sinnstiftenden Geist an eine Wirklichkeit, über die er nicht verfügt. Die sinnbildliche Betrachtung vollende insofern das Pestalozzische Anliegen der Ankettung des Bewußtseins an das Sein. „Ohne Ahnung überhaupt ganz und gar keine Anschauung. Anschauung ohne Ahnung ist leere Hülle, ist ein Strohmann" (ib. 106).[26] Auf der andern Seite wird zugleich auch der Trieb vor der Verselbständigung zu einem dem Geist absolut entgegengesetzten dunklen Prinzip bewahrt, wird an den Geist gebunden.

Als grundlegendes Vermögen der symbolischen Interpretation ist die Ahnung nicht bloß trunkenes Ergriffensein, sondern muß wie jedes Vermögen gepflegt werden. In der Pflege der Ahnung, des „inneren Lebens" liegt für Fröbel das Hauptgeschäft der Erziehung. Wenn menschliche Selbstfindung sich als Konstitution eines Verweisungszusammenhangs von Ahnungen vollziehen soll, darf möglichst keine Ahnung verlorengehen. Die Pflege des Ahnungsvermögens muß so früh wie möglich beginnen, wenn in den triebhaften Regungen noch nichts durch Konventionen unterdrückt ist und Trieb und Sinn noch nicht auseinandergetreten sind (vgl. an Barop 100). Die Frage ist nur, wie in den frühesten kindlichen Regungen Ahnungen festgehalten, wie Ereignisse als Zeit-Ladungen zur Wirkung gebracht werden können. „Die Kunst, Ahnungen zu entwickeln, setzt die Kunst voraus, Ahnungen in dem Kinde ... festzuhalten." (ib. 105) Fröbel gibt damit zunächst nur eine allgemeine und vage Antwort. Er verweist auf das ruhige Leben in der Natur, „wo sich das Leben ruhig und stetig beachtbar, still gestaltet und kund tut" (ib. 105), sowie auf Märchen und Sagen, in denen die Einheit von Natur und Geist ausgelegt sei. Erst in der Spielpädagogik, der er sich nach Rückkehr aus der Schweiz zuwendet, geht er der Frage nach dem Gefüge von Situationen, in denen die symbolische Deutung auch unscheinbarer Vorkommnisse möglich wird, entschiedener nach.

2. Die Systematik der Spielgaben

Das Problem der praktischen Erziehung stellt sich nun als das eines Arrangements von Szenen, in deren Gefüge die symbolische Erhöhung unscheinbarer

Lebensäußerungen möglich wird. Diese dürfen nur artikulieren, was von sich aus zur Erscheinung drängt. Die Interpretation darf der Äußerung nicht oktroyiert werden. Es werden Lebensäußerungen vorausgesetzt, die sich ,,von sich aus" jeder ,,äußeren" Sinngebung oder Zweckvorstellung entziehen und wahrnehmbar sind als Äußerungen eines ursprünglichen Bedürfnisses.

Ein solches ursprüngliches Bedürfnis sieht Fröbel im Tätigkeits- oder Beschäftigungstrieb der Kinder.[27] Im Spiel äußere sich ein reiner, nicht in gesellschaftlichen Funktionen aufgehender oder durch Gratifikationen bedingter Tätigkeitstrieb. Der Spielende brauche etwas ,,Schweres", an dem und durch das die Äußerung als Kraft erfahren werden könne. ,,Die Schwere, die Anziehung ist aber die erste Äußerung der Kraft."[28] Auch die Hinwendung zum Ungeformten gibt der Tätigkeit Gelegenheit, sich als Kraft zu erfahren, Kraft als Formgebung im weitesten Sinne. Hierzu bedarf es der mindestens ahnungsweisen Antizipation der Form. Für Kinder ist derjenige Gegenstand, der zuerst und am unmittelbarsten die Ahnung der Form weckt, der *Ball* (vgl. Scheveling 1965, 93f). Mit dieser Konstruktion versucht Fröbel die beobachtete Vorliebe der Kinder für das Ballspiel zu erklären. Doch das weiterführende pädagogische Problem liegt in der Erfindung von Ballspielen, in denen der spielerische Umgang mit Bällen sich symbolisch verdichtet.

Was Fröbel am Spiel vor allem fasziniert, ist seine Spiegelfunktion: ,,Das Spiel ist ein Spiegel des Lebens, des eigenen und des Fremdlebens, des Innen- und des Umlebens; aber in Freiheit der Darstellung und doch getragen vom inneren Gesetze und deshalb das Leben – wie ein heller Spiegel die ihm gegenüberstehenden Gegenstände und wie ein klarer See seine Umgebung – verschönt und geklärt zurückgebend." (Theorie des Spiels I, 16) Die Äußerung wird durch den Spiegel gegenständlich verfügbar, wird etwa in der Bewegung des Balles als Handlung sichtbar, an der sich der Spielende als Subjekt erfährt. So verbindet das Spiel Subjekt und Objekt in einer Art Kreisprozeß, der freilich auch zu einem bloßen Wechselspiel von Zufall und Willkür verkommen kann. Das pädagogische Problem ist für Fröbel, wie der Kreisprozeß des Spiels so ausgelegt werden kann, daß der Trieb zur Tätigkeit in Formen des Verstehens und Begreifens interpretierbar wird.

Wie können die Abläufe des Spiels so verfaßt werden, daß sich der Tätigkeitstrieb darin als Können, als Ausdruck einer auf Selbststeigerung angelegten Kraft entfalten kann? ,,Das Gefühl der Kraftäußerung und der Kraftsteigerung ... wird bald das Kind erfreuen; denn die Freude des Kindes quillt ihm besonders aus dem Gefühle, aus dem Gebrauche und dem Wachstum seiner Kraft, wie diese ja eben durch den Wechsel sich steigert und so wächst." (ib. 24) Mit der Kategorie des ,,Könnens",[30] der auf Steigerung angelegten Kraft, wird eine Dimension des Tätigseins ausgeleuchtet, in der der erfolgreiche Ausgang in der Zuversicht des Gelingens vorweggenommen ist. Das Können ist die Selbstvergewisserung der eigenen Möglichkeiten und zugleich die Ausmessung seiner Grenzen. Im Spiel sind die Fähigkeiten unter den Anspruch der Vervollkommnung gestellt (vgl. Anm. 16). Das Spiel ist für Fröbel der Rahmen, in dem sinnliche und geistige Funktionen als Formen des Könnens erschlossen werden. Mit dem Können des Spiels ist zugleich der Versuch bezeichnet, Willkür und Zufall produktiv zu überwinden: der Zufall ist nicht ausgeschaltet, sondern als Möglichkeit offengehalten; die Willkür ist als Verwirklichung von Möglichkeiten der menschlichen Natur faßbar. Können wird als Kreisprozeß, als ,,sphärische" Vermittlung von ,,innen" und ,,außen" gesehen.[31]

Vor diesem theoretischen Hintergrund unternimmt Fröbel den kühnen Versuch, die ,,Künste" der Welterschließung, die der Pädagogik durch die Überlieferung vorgegeben waren, in einer pädagogischen Auslegung des Spiels originär zu entfalten. Im sinnlich-praktischen Umgang mit entsprechend konstruierten ,,Dingen" soll das Spiel die Ahnung einer als zusammengehöriges Ganzes zu verstehenden Welt erschließen.

Das *Ballspiel* soll zunächst das Be-Greifen (Umfassen) durch die Form vermitteln, die im ersten Spiel noch ganz ,,innerlich" bleiben muß. Der Ball schmiegt sich weich in die Hand, die noch verhüllte Form wird durch die Elastizität des Materials repräsentiert (Theorie des Spiels I, 22f; Scheveling 94ff). Sodann wird das Be-Greifen als Relation von Distanz und Nähe, von Haben und Gehabthaben erfahren: der Ball pendelt an einer Schnur hin und her (ib. 25ff). Gegliederte Raum- und Zeitbeziehungen werden erlebt als Artikulationsformen der Spieldynamik: der Raum als Spannung von Distanz und Nähe, die Zeit als rhythmische Gliederung von Bewegung (hin-her; pimpam). Hierbei kann der Ball zwar alle möglichen bewegten Gegenstände repräsentieren (etwa fliegende Vögel), die Gegenständlichkeit tritt aber als noch ungegliederte, bunte Vielheit auf. Die Vielzahl wird durch die Farbe repräsentiert. Dem Kinde werden nach und nach ,,bald einzeln, bald in verschiedenen Verknüpfungen sechs Bälle in ... sechs Farben als Spielzeug vorgeführt" (Scheveling 95), wobei die Farbe als erster Schritt zur Objektivierung der Form auftritt.

Von hier aus ergibt sich die Aufgabe der zweiten Spielgabe: sie soll die Form hervortreten lassen und erfahrbar machen und zwar so, daß mit ihr gegenständliche Unterscheidungen möglich werden. Die Form wird das erste Prädikament, sie eröffnet mit der zweiten Spielgabe das Weltverhältnis des Prädizierens (Theorie des Spiels II; Hoof 1977, 38ff). Soll dies nicht gewaltsam geschehen, so darf die zweite Gabe nur explizieren, was die erste schon verhüllt enthielt. Die Form des Balles wird in Gestalt der ,,festen" *Kugel* äußerlich gemacht, deren Körper durch drei ,,sich rechtwinklig durchschneidende Richtungen oder Achsen" (Scheveling 100) bestimmt ist. Diese innere Bestimmtheit der Kugel wird am *Würfel* äußerlich gemacht. Kugel und Würfel sind nur relative Gegensätze, was an der *Walze* sichtbar gemacht wird. Die Einheit (das ,,Entgegengesetzt-Gleiche") der drei Körper repräsentiert die Einheit des Urteils. Das In-Beziehung-Setzen von Unterschiedenem ist aber nur möglich, wo Formen nicht als etwas schlechthin Gegebenes hingenommen, sondern als Ergebnis von Tätigkeiten angeeignet werden.

Die zweite Gabe wird deshalb durch eine weitere ergänzt, die die Formgebung selbst, das Beziehungen-Stiften aneignen und reflektieren lehrt: Als dritte Gabe soll dies der in jeder Raumrichtung *geteilte Würfel* leisten (Theorie des Spiels III; Hoof 1977, 46ff). Der ,,über sich selbst lehrende Würfel" erschließt die Kategorien ,,Teil" und ,,Ganzes". Das Ganze wieder kann unter drei Gesichtspunkten begriffen und reflektiert werden: als etwas Hergestelltes, das die Verhältnisse der Teile untereinander und zum Ganzen unter Funktionsgesichtspunkten bestimmt *(Gebrauchsformen)*; das diese Verhältnisse logisch-mathematisch bestimmt *(Erkenntnisformen)*; und schließlich als die Stimmigkeit der Gliederungen, der durch Bewegung, die die Teile tanzen läßt, entstehenden Figuren *(Schönheitsformen)*.

Die weiteren Gaben bauen darauf auf: Die vierte Gabe wiederholt die Möglichkeiten der dritten mit *Legetäfelchen*. In der fünften Gabe wird der Würfel in 27 gleichgroße Teilwürfel zerlegt, unter denen ein Teil durch Diagonalschnitte geteilt ist. Die sechste Gabe baut in gleicher Weise auf die fünfte auf, wie die vierte auf die dritte. Die siebte zerlegt den Würfel in 64 Teilwürfel, die achte bietet entsprechend viele Legetäfelchen dar.[32]

3. Die Pädagogik des Spiels

Für Fröbel ist der pädagogische Sinngehalt des Spiels nicht schon durch die Tatsache, daß Kinder gerne spielen, verbürgt. Diese Tatsache ist nur ein Zeichen dafür, daß sich im Spieltrieb offenbar ein ursprüngliches Bedürfnis äußert, das weder in biologisch-physiologischen noch in gesellschaftlichen Funktionen aufgeht.[33] Dennoch wird er durch überlieferte Spiele, die oft feste Bestandteile einer Kultur oder Kinderkultur sind, kanalisiert. Hier setzen Möglichkeit und Notwendigkeit einer pädagogischen Kultivierung des Spieltriebs ein. Was sich in der Ursprünglichkeit des Spieltriebs als inneres Bedürfnis ankündigt, muß behutsam, nur artikulierend entfaltet und gedeutet werden. Die Zusammenhänge des Spiels umfassen alle Schichten und Dimensionen des Lebens: Handeln und Sprache, Gemüt und Intellekt. Für sich genommen reicht die Sprache aber nicht an die symbolische Bedeutung, die ,,innere" Bestimmtheit des Spiels heran. Symbolischer Gehalt ist grundsätzlich nicht diskursiv zu entfalten, sondern nur in meist festlichen Riten oder Kulten, deren Sinn sich nur in der Teilnahme enthüllt. Fröbel stimmt hierin mit den Symboltheorien der Romantiker und Spätromantiker, etwa Bachofens, überein. An die Stelle der überlieferten Riten tritt bei ihm das durchsichtigere Spiel. Die Entfaltung des symbolischen Gehalts setzt Gemeinschaften voraus, die einen Akt der Sinnstiftung vollziehen, indem sie den aus der üblichen Welt herausgehobenen Raum einer ,,authentischen" Ordnung gemeinsam ,,begehen".[34]

In den Spielgaben wird zum erstenmal der Versuch einer pädagogischen Definition der Kindheit unternommen. Kindsein ist weder genetisch noch gesellschaftlich erschöpfend zu definieren. Natürlich setzt schon ihr Begriff die gesellschaftlich-historische Tatsache voraus, daß sich Kinder und Erwachsene als zwei getrennte soziale Stände gegenübertreten (vgl. Anm. 7, van den Berg 1960). Nicht in der Überwindung des Kindseins durch Orientierung des Lernens am künftigen Erwachsenenleben, sondern in der Bewahrung der Kindheit als eines unersetzbaren Moments im Prozeß der menschlichen Selbstfindung besteht das tieferliegende pädagogische Problem. Fröbel versuchte, ihm durch das Arrangement von Szenen beizukommen, in denen Erwachsensein als stimulierendes, Kräfte freisetzendes Versprechen erscheint, so daß Kinder ihr Älterwerden als ein Größer-werden-Wollen annehmen können.

Die Erwachsenen treten in Fröbels Spielen als Spielführer und Spielhelfer auf; weder Gegenstände noch Aufbau der Spiele werden von den Kindern spontan gewählt. Man hat Fröbel daher vorgeworfen, seine Gaben seien nur raffiniertere Formen, Kinder zu überlisten. Die pädagogische Rechtfertigung hat zwei Seiten: Die einfachen mathematischen Verhältnisse, nach denen die Spielgaben gewonnen werden, spiegeln gleichsam Strukturen, nach denen der Kosmos selbst aufgebaut ist. Im mathematischen Aufbau der Spielgaben wird der „weltbauische" Gedanke nachvollzogen. Die Welt selbst, als Raum menschlicher Selbstverwirklichung, wird sinnenfällig in ihren elementaren Aufbaugesetzen erfahren. Diese und die Formen des Umgangs mit ihnen bilden einen Code aus, in dem Eindrücke und Empfindungen zu Wahrnehmungsinhalten verarbeitet werden. Spielregeln übernehmen die Funktion einer grundlegenden Disziplinierung und Sensibilisierung des Verhaltens. Der Fröbelsche Begriff der Disziplin bezieht sich nicht auf die Willkür von Herrschaftsverhältnissen, sondern auf logisch-mathematische Gesetze, denen Erwachsene ebenso unterworfen sind wie Kinder. Nur vermögen Erwachsene die logische Kohärenz der Gaben und ihrer Regeln einzusehen, während Kinder noch ihre ersten Elementarerfahrungen machen und sammeln müssen.

Anderseits bilden die Gaben in ihrem mathematischen Aufbau einen abgeschlossenen, abgehobenen Raum, eine eigene Ordnung, deren Gefüge nicht von irgendwelchen bestimmten Inhalten abhängt, sondern mit ihren Gebrauchs-, Erkenntnis- und Schönheitsformen auf alle möglichen Erfahrungsbereiche bezogen werden kann. Sie ist also offen und geschlossen zugleich und erscheint dem Kinde, das die Strukturen noch nicht ganz durchschaut, als Abglanz und Verheißung der inneren Bestimmtheit, die im Spieltrieb ans Licht drängt. „Äußere" und „innere" Ordnung entsprechen sich spiegelbildlich als das „Entgegengesetzt-Gleiche". Gespielt wird nur, wo das Verhalten von der eigentümlichen Lust regiert wird, bis an die Grenzen seines Könnens vorzustoßen, von einer „jouissance morale", wie Jean Château diese Lust auch genannt hat,[35] wo das Gelungene zur Herausforderung wird für weiteres Wagen. Doch in den überlieferten Spielen, die nur begrenzte Lebensregungen unter vorbestimmten Absichten erfassen, wird die Spiegelfunktion nur unvollkommen verwirklicht. Die mathematische Ordnung der Spielgaben soll den tieferen Sinn gerade zur Geltung bringen, indem hier die Spiele nicht auf vorbestimmte Abschlüsse festgelegt sind. Spiel soll hier den Rang einer eigenen Lebensform, eines eigenen zu ,,begehenden" Raumes erhalten, nicht nur ein Einsprengsel im Leben des Kindes sein. Es fragt sich, ob das ,,Spielen" mit solchen Totalitätsansprüchen nicht innerlich ausgehöhlt wird.

Fröbel setzt voraus, daß nur im Umgang zwischen Kindern und Erwachsenen, in einer Kommunikation, in der für den Erwachsenen die Erinnerung der eigenen Kindheit einen positiven, nicht nur nostalgischen Sinn annimmt, Kindheit und Erwachsensein sich als konstitutive Momente von ,,Lebensganzheiten" darstellen. Indem sich der Erwachsene mit den Kindern gemeinsam auf die Ordnung ihrer Spiele einläßt, bringt er seine Erfahrungen in den ,,Anfangspunkt" zurück und aktualisiert sie noch einmal im Mitvollzug des sich im Spiel entfaltenden ,,weltbauischen" Gedankens. Die Erwachsenen sollen dabei die formalen Abläufe des Spiels sprachlich deuten. Fröbel gibt Beispiele in eigenen Versen und Liedern. Schlecht sind diese nur, wenn man sie als Dichtung nimmt. Ihre Absicht ist, dem Kinde vorzuführen, was das Spiel an Weltgehalten hervorzubringen imstande ist. ,,Darum versuchen wir auch hier, Ihr Eltern, das erste Spiel Eures Kindes, vermittelt durch den Ball, mit den geeigneten Worten zu verknüpfen; doch sollen diese Worte, ob sie gleich aus dem wirklichen Leben der Mütter mit ihren Kindern entnommen sind, dennoch für Deine mütterliche und lebenvolle Spielsprache, liebe Mutter, so wie die Folgen des Spielens selbst ... keineswegs vorschreibend, sondern bloß leitend und andeutend sein" (Theorie des Spiels I, 27). So repräsentiert der Spielleiter, was das Spiel an noch unbestimmten Möglichkeiten enthält, und eröffnet den Raum, in dem das Größer-werden-Wollen für das Kind zum eigenen Bedürfnis wird.

IV. Abschluß

Es ist noch heute unmöglich, eine Darstellung von Fröbels Pädagogik abzuschließen, ohne ausdrücklich die Frage nach ihrer Gegenwartsbedeutung zu stellen. Darin zeigt sich, wie fremd uns Fröbel geblieben ist. Die Fremdheit liegt nicht allein im geschichtlichen Abstand, sondern in der Eigenwilligkeit seiner Denkstruktur. Mit den uns geläufigen Kategorien pädagogischen Denkens beschreiben wir den Selbstfindungsprozeß in der Regel so, daß der Mensch sich nur ,,am andern seiner selbst", im Horizont einer gesellschaftlichen Wirklichkeit in seinen eigenen produktiven Möglichkeiten zu ergreifen vermag. In diesen Denkbahnen ergibt der Fröbelsche ,,Weg nach innen" keinen Sinn. Deshalb muß die Frage nach Fröbels Bedeutung tiefer angesetzt werden. Sie muß vordringen zu dem Punkt, an dem Fröbel die gewohnten Bahnen verläßt und neue eröffnet. Im Raum unserer gesellschaftlich artikulierten Wirklichkeit wird allgemein die klare Scheidung des Vernünftigen vom ,,Irrationalen", Absonderlichen vorausgesetzt. Es liegt immer schon fest, welche Regungen mit dem geltenden Code der Vernunft zu vereinbaren und zu organisieren sind und welche in einer vernünftig geordneten Welt keinen Platz haben.

Fröbels Pädagogik versucht, jenseits dieser Grenzziehung anzusetzen und auch solche Regungen zu dechiffrieren, die in den offiziellen Codes nicht mehr verständlich gemacht werden können. Pädagogik hat sinnstiftende Potenzen auch in dem zu entdecken, was als kindisch, irrelevant aus der gemeinsamen Welt ausgeschlossen ist: produktive Kräfte und Regungen des kindlichen Lebens, die noch nicht in gesellschaftlichen Funktionen aufgehen. Bei Fröbel scheint sich die Einsicht Bahn zu brechen, daß „raison" und déraison" nur zwei Seiten derselben „Sache" sind, und daß mit der Rationalisierbarkeit äußerer Ordnungen sich die Bezirke des Unvernünftigen, Ausgeschlossenen, Verdrängten eher noch vergrößern. Vor allem scheint er die darin begründete Gefährdung der Kinder erkannt zu haben. Die rationalen Gefüge werden immer anfälliger und haben keine Nischen mehr für die „Unvernunft" der Kinder. Für uns werden deren Lebensäußerungen daher immer unverständlicher, und die Institutionen, die wir einrichten, um dem zu begegnen, nehmen immer mehr den Charakter von Asylen an.

Man hat gegen Fröbels Erziehungskunst, die er selber als eine Art Heilkunst anbietet, eingewandt, sie sei zu sehr vom Glauben an die Unversehrtheit der menschlichen Natur durchdrungen, von der gläubigen Annahme, jede kindliche Regung sei sinnvoll und müsse deshalb als potentieller Beitrag zur Hervorbringung des Menschlichen anerkannt werden. Die Naivität des Glaubens an die unversehrte Menschennatur haben wir verloren. Gleichwohl fällt es schwer, sich eine Erziehung ganz ohne diesen Glauben zu denken.

Adolf Meyer

LUDOLPH VON BECKEDORFF

(1778–1858)

Es mag verwundern, einen preußischen Ministerialbeamten wie Ludolph von Beckedorff in der Reihe großer Pädagogen zu finden. Gilt er doch allgemein als Vertreter des Antifortschritts, der nach den napoleonischen Kriegen bereits eingeleitete, durch die preußische Reformpolitik begonnene freiheitliche Verbesserungen im Schulwesen, besonders in Volksschule und Lehrerbildung, erfolgreich unterdrückt und dazu beigetragen hat, die überlebten politischen und gesellschaftlichen Strukturen des absolutistischen Staates zu bewahren.

Nun kann es sich nicht darum handeln, die Erinnerung an einen Schulmann zu beleben, der dem Reformer Süvern, der beharrlich, aber erfolglos an einem Gesetzesentwurf für das gesamte Schulwesen arbeitet, ebenbürtig oder gar überlegen gewesen sei. Beckedorff gehört mit Sicherheit weder zu den originalen Denkern, deren Ideenreichtum die pädagogischen Theorie zu immer neuen Auseinandersetzungen herausfordert, noch zu den praktischen Reformern, die etwas grundsätzlich Neues schaffen. Die Gedanken seiner wenigen, heute nur noch in der Form der *Jahrbücher für das preußische Volksschulwesen* (1825–1828) zugänglichen Schriften, sind in ihrer Anlehnung sowohl an die Aufklärung als auch an die Romantik wenig selbständig und in ihrem Begründungszusammenhang fragmentarisch, so daß sich jeder Systematisierungsversuch, der sie in den Rang einer eigenständigen und geschlossenen Theorie erheben wollte, von selber verbietet. Ebensowenig läßt sich ein genaues Bild seines Wirkens im preußischen Kultusministerium gewinnen. Diese Einschränkungen sind nötig, wenn man zeigen will, wo die besondere Position liegt, die Beckedorff in der Geschichte der Pädagogik einnimmt.

An erhabenen Ideenentwürfen, Begeisterung weckenden Programmen und realistisch gemeinten Reformvorschlägen hat es in der Bildungsgeschichte wahrlich nicht gefehlt. Die Frage, warum diese sich nicht haben durchsetzen können, bleibt oft unbeantwortet. Der eigentliche Widerstand gegen mehr oder weniger utopische Reformpläne stellt sich meist nicht durch Gegentheorien ein, sondern ist das Ergebnis einer geschichtlichen Erfahrung. Sie beruht auf der unmittelbaren Einsicht, daß nicht nur Entwicklung, Veränderung und Fortschritt für das menschliche Leben bestimmend sind, sondern daß bei allem historischen Wandel der Mensch auf Grund nicht aufhebbarer anthropologischen Gegebenheiten immer auch ein in der Endlichkeit seines Daseins eingeschlossenes Wesen bleibt. Wer dies weiß, tritt nicht vorbehaltlos für Veränderungen ein. Er bejaht das Bestehende, das es als wirklich zu ergreifen gilt, und ist bereit, die Widersprüche in Staat, Gesellschaft und Erziehung als durch die Analyse des kritischen Verstandes nicht auflösbar hinzunehmen. Diese Lebenssicht wird von einem Vertrauen auf die bestehende Welt getragen. Sie bezieht ihr Handeln nicht auf lediglich vorgestellte Ziele in einer ungewissen Zukunft, die ihr nur als vage Möglichkeiten erscheinen müssen.

Diese vorläufigen Überlegungen begründen, warum die historische Forschung m. E. Beckedorff nicht übergehen kann. Seine Person und seine Zeit als die des Übergangs von der geschlossenen zur offenen Gesellschaft sind in hervorragender Weise geeignet, den geschichtlichen Beweis für das Vorhandensein dessen anzusetzen, was wir neben der Tendenz der Veränderung und des Fortschritts als die zweite anthropologische Befindlichkeit des Menschen bezeichnen: die Bewahrung seiner selbst inmitten des Wandels. Gerade die Zeit, die Beckedorffs Leben bestimmt, könnte historische Einsichten und Erfahrungen vermitteln, die nicht als bloße „reaktionäre" Abwehr des pädagogischen Fortschritts aus „Böswilligkeit" oder „eingebildeter Tradition" abgetan werden können. In Beckedorff verdichten sich gleichsam die Züge, die das Typische der „konservativen Haltung" als eines unauslöschbaren Bestandteils menschlicher Existenz verdeutlichen.

I.

Ludolph von Beckedorff stammt aus einer kleinbürgerlichen Familie. Er wurde 1778 in Hannover als Sohn eines Schreibers bei der protestantischen Kirchenbehörde geboren. Nach dem Tode des Vaters tritt die Mutter als Kammerfrau in den Dienst der englischen Königin Charlotte. Nach humanistischer Schulbildung studiert Beckedorff in Jena Theologie. Er hört Fichte und schließt sich dem Kreis um Herbart an. Bereits nach einem Jahr gibt er die Theologie auf, um in Göttingen Medizin zu studieren. Mit einer wissenschaftstheoretischen medizinischen Dissertation schließt er 1799 seine akademische Ausbildung ab. Danach hält er sich bei adligen Freunden in Mecklenburg und bei seiner Mutter in England auf. 1810 übernimmt er für kurze Zeit die Stelle eines Hofrats und Erziehers beim Kurprinzen von Hessen-Kassel, der nach seiner Vertreibung durch Napoleon in Berlin residiert. Er ist Mitglied der Christlich-Deutschen Tischgesellschaft, einer Vereinigung der führenden Köpfe der Romantik. Heinrich von Kleist und Adam Müller stehen ihm besonders nahe. In diese Zeit fallen auch die ersten vergeblichen Versuche, in den preußischen Staatsdienst zu treten. Von 1811 bis 1818 übernimmt er das Amt eines Hofrats und Erziehers beim Herzog von Anhalt-Bernburg. Aus beiden Stellungen als Prinzenerzieher wird er entlassen, weil er nicht bereit ist, persönliche Kränkungen hinzunehmen und seine Überzeugungen zu verleugnen.

Seit 1819 steht er unter dem Staatskanzler Hardenberg und dem Kultusminister Altenstein im Dienste des preußischen Königs Friedrich Wilhelm III. Seine

Schrift über die Auswüchse des Turnwesens und seine Verurteilung der Ermordung Kotzebues durch den Studenten Sand als terroristische Tat tragen zu seiner Berufung bei. Er ist für einige Monate Mitglied der Zensurbehörde beim Staatskanzler und bearbeitet danach als Referent das niedere Schulwesen und die Lehrerseminare und wird zum Regierungsbevollmächtigten für die Berliner Universität ernannt. Nach seinem Übertritt zum katholischen Glauben im Jahre 1828 wird er vom König fristlos entlassen. Er bewirtschaftet nun ein von ihm angekauftes Gut in Pommern und wird 1840 von Friedrich Wilhelm IV. in den Adelsstand erhoben. Er tritt an die Spitze der Landwirtschaftsbehörde von Pommern, die er bis wenige Monate vor seinem Tode im Jahre 1858 leitet. Dem Erziehungswesen bleibt er durch die Leitung einer rheinischen Ritterakademie und die Gründung einer Armenerziehungsanstalt auf seinem Gute verbunden.

Dieser Lebensweg ist zwar kaum eine gradlinige steile Karriere und dennoch als Aufstieg vom Sohn eines Kirchenschreibers zum geachteten Mitglied der preußischen Ritterschaft für die erste Hälfte des 19. Jahrhunderts ungewöhnlich. Umstritten ist Beckedorff im Urteil der Zeitgenossen und der Nachwelt, die vor persönlichen Verdächtigungen nicht zurückschrecken. Der Aufstieg des Nichtjuristen und Nichttheologen, der weder zum Kreis der altgedienten preußischen Reformbeamten gehört noch über eine im Verständnis der Zeit klassisch-humanistische und literarisch-ästhetische Ausbildung verfügt, und der ihm nachgesagte „Kryptokatholizismus" tragen ihm zahlreiche offene und versteckte Gegner ein, die ihre Feindschaft publizistisch austragen. Doch fragt es sich, ob Beckedorff trotz einer festen monarchischen Gesinnung und unerschütterlichen christlichen Glaubensüberzeugung als „Günstling höchster Kreise" aus Opportunismus zum Handlanger eines von Revolutionsfurcht getriebenen Polizeistaates wird. Diejenigen, die ihm persönlich nähertreten oder ihn durch den Dienstverkehr kennen, sparen nicht mit Lob und Anerkennung. Diese Beurteilung ist um so bemerkenswerter, als sie auch nach dem Verlust seiner amtlichen Stellung aufrechterhalten wird. Ihr zufolge ist Beckedorff ein Mann von glänzender äußerer Erscheinung und gewinnenden Umgangsformen, von hervorragenden Charaktereigenschaften, hoher Bildung und klarem Sachverstand.

Die Begleitumstände seines aufsehenserregenden Übertritts zur katholischen Kirche erlauben keinen Zweifel an seiner tiefen Religiosität. Er hat darüber einen freimütigen Briefwechsel mit dem König und Altenstein geführt. Den Übertritt vollzieht Beckedorff bei Sailer, dem späteren Regensburger Bischof, dessen Gedanken über eine „Erziehung für Erzieher" zu den bedeutendsten Schriften christlicher Aufklärungspädagogik gehören. In Sailer spiegelt sich für Beckedorff gleichsam sein eigenes Persönlichkeitsideal; aber auch dieser hat tief in Beckedorff hineinblicken können, den er dahin beschreibt, „Gott habe ihm in die Vernunft den Drang nach Einheit, ins Herz das Verlangen nach den wahren Lebensgütern und ins Gewissen die Sehnsucht nach Vergebung und Frieden gesenkt" (Grisar, S. 14). Das in der Predigt

Sailers auf eine kurze Formel gebrachte Persönlichkeitsbild weist in die Richtung, in der wir auch seinen politischen und pädagogischen Standort zu suchen haben. Dieser wird weniger dadurch bestimmt, daß er den Einflüssen sowohl der Aufklärung als auch der Romantik zuneigt, sondern dadurch, daß er in ihnen überall das Verbindende sucht. Verdächtig sind ihm alle auf die Aufklärung zurückgehenden philosophischen Systembildungen, die den zergliedernden Verstand allein als Prüfungsinstanz einsetzen, um das Gegebene ohne Begrenzung in Frage zu stellen, die sich unkontrolliert einer ausschweifenden Spekulation überlassen und die Wirklichkeit einseitig nach Begriffen unter dem Anspruch ausschließlicher Wahrheit aufbauen und daraus beschränkte und somit gewaltsame Handlungsmuster ableiten. Ebensowenig glaubt er sich auf das Gefühl als Quelle der Erkenntnis berufen zu können. Für ihn geht besonnenes Handeln nur aus vernünftigen Grundsätzen hervor.

Dabei bezieht sich Beckedorff auf eine gesellschaftliche Ausgangslage, die trotz bereits eingetretener Veränderungen noch als wenig mobil anzusehen ist. Die Schuldenlast der Befreiungskriege, die Entlassung aus der Erbuntertänigkeit, die Schaffung der kommunalen Selbstverwaltung mit der damit verbundenen Übernahme neuer Steuerpflichten und der energische Schritt zu einer liberalen Wirtschaftsverfassung durch die Einführung der Gewerbefreiheit schaffen insgesamt eine Situation allgemeiner Unsicherheit mit weitreichenden sozialpolitischen Folgen, die zunächst schwer verkraftet werden. In dieser Übergangsphase mischt sich die Ungeduld über das Ausbleiben weiterer Reformen in der Verfassungsfrage mit der Sehnsucht nach der Rückkehr zum bewährten Alten. Einig sind sich die politischen und philosophischen Köpfe nur in ihrer Ablehnung des allein auf eine obere Spitze ausgerichteten Machtstaates als einer „organisierten Polizey-Anstalt", der das Wohl seiner Bürger maschinenmäßig seinen eigenen Zwecken unterordnet. Sie werden darin durch die Erfahrungen mit dem absolutistisch-merkantilistischen Staat und dem Militärregime Napoleons bestärkt. Die „Reformpartei", die sich dabei auf die Humanitätsidee und die daraus abgeleitete allgemeine Menschenwürde und vernunftgemäße Freiheit beruft, sieht den Staat in der Rolle eines legitimen Vormundes, der berufen ist, durch seine Gesetzgebung und Organisation diese Ideale in die Nation hineinzutragen, so daß der Bürger zwar nicht unmittelbar gezwungen, aber doch genötigt ist, sein Leben den staatlich sanktionierten Idealvorstellungen gemäß einzurichten. An der Möglichkeit, die „Nationalkräfte" auf diese Weise zu beleben, wird nicht gezweifelt. Die „Restaurationspartei" dagegen bestreitet, daß von der politischen Verfassung allein eine solche Wirkung ausgehen könne. Kräfte lassen sich bei noch so guter Absicht nicht auf dem Verordnungswege wecken. Sie müssen in der Gesellschaft selbst an den Widerständen des gemeinschaftlichen Lebens wachsen, weil auch die Gesetzgebung die Hindernisse nicht selber ausräumen kann. Die Restaurationspartei wendet sich daher gegen den Despotismus der lediglich guten Absichten. Diese verkehren sich leicht in ihr Gegenteil, wo man übersieht, daß Zielvorstellungen allein noch keinen sicheren Maßstab für die Wege zu ihnen liefern. Die Grenzen dieses Denkens liegen in der Unterschätzung der Energien, die mit der Führungsrolle des Staates und seiner Ordnungsmacht selbst entstehen. Adam Müller hat in seinen „Elementen der Staatskunst" die hier verborgene Dialektik aufgedeckt: „Die Arbeit der Gesetz- und Verfassungsfabrikanten an und für sich" sei noch kein Maßstab für ihre Wirksamkeit (1. Hbd., XI). Ebensowenig gebe es im gesellschaftlichen Leben für sich allein ein freies Spiel der Kräfte, das sich ohne die Form eines politischen Regelungswillens entwickeln könnte. „... Völker und Gesetze bilden sich immer und allenthalben gegenseitig" (ib.). Die ideelle Absicht entscheidet noch nicht über die Güte eines Gesetzes. Es muß auch in der Lage sein, das zu erreichen, was es beabsichtigt.

II.

Um die pädagogischen Ansichten Beckedorffs als fortschrittsfeindlich einstufen zu können, genügt gewöhnlich die Tatsache, daß er – wir müssen nach seinem Eingeständnis hinzufügen – wegen seines Dienstverhältnisses gezwungenermaßen Mitglied jener Kommission ist, die in dem von ihr verfaßten *Promemoria über den gegenwärtigen Zustand des Schul- und Erziehungswesens* vom 15. Februar 1821 die bisher eingeleiteten Reformbestrebungen scharf verurteilt und Männer wie Fichte, Schleiermacher, Arndt und Jahn für diese einseitig verantwortlich macht (Rep. 192 Wittgenstein V.5.21, 24–27, Bl. 71–93, Auszug bei Lenz und Schweim). Die Denkschrift enthält in der Tat ein übertriebenes Maß an Selbstgerechtigkeit und Parteilichkeit und scheut auch nicht vor persönlichen Verunglimpfungen zurück. Der Anteil Beckedorffs an ihrer Abfassung läßt sich allerdings nicht mit Sicherheit nachweisen. Seine früheren und späteren Äußerungen zeigen eindeutig, daß Art und Stil der Auseinandersetzung in dem *Promemoria* ihm wesensmäßig fremd sind, selbst wenn sich manche der darin ausgesprochenen Ansichten mit seinen eigenen decken mögen. Der Standort Beckedorffs läßt sich verläßlicher bestimmen aus Äußerungen, die eindeutig von ihm selbst stammen.

Betrachten wir zunächst seine Beurteilung von Süverns Entwurf eines Schulverfassungsgesetzes von 1819 und den von ihm entwickelten *Begriff der Volksschule* aus dem Jahre 1825, die teilweise wörtlich übereinstimmen (Rep. 192 Wittgenstein ... Bl. 130ff; Jb. I, S. 24ff). Der Entwurf Süverns erkennt nur solche Schulen als öffentlich an, „welche die allgemeine Bildung des Menschen an sich, und nicht seine unmittelbare Vorbereitung zu besonderen einzelnen Berufsarten bezwecken". Basis der „gesamten Nationalerziehung" sei, „die Erziehung der Jugend für ihre bürgerliche Bestimmung auf ihre möglichste allgemeinmenschliche Ausbildung zu gründen" und sie auf diese Weise „zum Eintritt in die Staats-Gemeinschaft vorzubereiten". Hier handelt es sich um ziemlich abstrakte, interpretationsbedürftige Formulierungen. Allgemeine Bildung und berufliche Ausbildung werden begrifflich getrennt und zugleich als sich gegenseitig bedingend betrachtet. Als Ziel der Nationalerziehung gilt die allgemeine Fähigkeit zur solidarischen Staatsbürgerschaft, die auch für Süvern nur aus einer monarchischen und christlichen Gesinnung hervorgehen kann.

Beckedorff bemängelt an dem Entwurf, daß es sich um vage pädagogische Zielvorstellungen handele, die nur dann sinnvoll seien, wenn man von einer im anthropologischen Sinne ,,allgemeinen Gleichheit aller Menschen" ausgehe; denn der Begriff einer allgemeinen menschlichen Bildung an sich setze immer schon die uneingeschränkte naturhafte Gleichheit als wirklich vorhanden oder möglich voraus, obwohl dies in Wirklichkeit durch die bürgerliche Gesellschaft, d.h. politisch erst hergestellt werden müsse. Dies sei seiner Meinung nach unmöglich. Beckedorff leugnet nicht, daß die Politik einen solchen naturrechtlichen Anspruch vertreten könne, der darauf hinausliefe, ,,die natürlich Ungleichen durch einen kurzen Beschluß als künstlich Gleiche" zu behandeln. Aber was dabei herauskäme, sei ,,nichts anderes, als Neid, Eifersucht, Feindschaft, Hader und ein ewiger Kampf zwischen Gewalt und List ..." (Rep. 192 ..., Bl 131). Eine solche Bildungspolitik beruhe auf der durchaus anfechtbaren Annahme, als ob alle ,,zu denselben Ansprüchen und Rechten, und vor allen Dingen *zum Wetteifer* in der für Alle geöffneten Laufbahn berufen werden" (ib.). Die hier gleichsam am Vorabend des Industriezeitalters angesprochene Klage mag wie eine düstere Vision anmuten und psychologisch der übertriebenen Furcht eines verängstigten Gemüts der Biedermeierzeit entsprungen sein. Tatsächlich wird hier ein Sachverhalt angesprochen, der die gegenwärtige Bildungsdiskussion zunehmend beschäftigt: Das Recht auf Gleichheit der Bildungschancen zusammen mit dem davon nicht trennbaren Berechtigungswesen führt innerhalb der Schule zu einem rigorosen Konkurrenzkampf um berufliche Startpositionen, der inhumane Züge trägt. Beckedorff behauptet, daß sich das Angebot einer allgemeinen Bildung nicht grenzenlos offenhalten lasse und seinen Sinn verliere, sobald es in personaler und sozialer Hinsicht von der Anthropogenese abstrahiere und damit die Individuallage verfehle, die nach Pestalozzi sowohl Anfangs- als auch Endpunkt aller Bildung sei. Sobald eine Erziehungs- und Unterrichtstheorie mit dem Anspruch auftritt, diese eliminieren zu können, tritt der Umstand ein, „daß mit dieser sogenannten allgemeinen Bildung, mit diesem gleichförmigen äußeren Anstriche, welcher Allen ertheilt werden soll, zugleich eine Menge von gleichartigen Wünschen, Erwartungen und Ansprüchen in den einzelnen aufgeregt werden müssen, die unmöglich insgesamt sich befriedigen lassen, und die am Ende nur überall zu Unzufriedenheit, Tadelsucht und Neuerungslust führen werden" (ib., Verso).

Solange es eine arbeitsteilige Gesellschaft gebe, lasse sich die Tatsache nicht unterdrücken, daß es neben dem sozialen Gefälle verschiedene Berufe gibt. „Allen zugleich kann kein Einzelner angehören, für Einen muß er sich entscheiden. Wann soll denn der Zeitpunkt eintreten, wo diese Entscheidung gefaßt und also der besondere Bildungs- und Vorbereitungs-Weg betreten wird? ... Je länger der Jugend die Verschiedenheit der menschlichen Verhältnisse verheimlicht wird, als eine desto größere Last muß sie hinterher erscheinen; ja, eben dieser lange Traum und Wahn einer allgemeinen Gleichheit wird nicht bloß die nachfolgende Ungleichheit um so drückender machen, sondern auch die früher Gleichen und Vereinten um so schroffer trennen und um so feindseliger gegen einander stellen" (ib.).

Die gesellschaftlichen Widersprüche und Konflikte sind für Beckedorff durch das politische Modell einer naturrechtlich postulierten Gleichheit prinzipiell nicht auflösbar. Dies ist für ihn keine resignierende Feststellung. Er bejaht diesen Zustand, weil sich daraus die soziale Bedürftigkeit des Menschen ableite, da ein jeder wegen seiner Unvollkommenheit und Beschränkung des Leistungsvermögens des anderen bedarf. Trotzdem ist er nicht bereit, sich mit der Dynamik einer aus unterschiedlichen Interessenlagen hervorgehenden gesellschaftlichen Kampfsituation abzufinden. Was er dagegen setzt, erscheint auf den ersten Blick als frommer Wunsch und naives Verständnis von Politik: „Bildet die Menschen zu Christen und ihr führet die wahre Gleichheit auf Erden ein, nicht die Gleichheit der Ansprüche, des vermessenen Strebens, der eigennützigen Wünsche und der Willkühr, sondern die Gleichheit der Liebe der gegenseitigen Fürsorge, der Demuth und des unerschütterlichen Vertrauens auf eine Alles ausgleichende Gerechtigkeit Gottes" (Bl. 132.).

Doch so befremdlich dies heute klingt, es handelt sich um einen Appell, der auch noch an unsere Gegenwart gerichtet ist: Man vergleiche Erich Fromms von völlig anderen Voraussetzungen ausgehende Gegenüberstellung eines „Habenmodus", der auf Besitz, Profit, Macht und Gewalt gerichtet ist und dessen uneingeschränkte Vorherrschaft die gegenwärtige politische Krise bedinge, und eines „Seinsmodus", der sich auf Liebe gründet. Für Fromm ist diese Alternative keine Utopie, sondern realistisch als einzig mögliche Motivation für einen „neuen Menschen", während bloßen Reformvorschlägen und Systemveränderungswünschen die mitreißende Kraft fehle (Fromm, S. 65ff., 83, 137f. u. 197). Nicht zufällig greift er dabei auf Gedankengänge zurück, wie wir sie in der mittelalterlichen christlichen Theologie, besonders in der Mystik bei Meister Eckart antreffen.

Der Möglichkeit einer staatlichen Einwirkung auf das öffentliche Schulwesen sind nach Beckedorff dadurch Grenzen gesetzt, daß sie die vorhandenen unterschiedlichen Bildungsbedürfnisse, die sich aus der bestehenden Gliederung der Gesellschaft ergeben, nicht einfach übergehen kann. Süverns Gesetzentwurf bleibt für ihn ein „idealisches Formular", weil es sich über diesen Sachverhalt hinwegsetze. Die Gesellschaft brauche keine „künstliche Gleichheit der Volkserziehung", sondern eine „naturgemäße Ungleichheit der Standeserziehung" in der Form „guter Bauern-, Bürger-, Adels- und Gelehrten-Schulen" (Rep. 192 ..., Bl. 132 V.). Darüber, ob Beckedorff gegenüber Süvern recht behält, läßt sich insofern nicht streiten, als die tatsächliche Entwicklung des Schulwesens im 19. Jahrhundert seiner Einschätzung entspricht. Das geplante Gesetz Süverns scheitert primär weder an der „Reaktionspartei", noch an dem Einfluß Beckedorffs, sondern an seiner eigenen Undurchführbar-

Ludolph von Beckedorff (1778–1858)

keit, wie u. a. die Akten der rheinischen Behörden ausweisen, denen der Entwurf nicht fortschrittlich genug ist. Die Schulmänner und Regierungsbeamten des Rheinlandes sind nicht bereit, die nach Süvern ,,wissenschaftlich erwiesenen" Grundsätze des Entwurfs anzuerkennen.

III.

Die Berechtigung eines individuellen Strebens nach Vollkommenheit wird von Beckedorff in keiner Weise bestritten, sondern sogar als Pflicht angesehen. ,,Gott hat allen Menschen die nämlichen Anlagen und Vermögen des Leibes und der Seele verliehen und zwar als Pfunde, die nicht vergraben, sondern genutzt werden sollen, nämlich nach seinem Willen zur eigenen Glückseligkeit und zum Wohle der Mitmenschen. Diese Anlagen dürfen also nicht allein nicht unterdrückt oder nur vernachlässigt, sondern sie sollen entwickelt, geübt und ausgebildet werden" (Jahrbücher, Bd. VIII, S. 116).

Diese Gedanken wiederholen nur, was in der Pädagogik und Theologie bereits zum Allgemeingut geworden ist: Der Mensch ist zum Ebenbild Gottes geschaffen; aber er kann dies nur durch Erziehung erreichen, von der niemand ausgeschlossen werden darf. Andererseits gibt es für ihn keine allseitige Entwicklung, Übung und Steigerung der Kräfte, wenn sich in der realen Situation dafür kein Anknüpfungspunkt finden läßt. Alle Pädagogik muß daher einer doppelten Gebundenheit gehorchen. „Jene, die Anlagen, sind in allen Menschenkindern dem Wesen nach die nämlichen und nur den Graden nach verschieden; diese, die Verhältnisse, können zwar zum Theil und in gewisser Beziehung auch als gemeinsam betrachtet werden, sind jedoch größtentheils bei jedem Einzelnen anders beschaffen, und die Erziehung des einzelnen Menschenkindes erhält dadurch einen doppelten Charakter, einen allgemeinen nämlich und einen individuellen. In dem besonnenen, übereinstimmenden, auf das nämliche Ziel gerichteten, sicheren Festhalten beider Gesichtspunkte bestehet die Kunst der Erziehung, die also auf gleiche Weise Klarheit und Sicherheit in allgemeinen Prinzipien und Gewandheit in ihrer modificirten Anwendung nach Zeit, Ort, Umständen und Persönlichkeiten voraussetzt" (VII/21f).

Umfang und Art des notwendigen Schulbesuchs lassen sich somit für Beckedorff aus dem individuellen Bildungsstreben allein nicht ableiten. Die vom einzelnen erstrebte Persönlichkeitsbildung führt, wenn sie sich nur als inneren Entwicklungsgang in Abwehr aller sozialen Forderungen und Verantwortung versteht, zu einer beruflichen und gesellschaftlichen Fehlorientierung, die in Realitätsverlust und Wunschdenken gipfelt. Die damit verbundene Unsicherheit in der Einschätzung der eigenen Lebensstellung ist nur dadurch zu vermeiden, daß sich die Aufgaben der Schule auf ,,vorgegebene Ordnungen" beziehen, die sich aus den Anforderungen und Leistungen der Arbeits- und Wirtschaftswelt und dem gesellschaftlichen Gefüge herleiten. Die Schule muß somit in ihrer Organisation den Bedingungen folgen, wie sie sich faktisch aus dem gemeinsamen Leben ergeben, und kann ihre Zielsetzungen nur in Abhängigkeit davon festsetzen. Beckedorff nimmt hier die spätere Kritik von Helmut Schelsky hinsichtlich der Möglichkeit gegenwärtiger Schulreformen bereits vorweg, nach dessen Meinung die Schule „auf die berufliche und soziale Verhaltenssicherheit als Vorbedingung einer Persönlichkeits- und Humanitätsbildung" nicht verzichten könne. Der umgekehrte Versuch, aus „einer unmittelbaren Menschen- und Persönlichkeitserziehung eine Sinngebung und Verhaltenssicherheit in Beruf und Arbeit, Freizeit und Politik" zu gewinnen, käme nach Meinung Schelskys einer negativen „kopernikanischen Wendung" gleich (Schelsky S. 81).

Der Gedankengang ist jedoch bei Beckedorff weiter gespannt. Die vorgefundenen Ordnungen sind für ihn kein soziologischer Tatbestand, dessen Faktizität allein schon die Normativität für pädagogische Entscheidungen enthalte. Für sich genommen geben Arbeitsteilung und gesellschaftliche Schichtung mit ihren Abhängigkeits- und Unterordnungsverhältnissen noch keine Erziehungsziele ab. Ihren Sinn erhalten diese erst in theologischer Begründung: Der Mensch und somit auch das Kind sind von ihrer äußeren Lage her immer schon in Verhältnisse hineingestellt, die sie nicht selbst geschaffen haben und die sie deshalb nicht willkürlich abändern können. Diese sind nicht sinnlos, sondern enthalten die Aufforderung, sich ihnen in Gehorsam zu stellen. Es gibt nach Beckedorff keine Selbstverwirklichung an sich, indem der Mensch lediglich in Unabhängigkeit seinem Vernunft-Ich folgt, sondern von seinem nicht frei gewählten Standort ergeht der Auftrag, sich dessen Anforderungen nach einem göttlichen Gebot zu stellen. „In diesem Punkte sollen alle Schulen einander gleich seyn, wie verschieden auch übrigens das Maaß oder die Beschaffenheit derjenigen Kenntnisse, die in ihnen ertheilt werden, seyn möge. Aus allen soll eine Jugend hervorgehen, die ... die empfangenen Gaben, Kräfte und Einsichten nicht zum eigenen Ruhme, Vergnügen oder Vortheil, sondern lediglich nach dem Willen Gottes zu Seiner Ehre und zum Nutzen der Nebenmenschen anzuwenden berufen ist" (I, 19f.).

Darüber hinaus hält Beckedorff es für selbstverständlich, daß alle Schuleinrichtungen von ihren Anforderungen her in ein den Übergang zulassendes Stufenverhältnis zu bringen sind und daß „es in keinem Falle die Absicht seyn dürfe, den Kindern der niederen Stände einen so bestimmt abgeschlossenen Bildungskreis vorzuzeichnen, daß auch dem Talente, Fleiße und der Gesinnung nicht vergönnt werden solle, sich darüber zu erheben. Nur dem unberufenen Eindrängen in eine höhere Sphäre soll gewehret, ausgezeichneten Fähigkeiten aber nicht die Möglichkeit genommen seyn, sich gehörig zu entwikkeln" (I, 35).

Daß der Mensch seine Bestimmung erkenne und ihr gemäß handele, was sowohl das praktische Leben als auch seine Leitung durch die Glaubensweisheit des Christentums umfaßt, ist für Beckedorff das höchste Ziel der Erziehung. Immer geht es um die Selbstbestimmung, die die Freiheit zur Voraussetzung hat. Die Anleitung zum richtigen Gebrauch der Freiheit und zu einer vernünftigen Selbstbestimmung könne niemals zwingend sein, ohne ihren Zweck schlechthin zu zerstören. Auf die Nähe dieser Grundüberzeugungen zum Bildungshumanismus wie zu Pestalozzi kommt es hier nicht an, wohl aber auf den Nachweis, daß Beckedorff sich entschieden wehrt, die Elementarschule auf minimale Grundfertigkeiten und auf die Verabreichung von religiösem Gedächtnisstoff zu beschränken. In seiner glänzenden Beurteilung der *Kritik der Schulen und der pädagogischen Ultras,* die ihm von angeblich gleichgesinnten Freunden empfohlen wird, führt Beckedorff unmißverständlich aus, daß gegen ,,Verkehrtheiten und Irrtümer" nicht die Unwissenheit schütze. ,,Eine Volksjugend, die zur ‚größten Fertigkeit' im Lesen ohne Ausdruck abgerichtet wäre und ein höchst geübtes, mit unverstandenen Gesängen und unerklärten Sprüchen angefülltes Gedächtniß besäße, ... an wirklichen Kenntnissen aber, die auf seine Lebensbestimmung Bezug haben könnten, nichts aus der Schule mit hinweg genommen hätte ... Gott bewahre uns vor einem solchen verkrüppelten Geschlechte!" (VII/115).

Der im späteren Verlauf des 19. Jahrhunderts immer wieder erhobene Vorwurf, daß die Elementarschule unter den ,,Bildungsbeschränkungen" des Obrigkeitsstaates gelitten habe, trifft für Beckedorff ebensowenig zu, wie er gegen Stein, Süvern, Schleiermacher, selbst gegen Pestalozzi und Diesterweg vorgebracht werden könnte, die sich wie er für eine Ausrichtung auf das ,,Nötige" innerhalb der Volksbildung aussprechen. Auch einer harten Disziplin, die so gern der alten ,,Untertanenschule" angelastet wird, ist er mehrfach in seinen Jahrbüchern entgegengetreten. Dem Staat kommt nach Beckedorff in der Leitung des Schulwesens immer nur eine mittelbare Funktion zu; denn Unterricht und Erziehung haben ihren eigenen Ursprung, der sich in den Personen gründet, die sich damit unmittelbar einlassen. ,,Allgemeine Bestimmungen feststellen, zu ihrer Aufrechterhaltung mancherlei Vorkehrungen treffen; Hülfsquellen ausmitteln oder neu eröffnen, Aufsicht über Aufsicht und Controlle über Controlle einführen, Prüfungen, Rechenschaften, Berichte und Tabellen anordnen, – Alles dieses sind nur *äußere* Veranstaltungen; an das Wesen, den Kern, den Geist selber reichen sie nicht. Ja, was noch mehr ist, sie sind vielmehr dazu gemacht, diesen Geist so zu lähmen, die Gesinnung zu beschränken, die Lust und Liebe zur Sache durch Leere und zeitspielige Formen zu benehmen und das ganze Geschäft am Ende zu mechanisieren" (Rep. 192 ... Bl. 130).

Die Hauptsache sei, daß ,,einsichtsvolle, thätige und redliche Männer in freie Wirksamkeit gesetzt werden". Die aufmerksamste Fürsorge des Staates habe deshalb der Bildung eines tüchtigen Lehrerstandes zu gelten (I/18). Alle Bildungspolitik ist demnach zuerst Personalpolitik; alle staatlichen Maßnahmen sind ihrer Wirksamkeit nach nur dann sinnvoll, wenn sie in der Praxis Energien freisetzen, die das Schulwesen zu seiner Entfaltung benötigt. Für Beckedorff ist die Geistlichkeit der eigentliche Lehrstand, ,,dem auch die Schullehrer viel näher angehören als den weltlichen Ständen" (I, 18). Diese

Auffassung bestätigt in ihrer Unbestimmtheit das später so bitter beklagte Subordinationsverhältnis zwischen Lehrern und Geistlichen; denn offen bleibt, welchem sozialen Stand der Lehrer tatsächlich zuzurechnen sei, da er weder dem ,,eigentlichen" Lehrerstand angehöre noch ein ,,Professionist" sei, der ein Gewerbe treibe, und ein Staatsdiener sei er wohl auch nicht. Beckedorff gibt zu, daß es ein unhaltbarer Zustand sei, wenn der Lehrer ,,schlechter, als ein gewöhnlicher Tagelöhner" bezahlt werde (I, 70). In der von ihm geforderten ,,Rückgabe der Schule an die Kirche" haben spätere Zeiten nicht zu Unrecht den folgenschweren Schritt einer neuen geistigen Bevormundung gesehen. Die Bindung der Schule an die Kirche muß jedoch in ihrem historischen Umfeld gesehen werden. Zunächst haben Reformer wie Nicolovius und Süvern und praktische Schulmänner wie Harnisch, Zahn und z. T. auch Diesterweg diese Tendenz selbst bestärkt. Die Kirche ist ihnen bei der Gründung und Verbreiterung des Elementarschulwesens unentbehrlich. Beckedorff denkt noch an eine vom Staate unabhängige Kirche. Ihm geht es nicht darum, die Schule in die Botmäßigkeit einer zweiten Obrigkeit zu bringen, sondern die Einwirkungsmöglichkeit, die diese durch ihr Ansehen im gesellschaftlichen Leben besitzt, für die Schule zu erhalten. Die Bedeutung der Geistlichkeit für die Entwicklung des Elementarschulwesens in der ersten Hälfte des 19. Jahrhunderts kann gar nicht hoch genug eingeschätzt werden. Zunächst sind es bedeutende Theologen, die als Seminarlehrer, Vorgesetzte und vorbildliche Lehrer in der praktischen Schularbeit die Impulse geben. Erst mit der Ankettung der Kirche und somit auch der Schule an den Staat schwindet auch ihr Einfluß. Sie nehmen wie Harnisch selbst den Abschied oder werden wie Zahn entlassen.

IV.

Der Verzicht auf vorwiegend institutionelle Regelungen zur Verbesserung des Schulwesens läßt sich an den Jahrbüchern klar ablesen. In ihnen spricht zwar ein amtlicher Herausgeber, der an seinen Grundsätzen über Erziehung und Unterricht festhält, der aber keine ,,Instruktionen" geben, sondern anregen, Beispiele geben und die praktischen Schulmänner selbst zu Worte kommen lassen will. Das muß zu Mißverständnissen führen; denn der eingeschlagene Weg, die guten Absichten nicht verordnen zu wollen, sondern für sich selbst sprechen zu lassen, paßt nicht für einen Untertanenstaat und dessen Bürokratie. Gerade die ,,Milde und Freundlichkeit" in der amtlichen Tätigkeit Beckedorffs muß deshalb manchen Zeitgenossen verdächtig erscheinen.

Das größte Verdienst erwirbt sich Beckedorff durch die Einrichtung und den Ausbau der Lehrerseminare, denen er sich in unermüdlicher Arbeit gewidmet hat. Dies wird in seiner ganzen Tragweite nur erkennbar, wenn man berücksichtigt, daß es zu seiner Zeit keineswegs feststeht, ob überhaupt eigene Studienanstalten zur Ausbildung von Elementarlehrern notwendig seien. Die Pestalozzianhänger Nicolovius und Süvern halten unbeirrbar an dem ,,Normalinstitut" als Erziehungseinrichtung für arme Kinder fest, die in Unverbildetheit und nach streng geregelter Methode in den Geist Pestalozzis als Volkserzieher hineinwachsen sollen, obwohl das mit großem Aufwand geförderte Experiment mit Zeller in Königsberg bereits zu einer groben Veräußerlichung Pestalozzis und zu grotesken Formen geführt hat und deshalb als gescheitert gilt. Beckedorff sieht in Anschluß an Ludwig Natorp (1774–1846) viel nüchterner, daß eine solche Isolierung des Bildungsganges künftiger Elementarlehrer zu einer Entfremdung vom Leben führen muß und daß eine berufliche Ausbildung auf eine theoretische Unterweisung in der Form eines mehrjährigen Lehrgangs nicht verzichten kann. In diesem Sinne hat er den Ausbau der Seminare als einen in der Zeit liegenden Fortschritt vorangetrieben.

Seine Enthaltsamkeit gegenüber direkten reglementierenden Eingriffen besagt nicht, daß er jeden Führungsanspruch aufgegeben habe. Durch Dienstreisen und persönlichen Verkehr verschafft er sich die Übersicht. Wo Initiativen ausbleiben, greift er selbst mit nicht vermuteter Entschlossenheit ein. Dafür seien hier nur zwei Beispiele genannt: Als ihm bekannt wird, daß das Berliner Militärwaisenhaus elternlose Kinder meistbietenden Privatpersonen als billige Arbeitskräfte überläßt, um sich der weiteren Verantwortung für die Erziehung und die Sicherung des Schulbesuchs dieser Kinder zu drücken, sorgt er selbst für Abhilfe. Als der Berliner Magistrat zwar eine kostspielige Schule für die Kinder des Besitzbürgertums einrichtet, dagegen die Kinder der Mittellosen ohne jeden Schulbesuch läßt – genannt wird die Zahl 6000 – droht er, der Stadt die Selbstverwaltung zu nehmen und auf ihre Kosten einen Regierungskommissar einzusetzen, der für die Schaffung von Freischulen sorgt. Der von Beckedorff geführte mehrjährige energische Kampf mit dem Berliner Magistrat läßt ein Freischulwesen entstehen, das wir als den eigentlichen Vorläufer der öffentlichen Volksschulen in den Städten anzusehen haben.

Beckedorff ist innerhalb des Ministeriums der einzige, der den Kampf gegen die Auswüchse der industriellen Kinderarbeit entschieden aufnimmt. Wirkliche Abhilfe verspricht er sich nur dadurch, wenn sich im öffentlichen Bewußtsein die Überzeugung ihrer Schädlichkeit durchsetzt, indem sich Geistliche und Lehrer in den konkret vorhandenen Notsituationen auch gegenüber den Eltern und Behörden zum Anwalt des Kindes machen. Auch der Entwurf eines Reskriptes, das die Überwachung der Erziehung straffällig gewordener Kinder den Regierungen zur Pflicht macht, geht auf ihn zurück. Die Akten, die über die eingeleiteten Erziehungsmaßnahmen berichten, werden von ihm sorgfältig geführt. Dies ist der Anfang einer staatlichen Jugendwohlfahrtspolitik. Als Regierungsbevollmächtigter bei der Berliner Universität erwirbt sich Beckedorff das Vertrauen des Senats, indem er den Überwachungsmaßnahmen und der Gesinnungsschnüffelei seines Vorgängers durch eine entgegenkommende Zusammenarbeit ersetzt, so daß sein Ausscheiden aus dem Amt von den Professoren bedauert wird. Nach seinem Abschied findet sich kein Nachfolger, der seine Arbeitskraft dem Elementarschulwesen und der Lehrerbildung mit Energie und Umsicht widmet. Als der Seminardirektor Zahn gegen Mitte des 19. Jahrhunderts Vorschläge für eine Selbstverwaltung des Schulwesens entwickelt, beruft er sich auf Beckedorff (Bloth, 184f).

V.

Beckedorffs Pädagogik, ihre bildungspolitischen Ziele und ihre Verwurzelung in der Umbruchssituation vor dem Industriezeitalter offenzulegen, gelingt nur in der Abwehr der späteren ungerechtfertigten Kritik. Das gängige Geschichtsbild geht davon aus, daß der durch die bereits eingeleiteten Reformen erkennbare Bildungsfortschritt durch die politische Interessengebundenheit der „Reaktion" vereitelt worden sei. Es übersieht dabei, daß wirksame Anstöße zum Aufbau eines öffentlichen Schulwesens, besonders was die Ausbreitung der Elementarschule und des Volksbildungsgedankens anbetrifft, weit stärker aus einem Denken hervorgehen, das an vorgefundenen Ordnungen festhält und einer Selbstermächtigung des Menschen durch Erziehung mißtrauisch gegenübersteht. Für Beckedorff ist Freiheit nur durch Gehorsam möglich. Er fürchtet deshalb die Nichtbegrenzung der jederzeit möglichen Kritik an der Sinngebung menschlichen Lebens. Eine solche Kritik könne nur zu einer vollständigen Leere innerhalb der Gesellschaft führen, die durch Interessenkämpfe und Herrschaftsstreben beliebig ausfüllbar sei und keinen Halt mehr biete, auf den der Mensch angewiesen ist. Dieser Halt ist für ihn die christliche Religion. Er vertraut darauf, daß der Dienst am Nächsten ausreicht, um die gesellschaftlichen Gebrechen heilen zu können.

Der bestehende Staat erscheint dabei in einem milden Licht. Dieser leitet zwar weiterhin seine Legitimation von einer christlichen Weltordnung ab; die tatsächlichen politischen und wirtschaftlichen Verhältnisse jedoch, die zu einer Abspaltung in gesellschaftliche Klassen führen, lassen Zweifel an einer solchen Legitimation aufkommen. Die Interessengegensätze stimmen mit den sozialethischen Vorstellungen der politischen Romantik, die von der organischen Einheit des Volkes ausgeht, nicht mehr überein. Beckedorff hält in seiner Zeit noch daran fest, daß der Mensch seine Bestimmung nur innerhalb einer vorgefundenen politisch-sozialen Realität erhält, deren Sinngebung einer theologischen Begründung bedarf. Man sage nicht, dieser Glaube sei im 20. Jahrhundert etwas absolut Befremdendes. Die theologische Ethik etwa des Widerstandskämpfers Bonhoeffer greift in aller Offenheit die alte Lehre von den „göttlichen Mandaten" wieder auf, durch die die Ordnungen der menschlichen Wirklichkeit ihren Sinn erhalten. „Das Gebot Gottes will den Menschen also immer in einem irdischen Autoritätsverhältnis, in einer durch ein klares Oben und Unten bestimmten Ordnung begegnen" (Bonhoeffer, S. 224). Die Art der bestehenden Ordnung wird dadurch nicht verteidigt, wohl aber unser Angewiesensein auf Ordnung überhaupt. Bonhoeffer folgert: „Niemand erfährt das Geheimnis der Freiheit, es sei denn durch Zucht" (S. 3). Beckedorff hat nicht anders gedacht.

Hugo Gotthard Bloth

ADOLPH DIESTERWEG

(1790–1866)

Das Leben Adolph Diesterwegs umfaßte die Zeitspanne vom Jahr nach dem Pariser Bastillesturm bis zum Jahr von Königgrätz, also von der bürgerlichen Revolution bis zur Revolution „von oben" und den Anfängen des Deutschen Nationalstaates. Mit seinen Wandlungen gestaltete es sich als ein vielleicht „klassisches", jedenfalls repräsentatives Beispiel für die von Diesterweg selbst so genannte „Deutsche Pädagogik" dieser wechselvollen Jahrzehnte.

Diesterweg hat nicht eigentlich ein geschlossenes literarisches Opus, eine bündige wissenschaftliche Theorie oder ein pädagogisches System hinterlassen. Er gab z. B. sein Hauptwerk, den *Wegweiser,* mit anderen Autoren in vier dauernd veränderten und erweiterten Auflagen heraus. Die einzige von ihm als Einzelschrift veröffentlichte pädagogische Abhandlung *Über Erziehung im Allgemeinen und Schul-Erziehung im Besonderen* entstand schon 1820 aus einer Schulrede. Sie wurde von der Forschung, obwohl Diesterweg sie 1839 unverändert nochmals herausgab, wenig beachtet. Man sah in ihm fast nur den Schulpolitiker. Schon im Vormärz, als er 1847 aus seinem Amte verdrängt wurde, geschah dies, weil radikale Journalisten die Feier seines 25jährigen Dienstjubiläums in eine schulpolitische Demonstration umfunktionierten, ohne daß er es verhindern konnte.

Sein Werk war immer zugleich sein Wirken. Auch wenn man es abwegig als nur ein schulpolitisches Wirken verstand, war es vor allem auf Bildung und Lehrerstand bezogen. Mit jeweils aktuellen Stellungnahmen im *Wegweiser,* mit Reden und Aufsätzen, die ein halbes Jahrhundert umfassen, mit der Herausgeber- und Autorschaft seiner Zeitschriften und Jahrbücher liegt es in großer Fülle uns vor. Unsere Darstellung wird darum von dem Grundschema der anderen „Klassiker" in dieser Sammlung insofern ein wenig abweichen, als das Biographische und die Werkinterpretation nicht immer zu trennen sind, sondern sich gegenseitig durchdringen. Wir beginnen mit einem Blick auf Diesterwegs oft mißverstandene Schulpolitik. Wir behandeln sodann in vier Abschnitten: Voraussetzungen, Synthese, Ausbau und Wandlungen seiner „Deutschen Pädagogik".

Zu Diesterwegs Schulpolitik haben im 19. Jahrhundert zwei große deutsche Historiker – der eine praktisch eingreifend, der andere in kritischem Rückblick – das Wort genommen: Theodor Mommsen (1817–1903) bewirkte 1858 durch sein Plädoyer in einer Wahlversammlung entscheidend Diesterwegs Wahl zum

Berliner Stadtverordneten, der sich bald darauf mit Erfolg auch um ein Mandat im Preußischen Landtag bewerben konnte (Bloth, 1966, 352f, im Folgenden zitiert als: Biographie), wodurch sein gesamtes schulpolitisches Wirken einen würdigen Abschluß fand. Die Bewerbung geschah im Vertrauen auf die Zusage des Preußischen Prinzregenten, des späteren Königs und Kaisers Wilhelm I., der damals als Leitwort für seine ,,Neue Ära" vor Professoren erklärte: ,,Die exklusive Richtung muß aufhören!" (Biographie, 342f).

Der andere Historiker war Heinrich von Treitschke (1834–1896). Er ging bei der Beurteilung Diesterwegs von dessen Schulpolitik aus, bezog sich dabei aber auf den gesamten Lebenslauf des Pädagogen.[1] Als Treitschke 1894 im Rückblick auf Diesterweg einging, galt sein besonderes Interesse dessen Konflikt mit dem Ministerium Eichhorn nach 1840 und seiner Dienstenthebung durch König Friedrich Wilhelm IV. im Jahre 1847. Treitschke blickte nach Bismarcks Entlassung beunruhigt in die Zukunft des von ihm verherrlichten Deutschen Nationalstaates, dessen pädagogische Entwicklung dadurch geprägt war, daß der junge Kaiser Wilhelm II. die Schule ,,in ihren einzelnen Abstufungen" für seine Sozialpolitik mobilisieren wollte, um ,,der Ausbreitung socialistischer und kommunistischer Ideen entgegenzuwirken". Die darin enthaltenen Tendenzen einer ,,bildungsbürgerlichen, autoritären und standespolitischen Nationalerziehung"[2] widersprachen dem Ideal des Staates, den Treitschke aus dem Bunde des Neuhumanismus mit der preußischen Macht in Mitteleuropa entstehen gesehen hatte und jetzt für gefährdet hielt. So schrieb er: ,,Dieselbe entrüstete öffentliche Meinung, die noch vor kurzem den preußischen Lehrer als den Sieger von Königgrätz feierte, behandelt jetzt unser gesamtes Unterrichtswesen wie rostiges Eisen." (ADB 55, 316f) In diesem Schlagwort vom ,,Preußischen Schulmeister bei Königgrätz"[3] spiegelt sich Treitschkes geschichtlich weiterwirkendes Urteil in doppelter Hinsicht: Einerseits galt für ihn Diesterweg seit 1840 als ,,der anerkannt erste Mann des preußischen Volksschullehrerstandes". Anderseits fällte er über ihn gemäß seinem Bildungsschema das vorgefertigte Urteil: ,,Ein grundehrlicher Idealist, volkstümlich derb, arm, bedürfnislos, mit vielen Kindern gesegnet, der geborene Schulmeister, mit Leib und Seele bei der Sache, durch keine Wiederholung je zu ermüden." Sobald sich aber Diesterweg ,,mit der ganzen Unfehlbarkeit des Schulmeisters" grundsätzlich auch über allgemeinere Fragen, etwa über Bildung als *Die Lebensfrage der Civilisation* oder über *Das Verderben auf den deutschen Universitäten* äußerte, dürfe er sich so weit und „höher hinauf" nicht wagen; denn „die klassische Bildung blieb ihm unverständlich, und niemals konnte er begreifen, daß die akademische Freiheit Lehrer wie Lernende in edlerem Sinne erzieht, als der Schulzwang" (Treitschke, ib., 233f). Hiermit hatte Treitschke einen Lebensnerv in der Einschätzung von Diesterwegs Wirkung beim Bildungsbürgertum getroffen, auch wenn er nicht mitbedacht hatte, daß dieser mit Bildung als Lebensfrage der „Civilisation" die Bildung des Menschen zum Staatsbürger („civis") und des Staatsbürgers zum Menschen gemeint und sich damit in eine würdige Tradition gestellt hatte. Die von

Diesterweg geforderte soziale Hebung des Lehrerstandes durch Bildung hielt er für Anmaßung, und was Wissenschaft für den Lehrer sein könnte und sollte, für undiskutabel.

Neben die beiden Historiker-Äußerungen mag ein drittes geschichtliches Blitzlicht treten: Nicht als Versammlung von „Schulmeistern", sondern als demonstrative schulpolitische Massenversammlung verstanden sich 4000 Lehrer, die 1890 auf dem VIII. Deutschen Lehrertag in Berlin Diesterwegs 100. Geburtstag feierten. Der aus Wien angereiste Schulpolitiker Friedrich Dittes (1829–1896) sprach in seinem mehrstündigen Festvortrag über Diesterweg, über preußisch-deutsche und österreichische Schulfragen und rief zur Beseitigung des konfessionellen Religionsunterrichts auf. Nach brausendem Beifall für diese Ausführungen konnte der nächste Redner feststellen, die Diesterweg-Feier sei zu einer Dittes-Feier geworden (Frankfurter Schulzeitung, 7, 1890, 105f).

Diesterwegs Andenken wäre also, müssen wir fragen, seit der „Neuen Ära", die Mommsen mit ihm zusammen 1858 begrüßte, nach dem „Neuen Kurs", den Treitschke 1894 beklagte, und angesichts des schulpolitischen Beifalls, der ihm in wechselnder Tendenz auch später noch vielfach zuteil wurde, im Grunde verjährt? Es gilt, Licht und Schatten in seinem Leben und Wirken deutlicher zu unterscheiden.

I. Voraussetzungen

In Diesterwegs Jugend- und Wanderjahren, von seiner Geburt am 29. Oktober 1790 in Siegen bis zur Berufung des Dreißigjährigen als Seminardirektor nach Moers am Niederrhein, spiegelt sich die Bildungswelt des Rhein-Main-Gebietes in jener geistig, politisch und wirtschaftlich bewegten Zeit: Revolutionskriege, französischer Rheinbund, Freiheitskriege, Preußische Rheinlande, Übergang zur ersten Phase der Industrialisierung auf deutschem Boden, Restauration, Julirevolution – eine spannungs- und gegensatzreiche Umwelt.

Diesterwegs Vorfahren väterlicherseits waren 1672 aus dem Bergischen Land nach Siegen gekommen und hatten in drei Generationen zum juristischen Beamtentum des Nassau-oranischen Fürstenstaates gehört, während die Familie seiner Mutter, geb. Dresler, im Wirtschaftsleben des Siegerlandes, besonders in der Eisen- und Textilindustrie bedeutende Vertreter hervorgebracht hatte.[4] Der Vater hat sich als Amtmann in den Wirren der Kriegszeit um die Versorgung der Bevölkerung verdient gemacht und, wie seine Amtsberichte zeigen, sich auch sorgfältig um die Verbesserung des heimischen Schulwesens bemüht. Die Mutter, eine Tochter des Fürstlich-oranischen Schultheiß der Stadt Siegen, verstarb, als Diesterweg acht Jahre alt war. Unter der häuslichen Obhut einer Tante schloß sich der Knabe besonders dem Vater an, da die älteren Geschwister schon bald aus dem Hause gingen, so daß er mit einer Schwester zurückblieb. Er genoß viele Freiheit. Es gab zwar eine Unterrichtspflicht, aber noch keinen Schulzwang für die Elementarschule, die zunächst noch handwerklich von „Schulmeistern" betrieben wurde. Diesterweg hat sich später oft über ihre Mängel, auch über die unzeitgemäße Einrichtung der Siegener Lateinschule, die er besuchte, beklagt. Von der Natur seiner Heimat erfuhr der Schüler im Unterricht nichts, aus der Mathematik und Physik nur sehr wenig. Dennoch bot sich ihm eine Fülle von Bildungsmöglichkeiten, „fast mehr auf den Bergen, in Wäldern und auf den Schmelzhütten, als in den Schulen" (Biographie, 31f). Bei Hüttenleuten, Schmieden, Seilern und Wiesenbauern fand er hoch entwickelte technische Kenntnisse und Fertigkeiten. Zugang zu allen diesen Volkskreisen verdankte er seinem aufgeweckten Wesen, dem Ansehen seiner Familie, aber auch den weitverzweigten Bekanntschaften und dem Umgang seiner älteren Brüder und Vettern. In Siegen mit seinen etwa 3500 Einwohnern beschäftigte um 1815 allein die Dresler'sche Siamosenweberei und Kappenfabrik über 438 Personen, darunter viele Kinder. Das Siegerländer Textilgewerbe zählte um 1800 insgesamt mehr Beschäftigte in Heimindustrie und Fabriken, als das Eisen- und Metallgewerbe, das damals 16 Eisen- und Stahl-, sowie 7 Silber-, Blei- und Kupferhütten betrieb.[5]

Haus und Schule, Gewerbe und Industrie waren nahe mit dem kirchlichen Leben verbunden. Als Diesterweg als Siebenundzwanzigjähriger inmitten der vollzählig versammelten Gemeinde im mächtigen Achteck der Siegener Nikolaikirche den Pfingstgottesdienst 1818 feierte, erinnerte er sich seiner Jugenderlebnisse: „Wie ergriff mich der Anblick der Kirche, in der ich so oft mich erbaute, in der ich manch Loblied mitsingen half!" Die Predigt des reformierten Inspektors (Superintendenten) Achenbach, dessen Familie mit Diesterwegs Mutter verwandt war, beeindruckte ihn mächtig.[6] Das war nicht immer so gewesen: Vater und Vorgänger dieses hervorragenden, naturwissenschaftlich, poetisch und politisch hochgebildeten Predigers war der sogenannte „Alte Inspektor" gewesen, der noch als Fünfundsiebzigjähriger den jungen Diesterweg konfirmiert hatte. Damals hatte er, so erinnerte sich nun Diesterweg, von allen seinen Schülern das Auswendiglernen des Heidelberger Katechismus mit seinen 129 Fragen verlangt. Das wäre bei gehöriger Auswahl und Auslegung vielleicht erträglich gewesen. Der Konfirmator konnte aber beides nicht leisten, was ein weiterer Träger des Namens Achenbach, ein Siegener Gymnasiallehrer, in seiner Kritik an des alten Herrn Verwendung und Verständnis dieser Bekenntnisschrift sowie an seinem Lehrverfahren offen aussprach. Bis in sein hohes Alter hat Diesterweg diesen pädagogischen Konflikt als unheilvolles Erlebnis empfunden. „Die Erinnerung daran", schrieb er noch wenige Monate vor seinem Tode an einen Freund am 8. 4. 1866, „enthält kein belebendes Moment. Der ‚Heidelberger' drückte jede Gemütsregung nieder. Von da her kommt meine tiefe Abneigung gegen dieses Buch als Schul- und Confirmationsbuch" (Biographie, 36).

Die grundlegenden Erfahrungen des jungen Diesterweg im sozialen, politischen, pädagogischen und religiösen Umfeld seiner Heimat deuten auf eine lebhafte und reizbare Natur. Seine Studienzeit von 1808 bis 1811 auf den Universitäten Herborn, Heidelberg und Tübingen wurde durch die Krankheit des Vaters überschattet, der nach vierjährigem Gemütsleiden 1812 in einer Heilanstalt starb. Diese Gefährdung bestand später auch für Diesterwegs Familie und ihn selbst. Mehrfach sorgten sich sein Bruder Wilhelm und Freunde um ihn. Jedoch ging er aus Zeiten der Depression immer wieder mit gesteigertem Selbstgefühl hervor (Biographie, 42, 47, 143 und 352). In Herborn lernte er als Student 1808 noch die letzte Periode einer Universität alter Art kennen, die in Kollegform vor allem Lernstoffe vermittelte. Dagegen gewährte ihm ein Sommersemester in Heidelberg 1809 Einblicke in aktuelle Geisteskämpfe der Zeit: in die Welt der Romantiker und ihrer Gegner. Den hier lebenden Johann Heinrich Voß (1751–1826), der die romantische Richtung in seinen einflußreichen Zeitschriften glühend bekämpfte, verglich er gelegentlich mit Luther. Noch 1827 stellte er Voß neben Pestalozzi (SW 1, 489f). Auch der Philosoph Jakob Friedrich Fries (1773–1843), sein einflußreicher Lehrer, polemisierte gegen die Romantiker und schrieb 1808 an einen Freund: „Daub, Marheinecke, Creuzer, Arnim, Goerres, Brentano machen mir gegenüber ein so abgeschmacktes Ganzes, von ranzigem Öl der Frömmigkeit triefend und abgeschmackt ästhetisch, wie es mir vor kurzem nicht möglich geschienen hätte." (Biographie, 45) Über die „Kulturanthropologie" hinaus, die seit Jahrzehnten ein vertieftes Erziehungsbewußtsein ankündigte[7] – so lehrte Fries –, müsse Philosophie vor allem Erfahrungsseelenlehre, innere Naturlehre sein. Im Gegensatz zu den Identitätsphilosophen Reinhold, Fichte, Schelling und Hegel bekannte sich Fries zu einer anthropologischen Kritik der Vernunft (Biographie, 80). Die Kant-Fries'sche Philosophie eröffnete Diesterweg als jungem Studenten der Naturwissenschaft ein neues Denken, das „der Welt des Wissens die Welt des Glaubens entgegensetzt, den Glauben nachweist als eine im vernünftigen Geiste sicher gründende Form einer höheren Erkenntnis".[8]

Im Winter 1809 ging Diesterweg nach Tübingen, wo er sein intensives Studium der Naturwissenschaft 1811 beendete. Mit Hilfe seines Bruders Wilhelm, damals Lehrer am Gymnasium zu Mannheim, bereitete er sich auf das „Ingenieurexamen" vor. Vom März bis zum Dezember 1811 wohnte er als Hauslehrer bei dem Intendanten am Mannheimer Deutschen Nationaltheater, dem Freiherrn von Venningen (Bloth, 1967, 451–473, hier 452). Hier versuchte er sich erstmals mit Pestalozzi'scher Lehrmethode. Noch im Dezember 1811 ging er nach Düsseldorf, um seine Prüfung abzulegen, fand aber wegen der Mobilmachung der Großen Armee Napoleons gegen Rußland die Prüfungskommission nicht mehr versammelt. Durch diesen Zufall wurde er, wie er selber sagte, „ganz contre coeur, zuerst in Worms, dann in Frankfurt am Main, und 1818 in Elberfeld Lehrer", d.h. an höheren Schulen (Biographie, 55). 1820 bewarb er sich mit Erfolg um die Leitung eines neu zu gründenden Lehrerseminars in Moers. In diesem Amt widmete er sich praktisch und theoretisch der Entwicklung eines Leitbildes vom Lehrer, der nicht mehr bloß „Schulmeister" oder auch „Fachgelehrter" sein sollte. Nicht zur „Schulung" von Untertanen, Spezialisten oder Funktionären, sondern als ,,Wegweiser" zur Bildung und Erziehung, d.h. zur Mitarbeit an der ,,Lebensfrage der Civilisation" sollten Schulen und Lehrer ausgerüstet werden. Das Jahr der Julirevolution 1830 brachte Diesterweg die für sein weiteres Leben entscheidende Berufung zum Direktor des ,,Seminars für Stadtschulen" nach Berlin (Biographie, 118–127) in einer Entscheidungsstunde nicht nur für das preußische, sondern für das gesamte deutsche Bildungs- und Schulwesen.

II. Synthese

Diesterweg folgte dem Ruf nach Berlin, weil das dortige Seminar nach einer Ordre des Königs und Zusage des Ministers v. Altenstein als Muster für ähnliche Seminare zur Verbesserung des Bürgerschulwesens in allen größeren Städten der Monarchie dienen sollte. „Diese Aussicht hat sich nicht realisiert" schrieb Diesterweg 1850 im Rückblick (SW 9, 35). Das Preußische Prüfungsreglement von 1831 beseitigte, noch bevor Diesterweg 1832 nach Berlin kam, den Charakter der Realschulen als „Bürgerschulen". Anstatt Vorbildungsanstalten für die Lebensstellung des gebildeten Bürgerstandes zu sein, wurden sie zu Vorbereitungsschulen für niedere Staatsbeamte, eine „Unterabteilung der Gymnasien". Der Weg zu dem „Drei-Säulen-Schema" eines starren Nebeneinander von „Volksschulen", „Mittel- bzw. Realschulen" und sogenannten „höheren Schulen" war damit eröffnet.[9]

Als Diesterweg 1832 mit erheblicher Verspätung in Berlin eintraf, unterschätzte er die Zusammenhänge dieser Entwicklung. Trotz zahlreicher Schwierigkeiten und Konflikte konnte er aber bei dem Regierungswechsel 1840 auf bedeutende Erfolge seiner Arbeit unter dem bisherigen Ministerium Altenstein zurückblicken und von dem neuen Minister Eichhorn weitere Fortschritte erwarten. Beide Minister unterstützten seinen Kampf gegen den ,,anonymen Ankläger im Vormärz", seinen neuhumanistischen Vorgesetzten Otto Schulz, und befreiten ihn von dessen Dienstaufsicht. Auf der Höhe seines Wirkens veröffentlichte Diesterweg 1840 mit dem Aufsatz *Guts Muths, der letzte der Philanthropen* eine Deutung seines eigenen Standorts in der Geschichte der Pädagogik: Er stellte Pestalozzi in die Mitte ,,zwischen den Anfängen des Realismus in den Schulen der Philanthropen und seiner vollen Entwicklung in der Gegenwart". Pestalozzi habe in der Nachfolge Rousseaus die Grundsätze der Elementarmethode entdeckt. Ihm gingen die Philanthropen mit ihrer Richtung auf das praktische Leben voraus, und auf ihn folgte erneut eine Förderung realistischer Bildung in der eigenen Zeit. Aus diesem Dreischritt folgerte er: ,,So stehen wir in der Tat gegenwärtig an dem Anfange einer wirklichen Vollendung, eines endlichen Abschlusses". (SW 5, 24) Nicht lange danach steigerte er 1845 dieses hohe Selbstgefühl zu einer Identifikation mit Pestalozzi und zu dem stolzen Bewußtsein, Sprecher der ,,Deutschen Pädagogik" zu sein, die den norddeutschen ,,Realismus" der Philanthropen mit dem süddeutschen „Idealismus" Pestalozzis und dem Neuhumanismus in sich vereinige.

Die frühesten Zeichen für Diesterwegs Anknüpfung bei den Philanthropen und die von ihm angestrebte Synthese mit der idealistischen Pädagogik sind in seinen beiden ersten Aufsätzen *Über den Unterricht in der Geometrie* (1814/15) und *Über den Zweck und die Einrichtung guter Lehranstalten für Handwerker* (1816/17) zu finden. In der Zeitschrift des Philanthropen Guts Muths veröffentlichte er seinen *Geometrie-Unterricht in der Real- oder Musterschule zu Frankfurt am Main.* Nicht „zu praktischen Feldmessern, Astronomen, oder überhaupt zu Mathematikern vom Fach" solle man die Schüler heranbilden, sondern „wir beabsichtigen dabei einen formellen Nutzen; ihr Urteil soll an diesem Stoffe geleitet und bestimmt, ihr Empfindungsvermögen entwickelt, überhaupt der Verstand vielseitig gebildet werden und womöglich einige Festigkeit erlangen" (Biographie, 63f). Diese Sprache erscheint rationalistisch. Bei näherem Zusehen zeigt sich jedoch der grundlegende Gedanke des „formellen Nutzens" schon in dieser ersten Arbeit als eine Synthese von altpietistisch-philanthropischer Aufklärung und moderner kritischer Philosophie. Aus der *Neuen Kritik der Vernunft* und dem *System der Logik* von Fries, die er, wie sein Tagebuch zeigt, eingehend studiert hatte, übernahm Diesterweg eine für seine gesamte Pädagogik entscheidende Regel: Nur dann sei ein richtiger Sprachgebrauch für die „oberen Vermögen" unseres Geistes möglich, „wenn wir die *Vernunft* als Vermögen der Selbsttätigkeit unseres Geistes überhaupt vom *Verstande* als Vermögen der Selbstbeherrschung, als Gewalt des Willens über uns selbst unterscheiden." Im Vermögen des „Verstandes" sei die eigentliche Bildungsfähigkeit des Menschen angelegt. „Formeller Nutzen" meint also nicht nur eine technisch-formalistische, sondern eine „vernünftige" Selbsttätigkeit, und als Ziel ihrer Ausbildung und Selbsterziehung die „verständige Selbstbeherrschung". Erst diese mache, so lehrte Fries, die „Gedankenmitteilung (Sprache)" möglich. Schon in dieser frühesten Veröffentlichung Diesterwegs ist somit der Ansatz für sein Interesse am deutschen Sprachunterricht und zugleich für seine pädagogische Mitarbeit am öffentlichen Leben offenkundig. Denn durch Sprache und fortgepflanzte Geistesbildung werde endlich – auch dies lehrte Fries – „das verständige Leben zum öffentlichen Leben, es gehört nicht abgesondert dem Einzelnen, sondern den *Völkern,* der Menschheit. Spracheinheit und Einheit des ganzen bürgerlichen Lebens im Volke sind es, in denen allein der *ganze Menschenverstand* sich bewegt, aufwächst, vollkommen wird" (Biographie, 64).

Folgerichtig kam Diesterweg schon in seinem *zweiten* öffentlichen Beitrag auf das Problem der Volksbildung. Noch als Fachlehrer in Frankfurt am Main behandelte er 1817 die Einrichtung einer „Sonntagsschule für Handwerkslehrlinge und Gesellen", ein polytechnisches Unternehmen, an dem er selbst unentgeltlich mitarbeitete. Die Förderer der Anstalt nannte er „biedere Nationalisten". Was aber diesen Förderungen entgegenkommen müsse, sei die „Selbsttätigkeit" eines wohlunterrichteten Bürger- und Handwerkerstandes.

Sie allein sei der „bearbeitete Boden, in welchem die deutsche Industrie tiefe Wurzeln schlagen kann" (Biographie, 65). Das damals noch neuartige, aus dem Französischen übernommene Lehnwort „industrie" gebrauchte Diesterweg hier noch im Sinne von „Gewerbefleiß, Betriebsamkeit", und nicht in dem später üblichen Wortverständnis der Produktion und Verarbeitung materieller Güter. Der Übergang von handwerklicher zu maschinenorientierter Arbeit im gewerblichen Bereich[10] war ihm von Jugend auf bekannt, denn die Industrialisierung hatte in seiner Siegener Heimat bereits um 1797 begonnen.

Der Weg von diesen ersten Ansätzen einer sozialpädagogischen Theorie und Praxis in Frankfurt am Main führte Diesterweg dann in Elberfeld und Moers zur Auseinandersetzung mit Fragen der Kinderarbeit und des Kinderelends.[11] Er ging dabei von seiner Siegener Erfahrung aus, die er nun in einem anthropologischen Zusammenhang verarbeitete, der über Fries, Kant und die Philanthropen zum Teil ohne sein Wissen zurückreichte bis in die realistische Pädagogik bei A. H. Francke und in die auf Comenius verweisende „Universalschule" eines Hecker und Hähn, deren Erkenntnisse und Praxis ihrerseits Basedow und den Philanthropismus anregten.[12] Zugleich schloß sich Diesterweg damit den Arbeiten der Preußischen Reformbeamten, besonders Ludolf Bekkedorffs an, die, wie Adolf Meyer nachgewiesen hat, auf den Bericht von F. A. Grashof (1770–1841) im Jahre 1815 zurückgingen.[13] Grashof, Reorganisator des Schulwesens am Niederrhein, war zuvor Lehrer am Pädagogium der Hecker'schen Real-Schule zu Berlin gewesen. Ohne seinen Einfluß in der Preußischen Bezirks-Regierung in Köln wäre Diesterwegs Seminar in Moers 1822 aufgelöst worden (SW 1, 568f; Biographie, 86f und 95ff).

Noch weniger beachtet als die ersten grundlegenden Veröffentlichungen Diesterwegs in Zeitschriften blieb in der pädagogischen Forschung bisher seine bereits erwähnte Schrift *Über Erziehung im Allgemeinen und Schulerziehung im Besonderen* (1820, ²1839). Dieses aus einer Schulrede an der Lateinschule zu Elberfeld entstandene kleine Werk von 136 Seiten widmete er sehr bezeichnend seinem Paten, dem Reformierten Generalsuperintendenten Grimm in Dillenburg, einem Freund seines Vaters und entschiedenen „Aufklärer". Auch dies ist eine Bestätigung seiner Stellung in der Tradition. Seinem von daher stammenden Bekenntnis zur Vielgestaltigkeit der Lehrziele, die bis auf Christian Wolff zurückgingen,[14] stellte er aber ebenso entschieden die Einheit des zu fordernden „erziehenden Unterrichts" unter den Leitworten „Doctrin" und „Disciplin" gegenüber.

Wir gehen auf Diesterwegs – nur von ihm selber, sonst nicht wieder abgedruckte – Erziehungsschrift etwas näher ein, weil sie den Entwurf einer systematischen Erziehungslehre enthält: Die hier gemeinte Erziehung und Schule „hat nicht die Befähigung des Menschen zur bürgerlichen Brauchbarkeit allein im Auge, sondern der erziehende Unterricht wirkt entwickelnd und kraftübend und bildend; er umfaßt die Erkenntnis-, Gefühls- und Willensanlagen des Menschen; er bildet zwar auch den brauchbaren Bürger, hauptsächlich aber den vollkommenen Menschen, in dem sich Rechtlichkeit, Sittlichkeit und

Adolph Diesterweg (1790–1866)

Frömmigkeit durchdringen und leben" (6). Zitate aus Werken von Schiller, Herbart, Rudolphi, E. M. Arndt, aber auch von Friedrich dem Großen und Montaigne, Steffens, Fichte und Pindar werden zur Bekräftigung der eigenen Aussagen über die „Doctrin und Schul-Genossenschaft" herangezogen. Wichtiger und umfassender ist für Diesterweg jedoch die Aufgabe der „Disciplin", für die er sich auf Bernhardi für Gelehrtenschulen, auf Denzel für Volks- und Bürgerschulen berief. Gegen Fichtes Anstaltserziehung bejahte und betonte er Pestalozzis häusliche Erziehung. Wichtige Hinweise gab er zur Anthropologie einiger „Naturphilosphen", zur bisher vernachlässigten körperlichen Ausbildung und zum Problem der Verwahrlosung. Auch das Verhältnis von Kirche und Schule, Geistlichen und Lehrern kam zur Sprache. Welt-Bürgertum und Christentum sollten nicht getrennt sein: „Der Gottesmensch muß im Bürger, der Bürger im Gottesmensch (um in der Sprache neuerer Zeit zu reden) *aufgehen.*" Für beides aber legten die Schulen das Fundament durch ihre Erziehung zur Ehrerbietung (Reverentia) und zum Streben nach Idealen. Es scheint, als habe Diesterweg, wenn er das „Ideal-Leben" als ein „seliges Leben" bezeichnete, an Fichtes „Anweisung", und bei seiner Darstellung des Lehrers an Fichtes „Wesen des Gelehrten" gedacht. Im Unterschied zu Fichte vermied er jedoch eine Klassifizierung in „vollendete" oder „regierende" und „vermittelnde" Gelehrte, und auch Fichtes ideale „Gelehrtengemeinden" als „Vereinigungspunkt zwischen der übersinnlichen Welt und der sinnlichen"[15] wurde nicht übernommen. Gleichwohl findet sich manches aus Fichtes Erziehungsplan, etwa die Prinzipien der Selbsttätigkeit, der Formalität, der Nähe und der Anschauung, auch bei Diesterweg.[16]

Diesterwegs Erziehungsschrift stammte jedoch nicht aus philosophischer Spekulation. Auch wenn sie viele Theoreme der Philosophen übernahm, so entstand und blieb sie doch nahe der praktischen pädagogischen Wirklichkeit, wie etwa die ausführlich entwickelte Forderung „vernünftiger Strenge" beim Strafen beweist. Für Diesterweg blieb die Schule „ein Staat und eine Kirche im Kleinen". Sie habe zwar nur vorzubereiten, denn Staat und Kirche seien „fortbauende und vollendete Erziehungsanstalten". Jedoch „alle drei arbeiten auf Befreiung und Erlösung des Menschen hin" (107). Also doch, so möchte man fragen, schon ein Stück „Emanzipation"?

Die Frage ist zu verneinen, denn Diesterweg erklärte den „Charakter des Lehrers" als Repräsentanten der „Einheit aller Anlagen und Kräfte", als Vereinigung aller Unterrichtsgegenstände und auch (mit Denzel) als „Aneignungs-Mittel zwischen Differenz des Lehrstoffes und der Religion" (128ff). In der „Religion" fand er „die belebende Einheit" für Lehrer und Schüler. Religion sei Bindung und Erlösung zugleich. Und am Schluß seiner Erziehungsschrift verwies er auf Christus als das „höchste Ideal in der Person des Stifters unserer Religion" (133). Wiederum wird deutlich, daß Diesterweg „Religion" offenbar nicht im Sinne der Aufklärung und auch nicht im Sinne des spekulativen Idealismus Fichtes, Schellings oder Hegels verstand. Aber was bedeutete „Religion" für seine Pädagogik?

Etwa gleichzeitig mit dem Christusbekenntnis seiner Erziehungsschrift vertraute Diesterweg seinem Tagebuch einen Einblick in das Wesen der Religion an, der ihm als Genesendem nach schwerer Krankheit am 4. und 5. November 1818 zuteil wurde. Er hatte sich zuvor mit Fragen der Weltschöpfung, der Naturgesetze und der menschlichen Freiheit beschäftigt. In der ,,Lehre vom Weltzweck" fand er bei Fries eine Religionslehre, die nicht als eine spekulative himmlische Physik, sondern Luthers Impulsen gemäß als Lehre vom göttlichen Heilsratschlusse, vom höchsten Gute verstanden sein wollte, wie es in Gott gegründet und als ,,Reich Gottes" zu verwirklichen sei.[17]

Fast unbekannt blieb in der pädagogischen Forschung bisher Diesterwegs Aufzeichnung über die von ihm erlebten ,,Geheimnisse der Religion", die er am 19. Mai 1819 niederschrieb. Diese Darstellung ist geradezu ein Erfahrungsprotokoll über die in Fries' Religionsphilosophie entfalteten drei höchsten ,,Ideen": die Idee des persönlichen Geistes, die Idee der Freiheit und zugleich Schuldverhaftung alles Menschenlebens, sowie die des religiösen Geheimnisses der Weltregierung.[18] Ihnen entsprechen nach Fries die obersten drei Arten der ,,religiösen Gefühle": ,,Begeisterung, Ergebung, Andacht".[19] Die Nähe zu Schleiermacher liegt auf der Hand. Auch Parallelen zu moderneren religionsphilosophischen Deutungen drängen sich auf, etwa des Philosophen Leonard Nelson, des Religionsphilosophen Rudolf Otto und der Schule des ,,Neu-Friesianismus", die dem ,,religiösen Erkenntnisgrund" nachgehen, und seiner Unausrottbarkeit in der Menschheitsgeschichte.[20]

Im Lärm, der sich in der Zeit des Ausgangs der Hegel'schen Philosophie und ihrer Spaltung in eine ,,Rechte" und eine ,,Linke" um Diesterweg erhob, hat die Forschung meist übersehen, daß dieser seine grundlegende Erziehungsschrift auf der Höhe und zugleich zur Zeit der größten Gefährdung seines Werkes 1839 unverändert in zweiter Auflage herausgab.

III. Ausbau

Diesterwegs literarisches Schaffen läßt sich mit dem Bilde eines Bauwerkes vergleichen: Den Eckstein des beherrschenden Mitteltraktes seiner Pädagogik bildet seine Schrift *Über Erziehung* von 1820/39. Die Ecksteine der Seitenflügel bilden seine ersten Aufsätze zur Didaktik und zur Sozialerziehung. Für alle Teile seines Werkes war die Mitarbeit anderer Pädagogen kennzeichnend. Teils zitierte er sie zustimmend oder auch abwehrend, teils ließ er sie selbst zu Wort kommen, vor allem in dem breiten Fundament seiner Zeitschriften: Die *Rheinischen Blätter für Erziehung und Unterricht* gab er als Zweimonatsschrift seit 1827 heraus, das *Jahrbuch für Lehrer und Schulfreunde* seit 1851. Auch Diesterwegs didaktische Werke (auf der einen Seite des gedachten Bauwerkes) und seine Arbeiten zur Sozialerziehung (auf der anderen Seite) entstanden nicht ohne Mitwirkung seiner Freunde: Für seine Rechenbücher zeichneten mit ihm Heuser und Langenberg, zu den Lesebüchern führte die Freundschaft mit

Hoffmeister. Diesterwegs *Schulreden* gab 1835 sein Schüler und Mitarbeiter Schürmann heraus. Sogar seine Gegner waren wesentliche Anreger und insofern so etwas wie Mitarbeiter für ihn. Auf sie war etwa die *Pädagogische Reise* zur Erforschung des sogenannten ,,Wechselseitigen Schulunterrichts" in dem damals noch dänisch regierten Schleswig-Holstein gemünzt. Noch mehr gilt dies für seine Schriftenreihe über Bildung als *Die Lebensfrage der Civilisation,* die 1836 unter dem Eindruck der sozialen Spannungen in Berlin in drei einzelnen Arbeiten entstand: Die erste behandelte die *Erziehung der unteren Klassen der Gesellschaft;* die zweite war eine Warnung anläßlich der Berliner Unruhen vom 3. August 1835 und stand in Zusammenhang mit dem Attentat auf den ,,Bürgerkönig" Louis Philippe in Paris;[21] die dritte handelte *Über das Verderben auf den deutschen Universitäten.* Diesem Beitrag folgte als Fortsetzung 1838 die Schrift *Über Erziehung zum Patriotismus* und – zum Verhalten der deutschen Professoren gegenüber den ,,Göttinger Sieben" bei dem Welfischen Staatsstreich – die Schrift *Über deutsche Universitäten.* Auf der anderen Seite ist zu Diesterwegs Sozialpädagogik auch seine Mitbegründung der national-liberalen *National-Zeitung* 1848 zu rechnen, mit deren Schriftleiter Zabel er nahe befreundet war, während Karl Marx Zabel bekämpfte (Biographie, 162).

Auch für den Mitteltrakt seiner pädagogischen Publikationen verband sich Diesterweg mit einer beträchtlichen Anzahl von Mitarbeitern. Ein Zusammenschluß damals führender Pädagogen, aus ganz Deutschland, den er mit Balbier, Gräfe, Harnisch, Graser, Denzel und anderen plante, kam 1835 nicht zustande, da die Bayerische Regierung den Tagungsort Bayreuth ablehnte (Biographie, 133f; SW 2, 519f).[22] Unter dem Titel *Das pädagogische Deutschland der Gegenwart* gab Diesterweg in zwei Bänden (1835 und 1836) die Selbstbiographien lebender deutscher Pädagogen heraus. Auch in seinen Zeitschriften ließ er zumeist von ihm selbst verfaßte Lebensbilder aus der pädagogischen Welt erscheinen.

Auch für sein Hauptwerk, den *Wegweiser zur Bildung für Lehrer und die Lehrer werden wollen* von 1835 – dessen Titel er in der zweibändigen zweiten Auflage 1838 umbenannte in *Wegweiser für deutsche Lehrer,* dem er aber in den folgenden Auflagen 1844 und 1850 mit Betonung wieder die Zielsetzung *zur Bildung für deutsche Lehrer* gab, – zog er einen Kreis von Mitarbeitern heran: so für Religion, Geographie, Geschichte, Naturgeschichte, Schreiben und Zeichnen. Seit 1838 erweiterte er diesen Kreis durch Bearbeiter für Französisch, Englisch, Fremdsprachen insgesamt. Blinden- und Gehörlosenunterricht. Er selbst behandelte in allen vier Auflagen des *Wegweiser* Grundsatzfragen: Die Bestimmung des Menschen, des Lehrerberufs, Pädagogik, Didaktik und Methodik, Anthropologie, zeitgenössisches Schrifttum. Er lieferte auch die Beiträge über den Deutsch- und den Rechenunterricht, sowie seit der zweiten Auflage den Beitrag *Über Vaterlandsliebe, Patriotismus und was damit zusammenhängt,* seit der dritten Auflage ferner seine Artikel über die äußere Stellung des Lehrers, über Schuldisziplin, Lehr- und Arbeitsplan.

Wäre unser Bild vom Hausbau damit nicht überfordert, so könnte man sagen, die Änderungen im Titel und die verschiedenen Widmungen des *Wegweiser* kündigten gleich Wetterfahnen politisch-pädagogisch veränderte Windrichtungen an. Diesterweg wollte damit aber *inhaltliche* Änderungen anzeigen. Gleich Fahnensignalen verwiesen die jeweils aufgezogenen Änderungszeichen auf unterschiedlich akzentuierte Zielangaben und Zielgruppen. Der Anfangstitel *Zur Bildung für Lehrer und die Lehrer werden wollen* war neutral. Die auf zwei Bände erweiterte Zweitauflage bekam den damals durchaus provozierenden Titel *Zur Bildung für deutsche Lehrer*. Sowohl das Wort „Bildung" wie auch das Wort „deutsch" wurde zu jener Zeit als Reizwort verstanden; das Wort „deutsch" sogar in doppeltem Sinne: Widmung und Vorwort dieser Auflage sprachen den Württembergischen Prälaten Denzel an und betonten eine „deutsche Schule" im Unterschied zur Lateinschule neuhumanistischer Prägung; Diesterweg war nämlich zusammen mit Denzel von dem Bayerischen Neuhumanisten Thiersch angegriffen worden. In anderem Sinne war dagegen Diesterwegs neu aufgenommener Beitrag *Über Patriotismus* zu verstehen: Er richtete sich an „deutsche Lehrer" in dem neuartigen nationalen Sprachgebrauch einer mit chauvinistischen und rassischen Motiven durchsetzten vaterländischen Erziehung. Diesterwegs spätere Arbeit über *Die deutsche Nationalerziehung und das Prinzip des germanischen Lebens* im Jahrbuch für 1854 setzte diese Entwicklung seiner Gedanken fort (SW 11, 76–153, 510f).

In eine ganz andere, wenn nicht geradezu entgegengesetzte Richtung wies die dritte Auflage des *Wegweiser* von 1844: Schon seine Widmung „An Wilberg" erinnerte an den seit 1840 von Diesterweg erhobenen historischen Anspruch seiner „Deutschen Pädagogik". Johann Friedrich Wilberg (1766–1846), der „Meister am Rhein", wie ihn Diesterweg nannte, war in früher Jugend noch Handwerker gewesen, dann im Hecker'schen Lehrerseminar zu Berlin und bei von Rochow in Reckahn ausgebildet worden, bevor er zum Organisator einer „Landschulreform" in Westfalen[23] und Begründer eines berühmten Instituts für Bürgerschulbildung in Elberfeld wurde. Diesterweg hatte sich Wilbergs Fortbildung für Elementarlehrer und seiner Gesamt-Organisation des Schulwesens der Stadt Elberfeld angeschlossen. Zur Zeit der Julirevolution 1830 waren diese Reformen aufgehoben und der neuhumanistischen Umgestaltung des Gymnasiums zum Opfer gebracht worden. Diesterweg hatte damals von Moers aus in den schulpolitischen Kampf für Wilberg, wenn auch im Endergebnis ohne Erfolg eingegriffen. Seine Widmung „An Wilberg" sollte offenbar für die Öffentlichkeit ein Signal sein. Diesterweg setzte auf den seit 1840 amtierenden Preußischen Minister Eichhorn, den Freund Schleiermachers und Schöpfer des Zollvereins, Hoffnungen für das Schulwesen. Bereits 1842 hatte Diesterweg Eichhorns Entschluß zur Wiedereinführung des Turnunterrichts in den höheren Schulen mit seiner Schrift *Alaaf Preußen!* begrüßt (SW 6, 79–86, 557). Eichhorn hatte auch für die Universitäten Seminarübungen neben dem eintönigen Vorlesungsbetrieb eingeführt, worin Diesterweg eine Bestätigung seiner so bitter gescholtenen Universitäten-Kritik sah (SW 6, 291–302). Außerdem hatte ihn Eichhorn schon 1840 für dauernd von seinem

Vorgesetzten und neuhumanistischen Widersacher Otto Schulz befreit.[24] So konnte Diesterweg auf Verständnis bei Eichhorn hoffen, als im Jahre 1840 sein ehemaliger Schüler Ludwig P. Emmerich, Leiter einer Privatschule in Bonn, einen Angriff auf den *Wegweiser* in zwei Streitschriften und einem offenen Brief unternahm (SW 5, 655f; Biographie, 144–152). Man hat viel über diesen Streit gerätselt. Diesterweg selbst schwieg in der öffentlichen Diskussion, vor allem weil Emmerich ihn beschuldigte, Anhänger der Hegel'schen ,,Linken" zu sein. Seine Briefe zeigen, wie ihn diese Anschuldigung ,,tödlich" traf. Er mußte Emmerichs Angriff als Versuch empfinden, das Fundament seiner Pädagogik von 1820 zu zerstören. Emmerichs Argumentation versprach mit Hilfe der spekulativen Hegel'schen Philosophie einen ,,Frieden" zwischen Wissen und Glauben, den Diesterweg nicht nur für illusorisch, sondern auch für historisch überholt hielt. In seinem obengenannten richtungsweisenden Aufsatz von 1840 fragte er: ,,Wer hat die Kant'sche, wer die Fichte'sche, wer die Schelling'sche Philosophie gestürzt", wer wird auch die Hegel'sche stürzen? ,,Die Geschichte, das heißt der Verlauf der natürlichen Entwicklung, erzeugt die Systeme und geht über sie hinaus" (SW 5, 23). Bezeichnenderweise sprach er hier nicht vom Ende der Fries'schen Lehre, die er für bleibend wirksam hielt. ,,Morgenröte des Friedens zwischen Wissen und Glauben" schien Emmerich zu verkünden, wie noch Hegel sie erhofft hatte.[25] Diesterweg hielt diese Vision der spekulativen Philosophie sowohl in ihrer radikalen wie in ihrer restaurativen Gestalt für Täuschung. Emmerichs Versuch, ihm einen faulen Frieden zwischen Wissen und Glauben zu unterstellen, lehnte er so entschieden ab wie den Versuch der Hegel'schen ,,Linken", beides zu scheiden und damit die Wahrheit des Glaubens zu leugnen, eines Glaubens, der die ,,doppelte Verneinung" kennt, daß der Unglaube seine Grenzen überschreitet, wenn er sich dogmatistisch als angeblich ,,wissenschaftlicher" Glaubensvernichter ausgibt.

Diese Stellung gegenüber den Ideologien von ,,rechts" und ,,links" gab Diesterweg Anlaß, in der dritten Auflage zwar den Titel *Wegweiser zur Bildung für deutsche Lehrer* zu belassen, ihn aber mit einem neuen Thema anders zu akzentuieren: In dem veränderten Abschnitt über ,,Die Erziehung des Schülers zur Selbsttätigkeit im Leben" griff er ganz überraschend auf die Bildung für Kirche und Staat zurück als ,,vernünftige Wirklichkeiten, organische Lebenskreise oder objektive Verhältnisse", in welche der Schüler hineinzuführen sei: ,,In beiden soll er als lebendiges Glied fungieren, einer kirchlichen Gemeinschaft und eines bestimmten Staatslebens. Für beides, wie es ist [!], soll er vorgebildet werden: durch Erkenntnis und lebendige Teilnahme". Man könnte fragen, ob und wie weit Diesterweg sich hiermit auf Schleiermacher, Herbart oder Harnisch bezogen hat. Zutreffender ist wohl der Hinweis auf seine Eigenständigkeit, den er selbst 1839 mit dem unveränderten Neudruck seiner Erziehungsschrift von 1820 für das positive Verhältnis von Schule, Kirche und Staat gegeben hat. Er fügte jetzt sogar Anweisungen bei, was hierzu bis ins Einzelne im Unterricht zu geschehen habe.[26]

IV. Wandlungen

Hundert Jahre nach dieser dritten Auflage des *Wegweiser* erinnerte Eduard Spranger an die beiden „Preußischen Pestalozzianer" Wilhelm Harnisch und Adolph Diesterweg. Im Winter 1943/44 sprach er in einem Luftschutzkeller in Berlin Unter den Linden vor sieben Mitgliedern der Preußischen Akademie der Wissenschaften, und sein Vortrag erschien später erweitert in Buchform unter dem Titel *Zur Geschichte der deutschen Volksschule* (1949).[27] Man muß aber wissen, daß in diesen hundert Jahren von Metternich bis Hitler oder von Zar Nikolaus I. bis Stalin weder in Deutschland noch in West- und Osteuropa der *Wegweiser* von 1844 gelesen wurde, sondern der von 1850 als Stimme der „Deutschen Pädagogik" Diesterwegs. In dieser *vierten* Auflage hatte Diesterweg seine soeben zitierten Aussagen wieder gestrichen: Nun rief er nicht mehr zur Einführung des Schülers in die „vernünftigen Wirklichkeiten" auf, sondern warnte vor allem „Parteiunterricht" und erklärte: „Kindern Glaubensbekenntnisse vorsprechen und sie zur Annahme derselben nötigen" sei „Abrichtung, Erziehung ad hoc, ist Gewalttat und Zwang". Dasselbe verwerfende Urteil müsse auch „über die Aufnötigung politischer Parteiansichten gefällt werden", zu denen auch „die demokratische Parteiansicht" zu zählen sei (*Wegweiser,* ^{4}1850, 1, 249). Zugleich gab er dem ganzen *Wegweiser* durch eine Textänderung im Vorwort ein neues Vorzeichen: Seit 1835 hatten er und seine Mitarbeiter „dem Prinzip der Fortschritte" gehuldigt. Jetzt ließ er zwar die Datierung „1835" stehen, setzte im Text aber das „Prinzip des Fortschritts" ein. Einst hatte Condorcet von „les progrès de l'esprit humain" gesprochen, jetzt sollte „*der* Fortschritt" über den menschlichen Geist regieren. Wohin dieser Fortschritt zielte, was das Bessere oder Schlechtere sei, darüber gab das abstrakt formulierte neue Prinzip keine Auskunft.[28] Diesterweg selbst umging die Frage in einem „Zusatz" zum „Wegweiser" von 1850, indem er beteuerte, seine Ansichten aus der Zeit vor 1848 seien „dieselben geblieben". „Was ich nach dem 18. März bin, war ich vor demselben." (*Wegweiser,* ^{4}1850, 1, 206)

Die Frage, ob dies zutrifft,[29] sollte man nicht als bloß philologisch oder psychologisch gemeinte Einrede abtun; sie enthält Rückfragen sowohl an die historische Konstellation wie an die pädagogischen Fundamente. Wenn Diesterweg z.B. den Text des „Heidelberger Katechismus" (Frage 5–8) schon 1818 für einen „Fundamentalsatz biblischer Theologen" erklärte, dabei aber die Aussage des Textes überging, der Mensch sei zum Guten tüchtig, sofern er durch Gottes Geist wiedergeboren werde (Tagebuch, 7, 86), so ist eine Rückfrage nach seiner Grundeinstellung wohl nicht zu umgehen. Um die Analogie einer „neuen Geburt" handelte es sich auch 1844 bei Diesterwegs Kritik an Harnisch, dessen Angebot der Verständigung er mit der Anspielung auf einen Aphorismus Goethes aus dem Jahre 1813 abwies: „denn *ihr* seid alt und ich bin neugeboren". Goethe hatte mit dem Aphorismus im Jahr der nationalen Erhebung „den Zudringlichen", die vaterländische Gedichte von ihm verlangten, eine Absage erteilt. Er hielt an seiner Napoleonverehrung fest und lehnte das Ansinnen der romantischen Jugend ab, sich zu ihrer Weltanschauung zu bekennen. Für solchen ,,neugeborenen" Patriotismus sei er zu alt: ,,denn *ich* bin alt und ihr seid neugeboren. Macht, was ihr wollt, und laßt mich ungeschoren!" Warum hat Diesterweg hier wieder einen Text, diesmal durch Wortvertauschung falsch zitiert? (SW 6, 487, 612)

Harnisch hatte 1813 ,,neugeboren" in vorderster Reihe bereitgestanden. Diesterweg war zur selben Zeit nach Frankfurt am Main gegangen und genoß dort das Glück seiner jungen Ehe. Als am 18. März 1848 vor seinem Hause in der Oranienburger Straße in Berlin die Kanonen dröhnten und nicht weit davon am Alexanderplatz der Straßenkampf tobte, ging Diesterweg nicht auf die Barrikaden. Er blieb in seinem Hause und widmete sich mit seinen Söhnen der Verwundetenpflege. Er legte Wert darauf, daß auch sie sich nicht auf die nahen Barrikaden begaben. 1849 ging er nicht, wie z. B. Friedrich Engels, in den ,,Aufstand der Bürger" nach Elberfeld, sondern reiste nach Bad Liebenstein zu Friedrich Fröbel, dem er die vierte Auflage des *Wegweiser* widmete (Biographie, 165ff. 248f, 258ff).

War also Diesterweg nach 1848 noch derselbe wie vorher? Man vergleiche seine Lobsprüche für den Minister Eichhorn vor 1848 mit dem Bericht im Jahrbuch für 1851 über seine Amtsenthebung, die zunächst unter Weiterzahlung seines vollen Gehalts geschah, später durch eine „recht ansehnliche Pension" abgelöst wurde (Biographie, 164f). Oder man bedenke seine Beziehungen zu Wichern, dem Diesterwegs *National-Zeitung* das Zeugnis „eines glühenden und tätigen Freundes der Menschheit" ausstellte, und dem er sogar seinen schwer erziehbaren Neffen anvertrauen wollte (Biographie, 151 u. öfter). Man überlege sein Verhältnis zu Fliedner,[30] das in sehr persönliche Beziehungen zum Hause Gruners Einblick gewährt. Auch Diesterwegs Urteile vor und nach 1848 über seinen Nachfolger Franz Ludwig Zahn, der als konservativer Pädagoge ebenso wie er selbst von dem gleichen Ferdinand Stiehl aus seinem Amte verdrängt wurde,[31] gehören hierher.

In allen diesen Verhältnissen einschließlich seiner dauernden Absage an Harnisch und seines Kampfes um die Stiehl'schen ,,Regulative" kommt für seine Stellung das von ihm selbst immerfort wiederholte Gegensatzpaar zwischen ,,alter Orthodoxie" und ,,neuem Leben" in Betracht: Alle oben Genannten und viele andere, mit denen er sich polemisch auseinandersetzte, gehörten für ihn zu dieser ,,Orthodoxie", er aber war ,,neugeboren". Der ursprüngliche Sinn des Gegensatzes zwischen Orthodoxie und Pietismus bei Spener war Diesterweg ziemlich genau bekannt (SW 3: 191; 12: 295, 302). Er wußte, was Spener und seine Nachfolger als ,,Wiedergeburt" und ,,Neues Leben" verstanden.[32] In der Öffentlichkeit war dieser Sinn zu Diesterwegs Zeit jedoch fast völlig verblaßt. Pietismus und die mit ihm in Preußen verbündete Aufklärung[33] schienen seit der frühen Industrialisierung nur noch im Neuprotestantismus und Neupietismus greifbar zu sein. Im Vormärz wurde zudem der Zerfall der Hegel'schen Philosophie offenbar, die seit 1821 Fries und 1822

Beneke in den Bann getan hatte.[34] Die philosophische ,,Orthodoxie" der Hegel'schen ,,Rechten" und der historische Determinismus ,,des Fortschritts" der Hegel'schen ,,Linken" standen sich gegenüber. Seit 1848 erlebte Diesterweg die große Enttäuschung über ,,den Fortschritt", der in liberaler und radikaler Gestalt sich dogmatistisch in sein Gegenteil verkehrte. Aus dieser Enttäuschung ist wohl sein eigener bitterer Dogmatismus seit 1850 zu verstehen. ,,Wetterfahne" wollte er und ,,Fahnenträger" konnte er nicht mehr sein.

Am 22. April 1861, fünf Jahre vor seinem Tode, besuchte der junge Lev Tolstoj, ein Vorläufer der Reformpädagogik, den berühmten Schulpolitiker, Schriftsteller und preußischen Abgeordneten in Berlin. In seinem Tagebuch über die von ihm an Diesterweg gestellten Fragen einer liberalen Pädagogik (Biographie, 179)[35] schrieb Tolstoj: ,,Im Gespräch mit dem berühmten Diesterweg führte ich ihn auf die Frage der Bildung, der Erziehung und des Unterrichts. Diesterweg äußerte sich mit böser Ironie über die Menschen, die eins und das andere trennten – in seinem Verständnis fließt beides zusammen. Er ist klug, aber kalt; er will nicht glauben und ist verbittert; daß man kann liberaler sein und weiter gehen als er."

Am 7. Juli 1866 ist Adolph Diesterweg in Berlin an der Cholera gestorben. Kurz vor seinem Tode erhielt er am 3. Juli noch die Nachricht von seiner Wiederwahl zum Abgeordneten. Er war bereit, die Wahl anzunehmen und sagte zu den Angehörigen: ,,Für das allgemeine Beste zu wirken, solange sich die Gelegenheit bietet, ist die heiligste Pflicht jedes ehrenhaften Mannes."[36] Am 4. Juli kam die Siegesnachricht von Königgrätz im deutschen Bruderkriege, auf dessen Vermeidung Diesterweg bis zuletzt gehofft hatte.

Johann Günther Muhri

HERBERT SPENCER

(1820–1903)

„Man wird nach und nach entdecken, daß eine Kenntnis der Gesetze des Lebens weit wichtiger ist als irgendein anderes Wissen, daß die Gesetze des Lebens nicht nur allen physischen und geistigen Prozessen zugrunde liegen, sondern implizit auch allen Geschäften des Hauses und der Straße, allem Handel, aller Politik, aller Moral, und daß daher ohne Verständnis derselben weder persönliches noch gesellschaftliches Verhalten richtig gesteuert werden kann." (XVI, 88)[1] Die unermüdliche Erforschung immer umfassenderer und zugleich differenzierterer Einsichten in die grundlegenden Lebensgesetze und die Bekanntmachung dieser Erkenntnisse kennzeichnen Leben und Werk von Herbert Spencer.

Der Mensch kann sich und die Aufgaben der Gegenwart sowie den Auftrag von Erziehung nur dann hinreichend sensibel erfassen und diese entsprechend seinem grundlegenden Bedürfnis nach immer mehr Freiraum auch angemessen auf Zukunft hin bewältigen, wenn er sein Bewußtsein zunehmend schärft für die Wahrnehmung seiner eigenen vielschichtigen Abhängigkeiten von der Geschichte. Immer schon, wenn wir nach Erziehung fragen, haben wir uns zu beschäftigen „mit dem Menschen als einem Produkt der Evolution, mit der Gesellschaft als einem Produkt der Evolution, mit den moralischen Anschauungen als einem Produkt der Evolution" (IX, 478).

Gemessen am beachtlichen Umfang des Gesamtwerks Spencers nimmt jener Teil seiner Publikationen, der sich vorwiegend mit Erziehung befaßt, einen relativ schmalen Raum ein. Dies betrifft aber keineswegs den Stellenwert, den Spencer der Erziehung beimißt. Da Erziehung ein beträchtliches „Maß an Urteilsvermögen, Kreativität, geistigem Einfühlungsvermögen und analytischem Talent" (XVI, 70) erfordert, stellt sie „von allen Aufgaben, die der Erwachsene zu erfüllen hat, die allerschwerste" (XVI, 106) dar. Diesem hohen Anspruch wird Erziehung nur dann annähernd genügen, wenn sie als allerdings wichtiger Teil eines umfassenden Ganzen verstanden wird. Gewiß sind mancherlei Annahmen Spencers als Ergebnis zeitbedingter Erfahrungen und vorgefaßter Meinung der Korrektur bedürftig. Dies schmälert aber keineswegs Spencers Bedeutung. Durch sein energisches Eintreten für den Entwicklungsgedanken gehört er zu jenen namhaften Zeitgenossen Darwins, die dafür sorgten, daß dessen Evolutionstheorie weit über die Grenzen Englands hinaus innerhalb kurzer Zeit eine außergewöhnliche Popularität erlangte. Wie kaum ein anderer zuvor verstand es Spencer, die Evolutionstheorie zur Aufdeckung der beziehungsreichen Abhängigkeiten von Erziehung fruchtbar zu machen.

I.

Als Herbert Spencer am 27. April 1820 in Derby geboren wurde, hatte diese Kleinstadt die erste Phase der industriellen Revolution bereits hinter sich und war durch ihre zahlreichen modernen Fabriken zu einem aufstrebenden Zentrum geworden. Aber bis zum Bau der großen Eisenbahnverbindungen, die eine umfangreichere Kontaktnahme mit den Großstädten ermöglichten, bewahrte Derby eine relative Autonomie und eine zu dieser Zeit noch charakteristische radikale provinzielle Kultur, deren Wurzeln in den Dissentbewegungen nonkonformistischer Calvinisten, Methodisten und Unitarier des 17. und 18. Jahrhunderts liegen. Ideen der Aufklärung, z. B. die vorwiegende Ablehnung der traditionellen Konzeption von Kirche und Staat, die akzentuierte Betonung der freiheitlichen Rechte des einzelnen, die Tendenz zum Utilitarismus, wie sie von J. Wesley, W. Godwin und J. Priestley vertreten wurden, gaben einen wichtigen Nährboden für Spencers spätere Philosophie und Ethik ab.

Herbert Spencer selbst entstammt einer Familie mit einer langjährigen Wesley-Methodisten-Tradition. In seiner postum erschienen Autobiographie verweist er darauf, daß alle Spencer ,,ein nonkonformistischer Zug – Mangel an Achtung gegenüber gewissen überlieferten Autoritäten und die schnelle Bereitwilligkeit, von allgemein akzeptierten Meinungen abzugehen" (XX, 11), ausgezeichnet habe. Nicht ohne Stolz fühlte er sich als Erbe dieser Tradition, denn sein ,,vielleicht auffallendster Charakterzug in der Kindheit . . . und auch später war die Mißachtung von Autorität. Die Folge davon war natürlich chronischer Ungehorsam" (XX, 79). Eine Konsequenz dieser nonkonformistischen Einstellung war die abweisende Haltung gegenüber der Verleihung von akademischen Titeln und royalistischen Auszeichnungen, als der Name Spencer bereits als klangvolles Symbol für Erfolg und fortschrittliches Denken des mittelviktorianischen Zeitalters stand (vgl. Duncan, 588f).[2]

Seine unbeschwerte Kindheit und impulsreiche Jugendzeit verlebte Spencer größtenteils bei seinen Eltern in Derby. Die in dieser Zeit gesammelten Erfahrungen stellten langfristig eine geradezu ideale Vorbereitung auf seine spätere sozialpolitische und wissenschaftliche Karriere dar.

Über seine Mutter, Harriet Spencer, geb. Holmes (1794–1867), wußte Spencer in seiner Autobiographie offensichtlich wenig zu berichten. Unverdrossen an ihrem angestammten orthodoxen Glauben festhaltend, wies sie nahezu jede Idee religiöser oder politischer Mündigkeit von sich und ertrug mit ausdauernder Geduld auch die schwersten Herausforderungen ihres Lebens (vgl. XX, 56ff), wie zum Beispiel den schmerzlichen Verlust aller sechs jüngeren Geschwister von Herbert im frühkindlichen Alter. Sie scheint auch keinen nennenswerten erzieherischen Einfluß auf ihren Sohn ausgeübt zu haben.

Eine um so gewichtigere Rolle spielte dagegen für Spencer sein Vater, der Lehrer William George Spencer (1790–1866), der, vom traditionellen Methodismus enttäuscht, Mitglied einer Quäkergruppe wurde, die einem extremen Individualismus huldigte. Noch 1893 erinnert sich Spencer in einer sonst für ihn nicht üblichen Bescheidenheit: ,,All meine charakterlichen Besonderheiten und meine Begabung ... habe ich von meinem Vater geerbt ... Nicht nur in meiner moralischen Ausstattung ähnle ich meinem Vater, auch die intellektuelle Begabung stammt von ihm ... ich habe eine außergewöhnliche Fähigkeit zur Wahrnehmung von Ursachen geerbt." (XXI, 430f) W. G. Spencer galt als wohlinformierter, seinen Beruf hoch einschätzender, kreativer, zugleich sozial engagierter und angesehener Privatlehrer. Der kostenlose Unterricht an Kindern mittelloser Eltern war für ihn ebenso selbstverständlich wie das methodische Prinzip der entdeckenden Selbsterfahrung. In der *Lucid Shortland* entwarf er ein Kurzschriftsystem für die englische Sprache. Als streitbarer Befürworter verbesserter Lern- und Lehrmethoden und begeisterter Anhänger der methodischen Ideen Pestalozzis realisierte er das Prinzip der entdeckenden Selbsterfahrung nicht nur in seinem professionellen Unterricht – auch in seiner *Inventional Geometry*, einem Lehrbuch für Mathematik –, sondern gleichfalls in der täglichen Erziehung seines Sohnes Herbert. Umsichtig förderte er bei ihm das spontane Explorationsbedürfnis. ,,Die meisten Kinder sind instinktiv Naturforscher ... Ich wurde ermutigt, mir Zugang zur Naturgeschichte zu verschaffen." (XX, 71) Damit diese mannigfaltigen Begegnungen mit der Natur sich zu kontrastreichen Konturen kristallisierten, stellt er seinem Sohne häufig strukturierende Fragen. ,,Eine beständig wiederkehrende Frage war: ,Kannst du mir die Ursache davon nennen?' ... und die Tendenz in mir wurde immer stärker, alles als natürlich verursacht zu betrachten." (XX, 89) Dies erklärt auch, warum ,,seit meiner Kindheit das Verlangen in mir vorhanden war, ... alle Dinge auf natürlichem Wege zu erklären" (XX, 176), und warum Spencer schon frühzeitig ,,die latente Fähigkeit besaß, die abstrakte Notwendigkeit von Kausalzusammenhängen zu begreifen" (XXI, 431). Von klein auf durfte sich Spencer an den zahlreichen Gesprächen seines Vaters, die er mit seinen Geschwistern und Freunden über aktuelle soziale, religiöse, wissenschaftliche und politische Tagesprobleme führte, zunächst als aufmerksamer Zuhörer und bald als streitbarer Diskussionspartner beteiligen. Als Ehrensekretär der *Derby Philosophical Society*, einer von Erasmus Darwin gegründeten wissenschaftlichen Gesellschaft, verschaffte ihm sein Vater schon in frühen Jahren Zugang zu einer dieser Gesellschaft angeschlossenen wissenschaftlichen Bibliothek, wo sich Spencer mit besonderer Vorliebe jenen naturwissenschaftlichen Fachzeitschriften zuwandte, die mechanische, physikalische und medizinische Themen abhandelten (vgl. XX, 87). Die Grundlage von Spencers Bildung war zunächst überwiegend das Ergebnis intensiven Selbststudiums. Dies entsprach auch einer weiteren pädagogischen Maxime seines Vaters. ,,Selbsthilfe in jeglicher Hinsicht, das war meines Vaters Methode." (XX, 89) Die in dieser Zeit gewachsene intime intellektuelle Beziehung zwischen ihm und seinem Vater vertiefte sich noch in den späteren Jahren, was zahlreiche Briefe bezeugen (vgl. Duncan, 617). Mit 28 Jahren wollte Spencer mit seinem Vater gemeinsam eine an avantgardistischen Prinzipien orientierte Erziehungsanstalt gründen, deren Realisierung jedoch an der Finanzierbarkeit scheiterte (vgl. XX, 322f). Bis zu dessen Tod im Jahre 1866 hielt Spencer zu seinem Vater den freundschaftlichen Kontakt aufrecht.

Ab dem 13. Lebensjahr erhielt Spencer geregelten Privatunterricht von seinem Onkel Thomas Spencer in Hinton Charterhouse bei Bath. Ein dreijähriger Aufenthalt sollte Herbert nach dem Wunsch seiner Eltern eine orthodoxere Erziehung vermitteln. Zunächst allerdings entzog sich Spencer dieser Intention: eine mehrere Tage dauernde Flucht zurück nach Derby schildert er später mit bewegten Worten als heroisches Abenteuer (vgl. XX, 93ff). Thomas Spencer war ein theologisch und sozialpolitisch versierter puritanischer Theologe. Sein Einfluß auf Spencer war beträchtlich. Spencer eignete sich bei ihm Grundkenntnisse in Mathematik, Physik, Chemie, Logik und politischer Ökonomie an und beherrschte schließlich auch die Diskussion sozialer Themen und etwas Französisch. Nur marginal kam er mit klassischen Bildungsgütern in Berührung. Sein gleichwohl aspektreiches und qualifiziertes Informationsniveau ermöglichte ihm alsbald die Übernahme einer Hilfslehrerstelle in Derby, die er jedoch trotz seiner positiven Einstellung zum Lehrerberuf wegen der diese Tätigkeit begleitenden „unvermeidlichen Monotonie" (XX, 124) bereits nach drei Monaten wieder quittierte.

Unmittelbar nach der Thronbesteigung von Königin Victoria (1819–1901) nahm Spencer mit 17 Jahren in London eine Beschäftigung als Ingenieur bei der Eisenbahn an, die zu dieser Zeit gerade den Höhepunkt ihrer Ausbauphase erreicht hatte. Unstetigkeit charakterisiert die folgenden zehn Lebensjahre Spencers. Der Beruf brachte häufigen Ortswechsel mit sich. Während der Aufenthalte in London, Gloucester, Birmingham, Worcester, Powick, Rembroke und zwischendurch immer wieder in Derby verschaffte er sich einen umfassenden Einblick in die Gesetzmäßigkeiten von Produktion und Vertrieb der aufstrebenden Industrie. Er erlebte unmittelbar den faszinierenden Fortschritt der technologischen Entwicklung und wurde begeisterter Zeuge der ökonomischen Prosperität und des zunächst klaglos funktionierenden unbeschränkten freien Wettbewerbs. Kontakte zu prominenten Repräsentanten des politischen und ökonomischen Liberalismus – nachhaltig wirkten sich für Spencer die Beziehungen zu E. Miall, Herausgeber der Zeitschrift *The Nonconformist,* für welche Spencer damals mehrere politische Essays verfaßte, sowie zum Ricardo-Sozialisten T. Hodgskin und zu den liberalen Politikern L. Heyworth und J. Bright aus – und die Aufarbeitung von A. Smith schufen die Voraussetzung dafür, daß Spencer selbst zu einem exponierten Vertreter der klassischen Nationalökonomie wurde. In *Social Statics* (1850), seinem erfolgreichen ersten Buch, worin er „eine Art Naturgeschichte der Moral" (XX,

360) zu formulieren versuchte und seine Vorstellungen „über die richtigen Grenzen staatlicher Funktionen“ (XXI, 273) niederschrieb, fanden diese liberalen Ideen in großem Umfang ihren Niederschlag. Auch die zur Charakterisierung des Prozesses der biologischen Evolution von Spencer 1852 geprägte Metapher des *Survival of the Fittest* (vgl. XXI, 50) ist letztlich Ausdruck dieses Liberalismus‘. Bereits zu Beginn seiner politischen Tätigkeit in den 40er Jahren kämpfte Spencer unbeirrt für die Überzeugung, daß Freiheit, Gleichheit vor dem Gesetz und Menschenwürde humane Errungenschaften darstellen, die nicht einer Minderheit der Gesellschaft, in deren Händen gerade aufgrund zufälliger geschichtlicher Konstellationen ökonomische und politische Macht verankert liegen, zur willkürlichen Handhabung vorbehalten bleiben dürfen, sondern als universelle Rechte allen Menschen in gleicher Weise gewährt werden müssen. Als Ehrensekretär der Complete Suffrage Union, der Zweigstelle einer Chartistenbewegung in Derby, setzte er sich u. a. ein für die Einführung eines allgemeinen Wahlrechts, auch für Frauen, für die Aufhebung der seit dem 17. Jahrhundert in England geltenden Korngesetze sowie für die Abschaffung der Sklaverei.

Trotz der nachhaltigen Erfahrungen im gesellschaftspolitischen und industriellen Bereich galt aber unvermindert Spencers ursprüngliches Interesse der Erforschung der Natur. Er eignete sich die Grundlagen der Phrenologie an, die in den *Principles of Psychology* (1855) deutliche Spuren hinterließen, war ein leidenschaftlicher Sammler von Fossilien, studierte wie Darwin die *Principles of Geology* von Lyell, stieß dabei auf Lamarcks konsequenzenreiche Doktrin von der Vererbung erworbener Eigenschaften, deren geradezu gläubiger Anhänger und Verfechter er zeit seines Lebens blieb. Zwischen 1848–1853 war er als Journalist und Mitherausgeber der liberalen Zeitschrift *The Economist* in London tätig. Schon in dieser Zeit faszinierte ihn die Idee der Evolution (vgl. XXI, 6f). Sieben Jahre vor dem Erscheinen von Darwins *Origin of Species* (1859) plädierte Spencer in dem Essay *The Development Hypothesis* (vgl. XIII, 1–7) nach sorgfältigem Abwägen der jeweiligen Argumente gegen die Schöpfungstheorie und für die Anerkennung der Entwicklungshypothese. In der Flut von Essays, die Spencer in den 50er Jahren schrieb, tauchen in einzelnen Gedankengängen immer wieder evolutionistische Ideen auf. Dies gilt vor allem auch für jene vier Abhandlungen, die er zwischen 1854 und 1859 zu zentralen pädagogischen Problemen verfaßte und die unter dem Titel *Education: intellectual, moral, and physical* (vgl. XVI) 1861 unverändert als Buch erschienen. Als im Juni 1858 Darwin und Wallace der Lenaean Society in London ihre Schrift über die natürliche Selektion überreichten (vgl. XXI, 27), hatte Spencer zuvor schon seinem „architektonischen Instinkt“ nachgegeben und aus „Liebe zum Ausbau eines Systems“ (XXI, 450) ein langfristiges Programm entworfen, das auf der Basis eines universellen Prinzips – nämlich der Erhaltung der Kraft – die Synthese des gesamten verfügbaren Wissens zu einem einheitlichen System leisten sollte. An gehöriger Motivation für dieses kühne und langwierige Projekt fehlte es offenbar nicht. „Ab dem Augenblick, da ich in den Besitz des

Konzeptes der Evolution in ihrer umfassenden Form gekommen war, wurde das Bedürfnis ungeheuer stark, es auszuarbeiten und bekanntzumachen." (XXI, 460) Die ständige Sicherstellung der materiellen Voraussetzungen zur Durchführung des Plans erwies sich als unerwartet mühsame Aufgabe. Mehrmals drohte der Plan zu scheitern. Eine kleine Erbschaft gestattete es Spencer, 1853 das Arbeitsverhältnis bei der Zeitschrift Economist zu lösen und, wenn auch in bescheidenen Verhältnissen, als freier Schriftsteller zu leben. Dies stellte jedoch noch keine ausreichende Grundlage zur Finanzierung des Projektes dar. Nachdem einem über John Stuart Mill bei der Regierung eingereichten Gesuch um Zuweisung einer zwar gutbezahlten, aber zugleich viel Freizeit gewährenden Stellung im diplomatischen Dienst kein Erfolg beschieden war, entschloß sich Spencer, durch Subskription die Vorfinanzierung seines geplanten Werks zu sichern. Annähernd 500 Subskribenten ermöglichten zunächst die Veröffentlichung der *First Principles* (1862), des ersten Bandes der insgesamt zehn Bände umfassenden *Synthetic Philosophy*. Während die darin systematisch abgehandelte Grundlegung seiner universellen Evolutionstheorie zuerst überwiegend anerkennende Kritik erfuhr, stieß ein relativ kurzer Abschnitt, in dem Spencer bei der Darlegung seines erkenntnis- und wissenschaftstheoretischen Standpunktes positivistische und agnostische Akzente setzte, vor allem von religiöser Seite auf heftigen Widerstand. Mehr als die Hälfte der Subskribenten stornierte die Subskriptionsverträge. In dieser prekären Situation stellte sich Hilfe aus den Vereinigten Staaten ein. Ein spontan ins Leben gerufener Freundeskreis organisierte den Ankauf einer stattlichen Anzahl von Subskriptionen, so daß künftig seine Synthetische Philosophie aus finanziellen Gründen nicht mehr in Gefahr geriet. E. L. Youmans, der Initiator dieser Rettungsaktion, wurde neben dem gefeierten Großindustriellen A. Carnegie in den USA zu einem der begeistertsten Bewunderer und Förderer von Spencers Werk. 1882 arrangierte er für Spencer eine triumphale Vortragsreise durch die Vereinigten Staaten. Die restlichen Bände der Synthetischen Philosophie stellen den Versuch dar, die in den *First Principles* gewonnenen Erkenntnisse auf die Bereiche der Biologie, Psychologie, Soziologie und Ethik anzuwenden. Es sollte der Nachweis erbracht werden, daß das gesamte verfügbare Wissen dieser Disziplinen als integrativer Bestandteil des universellen Evolutionsprozesses betrachtet werden müsse. In der Tat imponierend ist die Fülle an empirischem Material, das Spencer zu diesem Zweck aufgearbeitet hat. Um die dabei anfallenden Arbeiten bewältigen zu können, stellte er ab 1867 wissenschaftliche Mitarbeiter an, die ihm bei der Dokumentation und Auswertung vor allem der umfangreichen ethnologischen Forschungsergebnisse behilflich waren. Dazu gehörte auch der Schotte Duncan, der spätere Herausgeber seiner gesammelten Briefe und Mitherausgeber seiner zweibändigen Autobiographie. Als krönenden Abschluß seiner Philosophie sah Spencer selbst die *Principles of Ethics,* deren letzter Teil 1893 erschien. Seit seinem Erstlingswerk, den *Social Statics,* verfolgte Spencer bei allen seinen philosophischen Reflexionen das Ziel, einen überzeugenden Nachweis zu führen, ,,daß in

Herbert Spencer (1820–1903)

der Natur der Dinge selbst eine Basis für die Moral liegen" (XX, 306) und daß „der Mensch als ein den allgemeinen Lebensgesetzen unterworfenes Wesen betrachtet werden" (XX, 360) müsse.

Während Marx von der Londoner Gesellschaft noch weitgehend unbeachtet sich im Britischen Museum um die Fertigstellung des Kapitals bemühte, war Spencer bereits Mitglied des damals berühmten X-Club, einer einflußreichen Gruppe von neun Wissenschaftlern, zu welcher auch T. H. Huxley, J. Tyndall und J. Hooker gehörten und die alle außer Spencer Mitglieder der Royal Society waren. Mit ihnen verband Spencer eine ähnliche jahrelange gegenseitig anregende Freundschaft wie mit J. St. Mill, G. H. Lewes und der unter ihrem Pseudonym George Eliot bekannten Miß Evans. 1867 trat Spencer dem Athenaeum bei, einer losen Vereinigung von anerkannten Wissenschaftlern, Literaten und Künstlern, deren vornehmlicher Zweck im interdisziplinären Gespräch bestand. Für mehr als drei Jahrzehnte wurde das Athenaeum für Spencer zum gesellschaftlichen Mittelpunkt.

Mit zunehmendem Alter befielen ihn depressive und melancholische Gefühlszustände. Auch sein Sozialverhalten veränderte sich. Er begann gesellige Zusammenkünfte zu meiden und entwickelte eine geradezu allergische Empfindlichkeit gegenüber Kritik. Gewiß lag dies zu einem guten Teil an seiner labilen psychisch-physischen Konstitution. Mit 35 Jahren hatte er aufgrund geistiger Überarbeitung einen Kreislauf- bzw. Nervenzusammenbruch erlitten, dessen andauernden Folgen künftig sein gesamtes Wohlbefinden beeinträchtigten und seiner physischen Leistungsfähigkeit relativ enge Grenzen setzten. Wohlmeinende Ratschläge seiner Freunde, zu heiraten, wies er zurück, weil er dadurch eine ernsthafte Gefährdung seiner Synthetischen Philosophie befürchtete. Zweifellos setzte ihm auch der allmähliche Verlust seiner Freunde hart zu. Der eigentliche Ursprung von Spencers Melancholie ist letztlich in der antagonistischen Spannung zu suchen, in welche sein Werk, noch ehe es vollendet war, durch zeitgenössische politische und gesellschaftliche Strömungen sowie durch die schnelle Weiterentwicklung der Wissenschaften geriet. Die aufkommenden wirtschaftsimperialistischen Bestrebungen Englands, die Überleitung wichtiger gesellschaftlicher und familialer Funktionen in die Obhut des Staates, der aufkommende, durch wirtschaftliche Rezession noch verstärkte kulturkritische Zweifel am technologischen Fortschrittsglauben, und schließlich die Zurückdrängung des Liberalismus durch forcierte sozialistische und kollektivistische Tendenzen, mußten Spencers Attacken gegen jede Art von Imperialismus und staatliche Reglementierung sowie seine überwiegend optimistische individualistisch-liberale Position alsbald als rückschrittliches Konzept erscheinen lassen. Dieser Eindruck verstärkte sich noch durch die Kritik, die einige seiner fundamentalen wissenschaftlichen Hypothesen von seiten der modernen Physik und Biologie erfuhren. In den 90er Jahren kam es z. B. zu einer nicht ohne Polemik geführten Kontroverse mit dem deutschen Zoologen August Weismann über seine lamarckistische Vererbungstheorie. Als Spencer am 8. Dezember 1903 in Brighton starb, war ein

Großteil der Thesen Spencers nicht mehr Mittelpunkt der aktuellen politischen und wissenschaftlichen Diskussion. Von der ihn einstmals feiernden Öffentlichkeit kaum beachtet wurde Spencers Urne im Highgate-Friedhof in London bestattet.

II.

Die Gesamtausgabe *The Works of Herbert Spencer* von 1904 erfaßt mit ihren 21 Bänden nur die wichtigsten Veröffentlichungen. Das umfangreiche publizistische Werk repräsentiert eine große Mannigfaltigkeit an abgehandelten Themen. Das dynamische Zentrum des gesamten Werks stellt zweifellos seine universelle Evolutionstheorie dar. Durch die methodisch konsequente Anwendung der evolutiven Perspektive erfuhr die Mehrzahl der Abhandlungen über erkenntnis- und wissenschaftstheoretische, kosmologische, biologische, psychologische, politische, ökonomische, soziologische, religiöse, ethische, ästhetische und pädagogische Gegenstandsbereiche eine relativ einheitliche Strukturierung. Eine eingehendere Erörterung auch nur einiger dieser Themenkreise ist im Rahmen dieses Beitrags nicht ausführbar. Gleichwohl gewähren einige Schlaglichter auf Spencers pädagogische Beiträge einen wenigstens vorläufigen Einblick in sein evolutionistisches Denken.

Viele richtungweisende pädagogische Grundsätze, wie sie seit der Aufklärung von Pädagogen mit unterschiedlichen Akzentuierungen postuliert worden sind, hat Spencer aufgegriffen und systemgerecht zu pädagogischen Maximen ausformuliert. Hierbei trug er der Forderung Rousseaus nach einer angemessenen Berücksichtigung des Eigenwertes der jeweiligen Entwicklungsstufen des Kindes gleichermaßen Rechnung wie den beharrlichen Bemühungen Pestalozzis um eine nachhaltige Verbesserung der Erziehungs- und Unterrichtsmethoden. Und wenn nach Spencer Erziehung im Idealfall eine „vollkommene Vorbereitung auf ein vollkommenes Leben" (XVI, 8f) zu verfolgen habe, so verbirgt sich hinter dieser Ziel-Formulierung nicht ein weltfremdes idealistisches Konzept, sondern das klassische Ziel einer unter gegebenen Bedingungen zu erschließenden mündigen Persönlichkeit, d. h. eines selbständig denkenden und handelnden Menschen, der durch seine Erziehung in den Stand gesetzt wird, mit den sich wandelnden Gegebenheiten des Lebens angemessen zu Rande zu kommen. Mit dieser Zielsetzung von Erziehung bewegt sich Spencer, jedenfalls auf der Ebene solcher eher allgemeinen Vorstellungen, durchaus innerhalb des breiten Stromes neuzeitlicher pädagogischer Traditionen. Spezifische Akzente dagegen sind bei der Begründung und Festlegung der konkreten Erziehungsmittel und -methoden zu finden, die die Erreichung dieser Ziele garantieren sollen.

Hier setzt Spencer seine ganze Hoffnung auf eine konsequente Auswertung der evolutionistischen Gesichtspunkte (vgl. XXI, 50) und fordert, da der Mensch in großem Umfang den „gleichen organischen Gesetzen unterliegt wie die niedrigeren Geschöpfe" (XVI, 147), eine stärkere Berücksichtigung der Forschungsergebnisse der Naturwissenschaften, besonders der Biologie. „Es ist Zeit, daß an den Vorteilen, welche unsere Schafe und Ochsen aus den wissenschaftlichen Forschungen ... ziehen, auch unsere Kinder teilhaben" (XVI, 147) und „daß die durch Beobachtung und Experiment an Tieren nachgewiesenen Verallgemeinerungen auch für die menschliche Belehrung verfügbar werden" (XVI, 147). Erziehung setzt Erfahrung voraus und beruht auf entsprechender Vermittlung adäquater Erfahrung. Voraussetzung jeder individuellen Erfahrung ist die von den Vorfahren ererbte stammesgeschichtliche Erfahrung. Der Mensch ist, wie alle Lebewesen, Teil des universellen Evolutionsprozesses. Sein grundlegendes Verhaltens- und Leistungsrepertoire, seine organisch-physiologische und psychische Ausstattung, seine Antriebe, seine Emotionen, seine Vernunft, seine Freiheit, sind zunächst das Ergebnis eines langwierigen Entwicklungsprozesses aus früheren Zustandsformen, sie sind das Produkt von Erfahrungen, die über lange Zeit hinweg gesammelt und von Generation zu Generation weitervererbt worden sind. Deshalb ist die auf stammesgeschichtlichem Wege gewonnene Erfahrung auch weit zuverlässiger als kulturelle und individuelle Erfahrungen (vgl. V, 418f). Sowohl den Entstehungsbedingungen wie auch dem Ergebnis dieser ererbten Erfahrung muß in der Erziehung besondere Aufmerksamkeit zuteil werden, soll das von der Entwicklung erreichte Niveau gehalten und eine vorteilhafte Weiterentwicklung der Menschheit nicht hintertrieben werden.

„Jedes Lebewesen steht in einer spezifischen wechselseitigen Beziehung zur Umwelt, in welcher es aufwächst" (XX, 210). Dies gilt in besonderem Maße auch für den Menschen. Eine allseitige und befriedigende Entwicklung aller physischen, seelischen, geistigen und sittlichen Fähigkeiten des heranwachsenden Menschen setzt auf jeden Fall eine entsprechend strukturierte gegenständliche und soziale Umwelt voraus. Dafür kann nach Spencers Meinung nur eine „natürliche Umwelt" in Frage kommen. Schon in *Social Statics* (vgl. XI, 153ff) betont er, daß namentlich im frühkindlichen Alter nur die Familie, die er für eine Naturgegebenheit hält, die geeignete Vermittlung grundlegender Fähigkeiten und die kindgemäße Entfaltung elementarer Bedürfnisse insbesondere im emotionalen Bereich leisten könne. Fast 50 Jahre später äußert sich Spencer im zweiten Band seiner Ethik in ähnlicher Weise: „Obwohl die späteren Stufen der intellektuellen Erziehung mit Vorzug den Lehrern anvertraut werden können, obliegen die früheren Phasen der Erziehung wie auch die Erziehung der Emotionen während der gesamten Erziehungszeit den Eltern." (X, 344) Ganz im Einklang mit seiner liberalistischen Grundposition auf dem ökonomischen Sektor warnt Spencer vor übereilten Bestrebungen, Erziehung vermehrt zu professionalisieren und eine Ausgliederung wichtiger erzieherischer Funktionen aus dem Bereich der Familie zugunsten einer verstärkten staatlichen Institutionalisierung von Erziehung anzustreben. Schließlich ist es „das Resultat von Millionen von Jahren" (IX, 546), daß Eltern ihre Kinder selbst erziehen. „Das Sittengesetz der Natur gestattet es den Eltern nicht, daß sie sich ihrer elterlichen Pflichten durch Flucht entziehen." (IX, 547) Und wenn man fortgesetzt die anscheinend gelegentlich unbequeme Wahrheit ignorieren sollte, „daß einzig durch angemessene ... und zunehmend verbesserte Erfüllung der elterlichen Pflichten allmählich erst die höheren Lebensformen möglich geworden sind" (IX, 546), so dürften sich wenigstens langfristig verhängnisvolle und womöglich irreparrable Folgen nicht verhindern lassen. Denn abgesehen von der Gefahr, daß die eigentlichen erzieherischen Zielsetzungen durch apädagogische Intentionen ersetzt werden könnten, ist eine zu frühe außerfamiliale Erziehung nach Spencer u. a. auch deshalb problematisch, weil die in der Familie wirksamen altruistischen Motivationen im öffentlichen bzw. staatlichen Erziehungssystem weitgehend außer Kraft gesetzt werden (vgl. VI, 705ff). Als „Diener und Interpreten der Natur" (XVI, 117) tragen die Eltern auch die Verantwortung für eine entsprechende sittliche Erziehung. Ihre Hauptaufgabe besteht nach Spencer darin, darauf zu achten, „daß ihre Kinder (zumeist) die wahren Konsequenzen als die natürlichen Rückwirkungen ihres Verhaltens erfahren" (XVI, 117).

Gewiß sind Spencers Vorschläge zur sittlichen Erziehung und die im zweiten Kapitel der *Education* aufgeführten, von der universellen Evolutionstheorie unmittelbar auf den schulischen Unterricht übertragenen konkreten methodischen Unterrichtsprinzipien (vgl. XVI, 73ff) nicht vorbehaltlos akzeptabel. Grundeinstellungen, die heute aus dem Abstand leicht als historische identifizierbar sind, werden für „natürlich" und aus den Evolutionsgesetzen abgeleitet ausgegeben. Gleichwohl sind viele Überlegungen zur sittlichen Erziehung, die wegen der zahlreichen anschaulichen Beispiele für Kritik besonders anfällig waren, gelegentlich von der Kritik wohl etwas vorschnell und zu generell als „Biologismus" abqualifiziert worden, als ob sich eine inhaltliche Auseinandersetzung mit ihnen gar nicht mehr lohnte.

Anstoß erregte zweifellos auch das erste Kapitel der *Education,* dem Spencer die provozierende Frage *What Knowledge is of most worth?* (XVI, 1ff) voranstellte. Einem Brief an seinen amerikanischen Freund Youmans ist zu entnehmen, daß der französische Unterrichtsminister zwar die Verbreitung einer französischen Ausgabe der *Education* ernsthaft betrieb, den Wegfall des ersten Kapitels aber zur Bedingung gemacht habe, weil er davon offenbar zuviel Unruhe für die französischen Schulen befürchtete (vgl. XXI, 347). In diesem Abschnitt setzt sich Spencer besonders kritisch mit dem fast ausschließlich am klassisch-humanistischen Bildungsideal orientierten Curriculum der Schulen seiner Zeit, vor allem der *public* und *grammar schools,* auseinander, das die durch die Industrialisierung veränderten Lebensbedingungen noch fast gar nicht berücksichtigt. In einer aspektreichen geistvollen vergleichenden Analyse versucht er zu beweisen, daß wissenschaftliches Wissen – bei Spencer bedeutet dies zumeist Kausalzusammenhänge erschließendes, überwiegend naturwissenschaftliches Wissen –, in der richtigen Weise als strukturelles Wissen erworben, nicht nur zur formalen Schulung des menschlichen Geistes dem klassischen Bildungsgut wenigstens ebenbürtig sei, sondern daß es das am besten geeignete Mittel darstelle, die postulierten Ziele einer mündigen, kritischen, selbständigen Persönlichkeit faktisch auch zu erreichen. Auch wenn Spencer keineswegs die humanistische Bildung, vor allem den ästhetischen und musischen Bereich, vernachlässigt wissen wollte, so baute er doch vorrangig auf Wissenschaft im Sinne von ‚science'. Schließlich war es diese Art Wissenschaft, die seinem Zeitalter erstmals so profunde Einblicke in die Evolution des Kosmos, des organischen Lebens und der Menschheit gewährte.

III.

Das Ausmaß der Wirkung von Spencers Werk in seiner Zeit ist kaum abschätzbar. Die bedeutendsten Arbeiten erreichten mehrfache Auflagen und wurden in die wichtigsten Sprachen der damals als zivilisiert geltenden Welt übersetzt (vgl. Duncan, 461). Wegen seines populären Stils erreichte es breite Schichten der Bevölkerung. Zahlreiche Berufsgruppen wie Ärzte, Beamte, Politiker, Lehrer und Künstler übernahmen Spencers Ideen. Spencer gilt als einer der maßgeblichen Wegbereiter der gegenwärtigen Soziologie, als bedeutender Vorläufer der modernen Psychologie und ist neben Charles Darwin, Thomas Henry Huxley und Ernst Haeckel einer der publizistisch wirksamsten Bahnbrecher der modernen Evolutionsforschung. Ungewöhnliche Popularität gewann seine *Education.* Neben zahlreichen Auflagen in England und in den USA wurde sie in fast 20 Fremdsprachen übersetzt und gilt in England nach J. Lockes *Some Thoughts Concerning Education* (1693) als erfolgreichste klassische pädagogische Schrift. Als exponierter Vertreter der *Scientific Movement* übte Spencer wirksamen Druck auf die englische und amerikanische Bildungspolitik aus. Ab den 70er Jahren garantierten Regierungserlässe in den Schulen die Vermittlung eines Mindestkanons an naturwissenschaftlichen Inhalten.

Wichtige Impulse entnahmen dem Werk Spencers die in Amerika und in Europa um die Jahrhundertwende in Gang gesetzten pädagogischen Reformbestrebungen. Es wäre nicht verfehlt, Spencer auch als einen hervorragenden Vorläufer der modernen Erziehungswissenschaft zu bezeichnen. Als Spencer jedoch immer mehr mit sozialdarwinistischem Gedankengut in Verbindung gebracht wurde und die politischen Ereignisse des 20. Jahrhunderts zunehmend die ideologiefreie Diskussion biologischer und evolutionistischer Erkenntnisse erschwerten, geriet nicht nur Spencer, sondern auch sein für die Pädagogik fruchtbarer und durchaus noch nicht ausgeschöpfter evolutiver Denkansatz zunächst ins Kreuzfeuer und dann in Vergessenheit. Erst jüngst hat Max Liedtke[3] – historisch freilich bereits distanziert von Spencer – diesen evolutiven Ansatz wieder aufgegriffen und auf der Basis neuester wissenschaftlicher Befunde aus der Verhaltens- und Evolutionsforschung systematisch für die Erziehung auszuwerten begonnen. Hinter diesem Ansatz verbirgt sich ein Programm, das seit Spencer zwar bereits klar, wenn auch mit unzureichenden Mitteln formuliert ist, dessen umfassende Verwirklichung aber noch aussteht.

BIBLIOGRAPHIEN

ERASMUS VON ROTTERDAM

1. Werke

- Opera omnia, ed. *J. Clericus,* 10 Bde. Leiden 1703–1706. Reprint Hildesheim 1961/62.
- Opus Epistolarum, ed. *Allen,* 12 Bde. Oxford 1906–1958.
- Handbüchlein des christlichen Streiters. Übertragen und eingeleitet von *Hubert Schiel.* Olten/Freiburg 1952 (zit. als: Handbüchlein).
- Studienausgabe. Lateinisch und deutsch. 8 Bde. Ausgewählte Schriften. Herausgegeben von *Werner Welzig.* Wissenschaftliche Buchgesellschaft Darmstadt. 1967 ff. (zit. als: St.).
- Briefe. Verdeutscht und herausgegeben von *Walter Köhler.* Leipzig 1938. Dritte erweiterte Aufl. hrsg. von *Andreas Flitner,* Bremen 1956. Sonderausgabe mit aktualisierter Bibliographie: Wiss. Buchgesellschaft Darmstadt 1986 (zitiert als: Briefe).
- Ausgewählte pädagogische Schriften. Besorgt von *Anton J. Gail.* Paderborn 1963 (zit. als: Päd. Schr.).
- Ausgewählte Texte. Hrsg. von *Hans Christian Meiser* (Goldmanns TB 08434), München 1986.
- Das Lob der Torheit. Reclam Taschenbuch Bd. 1907/1908. Stuttgart 1973.

2. Sekundärliteratur

Augustijn, Cornelis: Erasmus von Rotterdam. Leben – Werk – Wirkung. München 1986.

Bainton, Roland H.: Erasmus – Reformer zwischen den Fronten. Göttingen 1972.

Ballauf, Theodor (Hrsg.): Pädagogik, Band I: Von der Antike bis zum Humanismus. Freiburg/München 1968.

De Molen, Richard L. (Ed. by): Erasmus of Rotterdam. A. Quincentennial Symposium. Twayne Publishers, Inc. New York 1971.

Elias, Norbert: Über den Prozeß der Zivilisation. 2 Bde. Bern, München 1969 (Neuausgabe Frankfurt/Main 1976).

Faludy, George: Erasmus von Rotterdam. Frankfurt/Main 1973.

Flitner, Andreas: Erasmus im Urteil seiner Nachwelt. Tübingen 1952.

Gail, Anton J.: Erasmus von Rotterdam in Selbstzeugnissen und Bilddokumenten (rororo Bildmonographien Bd. 214). Reinbek 1978.

Garin, Eugenio: Geschichte und Dokumente der abendländischen Pädagogik II/Humanismus. Reinbek 1966.

Halkin, Leon: Erasmus von Rotterdam. Eine Biographie. Köln 1989.

Harth, Dietrich: Philologie und praktische Philosophie. Über Erasmus von Rotterdam. München 1970.

Heer, Friedrich: Die dritte Kraft. Frankfurt/Main 1959.

Huizinga, Johan: Europäischer Humanismus: Erasmus. Hamburg 1958.

Kaegi, Werner: Erasmus – ehedem und heute. 1469–1969. Basel 1969.

Kolakowski, Leszek: Erasmus und sein Gott. In: *Derselbe:* Leben trotz Geschichte. München 1977, 23–35.

Padberg, Rudolf: Personaler Humanismus. Das Bildungsverständnis des Erasmus von Rotterdam und seine Bedeutung für die Gegenwart. Paderborn 1964.

Tracy, James D.: Erasmus – The Growth of a Mind. Genève, Libraire Droz 1972.

Weiland, Jan Sperna u. a. (Hrsg.): Erasmus von Rotterdam. Die Aktualität seines Denkens. Hamburg 1988.

IGNATIUS VON LOYOLA

1. *Werke*

– Catalogus Societatis Jesu 1991 (Germaniae, Austriae, Helveriae), Anhang, S. 4
– Ignatius von Loyola und die Gesellschaft Jesu, 1491–1556. Hrsg. von Andreas Falkner und Hans Imhof. Würzburg 1990.
– Monumenta Ignatiana, Series secunda, Exercitia spiritualia sancti Ignatii de Loyola et eorum Directoria. Madrid 1919 (enthält außer dem spanischen sog. Autograph, das heißt einer von Ignatius selbst verbesserten Abschrift, die „Versio prima", die etwas glattere „Versio vulgata" des *P. de Freux* und die genau dem spanischen Original angeglichene „Versio litteralis" des *P. Roothaan*).
– Monumenta Ignatiana, Series secunda, Directoria exercitiorum spiritualium (1540–1599). Rom 1955.
– Monumenta Ignatiana, Series tertia, Sancti Ignatii de Loyola Constitutiones Societatis Jesu (3 vol.). Roma 1934–1938.
– Monumenta Ignatiana, Series prima, Epistulae et Instructiones S. Ignatii de Loyola (12 vol). Madrid 1903–1911.
– Obras completas de San Ignacio de Loyola, transcripción, introducciones y notas del *P. I. Iparraguirit*, BAC. Madrid 1952.
– *Haas, Adolf* (Hrsg.): Geistliche Übungen des Ignatius von Loyola, Freiburg i. Br. 3. Aufl. 1977.
– *Haas, Adolf – Peter Knauer* (Hrsg.): Ignatius von Loyola, Das geistliche Tagebuch. Freiburg i. Br. 1961.
– *Rahner, Hugo* (Hrsg.): Ignatius von Loyola, Geistliche Briefe. Einsiedeln 1956.
– *Rahner, Hugo* (Hrsg.): Ignatius von Loyola, Briefwechsel mit Frauen. Freiburg i. Br. 1956.
– *Schneider, Burkard* (Hrsg.): Ignatius von Loyola, Der Bericht des Pilgers. Freiburg i. Br. 3. Aufl. 1977.

2. *Sekundärliteratur*

Becher, Hubert: Die Jesuiten. Gestalt und Geschichte des Ordens. München 1951.

Boehmer, Heinrich: Ignatius von Loyola. Neu hrsg. v. *H. Leube*. Leipzig 1951.

Canisius, Petrus: Petri Canisii Catechismi latini et germanici. Hrsg. v. *Fr. Streicher*, 2 Bde. München 1933–1936.

Charmot, François: La Pédagogie des Jésuites. Ses principes, son actualité. Paris 1951.

Dainville, François de: La Naissance de l'Humanisme moderne. Les Jésuites et l'Education de la Société française. Paris 1940 (Nachdr. Genf 1969).

Duhr, Bernhard: Geschichte der Jesuiten in den Ländern deutscher Zunge. 4 Bde. Freiburg i. Br. 1907–1913; München 1921–1928. (Bd. 1: Freiburg 1907, Bd. 2, 1: Freiburg 1913, Bd. 2, 2: Freiburg 1913, Bd. 3: München 1921, Bd. 4: München 1928).

Erlinghagen, Karl: Katholische Bildung im Barock. Hannover 1972.

Franz Xaver: Die Briefe des Francisco de Xavier. 1542–1552. Ausgew., übertr. u. komm. von *E. Gräfin Vitzthum*. Leipzig 1939.

Fülöp-Miller, René: Macht und Geheimnis der Jesuiten. Berlin 1929.

Gothein, Eberhard: Ignatius von Loyola. Halle 1885.

Herman, J. B.: La Pédagogie des Jésuites au XVIème siècle. Ses sources, ses charactéristiques. Löwen-Brüssel-Paris 1914. (Université de Louvain: Recueil de travaux publiés par les membres des Conférences d'Histoire de Philologie, Fasc. 36).

Huonder, Anton: Ignatius von Loyola, Köln 1932.

Kolb, Viktor: Das Leben des heiligen Ignatius von Loyola, Freiburg 1931.

Lukács, L.: Siehe unter Monumenta Paedagogica.

Mir, Gabriel Codina: Aux Sources de la Pédagogie des Jésuites. Le „Modus Parisiensis". Bibliotheca Instituti Historici S. J. XXVIII. Rom 1968.

Monumenta Paedagogica Societatis Jesu. Edidit ex integro refecit novisque textibus auxit *L. Lukács*. Romae 1965 ff.

Müller, G.: Unterricht und Erziehung in der Gesellschaft Jesu während des 16. Jahrhunderts. In: *G. Schmidt:* Geschichte der Erziehung. Bd. 3. Stuttgart 1892, 34 ff.

Pachtler, Georg Michael: Ratio Studiorum. 2 Bde. Berlin 1887. (Monumenta Germaniae Paedagogica, Bd. 2).

Paulsen, Friedrich: Geschichte des gelehrten Unterrichts. 2 Bde. Aufl. Leipzig 1919/1921. (Nachdruck Berlin 1965) Bd. I: 1919, Bd. II: 1921).

Rahner, Hugo: Ignatius von Loyola. Wien 1947.

– Ignatius von Loyola als Mensch und Theologe. Freiburg 1964.

Schneider, Burkard: Jesuiten. In: Lexikon für Theologie und Kirche. Bd. 5. Freiburg i. Br. 1960, 912–920.

Schröteler, Josef: Die Erziehung in den Jesuiteninternaten des 16. Jahrhunderts. Dargestellt aufgrund ungedruckter und gedruckter Quellen. Freiburg i. Br. 1950.

Schurhammer, Georg: Franz Xaver: Sein Leben und seine Zeit. 2 Bde. Freiburg 1955–1963.

Studienordnung der Gesellschaft Jesu. Mit einer Einl. von *Bernhard Duhr*. Freiburg i. Br. 1896. (Bibliothek der katholischen Pädagogik, Bd. 9).

MICHEL DE MONTAIGNE

1. *Werke*

– Les Essais par Messire Michel, Seigneur de Montaigne, chevalier de l'Ordre du Roi et gentilhomme de sa chambre, maire et gouverneur de Bourdeaus. Cinquième édition, augmentée d'un Troisième livre et de cents additions aux premiers. Paris, Abel l'Angelier. Un vol. in 4°. 1588.

(Ein Exemplar dieser Ausgabe, genannt Exemplaire de Bordeaux, wurde von Montaigne mit Anmerkungen, Ergänzungen und Verbesserungen versehen und dient als Grundlage für fast alle Textausgaben der Gegenwart.)

Die handlichste und zugänglichste Gesamtausgabe ist:

– Œuvres complètes. Textes établis par *Albert Thibaudet* et *Maurice Rat*. Introduction et notes par *Maurice Rat* (Bibliothèque de la Plèiade, vol. 14 ième). Paris (Gallimard)

1962 (No d'édition 20494. 1976). Zitate mit Band-, Kapitel- und Seitenangabe nach dieser Ausgabe.

– Gesammelte Schriften. Historisch-kritische Ausgabe mit Einleitung und Anmerkungen unter Zugrundelegung der Übertragung von *Johannes Joachim Bode*. Herausgegeben von *Otto Flake* und *Wilhelm Weigand* (Bd. 1–8). München und Leipzig (G. Müller) 1908–1911).

– Essais. Auswahl und Übersetzung von *Herbert Lüthy*. Zürich (Manesse) 1953.

– Essays über Erziehung. Drei vollständige Essays, nebst ausgesuchten Beigaben zur Einführung und Abrundung. Übersetzt und herausgegeben von *Ulrich Bühler* (Klinkhardts Pädagogische Quellentexte). Bad Heilbrunn/Obb. (Julius Klinkhardt) 1964.

2. Kurzdarstellungen

Jeanson, Francis: Montaigne par lui-même (Collections Microcosme, 3). Paris (Editions du Seuil) 1971; dt. (Rowohlts Monographien, 21) Hamburg 1958.

Moreau, Paul: Montaigne (Connaissance des Lettres, 4). Paris (Hâtier) 1966.

3. Gesamtdarstellungen

Bailly, Auguste: Montaigne. Paris (Arthème Fayard) 1942.

Friedrich, Hugo: Montaigne. Bern und München (Francke) ²1967.

Lanson, Gustave: Les essais de Montaigne. Paris (Mellottée) 1958.

Villey, Pierre: Les sources et l'évolution des essais de Montaigne, 2 vol. Paris (Hâchette) 1908.

4. Biographien

Plattard, Jean: Montaigne et son temps. Paris (Boivin) 1933.

Trinquet, Roger: La jeunesse de Montaigne. Ses origines familiales, son enfance et ses études. Paris (A. G. Nizet) 1972.

5. Studien, allgemein

Brown, Frieda S.: Religious and Political Conservatism in the Essais of Montaigne. Genève (Droz) 1963.

Dréano, Mathurin: La pensée religieuse de Montaigne. Paris (Beauchesne) 1937.

Frame, Donald M.: Montaigne's Discovery of Man. The Humanization of a Humanist. New York (Columbia University Press) 1955.

– Montaigne's Essais. A Study, Englewood Cliffs N. J. (Prentice Hall, Inc.) 1969.

Nadeau, Olivier: La pensée de Montaigne et la composition des Essais (Trávaux d'Humanisme et Renaissance, 125). Genève (Droz) 1972.

Rider, Frederick: The Dialectic of Selfhood in Montaigne. Stanford, Cal. (Stanford University Press) 1973.

6. *Studien zur Pädagogik Montaignes*

Château, Jean: Montaigne psychologue et pédagogue. Paris (J. Vrin) ²1971.
Porteau, Paul: Montaigne et la vie pédagogique de son temps. Paris (E. Droz) 1935.

7. *Studien zur Wirkungsgeschichte*

Boase, Alan M. The Fortunes of Montaigne. The History of the Essays in France 1580–1669. New York (Octagon Books) 1970.
Dréano, Mathurin: La renommée de Montaigne en France au XVIIIième siècle 1677–1802. Angers (Editions de l'Ouest) 1952.
Bouillier, Victor: La renommée de Montaigne en Allemagne. Paris (Librairie ancienne Edouard Champion) 1921.
Villey, Pierre: L'influence de Montaigne sur les idées pédagogique de Locke et de Rousseau. 1911. Reprinted 1971 by Lenox Hill Pub. and Dist. Co. New York.

JOHANN AMOS COMENIUS

1. *Werkausgaben*

- Jana Amosa Komenskeho Veskere Spisy, hrsg. von *Jan Kvacala* u.a. Prag und Brünn 1910–1929 (erste kritische Ausgabe, von 30 geplanten Bänden nur 8 erschienen).
- Johannis Amos Comenii Opera Omnia, hrsg. im Auftrag der Böhmischen Akademie der Wissenschaften von *Antonin Skarka,* 1. Band. Prag 1969 (geplant auf ca. 50 Bände).
- Opera Didactica Omnia. Amsterdam 1657. Reprint zum 300. Jahr des Erscheinens: Prag 1957.
- Große Didaktik (Didactica Magna), in neuer deutscher Übersetzung hrsg. von *Andreas Flitner* (Pädagogische Texte). Düsseldorf und München (1954) ²1960 (mit ausführlich kommentiertem Literaturverzeichnis).
- Große Didaktik, hrsg. von *Hans Ahrbeck.* Berlin (DDR) 1957.
- Böhmische Didaktik, hrsg. von *Klaus Schaller.* Paderborn 1970.
- Analytische Didaktik u.a. päd. Schriften (nachträglicher Titel für ausgewählte Werke, darunter das 10. Kapitel der „Methodus novissima linguarum"), hrsg. von *Franz Hofmann.* Berlin (DDR) 1959.
- Orbis sensualium pictus, Nachdruck der Erstausgabe, hrsg. von *J. Kühnel.* Leipzig 1910 (zahlreiche weitere Ausgaben und Nachahmungen, vgl. die Bibliographie von *Pilz, Kurt:* J. A. Comenius. Die Ausgaben des Orbis sensualium pictus. Eine Bibliographie, Nürnberg 1967).
- Pampaedia. Lateinischer Text und deutsche Übersetzung, hrsg. von *Dmitrij Tschizewskij* u.a. Heidelberg (1960) ²1964.
- Die Erneuerung der Schulen. Lateinisch/deutsch hrsg. von *Klaus Schaller.* Bochum 1966.
- Allgemeine Beratung über die Verbesserung der menschlichen Dinge (Consultatio Catholica). Auswahl, übersetzt und eingeleitet von *Franz Hofmann.* Berlin (DDR) 1970.

- Ausgewählte Werke, hrsg. von *Dmitrij Tschizewskij* und *Klaus Schaller,* 3. Bände. Hildesheim 1973–77.
- Clamores Eliae, hrsg. von Julie Nováková. Bochum 1977.

2. *Sekundärliteratur*

Alt, Robert: Der fortschrittliche Charakter der Pädagogik Komenskys. Berlin (DDR) 1953.

Blekastad, Mileda: Comenius. Versuch eines Umrisses von Leben, Werk und Schicksal des J. A. Komensky. Oslo und Prag 1969.

– Komenskys Leben, sein Schicksal und sein Werk, in: Schaller, Klaus u. a. (Hrsg.): Jan Amos Komensky. Wirkung eines Werkes nach drei Jahrhunderten. Heidelberg 1970, S. 16–27.

– J. A. Komensky und seine emendatio rerum humanarum, In: Lynchos, Stockholm 1990, S. 15–53.

Bollnow, Otto Friedrich: Comenius und Basedow, in: Die Sammlung 5. Jg. (1950), S. 141–153.

Dilthey, Wilhelm: Geschichte der Pädagogik. Zweiter Teil, 3. Abschnitt: Das 17. Jahrhundert und die Grundlegung der Didaktik. Gesammelte Schriften IX. Stuttgart 1960, S. 156–164.

Geissler, Heinrich: Comenius und die Sprache. Heidelberg 1959.

Heydorn, Heinz-Joachim (Hrsg.): J. A. Comenius. Geschichte und Aktualität 1670–1970. 2 Bände. Glashütten/Taunus 1971 (Band I: Referate eines internationalen Kolloquiums zum 300. Todestag; Band II: Ausführliche Comenius-Bibliographie).

Hofmann, Franz: Jan Amos Komensky (Lebensbilder großer Pädagogen). Berlin (DDR) 1963.

Hornstein, Herbert: Bildung und Weisheit. Studien zur Bildungslehre des Comenius. Düsseldorf 1968.

Joppich, Gerhard: Die Theorie des natürlichen Unterrichts (Ratke, Comenius, Locke) Göttingen 1953.

Kramp, Wolfgang: Die Pädagogik des J. A. Comenius und das Problem der Verfrühung. Göttingen 1957.

– Neue Beiträge zur Comenius-Forschung, in: Zeitschrift für Pädagogik 9. Jg. (1963), S. 296–314.

Künkel, Hans: Das Labyrinth der Welt. Der Roman des Comenius. Stuttgart (1951) ^{3}1957.

Kvacala, Jan: J. A. Comenius, sein Leben und seine Schriften. Leipzig und Wien 1892.

– J. A. Comenius (Die großen Erzieher, hrsg. von *Rudolf Lehmann*). Berlin 1914.

Mahnke, Dietrich: Der Barock-Universalismus des Comenius, in: Zeitschrift für Geschichte der Erziehung und des Unterrichts 21. Jg. (1931/32) S. 97–128 und 253–279.

Michel, Gerhard: Schulbuch und Curriculum. Comenius im 18. Jahrhundert. Ratingen 1973.

– Die Welt als Schule, Paderborn 1978.

Müller, Joseph Theodor: Geschichte der Böhmischen Brüder. 3 Bände. Herrnhut 1922–1931.

Nováková, Julie (Hrsg.): J. A. C. Clamores Eliae. Ratingen. Kastellaun 1977.

Palous, Radim: Die Schule der Alten. J. A. Comenius und die Gerontagogik (Veröffentl. d. Comeniusforschungsstelle Bochum 10), Kastellaun 1979.

Patocka, Jan: Die Philosophie der Erziehung des J. A. Comenius. Paderborn 1971.
Sadler, John Edward: J. A. Comenius and the concept of universal eduction. London 1966.
Schaller, Klaus: Zur Grundlegung der Einzelwissenschaft bei Comenius und Fichte. Köln 1955.
– Die Pädagogik des J. A. Comenius und die Anfänge des pädagogischen Realismus im 17. Jahrhundert. Heidelberg (1962) ^{2}1967.
– u. a. (Hrsg.): J. A. Komensky. Wirkung eines Werkes nach drei Jahrhunderten. Heidelberg 1970.
– Comenius (Erträge der Forschung, 19). Darmstadt 1973 (berichtet über den Stand der internationalen Comenius-Forschung unter Einbeziehung besonders der tschechischen und osteuropäischen Beiträge).
– Die Pädagogik der „Mahnrufe des Elias". Das Lebenswerk des J. A. Comenius zwischen Politik und Pädagogik. Ratingen, Kastellaun 1978.
Scheuerl, Hans/Schröer, Henning: Comenius, Johan Amos. In: Theologische Realenzyklopädie (TRE), Bd. VIII, Berlin/New York 1981. S. 162–169.
Schönebaum, Herbert: J. A. Comenius. Ausgewählte Schriften zur Reform in Wissenschaft, Religion und Politik. Leipzig 1924.
Spranger, Eduard: Comenius, ein Mann der Sehnsucht, in: *Derselbe:* Kultur und Erziehung. Leipzig ^{2}1923.
Tschizewskij, Dmitrij: Comeniana I und II, in: Zeitschrift für slavische Philologie, Band XIX und XX, 1947 und 1948.
Unterrichtserneuerung mit Wagenschein und Comenius. Zur Aktualität der ökomenischen Theologie von J. A. Comenius. Münster (Comenius-Institut) 1990.
Mitteilungsblätter der Comeniusforschungsstelle im Institut für Pädagogik der Ruhr-Universität Bochum (Leiter: Prof. Dr. Klaus Schaller). Bis Ende 1990 sind 23 Hefte erschienen, darin regelmäßig zahlreiche Forschungsberichte und Literaturhinweise auf den jeweiligen Stand der internationalen, besonders auch der osteuropäischen Comeniusforschung.

AUGUST HERMANN FRANCKE

1. *Werke*

– Oeffentliches Zeugniß von Werck/Wort und Dienst GOttes. 3 Bde. Halle 1702/03 (Sammlung der wichtigsten Schriften).
– Schriften über Erziehung und Unterricht. Bearbeitet und mit Erläuterungen versehen von *Karl Richter* (Pädagogische Bibliothek V/VI). Leipzig o. J. (1871).
– Pädagogische Schriften. Nebst der Darstellung seines Lebens und seiner Stiftungen hrsg. von *D. G(ustav) Kramer* (Bibliothek pädagogischer Klassiker). Langensalza ^{2}1885, Reprint Osnabrück 1966 (modernisierte Orthographie).
– Pädagogische Schriften. Besorgt von *Hermann Lorenzen.* (Schöninghs Sammlung pädagogischer Schriften). Paderborn 1957 (Knappe Auswahl in modernisiertem Deutsch).
– August Hermann Franckes Schrift über eine Reform des Erziehungs- und Bildungswesens als Ausgangspunkt einer geistlichen und sozialen Neuordnung der Evangelischen Kirche des 18. Jahrhunderts. Der große Aufsatz. Mit einer quellenkundlichen

Einführung hrsg. von *Otto Podczek* (Abh. der Sächsischen Akademie der Wissenschaften zu Leipzig. Phil.-hist. Kl. 53, 3). Berlin 1962 (wichtige Programmschrift).
- Werke in Auswahl. Hrsg. von *Erhard Peschke*. Berlin (Lizenz: Witten) 1969 (einzige textgetreue Auswahlausgabe).

  Als historisch-kritische Ausgabe ist in Vorbereitung:
- Texte zur Geschichte des Pietismus, Abt. II (Schriften und Predigten, hrsg. von *Erhard Peschke*; bisher erschienen: I, 1 Streitschriften, 1981; – I, 9 Predigten I, 1987 und I, 10 Predigten II, 1990) und Abt. III (Handschriftlicher Nachlaß, hrsg. von *Kurt Aland*).

2. Darstellungen

Kramer, Gustav: August Hermann Francke. Ein Lebensbild. 2 Bde. Halle 1880/82 (neuere ausführliche Biographie fehlt).

Beyreuther, Erich: August Hermann Francke, 1663–1727. Zeuge des lebendigen Gottes. Marburg (1956) ^{3}1969 (allgemeinverständlich).

Peschke, Erhard: Studien zur Theologie August Hermann Franckes. 2 Bde. Berlin 1964/66 (grundlegend zur Theologie).

August Hermann Francke. Festreden und Kolloquium über den Bildungs- und Erziehungsgedanken bei August Hermann Francke aus Anlaß der 300. Wiederkehr seines Geburtstages (Hallesche Universitätsreden). Halle 1964 (marxistische Deutung).

Oschlies, Wolf: Die Arbeits- und Berufspädagogik August Hermann Franckes (1663–1727). Schule und Leben im Menschenbild des Hauptvertreters des halleschen Pietismus. (Arbeiten z. Gesch. d. Pietismus 6) Witten 1969.

Menck, Peter: Die Erziehung der Jugend zu Ehre Gottes und zum Nutzen des Nächsten. Begründung und Intentionen der Pädagogik August Hermann Franckes. Wuppertal-Ratingen-Düsseldorf 1969.

Schmalenberg, Gerhard: Pietismus – Schule – Religionsunterricht. Die christliche Unterweisung im Spiegel der vom Pietismus bestimmten Schulordnungen des 18. Jahrhunderts (Theologie und Wirklichkeit 2). Bern-Frankfurt 1974,

Peschke, Erhard: Bekehrung und Reform. Ansatz und Wurzeln der Theologie August Hermann Franckes. (Arbeiten z. Gesch. d. Pietismus 15) Bielefeld 1977.

Wallmann, Johannes: Der Pietismus (Kirche in ihrer Geschichte 01). Göttingen 1990 (neuester Handbuch-Überblick mit Literaturhinweisen).

Pietismus und Neuzeit 1 ff, Bielefeld 1974 ff (fortlaufende Pietismus-Bibliographie unter Beachtung der Pädagogik).

FRANÇOIS FÉNELON

1. Gesamtausgaben

- Œuvres de Fénelon, archévêque de Cambrai publiées d'après les manuscrits originaux (Edition de Versailles), 35 volumes. Versailles 1820–1830.
- Œuvres complètes de Fénelon, archévêque de Cambrai (Edition de Saint-Sulpice). Paris (Leroux) 1848–1852.

2. Textauszüge mit Einführungen

- Choix de textes et préface par *Marcel Raymond*. Paris (Egloff) 1947.
- Œuvres spirituelles. Introduction et textes par *François Varillon*. Paris (Aubier) 1954.
- *Varillon, François:* Fénelon et le pur amour (Maîtres spirituels). Paris (Editions du Seuil) 1957.

3. Pädagogische Schriften

- De l'éducation des filles. Dialogues des morts et opuscules divers composées pour l'éducation de M. le duc de Bourgogne. Abrégé des vies des anciens philosophes. Paris (Firmin-Didot et Cie) 1892.
- Education des filles. Fables. Lettre à l'Académie française. Paris (Ernest Flammarion) 1937.
- Über Mädchenerziehung. Herausgegeben von *Charlotte Richartz* (Kamps pädagogische Taschenbücher). Bochum (Kamp) 1962.
- Les aventures de Télémaque. Chronologie et introduction par *Jeanne-Lydie Goré*. Paris (Garnier-Flammarion) 1968.

4. Korrespondenz

Orcibal, Jean (Hrsg.): Correspondance de Fénelon. 5 volumes. Paris (Klincksieck) 1972–1976.

5. Gesamtdarstellung, Würdigung

Carcassonne, Ely: Fénelon. L'homme et l'œuvre (Le livre de l'etudiant). Paris (Boivin) 1946.

Kraus, Johannes/Calvet, Joseph (Hrsg.): Fénelon. Persönlichkeit und Werk. Festschrift zur 300. Wiederkehr seines Geburtstages. Baden-Baden (Verlag für Wissenschaft und Kunst) 1953.

Spaemann, Robert: Reflexion und Spontaneität. Studien über Fénelon. Stuttgart (Kohlhammer) 1963.

JOHN LOCKE

1. Gesamtausgaben

- The Works of John Locke. A New Edition, corrected, X Volumes. London 1923. Reprinted by Scientia Verlag, Aalen 1963.

2. Gut zugängliche Ausgaben einzelner Schriften

- An Essay concerning Human Understanding. In Two Volumes. Edited with an Introduction by *John W. Yolton* (Everyman's Library 332). London (J. M. Dent & Sons Ltd)/New York (E. P. Dutton & Co Inc) 1961.

– Two Treatises of Civil Government. Introduction by Professor *W. S. Carpenter* (Everyman's Library 751). London (J. M. Dent & Sons Ltd)/New York (E. P. Dutton & CO Inc) 1962.
– Epistola de Tolerantia. A Letter on Toleration. Latin Text edited with a Preface by *Raymond Klibansky*. English Translation with an Introduction and Notes by *J. W. Gough*. Oxford (At the Clarendon Press) 1968.
– *Axtell, James L.:* The Educational Writings of John Locke. A Critical Edition with Introduction and Notes. Cambridge (At the University Press) 1968.

3. *Übersetzungen*

– Gedanken über Erziehung. Übersetzt und herausgegeben von *Heinz Wohlers*. Bad Heilbrunn/Obb ²1966.
– Einige Gedanken über die Erziehung. Übersetzt und besorgt von *J. B. Deermann* (Schöninghs Quellen zur Pädagogik). Paderborn 1967.

4. *Biographie*

Cranston, Maurice: John Locke. London (Longmans, Green & Co) 1957.

5. *Darstellungen*

Aaron, Richard I.: John Locke. Oxford (At the Clarendon Press) ³1971.
O'Connor, D. J.: John Locke. Harmondsworth (Pelican Books) 1952.

JEAN JACQUES ROUSSEAU

1. *Werkausgaben*

– Œuvres complètes. Bibliothèque de la Pléiade. Paris 1959ff (bisher 4 Bände: 1. Confessions. Autres textes autobiographiques 2. La Nouvelle Héloïse. Théâtre, poésie et essais littéraires 3. Contrat social. Écrits politiques 4. Émile. Éducation – morale – botanique). Alles weitere in der älteren Gesamtausgabe: Œuvres complètes. Paris (Hachette) 1870 (Neudruck Genf 1905), 13 Bände.
– *Sénelier, J.:* Bibliographique générale des œuvres de J. J. Rousseau. Paris 1949.
– Deutsche Ausgaben des Emile: Reclams Universal-Bibliothek 901–909, hrsg. von *Martin Rang*. Stuttgart ²1970. – Schöninghs Quellen zur Pädagogik (UTB 115), hrsg. von *Ludwig Schmidts*. Paderborn 1971.
– Preisschriften und Erziehungsplan (Klinkhardts Pädagogische Quellentexte), hrsg. von *Hermann Röhrs*. Bad Heilbrunn 1967.

Sekundärliteratur

Buck, Günther: La place systématique de l'Emile dans l'oeuvre de Rousseau. In: Informationen zur erziehungs- und bildungshistorischen Forschung (IZEBF), hrsg. von der

Historischen Kommission der Deutschen Gesellschaft für Erziehungswissenschaft, Heft 12/13. Bochum 1979.

Burgelin, Pierre: La philosophie de l'existence de J. J. Rousseau Paris 1952.

Chapman, John W.: Rousseau, Totalitarian or Liberal? New York 1956.

Cobban, Alfred: Rousseau and the modern State. Hamden ²1964.

Dahmer, Ilse: Das Phänomen Rousseau, Zur neuen deutschsprachigen Rousseau-Literatur. Weinheim 1962.

Derathé, Robert: Le rationalisme de J. J. Rousseau, Paris 1948.

– Jean-Jacques Rousseau et la science politique de son temps. Paris 1950.

Fetscher, Iring: Rousseaus politische Philosophie. Zur Geschichte des demokratischen Freiheitsbegriffs (Politica 1). Neuwied 1960.

Guéhenno, Jean: Jean Jacques Rousseau. 3 Bände. Paris 1948–1952 (Ausführliche Biographie).

Hendel, Charles W.: Jean-Jacques Rousseau, Moralist. 2 Bände. Oxfort 1934; als Paperback in der Library of Liberal Arts, Indianapolis and New York 1962.

Launy, Michael et al.: Jean-Jacques Rousseau et son temps. Paris 1969.

Maier, Hans: Rousseau, in: *Derselbe* (Hrsg.): Klassiker des politischen Denkens, 2. Band. München (C. H. Beck) ³1974, 104–134.

Oelkers, Jürgen: J.-J. Rousseau und die Grundlegung des modernen pädagogischen Denkens. In: Informationen zur erziehungs- und bildungshistorischen Forschung (IZEBF), hrsg. von der Histor. Kommission der Deutschen Gesellschaft für Erziehungswissenschaft, Heft 23/I, Bochum 1984, S. 205–226.

– Rousseau, die Revolution und die Folgen. Pädagogische Bemerkungen zu einem dissonanten Verhältnis. In: Französische Revolution und Pädagogik der Moderne. Z. f. Päd., 24 Beiheft, hrsg. von *Ulrich Herrmann* und *Jürgen Oelkers,* Weinheim und Basel 1989, S. 31–43.

Polin, Raymond: La politique et la solitude. Essai sur J. J. Rousseau. Paris (Sirey) 1971.

Rang, Martin: Rousseaus Lehre vom Menschen. Göttingen ²1965.

Ravier, André: L'éducation de l'homme nouveau. Essai historique et critique de l'Émile de J.-J. Rousseau. 2 Bände. Lyon 1941.

Ritzel, Wolfgang: Jean-Jacques Rousseau (Urban-TB 37), Stuttgart 1959.

Röhrs, Hermann: Jean-Jacques Rousseau. Vision und Wirklichkeit. Heidelberg ²1966.

Spaemann, Robert: Rousseaus Emile – Traktat über Erziehung oder Träume eines Visionärs? In: Z. f. Päd., 24. Jg., 1978, S. 823–834.

Talmon, J. L.: The Origin of Totalitarian Democracy. London 1952 (deutsch: Die Entstehung der totalitären Demokratie, Köln/Opladen 1960).

Vossler, Otto: Rousseaus Freiheitslehre. Göttingen 1963.

DIE PHILANTHROPEN

Zu Teil I, 1

Eine moderne Geschichte der Pädagogik des 18. Jahrhunderts liegt nicht vor.

Zu Teil I, 2

Heinemann, Manfred: Schule im Vorfeld der Verwaltung. Göttingen 1974, bes. 18ff.

Leschinsky, Achim, Roeder, Peter Martin: Schule im historischen Prozeß. Stuttgart 1976.

Kriedte, Peter, Medick, Hans, Schlumbohm, Jürgen: Industrialisierung vor der Industralisierung. Göttingen 1977.

Von *Resewitz'* ,,Erziehung des Bürgers" (1973) erschien ein Nachdruck Glashütten 1975 mit ausführlicher Einleitung von *Horst P. M. Krause.*

Zu Teil I, 3

Über *Rochow* vgl. Heinemann 1974.

Zur Realschule vgl. *Leschinsky/Roeder* 1976 und *Brandau, Heinrich Wilhelm:* Die mittlere Bildung in Deutschland. Weinheim 1959.

Campes ,,Fragmente" erschienen im Nachdruck Frankfurt 1969. Zur Industrieschule vgl. *Leschinsky/Roeder* 1976 und die Diskussion dazu in der ,,Zeitschrift für Pädagogik", Heft 4/1977 und 1/1978; ferner: *Marquardt, Wolfgang:* Geschichte und Strukturanalyse der Industrieschule. Diss. (ms.) Hannover 1975.

Bahrdts ,,Handbuch" erschien im Nachdruck Frankfurt 1972.

Zu Teil II, 1

Pinloche, Albert: Geschichte des Philanthropinismus. Leipzig 1896 (einzige zusammenfassende Darstellung, häufig voller Vorurteile).

Reble, Albert: (Hrsg): J. B.Basedow – Ausgewählte pädagogische Schriften. Paderborn 1965.

Zwischen Wörlitz und Mosigkau. Schriftenreihe zur Geschichte der Stadt Dessau und Umgebung. Heft 1: Pädagogik. Dessau 1969. Studien über den Philanthropismus und die Dessauer Aufklärung (Wiss. Beitr. der Martin-Luther-Univ. Halle-Wittenberg, 1970/3, A 8).

Beiträge des Basedow-Symposiums 1974 in: Jahrbuch für Erziehungs- und Schulgeschichte 16, 1976, 13–69.

Zu Teil II, 2

Fertig, Ludwig: Campes politische Erziehung. Eine Einführung in die Pädagogik der Aufklärung. Darmstadt 1977 (dort alle weiterführenden Nachweise).

Über die ,,Allgemeine Revision" vgl. *Sünkel, Wolfgang:* Zur Entstehung der Pädagogik in Deutschland – Studien über die philanthropische Erziehungsrevision. Habil.schrift (ms.) Münster 1970. – Eine Auswahl aus der ,,Allgemeinen Revision" wurde hrsg. von *Ulbricht, Günter,* Berlin (DDR) 1957.

Zum „Braunschw. Journal" vgl. *König, Helmut:* Das Braunschweig. Journal. Ein Dokument der fortschrittlichen deutschen Lehrerschaft aus der Zeit der frz. Revolution. In: Pädagogik 7, 1952, 650–674.

Über *Peter Villaume* vgl. *Wothge, Rosemarie:* Ein vergessener Pädagoge der Aufklärung: Peter Villaume. In: Wiss. Ztschr. der Martin-Luther-Univ. Halle-Wittenberg, (gesellschafts- und sprachwiss. Reihe 6) 1956/57, 429–454.

Über das Schuldirektorium vgl. *Herrmann, Ulrich:* Modell der Schulreform: Das braunschweig. Schuldirektorium 1786–1790. In: Braunschweig. Jahrb. 52, 1970, 163–181.

Schmitt, Hanno: Leistungen, Widersprüche und Grenzen pädagogischer Reformarbeit am Ausgang des 18. Jh.s, untersucht am Beispiel ... Diss. (ms.) Marburg 1977.

Zu Teil II, 3

Trapps Antrittsvorlesung und sein „Versuch einer Pädagogik" erschienen im Nachdruck hrsg. von *Hermann, Ulrich,* Paderborn 1977 (dort alle weiteren Nachweise und eine Bibliographie zur Geschichte des Philanthropinismus).

Zu Teil II, 4

Burggraf, Gudrun: Chr. G. Salzmann im Vorfeld der frz. Revolution. Germering 1966.

Pfauch, Wolfgang und *Röder, Reinhard:* C. G. Salzmann – Bibliographie unter Berücksichtigung von Besitznachweisen in Bibliotheken. Berlin (Ost) 1980.

Die letzten Nachdrucke Salzmannscher pädagogischer Schriften erschienen in „Klinkhardts Pädagogischen Quellentexten". Bad Heilbrunn 1960/61.

Zu Teil III

Grube, Kurt: Die Idee und Struktur einer rein-menschlichen Bildung. Ein Beitrag zum Philanthropismus und Neuhumanismus. Halle 1934.

Jeismann, Karl-Ernst: Das preußische Gymnasium in Staat und Gesellschaft. Die Entstehung des Gymnasiums als Schule des Staates und der Gebildeten, 1787–1817. Stuttgart 1974.

Vierhaus, Rudolf: Artikel „Bildung" in: *Brunner, Otto* u. a. (Hrsg.): Geschichtliche Grundbegriffe. Band 1, Stuttgart 1972, 508–551.

ANTOINE DE CONDORCET

1. Werk

Französische Gesamtausgabe der Werke Condorcets

– Œuvres, publiées par *A. Condorcet-O'Connor* et *M. F. Arago*. Paris (Didot) 1847 bis 1849. 12 Bde. Die päd. Schriften befinden sich im 7. Bd. Faksimile Neudruck im Verlag Fromman/Holzboog, Stuttgart.

Deutsche Einzelausgaben der Werke Condorcets

– Entwurf einer historischen Darstellung der Fortschritte des menschlichen Geistes, deutsch-frz. Parallelausgabe, hrsg. v. *Wilhelm Alff,* Frankfurt a. M. 1963.

– Bericht und Entwurf einer Verordnung über die allgemeine Organisation des öffentlichen Unterrichtswesens, hrsg. v. *Heinz-Hermann Schepp,* Weinheim 1966 (Ausführl. Lit.-Angaben).
– Erziehungsprogramme der Französischen Revolution. *Mirabeau, Condorcet, Lepeletier.* Hrsg. v. *Robert Alt,* Berlin-O 1949.
– Vernunft, Moral, Gesellschaft, ein Text Condorcets. Einleitung und Übersetzung von *Wilhelm Alff,* in: Frankfurter Beiträge zur Soziologie, 1. Bd. 1955, S. 411 ff.

2. Sekundärliteratur (in deutscher Sprache)

Einleitungen von *W. Alff, H. H. Schepp, R. Alt,* s. o.: Deutsche Einzelausgaben der Werke Condorcets.

Reichardt, Rolf: Reform und Revolution bei Condorcet. Ein Beitrag zur späten Aufklärung in Frankreich. Bonn 1973 (Ausführl. Lit.-Angaben).

Stübig, Frauke: Erziehung zur Gleichheit. Die Konzepte der „éducation commune" in der Französischen Revolution. Ravensburg 1974 (Ausführl. Lit.-Angaben).

Drechsel, Wiltrud Ulrike: Erziehung und Schule in der Französischen Revolution. Frankfurt a. M. 1969 (Ausführl. Lit.-Angaben).

Herrmann, Ulrich/Oelkers, Jürgen (Hrsg.): Französische Revolution und Pädagogik der Moderne. Beiheft 24 der Zeitschrift für Pädagogik (1989) und textgleich in der Reihe Pädagogik (Beltz), Weinheim und Basel 1990.

JOHANN HEINRICH PESTALOZZI

1. Werke

– Sämtliche Schriften, 15. Bde. J. G. Cotta Stuttgart u. Tübingen 1819–1826.
– Sämtliche Werke. Hrsg. *Artur Buchenau, Eduard Spranger, Hans Stettbacher.* Berlin 1927 f.
– Ausgewählte Schriften. Hrsg. *W. Flitner.* Düsseldorf [2]1954.
– Sämtliche Briefe. Hrsg. vom Pestalozzianum und von der Zentralbibliothek in Zürich. Zürich 1946 f.

2. Sekundärliteratur

Ballauff, Theodor: Vernünftiger Wille und gläubige Liebe. Interpretationen zu Kants und Pestalozzis Werk. Meisenheim a. Glan 1957.

Dejung, Emanuel: Heinrich Pestalozzi und die Züricherische Staatsreform zur Zeit des Stäfnerhandels (1794–1797). Winterthur 1929.

Delekat, Friedrich: Johann Heinrich Pestalozzi. Der Mensch, der Philosoph und der Erzieher. Leipzig [3]1968.

Flitner, Andreas: Verständnis und Erforschung Pestalozzis in der Gegenwart, in: Zeitschrift für Pädagogik, Heft 4, 1958, 330–358.

Geissler, Heinrich: Der soziale Pestalozzi. Leipzig 1927.

Gruntz-Stoll, Johannes (Hg.): Pestalozzis Erbe. – Verteidigung gegen seine Verehrer. Bad Heilbrunn 1987. (Mit Beiträgen von Th. Ballauf, J. Gruntz-Stoll, M. Liedtke, U. P. Meier, J. Oelkers, A. Rang, Fr. Schorer).

Gudjons, Herbert: Erziehung und Gesellschaft in Pestalozzis „Lienhard und Gertrud“. Weinheim, Berlin, Basel, o.J. (1971).

Israel, August: Pestalozzi-Bibliographie. In: Monumenta Germaniae Paedagogica. Hrsg. *Karl Kehrbach*, Bd. 25, 29, 31. Berlin 1903/04.

Klink, Joh.-G. und *Liselotte:* Pestalozzi-Bibliographie 1923–1965. Weinheim, Berlin, Basel 1968.

Klinke, Willibald: Pestalozzi-Bibliographie. In: Zeitschrift für Geschichte der Erziehung und des Unterrichts. Jg. 11–13. Berlin 1921–1923 (Pestalozzi-Literatur von 1904 bis 1923).

Liedtke, Max: J. H. Pestalozzi (rororo Bildmonographien 138), Reinbek (1968) [11]1989.

– Pestalozzi-Plädoyer für die Methode, in: Zeitschrift für Pädagogik, 14. Beiheft, 1977, 249–258.

– Warum hat Pestalozzi keinen exakten Erziehungsbegriff? – Anmerkungen über injunktive Begriffe –. In: Pädagogische Rundschau 1980. H. 2/3, 109–120.

Litt, Theodor: Der lebendige Pestalozzi – Drei sozial-pädagogische Besinnungen. Heidelberg 1952.

Martin, E.: Johann Heinrich Pestalozzi und die alte Landschaft Basel. Liesthal 1986.

Morf, H.: Zur Biographie Pestalozzis. Ein Beitrag zur Geschichte der Volkserziehung. 4 Bde. Winterthur 1868–1889.

Pestalozzianum Zürich (Hg.): Pestalozzi im internationalen Gespräch. Zürich und Wiesbaden 1990.

Rang, Adalbert: Der politische Pestalozzi. (Frankfurter Beiträge zur Soziologie. 18) Frankfurt a. M. o.J. (1967).

Schönebaum, Herbert: Der junge Pestalozzi. Leipzig 1927.

– Pestalozzi. Kampf und Klärung. Erfurt 1931.

– Pestalozzi. Kennen, Können, Wollen. Langensalza 1937.

– Pestalozzi. Ernte und Ausklang. Langensalza 1942.

Silber, Käthe: Pestalozzi – Der Mensch und sein Werk. Heidelberg 1957.

– Pestalozzis Beziehungen zu England und Amerika. Zürich 1963.

Spranger, Eduard: Pestalozzis Denkformen. Stuttgart [2]1959.

Wittig, Hans: Studien zur Anthropologie Pestalozzis. Weinheim 1953.

JOHANN GOTTFRIED HERDER

1. *Werke*

– Sämtliche Werke, 22 Bde. besorgt von *J. G. Müller*. J. G. Cotta, Stuttgart u. Tübingen 1810–1830.

– Sämtliche Werke in XXXIII Bänden, Hrsg. *B. Suphan*. Berlin 1877. Photomechanischer Nachdruck Hildesheim 1968.

– Von und an Herder. Ungedruckte Briefe aus Herders Nachlaß. Hrsg. *H. Duntzer* u. *Ferd. Gottfried v. Herder*. 3 Bde. Leipzig 1861/62.

– J. G. v. Herders Lebensbild. Sein chronologisch geordneter Briefwechsel, Hrsg. *Dr. Emil Gottfried v. Herder*. 3 Bde. Erlangen 1846.

– Unveröffentlichte Predigten. Nachlaß Herder, Kaspel XXII. Staatsbibliothek Preußischer Kulturbesitz Berlin.

– Auch eine Philosophie der Geschichte der Bildung der Menschheit. Mit einem Nachwort von *H. G. Gadamer* (Theorie 1, Suhrkamp). Frankfurt/a. Main 1967.

2. Sekundärliteratur

Berger, Friedrich: Menschenbild und Menschenbildung. Stuttgart 1933.
Cillien, Ursula: J. G. Herder – Christlicher Humanismus. Ratingen 1972.
Dobbek, Wilhelm: J. G. Herder. Weimar 1950.
– J. G. Herders Weltbild. Köln 1969.
Finzel-Niederstadt, Wiltraut: Lernen und Lehren bei Herder und Basedow. Frankfurt 1986.
Gadamer, Hans-Georg: Herder als Wegbereiter des „historischen Bewußtseins", in: Geist der Zeit, 19. Jg. H. 12, Dez. 1941, 661 ff.
Haym, Rudolf: Herder nach seinem Leben und seinen Werken. 2 Bde. Berlin 1880, Neuauflage 1958.
Kantzenbach, Friedrich W.: Johann Gottfried Herder (rororo Bildmonographien) Reinbek (mehrere Aufl).
Kühnemann, Ernst: Herder. München 1912, ^{3}1927.
Lehmann, Rudolf: Herders Humanitätsbegriff, in: Kantstudien, 24/1919.
Litt, Theodor: Kant und Herder als Deuter der geistigen Welt. Heidelberg 1948.
Maltusch, Johann Gottfried (Hrsg.): Bückeburger Gespräche über Johann Gottfried Herder 1971. Bückeburg 1973.
– (Hrsg.): Bückeburger Gespräche über Johann Gottfried Herder 1975. Rinteln 1976.
Spranger, Eduard: Ahnung und Erfüllung, in: Vom Geist deutscher Dichtung, Hamburg 1949.
Stolpe, Heinz: Aufklärung, Fortschritt, Humanität. Berlin 1989.

WILHELM VON HUMBOLDT

1. Werke

– Gesammelte Schriften. Hrsg. von der Preußischen Akademie der Wissenschaften. Bde. I–XVII, Berlin 1903–1936 (Zitate nach dieser Ausgabe mit Band- und Seitenangabe).
– Werke in fünf Bänden. Hrsg. von *Andreas Flitner* und *Klaus Giel*. Bde. I–IV, Darmstadt ^{2}1969.

2. Zur Biographie

Dilthey, Wilhelm: Johann Wilhelm Süvern. In: Gesammelte Schriften. Hrsg. von *Erich Weniger*. Bd. XII. Göttingen ^{2}1964.
Fischer, Fritz: Ludwig Nicolovius. Stuttgart 1939.
Kähler, Siegfried August: Wilhelm von Humboldt und der Staat. Göttingen ^{2}1963.
Kessel, Eberhard: Wilhelm von Humboldt. Idee und Wirklichkeit. Stuttgart 1967.
Scurla, Herbert: Wilhelm von Humboldt. Werden und Wirken. Berlin (DDR) 1970.

3. Zur Bildungstheorie

Menze, Clemens: Wilhelm von Humboldts Lehre und Bild vom Menschen. Ratingen 1965 (ausführliche Bibliographie).
Spranger, Eduard: Wilhelm von Humboldt und die Humanitätsidee. Berlin 1909.

4. *Zu Bildungsreform, Schule, Staat, Gesellschaft*

Gebhardt, Bruno: Die Einführung der Pestalozzischen Methode in Preußen. Berlin 1896.

Hübner, Ulrich: Wilhelm von Humboldt und die Bildungspolitik. München 1983.

Jeismann, Karl-Ernst: Das preußische Gymnasium in Staat und Gesellschaft (Schriftenreihe des Arbeitskreises für moderne Sozialgeschichte 15). Stuttgart 1974 (ausführliche Bibliographie).

Koselleck, Reinhart: Preußen zwischen Reform und Revolution. Stuttgart 1967.

Lenz, Max: Geschichte der Königlichen Friedrich-Wilhelms-Universität zu Berlin. 4 Bde. Halle 1910.

Menze, Clemens: Die Bildungsreform Wilhelm von Humboldts (Das Bildungsproblem in der Geschichte des europäischen Erziehungsdenkens 13). Hannover 1975.

Mühlack, Ulrich: Das zeitgenössische Frankreich in der Politik Humboldts. Historische Studien, Heft 400. Lübeck u. Hamburg 1967.

Paulsen, Friedrich: Geschichte des gelehrten Unterrichts an den deutschen Schulen und Universitäten. Bd. 2. Hrsg. von *Rudolf Lehmann.* Berlin und Leipzig ^{3}1921, Nachdruck 1965.

Spranger, Eduard: Wilhelm von Humboldt und die Reform des Bildungswesens. Berlin 1910 (Tübingen ^{3}1963).

FRIEDRICH SCHLEIERMACHER

1. *Gesamtausgabe*

– Sämtliche Werke. Hrsg. von *Ludwig Jonas, Alexander Schweizer, Friedrich Lücke* u. a. I.–III. Abteilung, Berlin (Reimer) 1836–64.

I. Zur Theologie Bd. 1–13.
II. Predigten Bd. 1–10.
III. Zur Philosophie Bd. 1–9.

Davon sind pädagogisch besonders wichtig:

I, 1: Über die Religion. Reden an die Gebildeten unter ihren Verächtern.
I, 3–4: Der christliche Glaube nach den Grundsätzen der evangelischen Kirche im Zusammenhange dargestellt.
I, 7: Hermeneutik.
I, 12: Die christliche Sitte nach den Grundsätzen der evangelischen Kirche im Zusammenhange dargestellt.
I, 13: Die praktische Theologie nach den Grundsätzen der evangelischen Kirche im Zusammenhange dargestellt.
II, 1: Darin die Predigten über christliche Kinderzucht.
III, 1: Grundlinien einer Kritik der bisherigen Sittenlehre. Monologen.
III, 4: Dialektik.
III, 5: Entwurf eines Systems der Sittenlehre.
III, 6: Psychologie.
III, 8: Die Lehre vom Staat.
III, 9: Erziehungslehre.

2. *Einzelausgaben*

- *Rothert, Hans Joachim* (Hrsg.): Friedrich Schleiermacher. Über die Religion. Reden an die Gebildeten unter ihren Verächtern (Philosophische Bibliothek 255). Hamburg 1958.
- *Wehrung, Georg* (Hrsg.): Monologen (Libelli X). Darmstadt 1953.
- *Redeker, Martin* (Hrsg.): Friedrich Schleiermacher. Der christliche Glaube nach den Grundsätzen der evangelischen Kirche dargestellt, 2 Bde. Berlin 1960.
- *Kimmerle, Heinz* (Hrsg.): Fr. D. E. Schleiermacher. Hermeneutik. Nach den Handschriften neu herausgegeben und eingeleitet. Heidelberg 1959.
- *Odebrecht, Rudolf* (Hrsg.): Friedrich Schleiermachers Dialektik. Darmstadt 1976 (Reprod. der Ausgabe Leipzig 1942).
- *Weniger, Erich/Schulze, Theodor* (Hrsg.): Friedrich Schleiermacher. Pädagogische Schriften. Erster Band: Die Vorlesungen aus dem Jahre 1826; Zweiter Band: Pädagogische Abhandlungen und Zeugnisse. Düsseldorf und München [2]1966 und 1957.

3. *Biographisches*

Dilthey, Wilhelm (Hrsg.): Aus Schleiermachers Leben. In Briefen 4 Bde. Berlin 1858–1863.

v. Willich, Ehrenfried: Aus Schleiermachers Hause. Jugenderinnerungen seines Stiefsohnes. Berlin 1909.

4. *Gesamtdarstellungen*

Dilthey, Wilhelm: Leben Schleiermachers, I. Band, 2. Auflage vermehrt um Stücke der Fortsetzung aus dem Nachlasse des Verfassers, hrsg. von *Hermann Mulert*. Berlin und Leipzig 1922.

Dilthey, Wilhelm: Leben Schleiermachers, II. Band: Schleiermachers System als Philosophie und Theologie. Aus dem Nachlaß von *Wilhelm Dilthey* mit einer Einleitung herausgegeben von *Martin Redeker*. Erster Halbband: Schleiermachers System als Philosophie. Zweiter Halbband: Schleiermachers System als Theologie. Berlin 1966.

5. *Kurzdarstellungen*

Kantzenbach, Friedrich Wilhelm: Friedrich Daniel Ernst Schleiermacher in Selbstzeugnissen und Bilddokumenten (Rowohlts Monographien 126). Reinbek 1967.

Redeker, Martin: Friedrich Schleiermacher. Leben und Werk (Göschen Band 1177/1177a). Berlin 1968.

6. *Untersuchungen zur Ethik Schleiermachers*

Reble, Albert: Schleiermachers Kulturphilosophie. Erfurt 1935.

Birkner, Hans-Joachim: Schleiermachers christliche Sittenlehre im Zusammenhang seines philosophisch-theologischen Systems. Göttingen 1962.

Jørgensen, Poul Henning: Die Ethik Schleiermachers. München 1959.

Spiegel, Yorick: Theologie der bürgerlichen Gesellschaft. Sozialphilosophie und Glaubenslehre bei Friedrich Schleiermacher. München 1968.

7. Untersuchungen zur Pädagogik Schleiermachers

Hinrichs, Wolfgang: Schleiermachers Theorie der Geselligkeit und ihre Bedeutung für die Pädagogik. Weinheim 1965.

Hinrichs, Wolfgang: Die pädagogische Schleiermacher-Forschung. in: Zeitschrift für Pädagogik, 14. Beiheft. Weinheim und Basel 1977.

Laist, Bruno: Das Problem der Abhängigkeit in Schleiermachers Anthropologie und Bildungslehre. Ratingen 1965.

Nipkow, Karl-Ernst: Die Individualität als Problem bei Pestalozzi, Humboldt und Schleiermacher. Weinheim und Berlin 1960.

Schulze, Theodor: Die Dialektik Schleiermachers in der Pädagogik. Diss. Göttingen 1955.

– Stand und Probleme der erziehungswissenschaftlichen Schleiermacher-Forschung in Deutschland. In: Paedagogica Historica, I, 2, Gent 1961, 291–326.

Schurr, Johannes: Schleiermachers Theorie der Erziehung. Interpretationen zur Pädogogikvorlesung von 1826. Düsseldorf 1975.

Sünkel, Wolfgang: Friedrich Schleiermachers Begründung der Pädagogik als Wissenschaft. Ratingen 1964.

8. Bibliographie

Tice, Terrence N.: Schleiermacher Bibliography. With Brief Introductions, Annotations and Index. Princeton (University Press) 1966.

JOHANN FRIEDRICH HERBART

1. Werke

– Sämtliche Werke, hrsg. von *Karl Kehrbach, Otto Flügel* u. *Theodor Fritzsch,* 19 Bde. Langensalza 1887–1912 (= K).

– Sämtliche Werke, hrsg. von *Gustav Hartenstein,* 12 Bde. Leipzig 1850–1852 (1853 2. Aufl. 13 Bde.).

– Pädagogische Schriften, hrsg. von *Otto Willmann* u. *Theodor Fritzsch,* 3 Bde. Osterwieck und Leipzig 1913–1919.

– Pädagogische Schriften, hrsg. von *Walter Asmus,* 3 Bde. Düsseldorf und München 1964–1965.

– Allgemeine Pädagogik, aus dem Zweck der Erziehung abgeleitet. 1806 (K II/ S. 1–139), (= AP).

– Umriß pädagogischer Vorlesungen, 1835, (K X/S. 65–206), (= UV).

2. Deutsche Herbart-Literatur seit der Jahrhundertwende (Auswahl)

Asmus, Walter: Der unbekannte Herbart. In: Der Deutsche Erzieher, Danzig 1941; Abdruck in: Pädagogische Rundschau, 2, 1948.

– Der „menschliche Herbart". Ratingen 1967.

– Johann Friedrich Herbart. Eine pädagogische Monographie. 2 Bde. Heidelberg 1968/ 70.

– Herbart in seiner und in unserer Zeit. Essen 1972.

– Johann Friedrich Herbart. Versuch einer Gesamtwürdigung. In: Paedagogica Historica 17, 1977.

Blaß, Josef L. Herbarts pädagogische Denkform oder Allgemeine Pädagogik und Topik. Ratingen 1968.

– Pädagogische Theorienbildung bei Johann Friedrich Herbart. Meisenheim 1972.

Brückmann, Artur: Pädagogik und philosophisches Denken bei Herbart. Zürich 1961.

Clostermann, Gerhard: Die Grundlagen der formalen Erziehungstheorie. Münster 1925.

Geißler, Erich E.: Herbarts Lehre vom erziehenden Unterricht. Heidelberg 1970.

Gerner, Berthold: Neue Materialien zur Wirkungsgeschichte Herbarts. Zu einigen Erstveröffentlichungen Otto Willmanns. In: Pädagogische Rundschau, 28, 1974.

Haase, Hermann: Der ursprüngliche Sinn der Lehre von den Stufen des Unterrichts. Leipzig 1910.

Hornstein, Herbert: Bildsamkeit und Freiheit. Düsseldorf 1959.

Klafki, Wolfgang: Der zwiefache Ansatz Herbarts zur Begründung der Pädagogik als Wissenschaft. In: Pädagogische Blätter. Festschrift für H. Döpp-Vorwald zum 65. Geburtstag. Ratingen 1967.

Natorp, Paul: Herbart, Pestalozzi und die heutigen Aufgaben der Erziehungslehre. Stuttgart 1899.

Nohl, Herman: Der lebendige Herbart. In: Die Sammlung 3, 1948.

Schwenk, Bernhard: Das Herbartverständnis der Herbartianer. Weinheim 1963.

Seidenfaden, Fritz: Die Pädagogik des jungen Herbart. Weinheim 1967.

3. Ausländische Herbart-Literatur (Auswahl)

Bellerate, Bruno: La Pedagogia in J. Fr. Herbart. Zürich 1970.

– Zur pädagogischen Herbartforschung im Ausland. In: Pädagogische Rundschau 28, 1974.

Dunkel, Harold B.: Herbart and Herbartianism: An Educational Ghost Story. Chicago 1970.

– Der Herbartianismus und seine deutschen Gegenspieler in der amerikanischen Pädagogik. In: Pädagogische Rundschau 28, 1974.

Inatomi, Eyirô: Herbart no tetsugaku to kyôiku (Herbarts Philosophie und Pädagogik). Tokyo 1936, ²1972.

Koretsune, Masami: Herbart kenkyû (Herbartsforschungen). Tokyo 1966.

Martens, Carlos: Het funktioneel Leren bij Johann Friedrich Herbart. Leuven 1966.

– Recent Herbart Studies: A Survey of the Post-War German Literature on Herbart. In: Paedagogica Historica 16, 1976.

Monshouwer, Anton/Strasser, Stephan: Herbart als opfvedkundig denker. s'Hertogenbosch 1967.

Nbakamori, Zenji: Pestalozzi, Herbart und der Herbartianismus in Japan: In: Pädagogische Rundschau 28, 1974.

FRIEDRICH FRÖBEL

1. Werke, Einzelausgaben und Briefe

– *Lange, Wichard* (Hrsg.): Friedrich Fröbels gesammelte pädagogische Schriften. 1. Abteilung 2 Bde., 2. Abteilung 1 Bd. Berlin 1862–1863. Faksimiledruck Osnabrück 1966.

- *Hoffmann, Erika* (Hrsg.): Friedrich Fröbel. Ausgewählte Schriften. Band 1: Kleine Schriften und Briefe von 1809–1851. Godesberg 1951, [2]1964. Band 2: Die Menschenerziehung. Godesberg 1951, [3]1968.
- *Scheveling, Julius* (Hrsg.): Friedrich Fröbel. Ausgewählte pädagogische Schriften. Paderborn 1965.
- *Zimmermann, Hans* (Hrsg.): Fröbels kleinere Schriften zur Pädagogik. Leipzig 1914.
- *Prüfer, Johannes* (Hrsg.): Friedrich Fröbels Mutter- und Koselieder. Faksimiledruck Leipzig 1911, [4]1927.
- *Strnad, Elfriede* (Hrsg.): Erneuung des Lebens fordert das Jahr 1836. Leipzig 1933.
- *Blochmann, Elisabeth* (Hrsg.): Fröbels Theorie des Spiels I. Der Ball als erstes Spielzeug des Kindes. Langensalza o.J., 3. Aufl. Weinheim 1963 (Kleine Päd. Texte 4).
- *Klostermann, Helene L.* (Hrsg.): Fröbels Theorie des Spiels II. Die Kugel und der Würfel als zweites Spielzeug des Kindes. Langensalza o.J., 3. Aufl. Weinheim 1966 (Kleine Päd. Texte 16).
- *Hoffmann, Erika* (Hrsg.): Fröbels Theorie des Spiels III. Aufsätze zur dritten Gabe, dem einmal in jeder Raumrichtung geteilten Würfel. Langensalza o.J., 4. Aufl. Weinheim 1967 (Kleine Päd. Texte 21).
- *Hoffmann, Erika* (Hrsg.): Friedrich Fröbel und Karl Hagen. Ein Briefwechsel aus den Jahren 1844–1848. Weimar 1948.
- *Gumlich, Bruno* (Hrsg.): Friedrich Fröbel. Brief an die Frauen in Keilhau, Weimar o.J.
- *Lück, Conradine* (Hrsg.): Friedrich Fröbel und die Muhme Schmidt. Ein Briefwechsel aus der Mitte des vorigen Jahrhunderts, Leipzig 1929.

2. *Sekundärliteratur*

Hier nur Titel, auf die sich der Beitrag ausdrücklich bezieht. Eine vollständige Übersicht bringt *Heiland* 1972.

Bollnow, Otto Friedrich: Die Pädagogik der deutschen Romantik. Von Arndt bis Fröbel. Stuttgart (1952) 3. überarb. Aufl. 1977.

Geppert, Lotte: Friedrich Fröbels Wirken für den Kanton Bern. Bern und München 1976.

Halfter, Fritz: Der junge Fröbel. Beiträge zur inneren Entwicklung Friedrich Fröbels 1782–1811. Langensalza 1930.

– Friedrich Fröbel. Der Werdegang eines Menschheitserziehers. Halle (Saale) 1931.

Heiland, Helmut: Die Symbolwelt Friedrich Fröbels. Ein Beitrag zur Symbolgeschichte. Heidelberg 1967.

– Literatur und Trends in der Fröbelforschung. Ein kritischer Literaturbericht über Quellen und Sekundärliteratur von den Anfängen bis zur Gegenwart mit vollständiger Bibliographie. Weinheim 1972.

Heller, Lieselotte: Friedrich Fröbel. Die zahlenmystischen Wurzeln der Spieltheorie. Frankfurt am Main 1987.

Hoffmann, Erika: Lebensbild, in: Dieselbe (Hrsg.): Friedrich Fröbel. Ausgew. Schriften, Band 1. Godesberg 1951, 147–182.

Hoof, Dieter: Handbuch der Spieltheorie Fröbels. Untersuchungen und Materialien zum vorschulischen Lernen. Braunschweig 1977.

Klostermann, Helene L.: Friedrich Fröbels Werdegang und sein Wirken als Knabenerzieher. Leipzig 1927.

Spranger, Eduard: Aus Friedrich Fröbels Gedankenwelt. 2. erw. Aufl. Heidelberg 1953.

LUDOLPH VON BECKEDORFF

1. *Quellen und Dokumente*

Akten:
- Geheimes Staatsarchiv Berlin (Dahlem): Rep. 192 Wittgenstein V. 21, 24–27 und 22; Rep. 92 Nachlaß Thiele Nr. 23, 24, 25.
- Deutsches Zentralarchiv Hist. Abt. Merseburg: Rep. 76 VII Sect. XXII aa Specialia Nr. 11 vol. I; Rep. 92 Altenstein A VIIb Nr. 24.
- Hauptstaatsarchiv Koblenz: Abt. 403 A, Nr. 34 vol. I.

Beckedorff, Ludolph von (Hrsg. und Mitverfasser): Jahrbücher des Preußischen Volks-Schul-Wesens. 8 Bde. Berlin 1825–1828 (Zitate nach dieser Ausgabe mit Band- und Seitenangaben).

2. *Sekundärliteratur*

Baxa, Jakob: Adam Müllers Lebenszeugnisse. 2 Bde. München 1966.

Bloth, Hugo Gotthard: Der Pädagoge Franz Ludwig Zahn und seine Amtsenthebung durch Ferdinand Stiehl. Monatshefte für Ev. Kirchengeschichte des Rheinlandes. 24. Jahrgang 1975.

Bonhoeffer, Dietrich: Ethik. Hrsg. von *Eberhard Bethge.* München 1949.

Brunnengräber, Hans: Ludolph von Beckedorff. Ein Volksschulpädagoge des 19. Jahrhunderts. Düsseldorf 1929.

Fromm, Erich: Haben oder Sein. Die seelischen Grundlagen einer neuen Gesellschaft. Stuttgart 1976.

Grisar, Josef: Die Konversion L. v. Beckedorffs bei J. M. Sailer. In: Staat und Volkstum. Festgabe für K. A. v. Müller. Diessen vor München 1933.

Lenz, Max: Geschichte der Königlichen Friedrich-Wilhelms-Universität zu Berlin. Vier Bde. Halle 1910.

Müller, Adam: Die Elemente der Staatskunst. Hrsg. von *Jakob Baxa.* 2 Halbbde. Wien u. Leipzig 1922.

Quittschau, Ewalt: Das religiöse Bildungsideal im Vormärz. Gotha 1931.

Sailer, Johann Michael: Über Erziehung für Erzieher. Besorgt von *E. Schoelen.* Paderborn 1962.

Schelsky, Helmut: Schule und Erziehung in der industriellen Gesellschaft. Würzburg ^{3}1961.

Schweim, Lothar: (Hrsg.): Schulreform in Preußen 1809–1819. Weinheim 1966.

Thiele, Gunnar (Hrsg.): Süverns Unterrichtsgesetzentwurf vom Jahre 1819. Leipzig 1913.

ADOLPH DIESTERWEG

1. *Werke*

- *Holzberger, Henriette:* F. A. W. Diesterweg. Verzeichnis der selbständigen Schriften, hrsg. von *W. Güthling.* Siegen 1966 (enthält 86 Titel).
- *von Sallwürk, Eduard* (Hrsg.): Adolf Diesterweg. Darstellung seines Lebens und seiner Lehre, und Auswahl aus seinen Schriften. Langensalza 1. Band ^{2}1911; 2. Band 1899;

3. Band 1900 (Kurzgefaßte Biographie, Nachdrucke aus Diesterwegs Schriften nach Sachgebieten, mit Quellenangaben).
- *Deiters, Heinrich* (Hrsg.): Adolf Diesterweg. Schriften und Reden in zwei Bänden. Berlin und Leipzig 1950 (mit Texten, die bisher nur in Originaldrucken vorlagen; Kürzungen und fehlende Angaben über die Fundstellen beeinträchtigen den Gebrauch).
- *Bloth, Hugo Gotthard* (Hrsg.): Aus Adolph Diesterwegs Tagebuch 1818 bis 1822. Frankfurt a. M. 1956 (Neudruck der 1870 von *E. Langenberg* herausgegebenen Bearbeitung, mit Geleitwort und Einführung).
- Sämtliche Werke, hrsg. von *Heinrich Deiters, Hans Ahrbeck, Robert Alt, Gerda Mundorf, Leo Regener*. 1. Abteilung: Zeitschriftenbeiträge. Aus den Rheinischen Blättern, bearb. von *Ruth Hohendorf*. Berlin (DDR) seit 1956 (bisher 13 Bände, einschl. ,,Jahrbuch für Schulfreunde"; wissenschaftlich bearb. Ausgabe; wird fortgesetzt).
- *Bloth, Hugo Gotthard* (Hrsg.): Der Pädagoge Adolph Diesterweg. Eine Auswahl aus seinen methodischen Schriften. Frankfurt a. M. 1958. (Darin vom Hrsg.: D.'s Stellung zum Religionsunterricht; *Hasseberg, Adolf:* D.'s Bemühungen um die Hebung des muttersprachlichen Unterrichts; *Koch, Otto:* D. als Methodiker des Rechen- und Raumlehreunterrichts; *Perlick, Alfons:* Heimat- und Weltkunde bei D.).

Auswahlausgaben des ,,Wegweiser":
- *Scheveling, Julius* (Hrsg.): Wegweiser zur Bildung für deutsche Lehrer. Paderborn 1958. Auswahl aus der 4. Auflage von 1850 mit Nachwort des Hrsg.
- *Hofmann, Franz* (Hrsg.): Wegweiser für deutsche Lehrer und andere didaktische Schriften. Berlin (DDR) 1962. Auswahl aus der 4. Aufl. 1850 mit Vorwort des Hrsg. Gekürzte Abdrucke mit Quellenangaben.
- *Göbels, Hubert* (Hrsg.): F. A. W. Diesterweg. Didaktische Regeln und Gesetze. Heidelberg 1970. (Text aus der sonst noch nicht wieder nachgedruckten 3. Auflage des ,,Wegweiser" von 1844).
- *Geissler, Gert/Günther, Karl-Heinz* (Hrsg.): Friedr. Adolph Wilh. Diesterweg: Volksbildung als allgemeine Menschenbildung. Ausgew. bildungspoli., sozialpolit. und pädagogische Schriften in 2 Bänden. Berlin (Volk und Wissen) 1989; Lizenzausg. Frankfurt a. M. (Diesterweg) 1990.

2. *Biographie und Briefe*

Bloth, Hugo Gotthard: Adolph Diesterweg. Sein Leben und Wirken für Pädagogik und Schule. Heidelberg 1966 (mit 268 Briefen Diesterwegs von 1817 bis 1866; zahlreiche Erstdrucke nach den Originalen, z. B. an E. Langenberg). Japanisch 1975.
- (Hrsg.): Neuentdeckte Briefe Diesterwegs an seine Braut und Gattin, in: Z. f. Päd. 13, 1967, 451–473 (mit Nachweis des Abdruckes weiterer Briefe von 1826, 1834, 1836).

3. *Sekundärliteratur*

Zimmermann, Wilhelm: Die Anfänge und der Aufbau des Lehrerbildungs- und Volksschulwesens am Rhein. 3 Bde. Köln 1953, 1957, 1963.

Flitner, Andreas: Die politische Erziehung in Deutschland, Geschichte und Probleme 1750–1880. Tübingen 1957.

Günther, Karl-Heinz: Bürgerlich-demokratische Pädagogen in Deutschland während der zweiten Hälfte des 19. Jahrhunderts. Diesterweg, Roßmäßler, Dittes, Sack. Berlin (Ost) 1963.

Schneider, Günter: Dem Volk schlug sein Herz: Ein Beitrag zum politischen und pädagogischen Wirken Diesterwegs. Berlin (Ost) 1966. (Behandelt besonders D.'s Abgeordnetentätigkeit).

Diesterwegs-Komitee der Deutschen Demokratischen Republik (Hrsg.): Diesterweg und wir, Diesterweg-Symposion 1966. Berlin (Ost) 1967 (u. a. mit Beiträgen zu D.'s Wirkung in Osteuropa).

Krueger, Bernhard: Stiehl und seine Regulative. Ein Beitrag zur Preußischen Schulgeschichte. Weinheim 1970.

– Staatsbürgerliche Erziehung im 19. Jahrhundert. Stiehls Schrift über den vaterländischen Geschichtsunterricht. Trier 1971.

Bloth, H. G.: Der Pädagoge Franz Ludwig Zahn (1798–1890) und seine Amtsenthebung durch Ferdinand Stiehl (1812–1878). Neukirchen-Vluyn 1975.

Schröder, Wolfgang: Adolph Diesterweg, Studien zu seiner Wirkungsgeschichte in der Pädagogik des 19. und 20. Jahrhunderts, Frankfurt a. M. 1978.

Herrmann, Ulrich: F. A. Diesterweg. In: Berlinische Lebensbilder, hrsg. von *W. Treue* und *K. Gründer,* Berlin 1987, 135–148.

Hohendorf, Ruth: „Diesterweg unter seinen Gegnern". Eine Karikatur aus dem Vormärz. In: Zeitschr. f. Pädagogik, Jg. 36, 1990, 639–650.

Adolph Diesterweg – Wissen im Aufbruch (Katalog einer Ausstellung in Siegen anläßlich des 200. Geburtstages), Weinheim 1990.

HERBERT SPENCER

1. Werke

– The Works of Herbert Spencer. Osnabrück 1966. Vol. I–XXI (Reprint of the edition 1904).

– *Duncan, David:* The Life and Letters of Herbert Spencer. London 1908 (Im Anhang chronologische Zusammenstellung von Spencers Bibliographie).

– *Cavenagh, F. A.:* Herbert Spencer on Education. London 1932 (Differenziert kommentierte Edition von Spencers *Education*).

– *Low-Beer, Ann* (ed.): Herbert Spencer. London 1969. (Zweckmäßige Zusammenstellung der wichtigsten pädagogischen Beiträge Spencers).

2. Übersetzungen

– System der Synthetischen Philosophie, 11 Bde. Autorisierte deutsche Ausgabe, übersetzt von *B. Vetter* und *J. Victor Carus.* Stuttgart 1875–1895.

– Die Erziehung in intellektueller, moralischer und physischer Hinsicht. Deutsch von *Heinrich Schmidt.* Leipzig 1910.

– Eine Autobiographie, 2 Bde. Deutsch von *Ludwig* und *Helene Stein.* Stuttgart 1905.

3. Sekundärliteratur

Gaupp, Otto: Herbert Spencer. Stuttgart 1897.

Guthmann, Johannes: Entwicklung und Selbstentfaltung bei Herbert Spencer. Würzburg 1930.

Kellermann, Paul: Herbert Spencer. In: *Dirk Käsler* (Hrsg.), Klassiker des soziologischen Denkens, Band I (1976), 159–200 (Detaillierte Einführung in Spencers gesellschaftswissenschaftliches Werk).

Muhri, Johann Günther: Normen von Erziehung. Analyse und Kritik von Herbert Spencers evolutionistischer Pädagogik. München 1982.

Peel, J. D. Y.: Herbert Spencer the evolution of a sociologist. London 1971 (Ausführliche Analyse von Spencers zeitgenössischem sozialen Hintergrund).

ANMERKUNGEN

Hans Scheuerl: Einleitung

1 Vgl. *Nipkow, Karl Ernst:* Bildung und Entfremdung. Überlegungen zur Rekonstruktion der Bildungstheorie, in: Historische Pädagogik, hrsg. von Ulrich Herrmann (14. Beiheft der Zeitschrift für Pädagogik). Weinheim und Basel 1977, 205–229.

2 Vgl. *Weniger, Erich:* Theorie und Praxis in der Erziehung (1929), in: *Derselbe:* Die Eigenständigkeit der Erziehung in Theorie und Praxis. Weinheim ^{3}1964, 7–22.

3 Vgl. *Dolch, Josef:* Grundbegriffe der pädagogischen Fachsprache, München ^{4}1963, 107.

4 Vgl. *Brezinka, Wolfgang:* Von der Pädagogik zur Erziehungswissenschaft. Eine Einführung in die Metatheorie der Erziehung. Weinheim, Berlin, Basel 1971. 4. umgearb. Neuauflage unter dem Titel: Metatheorie der Erziehung, München, Basel 1978.

5 Vgl. *Roth, Heinrich:* Die realistische Wendung in der pädagogischen Forschung, in: Neue Sammlung, 2. Jg., Göttingen, 1962, 481–490.

6 Als Beispiele für solche sozialgeschichtlichen Untersuchungen im pädagogischen Bereich seien genannt: *Ariès, Philippe:* Geschichte der Kindheit (L'enfant et la vie familiale sous l'ancien régime. Paris 1960). München und Wien ^{2}1976. – *Blochmann, Elisabeth:* Das ,Frauenzimmer' und die ,Gelehrsamkeit'. Eine Studie über die Anfänge des Mädchenschulwesens in Deutschland. Heidelberg 1966. – *Hornstein, Walter:* Vom ,jungen Herrn' zum ,hoffnungsvollen Jüngling'. Wandlungen des Jugendlebens im 18. Jahrhundert. Heidelberg 1965. – *Roeßler, Wilhelm:* Die Entstehung des modernen Erziehungswesens in Deutschland. Stuttgart 1961. – *Heinemann, Manfred* (Hrsg.): Sozialisation und Bildungswesen in der Weimarer Republik (Veröffentlichungen der Historischen Kommission der Deutschen Gesellschaft für Erziehungswissenschaft, Band 1). Stuttgart 1976. – *Derselbe* (Hrsg.): Der Lehrer und seine Organisation (ebenda, Band 2). Stuttgart 1977. – *Herrmann, Ulrich* (Hrsg.): Schule und Gesellschaft im 19. Jahrhundert. Sozialgeschichte der Schule im Übergang zur Industriegesellschaft. Weinheim und Basel 1977. – Größere, auf mehrere Jahre zu berechnende Handbuchprojekte zur Sozial- und Bildungsgeschichte sind im Entstehen: Vgl. etwa das auf 6 Bände geplante *Handbuch der deutschen Bildungsgeschichte,* dessen Bände III. 1800–1870: Von der Neuordnung Deutschlands bis zur Gründung des Deutschen Reiches. Hrsg. von *Jeismann, Karl-Ernst/Lundgreen, Peter,* München (Beck) 1987; und V. 1918–1945: Die Weimarer Republik und die nationalsozialistische Diktatur. Hrsg. von *Langewiesche, Dieter/Tenorth, Heinz-Elmar,* München (Beck) 1989 inzwischen vorliegen.

7 *Spranger, Eduard:* Die Generationen und die Bedeutung des Klassischen in der Erziehung, in: Jugendführer und Jugendprobleme. Festschrift für Georg Kerschensteiner zum 70. Geburtstag. Leipzig 1924, 307 ff. Wiederabdruck in: *Eduard Spranger:* Gesammelte Schriften, Band I, hrsg. von *Bräuer, Gottfried* und *Flitner, Andreas,* Heidelberg 1969, 70–89 (hier besonders 75 und 84). – Vgl. auch *Döring, Wolfgang:* Zur

pädagogischen Problematik des Klassischen (Göttinger Studien zur Pädagogik 24). Göttingen. 1934.

8 Vgl. *Nietzsche, Friedrich:* Vom Nutzen und Nachteil der Historie für das Leben. Unzeitgemäße Betrachtungen, Zweites Stück (1874). Ausgabe von *Giorgio Colli/ Mazzino Montinari* (Kritische Studienausgabe in 15 Bänden), Band I, München (dtv/ de Gruyter) 1980, 243–334, bes. 258ff.

9 *Wölfflin, Heinrich:* Kunstgeschichtliche Grundbegriffe (1915), München [14]1970.

Horst Rumpf: Erasmus von Rotterdam

1 *Bourdieu, Pierre/Passeron, Jean-Claude:* Grundlagen einer Theorie der symbolischen Gewalt. Frankfurt a. Main 1973, 74ff.

2 Zu den hier angezogenen Begriffen vgl. den Band ,,Soziologie und Linguistik" von *Fritjof Hager, Hartmut Haberland* und *Rainer Paris,* Stuttgart 1973, 45ff sowie *Jean Paul Sartre:* Der Idiot der Familie. Gustave Flaubert 1821–1857, Band I. Reinbek 1977, 171ff.

3 Vgl. die faszinierende Materialsammlung ,,Schwarze Pädagogik. Quellen zur Naturgeschichte der bürgerlichen Erziehung", hrsg. und eingeleitet von *Katharina Rutschky,* Frankfurt a. M, Berlin, Wien 1977. Zur ,,Lehrerrache" Einleitung LXIII.

4 Man vergleiche dazu die außerordentlich anregende psychogenetische Studie von *Gerhart Piers:* Die drei Gewissen des Abendlandes. Psychoanalytische Betrachtungen über Judentum, Katholizismus und Calvinismus, in: Psyche, 28. Jg., Heft 2, Februar 1974, 157–172.

5 *Lloyd de Mause* (Hrsg.): Hört ihr die Kinder weinen? Eine psychogenetische Geschichte der Kindheit. Frankfurt a. M. 1977.

6 Über Umgangsformen als Medien des Kampfes um sozialen Aufstieg an den Höfen des absolutistischen Staates vgl. *Elias, Norbert,* Bd. II, 1968, 336ff. Die Rolle des Malvolio in Shakespeares ,,Was ihr wollt" ist in dieser Hinsicht exemplarisch.

7 *Kurt von Raumer:* Geschichte der Pädagogik. Band I. Gütersloh [7]1902, 70.

Karl Erlinghagen: Ignatius von Loyola

1 Catalogus Societatis Jesu, 1491–1556 (Germaniae, Austriae, Helvetiae). Anhang S. 4.

Günter R. Schmidt: Michel de Montaigne

1 Essais III, 13, 1096 (= Essais, 3. Buch, Kapitel 13, Seite 1096 der Ausgabe der Pléiade 1976). Das Zitat lautet in moderner Schreibweise ,,savoir jouir loyalement de son être" = ,,das eigene Sein getreulich zu genießen wissen". In gegenwärtigen Textausgaben wie in der Sekundärliteratur ist es üblich, die Schreibweise Montaignes teils beizubehalten, teils der heutigen Orthographie anzupassen. Auch dieser Beitrag verwendet beide Zitierweisen.

2 Wohl etwas übertrieben wird von *Gustave Lanson* (1958, 180) der direkte Einfluß Montaignes auf die Pädagogik dargestellt: ,, . . . daß in den Essais die Grundsätze und das Ziel einer liberalen Erziehung so treffend und klar niedergelegt sind, daß seit drei Jahrhunderten die Gedanken Montaignes allen Erziehungsprogrammen in den Ländern der westlichen Welt zugrunde liegen."

3 *Jean Château* 1971, 19.

4 *Frederick Rider* 1973, 25.

5 Zur Biographie vgl. Jean Plattard 1933, zur Kindheit und Jugend besonders *Roger Trinquet* 1972; dieser versucht die verbreitete Auffassung von der ibero-jüdischen Abstammung der Mutter zu entkräften.

6 *Jean Plattard* 1933, 30.

7 So *Jean Plattard* 1933.

8 So *Roger Trinquet* 1972.

9 *Francis Jeanson* 1971, 63.

10 Übersetzung nach *Hugo Friedrich* [2]1967, 122. Die sonstigen Übersetzungen stammen, falls nichts anderes vermerkt wird, vom Verfasser dieses Beitrags.

11 Als Christ wird Montaigne verstanden von *Maturin Dreano* (1936), *Donald M. Frame* (1969) und *Gustave Lanson* (1958). Die Gegenposition vertreten *Francis Jeanson* (1971) und *Hugo Friedrich* ([2]1967). *Pierre Villey* (1908) hatte Montaigne eine doppelte Buchführung zugeschrieben, die dieser nicht als problematisch empfunden habe.

12 Im Anschluß daran empfiehlt Montaigne für das Lateinische die direkte Methode, wie er sie an sich selbst erfahren hat.

13 Es kam keineswegs selten vor, daß Kinder blutig geschlagen wurden. Auch Humanisten wie *Erasmus* polemisieren gegen die Mißhandlung der Kinder und Jugendlichen in den ,,tumultuosae carnificinae" der Schulen. *Paul Porteau* (1935) trägt allerdings eine eindrucksvolle Menge von Argumenten dafür vor, daß Montaigne die düsteren Züge der Erziehungspraktiken seiner Zeit übertreibe.

14 Die Empfehlung dieser Methode war ,,not uncommon" (*Alan M. Boase* 1970, 38). *Roger Trinquet* (1972) nennt noch einige andere Beispiele aus dieser Zeit für den Versuch, Kindern Latein als ,,Muttersprache" zu vermitteln.

15 *Paul Porteau* (1935) zählt Anklänge an die damals noch geübte gelehrte Übung der *disputatio* auf.

16 *Paul Porteau* 1935, 299.

Hans Scheuerl: Johann Amos Comenius

1 Vgl. *Scheuerl, Hans:* Probleme einer systematischen Pädagogik, in: Erziehungswissenschaftliches Handbuch, hrsg. von *Ellwein, Thomas* u.a., Band IV, Berlin 1975, S. 13–88 (besonders S. 32ff).

2 *Singh, J. A. L.:* Die ,,Wolfskinder" von Midnapore, mit einem Geleitwort von *Adolf Portmann* (Anthropologie und Erziehung, Band 10). Heidelberg 1964, S. 7–22.

3 Jahresklassen wurden bereits in einigen reformatorischen Schuldordnungen (etwa der von *Melanchthon* entworfenen kursächsischen von 1528) vorgesehen; der Humanist *Johannes Sturm* hatte 1538 sein Straßburger Gymnasium als ein Zehn-Klassen-System gegliedert. *Comenius* greift hier also bereits vorhandene Entwicklungen auf und versucht, sie weiter zu rationalisieren; Näheres bei *Hermann Lange:* Schulbau und Schulverfassung der frühen Neuzeit. Weinheim und Berlin 1967, S. 48–54 und 119–125.

Gerhard Ringshausen: August Hermann Francke

1 Schreiben *J. S. Scharschmids* an *Patkul,* den in Dresden weilenden Abgesandten des Zaren für die Neubesetzung der Rektorenstelle am Moskauer Gymnasium; Kopie bei dem Brief von J. H. Michaelis an Francke vom 20. 6. 1705, Staatsbibliothek Preußischer Kulturbesitz, Berlin: Nachlaß Francke, K. 15. Vgl. *Winter, Eduard:* Halle als Ausgangspunkt der deutschen Rußlandkunde im 18. Jahrhundert (Deutsche Akademie der Wissenschaften zu Berlin. Veröffentlichungen des Instituts für Slawistik 2). Berlin 1953, 76ff und 167.
2 Zit. bei *Ahrbeck, Hans:* Über die Erziehungs- und Unterrichtsreform A. H. Franckes und ihre Grundlagen, in: 450 Jahre Martin-Luther-Universität Halle-Wittenberg II. (Halle 1952), 77f.

Günter R. Schmidt: François Fénelon

1 ,, . . . Freude und Vertrauen müssen ihre gewöhnliche Stimmung sein . . . " (Fénelon: De l'éducation des filles, V, 31). Damit der Leser verschiedene Textausgaben verwenden kann, werden bei Hinweisen auf Fénelons Schriften immer auch die Kapitel mit römischen Ziffern benannt. Die arabischen Seitenzahlen beziehen sich auf die in der Bibliographie angegebenen Einzelausgaben (hier auf die Pariser Ausgabe von 1892). Übersetzungen stammen vom Verfasser dieses Beitrags.
2 *Saint-Simon, Louis de Rouvroy duc de:* Mémoires, 6 vol. (Bibliothèque de la Pléiade). Paris (Gallimard) 1953–1959; zitiert nach *Roger Judrin:* Saint-Simon (Ecrivains d'hier et d'aujourd'hui 34), Paris (Seghers) 1970, (Textauswahl) 107.
3 *Robert Spaemann* 1963, 224.
4 *Saint-Simon,* zitiert nach der Textauswahl von *Roger Judrin,* a. a. O., 127.
5 Ed. = De l'éducation des filles. Tel. Télémaque.
6 *Leo Just,* in: *Johannes Kraus/Joseph Calvet* 1953, 35.
7 *Albert Cherel* 1917, Supplément.
8 *Leo Just,* a. a. O., 39ff.

Günter R. Schmidt: John Locke

1 *Some Thoughts concerning Education* ist in der letzten von Locke selbst vorbereiteten Ausgabe von 1705 in 216 Paragraphen gegliedert, die in folgende Ausgaben und Übersetzungen meist übernommen worden sind. Damit der Leser beliebige Ausgaben verwenden kann, wird unter Angabe des Paragraphen zitiert. Die Zahl nach dem Komma bezieht sich auf die entsprechende Seite bei *James L. Axtell* 1968.
2 *Richard I. Aaron* 1971, 302. Alle Übersetzungen von Zitaten stammen vom Verfasser dieses Beitrags.
3 Hervorhebungen bei Locke.
4 *James L. Axtell* 1968, 20.
5 The Epistle to the Reader. Everyman Edition 1961, XXXV.
6 Siehe dazu *James L. Axtell* 1968, 49–65.
7 Zitiert nach *James L. Axtell* 1968, 58. Dies ist genau das Anliegen, das in Deutschland unter Bezeichnungen wie ,,kategoriale Bildung" (*Wolfgang Klafki:* Studien zur

Bildungstheorie und Didaktik. Weinheim und Basel 1975) und „exemplarische Lehre" (*Hans Scheuerl:* Die exemplarische Lehre, Tübingen [3]1969) oder in den Vereinigten Staaten *„realms of meaning* (*Philip H. Phenix:* Realms of Meaning. New York: McGraw Hill, 1964) vertreten wird.

8 Two Treatises on Government, Book II, Chapter XV. Everyman Edition 1962, 204.

9 Two Treatises, Book II, Chapter VI. Everyman Edition 1962, 146.

10 Epistola de Tolerantia, zitiert nach *Raymond Klibansky* (Ed.) 1968, 134.

11 „Wahrheit und Gewißheit" sind nach der Erkenntnistheorie Lockes in den Naturforschungen nicht zu erlangen. Es kann daher im Sinne seines Begriffs von *science* (Einsicht in notwendiges Sein und Sosein) keine „Wissenschaft" von der Natur geben (Vgl. dazu *An Essay concerning Human standing, Book* IV, *Chapter* III, *Section* 26).

12 § 216, 325. Mit diesen Worten schließt Locke *Some Thoughts* ...

Heinz-Hermann Schepp: Antoine de Condorcet

1 Vgl. *W. Alff:* Condorcet und die bewußt gewordene Geschichte, in: Condorcet, Entwurf einer historischen Darstellung der Fortschritte des menschlichen Geistes. Frankfurt a.M. 1963, 5ff.

2 Unter der Jahresangabe 1792 wird im folgenden *Condorcets* „Bericht und Entwurf einer Verordnung über die allgemeine Organisation des öffentlichen Unterrichts", hrsg. v. *H. H. Schepp,* Weinheim 1966, zitiert.

3 *Condorcet:* Entwurf einer historischen Darstellung der Fortschritte des menschlichen Geistes, hrsg. v. *W. Alff.* Stuttgart 1963. Im folgenden unter der Jahresangabe 1793 zitiert.

4 *Marx, Karl:* Die Frühschriften, hrsg. v. *S. Landshut.* Stuttgart 1953, 171.

5 Das „Bürgerrecht auf Bildung" wird von Condorcet erstmalig im Art. XXIII seines Katalogs der Menschen- und Bürgerrechte verankert: „L'instruction est le besoin de tous, et la société la doit également à tous ses membres", in: *Condorcet:* Projet de Déclaration des droits. Œuvres de Condorcet, publiées par *A. Condorcet-O'Connor* et *H. F. Arago,* Bd. XII, 421.

6 *Kant*-Lexikon bearbeitet von Dr. *R. Eisler,* hrsg. unter Mitwirkung der Kant-Gesellschaft. Berlin 1930, 323.

7 *v. Humboldt, Wilhelm:* Litauischer Schulplan, in: Werke in fünf Bänden, Bd. IV. Darmstadt 1964, 188f.

8 *Marx, Karl:* Das Kapital, Bd. I. Berlin-O 1960, 513.

9 Deutscher Bildungsrat: Strukturplan für das Bildungswesen. Stuttgart 1970, 33.

10 Vgl.: *H. Schelsky:* Anpassung oder Widerstand?, Soziologische Bedenken zur Schulreform. Heidelberg 1961, 134ff.

11 *Dahrendorf, Ralf:* Die vier Bildungswege in der modernen Gesellschaft ... in: Dahrendorf/Ortlieb: Der Zweite Bildungsweg ... Heidelberg 1959, 61.

12 *Paulsen, Friedrich:* Das deutsche Bildungswesen in seiner geschichtlichen Entwicklung. Leipzig 1906, 170ff.

Max Liedtke: Johann Heinrich Pestalozzi

1 Für den Hinweis auf Pestalozzis Werke werden folgende Kürzel benutzt:
B: „Sämtliche Briefe", Zürich 1946ff.
R: „Werke in 8 Bänden. Gedenkausgabe zu seinem 200. Geburtstage". Hrsg. von *P. Baumgartner*. Rotapfel-Verlag, Zürich o. J.
W: „Sämtliche Werke". Berlin 1927f.

Ursula Cillien: Johann Gottfried Herder

1 Jean Paul's sämtliche Werke, XLIII, 23. Lieferung, 3. Bd. Berlin 1827, 153f.
2 *Alexander Gilles:* Herder. Der Mensch und sein Werk. Hamburg o.J., 10/11.
3 Die römischen Ziffern hinter Zitaten beziehen sich auf: *J. G. Herder,* Sämtliche Werke in XXXIII Bänden, Hrsg. B. Suphan 1877.

Günter R. Schmidt: Friedrich Schleiermacher

1 Hrsg. von *Erich Weniger/Theodor Schulze,* Friedrich Schleiermacher. Pädagogische Schriften, Bd I, Die Vorlesungen aus dem Jahre 1826. Düsseldorf und München ^{2}1966, Seite 33 (= PS I, 33).
2 Ib. Bd II, Pädagogische Abhandlungen und Zeugnisse. 1957, Seite 31 (= PS II, 31).
3 *Ehrenfried v. Willich* 1909, 2.
4 *Ehrenfried v. Willich* 1909, 80.
5 *Albert Reble,* Geschichte der Pädagogik. Stuttgart ^{7}1964, 197.
6 Über die Religion, 3. Rede (zit. nach PS II, 48).
7 Zitat nach *Martin Redeker* 1968, 265.
8 Zitat nach *Wilhelm Kantzenbach* 1967, 101.
9 *Ehrenfried v. Willich* 1909, 98.
10 *Ehrenfried v. Willich* 1909, 135.
11 *Ehrenfried v. Willich* 1909, 23.
12 Hinweis nach *Wilhelm Kantzenbach* 1967, 146.
13 Sämtliche Werke, III. Abteilung, Band 5, Sittenlehre, Seite 5 (= SW III, 5, Sittenlehre, 5); *Hans-Joachim Birkner* 1967, 30.
14 Der christliche Glaube, § 100 (SW I, 3 und 4).
15 *Yorick Spiegel* 1968, 82.
16 SW III, 5, Sittenlehre, 52; *Hans-Joachim-Birkner* 1967, 48.
17 *Wolfgang Sünkel* 1964, 82.
18 *Rudolf Odebrecht* (Hrsg.) 1976, 63.
19 SW III, 5, Sittenlehre. *Hans Joachim Birkner* 1967, 39.
20 2. Monolog. Nach manchen Autoren gehören Schleiermachers Gedanken zur Individualität zu seinen wichtigsten geistesgeschichtlichen Beiträgen (*Martin Redeker* 1968, 80).
21 Der Ausdruck „Staat" hat bei Schleiermacher eine weitere Bedeutung als heute üblich: im Sinne von „status", gesellschaftlichem Zustand, ist er fast synonym mit „bürgerlichem Leben", „bürgerlicher Gesellschaft".

22 Schleiermacher neigte an sich zum Ideal der Freikirche nach Herrnhuter Muster und widersetzte sich manchen Maßnahmen des staatlichen Kirchenregiments, die er als Übergriffe ansah.

Klaus Giel: Friedrich Fröbel

1 Das eigentümliche Verhältnis der Fröbelschen Pädagogik zur Romantik ist umfassend dargestellt bei *Bollnow* 1977.

2 Vgl. *Dieter Henrich:* Über den Sinn vernünftigen Handelns im Staat, in: *Kant, Gentz, Rehberg:* Über Theorie und Praxis. Einleitung von *D. Henrich*. (Theorie 1) Frankfurt 1967.

3 Über die Entwicklung der gesellschaftswissenschaftlichen Analyse von Erziehung und Unterricht siehe *Peter Martin Roeder:* Erziehung und Gesellschaft. Ein Beitrag zur Problemgeschichte unter besonderer Berücksichtigung des Werkes von Lorenz von Stein. Weinheim und Berlin 1968.

4 Zur Rezeptionsgeschichte Fröbels siehe *Heiland* 1972 und die dazugehörige Rezension von *Erika Hoffmann* in: Z.f.Päd., 5/1972, 767–777.

5 Fröbel betont wiederholt, daß das ganze Leben ein Leben der Erziehung sei: „Kommt laßt uns unseren Kindern leben!" (Ges. päd. Schr., hrsg. v. *W. Lange* II 2, 4).

6 Vor dem Hintergrund dieses Einheitsgedankens wurde die Verständigung mit der Lehrerschaft möglich, die 1848 als eine ihrer berufsständischen Forderungen an die Nationalversammlung „die Einheit der deutschen Bildung vom Kindergarten bis zur Hochschule" einbrachte. Vgl. *E. Hoffmann,* Band 1, 1951, 175.

7 Zur Familiensituation des Mittelschichtkindes im 19. Jahrhundert vgl. *R. Robertson:* Das Heim als Nest. Mittelschichten-Kindheit in Europa im 19. Jahrhundert, in: *de Mause, Lloyd* (Hrsg.): Hört ihr die Kinder weinen? Eine psychogenetische Geschichte der Kindheit. Frankfurt 1977, 565ff. Zur Geschichte der Kindheit allgemein vgl. *Ariès, Philippe:* Geschichte der Kindheit. Frankfurt 1975; *van den Berg, J. H.:* Metabletica. Über die Wandlung des Menschen. Grundlinien einer historischen Psychologie. Göttingen 1960.

8 *P. Robertson* (s. Anm. 7) 589f.

9 *August Johann Georg Karl Batsch* (1761–1802), Professor für Chemie in Jena; *Johann Friedrich August Göttling* (1755–1809), ebenfalls Professor für Chemie in Jena.

10 *Gottlieb Anton Gruner* (1778–1844), Philanthrop und Pestalozzianer, Leiter einer „Musterschule" in Frankfurt am Main.

11 *Christian Samuel Weiß* (1770–1856), Kristallograph in Berlin. Über die Bedeutung der Kristallographie für den Aufbau von Fröbels Spielgaben vgl. *E. Spranger* 1953, 45ff.

12 Fröbels Wirken in der Schweiz ist jetzt neu dokumentiert bei *Lotte Geppert:* Friedrich Fröbels Wirken für den Kanton Bern. Bern und München 1976. Dazu die Rezension von *E. Hoffmann* in: Z.f.Päd., 14. Beiheft 1977, 303–318.

15 Vgl. dazu besonders *Wilhelm von Humboldts* frühe Entwürfe zu einer umfassenden Anthropologie in: *Wilhelm von Humboldt*. Schriften zur Anthropologie und Bildungslehre, hrsg. von *Andreas Flitner* und *Klaus Giel*. Darmstadt 1960.

16 Zwischen dem 1. und 21. April 1809 faßte Fröbel in einer größeren Abhandlung die Grundzüge der Methode zusammen. Siehe *H. Zimmermann* (Hrsg.): Fröbels Kleinere

Schriften zur Pädagogik (im folgenden zit. als: Kl. Schr.) 1914, 11ff. Das Buch der Mütter wird darin besonders hervorgehoben. Ebenso wird bereits die besondere Bedeutung des Spiels für die „selbsttätige" Kräftebildung betont: „denn das Kind gibt sich bei allen seinen Spielen selbst eine Aufgabe" (Kl. Schr. 26). In der an die Fürstin von Schwarzenberg-Rudolstadt gerichteten Abhandlung, in der er die Einführung der Pestalozzischen Methode empfiehlt, schlägt Fröbel die Einrichtung von Kinderklassen für die 6–7jährigen vor, weil Kinder erst mit acht Jahren fähig seien, „als Schüler nach den Grundsätzen Pestalozzis behandelt zu werden"; diese „Kinderklassen" hätten nachzuholen, „was die häusliche, erste Erziehung an dem Kinde versäumt" habe (ib. 62).

17 *Johann Gottlieb Fichte:* Reden an die deutsche Nation, in: J. G. Fichtes Sämtliche Werke, hrsg. von *I. H. Fichte,* Band VII.

18 Unsere Auslegung des Begriffs der Arbeit stützt sich auf die Ausführungen in der „Menschenerziehung", hrsg. von *E. Hoffmann,* Band 2, 1951, 27ff. Zum Begriff der Arbeit vgl. *O. F. Bollnow* 1977, 113ff.

19 „Wir finden unser Volk ... nicht gebildet aus den Trümmern eines untergegangenen Volkes, nicht gebildet aus der Vermischung der Siegenden und Besiegten; wir finden und erkennen unser Volk als ein Urvolk. Wir hören es noch dieselbe Sprache reden, welche es ursprünglich sprach, ohne fremde Beimischung." (Kl. Schr. 138) Vgl. dazu Fichte „Reden" (s. Anm. 17), VII, 395ff.

20 „Es findet und erkennt, die Familie als solche fordert und bedarf erstlich als Einzelnes betrachtet alles dasjenige, was der Einzelne, das Einzelne fordert und bedarf, – bestehen, zu diesem Ende Unterhalt, Haus, Hof usw." (Kl. Schr. 133) Zur ganzen Problematik vgl. die Schrift „Erneuung des Lebens fordert das Jahr 1836", hrsg. von *E. Strnad* 1933.

21 „In Beziehung auf die Unterstützung der Hausfrau würden die Kinderpflegerinnen zugleich in Besorgung der häuslichen und wirtschaftlichen Geschäfte den nötigen Unterricht und zur Ausübung derselben die notwendige Gelegenheit erhalten" (zit. nach *E. Hoffmann,* Band 1, 1951, 119).

22 Darin liegt für Fröbel nicht nur die Notwendigkeit von Erziehungsanstalten begründet. Aus demselben Grunde sollen die Kinder ihre Eltern nicht öfter als zweimal im Jahr besuchen dürfen. Vgl. Kl. Schr. 237ff.

23 „Wie aber? Wodurch ist dies bei dem so vielseitigen Herausgerissensein aus dem natürlichen und ursprünglichen Lebensverbande und bei der oft unwiderstehlichen, ja vernichtenden Gewalt äußerer, bürgerlicher, geselliger Lebens- und Berufsverhältnisse möglich?" (zit. nach *E. Hoffmann,* Bd. 1, 1951, 115).

24 „Leben und Ahnung sind darum eigentlich ganz unzertrennlich eines in dem anderen" (Brief an Barop, zit. nach *E. Hoffmann,* Bd. 1, 1951, 108).

25 *Ricœur, Paul:* Hermeneutik und Strukturalismus. Der Konflikt der Interpretationen I. München 1973, bes. 37ff. – Zur Rezeption *Ricœurs* in der Bundesrepublik Deutschland vgl. *O. F. Bollnow:* Paul Ricœur und die Probleme der Hermeneutik, in: Zeitschrift für philosophische Forschung, Band 30, Heft 2, 1976. – Die Idee, das Erzieherische als eigentümliche „Ladung" von Ereignissen zu fassen, wurde neuerdings auch ausgeführt von *Rudolf Lochner:* Phänomene der Erziehung. Erscheinungsweisen und Ablaufformen im personalen und ethnischen Dasein. Meisenheim 1975, 162ff.

26 In der Stelle klingt das Entsetzen *Fichtes* über die unheimliche Macht der Vernunft nach: „Es ist kein Sinn. – Ich selbst weiß überhaupt nicht und bin nicht. Bilder sind:

sie sind das Einzige, was da ist, und sie wissen von sich, nach der Weise der Bilder ... Alle Realität verwandelt sich in einen wunderbaren Traum, ohne ein Leben, von welchem geträumt wird, und ohne einen Geist, dem da träumt; in einem Traum, der in einem Traume von sich selbst zusammenhängt. Das Anschauen ist der Traum; das Denken, – die Quelle alles Seins und aller Realität, die ich mir einbilde, meines Seins, meiner Kraft, meiner Zwecke, – ist der Traum von jenem Traum" (SW. II, 245).

27 Fröbel übernimmt den Gedanken von der Ursprünglichkeit des Spieltriebs, der als ein eigenes Drittes gegenüber Stoff und Form weder physisch noch moralisch vermittelt sei, von *Schiller*.

28 Zitiert nach *Friedrich Fröbel,* seine Erziehungs-Grundsätze, seine Erziehungs-Mittel und Weise, wie seine Erziehungs-Zwecke und sein Erziehungs-Ziel im Verhältnis zu den Strebungen der Zeit und ihrer Forderungen. Dargestellt von ihm selbst. In: Ausgew. päd. Schr., hrsg. von *Scheveling* 1965, 93.

29 Siehe dazu besonders: Fröbels Theorie des Spiels I. Der Ball als erstes Spielzeug des Kindes, hrsg. von *E. Blochmann*. Weinheim [3]1963 (zit. im folgenden als: Theorie des Spiels). Zum Ganzen der Spielgaben und Materialien siehe *Hoof* 1977.

30 Zur Kategorie des Könnens vgl. *O. F. Bollnow:* Vom Geist des Übens. Eine Rückbesinnung auf elementare didaktische Erfahrungen. Freiburg i. Br. 1978, bes. 31 ff.

31 Zum „sphärischen Gesetz", mit dem Fröbel die Entstehung einer verstehbaren Wirklichkeit, die Vermittlung von Natur und Kultur zu erklären suchte, vgl. *Bollnow* 1977, 95 ff.

32 Zur Systematik der Spielgaben und Beschäftigungsmittel: *Spranger* 1953, 51 ff; *Bollnow* 1977, 154 ff. Zur Spielpraxis: *Hoof* 1977.

33 Dieser Ansatz wurde besonders von *Johan Huizinga* weiter ausgebaut in seinem Buch: Homo ludens. Vom Ursprung der Kultur im Spiel. Reinbek 1956 (rde 21). Dazu *Hans Scheuerl:* Das Spiel. Untersuchungen über sein Wesen, seine pädagogischen Möglichkeiten und Grenzen. Weinheim [10]1977. *Derselbe* (Hrsg.): Theorien des Spiels. Weinheim [10]1975.

34 Zur Problematik der Symbole bei Fröbel vgl. *Bollnow* 1977, 170 ff und *Heiland* 1967.

35 *Jean Château:* Le jeu de l'enfant après trois ans. Paris 1946. *Derselbe:* Spiele des Kindes, Stuttgart 1976. Vgl. *Hans Scheuerl* (Hrsg.): Theorien des Spiels. Weinheim [10]1975, 105. *Derselbe:* Das Spiel, [10]1977, 107 und 110 f. *Derselbe:* Spiel und Bildung, in: *Andreas Flitner* (Hrsg.): Das Kinderspiel, München 1973, 18 ff.

Hugo Gotthard Bloth: Adolph Diesterweg

1 *von Treitschke, Heinrich:* Deutsche Geschichte im 19. Jahrhundert, 1894, 5, 233 ff.

2 *Heinemann, Manfred* (Hrsg.): Der Lehrer und seine Organisation. Stuttgart 1977, 251 f.

3 *Bloth, Hugo Gotthard:* Der Preußische Schulmeister als Sieger von Königgrätz, in: Evangelische Unterweisung 22, 1967, 169–174.

4 *Derselbe:* Diesterwegs Ahnen, in: Zeitschrift d. Bergischen Geschichts-Vereins 82, 1966, 202–212; Biographie 26–42.

5 *Renkers, Stephanie:* Beiträge zur statistischen Darstellung der gewerblichen Wirtschaft Westfalens um 1800, in: Westfälische Forschungen 25, 1973, 59–167, hier 130.

6 *Bloth, Hugo Gotthard* (Hrsg.): Aus Diesterwegs Tagebuch 1818–1822. Frankfurt a. M. 1956, 5; Biographie, 33 f.

7 Vgl. *Roessler, Wilhelm:* Die Entstehung des modernen Erziehungswesens in Deutschland. Stuttgart 1961, 267.

8 *Otto, Rudolf:* Kantisch-Fries'sche Religionsphilosophie und ihre Anwendung auf die Theologie. Tübingen 1909, 27.

9 *Roessler, Wilhelm:* Die Entstehung der Realschule innerhalb des modernen Erziehungswesens, in: *Derbolav, Josef* (Hrsg.): Wesen und Werden der Realschule, Bonn 1960, 74f. Vgl. *Bloth, Hugo Gotthard:* „Ein ‚anderer' Adolph Diesterweg?" in: Z.f.Päd. 16, 1970, 564f.

10 Vgl. *Kluge, Friedrich:* Etymologisches Wörterbuch der deutschen Sprache. Berlin $^{12/13}$1943, 263, und: *Henning, Friedrich-Wilhelm:* Wirtschafts- und Sozialgeschichte, Band 2: Die Industrialisierung in Deutschland 1800 bis 1914. Paderborn 1973, 111.

11 *Bloth, Hugo Gotthard:* Schule und Kirche im Kampf gegen die Kinderarbeit in den Fabriken zur Zeit des Frühkapitalismus, in: Evangel. Unterweisung 18, 1963, 21–31.

12 *Derselbe:* Johann Julius Hecker (1707–1768) und seine Universalschule. Dortmund 1968, 65f; *Ders.:* Pädagoge im Vorfeld der Revolution, Johann Friedrich Hähn (1710–1789) und die Einführung des Curriculum Scholasticum. Paderborn 1972, 40f.; vgl. *Hecker, Andreas Jakob:* Etwas über die Entstehung der Realschulen. Ein Beitrag zur pädagogischen Geschichte des 18. Jahrhunderts. Berlin 1801, 16.

13 *Meyer, Adolf:* Schule und Kinderarbeit. Hamburg 1971, 69f.

14 *Kruber, Dieter:* Pädagogische Gedanken bei Christian Wolff. Hannover 1971, 197f.

15 Zitate bei *Schaller, Klaus:* Zur Grundlegung der Einzelwissenschaft bei Comenius und Fichte. Köln 1955, 248–251.

16 Ib., 260ff.

17 *Otto, Rudolf:* a.a.O. 104f.

18 *Derselbe:* a.a.O., 106–110 ist bis ins einzelne zu vergleichen mit Diesterwegs Tagebuch, a.a.O., 13–17.

19 *Derselbe,* a.a.O., 116ff.

20 Vgl. *Paus, Ansgar:* Religiöser Erkenntnisgrund. Herkunft und Wesen der Aprioritheorie Rudolf Ottos. Leiden 1966.

21 *Bloth, Hugo Gotthard:* Stille vor dem Sturm. Diesterweg in Teplitz, Sommer 1834. Fragment eines bisher unveröffentlichten Briefes an seine Töchter, in: Pädagogische Rundschau 20, 1966, 28–47, hier: 42.

22 Ein Bericht von *Johann Melber* über diesen Vorgang findet sich im Beiblatt zum Amtsblatt des Bayerischen Staatsminsteriums für Unterricht und Kultus 3, 1929.

23 *Heinemann, Manfred* und *Rüter, Wilhelm:* Landschulreform als Gesellschaftsinitiative. Göttingen 1975.

24 *Bloth, Hugo Gotthard:* Der anonyme Ankläger Adolph Diesterwegs im Vormärz, in: Z.f.Päd. 19, 1973, 241–254.

25 *Haym, Rudolf:* Hegel und seine Zeit. Berlin 1857, 431; SW 13, 195, 288.

26 Wegweiser ^{3}1844, 1, 191, abgedruckt in: *Göbels, Hubert* (Hrsg.): F. A. W. Diesterweg. Didaktische Regeln und Gesetze. Heidelberg 1970, 45; dort auch Diesterwegs Anweisungen zu dem entsprechenden Unterricht für die kirchliche und bürgerliche Gemeinschaft.

27 *Bloth, Hugo Gotthard:* Die Theorie der Schule bei dem preußischen Pestalozzianern Wilhelm Harnisch und Adolph Diesterweg, in: Evangelische Unterweisung 18, 1963, 185–194.

28 *Bloth, Hugo Gotthard:* Das Schicksal des liberalen Bildungsideals bei Adolph Diesterweg, in: Z.f.Päd. 5, 1959, 123–134.

29 *Derselbe:* Ein ‚anderer' Diesterweg? in: Z.f.Päd. 16, 1970, 559–572.
30 *Derselbe:* Lehrdiakonie und Pädagogik im Streit um den Kindergarten, in: Die Innere Mission 57, 1967, 168–177.
31 *Derselbe:* Der Pädagoge Franz Ludwig Zahn und seine Amtsenthebung durch Ferdinand Stiehl, in: Monatshefte für Evangelische Kirchengeschichte d. Rheinlandes 24, 1975, 163–202.
32 *Schmidt, Martin:* Wiedergeburt und Neuer Mensch. Witten 1969.
33 *Hinrichs, Carl:* Preußentum und Pietismus. Der Pietismus in Brandenburg-Preußen als religiös-soziale Bewegung. Göttingen 1971.
34 *Riedel, Manfred* (Hrsg.): Hegel-Studienausgabe, Band 2, Frankfurt a.M. 1968, 27f; *Beneke, Friedrich E.:* Erziehungs- und Unterrichtslehre, hrsg. von *Platte, Hans K.*, Paderborn 1968, 165f.
35 *Pechstädt, Eckbert:* Zur Begegnung von F. A. W. Diesterweg mit Lev Nikolaevič Tolstoj, in: Diesterweg und wir. Diesterweg-Symposion, Berlin (DDR) 1967, 198–205, russischer Text in Umschrift; deutsche Übersetzung hier von *Robert Stupperich.*
36 *Langenberg, Eduard:* Adolph Diesterweg, Sein Leben und seine Schriften, Band 3. Frankfurt a.M. 1868, 223.

Johann Günther Muhri: Herbert Spencer

1 Die römischen Zahlen verweisen auf den jeweiligen Band von Spencers Gesamtausgabe *The Works of Herbert Spencer* (s. Bibliographie).
2 Vgl. *Duncan,* 1908 (s. Bibliographie).
3 Vgl. *Liedtke, Max:* Evolution und Erziehung. Göttingen ^{2}1976.

PERSONENREGISTER

Das Personenregister enthält sämtliche Namen aus Hauptteil und Anhang. Bei den „Klassikern" verweisen die *kursiv* gesetzten Zahlen auf die jeweilige Darstellung, die dazugehörige Bibliographie und die Anmerkungen. Die Porträts lassen sich über das Abbildungsverzeichnis S. 375 auffinden.

SACHREGISTER

ABBILDUNGSVERZEICHNIS

DIE AUTOREN

Hugo Gotthard Bloth, geb. 1898, verstorben 1986; studierte 1919–1923 Evangelische Theologie und Geschichte in Greifswald, Göttingen und Berlin, hatte dann Pfarrämter in mehreren pommerschen Orten (Demmin, Verchen, Stargard, Neustettin) inne und war in der Heimvolkshochschularbeit tätig. 1940 wurde er Kriegspfarrer in Böhmen. In Prag promovierte er 1943 zum Dr. phil. 1946 wurde er Leiter des pädagogischen Seminars der Evangelischen Kirche von Westfalen, 1951 Professor für Evangelische Theologie und ihre Didaktik an der Pädagogischen Hochschule Dortmund. Er begründete 1946 die Zeitschrift „Evangelische Unterweisung" und war deren Herausgeber bis 1968 (dort im Jg. 24, 1969, 92–96 seine Bibliographie). *Wichtigste Veröffentlichungen:* Adolph Diesterweg, sein Leben und Wirken für Pädagogik und Schule, 1966. Johann Julius Hecker (1707–1768) und seine „Universalschule", 1968. Johann Friedrich Hähn (1710–1789) und die Einführung des Curriculum Scholasticum, 1972. Der Pädagoge Franz Ludwig Zahn (1798–1890) und seine Amtsenthebung durch Ferdinand Stiehl (1812–1878), 1975.

Ursula Cillien, geb. 1925, studierte 1947–49 an der Pädagogischen Hochschule Hannover, legte die 1. und 2. Lehrerprüfung ab und studierte von 1953 bis zu ihrer Promotion zum Dr. phil. die Fächer Pädagogik, Philosophie, Evangelische Theologie und Germanistik an der Universität Bonn. 1961 erhielt sie eine Professur für Allgemeine Pädagogik an der Pädagogischen Hochschule Lüneburg, 1974 an der Pädagogischen Hochschule Bielefeld. *Wichtigste Veröffentlichungen:* Das Erziehungsverständnis in Pädagogik und evangel. Theologie, 1961. Johann Gottfried Herder, 1972. Beiträge und Aufsätze in Sammelwerken und pädagogischen Zeitschriften.

Karl Erlinghagen S. J., geb. 1913, studierte Philosophie, Theologie und Erziehungswissenschaft an den Universitäten Bonn und Hamburg, wo er zum Dr. phil promovierte. Seit 1954 lehrte er zunächst als Dozent, später als Professor an der Philosophischen-Theologischen Hochschule St. Georgen in Frankfurt am Main, dann an der Pädagogischen Hochschule Freiburg im Breisgau. Seit 1968 Ordinarius für Pädagogik an der Universität Regensburg; seit 1980 emeritiert. *Wichtigste Veröffentlichungen:* Vom Bildungsideal zur Lebensordnung, 1960. Grundfragen katholischer Erziehung, 1963. Die Schule in der pluralistischen Gesellschaft, 1964. Katholisches Bildungsdefizit, 1965. Die Säkularisierung der deutschen Schule, 1972. Katholische Bildung im Barock, 1972. Autorität und Antiautorität, 1973. Hrsg.: Erziehungswissenschaft und Konfessionalität, 1970. Zahlreiche Beiträge und Aufsätze in Sammelwerken und Zeitschriften.

Erich E. Geißler, geb. 1928, studierte an der Pädagogischen Hochschule Jugenheim und der Universität Frankfurt am Main, wo er zum Dr. phil. promovierte und sich 1969 für das Fach Pädagogik habilitierte. Nach Tätigkeit als Lehrer und als Wissenschaftlicher Assistent wurde er Professor für historische und systematische Erziehungswissenschaft an der Pädagogischen Hochschule Landau/Pfalz und an der Pädagogischen Hochschule Berlin (zugleich Honorarprofessor an der Freien Universität Berlin). Seit 1970 lehrt er als Ordinarius das Fach Erziehungswissenschaft an der Universität Bonn. *Wichtigste*

Veröffentlichungen: Der Gedanke der Jugend bei Gustav Wyneken, 1963. De Magistro (zusammen mit Dauzenroth), 1967. Fördern und Auslesen (zusammen mit Ph. Krenzer und A. Rang), ²1969. Herbarts Lehre vom erziehenden Unterricht, 1970. Erziehungsmittel, ⁵1975. Autorität und Freiheit, ⁴1973. Hausaufgaben - Hausarbeiten, ²1972. Analyse des Unterrichts, ⁴1978. Allgemeinbildung in einer freien Gesellschaft, 1977.

Klaus Giel, geb. 1927, studierte Pädagogik, Philosophie und Germanistik an der Universität Tübingen. Promotion 1958, Habilitation 1966. Professor für Schulpädagogik an der Pädagogischen Hochschule Eßlingen. *Veröffentlichungen:* Fichte und Fröbel, 1959. Vorbemerkungen zu einer Theorie des Elementarunterrichts (Stücke zu einem mehrperspektivischen Unterricht. Aufsätze zur Konzeption 2), 1975. Hrsg.: Studienführer: Allgemeine Pädagogik, 1976.

Ulrich Herrmann, geb. 1939, studierte Geschichte, Germanistik, Pädagogik, Politikwissenschaft und Philosophie in Heidelberg und Köln, promovierte in Köln 1968, war dann Referent bei der Studienstiftung des deutschen Volkes und Assistent an der Universität Tübingen, wo er sich 1975 habilitierte und heute als Professor für Historische und Theoretische Pädagogik lehrt. *Wichtigste Veröffentlichungen:* Die Pädagogik Wilhelm Diltheys, 1971. Herausgabe der Bände XV–XVII von Diltheys Gesammelten Schriften, 1970–74; der päd. Schriften von F. H. C. Schwarz, A. H. Niemeyer, W. Dilthey und E. C. Trapp, 1968–1977; Universität heute, 1977; Schule und Gesellschaft im 19. Jahrhundert, 1977; Historische Pädagogik (14. Beiheft der Zeitschr. f. Pädagogik), 1977. Mitherausgeber und Schriftleiter der Zeitschrift für Pädagogik. Zahlreiche Abhandlungen in Fachzeitschriften.

Max Liedtke, geb. 1931, studierte Theologie, Philosophie und Erziehungswissenschaften in Bonn, München und Hamburg (Theol. Abschlußprüfung 1955, Volks- und Realschullehrerprüfung und Promotion in Philosophie 1964, Habilitation für Erziehungswissenschaft 1971). Lehrtätigkeit in Göttingen und Hamburg, seit 1973 ordentlicher Professor für Pädagogik an der Universität Erlangen-Nürnberg. *Wichtigste Veröffentlichungen.* Der Begriff der reflektierenden Urteilskraft in Kants Kritik der reinen Vernunft, 1964. Johann Heinrich Pestalozzi, ¹¹1989. Evolution und Erziehung, ²1976.

Adolf Meyer, geb. 1923, studierte Erziehungswissenschaft, Philosophie, Psychologie und Anglistik 1948–1951 an der Universität Hamburg, war dann Volks- und Realschullehrer und wurde nach einem Zusatzstudium der Sonderpädagogik Studienrat an Sonderschulen. Seit 1966 lehrte er an der Pädagogischen Hochschule in Braunschweig. 1970 Promotion zum Dr. phil. in Hamburg. Seit 1972 Dozent für Allgemeine Erziehungswissenschaft an der Universität Hamburg. *Veröffentlichungen:* Schule und Kinderarbeit. Das Verhältnis von Schul- und Sozialpolitik zu Beginn des 19. Jahrhunderts, 1971. Mehrere Beiträge im Handwörterbuch der Schulpädagogik (hrsg. v. W. S. Nicklis), ²1975.

Johann Günther Muhri, geb. 1943, verstorben 1984; studierte in München Philosophie und Theologie und war nach seinen Abschlußexamina (Philosophicum 1965, Theologicum 1969) als Sozialpädagoge praktisch tätig zunächst in Innsbruck, dann in Graz, wo er ein Jugendzentrum gründete und leitete. 1972–1974 Studium der Erziehungswissenschaft an der Universität Erlangen-Nürnberg; Staatsprüfung für das Lehramt an Grund- und Hauptschulen. Seit 1974 Verwalter einer Wissenschaftlichen Assistentenstelle im

Fachbereich Erziehungs- und Kulturwissenschaften der Universität Erlangen-Nürnberg. Normen von Erziehung – Analyse und Kritik von Herbert Spencers evolutionistischer Pädagogik, 1982.

Martin Rang, geb. 1900, verstorben 1988; studierte 1921–25 in Marburg und Paris französische und deutsche Literaturgeschichte sowie Philosophie und Theologie. Nach mehrjähriger Lehrtätigkeit im höheren Schuldienst wurde er 1930 Dozent für Religionspädagogik an der neu eröffneten Pädagogischen Akademie in Halle. 1933 auf die Stelle eines Studienrates an die Schule zurückversetzt, widmete er sich besonders didaktischen und methodischen Fragen des biblischen Unterrichts. Nach Kriegsende Aufbau von Lehrgängen für die Volksschullehrerbildung in Nordhessen, 1950 Professor für Pädagogik an der Pädagogischen Hochschule in Oldenburg, 1959 ordentlicher Professor für Pädagogik an der Universität Frankfurt am Main, seit 1968 emeritiert. *Wichtigste Veröffentlichungen:* Handbuch für den biblischen Unterricht, 2 Bände, 1939. Rousseaus Lehre vom Menschen, ^{2}1965. Zahlreiche Aufsätze und Beiträge in pädagogischen Zeitschriften und Sammelwerken. Bibliographie in: Pädagogische und didaktische Reflexionen. Festschrift für Martin Rang, hrsg. von H. M. Elzer und H. Scheuerl, 1966. Biographie in: Pädagogik in Selbstdarstellungen, hrsg. von L. J. Pongratz, II, 1976, 250–277.

Gerhard Ringshausen, geb. 1939, studierte evangelische Theologie und Kunstgeschichte in Frankfurt am Main, Tübingen und Göttingen, legte die beiden theologischen Examina (1964 und 1970) ab, promovierte in Kunstgeschichte in Göttingen 1969 und habilitierte sich in Gießen 1976 für evangelische Religionspädagogik. 1970–1977 im Schuldienst in Gießen, 1977 Professor für evangelische Theologie an der Pädagogischen Hochschule in Heidelberg, seit 1984 an der Universität Lüneburg. *Veröffentlichungen:* Von der Buchillustration zum Unterrichtsmedium, 1976. – Hrsg. zusammen mit *G. Besier* und *D. Pohlmann:* Martin Luther. Pädagogisch-theologische Entwürfe, 1984. – Zusammen mit *G. Besier:* Bekenntnis, Widerstand, Martyrium. Von Barmen 1934 bis Plötzensee 1944, 1986. – Zahlreiche Aufsätze.

Horst Rumpf, geb. 1930, studierte Germanistik, Geschichte, Pädagogik und Theologie in Mainz, Frankfurt am Main und München und schloß seine Studien mit dem Staatsexamen für das höhere Lehramt (1955) und der Promotion zum Dr. phil. in Frankfurt 1957 ab. Nach 8 Jahren im Gymnasialdienst wurde er 1965 Studienrat im Hochschuldienst am Pädagogischen Seminar der Universität Frankfurt am Main, später Akademischer Rat in Konstanz. 1971 wurde er als ordentlicher Professor für Erziehungswissenschaft an die Universität Innsbruck, 1975 an die Universität Frankfurt am Main berufen. *Wichtigste Veröffentlichungen:* 40 Schultage – Tagebuch eines Studienrates, ^{3}1967. Die administrative Verstörung der Schule, 1966. Scheinklarheiten – Sondierungen von Schule und Unterrichtsforschung, 1971. Unterricht und Identität, 1976. Herausgeber: Schulwissen – Zum Problem der Analyse von Unterrichtsinhalten, 1971. Zusammen mit R. Messner: Schuldeutsch? Materialien z. Einf. i. d. Sprachdidaktik, 1976. Zahlreiche Aufsätze und Handbuchbeiträge.

Heinz-Hermann Schepp, geb. 1925, studierte an der Pädagogischen Hochschule Oldenburg und den Universitäten Münster und Hamburg Pädagogik, Politik und Soziologie, schloß seine Studien mit den beiden Prüfungen für das Lehramt an Volksschulen (1948 und 1951) ab, war mehrere Jahre lang Volksschullehrer, übernahm 1951 Aufbau und

Leitung des Jugendhofes Steinkimmen, wurde 1959 Wissenschaftlicher Assistent in Hamburg, promovierte hier 1960 zum Dr. phil. und ist seit 1964 ordentlicher Professor für Allgemeine Pädagogik und Erwachsenenbildung am Erziehungswissenschaftlichen Fachbereich an der Universität Göttingen. *Wichtigste Veröffentlichungen:* Offene Jugendarbeit, 1963. Die Krise in der Erziehung und der Prozeß der Demokratisierung, 1978. Herausgeber: Condorcet, 1966. (Zusammen mit B. Michael): Politik und Schule von der Französischen Revolution bis zur Gegenwart, 2 Bände, 1973–74. Zahlreiche Aufsätze und Beiträge in Sammelwerken.

Hans Scheuerl, geb. 1919, studierte 1947–1951 Erziehungswissenschaft, Philosophie, Psychologie und Kunstgeschichte an der Universität Hamburg, legte hier das 1. Examen für Volks- und Realschullehrer ab, promovierte 1952 zum Dr. phil., wurde Wissenschaftlicher Assistent und habilitierte sich in Hamburg 1957 für Erziehungswissenschaft. 1958 wurde er Professor für Pädagogik an der Pädagogischen Hochschule Osnabrück, 1959 ordentlicher Professor an der Universität Erlangen, 1964 an der Universität Frankfurt und seit 1969 an der Universität Hamburg. Von 1964–1971 leitete er den Schulausschuß der Westdeutschen Rektorenkonferenz, von 1968–1972 war er Vorsitzender der Deutschen Gesellschaft für Erziehungswissenschaft. Emeritiert seit 1984. *Wichtigste Veröffentlichungen:* Das Spiel, ^{11}1990. Die exemplarische Lehre, ^{3}1969. Die Gliederung des deutschen Schulwesens, ^{2}1970. Probleme einer systematischen Pädagogik, in: Erziehungswiss. Handbuch, hrsg. von Th. Ellwein, H. H. Groothoff u. a., Band IV, 1975, 11–88. Pädagogische Anthropologie, 1982. Geschichte der Erziehung, 1985. Herausgeber: Theorien des Spiels, ^{11}1991 (als: Das Spiel, Bd. II). Zusammen mit A. Flitner: Einführung in pädagogisches Sehen und Denken, ^{9}1978. Zusammen mit W. Horney, J. P. Ruppert und W. Schultze: Pädagogisches Lexikon, 2 Bände, 1970. Mitherausgeber: Zeitschrift für Pädagogik. Zahlreiche Aufsätze und Beiträge in Sammelwerken.

Günter Rudolf Schmidt, geb. 1935, studierte Romanistik, Anglistik, Theologie und Pädagogik an den Universitäten Erlangen, Toulouse, Leeds und Frankfurt am Main. Er legte die beiden Staatsprüfungen für das Lehramt an Gymnasien (1961 und 1963) sowie die 1. Theologische Prüfung (1965) ab und promovierte 1969 in Frankfurt zum Dr. phil. 1965–1969 war er Wissenschaftlicher Assistent in Frankfurt, 1969 wurde er Wissenschaftlicher Rat, 1973 Professor für Schulpädagogik an der Universität Hamburg, 1974 ordentlicher Professor für evangelische Religionspädagogik an der Pädagogischen Hochschule in Lüneburg, seit 1982 für Praktische Theologie an der Universität Erlangen-Nürnberg. *Wichtigste Veröffentlichungen:* Die theologische Propädeutik auf der gymnasialen Oberstufe, 1969. Autorität in der Erziehung, 1975. Aufsätze und Beiträge zur Allgemeinen Pädagogik, Curriculumtheorie und Religionspädagogik in Fachzeitschriften und Sammelwerken.